Alfred Estermann

Kontextverarbeitung

Alfred Estermann

Kontextverarbeitung

Buchwissenschaftliche Studien

Herausgegeben von
Klaus-Dieter Lehmann
und
Klaus G. Saur
in Verbindung mit der
Stadt- und Universitätsbibliothek
Frankfurt am Main

K · G · Saur München 1998

Die Deutsche Bibliothek – CIP-Einheitsaufnahme

Estermann, Alfred:
Kontextverarbeitung : buchwissenschaftliche Studien / Alfred
Estermann. Hrsg. von Klaus-Dieter Lehmann und Klaus G. Saur
in Verbindung mit der Stadt- und Universitätsbibliothek
Frankfurt am Main – München : Saur, 1998
ISBN 3-598-11371-4

∞

Gedruckt auf säurefreiem Papier / Printed on acid-free paper

Printed in the Federal Republic of Germany

Satz und Layout: Hans-Jürgen Manigel
Druck / Printed by Strauss Offsetdruck, Mörlenbach
Binden / Bound by Buchbinderei Schaumann, Darmstadt

ISBN 3-598-11371-4

Vorwort

Dieser Sammelband umfaßt, seinem Anlaß entsprechend, genau 60 Texte, in denen der Autor vielfältige Zusammenhänge zwischen Pressegeschichte und Literaturwissenschaft, zwischen Journalismus und dichterischem Schaffen, zwischen Zeitschriften, Büchern und Autoren untersucht und erhellt.

Eine Reihe von Beiträgen bezieht sich auf Frankfurt am Main, die Stadt der Bücher und der Buchmesse, die Stadt der Deutschen Bibliothek wie der Stadt- und Universitätsbibliothek, die Stadt auch des Börsenvereins des Deutschen Buchhandels. Und die Pressestadt: Zu lesen ist beispielsweise von dem ältesten Inseraten-Blatt Deutschlands, das in Frankfurt am Main erschien, und von der darin im Jahre 1749 veröffentlichten falsch datierten Taufanzeige Goethes.

Darüberhinaus steht das 19. Jahrhundert thematisch im Vordergrund, mit Studien zu Friedrich Hölderlin, Heinrich von Kleist, Ludwig van Beethoven oder Heinrich Heine, und mit mehreren Texten zu Ludwig Börne, dem leidenschaftlichen Verfechter der Demokratie als Voraussetzung für geistige und soziale Freiheit, der witzig, intelligent und scharf gegen politische und kulturelle Reaktion schrieb. Einen anderen Schwerpunkt bilden deutsche politisch-satirische Zeitschriften, vor allem aus den Jahren 1848/49. Das Interesse des Autors gilt aber auch dem siebzehnten, dem achtzehnten und dem zwanzigsten Jahrhundert, bis hin zu Ingeborg Bachmann, Ernst Jandl, Günter Kunert und Günter Grass.

Die Texte sind im Verlauf eines Vierteljahrhunderts entstanden. Zu Beginn dieser Zeitspanne hatte der Autor schon zwei längere Reihen Neudrucke von Zeitschriften und Büchern aus dem Vormärz vorgelegt, hatte er auch bereits mit der Arbeit an dem ursprünglich von Paul Raabe im Deutschen Literaturarchiv Marbach angeregten Projekt einer umfassenden Verzeichnung der Literatur-Zeitschriften des 19. Jahrhunderts im deutschen Sprachraum begonnen: Bestände aus 159 Bibliotheken in 106 Städten in elf Ländern wurden, mit finanzieller Unterstützung der Fritz Thyssen Stiftung, geprüft, 2178 Zeitschriften bibliographisch dargestellt und programmatisch dokumentiert, rund 60.000 Autoren nachgewiesen. Das Resultat, *Die deutschen Literatur-Zeitschriften 1815 - 1850*, erschien von 1977 bis 1981 in zehn Bänden, von der Kritik als »Monumentalwerk« begrüßt, als ein »bewundernswertes Dokument bibliographischer Unermüdlichkeit«, das »eine Bilanz der literarischen Produktivität in den Jahrzehnten zwischen dem Wiener Kongreß und der Revolution von 1848« biete – »der Estermann« sei zugleich ein »mit Übersichtlichkeit, Präzision und Detailreichtum« präsentiertes »Forschungsinstrument von technischer Perfektion«, das »Forschungsanregungen in Hülle und Fülle« enthalte: »Zu den bemerkenswertesten Vorzügen zählt sein umfassender Literaturbegriff«, es spiegle damit »das Kulturleben der Epoche in seiner wachsenden Vielfalt, Intensität und Streitlust wider«. 1991 kam eine zweite, verbesserte und erweiterte Auflage in elf Bänden heraus.

Die Jahreszahl der Veröffentlichung dieses Bandes verweist auf mehrere Jubiläen. Zwanzig Jahre zuvor, 1978, erschien der erste Titel des Autors im K.G. Saur Verlag, *Deutsche Literatur in Titelblättern*, herausgegeben anläßlich der Verabschiedung des damaligen Direktors der Stadt- und Universitätsbibliothek Frankfurt am Main, Clemens Köttelwesch. Sein Nachfolger und damit auch Projektleiter der folgenden bibliographischen

Forschungsvorhaben des Autors wurde, ebenfalls vor zwanzig Jahren, Klaus-Dieter Lehmann. Er installierte die »Forschungsstelle 19. Jahrhundert« der Bibliothek, ermöglichte es damit, die beträchtlichen Ressourcen des Hauses gezielt und umfassend zu nutzen und schuf so die Rahmenkonditionen für die Realisierung des nächsten großen Verzeichnungs-Unternehmens. Mit Förderung der Deutschen Forschungsgemeinschaft konnten dabei weitere Bestände aus 191 Bibliotheken und Archiven in elf Ländern gesichtet werden. Vor zehn Jahren, 1988, begannen die Arbeitsergebnisse, *Die deutschen Literatur-Zeitschriften 1850 - 1880*, zu erscheinen, »pünktlich wie ein Uhrwerk und bei gleichbleibender Qualität«, in fünf Bänden, die die Bibliographien und Programme für 2953 Zeitschriften aus der zweiten Hälfte des Jahrhunderts verfügbar machten. Im Anschluß daran wurde, nun unter der Projektleitung von Berndt Dugall, seit 1988 Direktor der Stadt- und Universitätsbibliothek, die wiederum von der Deutschen Forschungsgemeinschaft unterstützte Bearbeitung der *Inhaltsanalytischen Bibliographien deutscher Kulturzeitschriften des 19. Jahrhunderts* unternommen, eine detaillierte Erschließung nach Inhalten, Beiträgerinnen und Beiträgern für zwanzig charakteristische und bedeutende Zeitschriften der Jahre 1815 bis 1880, die 1995/96 in sechzehn Bänden herauskam. Um diesen Überblick des Bisherigen mit einem Hinweis auf das Laufende zu beenden: Im Entstehen begriffen, und bereits zur Hälfte bearbeitet, ist das ein weiteres Mal von der Deutschen Forschungsgemeinschaft getragene *Handbuch der deutschen illustrierten Satire-Presse.*

Neben und aus der Arbeit an diesen bibliographischen Großprojekten entstanden zahlreiche buchwissenschaftliche Studien, als Beiträge zu dem von der Historischen Kommission des Börsenvereins des Deutschen Buchhandels herausgegebenen *Archiv für Geschichte des Buchwesens* und für andere Fachorgane, als Einleitungen zu Editionen oder auch als inhaltsreiche Rezensionen. Eine größere Anzahl davon versammelt dieser Band. Die ihm angefügte Publikationenliste des Autors umfaßt eine Auswahl von 250 Positionen.

Die Stadt Frankfurt am Main feiert im Mai 1998 den 150. Geburtstag des Paulskirchen-Parlaments. Zwei Monate zuvor gratulieren die Herausgeber dieses Bandes dem Autor zum 60. Geburtstag.

Frankfurt am Main, München, 7. März 1998

Klaus-Dieter Lehmann
Generaldirektor der Deutschen Bibliothek

Klaus G. Saur
Vorsitzender der Historischen Kommission
des Börsenvereins des Deutschen Buchhandels

Inhalt

Zeitschriften

Bücher

Autoren

Zeitschriften

1

Literatur-Zeitschriften und Literarisches Leben
Die Erforschung periodischer Medien unter buchwissenschaftlichen Aspekten

1

Im *Vorspiel auf dem Theater* zu Goethes *Faust* errichtet der Direktor, im Gespräch mit dem Theaterdichter, einen kleinen Katalog partieller Bewußtseinsverformungen, die das Publikum am rechten Genuß einer Vorstellung hindern könnten. »Wenn diesen Langeweile treibt, Kommt jener satt vom übertischten Mahle, Und, was das allerschlimmste bleibt, Gar mancher kommt vom Lesen der Journale«. Drastischer noch formuliert dies rund hundert Jahre später, in Carl Zuckmayers *Hauptmann von Köpenick*, der königlich preußische Uniformschneider Adolf Wormser. Er tadelt seinen eher introvertiert geratenen Sohn Willy, den an der Tageszeitung lediglich deren literarischer Teil interessiert, das Feuilleton, den Kollegen und Nachfahren der Journale, damals noch nicht wie heute auf eigenen Seiten gedruckt, sondern durch einen Strich abgetrennt auf dem unteren Viertel der Nachrichtenseiten. Wormser: »Ich sag ja, immer unterm Strich muß er lesen, immer unterm Strich! Les überm Strich, wenn de lesen willst! Les n Kurszettel, les de Handelsnachrichten, les de Politik, intressier dich fürs praktische Leben! Was hastn da angestrichen? Gerhart Hauptmann Première im Deutschen Theater, von Alfred Kerr. Was brauchste so was zu lesen, verstehste ja doch nich«.

Journale, Feuilletons, Literatur-Zeitschriften: Ihre insgesamt nicht zu unterschätzende Rolle als Vermittler in der Geschichte der deutschen Literatur ist bekannt. Die Propagation aufklärerischer Denkmodelle fand vielfach in Zeitschriften statt, der kurze Aufstieg und der lange Abgang des »Jungen Deutschland« geschahen zumal in der Presse, Expressionismus und Dadaismus lieferten Höhepunkte der Periodika-Produktion, überlebensnotwendig waren die literarischen Exil-Zeitschriften nach 1933. Ebenso geläufig ist der Wert des Materialreichtums dieser Publikationsform für literaturwissenschaftliche und literaturhistorische Arbeit, für die Edition oder die Analyse und Kommentierung der Texte, gewährleistet schon durch die Menge der in ihr enthaltenen Erst- oder Varianzdrucke. Nicht unter solchen Fragestellungen jedoch sollen Literatur-Zeitschriften hier betrachtet werden, sondern unter buchwissenschaftlichen Aspekten, innerhalb der Möglichkeiten ihres Beitrags zur Erforschung von Literatur-Informations- und Kommunikations-Systemen, hinsichtlich ihrer Bedeutung also für das »Literarische Leben«.

2

Der Funktionszusammenhang »Literarisches Leben« wurde während der letzten drei Jahrzehnte in beträchtlichem Umfang dargestellt und untersucht. Er hat mittlerweile seinen akzeptierten Platz in den ihn vor allem betreffenden Disziplinen, in Teilen der Literaturwissenschaft wie in der Buchwissenschaft. Man hat ihn definiert als die Summe der historischen Umfelder, in denen Literatur entsteht, verbreitet und konsumiert wird, wobei sowohl die am literarischen Kommunikationsprozeß unmittelbar beteiligten Faktoren, die Herstellung, die Vermittlung und die Aufnahme, zu berücksichtigen sind, als auch die Außen-Wirkungen der politischen, sozialen, ökonomischen und kulturellen Einflüsse auf diesen Prozeß. Mit der immer noch gültigen Formulierung Rudolf Schendas von 1977: ein »ständiges prozessuales Miteinander der literarischen Fakten und der gesellschaftlichen Determinanten, ein Geflecht gegenseitiger Bedingungen und Abhängigkeiten, in welchem jedes Element jedes andere konditionieren oder von jedem anderen konditioniert werden kann«. Dies gilt im engeren Sinne für die flexibelste Form der Literaturvermittlung, die Zeitschriften, bei denen eine Doppelfunktion insofern gesehen werden muß, als in der Rede über sie stets zugleich ihre Bedeutung für die Konstituierung literarischen Lebens und ihr Erkenntniswert für die Erforschung dieses literarischen Lebens zu beachten sind. Bekanntlich wurde das literarische Leben des 18. Jahrhunderts bislang wesentlich breiter erforscht als das des 20. Jahrhunderts, dieses wiederum intensiver als jenes des 19. Jahrhunderts, wo noch viele Verhalte ungeklärt sind.

Die Buchwissenschaft, von der hier die Rede ist, stellt sich, zumindest im deutschen Rahmen, als ein Ergebnis der Forschung der beiden letzten Jahrzehnte dar. Früher zumeist unter dem Sammelbegriff »Buch- und Bibliothekswesen« subsumiert, konzentrierte sie sich in Studien ab etwa 1970 spezieller auf das Buch und die Zeitschrift, auf deren mediale Bedingungen und Wirkungen. Dabei hat sich die These der russisch-polnischen Schule, Buchwissenschaft sei eine eigenständige Geisteswissenschaft mit eigenen Gegenständen und eigenen Methoden, nicht durchsetzen können gegenüber dem Ansatz der deutschen, französischen und englisch-amerikanischen Schule, Buchwissenschaft besitze, im Gegensatz zu Literaturwissenschaft oder Geschichtswissenschaft, keine eigenen Verfahrens-Instrumente, sie sei sinnvoll vor allem zu betreiben in der Bindung an die Theorien der Kommunikations- und Medienwissenschaften, eine empirisch arbeitende Wissenschaft, deren Resultate der Literaturwissenschaft und den Gesellschaftswissenschaften komplementär vermittelbar sind. Buchwissenschaft somit nicht als antiquarische, sondern als kritische Forschung, zumal im Sinne der Darstellung einer interdisziplinären Gesellschaftsgeschichte, als deren Teile sowohl sie selbst als auch die Literatur- und Sozialwissenschaften verstanden werden können.

Man kann diese heutige Buchwissenschaft beschreiben als die umfassende Beschäftigung mit der Geschichte und den Funktionen der Kommunikations- und Massenkommunikations-Medien Buch und Zeitschrift in historischer wie in aktueller Hinsicht. Ihre beiden Hauptarbeitsgebiete, der materiale und der funktionale Aspekt, werden häufig gesondert behandelt und nur in Ausnahmefällen zusammengesehen. Wie sinnvoll letzteres wäre, geht schon aus der Beobachtung hervor, daß der materiale Aspekt, die Beschreibung des Äußeren, Materiellen an Buch und Zeitschrift, bereits dort in den funktionalen Aspekt übergeht, wo Fragen nach der Gestaltung, der Präsentation, des Layout zu beantworten sind. Der funktionale Aspekt meint Stellung, Bedeutung und Wirkung des Buchs und der Zeitschrift im interaktiven System der Medien, wobei die Problematisierung des Endes der »Druck-Sachen« als Leitmedien gerade hinsichtlich der Zeitschriften entschiedener zu differenzieren sein dürfte: 1989 setzten die deutschen Periodika-Verlage insgesamt 38,4 Milliarden DM um, das Dreieinhalbfache des gleichzeitigen Umsatzes der Buchverlage mit 11,3 Milliarden DM.

Die Themenstellungen solcher Buchwissenschaft sind mit Stichwörtern wie »Buchgeschichte«, »Autorengeschichte«, »Geschichte des herstellenden Buchhandels«, der Verlage, »Geschichte des vertreibenden Buchhandels«, des Sortiments, oder »Lesergeschichte« nur annähernd zu umreissen. Dazu drei Publikationen: Die sehr komplexe Situation zwischen Autor und Buchproduzent hat Siegfried Unseld in *Goethe und seine Verleger* ausführlich dargestellt, wenn auch verständlicherweise nicht strikt buchwissenschaftlich, sondern bereichert und begrenzt durch die Sicht eines heutigen Großverlegers. Michael Gieseke hat in *Der Buchdruck in der frühen Neuzeit* eine umfangreiche *historische Fallstudie über die Durchsetzung neuer Informations- und Kommunikationstechnologien* vorgelegt, die eine auch für die Zeitschriftenforschung wichtige Analyse des »Informationsverarbeitungssystems Kultur« enthält. Und die *Geschichte des deutschen Buchhandels* wurde von Reinhard Wittmann in einem zusammenfassenden Überblick neu beschrieben.

3

Resumiert man die Zeitschriftenforschung, so ist festzustellen, daß die Definition des Begriffs »Zeitschrift« bislang nicht endgültig abgeschlossen wurde. Als schwierig zumal erwies sich die Abgrenzung zu der auf den ersten Blick vergleichsweise ähnlichen Zeitung. Daß es sich dabei nicht um vermutbare Haarspalterei handle, läßt sich mit dem Hinweis auf die beiden kontrastierenden Arbeitsgebiete belegen, die damit verbunden sind, die Zeitungsforschung einerseits, nach wie vor ein Hauptgebiet der Publizistikwissenschaften, und die Zeitschriftenforschung andererseits, die von ihrer Geschichte, ihrer Struktur und ihrer Funktion her zum Bereich der Buchwissenschaft zu zählen wäre. Dabei von Periodika-Titeln auszugehen, führt immer wieder zu Mißverständnissen. Um einige Beispiele aus dem 19. Jahrhundert aufzuführen: Die *Zeitung für die elegante Welt*, die *Abend-Zeitung* oder die *Literarische Zeitung* sind Zeitschriften, ein Blatt namens *Der Erzähler* ist eine Zeitung, der *Hamburger Bote* ist eine Zeitschrift, der *Wandsbecker Bote* eine Zeitung. Solche Unterscheidungen lassen sich immerhin gewinnen vor dem Hintergrund der weitgehenden, wenn auch nicht unbestrittenen Beschreibungsmerkmale, die Zeitschrift und Zeitung verbinden, und solcher, die sie trennen. Gemeinsam sei demnach, unter anderem, die Periodizität, die Publizität, die Universalität des Inhalts, die Kollektivität der Mitarbeiter oder die mechanische Vervielfältigung. Unterschieden werden könnten sie durch die andere Gewichtung der – hier reportierenden, dort reflektierenden – Aktualität, geringere Redaktionsbesetzung, kleineres Format und tutti quanti schmaleres Textangebot pro Ausgabe.

Verkürzt man diesen generellen Aspekt auf Literatur-Periodika, so ist eine gewisse Diskrepanz in der Beschreibungs-Terminologie zu konstatieren. Der Materialkomplex wird teils »Literarische Zeitschriften« genannt, teils »Literatur-Zeitschriften«. Die letztere Formulierung erscheint, nicht nur im Blick auf die Buchwissenschaft, schlüssiger. Denn ihre erste, inhaltliche Definition könnte lauten, daß es sich dabei um Presseprodukte handle, die 1. Literaturtexte publizieren, 2. Diskussionsbeiträge zu Autoren, Werken oder Debatten veröffentlichen und 3. Nachrichten aus allen Gebieten des literarischen Lebens enthalten. Damit sind auch Kinder- und Jugendblätter, Theaterzeitschriften, mit Einschränkungen ebenso Buchhandels- oder bibliophile und wissenschaftliche Zeitschriften einbezogen. Funktional definiert, ergäbe sich daraus eine Zweiteilung in Produktions-Zeitschriften und in Rezeptions-Zeitschriften, was aber eher der Theorie der Statistik dient, denn die überwiegende Zahl der Periodika enthält eine Mischung dieser beiden Elemente. Reine Produktions-Zeitschriften wie die *Deutsche Dichter-Halle*, die *Lyrischen Blätter* oder die frühen Jahrgänge der *Akzente* sind eher selten zu verzeichnen. Der Terminus »Literatur-Zeitschriften« ist daher für die Gesamtheit zutreffender als die Bezeichnung »Literarische Zeitschriften«, der vor allem Produktions-Blätter meint.

Als Erweiterung dieser Definition muß berücksichtigt werden, daß das Thema Literatur bei vielen Zeitschriften nur einen Teil des Redaktionsprogramms ausmacht und häufig in Verbindung mit den Gebieten Politik, Bildende Kunst, Mode oder auch Geschichte auftritt. Auch solche Titel sind, je nach Gewichtung, den Literatur-Zeitschriften zuzuordnen und innerhalb ihres Zusammenhangs zu behandeln, ebenso die mitunter höheren Literatur-Anteile in den allgemein-kulturellen und kulturpolitischen Rundschau-Zeitschriften. Begrenzungsmöglichkeiten bleiben denn auch häufig schwierig, innerhalb der Rahmenbedingungen ist die Typologie nicht selten unscharf.

Der Begriff »Literatur-Zeitschrift« kann jedoch noch weiter gesehen werden. Neben die Produkte von höherer literaturhistorischer Bedeutung tritt schon früh ein anderer, größerer, eminent einflußreicher Sektor: die Nur-Unterhaltungsblätter, die ausschließlich Spannungs- und Entspannungslektüre anbieten. Bereits für die Jahre 1700 bis 1790 sind 323 Literatur-Zeitschriften im »eigentlichen« Sinne und 1.101 Unterhaltungsblätter, knapp das Dreifache, nachzuweisen, die möglicherweise älteste in Deutschland ermittelte Zeitschrift, die *Erbaulichen Ruh-Stunden* von 1680, war im hier gemeinten Sinne ein solches Blatt. Als Prototypen des 19. Jahrhunderts sind die nicht nur wirtschaftlich, sondern auch indoktrinativ höchst erfolgreichen Familienzeitschriften zu nennen, für das 20. Jahrhundert Magazine, Illustrierte und Digests. Divergierende Bedarfsdeckung, gespiegelt auch in unterschiedlicher intellektueller Fallhöhe - beide Publikationsfelder, das ambitionierte, substantielle, qualifizierte und das spekulative, materielle, nur über Quantifizierung relevante, Zeitschriften der Anspruchsliteratur und solche der Unterhaltungskonfektion gehören gerade in einer buchwissenschaftlichen Sicht der Situation »Literarisches Leben« eng zusammen.

Mit Recht ist darauf hingewiesen worden, daß es nicht genüge, nur die prominenten, profilierten, sich selbst reich artikulierenden Periodika heranzuziehen, die eben deshalb mit literaturwissenschaftlichen Methoden am ehesten erkennbar und darstellbar sind, was sich auch an den Fragestellungen der Forschungsliteratur erweisen läßt. Für die einläßlichere Beschreibung der Leselandschaft, des literarischen Konsumverhaltens, des Literaturmarktes und der Vernetzung ihrer jeweiligen kommunikativen Rückbezüge wäre in breiterem Umfang ebenso die Produktionsfläche der Unterhaltungsblätter heranzuziehen, der bisher nur wenig Aufmerksamkeit gewidmet wurde. Es mag für literaturhistorische Zwecke genügen, sich, um Beispiele aus dem 18. Jahrhundert zu nennen, mit Titeln wie *Beiträge zum Vergnügen des Verstandes und Witzes, Bibliothek der schönen Wissenschaften und freien Künste* oder *Briefe, die neueste Literatur betreffend* zu befassen. Bezieht man aber Kommunikationsmechanismen des »Literarischen Lebens« ein, so müssen zugleich auch Blätter wie *Angenehmer Sommerzeitvertreib, Unterhaltungsblatt nach der Mode, Literarische Unterhaltungen* oder *Etwas für die Langeweile* in das Blickfeld geraten. Für das 19. Jahrhundert hieße dies, nicht nur das *Morgenblatt für gebildete Stände*, sondern auch das *Deutsche Familienblatt*, nicht nur das *Deutsche Museum*, sondern auch *Über Land und Meer* zu berücksichtigen. Beispiele aus dem 20. Jahrhundert ergäben ein ähnliches Bild.

4

Um von solchen wenigen Titeln auf die Gesamtmenge der Literatur-Zeitschriften zu kommen, auf deren Relation auch zu anderen Periodika: Für die Zeit von den Anfängen im 17. Jahrhundert bis 1900 wurden rund 22.000 Titel aller Fächer bilanziert, darunter etwa 3.300 Literatur-Zeitschriften. Allein für die Jahre 1815 bis 1880 sind darüberhinaus eigens über 5.000 Titel festgestellt worden, für die Jahre 1880 bis 1945 nochmals über 3.300 Titel. Rechnet man weitere inzwischen verfügbare Informationen zum 18.Jahrhundert und zum späteren 20. Jahrhundert hinzu, so besteht Anlaß, der Vermutung näher zu treten, die Gesamtproduktion an deutschen Literatur-Zeitschriften liege bei weit über 10.000.

Entsprechend dieser hohen Zahl ist eine schwer überschaubare Formenvielfalt zu verzeichnen, von absichtserklärenden Fragmenten bis zu Ausgaben in Buchstärke, von winzigen, einspaltigen Miniaturblättchen mit vier Seiten Umfang bis zu opulent illustrierten Heften à zehn Bogen, von Zeitschriften, die es nur auf eine einzige Nummer brachten, bis zu Titeln mit einer Laufzeit über mehr als ein Jahrhundert und einem Volumen von 120.000 Seiten. José Ortega y Gasset hat den Bibliographen den »Bändiger des rasenden Buches« genannt. Um wieviel mehr hätte der Spanier seine Stierkampf-Metapher erweitern können, wäre auch noch an den »Bändiger der rasenden Zeitschriften« zu denken gewesen.

Diese Daten können allerdings nicht darüber hinwegtäuschen, daß die Gegenwart mit sehr viel geringeren Dimensionen zu rechnen hat. 1989 erschienen, so das Statistische Bundesamt, in der Bundesrepublik Deutschland 7.831 Zeitschriften aller Art. »Aller Art« bedeutet, daß die Literatur-Zeitschriften in ein winziges Segment verwiesen sind, daß ihre 80 Titel etwas über ein Prozent der Produktion ausmachen, verstreut auf die Amtsunterlagen-Kategorien *Allgemeine Kunst- und Kulturzeitschriften, Germanistik, Linguistik, Fremdsprachen* und *Literatur*. Mag auch die Zahl von 80 Publikationen in Wahrheit zu niedrig liegen, da die staatlichen Statistiker keineswegs die »graue« Periodika-Literatur einbezogen haben: Insgesamt gesehen liegt die Titelzahl an Literatur-Zeitschriften wahrscheinlich etwa so hoch wie die der Computer-Anwendungs-Magazine, der »User-Journals«. Kehrt man daher zu den nachweisbar riesigen, immer nur ausschnitthaft zu bewältigenden Mengen der Vergangenheit zurück, mag es eventuell für den Bändiger der rasenden Zeitschriften, nicht aber für die Forschung tröstlich sein, daß vermutlich zehn bis fünfzehn Prozent der genannten Titelmengen verschollen sein dürfte, vor allem aus dem 19. Jahrhundert.

Was erhalten blieb, immer noch überwältigend genug, ist in vielfältiger Verstreuung verfügbar, diese, man weiß es, hat ihre Ursachen in besonderen historischen Entwicklungen, die eine Nationalbibliothek der Deutschen mit den Vorteilen einer zentralistischen Thesaurierung nicht möglich machten, was wiederum den Buchhändler Friedrich Nicolai schon im 19. Jahrhundert zu der Umkehrbemerkung veranlaßte, hierzulande sei die »Literatur« eben »nicht auf eine einzige Hauptstadt eingeschränkt«. In dem tief gegliederten System von Staats-, Landes-, Stadt- und Universitätsbibliotheken, das sich stattdessen ergab, sind die überkommenen Zeitschriften heute besser denn je verzeichnet und überwiegend auch zugänglich, verständlicherweise oft aus Gründen der Schonung fragiler Papiere nur vor Ort.

Der aus solcher Verfügbarkeit abzuleitende erste wissenschaftliche Zugriff auf diese Materialien, die bibliographische Sammlung der Zeitschriften-Titel von den *Annalen der leidenden Menschheit* bis zur *Zukunftszeitung*, ist mittlerweile für die Jahre 1750 bis 1970 durch eine Reihe von Veröffentlichungen sichergestellt. Nicht ganz so gut steht es um den zweiten Zugriff, Datensammlungen zu einzelnen Artikeln. Gewiß, inhaltsanalytische Arbeiten zu Literatur-Zeitschriften des 18. Jahrhunderts, zur Klassik und Romantik, zum 19. Jahrhundert, zum Expressionismus oder zum Exil liegen vor. Daß aber die Nennung von weiteren Desideraten kein Problem wäre, versteht sich gleichwohl. Stellvertretend anzuführen sind hier nur die »Unterhaltungsblätter« des 18. und des 19. Jahrhunderts, Sonderformen des 20. Jahrhunderts oder der generell noch mangelhaft behandelte Konnex der Frauenzeitschriften. Zugegeben: Mitunter erinnert sich der Zeitschriften-Bibliograph des Aperçus jenes denkwürdigen französischen Abbés aus dem 18. Jahrhundert, der von sich sagte, er glaube natürlich nicht an Gespenster, fürchte sich aber vor ihnen.

Die bisherige Forschungsliteratur weist ein bekanntes Defizit auf: Eine zusammenfassende Darstellung der Geschichte, Theorie und Praxis der Literatur-Zeitschriften existiert nicht. Materialien und Vorarbeiten dazu lägen bereit, eine respektable Fülle von Überblicken zu Zeiträumen ebenso wie Studien zu diversen Titeln. Viele der von Karl d'Ester angeregten Dissertationen sind wohl im theoretischen Bereich ergänzungsbedürftig, aber doch wegen ihrer positivistischen Redlichkeit noch immer in den Fakten unverzichtbar. Angesichts der genannten Blättermenge freilich bewegt sich die Zahl solcher materialspeichernden Monographien in deren unterstem Prozentbereich.

5

Hinsichtlich einer möglichen Umsetzung der materiellen Resultate der bisherigen Zeitschriftenforschung für die Arbeit mit periodischen Print-Medien in ihrem funktionalen Zusammenhang mit dem Literarischen Leben ist zu bemerken, daß die Konstituanten dieses Kommunikationssystems mit dem geläufigen Modell des Interaktionsdreiecks Produktion - Distribution - Rezeption seit längerem hinreichend beschrieben sind, funktionsgerechter noch im Bilde veranschaulicht durch jene drei Kreise, die sich mit jeweils einem Segmentdrittel überschneiden. Literaturwissenschaftliche, literaturhistorische Forschung hatte und hat sinnvollerweise zumeist den Sektor »Produktion« zum Arbeitsgebiet, sozialgeschichtliche Forschung vor allem den Sektor »Rezeption«. Beim Thema Zeitschriften muß ergänzend der Sektor »Distribution« betrachtet werden, einschließlich seiner Segmentdrittel »Produktion« und »Rezeption«. Er stellt auch unter buchwissenschaftlichen Aspekten das zentrale Feld der Zeitschriftenforschung dar.

Dabei mag es sowohl um die Beschreibung der Form »Zeitschrift« gehen, als auch um die Betrachtung der funktionalen Kontamination mehrerer Periodika oder einzelner Artikel in ihnen. Die in der Forschungsliteratur des öfteren gestellte Frage, wie eine Zeitschrift als Ganzes zu beschreiben, sozusagen als kontinuierlich erschienenes Individuum und individuelles Kontinuum zu analysieren sei, hat jenseits des verzeichenbaren Methodenpluralismus bisher zu nur teilweise befriedigenden Antworten geführt. Eindeutigere Resultate ergaben dagegen Auswertungen der publizistischen Vernetzung von Zeitschriften und Beiträgen, die auf die Rolle der Periodika als Detailspeicher, als Zulieferer von Kontexten und Konfigurationen abstellen, auf Konstellationen somit, in denen nicht nur der Inhalt eines Textes, sondern auch die Konsequenz aus der Summierung vieler aufschlußreich ist, nicht nur der einzelne Artikel, sondern auch seine redaktionelle Inszenierung, seine Plazierung im Blatt, sein Zusammenfunktionieren mit anderen Texten.

Für beide Bereiche gilt, daß der Beitrag der Zeitschriften zur Erforschung des Literarischen Lebens dort zu suchen wäre, wo es um die Verfeinerung und Vertiefung des erwähnten Interaktionsmodells geht, wo noch genauere Erkenntnisse der Voraussetzungen der Literaturvermittlung gewonnen werden sollen. Für den Teilsektor »Produktion« bedeutete dies, beispielsweise, die Einbeziehung des gesellschaftlich-politischen Umfelds. Das Stichwort »Redaktionsprogramme« etwa, deren Auswertung die Verwendung von Vorkenntnissen der zeitgenössischen Absichten- und Meinungsfelder voraussetzt. Das Stichwort »Zensur«: Die Zensurforschung verfügt noch immer bei weitem über mehr Materialien als Resultate. Oder das Stichwort »ökonomische Basis«, die Beschreibung der Verlage und Verleger (nicht nur solcher dominierend beeinflussenden Figuren wie Cotta oder Ullstein). Das Stichwort »Redaktion«, die Situation der unmittelbar beteiligten Blattmacher: Redaktion, das meint eine zu berücksichtigende Spannbreite von der Hetze dreimal wöchentlichen Redaktionsschlusses bis zur vergleichsweisen Ruhe bei der Herstellung eines monatelang vorzubereitenden Themenheftes. Die Redaktion einer Literatur-Zeitschrift besteht zumeist nur aus einer Person, die damit auch ihr Programmzentrum ist, konzentriert in der Sonderform der von ihrem Herausgeber ganz oder überwiegend allein verfaßten »Individual-Zeitschrift« - Namen wie Wilhelm Ludwig Wekhrlin, Ludwig Börne, Karl Kraus. Die Zeitschrift steht damit sehr viel näher am Buch, als an der Zeitung mit deren notwendig kollektiver Redaktion, sie hat dadurch eher jenem verwandte individuelle Artikulationsmöglichkeiten und Wirkungshorizonte. Was sich schon daran erweisen ließe, daß Zeitschriften ungleich häufiger als Zeitungen zu Bänden gebunden aufbewahrt wurden und werden. Ein Beispiel wäre Ludwig Achim von Arnims und Clemens Brentanos *Zeitung für Einsiedler*, trotz ihres Titel eine Zeitschrift, die fast unter Ausschluß der Öffentlichkeit erschien und erst als Buch, *Trösteinsamkeit*, bekannt wurde.

Weitere Stichwörter wären die druckgeschichtlichen Determinanten des technologischen Systems Presse, Probleme der Honorare, der Preise, des Umsatzes, des Marktes. Nicht allzu viele der bekannteren Literatur-Zeitschriften, Zeugnisse des kalkulierten Risikos ebenso wie des riskanten Nichtkalküls, waren imstande, sich wirtschaftlich selbst zu tragen, hatten, verglichen mit denen der Tageszeitungen von 10.000, bald 100.000 und mehr, oft nur minimale Auflagen. Für das 18. Jahrhundert kann man Zahlen um 500 bis 1.000 zugrundelegen, für das 19. Jahrhundert, von einigen Erfolgstiteln abgesehen, maximal 3.000 bis 5.000, für das 20. Jahrhundert sind eher kleinere Produktionen zu verzeichnen. Insgesamt überwiegen die niedrigen Auflagen. Prominente Beispiele können die Unternehmungen der Weimarer Klassik und der Romantik sein, mit Zahlen, die teilweise unter dem zeitgenössischen Durchschnitt liegen: Schillers *Thalia* (um 300), seine *Horen* (unter 1.000), Herders *Adrastea* (unter 500), Goethes *Propyläen* (etwa 300) oder das *Athenäum* der Schlegels (von dessen 1.500 gedruckten Exemplaren keine 300 verkauft wurden).

Ferner zu berücksichtigen wären Konsequenzen aus den Erscheinungsfrequenzen, die im 18. Jahrhundert vor allem die monatlichen waren, die sich im 19. Jahrhundert, speziell in den Jahrzehnten der statistisch höchsten Akzeptanz der Literatur-Presse, als diese auch Surrogatfunktionen für die unterdrückten politischen Periodika wahrzunehmen hatte, auf bis zu fünfmal wöchentliche Auslieferung steigerten. Oder die äußere Form, die Gestaltung, das Layout: Von der Permanenz des Absatzzwangs getrieben, mußten periodische Medien möglichst auch sinnlich erfahrbar sein. Wie weit dies in Zukunft noch gelten könne, ist ungewiß. Hans Magnus Enzensberger beurteilt in seinem Essay *Das Brot und die Schrift* von 1989 die neueren Entwicklungen eher pessimistisch, er sieht im Volleinsatz elektronischer Techniken die »Zerstörung der Sinnlichkeit«, den »Verlust einer Kunst«, er spricht sogar vom »programmgesteuerten Dreck der Print-Medien«. Zumindest für das Präsentationsbild von Zeitschriften mag man dem nicht zustimmen, noch nicht vielleicht. Damit wäre zugleich das diffizile Feld der Illustrationen angesprochen, ihre Geschichte von schlichten Holzstichausstattungen über Graphik jeder Gattung bis zu Farbfotografie-Montagen, Illustrationen, die das Bild der Literaturpräsentation bestimmen und auch jenseits der bereits aufgearbeiteten literarisch-künstlerischen Produktionszeitschriften des 20. Jahrhunderts zu thematisieren wären.

Schließlich das Stichwort »Verbreitungsgeschichte«, der Konsum der Zeitschriften durch die Lesegesellschaften des 18. Jahrhunderts, in denen sich mehrere Interessenten zur Lektüre eines Exemplars vereinten, die anteilige Privatzirkulation der Periodika in den folgenden Jahrzehnten, neue, die Presselandschaft völlig verändernde Multiplikationsmethoden, die Industrialisierung des Vertriebs im 19. Jahrhundert, die Möglichkeiten heutiger Bildschirminformation. Dazu das Ankündigungsmanagement der Werbung, die Unterscheidung auch des Einflusses großer, überregional verbreiteter Literaturvermittler und kleiner, nur im Lokalbereich abonnierter Zeitschriften. Stichwörter genug für Segmente der Darstellung des Literarischen Lebens im Teilsektor »Produktion«.

6

Für den Teilsektor »Rezeption« sollen ein bislang wenig beachtetes Kommunikationsfeld und ein bereits intensiver dokumentiertes Publikationsgebiet angeführt werden. Zum einen die Mechanismen des Leser-Echos, der Konsumenten-Stellungnahme auf Zeitschriftenpublikationen, jenes vor allem bei sequentiell gelieferten Medien konstatierbare Modell eines öffentlichen Kettenreaktions-Effekts in der Form von Leserbriefen, Antworten und Gegenantworten. Dieser Aspekt wäre auszuweiten in den Zusammenhang der kaum erforschten synthetischen Familiarität, des Zusammengehörigkeitsgefühls einer Leser-»Gemeinde«, wie sie der überragende Verleger Ernst Keil zum ersten Mal auf breiterer Basis mit seiner *Gartenlaube* schuf, ein lesersoziologischer Prozeß, der sich, unter veränderten Parametern, weiter verfolgen ließe bis hin zu den *Spiegel*-Lesern, denen man mehr zu wissen unterstellte, oder zu den in der Werbung als klug bezeichneten Köpfen der *F.A.Z.*-Konsumenten.

Zum andern das zentrale Gebiet der Literaturkritik, das die Bedeutung der Zeitschriften für die öffentliche Artikulation der Vermittlung und Aufnahme von Literatur besonders begründet, im 18. und 19. Jahrhundert eine ihrer Domänen war. Kritiken als Dokumente der veröffentlichten Meinung eines einzelnen Kritikers, die Schein-Objektivierung des Subjektiven, Kritiken aber auch als Konstituanten, Spiegelbilder, Reflexe und Teilsummen des Literarischen Lebens. Zu untersuchen wären etwa Vorgänge wie der, daß sie, oft Ersatz für die rezensierten Bücher und häufig an deren Stelle gelesen, in Zeiten der Zensur nicht nur besprochen, sondern auch vermittelt haben. So läßt sich belegen, daß Rezensenten breite, instruktive Zitate aus verbotenen oder kassierungsverdächtigen Büchern an ihre Leser weitergaben. Auf der anderen Kommunikationsseite wäre der Rückkoppelungseffekt zu beschreiben, die Reaktion der kritisierten Autoren auf die Kritik, »schlagt ihn tot, den Hund, es ist ein Rezensent«, so Goethes barsches Verdikt von 1773. Lessing, selbst keineswegs ein nachsichtiger Beurteiler, ärgerte sich 1769 über Kritiker: »Schale, platte Wäscher sind sie alle ... nicht einmal über Schriftsteller von dem

Maße ihrer eigenen Talente sollten sie urteilen wollen: denn es ist ein ekler Anblick, wenn man eine Spinne die andere fressen sieht«. Heine, 1837: »Sonderbar! Und immer ist es die Religion, und immer die Moral, und immer der Patriotismus, womit alle schlechten Subjekte ihre Angriffe beschönigen! Sie greifen uns an, nicht aus schäbigen Privatinteressen, nicht aus Schriftstellerneid, nicht aus angebornem Knechtsinn, sondern, um den lieben Gott, um die guten Sitten und das Vaterland zu retten«. Und Siegfried Lenz, 1969 in einem Interview zu Marcel Reich-Ranicki: ihn störten an jenem »immer noch die morgendlichen Telefonate mit Schlegel, der Sie in Ihrer seufzenden Unnachgiebigkeit bestätigt und in dem Recht, an mißglückter Literatur leiden zu dürfen«.

Zwei natürlich nur umrißhafte Andeutungen möglicher Fallstudien zu den Teilsektoren »Produktion« und »Distribution« sollen einer formalen Analyse und einer inhaltlichen Auswertung gelten. Die Untersuchung der überaus materialhaltigen Zeitschrift *Westermanns Monatshefte* etwa, ihrer publikationspolitischen und verkaufsstrategischen Situationen und Aktionen, würde in der Geschichte dieses Blattes und durch sie hindurch Erkenntnisse anbieten für die gesellschaftlich-literarische Entwicklung im Deutschland der letzten anderthalb Jahrhunderte, protokolliert in einem ambitionierten Auch-Literatur-Blatt, von dessen Beginn, 1857, neun Jahre nach 1848, über den bildungsbürgerlichen Kulturpluralismus seiner ersten Jahrzehnte, über die macht- und marktgeschützte Innerlichkeit der Gründerzeit und die imperiale Repräsentationskultur vor dem Ersten Weltkrieg, zur immer engeren Bindung an die NS-Ideologie, zum ersten Aufhören, 1944, zum Wiedererscheinen ab 1952, zur Darstellung der literarischen Kultur in der Bundesrepublik Deutschland, bis zum endgültigen Einstellen 1986. Ein Modellfall deutscher Pressegeschichte für das Literarische Leben.

Die Vermittlung des funktionalen Zusammenwirkens mehrerer Zeitschriften ließe sich am Beispiel Heinrich Heine erläutern. Eine Dokumentation aller zeitgenössischen Urteile über ihn enthält bereits bis zum Jahre 1840 nur für den deutschen Sprachbereich insgesamt 1849 Rezensionen, Aufsätze und Notizen. Da diese Texte alle Einzelheiten des Literaturgesprächs nach 1825 über die öffentliche Figur Heine abbilden, würde ihre konsequente, detaillierte Auswertung die Stellung des Autors im Literaturbetrieb seiner Zeit, den »deutschen Dichter« im französischen Exil, den »amoralischen Hedonisten«, den »undeutschen Juden«, den »dilettierenden Philosophen und Theologen« oder auch den »zersetzenden Politik-Journalisten«, die Begeisterung für ihn so gut wie seine allmähliche, unaufhaltsame Ausbürgerung sehr viel subtiler als bisher möglich darstellen lassen. Daraus entstünde nicht nur ein feineres Literatur-Soziogramm der deutschen Gesellschaft zu Heines Zeit, es ergäbe sich auch ein instrumentalisierbarerer Verständnisrahmen für seine Reaktionen auf eben jene Pseudomoralisten, Nationalisten und Antisemiten, die den lieben Gott, die guten Sitten und das Vaterland zu retten vorgaben.

7

Literatur-Zeitschriften im Sinne der hier angedeuteten Definitionen sind mit ihrer Menge, Vielfalt und Beweglichkeit zugleich Motoren und Dokumente des Literarischen Lebens, Instrumente einer Doppelfunktion, die, da deren potentielle und reale Leserschaft gegenüber dem Medium Buch ungleich höhere Zahlen aufweist, entsprechend differenzierter betrachtet werden kann. Gewiß, die Bedeutung der Literaturvermittlung in Zeitschriften wurde immer durch die parallele Literaturpräsentation in den sehr viel stärkeren

Tageszeitungen determiniert, die heute in den Bereichen Literaturkritik und Literaturdiskussion die Zeitschriften bei weitem übertrifft. Historisch gesehen aber beschreiben sie gleichwohl innerhalb des Kommunikationen-Zusammenspiels die jeweilige Bedeutung der Literatur in der Gesellschaft, spiegeln sie die Veränderungen des Literaturbetriebs, die Wandlungen seines Einverständnisses in der doppelten Feed-back-Funktion Literatur - Zeitschrift - Literatur. Im historischen Prozeß höchst einflußreich für die Entwicklung des Literaturmarktes, der literarischen Öffentlichkeit, der Vermehrung des Lesepublikums, aber auch für die Ausbildung der Literatursprache und den Schriftstellerberuf, sind in ihnen die Formierungen der Literatur ebenso protokolliert wie die generellen Entfaltungen der kulturellen Selbstmissionierung der Gesellschaft. Sie können darum der Feinjustierung literarischer Aspekte der Alphabetisierungs- und Bildungsgeschichte dienen, des Individual- und Massengeschmacks, der Mentalitätsgeschichte und der Literaturkonsum-Mechanismen.

Als Katalysatoren gesellschaftlicher Veränderungen würden sie gerade unter buchwissenschaftlich ausgelegten Fragestellungen für die Analyse des Literarischen Lebens nutzbar zu machen sein. Eine daraus abzuleitende Revue möglicher Konsequenzen ist verständlicherweise lang, sie soll hier also kurz gehalten werden. Neben der Deskription einzelner Zeitschriften als Ganzes und neben der Differenzierung rezeptioneller Vorgänge wäre die Geschichte der Vermittlung und Vermarktung einzelner Autoren, Werke oder Publikationsserien anzuführen, Studien zu Herausgebern und Schreibern, die Biographie einzelner Verlage mit literarischem Voll- oder Teilprogramm, Buchhandelsgeschichte und Formengeschichte in ihren Wechselbezügen, die historische und die aktuelle Buchkritik, die Entwicklung der Literaturpresse nach 1945 oder nach 1968.

Als Materialfundament stünden potentiell über 10.000 Produkte bereit. Welche davon für die Literaturwissenschaft von Interesse und von welchem Interesse sein könnten, müßte sich ergeben. Immanuel Kants Aufsatz, was Aufklärung sei, erschien zuerst in einer Zeitschrift, was allerdings nicht bedeuten kann, daß alle Zeitschriften zum Ausgang des Menschen aus selbstverschuldeter Unmündigkeit beigetragen haben. Goethes Spitze auf die Literaturpresse seiner Zeit im siebten Buch der *Zahmen Xenien* ist deshalb auch das Urteil eines vom Überangebot und dessen Qualitätsdeterminationen kulturkritisch gestimmten Lesers, der die Sozialverträglichkeit des Mediums skeptisch betrachtet: »Wer hätte auf deutsche Blätter acht, Morgens, Mittag, Abend und Nacht, Der wär um alle seine Zeit gebracht, Hätte weder Stunde noch Tag noch Nacht, Und wär ums ganze Jahr gebracht; Das hätt ich ihm gar sehr verdacht«.

Dennoch: Vor 200 Jahren haben die beiden Verfasser einer Bibliographie die Funktion der Zeitschriften als »Vorratskammern des menschlichen Geistes« beschrieben. Diese Formulierung könnte zustimmungsfähig sein, vorausgesetzt, sie verstünde den Begriff des Geistes nicht in nur-aufklärerisch-positivem Sinne, sondern in allen seinen Formationen und Deformationen. Dann wären solche Vorratskammern zu öffnen und in das »prozessuale Miteinander der literarischen Fakten und der gesellschaftlichen Determinanten« einzubeziehen. Ob unter der Beteiligung professioneller Toreros, bleibe dahingestellt. Jedenfalls aber ohne morgendliche Telefonate mit Schlegel.

2

Wahl- und Krönungsstadt, Capital-Kapitale
Anmerkungen zur Frankfurter Pressegeschichte

1

> Wir wünschen übrigens, daß der geneigte Leser wohl leben und allezeit ein vergnügter Zuschauer der Weltbegebenheiten seyn möge.
> *Frankfurter Meß-Relation* für die Frühjahrsmesse 1751, Vorrede

Wer »auf deutsche Blätter acht« hatte, bemerkte ein Autor im frühen 19. Jahrhundert, der wäre »um alle seine Zeit gebracht«. Er konnte wohl wissen, wovon er sprach: Sein Geburtsort Frankfurt am Main war eine nicht unbeträchtliche Pressestadt, Goethe hieß er.

Die Geschichte dieser Frankfurter Presse, der Zeitungen und der Monatshefte, der Zeitschriften und der Unterhaltungsblätter ist, im ganzen gesehen, erst wenig erforscht. Noch nicht einmal zuverlässige Verzeichnisse existieren, geschweige denn nähere Untersuchungen. Einschlägige Arbeiten haben bislang den eng begrenzten Rahmen lokalpatriotisch animierter Heimatforschung nur selten verlassen, blieben auf dem Plauderniveau liebenswerter Laien, bis auf wenige wichtige wissenschaftliche Ausnahmen allerdings, etwa zur jüngeren Zeitungsgeschichte.

Das mag verwundern, denn dieser fünf Jahrhunderte umspannende historische Ablauf, überragt von Namen wie Matthäus Merian oder Leopold Sonnemann, wäre einläßlicherer Studien wert. Er belegt und illustriert die politische und wirtschaftliche Bedeutung der Stadt im 17. Jahrhundert, ihren politischen Niedergang im 18. und 19. Jahrhundert, ihren erneuten wirtschaftlichen Aufstieg seit dem späten 19. Jahrhundert.

Frankfurt, als Wahl- und Krönungsstadt der Kaiser des Römischen Reichs Deutscher Nation, später als Sitz des Deutschen Bundestags, noch später, nach dem Verlust der Selbständigkeit, als Börsenplatz und Capital-Kapitale, war ein effizienter Zeitungsstandort, an dem große, einflußreiche Blatter erschienen (*Frankfurter Ober-Postamts-Zeitung*, *Frankfurter Zeitung*). Begünstigt durch den Vorteil der geographischen Lage im Zentrum vieler Verbindungen des Aktualitätenhandels aus dem Norden, Westen und Süden Europas, zeigte sich die Stadt zumal erfolgreich als Umschlagplatz für politische und wirtschaftliche Nachrichten.

Nicht so sehr dagegen, trotz eindrucksvoller Einzelleistungen, als Freihandelszone für deren künstlerisches und literarisches Ambiente. Da die Flächenkonstruktion des Alten Reichs Zentralfunktionen auch im kulturellen Bereich ausschloß – was im 19. Jahrhundert und noch am Ende des 20. Jahrhunderts Nachwirkungen hat –, fiel die Stellung der Stadt weniger auf dem Sektor der Kultur- und Feuilletonpresse ins Gewicht. Hier war man bis weit ins 20. Jahrhundert hinein machtlos gegen die überlegene, modernere Konkurrenz der Druckorte Leipzig und (später) Berlin. Geprägt von nüchterner, kontenführender Soll- und Haben-Dialektik, spielte Frankfurt niemals eine größere Rolle als Künstler- und Literatenstadt, und bis nach dem Zweiten Weltkrieg, als die Firmen von Samuel Fischer und Peter Suhrkamp am Main zu arbeiten begannen, war es auch kein Ort bedeutenderer Verlage.

Merkwürdigerweise hat die Kommune ihre Presse in keinem der hierfür zuständigen Institute zusammenhängend und vollständig sammeln lassen. Zahlreich sind die Lücken, häufig die Fragmente. Das hängt sicher damit zusammen, daß frühere Bibliothekare auf Tagesprodukte eher leidenschaftslos reagierten, es des öfteren mit Zufälligkeiten wie Geschenken oder Nachlässen bewenden ließen. Dahinter steht aber auch die Frage des Interesses.

Denn eine Fülle von Einzelheiten wäre zu Tage zu fördern, Fragmente der lokalen, deutschen und europäischen Geschichte im Spiegel der Presse einer Stadt, eine Chronik der laufenden Ereignisse, eine Druck- und eine Lesegeschichte, eine Historie des weltbewegenden Papiers, die Maschine der abonnierbaren Nachrichten-Versorgung und der jederzeit kündbaren Meinungs-Zufuhr, Mitteilungen auch aus dem Weltreich der Zensoren. Der Überblick reichte von den Unikaten früher Einblattdrucke bis zu den Massenauflagen aus den Rotationsstraßen, von mageren Experimenten, die nach zwei Ausgaben innerhalb einer Woche verblichen, bis zu massiven Erfolgen, die ein Vierteljahrtausend überlebten, vom Kleinoktav-Format der Manufakturpresse bis zu den Großfolios der Presseindustrie, von intellektuell gespannten Spitzenstücken wie Friedrich Schlegels *Europa* oder Ludwig Börnes *Wage* bis zu knochensolider, weniger auf Unsterblichkeit bedachter Mittelware, deren Daseinsberechtigung außer in ihrem Informationsangebot auch in ihrem handlich geschnittenen, zum Verpacken von Nahrungsmitteln tauglichen Papier lag (»Wurstblätter«, »Käseblätter«), kurzum: von den Vorläufern der periodischen Presse im 16. Jahrhundert, von 1615, als die erste Frankfurter Zeitung erschien, über die spielerisch leicht aufgemachten Produkte des 18. Jahrhunderts mit ihren Rocaillen und Küpferchen, über die herb zu konsumierenden Frakturwüsten der letzten Jahrhundertwende bis zum Wiederbeginn einer freien Pressearbeit nach dem Dritten Reich und dem Zweiten Weltkrieg, in dem das »alte« Frankfurt unterging.

Das déjà-vu der leicht verderblichen, oft schon leicht verdorbenen Ware Nachricht mit ihren allzu knappen Verfallsdaten, die einer vermeintlichen Öffentlichkeit veröffentlichte Meinung: Für die Gesellschaft ist Pressegeschichte auch die Öffentlichkeit des Strukturwandels. Zu erkennen wäre, allgemein, wie sehr Pressegeschichte zugleich Politik- und Wirtschaftsgeschichte, Geistes- und Kulturgeschichte gleichermaßen sein kann. Und zu bemerken, speziell, jenseits aller rhein-mainischen Mittelstadt-Mythologie, die Erbschaft der fruchtbaren deutschen Provinzialität, in Beispielen aus einer Stadt, die nie, jedenfalls auf Dauer nicht, Zentrum oder Metropole war.

2

Noch vor der Geschichte der Frankfurter Zeitungen beginnt die der Meßrelationen, jener halbjährlich gedruckten Zusammenfassungen politischer Ereignisse und sonstiger Begebenheiten, deren Ausgaben jeweils zur Frankfurter Frühjahrs- (auch Oster- oder Fasten-) Messe und zur Herbstmesse veröffentlicht wurden und rasch zu einer Spezialität der Mainmetropole gerieten. (»Relation« bedeutet sowohl »Erzählungen/Nachricht« als auch »Bericht von Zusammenhängen«.) Ihre Vorläufer sind Kölner Neuigkeiten-Sammlungen, die ab 1583 zu den Frankfurter Messen herauskamen. Bis in das 17. Jahrhundert hinein erschienen solche »auswärtigen« Meßrelationen, vor allem aus Köln, Leipzig und Magdeburg.

1591 begann die Frankfurter Produktion. Die offenbar erfolgsträchtige Idee führte dazu, daß schließlich eine Reihe von Ausgaben um die Gunst der Käufer konkurrierte.

1602 soll es acht verschiedene Unternehmen gegeben haben. Die weitaus längste Erscheinungszeit hatten die ab 1599 veröffentlichten »Latomus-Engelhardt«-Meßrelationen. Sie brachten es, seit 1628 in der Monopolstellung, in über 200 Jahren auf mehr als 400 Ausgaben. Die Texte der zumeist 50 bis 100 Seiten starken Hefte enthalten überwiegend Darstellungen der internationalen Politik-Nachrichtenlage im verflossenen Halbjahr. Daneben spielt die Wirtschaft eine größere, die Kultur kaum eine Rolle: Man kann davon ausgehen, daß die Relationen vor allem den Nachrichtenbedarf der Kaufleute für ihre Geschäftsplanungen zu decken hatten.

Zusätzlich bemerkenswert ist die zum Teil reiche Ausstattung mit anschaulichen Illustrationsbeigaben, darunter Ereignisdarstellungen und Portraits, Städteansichten und Landkarten. Die Relationen gehören damit wesentlich in die Frühgeschichte des Bildjournalismus; gleichzeitige Zeitungen waren so gut wie bildlos. Schließlich mußten sie, zwischen der Schnelligkeit des Aktualitätenhandels und der Ruhe des Abwägens historischer Zusammenhänge stehend, doch immer mehr in Konflikt mit neueren, häufiger erscheinenden Periodika kommen. Mit dem Erlöschen des Heiligen Römischen Reichs Deutscher Nation, dem Ende auch der Funktion Frankfurts hinsichtlich der diesbezüglichen kaiserlichen Staatsoberhäupter stellten die Meßrelationen ihr Erscheinen ein.

Von heute aus gesehen sind sie ein Geschichtsbuch der besonderen Art, Zeit-Chronik und Informations- wie Dokumentensammlung zugleich. Ihre modernen Nachfolger sind die in Zeitungen, Fernsehen und Hörfunk um die Sylvesterzeit angebotenen zusammenfassenden Jahresrückblicke – reizvoll vorordnende und nachdenkliche Haltepunkte im »ewigen Einerlei der Neuigkeiten«.

3

Die Geschichte der Frankfurter Satire-Presse umspannt rund 170 Jahre, von der Mitte des 18. Jahrhunderts bis nach dem Ersten Weltkrieg. Neben manchem, das seinen pressegeschichtlichen und kulturhistorischen Wert besitzt, neben einigem auch, das heute mehr durch seine Zeitzeugenschaft als durch seinen Esprit von Belang ist, hat diese Geschichte zwei Höhepunkte: den *Satyr* und die *Frankfurter Latern*. (Hier werden nur Blätter behandelt, die sich Persiflage, Spott und Karikatur ausgesprochen zum Thema gestellt haben – selbstverständlich erschienen solche Texte und Bilder gelegentlich auch in anderen Presseprodukten, in Zeitschriften, Broschüren und Flugblättern.)

Eine frühe Vorform ist das *Marckschiff* (Markt-Schiff) von Marx Mangold (1596), das sich über Vorkommnisse auf der Messe lustig macht. Danach bleibt es für lange Zeit schwierig bis unmöglich, in Frankfurt Satiren zu veröffentlichen. Die Kaiserliche Bücherkommission und, durchaus im Konflikt mit ihr, der Rat der Stadt richten ihre stets wachsamen Verbots-Energien gerne auf das, was sie »Schmähschriften« nennen.

Erst im 18. Jahrhundert entstehen Satire-Zeitschriften. Erhalten sind zwei, die – nach nur sechs Nummern verbotene – *Ungelehrte Zeitung*, 1747, und *Der rothe Wagen*, eine *universelle Wochenschrift* von Samuel Jakob Schröckh, 1780/81. Einige Projekte verlassen das Planungsstadium nicht: Weder der *Epimenides* von Johann Christian Sauerländer (1776) noch die *Unterhaltungen* von Christoph Sigismund Müller (1781) erhalten eine obrigkeitliche Druckerlaubnis. Andere sind verschollen oder wenigstens derzeit nicht auffindbar: die *Neu-Angelegte lustige Correspondence aus dem Reich derer Lebendigen in das Reich der Toten* (um 1725) beispielsweise, ein Vertreter des lange beliebten Pressegenres der Totengespräche, der *Wetterauische Patriot* (1725/26), der sogar Gegenschriften hervorrief, *Der Menschenfreund*, eine *moralisch-satyrische Wochenschrift* (1768) oder *Schimpf und Ernst in Octavo* (1792).

Die Produktion des 19. Jahrhunderts eröffnet ein radikaler Satiriker, Ludwig Börne. Viele seiner Texte in *Die Wage* (1818/21) und in *Zeitschwingen* (1819) gehören in die Geschichte der deutschen literarisch-politischen Presse-Satire. Ihm folgt, sehr viel zahmer, *Der Beobachter am Main und Rhein* von Johann Konrad Friederich (1821/22), an ihn erinnern, schon vom Titel her, die *Neuen Zeitschwingen* von Gustav Oehler und Georg Stein (1831/32, dann verboten). In deren Umfeld entstehen, als Folge der Julirevolution 1830, weitere satirische Zeitschriften, zumeist in Hanau gedruckt, um die Frankfurter Zensur zu umgehen. Karl Freieisen und Wilhelm Sauerwein lassen 1832 ihren *Proteus* erscheinen, *Betrachtungen über Politik, Literatur und Kunst.* Gleichzeitig gibt Friedrich Funck seinen *Eulenspiegel* heraus. Nach dessen Verbot vereinigt man beide Blätter zur *Deutschen Volkshalle* (1832), die ihrerseits verboten wird. Einen letzten Ausweg bildet das Unikum einer handschriftlich verbreiteten Zeitschrift, *Collegzeitung*, auch *Brückenauer Beobachter* und *Collegsdose* genannt (1833/34); der Band ist wahrscheinlich verloren.

Die Paulskirchen-Ereignisse führen 1848/49 zu einer Sternstunde der Frankfurter Satire. Kurzfristige Pressefreiheit und Möglichkeiten besserer Illustrationstechniken erlauben hervorragende Veröffentlichungen: Johann Hermann Detmolds und Adolf Schrödters glänzende Parlamentarier-Satire *Thaten und Meinungen des Herrn Piepmeyer*, Karl Gustav Schwetschkes Fortsetzung der *Dunkelmänner-Briefe*-Tradition auf deutsch (*Neue Briefe der Männer im Trüben aus Frankfurt am Main*, 1849) und auf lateinisch (*Novae epistolae obscurorum virorum*, 1849), eine größere Folge exzellenter Einblatt-Karikaturen und vieles andere. Dazwischen, durchaus ebenbürtig, *Der Satyr, lose Blätter aus dem deutschen Reiche*; herausgegeben von Eduard Gustav May (1848/49), ein virtuos gestaltetes, witziges Blatt von höchstem Niveau. Schlicht dagegen, trotz des lustigen Untertitels *Zeitschrift für Frankfurter Staatskunst*, ein anderer Versuch, die *Patriotischen Blätter* (1849).

Die folgenden 40 Jahre sind von dem Namen Friedrich Stoltze geprägt. Ab 1852 veröffentlichte er, über Jahrzehnte, meist zum Karneval, seine großformatigen *Krebbel-Zeitungen* (*Frankfurter Krebbel- und Warme-Brödercher-Zeitung*, mit vielen Titelvarianten), gedruckte Büttenreden, auch im lokalen Dialekt, eine pressegeschichtliche Rarität. Und von 1860 an erschien, mit Unterbrechungen mehr als 30 Jahre lang, sein Lebenswerk, das Flaggschiff der Frankfurter Satire, ein bedeutendes Dokument des süddeutschen Liberalismus, die *Frankfurter Latern*, ein *Illustrirtes-satyrisches, humoristisch-lyrisches, kritisch-raisonnirendes, ästhetisch-annoncirendes Wochenblatt*: Satiren, Glossen, Kommentare in Wort und Bild zu Frankfurt, Deutschland, Europa. Stoltzes oft spitzige Texte und Ernst Schalcks bissig-melancholische Karikaturen (bis 1865) machen das Blatt bemerkenswert. Auf das preußische Verbot, 1866, wird mit Ausweichprodukten reagiert (*Der wahre Jacob, Frankfurter Leuchte, Deutsche Latern*), ab Februar 1872, im neuen Deutschen Reich, gibt es bis März 1893 keinen Samstag ohne *Frankfurter Latern.*

Was neben ihr erschien, ist bis in die äußere Präsentation hinein Imitation: *Die Sachsenhäuser Laterne* (1861), *Die Reichs-Laterne* (1861) oder *Blitz und Schlag*, ein *humoristischer und belletristischer Hausfreund* (1874). Stoltze verhaftet sind auch die Zeitschriften seines Sohnes Adolf, die eher gemütlich-satirischen *Schnaken* (ab 1872) und viele Gelegenheitsproduktionen. Die *Frankfurter humoristische Zeitung* von M. Alex Roth (1892-1902) erbt den Abonnentenstamm der *Frankfurter Latern*, ohne an sie anknüpfen zu können, wenn sie sich auch *Neue Frankfurter Latern* nennt.

Für das 19. Jahrhundert sind einige Titel ebenfalls nicht mehr zu ermitteln: *Der unterhaltende Erzähler von Scherz und Ernst* (1821), *Der Schmetterling*, ein *fliegendes Blatt* (1869), der *Frankfurter Krakehler*, ein *humoristisch-satyrisches Wochenblatt* (1874), der *Frankfurter Figaro*, ein *humoristisches Wochenblatt* (1886/87) oder *Die sanfte Schwiegermutter*, ein *Wochenblatt für Geist, Witz, Wahrheit und gesunden Humor* (1890/92).

Weiterwirkung Friedrich Stoltzes: Mit Titeln und Untertiteln, nicht mit Themen, Horizont und Niveau erinnern die Zeitschriften, die kurz nach dem Ersten Weltkrieg erschienen, an die *Frankfurter Latern*, anspruchslose, grelle Lokalblätter, die unter dem Vorwand, satirisch zu sein, nur noch Skandal- und Klatschpamphlete sind, Begründer der Frankfurter »Yellow Press«. Das gilt für *Die neu Latern*, eine *humoristische, satirische und lyrische Frankfurter Wochenschrift* (1919, Redaktion: Heinz Zimmermann), von der sich ein gleichnamiger Konkurrent abspaltete. Und es gilt für *Die Maabrick*, ein *politisch-satyrisches, dramatisch-lyrisches, dichte und trachtendes, Schiewer verachtendes, heute erscheinendes, nix beeses meinendes Frankforder Wochenblatt for unser Vatterstadt* (1919, Redaktion: H. A. Preiß). Sie wurde schließlich vereinigt mit der *Stadt-Latern*, einer *humoristischen, satirischen und lyrischen Frankfurter Wochenschrift* (1919-1920, Redaktion: August Schmieder). Deren Ende ist auch der Schluß der Geschichte der Frankfurter Satire-Presse bis 1945.

3

»... einen Sohn Johann Wolfgang«
Die Nummer 71/1749 der »Ordentlichen wochentlichen Franckfurter Frag- und Anzeigungs-Nachrichten«

1

Die Nummer 71 aus dem Jahrgang 1749 der *Ordentlichen wochentlichen Franckfurter Frag- und Anzeigungs-Nachrichten* hat aus drei Gründen das Gewicht einer Rarität. Zum einen dokumentiert sie das älteste reine Inseraten-Blatt in Deutschland, einen Zeitungs-Typ, der ohne großen redaktionellen Aufwand die Mechanismen des lokalen Marktes über die Vermittlung von Nachfrage (*Frag*) und Angebot (*Anzeigung*) regulierte. Im 17. und im frühen 18. Jahrhundert brachten die politischen Tageszeitungen noch keine Annoncen. Dafür war es üblich, kommunale Nachrichten des täglichen Lebens von der Kanzel zu verkünden. Man muß sich vorstellen, daß im Anschluß an die Predigt die Rede war von stehengelassenen Spazierstöcken, zu vermietenden Zimmern oder verschloffenen Katern, von süßen Bücklingen oder feinsten Taften, die die örtlichen Kaufleute aus Ostindien herbeizuschaffen verstanden hatten. Es ist auch ein Teil des komplexen Formierungsprozesses der bürgerlichen Gesellschaft, daß der Nachrichtenmarkt, der hier offensichtlich entstand, von den Machthabern frühzeitig geortet und per Privileg kanalisiert wurde. So entstanden an verschiedenen Orten lokale Informations-Instrumente – sogenannte Intelligenzblätter, das erste, das wir kennen, in Frankfurt am Main.

Zum andern ist diese Nummer eine literaturgeschichtliche Seltenheit. Der Grund findet sich in den beiden untersten Zeilen der vorletzten Seite. In der Rubrik *Getauffte hierüben in Franckfurt* wird unter »Freytags, den 20. ditto (August)« gemeldet, »S[alvo] T[itulo] Herr Johann Caspar Goethe, Ihro Römisch-Kayserlichen Majestät würcklicher Rath habe »einen Sohn, Johann Wolffgang« taufen lassen: die Geburtsanzeige – nach dem damaligen Gebrauch einer vorab von Kirchen-Einfluß bestimmten Gesellschaft: die Taufanzeige – des berühmtesten Frankfurters. Ein witziger Zufall will, daß Goethes offizielles Leben mit einem Druckfehler beginnt; es muß natürlich *28.* August heißen.

Und zum dritten ist diese Nummer ein Unikat. Die *Ordentlichen wochentlichen Franckfurter Frag- und Anzeigungs-Nachrichten* selbst sind, lückenhaft allerdings, an mehreren Orten nachzuweisen. Diese Nummer gibt es nur noch in der Stadt-und Universitätsbibliothek Frankfurt am Main. Als sie im Zweiten Weltkrieg das Opfer eines USAF-Bombardements wurde, ging nicht nur ihre berühmte Goethe-Sammlung unter, jene unübersehbare Aufhäufung von Texten, Quellen und Materialien zum Leben und Schaffen Goethes – nur das Repertorium dazu blieb erhalten, Melancholie weckend –, auch viele Frankfurter Zeitungen wurden vernichtet, bis auf wenige Reste, wie den Band, der diese Nummer enthält.

2

Im 18. Jahrhundert erlebte Frankfurt einen Höhepunkt seiner Geschichte als Pressestadt. Schon seit dem 16. Jahrhundert beteiligte sich die Wirtschafts- und Kaiserkrönungs-Metropole durch *Extracte eingelaufener Novellen,* besonders aber durch ihre *Relationes historicae,* die *Meßrelationen,* an der Nachrichten- und Meinungsverbreitung. Zwei Jahrhunderte später gehörte sie zu den führenden Zeitungs-Verlags-Orten.

Neben den beiden wichtigsten Publikationen, der *Kaiserlichen Reichs-Ober-Post-Amts-Zeitung* und dem *Frankfurter Journal,* erschien eine fast unübersehbare Menge von Zeitungen und Zeitungs-Experimenten, besonders gegen das Ende des Jahrhunderts, teils Originalproduktionen, teils, wie zeitgenössisch üblich, auswählende Nachdrucke; darunter mehrere in französischer Sprache. Da gab es – um nur einige Beispiele zu nennen, wobei das breite Angebot an unterhaltenden und »gelehrten« Zeitschriften nicht berücksichtigt werden kann –, den *Frankfurter Mercurius* oder die *Frankfurter Handlungs-Avis-Comptoir-Zeitung,* die *Frankfurtischen Berichte von den Staats-, Kriegs- und Friedensangelegenheiten in und außerhalb Europa,* das *Frankfurter Staats-Ristretto oder Kurzgefaßte Erzählung der neuesten und merkwürdigsten Nachrichten und Begebenheiten der Europäischen Staaten wie auch der Wissenschaften, der Künste und nützlichen Erfindungen,* das *Journal de Francfort (Journal général, de politique, de littérature et de commerce),* den *Mercure universel contenant le récit des principaux événements guerriers politiques et autres,* das *Nouveau Journal de Francfort,* die *Gazette de Francfort,* den *Courier du Bas-Mein* oder den *Mercure curieux,* den *L'Avant-Coureur* und sogar eine *Quint-Essence de toutes les Gazettes.* In dieser publizistischen Vielfalt kamen die *Frankfurter Frag- und Anzeigungs-Nachrichten* heraus.

3

Sie wurden 1722 als *Wochentliche Franckfurter Frag- und Anzeigungs- Nachrichten, Von allerhand in- und ausserhalb der Stadt zu kauffen und zu verkauffen, zu verleyhen und lehnen seyenden, auch verlohrnen, gefundenen und gestohlenen Sachen; So dann Persohnen, Welche Geld lehnen, oder außleyhen wollen, Bedienungen oder Arbeit suchen, oder zu vergeben haben etc.* gegründet und erschienen – ab 1723 mit »Ihro Römisch-Kayserlichen und Königl. Majestät allergnädigstem PRIVILEGIO Wie auch eines HochEdlen und Hochweisen Magistrats Hochgünstigen Bewilligung« – unter diesem Titel bis 1743. Ab 1744 hießen sie *Ordentliche wochentliche Franckfurter Frag- und Anzeigungs-Nachrichten,* ab 1779 *Franckfurter Frag- und Anzeigungs-Nachrichten,* ab 1793 *Franckfurter Frag- und Anzeige-Nachrichten.* 1806 der Titelwechsel in *Frankfurter Intelligenzblatt,* 1819 in *Intelligenzblatt der Freyen Stadt Frankfurt,* 1910 in *Frankfurter Nachrichten und Intelligenzblatt.*

Worum es ging, formuliert ihr Initiator, der Buchdrucker Anton Heinscheidt, der das Blatt von 1722 bis 1732 leitete: »Der gegenwärtige Zustand des menschlichen Geschlechts ist so beschaffen, daß ein Mensch, er mag in einem Stande stehen, worinnen er will, des andern nicht immer entbehren kan, sondern seines Raths und Umgangs oder seiner Hülffe und seines Beystandes entweder zu seiner Nothdurfft, oder zu seinem Vergnügen dann und wann nöthig hat, wann er anders als ein vernüfftiger Mensch in dieser Welt leben und sich nicht selbst unglücklich machen will. Es hat auch der gütige Schöpfer, welcher des Menschen Glückseligkeit suchet, es so weißlich geordnet, daß er von seinen Gaben und Gütern keinem Menschen alles allein anvertraut, sondern einem jeden nur ein gewisses daran mitgetheilet hat« – man muß sich dies nur in ein solides wirtschaftliches Bewußtsein hinein verlängert vorstellen, die Nachricht zu vier Kreuzer.

1732 bis 1743 gab der Buchhändler und Kaiserliche Notar Samuel Tobias Hocker die Zeitung heraus, 1743 bis 1773 der Buchhändler Johann David Jung (in dessen Familie das Blatt bis 1910 blieb).

Während des 18. Jahrhunderts erschienen die Nachrichten zweimal wöchentlich, zur Messe-Zeit dreimal, jeweils vier Seiten im Quart-Format, nebst Anhängen und Beilagen. In insgesamt 18 Rubriken wurden alle Themen des Frankfurter Lebens verhandelt: Marktpreise, Verkaufs- und Tauschgegenstände, Wohnungen, Dienstleistungen, Grundstücke, Diebstähle und Fundsachen, Lotterien und Leihgelder, Konzerte/Theater/Vergnügungen, aber auch amtliche Nachrichten; dazu kamen die Listen der eingetroffenen Fremden und die Kirchenbuch-Auszüge (von den bekannt gewordenen Frankfurtern etwa noch die Taufanzeigen von Friedrich Maximilian Klinger, 1752, oder von Clemens Brentano, 1778). Und am 8. Juli 1738 erschien in dieser Zeitung die erste deutsche Heiratsanzeige.

Blättert man in den erhaltenen Jahrgängen, so präsentieren sich unverstellt die Einzelheiten der Frankfurter Sozial-, Kultur- und Wirtschaftsgeschichte. Beispielsweise in der Nummer 71 von 1749: Die erste Nachricht (*Avertissement*) besagt, daß Christoph Daniel Stock, »dessen Handlung in einer Fabrica von Sammetbanden bestehet«, seine Firma unter einer neuen Adresse weiterführen wolle, »alwo er fernerhin einen jeden aufrichtig bedienen wird«. »Ein Manns-Platz Num. 168« in der Katharinenkirche ist zu verkaufen, ebenso »42. Ehlen fein Haußmachen damast gebild Tuch«. Im Rebstock ist »Eine wohnung von 2. Stuben 3. Kammern und Küch« zu vermieten (zu »verlehnen«), speziell »an stille Leute«, in der Barfüssergasse »eine Commode Stube«, jedoch nur in »Meeß-Zeiten«, und »In einer der gangbaresten Strassen nahe am Römer stehen verschiedene Gewölber, theils mit eisernen Thüren, Fenster Laden, und Mauer Schräncken zu pretiosis und sonstig feinen Waaren dienlich« zur Verfügung. Nachfrage und Angebot in direktem Kontakt: »Man suchet eine guthe Köchin Protestantischer Religion welche die Köcherey recht wohl verstehet und brav ist«, sechs Zeilen darunter: »Eine Principal Köchin welche das Ihrige wohl verstehet, suchet dienst bey einer Herrschaft«. Oder: »Eine Cammer Jungfer Protestantischer Religion welche Frantzösisch und Teutsch spricht und die nöthigen Wissenschaften besitzet, auch mehrmals gedienet hat, wird zu einer sichern Herrschafft begehrt«. Vor dem »Bockenheimer-Thor« wurden »140. stück Artischocken gantz kurtz abgeschnitten verwegener weisse gestohlen«, gegen »ein guth Tranckgeld« soll der Name des Diebs bekanntgegeben werden. Der »Tapeten Mahler« Johann Christian Urban empfiehlt sich, »es seye in Safft oder Oel-Farben«, mit »sauberer Arbeit und civilem Preiß«. Im Anhang, schließlich, werden »Proclamirte und Ehelich-Aufgebotene, Copulirt und Ehelich-Eingeseegnete« sowie »Getauffte« mitgeteilt, letztere getrennt nach »hierüben in Franckfurt« und »drüben in Sachsenhausen«.

Mit einem Wort: Das Blatt lieferte, wie seine Leser schon bald feststellten, Nachrichten und Einwickelpapier für alle Gelegenheiten. Wie groß dieser Bedarf war, geht aus den Umfangs-Zahlen hervor: 1722 wurden 440 Seiten ausgegeben, 1760 860 Seiten, 1819 1800 Seiten, 1849 4200 Seiten, 1870 8500 Seiten und 1897 25 900 Seiten.

4

Dieser große Erfolg, Indiz für den ständig wachsenden Informationsbedarf der Stadt und ebenso Beleg für die Richtigkeit der Spekulation mit der alltäglich-menschlichen, bedarfsdeckenden und -weckenden Neugier, spiegelt sich in der kritisch-liebevollen Bezeichnung, mit der die Frankfurter die Zeitung belegten: »das Blättchen«. In dieser Form taucht sie in der Literatur auf. In dem Lustspiel *Der alte Bürgerkapitän* des zu Unrecht kaum bekannten Frankfurter Autors Carl Malss bittet ein Bürger die Titelfigur: »Mit Verlaab, gewe Se emohl des Blettge Herr Kabbedehn«. Und vielleicht ist es eine Erinnerung an Frankfurter Jugendjahre, wenn Goethe im *Faust*, in der Szene *Der Nachbarin Haus*, Frau Marthe, nachdem Mephisto die schlimme Nachricht überbracht hat (»Ihr Mann ist tot und laßt Sie grüßen«), sagen läßt: »Ich bin von je der Ordnung Freund gewesen, Möcht ihn auch tot im Wochenblättchen lesen«.

5

»Möcht ihn auch tot im Wochenblättchen lesen«. Am anderen Ende des 83jährigen Lebens, das mit der hier wiedergegebenen Geburtsanzeige beginnt, steht jene Todesanzeige aus Weimar, deren vollständiger, von der Familie nicht verwendeter Text, einem Abzug des Probesatzes zufolge, lautet: »Gestern Vormittags halb Zwölf Uhr starb mein geliebter Schwiegervater, der Großherzogl. Sächsische wirkliche Geheime-Rath und Staatsminister Johann Wolfgang von Goethe, nach kurzem Krankseyn, am Stickfluß in Folge eines zurückgeworfenen Katharrhalfiebers. Geisteskräftig und liebevoll bis zum letzten Hauche, schied er von uns im drei und achtzigsten Lebensjahre. Weimar, 23. März 1832. Ottilie, von Goethe, geb. von Pogwisch, zugleich im Namen meiner drei Kinder, Walther, Wolf und Alma von Goethe«.

Die Geburtsanzeige Goethes. Seine Todesanzeige. Das Leben, das dazwischen liegt, ist bekannt. Und unbekannt.

4

»Unschuldigste Handlungen« und »eigennützige Absichten« Deutsche Theater-Periodika des 18. Jahrhunderts

Vorhang auf: Diese Verzeichnung und Erschließung deutschsprachiger Theaterperiodika enthält Materialien zu 47 Titeln aus den Jahren 1750 bis 1780 (analoge Bände zu 1781/90 und 1791/99 sind in Produktion). Ein Angebot in konzentrischen Kreisen: (1) annotierte Formalbibliographien mit den Zentral-Daten der Periodika, (2) zu jedem Titel (a) die Abbildung der Inhaltsverzeichnisse nach Publikationseinheiten (Artikel in gegebener Folge), mit einem, wegen damaliger Paginierungskünste, teilweise sehr subtilen Fundstellennachweis-System, und (b) die Inhaltsfeinerschließung durch jeweils zugeordnete Einzelregister, (3) eine Kumulation aller Register. Kernstück ist ein avanciertes, fachterminologisch kontrolliertes Schlagwörter-Tableau (von »Adel und Bürgertum« bis »Zwischenspiel«), das während der Bearbeitung an den Materialien entlang komponiert/determiniert und exakt auf diese zugeschnitten wurde, ein »geschlossener« Thesaurus somit, der punktgenau den definierten Zusammenhang beschreibt (daher auch Aktualisierungen für die folgenden Teile). Die approbierten Begriffe sind zusätzlich nach 14 größeren Themenkomplexen (»Literarischer Markt«, »Aspekte bürgerlichen Selbstverständnisses« oder »Theatrale Formen«) zusammengeführt. Neben den Schlagwörter-Registern regulieren bis zu 14 weitere den jeweiligen Stoff: Personennamen, Biographien, Beiträger, Gesellschaften, Dramatische Werke, Dramenkritiken, Aufführungskritiken, Textabdrucke, Nicht-dramatische Werke, Orts-Theatergeschichte, Theaterbauten, Theaterreden, Spielpläne, Ensembleverzeichnisse – eine umfassend-intensive Aufarbeitung und Dokumentation mit angenehm kurzen Zugriffszeiten auf beträchtliche Informationenfülle.

Als Entr'acte einige Mäkeleien am Rande, angesichts der beeindruckenden Gesamtleistung die schieren Lazzi: Die Zusammenfassung einiger (offensichtlich identischer) Namen oder Werktitel (beispielsweise: Lessing, Schikaneder) ist nicht ganz so perfekt wie das Übrige; das rektorale Garnieren mit »[!]« hätte entfallen können, »Aprill« schrieb man damals so, auch »versammlet«; gegenüber blätterndem Nachvollzug der dreiteiligen Periodika-Siglen wäre (nachträglich mögliche) Durchnumerierung benutzerfreundlicher gewesen (aber vielleicht EDV-Metaphysik?).

Im Ganzen: eine wohlüberlegte Inszenierung, zwischen »unschuldigsten Handlungen« und »eigennützigen Absichten«, so der Titel des lesenswerten Einleitungs-Essays. Viel Neues vom Parterre bis zu den Logen: ein im Detail wie in der Vernetzung imponierend vielschichtiges Datenreservoir zur neuerlichen, verfeinerten, informierteren und damit effizienteren Analyse der Theatergeschichte des »tintenklecksenden Säkulums«, aber auch der Kultur-, Literatur-, Gesellschafts- und Mentalitätsgeschichte des hier klug und wohlüberlegt »in die Schranken« geforderten Jahrhunderts, Basis genug für »historisch-quantifizierende Untersuchungen vielfältigster Art«, jenseits der »Grenzen üblicher Fachwissenschaften«. Die Publikation, die dies ermöglicht, vereint die Anregungen einer Pionierleistung mit den Vorzügen eines Standardwerks. Doch, ja: Aufklärung über das Zeitalter der Aufklärung tut immer noch not. Danilo Danilowitsch hat *nicht* recht, es gibt *nicht* zuviel Papier, vor allem dann nicht, wenn es solche nützlich-forschungsanregenden Informationen vermittelt und so verbrauchergerecht von K. G. Saur bedruckt wurde. Vorhang zu. Großer Applaus für die Akteure. To whom it may concern: Sofort bestellen.

Theaterperiodika des 18. Jahrhunderts. Bibliographie und inhaltliche Erschließung deutschsprachiger Theaterzeitschriften, Theaterkalender und Theatertaschenbücher / Wolfgang F. Bender, Siegfried Bushuven, Michael Huesmann. München, New Providence, London, Paris: Saur. Teil 1. 1750-1780. Bd. 1. Bibliographie, Inhaltsverzeichnis und Einzelregister. Bd. 2. Gesamtregister. 1994.

5

»Vorreden der kommenden Geschichte«
Deutsche Literatur-Zeitschriften 1800 - 1850
als literaturgeschichtliche Quellen

1

Die Literatur« gestalte sich »meist nach den Hauptpostulaten der Zeit«, sie sei »oft die Vorrede der kommenden Geschichte« – Zitate aus einer Zeitschrift von 1833, der theoretischen Einleitung zu einer Folge von Rezensionen entnommen, die, damals üblichem Brauch folgend, unter »Literatur« sehr viel mehr subsumieren als es der später inhaltlich verengte Begriff der »schönen Literatur« gestattete. Formulierungen, die zu umgekehrten Überlegungen führen, zu Fragen nach den Möglichkeiten, wie von später her, von heute aus die damit gemeinte inzwischen vergangene Zukunft literaturgeschichtlich betrachtet werden könne.

Eine Möglichkeit dazu böten die historischen Literatur-Zeitschriften. Als schier unerschöpfliche Lieferanten von Texten und Umkreismaterialien seit den Anfängen der neueren literaturwissenschaftlichen Forschung und ihrer bibliographischen Verzeichnung bekannter als benutzt, wurden sie weder konsequent bearbeitet noch differenziert in Fragestellungen einbezogen. Die Schwierigkeiten dabei sind evident: Je ernster man den Gedanken an die Ausweitung der Materialgebiete und Untersuchungszusammenhänge nähme, desto deutlicher würde der praktisch wie theoretisch oft schwierige Zugriff auf die benötigten Informationen. Festzustellen bleibt gleichwohl, welche Bedeutung, unter Berücksichtigung welcher Voraussetzungen und welcher Methoden, die Arbeit mit solchen Quellen haben könne. Dabei soll das mehr als drei Jahrhunderte umfassende Gebiet hier auf einen relativ homogenen Zeitraum, die erste Hälfte des 19. Jahrhunderts, eingegrenzt werden.

Die für diese Zeit signifikanten Typen der Literatur-Zeitschriften entstehen um die Jahrhundertwende (im Jahre 1800 erschien ein Blatt mit dem für diese Entwicklung symptomatischen, die Begriffsfelder »Literatur« und »Publizistik« kontaminierenden Titel *Belletristische Zeitung*), sie gehen nach 1850 in den sich verändernden gesellschaftlichen Bedingungen der Nachmärz-Zeit unter und verschwinden schließlich vom Markt. Man könnte sie, entgegen früheren Beschreibungsversuchen und Behandlungsweisen, definieren als periodische Publikationen, die »Literatur« im weitesten, sowohl produktionellen als auch rezeptionellen Sinne enthalten, Blätter mit Originaltexten, Nachdruckperiodika und Auszüge-Magazine, Zeitschriften mit höchst unterschiedlicher Erscheinungsweise, von solchen, die fünfmal pro Woche ausgegeben wurden, bis zu Monatsheften und Vierteljahresschriften, Presseprodukte somit, die, ohne Rücksicht auf eine Qualitätseinstufung, generell mit der zugegeben verkürzten Bezeichnung »Selbständig erschienenes Feuilleton« beschreibbar sind.

2

Versuchte man, die Literatur-Periodika zwischen 1800 und 1850 in Gruppierungen zu überführen, so ergäbe sich, in chronologischer Folge, etwa dieses Bild: Zeitschriften der Weimarer Klassik, der Romantik, der literarischen Restauration, der Kleinromantiken, des Liberalismus um 1830, des Jungen Deutschland; Zeitschriften des Vormärz, der Junghegelianer, der Frühsozialisten; Zeitschriften der Revolution von 1848; dazu, durchgängig, Publikationen der Emigration und Versuche, literarisch-politische Blätter zu gründen. Das Bemerkenswerte an dieser Zusammenstellung ist, daß damit noch nicht 10% der erschienenen Titel erfaßt sind, daß der tatsächliche Markt bedeutend vielfältiger und verflochtener war, seine Produkte aber so gut wie nicht in programmatischen Gemeinsamkeiten zu fassen sind.

Eine auf wenige Grundmuster konzentrierte, weiter ausgreifende Typologie der Formen, deren Kenntnis eine Voraussetzung für die Untersuchung ihrer Kommunikations-Mechanismen wäre, ließe sich so darstellen: 1. Das überregionale, selbständige Unterhaltungs- und Konversationsblatt, mit den Grundbestandteilen Erzählende und diskursive Prosa, Gedichte, Dramentexte, Kulturelle Nachrichten und Korrespondenzberichte (*Der Gesellschafter, Abend-Zeitung, Wiener Theaterzeitung, Die Posaune*). 2. Die – auch getrennt abonnierbare – Feuilleton-Beilage zu Tageszeitungen, im wesentlichen aus Nachdrucken redigiert (*Frankfurter Konversationsblatt, Didaskalia, Münchener Unterhaltungsblatt*). 3. Die Rezensionen-Zeitschrift, ausschließlich Kritiken allgemein kultureller Veröffentlichungen, auch literarischer, gewidmet (*Blätter für literarische Unterhaltung, Jahrbücher für wissenschaftliche Kritik, Hallische Jahrbücher für deutsche Wissenschaft und Kunst*). 4. Das überwiegend kulturelle Themen, zumeist Literatur und Theater behandelnde nichtpolitische Lokalblatt (mit publikumswirksamen Titeln wie *Die cholerische Aster, Der reisende Teufel, Der Zauberer*). 5. und eher am Rande Akademiepublikationen mit »gelehrten« Rezensionen aus allen Wissenschaftsbereichen, darunter immer wieder, wenngleich in bescheidenerem Umfang, auch zu Literatur-Themen.

Zur Illustration der Vergleich zweier Zeitschriften aus der ersten, der häufigsten Gruppe: *Das Morgenblatt für gebildete Stände*, ab 1837 *Morgenblatt für gebildete Leser*, und der *Beobachter an der Spree*. Beide begannen kurz nach der Jahrhundertwende zu erscheinen, beide enden im siebten Jahrzehnt des Jahrhunderts. Alle anderen Feststellungen trennen diese Blätter, die je einen Vertreter der höchsten und der niedrigsten Position in der Wertschätzungsskala zeitgenössischer Literatur-Mentoren repräsentieren. Im einzelnen: hier die Zeitschrift des gehobenen Bildungsbürgertums, dort das auch für vielerlei Zweckentfremdung verwendbare Blatt der damals so genannten »niederen Stände«, des »Pöbels«. Hier morgens mit der »Chocolate« auf der »Chaiselongue« zu studieren, dort nachts mit der Kerze in der Personalkammer zu entziffern. Hier großes Format, leserfreundliches Layout, gutes Papier, perfekte Redaktion, dort winziger Satzspiegel aus Petit, miserable Aufmachung auf Löschpapier. Hier vor allem Prominenz als Mitarbeiter, viele anspruchsvolle Beiträge, dort Buchstabier-Bleiwüsten mit anonymen Texten einfachster Faktur. Hier, typischerweise, mehrere komplette Exemplare erhalten, dort, ebenfalls typischerweise, etwa ein Drittel der Jahrgänge verschollen. Dieser Befund bedeutete aber auch, daß bei literaturgeschichtlicher Forschung die Berücksichtigung von Zeitschriften des Typs *Morgenblatt* durch solche des Typs *Beobachter* zu ergänzen und zu erweitern wäre. Da beide Typen Literatur-Texte transportieren, wird durch die geläufige Übung, nur Vertreter des erstgenannten Typs heranzuziehen, die historische Tatsache verzeichnet, daß das Gesamtlesepublikum sehr viel größer und komplexer war, subtileren Informationskybernetiken unterlag und vielfach unter anderen als bisher im Detail bekannten Bedingungen bedient wurde. Diese Feststellung mag sowohl für die Detailrezeptionsgeschichte einzelner Texte wesentlich sein, als auch für Versuche, allgemeine Prinzipien der Rezeption abzuleiten.

Erfolge wie Mißerfolge dieser Zeitschriften haben ihre Gründe im Bereich der Politik, im Ausweichen vor den Diskussionen der Restaurationszeit und des Vormärz, in der Apolitie aus politischen Gründen, wie sie für die überwiegende Mehrheit der Gesellschaft zu konstatieren ist, in einer Evasionshaltung, die zur betonten Ersatzbeschäftigung mit Literatur, Kunst oder Geschichte führte, sie haben ihre Ursachen ebenso im Bereich der Wirtschaft, im Anwachsen der Bevölkerungszahlen, im Beginn der Industrialisierung, die ein erhöhtes Unterhaltungs- und Ablenkungsbedürfnis neben den Arbeitsprozessen mit sich brachte, und sie sind Folgen neuer Entwicklungen im Bereich der Technik, der nach 1800 beginnenden anderen Produktionsbedingungen und Informationsstrategien, aus denen ein sich zusehends verengendes Kommunikationsnetz resultierte. Die Entwicklung der Zeitschriften wird aber auch durch das Erbe aufklärerischer Theoreme konditioniert, jener lange Zeit zäh verteidigten These vom stetigen kulturellen Fortschritt mit seiner permanenten Referierbarbeit und Indizierbarkeit, sie ist ebenso beeinflußt von gesellschaftlichen Auswirkungen des deutschen Idealismus, die »Poesie« zur Mode der Privilegiertenzirkel und Geschmacks-Marktführer werden ließen, bis hin zu der damaligen, aus politischen und wirtschaftlichen Gründen nötigen Suche nach nationaler Identität, die man zumal in der »Nationalliteratur«, in »deutschen Dichtern« und »Dichterfürsten« zu finden meinte.

3

Vor diesem Hintergrund erweisen sich die Literatur-Zeitschriften zwischen 1800 und 1850 als das hauptsächliche, insgesamt am weitesten verbreitete und effizienteste Medium der Literaturproduktion jener Jahre, den Büchern überlegen durch den niedrigeren Preis, bezogen auf die Stoffmenge, überlegen auch in der Auflagenhöhe und damit in der Distributionsintensität, überlegen ferner in der Schnelligkeit der Liefermöglichkeiten und damit wirkungsvoller in tatsächlicher oder scheinbarer Aktualität, in einer vom gewerblichen Buchhandel gegenüber heute unvergleichlich geringer erschlossenen Landschaft schließlich auch überlegen in der Fähigkeit, Texte jederzeit in jeden Reichsteil transportieren zu können. Nicht nur daraus würden sich Ansätze für heutige literaturgeschichtliche Arbeit ergeben, sondern auch aus dem Doppelmechanismus einerseits der Einsicht der Autoren, Verleger und staatlichen Machthaber in die damit gegebenen Meinungsbildungs-Instrumente und andererseits des Verhaltens der konsumierenden Öffentlichkeit, ihrer Zustimmung und Ablehnung - aus der damit sich abzeichnenden Möglichkeit, gesellschaftliche Prozesse der Zeit, reflektiert in ihrer Literaturentwicklung, nachprüfbar zu ermitteln. Daß diese Zeitschriften die Inhalte des tatsächlich Konsumierten wiedergeben, wäre für die Forschung ebenso relevant wie die Tatsache, daß sie für die Leser zumeist der einzige Zugang zu Produkten der Literatur waren.

Sollte das Korpus der Literatur-Zeitschriften aus der ersten Hälfte des 19. Jahrhunderts nutzbar gemacht werden, müßte es auf breiterer Basis behandelt werden. Erst die umfassendere Materialmenge erweiterte die Einsicht in spezielle Informationszusammenhänge und differenzierte den Stellenwert der Einzelinformation zur wissenschaftlichen Verwendbarkeit. Dabei kann es sich gewiß nicht um den Quisquilienfetischismus einer mechanistisch-positivistischen Kollektion exotischer Subtilinformationen handeln, sondern ausschließlich um problemorientiertes, methodisch kontrolliertes, finalisierbares Ermitteln und Transformieren von Informationen und Subinformationen zur Klärung historischer Vorgänge. Nicht die Zeitschrift als Einzelobjekt stünde dann im Mittelpunkt, sondern, zuletzt, ihre distributive Eigenschaft, ihre Funktionen in den damaligen Literatur-Abläufen, die Problematik somit der Beschreibbarkeit dieser vielfältigen Vernetzungen. Dies liefe auf die jeweils mögliche Vollständigkeit aller in einen Untersuchungszusammenhang gehörenden Datenbasen und Grundlagensegmente hinaus, mittels derer substantielle Erkenntnisse über Informationspolitik, Publikationsstrategien, Vermarktungsmechanismen und Rezeptionsabläufe zu gewinnen wären. Auf diese Weise könnten neue Aspekte für eine wohl wünschenswerte, aber noch nicht realisierbare Literaturgeschichte der Konsumenten gewonnen werden, mit Resultaten, die jeweils auch in ihren Rückbezügen auf Produktionsprozesse zu analysieren wären. (Andere Materialzusammenhänge sind hier auszuklammern: das Verhältnis von Literatur-Texten zu anderen, der Zusammenhang des Literaturkonsums mit parallelen Konsumflächen, etwa der Musik oder der Malerei.)

4

Als Voraussetzung für die Realisierung solcher Vorstellungen müßten die Literatur-Zeitschriften, um ihnen über den bisher meist praktizierten Status eines zum Teil nur historisierend verwendeten Zitaten-Friedhofs hinaus den Wert eines konkret beschreibbaren, damit verwertbaren Kontexts literarischer Produktion zu geben, als selbständige Publikationsformen verstanden werden, durch die Analyse der Publikationspolitik, die Darstellung verbaler Absichtserklärungen gegenüber den tatsächlich realisierten Programmen, die Feinuntersuchung der Redaktionsgestaltung hinsichtlich der vollzogenen Meinungsbildung, die Beschreibung auch der Ursachen und Wirkungen staatlicher Eingriffe in die Veröffentlichung. Erst aus der kritischen Beobachtung solcher Umsystems-Situationen ergäben sich verwendbare Parameter für die Bewertung der Einzeltexte und für die Bestimmung ihres Ortes im Ablauf wirkungsgeschichtlicher Betrachtung.

Etwa beim *Telegraph für Deutschland*, einer bedeutenden Vormärz-Zeitschrift, 1838 als Blatt des bürgerlichen Liberalismus gegründet, von Karl Gutzkow, noch während der Zeit des öffentlichen Verbots seiner Schriften, bis 1843 in progressivere Positionen überführt (»Für das Lessingdenkmal in Braunschweig nimmt der Telegraph Beiträge, für das Hermann-Denkmal in Detmold nicht an«), nach seinem Rücktritt von der Redaktion der Niedergang in die Indifferenz, ab 1846 ein erneuter Aufschwung durch die Verpflichtung des frühsozialistischen Journalisten Georg Schirges, gleichzeitig ein empfindlicher Rückgang der Umsatzzahlen, schließlich die Einstellung im Juli 1848, drei Monate nach dem »März«. Oder bei Arnold Ruges und Theodor Echtermeyers *Hallischen Jahrbücher für deutsche Wissenschaft und Kunst*, ebenfalls 1838 begonnen, ab 1841 als *Deutsche Jahrbücher für Wissenschaft und Kunst* weitergeführt, im Januar 1843 verboten (eine Pariser Exil-Ausweichpublikation, *Deutsch-Französische Jahrbücher*, erschien 1844 nur kurz), das »Organ der Junghegelianer«, für das erst eine sorgfältigere Einzelanalyse beobachten würde, daß es ein sehr viel breiteres Meinungsspektrum besaß, daß es aus taktischen Gründen auch liberale, sogar gemäßigt konservative Texte drucken mußte, die seine Unterdrückung freilich nicht verhinderten. Und bei den verbreiteten und einflußreichen Wiener *Jahrbüchern der Literatur*, für deren Redaktions-Programmierung nicht nur die Tatsache bestimmend war, daß Clemens von Metternich die Auswahl der zu rezensierenden Bücher vorschreiben ließ, die ein vorzügliches Instrument politischer Propaganda auf dem Gebiete der Literatur vor allem dadurch wurden, daß der Staat 90% der Produktion als Garantieauflage übernahm.

Ein Beispiel für damalige Usancen, solcher Redaktionspolitik Ausdruck zu verleihen, damit zugleich für Möglichkeiten des heutigen Zugriffs, wäre die »Miszelle«, die kulturelle Akzent- und Trendmeldung. Niederschlag der Vorgänge und der Tendenzen im Kulturbetrieb und zugleich für dessen Entwicklung wichtig, signalisierten diese häufig gedruckten und nachgedruckten Kurzmeldungen zwischen Nachricht und Klatsch wesentliche Steuervorgänge der öffentlichen Meinung, Kybernetiken, deren Bedeutung von allen an der Literaturpresse Beteiligten frühzeitig erkannt wurde. Korrekte Mitteilungen und Hinweise, gezielte Indiskretionen, direkte Denunziationen, Gerüchte in Behauptungsform: Die extrem multiplikatorischen Effekte der oft absichtlich mehrdeutigen Formulierungen, ihre Fähigkeit, sich bei der Übernahme in ein anderes Blatt jederzeit verändern zu lassen oder auch in freiem Flug die Grenze zwischen Rapport und Fiktion aufzuheben, begründen ihre Bedeutung für den Informationsbetrieb der Zeit und damit für literaturhistorische Fragestellungen. Aus der methodisch gesicherten Summation solcher Beobachtungen entstünde eine veränderte Sicht auf die Bedingungen, unter denen Literatur konsumiert wurde.

5

Die Behandlung der Druckgeschichte als Wirkungsgeschichte erfolgte bisher fast ausschließlich zu den editorischen Zwecken der Werkausgaben. Es böte sich an, sie unter den Aspekten der Erforschung allgemeinerer historischer Prozesse zu sehen. Dabei könnte es jedoch nicht allein um die offizielle Konkludenz der vom Autor sanktionierten Drucklegung seiner Texte gehen, darüberhinaus wäre ein zweiter Mechanismus einzubeziehen, die Abhängigkeit vieler Zeitschriften untereinander, die dadurch entstand, daß sie aus Aktualitätsbedürfnis, Stoffhunger und Kapitalmangel »Redaktion mit Schere und Kleister« betrieben, Texte nicht selbst akquirierten, sondern nachdruckten, vom Standpunkt des »geistigen Eigentums« aus unzulässig, gesetzlich aber damals ungeregelt, juristisch ergo nicht verboten und somit honorarfrei möglich. Das Plündern der Konkurrenz, das sich entsprechend dieser für Literaturproduzenten schwierigen Unrechtssituation ergab, führte häufig zu Veränderungen der Texte durch »Bearbeitung« im Sinne des übernehmenden Blattes, hatte damit auch Abwandlungen des Kontexts zur Folge, es indiziert somit literarische Moden, Bewegungen des Lesegeschmacks und der Erwartungshorizonte, es liefert zugleich, im Rückbezug, Daten für die Textanalyse des Nachgedruckten.

Um ein Beispiel aus der vielschichtigen Wirkung der kritischen Prosa Heinrich Heines auf seine Zeit zu geben: Für die Kenntnis dieser Texte und ihrer Intentionen wäre es aufschlußreich, festzustellen, welche Motivationen wirkten, wenn sie, in charakteristischen Bearbeitungen, oft fragmentarisch, auch bis zum aphoristischen Splitter gekürzt in den Nachdruckmechanismus eingebracht, konservativen Blättern wie dem *Münchener Conversationsblatt* oder der *Moravia* als Argumentationshilfe dienten. Die Auswertung solcher Versionen hätte zu bedenken, daß die große Mehrzahl der Leser Heine-Texte ausschließlich in dieser Form kennenlernte, aus den billigen Nachdruckblättern, nicht aus den teuren Original-Zeitschriften und auch nicht aus den kostspieligen Buchausgaben. Zwei Konsumentenschichten könnten also deutlicher separiert werden, denen die Begriffe »Ursprüngliches Produkt« und »Verändert vermarktetes Produkt« zuzuordnen wären. Dies ermöglichte Aussagen über die Konsumerwartungen, die Leseinteressen und über die Steuermöglichkeiten der Vermittlungsprozesse.

Einen anderen relevanten Zusammenhang bilden die vielen Rezensionen und Theaterkritiken, zwei Textsorten, die, da sie häufig Ersatz für die Kenntnis des besprochenen Buches oder des aufgeführten Stückes waren, ebenfalls den Effekt intensiver Meinungsbildung aufweisen. Gelänge es, diese Informationskanäle, jenseits des Raritätenkabinetts der Meinungsvereinzelung, innerhalb einer aktuellen Problemstellung zu funktionalisieren, ließe sich zeigen, daß beide ihren Erkenntniswert in der statistischen Summierbarkeit und damit Absicherung besitzen, daß beide, wie Passagen beweisen, in denen Autoren auf Kritiken reagieren, unmittelbar auch für die Textanalyse Bedeutung haben.

6

Einige Aspekte des bisher Festgestellten ließen sich an der »Junges Deutschland« genannten Bewegung belegen. Stellte man die zahlreichen Original- und Nachdruck-Veröffentlichungen zusammen, die den »Skandal« von 1835 betreffen, und berücksichtigte man dabei alle historischen Bedingungen und gegenseitigen Abhängigkeiten, dann ließe sich, aus Zeitschriften mit höchst differierenden Redaktionsprogrammen, ein Vorgang detailliert rekonstruieren, über den in vorhandenen Literaturgeschichten zumeist nur ungenau und irreführend referiert wird. Die entscheidenden Momente im Kampf gegen eine Handvoll als »liberal« und »amoralisch« etikettierter Schriftsteller, der schließlich zu einem Verbotsbeschluß des Bundestages führte, waren eben nicht die Veröffentlichungen angeblich vernichtender Rezensionen konservativer Kritiker wie Wolfgang Menzel im *Literatur-Blatt* des *Morgenblatts für gebildete Stände.* Vielmehr entschloß sich die Staatsgewalt ihrerseits und lange vorher, zu handeln, durch Ereignisse wie das Hambacher Fest, 1832, oder den Frankfurter Wachensturm, 1833, in erhöhte Alarmbereitschaft gesetzt, verzeichneten die Zentralbehörden alle ihrer Meinung nach staatsgefährdenden Publikationen, so auch, seit 1833, »jungdeutsche« Schriften, von denen in der Folge mehrere unter Einzelverbote fielen. Tatsächlich waren die fraglichen Bücher längst aktenkundig, als Menzel, offenbar im Besitz vertraulicher Hinweise auf bevorstehende amtliche Aktionen, und auch, um sich, selbst politisch nicht unumstritten, an die Spitze der staatserhaltenden Bewegung zu setzen, seine Polemiken begann, die dann in andere Blätter übergingen und durch mehrere im gleichen Sinne empörte Begleitbroschüren abgesichert wurden. Es mutet, im Nachhinein gesehen, leicht grotesk an, sich vorzustellen, die Polizeiorgane hätten gewartet, bis bei ihnen öffentliche Hinweise eines sittlich erregten Stuttgarter Redakteurs eingegangen wären. Die »jungdeutschen« Schriften erwiesen sich in höherem Maße erfolgreich, im Sinne ihrer Autoren, in anderer Weise für die Öffentlichkeit gefährlich, als dies Darstellungen entnommen werden kann, die ein mangelhaftes Bild des damaligen Staates zugrundelegen und die liberal-progressive Energie jungdeutscher Theorie zu wirrem Radikalrevolutionarismus einerseits, zu läßlichem Literatengezänk andererseits uminterpretieren. Von solchen veränderten Stellenwerten ausgehend, wären diese Texte neu zu lesen und zu erklären.

7

»Vorreden der kommenden Geschichte«: Die Literatur-Zeitschriften zwischen 1800 und 1850 könnten potentielle Quellen sein, Möglichkeiten bieten, literaturhistorische Studien über jene Zeit materiell und damit auch methodisch zu erweitern, indem sie zusätzliche Informationen zu Texten bereitstellen, Einzelheiten zu den Bedingungen, Abläufen und Wirkungen der Produktion, Distribution und Rezeption, sie würden als Korrektive und Korrelative wirken und auf diese Weise Beiträge zu Versuchen leisten, Literaturgeschichte in ihrem funktionalen Zusammenhang mit politischen, ökonomischen und sozialen Prozessen darzustellen. Damit wären Ansätze denkbar, die Dichotomie zwischen »hoher« und »niederer« Literatur zugunsten einer gesellschaftshistorisch flexibleren Konzeption aufzulösen, in der die Textsorten nicht hierarchisch wertend, sondern problem- und prozeßanalog geordnet sind.

6

Zwischen »restaurativem Absolutismus« und »bürgerlicher Intelligenz« Die Wiener »Jahrbücher der Literatur«

Die *Jahrbücher der Literatur,* von den Zeitgenossen meist »Wiener Jahrbücher« genannt, erschienen von 1818 bis 1849; etwa 200 Mitarbeiter, davon 163 namentlich bekannt, schrieben rund 1200 Artikel, die total 128 Bände mit knapp 50 000 Seiten füllen. Formal gesehen, eine »gelehrte Zeitschrift«, in der Wissenschaftler und Publizisten wissenschaftliche und literarische Neuerscheinungen in teilweise extrem langen Rezensionen besprachen. Aber noch sehr viel mehr. Schon die Laufzeit, die mit dem Zeitraum des Vormärz identisch ist, der Erscheinungsort und die Tatsache, daß sich dieses Blatt so lange hielt, obwohl es alles andere als ein ökonomischer und publizistischer Erfolg war, legen es nahe, in diesem Periodikum eine besondere Quelle für die Vormärzforschung zu sehen.

Nähere Informationen darüber verdanken wir dem ebenso material- wie kenntnisreichen Buch von Silvester Lechner, einer umgearbeiteten Dissertation, deren Druckfassung trotz des Umfangs einige wichtige Teile noch nicht enthält: Die ausführliche Darstellung der »Kritik der schönen Literatur« soll separat publiziert werden. Aus diesem Buch geht hervor, daß es sich bei den *Jahrbüchern* um »die kostspieligste und breitest angelegte ›Propagandamaßnahme‹ der Österreichischen Regierung vor der März-Revolution von 1848« handelt, um den »Beginn einer für die deutsche Geschichte von 1848 bis mindestens 1914 so folgenreichen Allianz zwischen politischer Macht und akademischer Intelligenz«, um ein – von Metternich selbst angeregtes, finanziertes und anonym dirigiertes – hochkonservatives Unterdrückungs- und Korrekturorgan, »Teil des Überwachungssystems«, Medium der »Auseinandersetzung zwischen restaurativem Absolutismus und bürgerlicher Intelligenz«, aus dem sorgfältig »alles ›Politische‹ herausgefiltert« ist, das gerade deshalb »politisch« wirkt. Exakt dargestellt werden die Einschränkung der Universalität und Aktualität des Berichteten zugunsten der Erweiterung des »gelehrten« Anspruchs, das »Ignorieren von Publikum und Zeit, das umgekehrt die Konsequenz des Ignoriertwerdens durch die Öffentlichkeit nach sich zog«, so daß die *Jahrbücher* geschäftlich »ein einziger Mißerfolg« sein mußten, die »Doppelkonzeption«, gleichzeitig Teil einer Zeitpublizistik, die auf das Publikum einwirken will, und Teil eines Wissenschafts-Konzepts, »dem Publikum und Zeit programmatisch gleichgültig zu bleiben haben«: Kabinettspolitik des Deutschen Bundes versus Konsolidierung des Bürgertums.

Analysiert wird, »wer die Wiener Jahrbücher gemacht hat, mit welchen Absichten, unter welchen Umständen und mit welchem Ergebnis bei Lesern und Publikum«, sowie »die weiteren Rahmenbedingungen, historische[n] Phänomene und Institutionen«, die zum Verständnis nötig sind: »bürgerliche Öffentlichkeit und Kritik, Gelehrsamkeit und Gelehrten-Republik, Metternichsches System und Habsburg-Mythos, Literatur-Markt und soziales Rollenverständnis von Gelehrten und Literaten, Zensur, Regierungspresse und Schulsystem«. Damit ist auch gesagt, daß es sich bei diesem Buch nicht nur um eine Monographie der *Jahrbücher* handelt, sondern auch, daß der Anspruch vollauf erfüllt wird, »eine Art ›Handbuch Metternichscher Wissenschafts- und Pressepolitik‹«, ihrer Methoden, Wirkungen und Wandlungen, zu sein.

Teil A, *Die Voraussetzungen öffentlicher, gelehrter Kritik in der Habsburger Monarchie von den Anfängen bis 1848,* beschreibt ausführlich und detailliert die politischen, diplomatischen und gesellschaftlichen Voraussetzungen »gelehrter« Zeitschriften, darüberhinaus der gesamten absolutistischen Pressepolitik Metternichs (Stichworte: »›Bürgerliche Öffentlichkeit‹ und ›gelehrte Kritik‹; ihre historische Herkunft und ihre Bedeutung für die Habsburger Monarchie« – »Metternichs System in bezug auf bürgerliche Öffentlichkeit und Gelehrsamkeit« – »›Theorie‹ und Praxis der Zensur«). Teil B ordnet die *Jahrbücher* in die Tradition gelehrter Rezensionsorgane ein und gibt, anhand der fünf Redakteure, einen Überblick über ihre Geschichte und ihre Konzeptionen (von Matthäus von Collin, der sie mit Friedrich von Gentz und Joseph von Hammer-Purgstall gründete, bis Johann Ludwig Deinhardstein, der sie über 20 Jahre leitete). Danach ein wichtiges Kapitel über Finanzierung, Vertrieb und Publikum, sowie über das Echo in anderen Zeitschriften und bei den verschiedenen politischen Lagern. Teil C, *Inhaltliche Tendenzen*, geht auf *Schöne Literatur und positive Wissenschaften* ein, wählt also sinnvollerweise spezifische Gebiete aus – ein anderes Verfahren wäre bei einem derart breit angelegten, viele wissenschaftliche Disziplinen behandelnden Material schon aus Gründen der Kompetenz nicht vertretbar. Behandelt werden vor allem »diejenigen ideologischen Fächer, Aussagen und Maximen«, die über das zutiefst politische Selbstverständnis der *Jahrbücher* das meiste aussagen, zumal der Kritik schöner Literatur ein »Sonderstatus« (hinsichtlich des »unmündigen Volks«) zukommt. Stichwort: »Das Ringen um das ›Positive‹ in der Kritik der Schönen Literatur«. Daran anschließend werden, am Beispiel der Form »Rezension«, die wesentlichsten Zusammenhänge zwischen »Gelehrter Kritik« und »Restauration« belegt: *Die Form der Buchanzeige als Symptom einer Norm-Unsicherheit – Referat und Urteil: die Anwendung von Normen – Der Publikumsbezug – Ton, Sprache und Stil.* Besonders empfohlen sei das danach folgende *Enzyklopädische Stichwort*, das die Resultate des Buchs übersichtlich präsentiert. Teil D verzeichnet alle bekannten Mitarbeiter alphabetisch und alle anonymen Artikel chronologisch. Mustergültig erschlossen wird der Band durch ausführliche Zeitschriften-, Namen- und Sachregister.

Zu begrüßen ist ein Standardwerk, das ein riesiges Material – neben der massiven »Primärliteratur« von 128 Bänden eine große Anzahl unbekannter Archivalien und umfangreiche Sekundärliteratur zum Vormärz – in einem gut lesbaren Text mit sehr vielen Anmerkungen aufarbeitet. Der Verfasser orientiert seine Arbeit an neueren publizistikwissenschaftlichen und medientheoretischen Überlegungen ebenso, wie er die nötigen politisch-historischen und gesellschaftswissenschaftlichen Aspekte berücksichtigt; dadurch kommen viele neue Einsichten und Ergebnisse zustande. Silvester Lechners Buch wird damit unentbehrlich werden für jeden, der sich mit deutscher Literatur und mit Publizistik im Vormärz beschäftigt.

Silvester Lechner: Gelehrte Kritik und Restauration. Metternichs Wissenschafts- und Pressepolitik und die Wiener »Jahrbücher der Literatur« (1818-1849). Tübingen: Niemeyer 1977.

7

»... sich bei den geistigen Kämpfen der Gegenwart betheiligen ...«
Die »Berliner Monatsschrift« 1843/44 und ihr Herausgeber Ludwig Buhl
Ein Beitrag zur Zensur-Geschichte des Vormärz

»Wenn Censur sein soll, so muß es auch Censoren geben, und es fällt uns daher nicht ein, gegen diese etwas einwenden zu wollen. Die Befürchtung, daß die bisherigen Censoren, ausschließlich an die frühere Praxis gewöhnt, sich in die freiere Weise nicht würden finden können, ist ja völlig grundlos. Unsere Censoren sind keineswegs gefühllose Böotier, die es erfreut, die edlen Geistesblüthen der Literatur hinwegzumähen. Die Regierung hat vielmehr *in der Regel* dafür gesorgt (Gott möge uns vor den Ausnahmen bewahren), daß nur literarisch ausgebildete Personen zu diesem Geschäft gewählt werden, und zwar die ausgezeichnetsten in dieser Kategorie, welche sich dazu verstehn *wollten*. (Wenn ich Censor wäre, würde ich über dieses ›verstehn wollten‹, beiläufig bemerkt, etwas pikirt sein.)«

Ludwig Buhl: *Der Beruf der Preußischen Presse*. 1842.

1

Im Jahre 1844 erschien unter dem Titel *Berliner Monatsschrift*[1] ein kleines, 331 Seiten starkes Buch – eine Zeitschrift und doch keine: Materialien vielmehr zu einem von Anfang an verbotenen Blatt. »Erstes und einziges Heft« – diese resignierende Formulierung auf dem blauen Schutzumschlag und auf dem Titelblatt belegt zusammen mit dem für diesen Titel ungewöhnlichen Erscheinungsort Mannheim schon auf den ersten Blick, daß hier ein Experiment verunglückte, genauer: daß es in der Zeit schärfster Vormärz-Presse-Zensur über den status nascendi nicht hinausgelangte. Einzelheiten dazu, die jenseits dieser Zeitschrift für die Pressegeschichte vor 1848 allgemein von Belang sind, liefert das Bändchen ebenfalls: detaillierte Verbotsbegründungen des Berliner Ober-Zensurgerichts, die erlauben, ein Stück Mediengeschichte quasi e negativo zu konturieren. Auch wenn diese Zensurakten heute in Archiven zugänglich wären: Das Entscheidende ist ihre unmittelbare, zeitgenössische Publikation durch den Betroffenen. Diese war ebenfalls verboten. Aber hier durchbricht das Verbotene das Verbot: Der Schlußstein der kurzen Karriere eines nicht zustande gekommenen Periodikums.

Im Juli 1843 legten der Herausgeber der geplanten Zeitschrift, Ludwig Buhl, und der Berliner Verleger Wilhelm Hermes, der bereits mehrere Schriften Buhls veröffentlicht hatte, den *Prospektus* (datiert 14. Juli 1843) der Zeitschrift und drei für das erste Heft vorgesehene Aufsätze bei der Berliner Zensur vor, kurz darauf nochmals drei Beiträge. Geplant war monatliches Erscheinen »in Heften zu 6 Bogen«, ein Jahrgang sollte fünf Taler kosten[2]. Die Zensur versagte am 21./22. Juli und am 28. Juli die Druckerlaubnis sämtlicher Texte wegen der radikalen, mit der offiziellen Staatsdoktrin unvereinbarlichen Inhalte.

Der Herausgeber reichte daraufhin am 28. Juli und am 14. August, wie in solchen Fällen üblich, Beschwerde beim »königlichen Preußischen Ober-Censurgericht Berlin« ein, das sich mit den insgesamt sieben Texten in zwei Verhandlungen befaßte, am 13. September und am 21. September, beide Male unter dem Vorsitz seines Präsidenten, des »wirkl. Geh. Ober-Justiz-Raths und Staats-Sekretärs Dr. Barnemann«[3]. »Auf Vortrag zweier Referenten« – deren Namen leider nicht überliefert sind – wurde in beiden Sitzungen für Recht erkannt, daß die gegen die Zensurenentscheidung erhobenen Beschwerden »des Buhl allhier« zu verwerfen seien.

Das Ober-Zensurgericht formulierte in seinen Urteilen hierzu zwei Positionen. Formal, stellte es fest, habe der Herausgeber das Recht der Beschwerde. »Zunächst muß die in Frage gestellte Legitimation des Buhl zur Beschwerde für gegründet erachtet werden, denn die beabsichtigte Monatsschrift, welche in monatlichen Heften zu 6 Bogen erscheinen soll, bedarf nach § 20 der Verordnung vom 30. Juni d. J. keiner Conzession. Der Beschwerdeführer ist der Herausgeber, als solcher hat er das nächste Interesse an dem Abdrucke bei einzelnen Abhandlungen; es kann ihm daher das Recht der Beschwerde, so wenig, als nach § 15 der angezogenen Verordnung dem Inhaber einer Zeitungs-Conzession bestritten werden«[4]. Zur Sache selbst jedoch gelangte das Gericht zu dem Schluß, daß »sich die eingereichten Schriftstücke nach den gesetzlichen Vorschriften nicht zur Veröffentlichung«[5] eigneten. Dazu wird ausgeführt: »Wenn [diese] Aufsätze, wie sie aus Einem Gusse und in Einem Sinne verfaßt sind, von dem Censor durchweg zurückgewiesen worden sind, so erscheint das Verfahren des letzteren vollkommen gerechtfertigt, und die gegen denselben geführte Beschwerde [ist] als ungegründet zurückzuweisen. Hienach war überall, wie geschehen, zu erkennen« (Urteil vom 13. September 1843)[6]. Somit: »Die gegen die Versagung des Drucks erhobene Beschwerde entbehrt ... jeglicher Begründung und war daher ... überall zu verwerfen« (Urteil vom 24. September 1843)[7]. Über die einzelnen Begründungen dieser Beschlüsse wird im folgenden zu reden sein.

Ludwig Buhl entschloß sich, als Notlösung einen Sammelband[8] mit den abgelehnten Beiträgen, fünf weiteren Aufsätzen und dem vollen Wortlaut der Gerichtsakten zu veranstalten. Der Band, mit seinem Kleinoktav-Format schon äußerlich einem (damaligen) Buch ähnlicher als einer Zeitschrift, erschien schließlich als *Berliner Monatsschrift. Herausgegeben von L. Buhl* 1844 in Mannheim »im Selbst-Verlag von L. Buhl«, gedruckt von dem Mannheimer Drucker Heinrich Hoff, der auch anderweitig in der Buchgeschichte des Vormärz eine wesentliche Rolle spielt[9]: Das politisch weniger gefährliche Baden eignete sich besser für die Veröffentlichung als Preußen, obwohl der Band, durch splendiden Druck über die 20-Bogen-Grenze gebracht, mittlerweile auch dort nicht mehr der Vorzensur unterlegen wäre.

Original-Exemplare sind heute sehr selten. Nur noch zwei konnten bisher nachgewiesen werden[10].

Wäre die *Berliner Monatsschrift* 1843 zustande gekommen, hätte sie möglicherweise eine jener Lücken schließen können, die für dieses bewegte Jahr in der deutschen Presselandschaft zu verzeichnen sind. Am 1. Januar wurde die *Leipziger Allgemeine Zeitung* in Preußen verboten, im März ihre Fortführung als *Deutsche Allgemeine Zeitung* ebenfalls. Ende Januar mußten die *Deutschen Jahrbücher für Wissenschaft und Kunst*, 1838 von Arnold Ruge und Theodor Echtermeyer als *Hallische Jahrbücher für deutsche Wissenschaft und Kunst* gegründet, die glänzendste deutsche Intellektuellen-Zeitschrift jener Jahre[11], ihr Erscheinen einstellen. Im März folgte das Ende eines weiteren wichtigen Oppositionsblattes, der *Rheinischen Zeitung für Politik, Handel und Gewerbe*, Köln. Im Sommer wurde Friedrich Wilhelm Alexander Helds radikale *Leipziger Lokomotive* verboten, zu Jahresende deren Fortsetzung, die *Lokomotive*. Andere kritische Periodika, wie die *Königsberger Zeitung*, die *Mannheimer Abendzeitung* oder der Hamburger *Telegraph für*

Deutschland[12] erschienen zwar weiter, laborierten aber an immer schärferer Zensur und Denunziation: Die Möglichkeiten kritischen und oppositionellen Publizierens verringerten sich zusehends, und es war nur logisch, daß das Zustandekommen eines neuen Sprachrohrs von vornherein verhindert wurde.

Ein Aspekt aus der – noch sehr wenig erforschten – Formgeschichte der deutschen Zeitschriften kommt hinzu. Die Themen der *Berliner Monatsschrift*, wie sie in dem erwähnten Sammelband überliefert sind, und die differenzierte Art der Behandlung dieser Themen, die jener Sammelband – freilich als Konvolut zufälliger Redaktionspapiere – zeigt, legen den Schluß nahe, daß dieses Blatt, hätte es erscheinen können, formal einzugliedern gewesen wäre in den Bereich der reflektierenden »Rundschau«-Zeitschriften des frühen und mittleren 19. Jahrhunderts. Dieser Zeitschriften-Typ, der weniger der detaillierten, konkretisierenden Aktualitäts-Meldung, dafür mehr der zusammenfassenden, abstrahierenden Hintergrunds-Darstellung verpflichtet ist, der deshalb – im Bereich der diskursiven Prosa – weniger mit Kleinformen (Feuilletons, Nachrichten) arbeitet, um so mehr aber mit ausführlichen, teilweise vielen Druckbögen langen Beiträgen, der sich daher auch nicht in der für die Zeit typischen Erscheinungsweise der Vier-Seiten-Einzelnummer präsentiert, sondern in Monatsheften zu 8 bis 10 Bogen – dieser Typ ist in der sonst so vielgestaltigen und formenreichen deutschen Presseproduktion vor 1848 selten. Ein Versuch, englische und vor allem französische Vorbilder, etwa die 1829 gegründete *Revue des deux mondes*, auf deutsche Verhältnisse zu übertragen, Karl Gutzkows und Ludolf Wienbargs *Deutsche Revue*, ging 1835 bei der offiziellen Verfolgung der jungdeutschen Autoren schon in der Vorbereitungsphase unter[13]. Der erste bedeutende Vertreter dieses neueren »Rundschau«-Typs, Cottas (konservative) *Deutsche Vierteljahrs Schrift*, begann 1838. Und in den vierziger Jahren, als sich der Griff der Zensur wenigstens bei der 20-Bogen-Grenze lockerte, erschienen einige Periodika, die ebenfalls diesem Modell entsprechen: beispielsweise Karl Biedermanns *Deutsche Monatsschrift für Literatur und öffentliches Leben* (1842-1845), *Wigands Vierteljahrsschrift* (1844-1845) oder Otto Wigands *Die Epigonen* (1846-1848). Erst nach 1848, unter veränderten politischen Bedingungen des öffentlichen literarischen Gesprächs, kann sich dieser Zeitschriften-Typ voll ausbilden, eindrucksvoll etwa in *Deutsches Museum* (1851-1867). Zu diesem Typ hätte, darf vermutet werden, auch die *Berliner Monatsschrift* gehört, und sie würde, wie die erhaltenen Materialien zeigen, einen beachtlichen Platz in der knapp vertretenen Species eingenommen haben. Aber sie konnte nicht erscheinen.

2

Schon der *Prospektus* der *Berliner Monatsschrift* mußte den Presse-Aufsichtsbehörden überaus unangenehm auffallen (in der Sammelausgabe wird dieser Text sinnigerweise, wie eine lange nachträgliche Anmerkung, am Ende der Wiedergabe der Ober-Zensurgerichts-Materialien abgedruckt). Er erläutert in deutlichen, wenn auch aus Rücksicht auf die Zensur zurückhaltenden Sätzen das Programm und seine theoretischen Positionen: Entwicklung eines zeitgemäßen Freiheitsbegriffs auf der Basis der absoluten Selbstbestimmung, Untersuchung der Grundlagen des Staates und seiner zentralen Begriffe, Beschäftigung mit Politik unter dem Ziele, diese »aufzulösen«[14].

»*Berliner Monatsschrift.* Unter diesem Titel erscheint mit dem Anfange des Augusts ein periodisches Unternehmen, das sich bei den geistigen Kämpfen der Gegenwart betheiligen will. Da nun diese, wie jede Zeit überhaupt, keine andre Aufgabe hat, als den Freiheitsbegriff so weit ihre Kräfte und ihr Bewußtsein reichen, zu entwickeln und zu gestalten, so ist auch damit dem neuen Unternehmen sein Inhalt und seine Richtung gegeben: die Freiheit. Es will den Begriff derselben, die es als die der einen und allgemeinen Freiheit faßt, und von dem es zu der Grundlage der reinen und absoluten Selbstbestimmung aus gelangt, bestimmt formuliren und in seinen Auseinanderlegungen verfolgen. Dies ist der eine Theil seiner Aufgabe, die so gefaßt, einen wesentlichen Unterschied zwischen ihm und zwischen den Vertheidigern des partiellen Liberalismus wie den Jüngern der historischen und juristischen Schule des Liberalismus begründet. Wir werden beide bekämpfen, die Erstere, indem wir ihre Inconsequenzen aufdecken, die Andere, indem wir ihrem historischen Recht das Recht der Vernunft entgegenhalten. Den andern Theil unserer Aufgabe erhalten wir von der Geschichte. [...] Wir wollen die Grundlagen und die Voraussetzungen des Staats und den Begriff des Staats selbst untersuchen und seine Entwicklung durch alle seine Bildungsphasen hindurch bis zur äußersten Consequenz des wahren und allgemeinen: l'état, c'est moi! verfolgen; wir wollen fragen, was die Wörter Recht, Gesetz, Staat, die wir wenigstens nicht als Erscheinungsformen der allgemeinen Freiheit *voraussetzen* werden, für eine Bedeutung haben; namentlich aber wollen wir sehen, ob und wie weit die einzelnen Regierungsformen und Staatsverfassungen geeignet sind, die Forderungen der allgemeinen Freiheit zu erfüllen. [...] Wir beschäftigen uns mit der Politik, aber nur um sie aufzulösen, und wir wollen sie auflösen, weil wir sie für unfähig halten, die allgemeine Freiheit zu realisiren. [...] *Unsere Thätigkeit soll also eine theoretische und kritische sein.* Ferne bleibt uns jeder Gedanke einer praktischen Wirksamkeit und einer praktischen Propaganda, ferne die Anmaßung an den bestehenden Zuständen mit dem Stolze des reformirsüchtigen Besserwissens herumzumeistern und herumzumäckeln oder einzelne Steine aus ihnen herauszubröckeln, um neue von unserer Form einzuschieben. [...] Wir wollen überhaupt nichts als die Propaganda der Ueberzeugung; wir wollen nur das Recht der freien Bewegung und Entwicklung, das Recht der ungehemmten Untersuchung und des freien Worts. Auch auf Popularität machen wir keinen Anspruch. Wenn es uns gelingt, das Recht der freien Entwicklung zu verfechten, so haben wir zwar auch ein Interesse für die Gesammtheit, das sogenannte Volk, die Masse, aber nur ein mittelbares, und wir sind weit entfernt, dasselbe dadurch in ein unmittelbares verwandeln zu wollen, daß wir ihr unmittelbare Resultate zuwerfen oder ihrer Rohheit schmeicheln. Wir können bei ihr keine Sympathie suchen, weil wir wissen, daß wir ihr direkt nichts zu bieten haben und daß die Gegenstände, die uns beschäftigen, ihrem Interesse zu fern liegen. Wir suchen nur die Sympathie der kleinen Gemeinde derjenigen, welche nicht nur die Fähigkeit der Freiheit mit bringen, sondern auch die Lust der Entwicklung und der Kraft und den Willen haben, sich die Freiheit durch eigene geistige Anstrengung zu erobern«.

Das Urteil des Ober-Zensurgerichts über diese Formulierungen ist eindeutig: »Der Prospektus stellt sich die Aufgabe, dem Rechte reiner und absoluter Selbstbestimmung Eingang zu verschaffen, er kündigt allen bisherigen Erscheinungsformen politischer Freiheit den Krieg an, er verkündigt zwar kein unmittelbares Interesse für das Volk, indem zunächst nur die Sympathien der kleinen Gemeinde Freiheitsfähiger in Anspruch genommen werden. Inhalt und Tendenz charakterisiren schon die Ankündigung in der vorliegenden Fassung nach Art. IV zu 1 der Censur-Instruktion vom 31. Januar 1843 als verwerflich, denn daß mit diesen Grundsätzen, welche die Politik aufzulösen ausdrücklich bestimmt sind, der Staat nicht bestehen kann, sagt der Verfasser selbst ohne Rückhalt«[15].

Auf diese Feststellungen und auf die Bestätigung des negativen Zensurspruchs durch das Obergericht antwortet Buhl in einem Aufsatz, überschrieben *Offenes Bekenntniß*[16], den er der Sammelausgabe voranstellt. Jetzt nicht mehr gebunden durch zensurgängigen Sprachzwang, redet er darin unverhohlen, gleichermaßen gegen »Liberalismus« und gegen »Konservativismus« gewandt, und schildert die definitive theoretische Position der geplanten Zeitschrift: Kampf gegen »das Bestehende überhaupt«, »Zersetzungsprozeß aller bestehenden Verhältnisse«, Analyse der »Stützen der Gewalt« bis zur Leugnung aller »Staatsformen« und zur Negation »jeder Autorität«[17]:

»Der Kampf den wir führen, gilt dem Bestehenden, man muß dieß der immer bereiten offiziösen Bemäntelungssucht deutlich sagen, allem Bestehenden, dem Bestehenden überhaupt. Wie konnten wir uns da wohl mit denen verbinden, die den Fortschritt beständig im Munde führen, ohne sich vom Bestehenden lossagen zu können? Nein, wir weisen sie zurück, die falschen Freunde, sowohl des Fortschritts, wie des Bestehenden; wir weisen sie zurück, alle diejenigen, die gegen das Bestehende frondiren, ohne mit ihm zu brechen, alle diejenigen, die nicht auf der Höhe der Freiheit stehen und die nicht den Muth und die Consequenz eines Princips haben, die Steckenpferdreiter eines gesetzlichen Fortschritts und der praktischen Klugheit, die Nachzügler und namentlich die Marodeurs, die nur am Tage der Beute kampflustig sind. [...]

Jetzt, wo wir keine Censur mehr zu fürchten haben, wird man wohl unserer Aufrichtigkeit nicht mißtrauen, wenn wir nicht nur die im Prospekt ausgesprochene Tendenz, welche als die der reineren Entwicklung bezeichnet wurde, als unsere einzige und ausschließliche Richtung wiederholt für uns in Anspruch nehmen. [...]

Wir wußten zu gut, daß eine Gewalt, welche sich auf die Autorität stützt, und welche sich nur unter der Bedingung erhalten kann, daß sie die Bewegung gewaltsam fixirt, einen Zersetzungsprozeß aller bestehenden Verhältnisse, wie wir ihn beabsichtigen, nicht dulden werde. Wir wußten dieß sehr gut, und eben, weil wir dieß wußten, hatten wir es uns zur Aufgabe gemacht, die Stützen und die beschönigenden Vorwände der Gewalt: Staat, Gesetz, Recht, gesetzliche Ordnung, gesetzlichen Fortschritt, Religion, Nationalität, Patriotismus, und wie die Werke sonst heißen mögen, zu analysiren. Um dieß aber im Bereiche und unter den Augen der Gewalt selbst thun zu können, mußten wir freilich unser letztes Wort zurückhalten, wir durften nicht sagen, wie es mit unserer Kritik beschaffen sei, daß sie rein negativ und destruktiv sei, und daß der Kampf allem Bestehenden gelte; unsere Angriffe durften nicht auf das Ganze, sondern immer nur auf einzelne Theile des Bestehenden gerichtet sein. Indessen war auch das letztere schon der Mühe werth; durften wir auch nicht dem Staat als solchen, dem Staat seinem Wesen und Begriffe nach, zu Leibe gehen und ihn als Manifestation der Unfreiheit darstellen, so kamen wir doch zu demselben Resultate, wenn wir alle bestehenden Staatsformen und vorhandenen Verfassungen, als dem Begriffe der wahren und allgemeinen Freiheit nicht entsprechend darstellten. [...]

Unser Verfahren würde darin bestanden haben, daß wir das Einzelne Positive durch Aufdeckung der in ihm enthaltenen Widersprüche würden aufgelöst haben; wir würden also nicht der einen Staatsform die andere entgegengesetzt haben, nicht der absoluten Monarchie die constitutionelle oder die Republik. Wir hätten sogar die ersten ganz aus dem Spiele lassen können und würden unsern Zweck vollkommen erreicht haben, wenn wir die Unfreiheit der sogenannten freien Staatsform hätten verschweigen dürfen. Warum hätten wir hiebei nicht auf Duldung rechnen sollen, wenn wir die Nähe unberührt ließen und unsere Angriffe auf die Ferne richteten? Dieß zu thun, konnte uns kein Opfer kosten, da wir im Einzelnen ja doch nur das Ganze im Auge hatten. [...]

Unsere Absicht bestand darin, jede Tradition zu ächten, jede Autorität abzuwerfen, und es konnte uns daher nicht einfallen, uns selbst zur Tradition verknöchern oder uns als Autorität aufwerfen zu wollen; wir wollten freie, wahre, absolute Selbstbestimmung, und es konnte uns daher nicht in den Sinn kommen, Andere bestimmen zu wollen; höchstens konnten wir sie auffordern, die Kraft der Selbstbestimmung in sich selber zu suchen und zu entwickeln. [...]

Jeder sei Souverain, Jeder sei Staat, Jeder sei sein Gesetz, das ist die absolute Forderung. Mag die Erfüllung derselben möglich oder unmöglich sein, nahe oder fern liegen, das zu entscheiden ist nicht unsere Sache, da wir keine Wahrscheinlichkeitsrechnungen anstellen und nur zu fragen haben, was vernünftig ist. Genug für uns, daß diese Forderung unerläßlich ist, wenn von wahrer Freiheit die Rede sein soll, und daß es ohne sie nur eine Fortsetzung der bisherigen Geschichte, also nur einen Wechsel der Gewalt geben kann, womit uns sehr wenig gethan zu sein scheint«.

Damit ist das Programm der unterdrückten Zeitschrift und ihres Herausgebers deutlich beschrieben: junghegelianische Staatstheorien – davon wird noch die Rede sein – mischen sich mit zunehmend radikaleren Gesellschafts-Vorstellungen bis hin zur »rein negativen und destruktiven Kritik« des Bestehenden, münden aber auch in utopistische Apolitie (»jeder sei Staat«).

3

Die Beiträge zur *Berliner Monatsschrift*[18] enthalten charakteristische Ausschnitte aus dem damaligen progressiven Denken, speziell im Kreise der junghegelianischen Berliner »Freien«, zu denen fast alle Autoren gehörten und von denen noch zu reden sein wird. Um eine möglichst präzise Vorstellung vom intellektuellen – gesellschaftskritischen wie politischen – Hintergrund dieses Projekts zu geben, sollen einige typische Texte des Sammelbandes mit ihren Kernstellen ausführlicher dokumentiert werden. Zuvor jedoch sei ein zusammenfassender Überblick seines gesamten Inhalts[19] gegeben:

4

Der wichtigste Mitarbeiter, von heute aus gesehen, ist der Berliner Lehrer Johann Caspar Schmidt, der unter dem Pseudonym Max Stirner schrieb. Mit »Stirner« gezeichnet ist der eine seiner beiden Beiträge: *Einiges Vorläufige vom Liebesstaate*[20], wohl die Vorstufe zu einem nicht weiter verfolgten Projekt (1844 erschien seine Studie über einen radikal solipsistisch-individualistisch begründeten Anarchismus: *Der Einzige und sein Eigenthum*). Darin wird zunächst »das Sendschreiben des Freiherrn von Stein«[21]› analysiert. »Zwei Zielpunkte hat, wie sogleich in die Augen springt, Stein mit der französischen Revolution gemein, nämlich die *Gleichheit* und *Freiheit*, und es kommt nur darauf an, wie er die eine und andere bestimmt«[22]. Seine Lehre von der Gleichheit laufe darauf hinaus, »Alle auf das *gleiche* Niveau der Unterthänigkeit zu bringen«[23], und Freiheit besitze, dem Freiherrn zufolge, »Wer Gott, König und Vaterland liebt«[24]. Den Mittelpunkt dieser keineswegs bürgerlichen, sondern lediglich moralischen Freiheit bilde »die Pflicht der *Liebe*«[25], der »Feindin der revolutionairen Freiheit«[26]. Der so fundierte »Liebesstaat« sei »die vollendetste und – letzte Form des Staates«[27] überhaupt. Diesem Modell wird die Selbstbestimmung der »Lieblosen« und »Unzufriedenen«[28] gegenübergestellt[29], der Mensch »selbst [als] der Schöpfer seiner Selbst, mithin Schöpfer und Geschöpf in Einem«[30], denn: »der Vernünftige will einen anderen Willen verwirklichen als den seinen«[31] und »gegen die *Freiheit* hat die Liebe nicht Recht, weil in der Freiheit erst die Selbstbestimmung zur Wahrheit wird«[32].

Das Ober-Censur-Gericht kann es in der Beurteilung dieses Aufsatzes bei einem kurzen Referat bewenden lassen, denn der Verfasser habe »sich selbst das Urtheil gesprochen«. Gleichwohl werden Textpassagen, die unter gewissen Umständen die Zensur passieren können würden, wenigstens versuchsweise von solchen getrennt, bei denen dies unmöglich ist:

»Der Aufsatz *Einiges Vorläufige vom Leibesstaate* [sic] enthält im Eingange eine Vergleichung der in dem bekannten v. Stein'schen Sendschreiben entwickelten politischen Ideen über Freiheit und Gleichheit, mit den der französischen Revolution zugrunde liegenden Gedanken. Dieser Einleitung folgt die eigene Ansicht des Verfassers, von der reinen Freiheit und der absoluten Selbstbestimmung. Am Schlusse erklärt er diese seine Theorie, nicht allein mit dem bestehenden Staatsprincipe, sondern auch mit der Liebe und Treue, worauf es ruht, für unverträglich. Hiemit hat er sich selbst das Urtheil gesprochen. Die Tendenz des ganzen Aufsatzes ist nach Art. IV. 1. der gedachten Instruktion[33] verwerflich. Auf diese Tendenz ist auch der Eingang des Aufsatzes berechnet, welcher an sich, mit Weglassung oder Aenderung mehrerer Stellen zum Drucke würde verstattet werden können, aber in einem so unzertrennlichen Zusammenhange mit den daraus abgeleiteten Maximen steht, daß er nach dem sich hindurchziehenden Hauptsinne, mit dem Ganzen das Schicksal theilen muß«[34].

Stirners zweiter Beitrag, gezeichnet mit seiner Kontamination aus Pseudonym und wirklichem Namen, »Max Schmidt«, liefert eine ausführliche Rezension zu Eugène Sues *Mystères de Paris*, in der die gesellschaftlich-politischen Probleme dieses europäischen Erfolgs und seiner unzähligen Imitationen präzise formuliert sind. Die Aufnahme dieses Artikels in die *Berliner Monatsschrift* belegt, daß das Thema »Literatur« ebenfalls zu ihrem Programm gehören sollte:

»Die Mysterien haben großes Aufsehen in der Welt gemacht, und schon drängen sich die Nachahmungen in Masse. Man will den verborgenen Grund, die »unterste Schicht« der Gesellschaft kennen lernen, und neugierig blickt man sich in den finsteren, grauenvollen

Winkeln um. Aber mit welchen Augen schaut man hinein? Mit dem Auge der gesicherten Sittsamkeit, des tugendhaften Schauders. ›Welch ein Abgrund des Verderbens, welche Gräuel, welche Tiefe des Lasters! Herr Gott, wie darf es in deiner Welt so ruchlos zugehen!‹ Aber bald erwacht die christliche Liebe und rüstet sich zu allen Werken des Mitleids und der thätigen Hülfe«[35].

Nach einer eingehenden Analyse der Romanfiguren kommt der Beitrag[36] zu diesem Resultat: »Kein Wunder, daß die Mysterien so großen Anklang fanden. Die sittliche Welt empfängt ja an ihnen die gelungenste Ausgeburt der Philisterhaftigkeit, das getreue Abbild ihrer eigenen Menschenfreundlichkeit, das volle Echo derselben Klagen, in welche auch sie ausbricht, die gleiche Reformsucht in Dingen, an denen so wenig mehr zu reformiren ist, als am Türkenthum. Mahmud II. war nicht der einzige wohlwollende und unnütze Reformator unserer Zeit; der gesammte Liberalismus – und wer wäre heute nicht, er stehe hoch oder niedrig, liberal! – veredelt unter großen Hoffnungen ein Türkenthum. ›Unsere Zeit ist krank!‹ So redet betrübten Blickes der Freund den Freund an, und alsbald machen beide einen botanischen Streifzug, um unter den lieblichen Kräutern des Landes das ›rechte Heilmittel‹ zu suchen. Ihr Freunde, eure Zeit ist nicht krank, sie ist abgelebt; darum quält sie nicht mit Heilversuchen, sondern erleichtert ihr letztes Stündlein durch Beschleunigung und laßt sie – genesen kann sie nicht mehr – laßt sie *sterben*«[37].

5

Edgar Bauers Beitrag *Ueber Sentimentalität*[38] beginnt mit der Schilderung eines »Reichen«, der es versteht, »mit Anstand reich zu sein und sich dabei wegen seines Reichthums keine Gewissensbisse zu machen«[39], dem es vielmehr gelingt, »sich mit sophistischer Gemüthlichkeit die fürchterlichen Thatsachen des Lebens mild und weich zu machen«[40]:

»Er ging einmal in der Weihnacht spazieren. Da kam er vor einer armseligen Hütte vorbei, und er ward neugierig zu sehen, ob denn arme Leute auch das Recht hätten sich zu freuen: durch einen Spalt in dem Laden erblickte er einen schwachen Greis und ein paar halbnackte Knaben, welche einen Sandhaufen mit Kienspähnen schmückten, dem Herrn ein Freudenfeuer anzuzünden. Schon griff der reiche Mann nach seiner Börse, schon näherte er sich der Thür und wollte den Armen eine Weihnachtsfreude machen; doch ein eigenthümliches Gefühl der Achtung hielt ihn zurück, es schien ihm eine Entweihung, die Freuden der Armuth mit seinem Golde zu stören: er schlich sich leise davon. Was will man denn, sagte er bei sich, als er nach Hause ging. Das Glück ist in jederlei Gestalt zu finden, nur ein zufriedenes Herz und kein Palast gehört dazu: jene guten Armen haben wenig Sorgen, denn sie haben wenig Bedürfnisse: es wäre wahrlich recht schlecht von mir gewesen, sie in dem ruhigen Geleise ihrer Bedürfnißlosigkeit zu stören und ihnen durch ein Geschenk die Gier nach glänzenden Gütern einzuflößen. Achten wir die Armuth: mischen wir uns nicht in ihre Freuden, die wir nicht verstehen«[41].

Aus diesem Verhalten wird der gesellschaftskritische Begriff des »Sentimentalen« – mit dem Gegenbegriff des »Denkers« – abgeleitet: »Die Sentimentalität ist ein Mittelding zwischen Rohheit und Bildung, zwischen Instinkt und Denken, zwischen Egoismus und Menschenliebe. Das unbefangene und rohe Individuum, nur mit seinen Angelegenheiten beschäftigt, fühlt die Gegensätze und Widersprüche des Lebens nicht, wenigstens sucht es sie nicht denkend zu ergründen. Der Denker begreift jene Widersprüche, aber er schließt keinen sentimentalen Waffenstillstand, nein, er kämpft, vernichtet«[42].

»Der Denker«, heißt es weiter, »würde nicht verfehlen, sich die ganze Furchtbarkeit des Gegensatzes zwischen einem ausschließlichen Reichthum, einer selbstsüchtigen Geldaristokratie und einer hungernden Armuth zu Gemüthe zu führen«[43], während der Sentimentale niemals darüber zu belehren sei, »daß all diesem Elende nicht abgeholfen werden könne, bevor nicht der Egoismus des Reichthums gestraft, der Privatbesitz zerstört und somit die Ungleichheit des Besitzes von der Erde verschwunden sei«[44]. Auch wenn man »anerkannte Rechte, auf denen alle Ordnung, alle bestehenden Zustände beruhten«[45], angreifen müsse, sei politisch gegen die »Sentimentalen« vorzugehen: »Die Sentimentalen sind die größten Hindernisse des Fortschritts. Denn wie der Fortschritt, der vollständige Fortschritt nur möglich ist, wenn eine ebenso vollständige Aufhebung des Alten vor sich gegangen, so kommt das sentimentale Bewußtsein immer, um seine rührende Anhänglichkeit an das Alte auszusprechen, um eine Versöhnung zwischen ihm und dem Neuen zu versuchen. Man hat sich ja so lange in den alten Zuständen wohl gefühlt: warum die große Menge aus einer schönen Ruhe aufwecken, warum die Rechte so Vieler verletzen?«[46] Nicht nur, daß »die Sentimentalität ... eine starke und herrschende Macht« sei; der Sentimentale sei auch »außer sich, daß in Revolutionen Blut fließt«[47], und, schließlich: »Die Deutschen sind ein sentimentales Volk«[48].

Das Ober-Zensurgericht versteht dies als revolutionären Frontalangriff auf Staat, Gesellschaft und Kirche: »Der Aufsatz über *Sentimentalität* steht im Widerspruch mit allen Anforderungen unserer Censurgesetzgebung. Demselben liegt die Ansicht von der Verwerflichkeit und Ungerechtigkeit der bestehenden Zustände, sowohl in Bezug auf die Vertheilung des Vermögens als auch im religiösen, politischen und socialen Leben zu Grunde. Der Reichthum wird als ein durch *Gewalt* an sich gerissenes Kapital und daher *Zerstörung des Privatbesitzes* und Aufhebung der Ungleichheit des Besitzes als der Weg bezeichnet, dessen Unbilden abzuhelfen. Ueberhaupt geht die Tendenz des Aufsatzes unverkennbar auf Vernichtung der christlichen Kirche, der angestammten Herrschaft und aller bestehenden socialen und sittlichen Verhältnisse als Schranken des Fortschritts und der Freiheit, wobei der Verfasser nicht ansteht, die Grundsätze der Revolution unverhohlen zu vertheidigen und die Scheu vor dem in Revolutionen fließenden Blute als Sentimentalität zu bezeichnen. Mit Recht ist daher dem Aufsatze auf Grund der §§ II., III. und VI. der Censur-Instruction die Druckerlaubniß versagt«[49].

6

Eduard Meyens Aufsatz *Blick auf den Anstoß und die Richtung der deutschen Bewegung*[50] stellt fest, daß, im Gegensatz zu politischen Thesen vergangener Jahrzehnte, die eine »Einigkeit zwischen Fürst und Volk«[51] konstatiert hätten, jetzt »der Parteigeist, eben weil sie ihn so lange niedergehalten haben, so mächtig auflodert«[52], ein »Parteigeist«, der letzten Endes »der deutschen Freiheit«[53] gelte: »Deutschland hat, es ist wahr, seit der Reformation nichts für seine politische, aber desto mehr für seine geistige Freiheit gethan, es hat an dem Princip des Protestantismus, welches ihm die Unabhängigkeit von jeder religiösen Tradition sicherte, festgehalten, dasselbe bis zur Aufklärung gesteigert, und aus dieser das Princip der reinen Vernunft, der freien Philosophie, gewonnen, welches kein anderes Recht anerkennt, als das der Idee. Es hat die Bildung, die Erziehung des Geistes zur Freiheit, zur Sache der Nation gemacht, und die Sache der Freiheit damit stärker, als es einem anderen Lande gelungen ist, an die Nation geknüpft. Frankreich und England kennen nur die nationale, die beschränkte Freiheit, Deutschland kennt den vollen Begriff der Freiheit. Frankreich und England sind religiös unfrei, und darum auch politisch nicht vollkommen frei. Deutschland hat seine Bildung zur Freiheit mit der Befreiung von der Herrschaft der Tradition und des Dogmas begonnen, und sich dadurch fähig gemacht, auch die politische Freiheit rein und unabhängig von jeder Tradition, jedem historischen Rechte, in sich aufzunehmen«[54].

»Deutschland bedarf der Gewaltthaten, der Revolutionen nicht, denn es kann sich auf die Macht seines Geistes, auf die Nothwendigkeit seiner innern Entwicklung verlassen. Die Philosophie, die Sache des Fortschritts geht hier auch unmittelbar in den Geist der Nation über, und was in der Theorie den Sieg davon getragen hat, muß sich auch verwirklichen, denn es bildet das Leben der Nation«[55].

Denn der Deutsche sei »nicht sowohl *Partei-*, als *Principienmensch*, und seine Parteikämpfe sind *Principienkämpfe*. Es ist ihm nicht um die Erreichung eines bestimmten Zweckes zu thun, er verfolgt kein persönliches Interesse und schließt sich um dessen Willen an eine Partei an, sondern er folgt der Idee, welche ihn beseelt, und kommt durch das Princip zur Partei, nicht durch die Partei zum Princip. [...]

Der Deutsche will nicht herrschen, er will nur sich, will sich genießen, aber indem er dieß will, mit ganzer Seele will, nimmt er auch den allgemeinen Geist nicht nur seiner, sondern aller Nationen, und daher den allgemeinen Freiheitsbegriff mit voller Kraft in sich auf, und sieht sich durch diese Macht des Geistes dahin getrieben, für diesen Begriff zu kämpfen. Der Deutsche wird von jeder Bewegung, welche in England, Frankreich oder Spanien sich Bahn bricht, auf das Lebhafteste ergriffen, er kämpft mit jeder Partei, welche dort für die Freiheit streitet, und überträgt die dort gemachten Erfahrungen auf sich selber«[56].

In der Natur solcher »Prinzipienkämpfe« liege es jedoch, daß sie »zum Extrem, d. h. zur vollen Wahrheit«[57] führten: »Dieser Radikalismus setzte Religion, Politik und Philosophie mit einander in die engste Beziehung, und suchte in der Einigung ihrer Freiheit auch die Freiheit des Staates. Nicht die Herrschaft der Kirche, sondern das Christenthum und die Religion überhaupt wurden der Gegenstand der Kritik, und aus diesem dialektischen Prozesse ging die Freiheit des Selbstbewußtseins als Princip hervor, nachdem der Prozeß nachgewiesen war, durch welchen die Religion aus dem religiösen, seiner selbst noch nicht bewußten, Gefühl entstanden war. Nicht gegen die Monarchie und das Königthum richtete sich ferner die freie Bewegung, sondern der Staat überhaupt wurde von ihr erfaßt, und an diesen die Forderung gestellt, daß er die Stätte des freien Selbstbewußtseins werde, und sich von jeder Tradition, jedem historischen Unrecht loslöse, jeder Aristokratie und jedem Ständeunterschied entsage, und seinen Inhalt und sein Wesen in der freien Association und der Idee der Gemeinde finde«[58].

Diese neue freie Bewegung, die »ihre Sache zur Sache der Menschheit und der Vernunft machte«[59], sei ein Produkt der deutschen Philosophie, »der philosophische Radikalismus Deutschlands aber kann nicht gehemmt werden, denn er ist das freie Produkt des Protestantismus, des Eigensten, was Deutschland besitzt«[60].

Das Ober-Zensurgericht unterstreicht, ähnlich wie im Falle Edgar Bauer, die »Verwirklichung des Radikalismus« als das politische Ziel derartiger Gedankengänge: »Der Aufsatz huldigt einer Lehre, welche unter Protestantismus den Kampf gegen alles Bestehende, unter Freiheit die Loslösung vom Christenthume, Staat und aller, durch Gesetz und Recht bestimmten, Verhältnisse versteht, die offen ausgesprochene Tendenz des Aufsatzes ist die praktische, durch keine Rücksicht auf bestehende Einrichtungen gehemmte, Verwirklichung des Radikalismus, den er als das freie Produkt des Protestantismus und der deutschen Philosophie bezeichnet. Derselbe fällt also gleichfalls unter die Bestimmungen der §§ II. und IV. der Censur-Instruktion vom 31. Juni d. J«[61].

7

Drei Beiträge stammen vom Herausgeber. Der erste, *Offenes Bekenntniß*, wurde schon behandelt.

Der zweite Artikel, *Die wahre Bedeutung der reichsständischen Verfassung*[62], untersucht kritisch ein Stück jüngster preußischer Verfassungsgeschichte – »eine durch Befangenheit der Wünsche und die Kämpfe der Leidenschaften und Parteien entstellte und verwirrte Frage«[63] –, die Provinzial-Stände-Verfassung von 1823, und spekuliert über eine mögliche »reichsständische« Verfassung Preußens, die sich »als letzte und nothwendige Consequenz aller andern Reformen«[64] hätte ergeben können.

1823 habe es die Regierung unternommen, »ein Volk zu bilden, oder richtiger es aus nichts zu schaffen. Eine zusammengeraffte, durch kein andres Band als durch Gemeinschaftlichkeit der Beherrschung und eine glänzende Erinnerung zusammengehaltene Menschenmasse, Bevölkerungen verschieden an Abstammung und Rechten, Klassen und Kasten, die bisher durch Privilegien und Vorurtheile getrennt gewesen waren, in denen sich noch gar kein politisches Bewußtsein geregt hatte, sollten mit einem Wurfe, mit einem Zauberschlage, durch Verwaltungsmaßregeln und Gesetze zu einem Volk, zu einem Gesammtbewußtsein verschmolzen werden, sollten durch gemeinsame Anstrengungen und Lasten, durch Bewilligung von Menschen- und Bürgerrechten an den Staat gebunden werden«[65]; man hätte »ein freies Volk improvisiren«[66] müssen, »die Verheißung der reichsständischen Verfassungen«[67] aber, die sich daraus ergeben hätte, sei unrealisierbar gewesen, da sie nur in Kategorien provinzialständischer Verfassung gedacht wurde und weil »der Begriff des Volkes eine Gemeinschaft gleichberechtigter Staatsbürger, Gleichheit der bürgerlichen und politischen Rechte« voraussetze. Wo jedoch »ein Theil des Volkes sich von andern durch Verschiedenheit der Rechte abscheidet«, da gäbe es kein Volk, sondern nur »eine privilegirte Kaste und eine rechtslose ungebildete und unterdrückte Masse, gleichviel, ob die Regierung eine sogenannte absolute sei, oder ob sie das Prinzip der Vertretung angenommen habe«[68]: eine »schreckliche Aussicht« zeige »einst das Schicksal, die Wohlfahrt, das Vermögen einer Bevölkerung von 15 Millionen der Habgier einer Schaar von 20 000 Privilegirten preisgegeben«[69]. Ein »richtiger Instinkt« sage dem Volk, daß hier nicht seine Sache geführt werde: »Und Du armes Volk, Ihr eigenthum- und heimathlosen Menschen, Ihr Proletarier, hört Ihr es? Nicht für Euch ist die reichsständische Verfassung, sondern für die, die *vor* Euch stehen«[70]. Durch den Landtagsabschied Friedrich Wilhelms IV. von 1840 habe die Debatte um eine reichsständische Verfassung »ihre legitime Grundlage, ihren juristischen, rechtlichen Boden, ihre offizielle, staatsrechtliche Bedeutung« verloren[71]. Darum müsse man diese Frage »als eine abgethane und der Vergangenheit angehörige«[72] betrachten.

Das Ober-Zensurgericht bewertet diese Überlegungen als einen Angriff auf »das monarchische Prinzip des preußischen Staates« und seiner Institutionen. Zugleich legt es einen Widerspruch offen zum *Prospektus* der *Berliner Monatsschrift*, in dem gesagt worden war, man mache »auf Popularität keinen Anspruch«: »Wenn die Censur-Instruktion vom 31. Januar 1843 zu Art. IV.1, wirklich ›Alle Aeußerungen, welche das monarchische

Prinzip des preußischen Staats oder die der bestehenden ständischen Institutionen desselben gesetzlich vorgezeichneten Grundlagen angreifen, oder zur Unzufriedenheit damit aufzureizen suchen‹, als censurwidrig bezeichnet, so finden diese Vorschriften auf den vorliegenden Aufsatz, wie sich der Verfasser selbst gestehen muß, volle Anwendung: der Aufsatz ist übrigens seinem Hauptinhalte und seiner unverhohlenen Tendenz nach so populär gehalten, daß er sich zuletzt noch ausdrücklich mit einer Apostrophe an das Volk und namentlich an diejenigen wendet, welche der Verf. als Proletarier bezeichnet«[73].

Ludwig Buhls dritter Text, *Eine Eigenthums- und Rechtsfrage*[74], ein »Beitrag zur Charakteristik unserer Rechtszustände«[75], beschreibt Schwierigkeiten im Umgang mit Behörden und Zensur. Unrechtmäßigerweise waren eingereichte Manuskripte zu einer »verschiedene Postverhältnisse behandelnden Broschüre«[76] vom Zensor dem Generalpostmeister Karl Friedrich Ferdinand von Nagler weitergegeben worden. Buhls Protest, daß der Zensor »kein Recht habe, eine ihm zur Censur vorgelegte Schrift willkührlich in andere Hände gelangen zu lassen«[77], daß hier »die Natur eines Censors mit der eines Inquisitors«[78] verwechselt werde, führte zu einem längeren Behörden-Fall, in den auch Justizminister Heinrich Gottlob von Mühler eingeschaltet wurde. Erst nach kompliziertem bürokratischem Hin und Her, unter anderem über den natürlich erfolglosen Versuch einer Klage beim Berliner Kammergericht, war die Rückgabe des inkriminierten, juristisch jedoch, da ungedruckt, straffreien Manuskripts möglich. Über diesen Text, der durch den Abdruck von Briefen und Erlässen dokumentarisch besonders wertvoll ist, liegt kein Urteil des Ober-Zensurgerichts vor. Es versteht sich, daß er dort gar nicht erst eingereicht wurde.

Um auch auf die andere Seite der behördlichen Entscheidungs-Mechanismen hinzudeuten: Der Aufsatz *Andeutungen zur wissenschaftlichen Begründung der Gymnastik, als freie Kunst*[79] von Friedrich Adolf Märcker passierte fast ohne Schwierigkeiten die Zensur.

8

Der Herausgeber dieses Zeitschriften-Fragments gehört zu den Verschollenen des Vormärz. Einzelne Splitter einer noch nicht einmal flüchtigen, brüchigen Kontur müssen aus verschiedenen kleinen Nachrichten und Notizen zusammengesetzt werden. Für wenige Momente taucht dann eine skurrile Figur aus dem Niemandsland zwischen Bürgertum und Untergrund auf, einer der vielen in der Geschichte der deutschen Intellektuellen, die an ihrer neugierigen Nervosität zugrunde gingen.

Theodor Fontane hat ihn anschaulich beschrieben: »Ludwig Buhl, wenn er halbe Stunden lang für Abschaffung der Ehe plaidirt und das Heil künftiger Generationen an Bedingungen geknüpft hatte, die sich mit Rücksicht auf den Sittlichkeitsparagraphen auch nicht einmal andeutungsweise hier wiedergeben lassen, unterbrach sich oft inmitten solcher Ungeheuerlichkeiten, um seinen Zuhörern mit plötzlicher Herzensbewegung zu versichern, ›daß ein lautrer Wandel und Sittenreinheit doch schließlich das Einzige seien, was das Leben werth und schön mache‹«[80].

Ludwig Heinrich Franz Buhl, 1814 in Berlin geboren – in der französischen Kolonie, deshalb sein vermutlich richtiger Name Boul oder Boule –, erscheint in den dreißiger Jahren als Mitarbeiter einiger Literatur-Zeitschriften[81], danach betätigt er sich vor allem als Publizist, Übersetzer und Historiker[82].

Wenige Details aus seinem bewegten Leben sind bekannt. Der »mit seinen Finanzen stets brouillierte«[83], »ängstliche«[84] Buhl, der »in einem schwachen Körper eine starke, unverwüstliche Natur«[85] gehabt haben soll, neigte »seinem Temperament nach nicht zu den Extremen«[86]. »Seine nahen Freunde wußten auch, daß dieser vor der Zeit ergraute Bohémien[87] mit der ungepflegten Mähne und den grünlichen Zähnen im Grunde der Seele von schmeidig-zarter Natur war und daß er das Blut vielleicht noch mehr scheute als die Seife«[88]. »Wenn er nicht irgendeine Gefängnisstrafe abzusitzen hatte, deren er sich zahlreiche, einmal durch seine Schriften, ein anderes Mal durch ein ironisches Hoch auf die Polizei auflud, – er war bald drei Wochen, bald drei Monate, einmal sogar ein Jahr auf der Festung – so war er immer bei Hippel[89] zu sehen, einer der treuesten Besucher und einer der – lautesten«[90].

Trotz häufiger Konflikte mit der Staatsgewalt erscheint Buhl in den erhaltenen Konfidentenberichten[91] nur selten, bei Aufzählungen beobachteter Staatsgegner[92], einmal, 1844, wird er dabei als »der bekannte Berliner Literat«[93] apostrophiert.

Ludwig Buhls Veröffentlichungen gehören in den Rahmen der sich ab 1840 politisch verschärfenden Situation, die durch die Regentschaft Friedrich Wilhelms IV. entstand, als Preußen sich innenpolitisch restaurierte und zugleich außenpolitisch anschickte, der deutsche »Leitstaat« zu werden, und mehr und mehr die Haltung auch der anderen deutschen Staaten zu bestimmen versuchte: eine Situation, die, wie bekannt, aus politischen, wirtschaftlichen und gesellschaftlichen Gründen die »Revolution« hervorrief, 1848 aber nur scheinbar explodierte, die jedoch vor dem »stürmischen Jahr« große Mengen liberaler und radikaler Energien freisetzte. An Buhls Schriften der vierziger Jahre wird schon äußerlich die Unstetheit des offiziell Verfolgten durch die Tatsache deutlich, daß fast jeder Titel einen anderen Verleger hat, bis hin zu dem bekannten »Exil«-Verlag des Zürcher Literarischen Comptoirs. Buhl, häufig ebenso ein witziger Stilist wie ein Denker mit überraschenden Volten und Pirouetten, befaßt sich vor allem mit preußisch-innenpolitischen Themen (*Die Verfassungsfrage*, 1842; *Fragen der inneren Politik und Verwaltung*, 1843; *Die Grundsteuerbefreiungen*, 1844; *Die Noth der arbeitenden Klassen*, 1845; *Der erste Vereinigte Landtag*, 1848). Auch seine kleine Zeitschrift *Der Patriot*, die 1842 schon nach wenigen Monaten wieder verboten wurde, hat den Untertitel *Inländische Fragen*. Daneben stehen Übersetzungen von Senancour (1844) und Blanc (1844/45) – offensichtliche Brotarbeiten einerseits (denn das Geschäft des Übersetzers war in jener Zeit wenig angesehen), und doch auch, wie die Namen Senancour und Blanc zeigen, Versuche andererseits, innerhalb des wirtschaftlichen Zwangs die persönlichen Interessen, die eigenen publizistischen Anliegen so weit als möglich zu vertreten.

Sein groß geplantes Werk *Geschichte des Preußischen Staates und Volkes vom Tode Friedrichs des Großen bis zum Schluß des ersten Vereinigten Landtags* bricht 1848 nach der dritten Lieferung ab und bleibt unvollendet[94]. Später sind keine »politischen« Publikationen mehr zu verzeichnen. Wie viele andere, beispielsweise Arnold Ruge oder Max Stirner, gehört auch Ludwig Buhl zu den Opfern der Entwicklung nach 1848.

9

Jedenfalls kehrte er zur Übersetzung zurück – jenseits der Legalität. Eine seiner Affären betrifft Heinrich Heine. Dessen Prosatext *Die Götter im Exil* erschien am 1. April 1853 in einer französischen Version als *Les dieux en exil* in der *Revue des deux mondes*. Heine sah voraus, daß seine neue Veröffentlichung sofort Aufmerksamkeit erregen würde – »der Gefahr ausgesetzt, daß ein deutscher Übersetzer darüber herfällt«[95], wandte er sich schon vor dem Erscheinen des Artikels an Gustav Kolb in Augsburg[96] und an Joseph Dumont in Köln[97], um einen ihn absichernden Druck seiner deutschen Originalfassung in der *Allgemeinen Zeitung* oder in der *Kölnischen Zeitung* zu arrangieren, »damit ich nicht in Gefahr gerathe, daß von einem der lungernden Correspondenten, deren Anzahl jetzt hier so groß ist, mein Aufsatz gleich nach der Erscheinung der französischen Version für deutsche Journale durch allerlei tölpelhafte Auszüge ausgebeutet werde«[98]. Beide lehnten ab, Kolb, da er »kein Feuilleton im französischen Sinne«[99] zur Verfügung habe, Dumont wegen der »Verhältnisse, wie sie nun einmal hier bestehen«[100]. Nur Heinrich Brockhaus, den Heine mit der gleichen Bitte angeschrieben hatte[101], reagierte positiv und druckte Heines Text in den *Blättern für literarische Unterhaltung* ab (*Die Götter im Elend*, 30. April 1853)[102].

Dennoch: Die *Hamburger Nachrichten* brachten bereits am 7. bis 20. April eine illegale deutsche Rückübersetzung: »die Übersezung«, schrieb Heines Mutter an ihn, »stand hier in die Nachrichten Failietong, sie war aber so miserabel, daß ich die Fortsetzung gar nicht lesen mochte«[103].

Konnte dies – im Feuilleton einer nicht sehr verbreiteten Zeitung – noch hingehen, so war wirklich alarmierend, daß der vollständige Text Ende April als selbständige Broschüre erschien:

> *Die verbannten Götter*
> Von Heinrich Heine.
> Aus dem Französischen.
> Nebst Mittheilungen über den kranken Dichter.
> Berlin: Gustav Hempel 1853. XVIII, 67 S.

Die offensichtlich rasch hergestellte Produktion brachte außer dem Text aus der *Revue des deux mondes* als Füllmaterial einige Zeitungs- und Zeitschriften-Zitate über Heines »Matratzengruft«.

Julius Campe informierte Heine sogleich. Aus Leipzig, wo er sich zur Buchmesse aufhielt, reichte er ihm »in Eile« einen »Zettel« weiter, den er von seinem »Freund Springer in Berlin« erhalten habe – einen Hinweis auf die unrechtmäßige Übersetzung[104]. Nach Hamburg zurückgekehrt, teilte er Heine zusätzlich mit, er habe ihm über Berlin ein Exemplar der Broschüre schicken lassen. »Wie ich höre, ist sie von Ludwig Buhl in Berlin übersetzt«[105].

Heine reagierte heftig[106]. »Nimmermehr könnte ich mir einbilden, daß irgend jemand in Deutschland die Unverschämtheit haben würde, meine Arbeit als eine besondere Broschüre ohne die geringste Autorisation herauszugeben«[107]. »Zu meinem größten Ärger mußte ich erfahren, daß diese schöne Arbeit von einem miserablen deutschen Buchhändler in einer miserablen deutschen Übersetzung zu Berlin herausgegeben worden ... Ich bin überzeugt, der Lump, der die Übersetzung machte, ist ein aufgeklärter Handelsjude aus der Schule eines Salomo oder Kley«[108].

Auf Heines Wunsch, »in Bezug auf die Erscheinung der Berliner Übersetzung eine Reklamation in den deutschen Blättern zu inserieren«[109], ging Campe indessen nicht ein. Vielmehr antwortete er: »Der Uebersetzer: L. Buhl hat so gut gearbeitet, daß er das Original so gut als überflüßig gemacht hat«[110]. Auch vor dem Hintergrund der vielen Auseinandersetzungen zwischen Heine und Campe gelesen – eine davon fand damals gerade statt –, bleibt dieser Satz überaus erstaunlich. Später modifizierte der Verleger seine Meinung: »Alles was zur Literatur gehört, Autoren und Buchhändler sind darüber einverstanden, daß eine Gaunerei, wie sie an den Göttern im Exil geübt ist, eine Sühne verlangt; die noch viel zu milde den beiden Industrie-Rittern, Hr. Ludwig Buhl und Hempel, zugewendet wird«[111].

Im Oktober 1854 erschien dann Heines Originaltext doch bei Campe, als *Die Götter im Exil* im ersten Band der *Vermischten Schriften.* Damit war Buhls vermutlich finanziell bedingte Spekulation zu Ende. Wie sehr sie Heine in seiner publikationsstrategischen (moralischen und juristischen) Situation getroffen hatte, zeigt ein weiteres Mal das *Vorwort,* das er der Campe-Ausgabe seiner Version beigab. In diesem Text richtet er heftige Angriffe gegen Buhl, ohne ihn mit Namen zu nennen. Er bezieht sich dabei nicht nur auf die Raubübersetzung selbst, sondern auch auf die *Mittheilungen über den kranken Dichter,* die der Broschüre beigefügt waren. Dieses Vorwort wurde auch gesondert publiziert: Es erschien am 9.8.1854 in der Nr. 101 des *Börsenblatts für den Deutschen Buchhandel,* im *Nichtamtlichen Theil.* Der Vorgang wirft ein Licht auf die noch wenig erforschte, zwiespältige Position Campes gerade in der Heine-Buhl-Affäre. Einerseits: Nur von ihm kann Heines Stellungnahme an die Redaktion des *Börsenblatts* geschickt worden sein. Andererseits: Sehr wahrscheinlich von ihm wurde die Überschrift formuliert, die das Folgende sowohl als *Beitrag zur Würdigung des Autor-Rechts* als auch *zugleich als Curiosum* bezeichnet. Der Text des kaum beachteten, buchgeschichtlich sehr bemerkenswerten Heineschen »Anti-Buhl« lautet, nach dem Druck im *Börsenblatt:*

Ein Beitrag zur Würdigung des Autor-Rechts, zugleich als Curiosum.
Heinrich Heine an den unberufenen Uebersetzer: »Die verbannten Götter«,
von Heinrich Heine.

In der Vorrede seiner demnächst erscheinenden Publication spricht Heine sich in folgender Weise aus: »Die nachfolgenden Blätter schrieb ich, um sie einer neuen Ausgabe meines Buches de l'Allemagne einzuverleiben. Voraussetzend, daß ihr Inhalt auch die Aufmerksamkeit des heimischen Publicums in Anspruch nehmen dürfte, veröffentliche ich diese Geständnisse ebenfalls in deutscher Sprache, und zwar noch vor dem Erscheinen der französischen Version. Zu dieser Vorsicht zwingt mich die Fingerfertigkeit sogenannter Uebersetzer, die, obgleich ich jüngst in deutschen Blättern die Original-Ausgabe eines Opus ankündigte, dennoch sich nicht entblödeten, aus einer Pariser Zeitschrift den bereits in französischer Sprache erschienenen Anfang meines Werks aufzuschnappen und als besondere Broschüre verdeutscht herauszugeben*, solchermaßen nicht blos die literarische Reputation, sondern auch die Eigenthumsinteressen des Autors beeinträchtigend. Dergleichen Schnapphähne sind weit verächtlicher, als der Straßenräuber, der sich muthig der Gefahr des Gehenktwerdens aussetzt, während jene, mit feigster Sicherheit die Lacunen unsrer Preßgesetzgebung ausbeutend, ganz straflos den armen Schriftsteller um seinen eben so mühsamen, wie kümmerlichen Erwerb bestehlen können. Ich will den besonderen Fall, von welchem ich rede, hier nicht weitläufig erörtern; überrascht, ich gestehe es, hat die Büberei mich nicht. Ich habe mancherlei bittere Erfahrungen gemacht, und der alte Glaube oder Aberglaube an deutsche Ehrlichkeit ist bei mir sehr in die Krümpe gegangen. Ich kann es nicht verhehlen, daß ich, zumal während meines Aufenthalts in Frankreich, sehr oft das Opfer jenes Aberglaubens ward. Sonderbar genug, unter den Gaunern, die ich leider zu meinem Schaden kennen lernte, befand sieh nur ein einziger Franzose, und dieser war gebürtig aus einem jener deutschen Gauen, die einst dem deutschen Reich entrissen, jetzt von unsern Patrioten zurückverlangt werden. Sollte ich, in der ethnographischen Weise des Leporello, eine illustrirte Liste von den respectiven

* Die verbannten Götter, von Heinrich Heine. Aus dem Französischen. Nebst Mittheilungen über den kranken Dichter. Berlin, 1853.

Spitzbuben anfertigen, die mir die Tasche geleert, so würden freilich alle civilisirten Länder darin zahlreich genug repräsentirt werden, aber die Palme bliebe doch dem Vaterlande, welches das Unglaublichste geleistet, und ich könnte davon ein Lied singen mit dem Refrain: ›Aber in Deutschland tausend und drei!‹

Charakteristisch ist es, daß unsern deutschen Schelmen immer eine gewisse Sentimentalität anklebt. Sie sind keine kalten Verstandesspitzbuben, sondern Schufte von Gefühl. Sie haben Gemüth, sie nehmen den wärmsten Antheil an dem Schicksal derer, die sie bestohlen, und man kann sie nicht los werden. Sogar unsere vornehmen Industrieritter sind nicht bloße Egoisten, die nur für sich stehlen, sondern sie wollen den schnöden Mammon erwerben, um Gutes zu thun; in den Freistunden, wo sie nicht von ihren Berufsgeschäften, z. B. von der Direction einer Gasbeleuchtung der böhmischen Wälder, in Anspruch genommen werden, beschützen sie Pianisten und Journalisten, und unter der buntgestickten, in allen Farben der Iris schillernden Weste trägt mancher auch ein Herz und in dem Herzen den nagenden Bandwurm des Weltschmerzes. Der Industrielle, der mein oben erwähntes Opus in sogenannter Uebersetzung als Broschüre herausgegeben, begleitete dieselbe mit einer Notiz über meine Person, worin er wehmüthig meinen traurigen Gesundheitszustand bejammert, und durch eine Zusammenstellung von allerlei Zeitungsartikeln über mein jetziges klägliches Aussehen die rührendsten Nachrichten mittheilt, so daß ich hier von Kopf bis zu Fuß beschrieben bin, und ein witziger Freund bei dieser Lectüre lachend ausrufen konnte: Wir leben wirklich in einer verkehrten Welt, und es ist jetzt der Dieb, welcher den Steckbrief des ehrlichen Mannes, den er bestohlen hat, zur öffentlichen Kunde bringt.

Geschrieben zu Paris, im März 1854«.

Eine zweite Affäre, die vor und nach diesem Heine-Abenteuer spielt, betrifft Giacomo Casanovas Memoiren. 1850/51 erschien:

Memoiren von Jacob Casanova von Seingalt.
Erste vollständige deutsche Ausgabe.
Mit Anmerkungen von Ludwig Buhl.
Bd. 1-18.
Berlin: Gustav Hempel 1850-1851[112].

Diese unberechtigte Übersetzung des französischen Originals trug Buhl eine Klage der Rechte-Inhaber ein, der Firma F. A. Brockhaus, Leipzig, die selbst eine Memoiren-Ausgabe auf dem Markt hatte[113]. Buhls »billige« Edition wurde zwar von der preußischen Regierung konfisziert. Dennoch erlebte sie in den gleichen Jahren 1850/51 eine zweite Auflage und wurde auch weiterhin verkauft. »Der eigentliche Vorrath«, schreibt Julius Campe 1854 aus Hamburg an Heinrich Heine, »lagerte ... bei Hartmann in Leipzig, welcher damit detailliert. Das Ding geht. Hr. Lump Buhl hatte der Ehrlichkeit eine Nase gedreht, hat dabei Praktik erworben«[114]. Jetzt, 1854, heißt es dort weiter, plane Buhl »seinen Complicen Hempel ebenfalls zu betrügen« und »hier in Hamburg für seine Rechnung einen neuen Abdruck ... zu veranstalten«. »Er wäre im Stande«, schließt Campe diesen Passus, »unsern Platz mit seinen Stänkerein zu verunreinigen, in sittlichen Mißcredit zu bringen. Das soll und darf nicht seyn«. Es war dennoch möglich: Noch 1854 veröffentlichte Buhl unter einem Pseudonym in Hamburg eine weitere Casanova-Ausgabe, die bis 1856 zwölf Bände umfaßte:

Denkwürdigkeiten von Jakob Casanova von Seingalt.
Von ihm selbst geschrieben.
Herausgegeben von M. O. Herni
Th. 1-12.
Hamburg: Institut für Literatur und Kunst (J. C. E. Lembcke) 1854-1856.

Diese Edition war sehr erfolgreich[115]: Bis 1869 kam sie in fünf Auflagen heraus.

Über Buhls weitere Schicksale ist bisher fast nichts ermittelt worden. »Er lebte noch lange so hin, völlig zurückgezogen und immer wieder ›in seiner Familie, einer katholischen, schmierigen, ungebildeten Gesellschaft einbüssend, was er sich an geistiger Vornehmheit selbst mühsam errungen‹. Er arbeitete fast Nichts mehr. Eines Morgens, kurz nach 1880, wurde er tot an seinem Schreibtisch gefunden. Wie man sagt, hat er durch Selbstmord geendet, da sein letzter Versuch eines ›Ideencommissionsgeschäftes‹ – er ›erfand‹ Ideen zu Verlagsgeschäften, die er dann an unternehmungslustige Verleger verkaufte – ihn in Conflict mit einem seiner Abnehmer gebracht haben soll, der ihm mit einer Anklage wegen Erpressung drohte«[116].

10

In den frühen vierziger Jahren gehört Ludwig Buhl zu den führenden Köpfen des Kreises der Berliner »Freien«, in dem auch Edgar Bauer und Bruno Bauer, Eduard Meyen, Karl Friedrich Koeppen, Max Stirner, Wilhelm Jordan und Karl Nauwerck auftreten. Eine Fraktion jener »Junghegelianer«, die, als nach Georg Wilhelm Friedrich Hegels Tod, 1831, sein riesiges massiv-fragiles Denkgebäude, erst teilweise korrekt veröffentlicht, zur Debatte stand, in der Weiterbildung der Hegelschen dialektischen »Methode« zu reformerischen bis revolutionären, demokratischen bis anarchistischen Folgerungen gelangten, Hegels »Spekulation« und seine »Versöhnung mit Thron und Altar« ablehnten, sich vielmehr bis zur fundamental-»vernünftigen« Kritik »des Bestehenden« radikalisierten. Viele dieser Denkansätze bestimmen die Beiträge der *Berliner Monatsschrift*.

Auch Ludwig Buhl »erkannte, daß die Kritik sich nicht gegen diese oder jene Form des Staates, sondern gegen das Wesen des Staates überhaupt zu richten habe, um irgend welche praktischen Resultate zu erzielen«[117]. Alles historische Leben entwickle sich aus der »Dialektik der Gegensätze«, die ihre Verkörperung in den Parteien finde; sie seien die Hebel, deren sich die Geschichte bediene, um die Staaten weiterzubilden; daraus ergebe sich vor allem die entwicklungsgeschichtliche Notwendigkeit der Parteien[118]. Dennoch: Buhl, der am wenigsten praktisch-radikale Denker der »Freien«, setzte nicht auf revolutionäre Veränderungen, sondern blieb Staatstheoretiker. Noch 1842 »zeigte er sich ... erfüllt von dem Glauben an die künftige Führung Deutschlands durch ein liberales Preußen, das in den Kleinstaaten seine natürlichen Bundesgenossen zu suchen hätte«[119]. Obwohl ihm die zentrale Bedeutung der gesellschaftlichen Probleme sehr bald deutlich war, schienen ihm »Abwarten und Vermittlung ... die Signatur der Epoche zu sein, und er hielt die Zeit noch nicht für gekommen, wo man auf diesem Gebiete von der Theorie in die Praxis übergehen konnte«[120]. Wenn Friedrich von Sallet Buhls Veröffentlichungen »Schriften, die doch nun einmal durchaus Kinder der Revolution sind«, nennt, so doch auch in diesem Sinne: »Das charakteristische Merkmal der Revolution, wie sie sich geschichtlich gefaßt hat, ist nicht die Emeute und die Guillotine, sondern das sich geltend

Machen des Volkswillens vom Standpunkt der Vernunft aus gegen das blos nach historischem Recht Bestehende«[121]. Von praktischer Politik hielt sich Buhl auch während der unaufhaltsam auf die Ereignisse von 1848 hinsteuernden Entwicklungen fern, da »alle politischen Revolutionen der Masse des Volkes nicht nützen können und ... die Politik überhaupt kein Gefühl fürs Volk, kein Herz für seine Noth habe«[122].

11

Buhls publizistische Tätigkeit in den vierziger Jahren[123] ist nicht zusammenhängend erforscht. Ermittelt sind bisher einige Beiträge zu Zeitschriften und Zeitungen: *Athenaeum*, Berlin[124], *Telegraph für Deutschland*, Hamburg[125], *Rheinische Zeitung für Politik, Handel und Gewerbe*, Köln[126], *Die Epigonen*, Leipzig[127].

Seine selbständigen Veröffentlichungen dieser Jahre sollen, der Übersichtlichkeit halber, in der Form einer Bibliographie hier folgen[128]:

1. Theater von M. [Eugène] Scribe und dessen Mitarbeitern. In einer Auswahl des Besten.
   Bdch 3: Eine fixe Idee. Komödie in einem Akt. Von Scribe und Paul Duport.
   Übersetzt von L. Buhl.
   Berlin 1838.
2. Die Bedeutung der Provinzialstände in Preußen.
   Berlin: Hermes 1842.
3. Der Beruf der Preußischen Presse.
   Berlin: Klemann 1842.
4. Die Noth der Kirche und die christliche Sonntagsfeier.
   Ein Wort des Ernstes an die Frivolität der Zeit.
   Berlin: Hermes 1842.
   [Anonym erschienen[129]].
5. Der Patriot. Inländische Fragen. H. 1-4.
   Berlin: Hermes 1842.
   Inhalt:
   H. 1. Das alte Preußenthum. Die Volksschule als Staatsanstalt. Religiöse Caricaturen. Kleiner Krieg.
   H. 2. Was ist der christliche Staat? Die gesetzliche Stellung der Juden in Preußen. Kleiner Krieg.
   H. 3. Die provinzialständ. Ausschüsse. Privat-Unterricht, Privat- und Parochial-Schulen. Andeutungen über die Zweckmäßigkeit einer Ablösung der Grundsteuern in Preußen. Kleiner Krieg.
   H. 4. Das berliner Armenwesen. Die Besoldungs- und Einkommens-Verhältnisse der preuß. Post-Beamten. Ein Wort über Universitäten. Ueber den preuß. Haupt-Finanz-Etat für 1841. Kleiner Krieg.
6. Die Verfassungsfrage in Preußen nach ihrem geschichtlichen Verlaufe.
   In: Deutsches Staatsarchiv. Hrsg. von Johann Karl Immanuel Buddeus. Bd. 3. Jena: Frommann 1842.
7. Die Verfassungsfrage in Preußen nach ihrem geschichtlichen Verlaufe. Besonderer Abdruck aus dem Deutschen Staatsarchiv von Buddeus, Bd. 3.
   Zürich, Winterthur: Literarisches Comptoir 1842.

8. Fragen der innern Politik und Verwaltung. Zürich: Literarisches Comptoir 1843.
9. Berliner Monatsschrift. Mannheim 1844.
10. Louis Blanc: Geschichte der zehn Jahre 1830-1840. [Histoire de dix ans 1830-1840.] Übersetzt von L. Buhl. Bd. 1-4.
Berlin: Hermes 1844-1845.
11. Die Grundsteuerbefreiungen der Rittergüter in Preußen.
Jena 1844.
12. Die Herrschaft des Geburts- und Bodenprivilegiums in Preußen.
Mannheim 1844.
13. [Etienne Pivert de] Senancourt: Obermann. Eingeführt von George Sand und [Charles-Augustin] Sainte-Beuve. Deutsch von L. Buhl. Bd. 1.2.
Leipzig: Otto Wigand 1844.
14. Andeutungen über die Noth der arbeitenden Klassen und über die Aufgabe der Vereine zum Wohl derselben.
Berlin: Springer 1845.
15. Die Gemeinde-Verfassung der östlichen Provinzen des preußischen Staates und der Rheinprovinz.
Leipzig: G. Mayer 1846.
16. Der erste Vereinigte Landtag, seine Stellung, Thätigkeit und Resultate.
Halle, Braunschweig: Schwetschke und Sohn 1848.
17. Geschichte des Preußischen Staates und Volkes vom Tode Friedrichs des Großen bis zum Schluß des ersten Vereinigten Landtags. Lief. 1-3 [= Bd. 1, S. 1-144].
Magdeburg: Fabricius 1848.
18. Memoiren von Jacob Casanova von Seingalt. Erste vollständige deutsche Ausgabe. Mit Anmerkungen von Ludwig Buhl. Bd. 1-18.
Berlin: Gustav Hempel 1850-1851 .
– 2. Auflage. 1850-1851.
19. Heinrich Heine: Die verbannten Götter. Aus dem Französischen. Nebst Mittheilungen über den kranken Dichter.
Berlin: Hempel 1853.
20. Denkwürdigkeiten des Jacob Casanova de Seingalt. Von ihm selbst geschrieben. Hrsg. [und übersetzt] von M. O. Herni (Ludwig Buhl). Th. 1-12.
Hamburg: Institut für Literatur und Kunst (J. C. E. Lembcke) 1854-1856.
– 2. Auflage. 1856.
– 3. Auflage. [ca. 1860].
– 4. Auflage. 1867.
– 5. Auflage. 1869.

12

Über die Atmosphäre und die Hintergründe der Konditionen, unter denen die Zensur und ihre übergeordneten Behörden im Falle der *Berliner Monatsschrift* handelten, orientiert – in gewohnt drastischer Sprache – ein Konfidentenbericht vom 10. August 1844. Jacob Eduard Singer schreibt aus Leipzig, er müsse »mit wahrem Schrecken auf die bereits verbotene und, soviel ich weiß, zur Untersuchung gezogene, bei Bassermann[130] in Mannheim erschienene ›Monatsschrift‹ von Buhl hinweisen. Wenn nicht gegen diese paar lächerlichen Menschen, diese ›Freien‹, ganz energische Maßregeln ergriffen werden, so sind diese Leute noch im Stande, den unerfahrenen Studenten schändliche Ideen in die Köpfe zu setzen und sie zu verderben. Für andere Leute sind diese ›Freien‹ freilich nur läppische Kinder, aber für unsere Studenten sind sie Gift. In dieser ›Monatsschrift‹ ist eine förmliche Auflehnung gegen Staat und Religion, ein Hindeuten auf blutvolle Revolutionen, eine Frechheit und Verbissenheit ohnegleichen. Buhl erhielt die Erlaubnis, im Gefängnisse zu schreiben, und da schrieb er dort solche Schandsachen. Edgar Bauer, W[ilhelm] Jordan sind ebenso unreife, feige Burschen wie Buhl. Aber jeder weiß, die preußische Regierung schikaniert nur in umständlichen Formen, unschädlich zu machen hat sie keine Kraft, keinen Willen und so haben wir zehnfachen Ersatz für Ruge[131], und das große deutsche Volk muß sich, trotz aller Polizei, von einem halb Dutzend dummer Jungen verhöhnen lassen!«[132]

Zweifellos: Diese Zeilen überinterpretieren die *Berliner Monatsschrift* erheblich, weisen ihr, sowohl, was ihren Inhalt, als auch, was ihre Wirkung betrifft, eine Rolle zu, die sie, angetreten, um »sich bei den geistigen Kämpfen der Gegenwart zu betheiligen«, nicht aber, um »blutvolle Revolutionen« anzuzetteln, zumindest so nicht spielen wollte. Die erhaltenen Beiträge zeigen das – nach den Verboten lautlos untergehende – Blatt als Experimentierfeld staatstheoretisch engagierter Intellektueller ohne ernsthafte gesellschaftliche Resonanz, belegen, daß es eher eine im Wortsinn halsbrecherische Versuchsanordnung überspitzter staatsphilosophischer Aperçus und Aphorismen ist als ein handelnd in die bestehende politische Ordnung eingreifendes Organ, eher ein im Grunde genommen kurioses Produkt akademisch dilettierenden Formulierungseifers – »alle diese Leute haben allerdings etwas gelernt, doch gar nicht erlebt«[133] – als eine Manifestation politisch revolutionären Willens. Man hat dieses Blatt vorschnell »die erste deutsche anarchistische Zeitschrift«[134] genannt. Für einige seiner Positionen und Formulierungen trifft dies wohl zu. Im ganzen liegt aber gerade in seiner prononcierten Exklusivität – »Unsere Thätigkeit soll eine theoretische und kritische sein. Fern bleibt uns jeder Gedanke einer praktischen Wirksamkeit«[135] – ein wichtiger Hinweis darauf, wie sehr zwischen dem späteren historisch-politischen Anarchismus und seinen Vorformen wie den theoretisch-feuilletonistischen Ansätzen dieser Zeitschrift zu unterscheiden ist.

»Das Ober-Censurgericht«, schloß Ludwig Buhl sein *Offenes Bekenntniß*, »hat nur von seinem Standpunkte ausgesprochen, was auch wir von dem unserigen aus behaupten: die Unverträglichkeit der Kritik und der Vernunft mit den bestehenden Zuständen«[136]. Die überlieferten Reste der *Berliner Monatsschrift* sind auch dies: ein Lehrstück von der Inkommensurabilität (radikal-)demokratisch-theoretischer und (ebenso radikal-)obrigkeitlich-praktischer Staats-Vorstellungen. Ein Lehrstück damit von der Ambivalenz der Radikalität.

1 *Berliner Monatsschrift.* Herausgegeben von L. Buhl. Mannheim: Selbst-Verlag von L. Buhl. 1844. IV, 332 S. Für die vorliegende Arbeit wurde das Exemplar des Instituut voor Sociaale Geschiedenis Amsterdam benutzt.
2 Zum Vergleich: Ein vollständiger Jahrgang der Berliner Zeitschrift *Der Gesellschafter*, mit allen Beilagen, kostete 8 Taler, ein vollständiger Jahrgang des Stuttgarter *Morgenblatts für gebildete Leser*, mit allen Beilagen, 11 Taler 10.
3 Zur sonstigen Besetzung des Gerichts vgl. *Berliner Monatsschrift* S. 15-16 und S. 22.
4 *Berliner Monatsschrift.* S. 17.
5 S. 17.
6 S. 21.
7 S. 28.
8 Andere zeitgenössische Sammelbände sind bekannt: *Einundzwanzig Bogen aus der Schweiz*, 1843, mit Aufsätzen für die als Monatsschrift geplante Fortsetzung von *Der deutsche Bote aus der Schweiz*, die im Dezember 1842 in Preußen verboten wurde, Arnold Ruges *Anekdota zur neuesten deutschen Philosophie und Publicistik*, 1843, mit Texten, die in den *Hallischen Jahrbüchern für deutsche Wissenschaft und Kunst* nicht oder nur zensurverstümmelt erscheinen konnten, und *Censuriana oder Geheimnisse der Censur*, 1844, mit einer Nachlese unterdrückter Texte aus Friedrich Wilhelm Alexander Helds Zeitschriften *Leipziger Locomotive* und *Locomotive*.
9 Zu Heinrich Hoff vgl. Gerhard K. Friesen: *Karl Gutzkow und Heinrich Hoff. Zu einer vormärzlichen Kontroverse über Preisherabsetzungen im Buchhandel.* In: AGB, Bd. 21, 1980, Sp. 749-768.
10 Instituut voor Sociaale Geschiedenis, Amsterdam. Stadt- und Universitätsbibliothek Frankfurt a. M.
11 Vgl. dazu Alfred Estermann: *Die deutschen Literatur-Zeitschriften 1815-1850.* Bd. 6. Nendeln 1978. S. 395-411.
12 Vgl. dazu a.a.O. S. 238-257.
13 Vgl. *Deutsche Revue und Deutsche Blätter. Zwei Zeitschriften des Jungen Deutschland.* Hrsg. von Alfred Estermann. Frankfurt a.M. 1971.
14 *Berliner Monatsschrift.* S. 29-33.
15 S. 17-18.
16 S. 1-14.
17 S. 2-11.
18 Der Mitarbeiterkreis der *Berliner Monatsschrift* ist in den dreißiger und vierziger Jahren in vielen Presse-Veröffentlichungen bezeugt, von den Zeitschriften der Jungdeutschen (*Literarischer Zodiacus, Phönix, Telegraph für Deutschland, Der Freihafen, Der Pilot*) über die Blätter der Junghegelianer und ihnen nahestehenden Gruppen (*Hallische Jahrbücher für deutsche Wissenschaft und Kunst/Deutsche Jahrbücher für Wissenschaft und Kunst, Wigands Vierteljahrsschrift, Die Epigonen, Beiträge zum Feldzuge der Kritik*) bis zu Veröffentlichungen im Umfeld von 1848 (*Der Volksfreund* [Hamburg], *Die begriffene Welt, Die Wiener Boten*). Daneben selbstverständlich auch in wichtigeren, in jenen Jahren mehr oder weniger progressiven Periodika: *Der Sprecher, Zeitung für die elegante Welt, Der Freimüthige, Die Eisenbahn, Der Gesellschafter, Der Freischütz*).
19 *Berliner Monatsschrift.* III-IV.
20 S. 34-49.
21 Das sogenannte *Politische Testament*, ein Sendschreiben an die oberste Verwaltungsbehörde, das Stein 1808 nach seiner Entlassung verfaßte.
22 *Berliner Monatsschrift.* S. 35.
23 S. 37.
24 S. 40.
25 S. 42.
26 S. 43.
27 S. 48.
28 S. 49.
29 Vgl. John Henry Mackay: *Max Stirner. Sein Leben und sein Werk.* 3. Auflage [1914]. Neudruck Wetzlar 1977. S. 111-112. [Zitiert als: Mackay: *Stirner.*]
30 *Berliner Monatsschrift.* S. 43.
31 S. 46.
32 S. 46.
33 Die Zensur-Instruktion vom 31. Januar 1843.
34 *Berliner Monatsschrift.* S. 18-19.
35 S. 302-303.
36 Vgl. Mackay: *Stirner.* S. 112-114.
37 *Berliner Monatsschrift.* S. 330-331.
38 S. 195-211.
39 S. 196.
40 S. 197.
41 S. 196-197.
42 S. 197-198.
43 S. 199.
44 S. 200.
45 S. 200.
46 S. 207-208.
47 S. 209.
48 S. 210.
49 S. 26-27.
50 S. 212-239.
51 S. 213.
52 S. 215.
53 S. 218.
54 S. 219-220.
55 S. 222.
56 S. 223-224.
57 S. 226.
58 S. 227-228.
59 S. 230.
60 S. 234-235.
61 S. 27-28.
62 S. 82-124.
63 S. 82.
64 S. 85.
65 S. 90.
66 S. 91.
67 S. 91.
68 S. 112.
69 S. 122.
70 S. 122.
71 S. 102.
72 S. 82.
73 S. 19-20.
74 S. 240-273.
75 S. 240.
76 S. 240.
77 S. 244.
78 S. 249.
79 S. 125-138.

80 Theodor Fontane: *Christian Friedrich Scherenberg und das literarische Berlin von 1840 bis 1860.* Berlin 1885. S. 148.
81 So beispielsweise in der *Mitternachtzeitung für gebildete Stände*, Braunschweig, Leipzig (Jahrgänge 1836-1840), in *Baltische Blüthen für Geist und Herz/Baltische Blätter/Deutsche Blätter*, Wismar (Jahrgänge 1836-1838) oder in *Athenäum für Wissenschaft, Kunst und Leben*, Berlin (Jahrgänge 1838-1841).
82 Vgl. die folgende Bibliographie seiner Schriften.
83 Gustav Mayer: *Die Anfänge des politischen Radikalismus im vormärzlichen Preußen.* In: *Zeitschrift für Politik.* Bd. 6, S. 58. [Zitiert als: Mayer: *Radikalismus*].
84 Gustav Mayer: *Friedrich Engels. Eine Biographie.* Neuauflage. Frankfurt a.M., Wien 1975. S. 81.
85 Mackay: *Stirner.* S. 63.
86 Mayer: *Radikalismus.* S. 59.
87 Mackay: *Stirner* erwähnt S. 72 eine Geliebte Buhls mit dem Spitznamen »Mirabeau«.
88 Mayer: *Radikalismus.* S. 59. Vgl. S. 85. Diese Formulierungen sind ohne Kennzeichnung entlehnt aus Friedrich Engels' satirischem, gegen die Junghegelianer gerichteten »Christlichen Heldengedicht in vier Gesängen», das 1842 anonym erschien unter dem Titel: *Die frech bedräute, jedoch wunderbar befreite Bibel. Oder: Der Triumph des Glaubens. Das ist: Schreckliche, jedoch wahrhafte und erkleckliche Historia von dem weiland Licentiaten Bruno Bauer; wie selbiger vom Teufel verführet, vom reinen Glauben abgefallen, Oberteufel geworden und endlich kräftiglich entsetzet worden.* Neumünster bei Zürich: Truckts und verlegts Job. Fr. Heß Ao 1842. Dort heißt es von Buhl, der nach seiner Zeitschrift (1842) »Patriot« genannt wird: »Es trippelt hinterher, die grünen Zähne weisend, Mit ungekämmten Haupt und vor der Zeit ergreisend, Ein seifenscheuer und blutscheuer *Patriot*, von innen schmeidig-zart, von außen Sanscülot«. (S. 27). »Seht, wie aus sichrem Ort, wo ihn kein Wurf bedroht, Broschüren rücklings wirft ins Feld der *Patriot*«. (S. 41). Weiteres zur Marx-Engels-Kritik an den »Freien« dann in der kritisch sich absetzenden Schrift *Die heilige Familie, oder Kritik der kritischen Kritik. Gegen Bruno Bauer und Consorten* von 1845.
89 Weinstube von Jacob Hippel in Berlin.
90 Mackay: *Stirner.* S. 63. »Dass manche Abende [der »Freien«] in eine forcierte Lustigkeit ausliefen, dass von einem ernsten Gespräch dann keine Rede mehr war, dass Einer den Andern durch Erzählen von Zoten und Cynismen zu überbieten suchte, ist wahr, und es wird bei solchen Gelegenheiten wohl vorgekommen sein, dass Edgar Bauer sich als richtiger Gamin auf dem Boden wälzte, oder Ludwig Buhl die Grenzen des Geschmacks allzuweit überschritt, als dass sein Betragen noch hätte entschuldbar gefunden werden können«. Mackay: *Stirner.* S. 78. Wie wahr diese Erzählung Mackays ist, mag dahinstehen. Vgl. den Konfidentenbericht aus Berlin vom 25. Januar 1843: »Was die ›Freien‹ betrifft, deren Häupter sich gegenwärtig auf die Brüder Edgar und Bruno Bauer, Dr. Meyen, Buhl, Köppen und Dr. Schmidt [Max Stirner] ... beschränken, so besteht gegenwärtig ihr Verein nur darin, daß sie abends in einer Restauration an einem Tische zusammen speisen und das tiefste Stillschweigen beobachten, wenn sich ein Fremder an diesen Tisch setzt. Dieser Tisch heißt eben jetzt ›Der Tisch der Freien‹ und wird von allen gemieden, denen nicht die Fähigkeiten zu Gebote stehen, mit diesen Gelehrten und scharfen Leuten ein Gespräch zu führen«. Adler: *Geheimberichte* [Anm. 91]. Bd. 1. S. 198.
91 So besonders in: *Literarische Geheimberichte aus dem Vormärz.* Mit Einl. u. Anm. hrsg. von Karl Glossy. Wien 1912. Neudruck Hildesheim 1975. Buhl ist hier nur nebenbei erwähnt, die *Berliner Monatsschrift* nicht. Mehr Material findet sich in: Hans Adler (Hrsg.): *Literarische Geheimberichte. Protokolle der Metternich-Agenten.* Bd. 1. 1840-1843. Bd. 2. 1844-1848. Köln 1977-1981. [Zitiert als: Adler: *Geheimberichte.*]
92 Zu den Akten im Preußischen Geheimen Staatsarchiv, vor allem über einen ausführlichen Bericht des Polizeiinspektors Hofrichter vom 14. April 1842, vgl. Mayer: *Radikalismus* S. 54 und S. 58. Diese Akten sind heute im Geheimen Staatsarchiv Preußischer Kulturbesitz nicht mehr vorhanden (Auskunft vom 8. November 1982).
93 Adler: *Geheimberichte.* Bd. 2. S. 25 (Konfident Singer).
94 Mit seinen historiographischen Versuchen geriet Buhl auch an den Spott seiner Zeitgenossen. Die satirische Zeitschrift *Berliner Krakehler* bringt in ihrer Nummer 1/1848 (18. Mai) folgende Notiz: »Gesucht wird ein Geschichtsschreiber, der für ein Honorar von 50 Friedrichs'dor eine ›Geschichte der drei Feldzüge gegen den politischen Clubb‹ schreiben will« und dazu die Fußnote: »Der ›Berliner Krakehler‹ schlägt Herrn Ludwig Buhl vor« (S. 4).
95 Heinrich Heine. Säkularausgabe. Bd. 23. Berlin, Paris. 1972. S. 275. [Zitiert als: HSA.]
96 22. März 1853. HSA Bd. 23, S. 275.
97 1. April 1853. HSA Bd. 23. S. 277.
98 An Joseph Dumont. HSA Bd. 23, S. 277.
99 25. März 1853. HSA Bd. 27. Berlin, Paris 1976. S. 92.
100 4. April 1853. HSA Bd. 27, S. 98.
101 7. April 1853. HSA Bd. 23, S. 278; »da es mir«, fährt Heine fort, »bei der Menge von heimischen Schnapphähnen, denen es an Stoff zu Berichterstattungen nach Deutschland oft mangelt, wohl passiren könnte, daß sie aus der französischen Version schlecht übersetzte Auszüge mittheilten«.
102 Vgl. dazu den Brief der Firma F. A. Brockhaus an Heine, 9. Mai 1853. HSA Bd. 27, S. 108.
103 12. Mai 1853. HSA Bd. 27, S. 110.
104 26. April 1853. HSA Bd. 27, S. 102.
105 5. Mai 1853. HSA Bd. 27, S. 104.
106 Die Probleme der autorenrechtlichen Seite dieser Auseinandersetzung werden hier übergangen.
107 An Julius Campe, 30. April 1853. HSA Bd. 23, S. 280.
108 An Betty Heine. HSA Bd. 23, S. 283.
109 An Julius Campe, 30. April 1853. HSA Bd. 23, S. 280.
110 Julius Campe an Heine, 17. April 1854. HSA Bd. 27, S. 170.

111 24. September 1854. HSA Bd. 27, S. 225.
112 Zu Buhls Berliner und Hamburger -Ausgaben und zu Einzelheiten der frühen deutschen Casanova-Übersetzungen vgl. J. Rives Childs: *Casanoviana. An annotated World Bibliography*. Wien 1956. S. 141-145.
113 *Aus den Memoiren des Venetianers Jacob Casanova de Seingalt, oder sein Leben, wie es er zu Dux in Böhmen niederschrieb*. Nach dem Original-Manuscript bearbeitet von Wilhelm von Schütz. Bd. 1-12. Leipzig: F. A. Brockhaus 1822-1828. Brockhaus hatte das Manuskript 1821 erworben. Vgl. dazu Heinrich Eduard Brockhaus: Friedrich Arnold Brockhaus. Leipzig 1876. Th. 2. S. 336-340. Ferner den Brief Campes an Heine vom 5. Mai 1853 (HSA Bd. 27, S. 104).
114 Julius Campe an Heine, 24. September 1854. HSA Bd. 27, S. 226. Dort auch die folgenden Zitate.
115 Mackay: *Stirner* erwähnt S. 63, Buhl sei »trotz aller Hast seiner Arbeiten ein sorgsamer Stylist« gewesen; er überschätzt ihn wohl, wenn er dazu feststellt, daß »seine Uebertragung der Casanova'schen Memoiren noch heute [1914] allgemein für unübertrefflich« gelte. Childs [vgl. Anm. 112], S. 142: »Ottmann observes that it is not without faults as it would be impossible to translate more freely«.
116 Mackay: *Stirner*. S. 210.
117 S. 63. Vgl. dazu Buhl *Der Patriot* und Buhl, *Die Herrschaft des Gebiets- und Bodenprivilegiums in Preußen*.
118 Mayer: *Radikalismus*. S. 5. Vgl. dazu Mackay: *Stirner* S. 99 und S. 105, sowie Buhl: *Die Verfassungsfrage in Preußen* und Buhl, *Der Beruf der Preußischen Presse*.
119 Mayer: *Radikalismus*. S. 59.
120 S. 59.
121 Der schlesische Dichter und Schriftsteller Friedrich von Sallet untersucht Buhls Publikationen des Jahres 1842 (*Der Beruf der Preußischen Presse, Die Bedeutung der Provinzialstände in Preußen, Die Verfassungsfrage in Preußen, Der Patriot*) und beschreibt kritisch »die Geschichtsansicht, die Buhl aus dem philosophischen Bewußtsein der Zeit geschöpft« hat: *L. Buhl als Publicist*. In: *Deutsche Jahrbücher für Wissenschaft und Kunst*. Halle 1843. Nr.4 (5. Januar). S. 16. Nr. 5 (6. Januar). S. 17-20. Vgl. dazu Mayer: *Radikalismus*. S. 58.
122 Mayer: *Radikalismus*. S. 83. Vgl. dazu Buhls Vorwort zu seiner Louis Blanc-Übersetzung.
123 Zu seinen Zeitschriften-Veröffentlichungen der dreißiger Jahre vgl. Anm. 81.
124 März und Juli 1841.
125 Februar 1842.
126 Korrespondenzzeichen 00. Vgl. dazu Mayer: *Radikalismus*. S. 54.
127 Jahrgang 1846. Bei einem Text in *Der Bote aus dem Katzbachthale*. Liegnitz, Jahrgang 1845/46 handelt es sich wohl um einen Nachdruck.
128 In den Bibliographien zum 19. Jahrhundert sind drei verschiedene Verfasser gleichen Namens durcheinander aufgeführt: außer dem hier interessierenden Ludwig Buhl der Pädagoge Ludwig Buhl (*Zehn Festreden zur Geburtstagsfeier Kaiser Wilhelm II. in der Schule*, 1895) und der Mediziner Ludwig (von) Buhl (*Lungenentzündung, Tuberkulose und Schwindsucht*, 1872).
129 Zur Autorschaft Buhls vgl. Mayer: *Radikalismus*. S. 54.
130 Irrtum Singers.
131 Die im Januar 1843 verbotenen *Deutschen Jahrbücher für Wissenschaft und Kunst*, herausgegeben von Arnold Ruge.
132 Adler: *Geheimberichte*. Bd. 2. S. 46-47.
133 Singer über Buhl und andere in einem Bericht aus Berlin vom 12. April 1844. Adler: *Geheimberichte*. Bd. 2. S. 28.
134 Max Nettlau: *Der Vorfrühling der Anarchie. (Geschichte der Anarchie. Bd. 1.)* Köln 1925. S. 177.
135 *Berliner Monatsschrift*. S. 31.
136 S. 13.

8

»Witz und Satyre auf den breitesten Grundlagen« Der »Berliner Krakehler«

1

Das Ungewöhnliche, Außerordentliche an dieser Zeitschrift aus den Jahren 1848/49 fällt beim ersten Blättern auf: Einige Kopftitel sind durch farbige Auszeichnungen hervorgehoben, teils einfarbig, wie in den Nummern 2 oder 6, teils durch bunte Gestaltung, wie in der Nummer 9 (schwarz-rot-gold) oder in der Nummer 14 (blau-rot-grün). Dies macht das Blatt einzigartig unter den zeitgenössischen Presse-Produktionen. Bis jetzt war keine andere deutsche Zeitschrift jener Jahre zu ermitteln, die sich dieser Reklametechnik ebenfalls bedient hätte.

Denn farbiger Druck war damals unerhört aufwendig, die Farben mußten speziell vorbereitet und einzeln von Hand in den (ansonsten durch Schnellpressen schon mechanisierten) Druckvorgang eingearbeitet werden, jede Farbe in einem eigenen Arbeitsschritt, wobei man höchstens das Entstehen von Mischfarben durch Überdrucken zweier Grundfarben ausnutzen konnte. Daß dies ausgerechnet bei einem so flüchtigen, gefährdeten Projekt wie einer satirischen Zeitschrift, die während der Revolutionsmonate herauskam, versucht wurde, und nicht etwa bei einer polizeilich weniger observierten, also vergleichsweise in ruhigeren Konditionen erscheinenden Feuilleton-Revue, mag mit dem Experimentierwillen des Produzenten zusammenhängen, Ernst Litfass, von dem noch die Rede sein wird.

2

Berlin 1848: Über die Ereignisse des »aufgeregten« Jahres in der Hauptstadt Preußens, denen der *Berliner Krakehler* vor allem seine Aufmerksamkeit widmet, ist so viel publiziert worden, daß hier einige Stichworte genügen, um den historischen Hintergrund seiner Persiflagen und Karikaturen, seiner Proteste und Satiren anzudeuten.

Dieser Hintergrund ist geprägt von der Dialektik jenes Spannungsbogens aus Veränderungswillen und Beharrungsvermögen, der von den ersten Volksversammlungen, Anfang März, bis zum »Belagerungszustand« und zur Zerschlagung der Revolution im November/Dezember reicht, von einem verheißungsvollen Anfang, in dem die negative Weiterentwicklung bereits vorprogrammiert ist, zu einem lähmenden Ende, in das jedoch seinerseits Elemente künftig möglichen Fortschritts integriert sind: eine scheinbar gerade Straße der Hoffnungen und Utopien, die sich zunächst allzu rasch zu einem Kreisverkehr schloß.

Ein verheißungsvoller Anfang: Das ist jener Funke, der aus Paris, wo man im Februar die Republik proklamiert hatte, kommend, in Berlin die angespannte Situation explodieren läßt und den »heißen«, März begründet, die riesigen Volksversammlungen »unter den Zelten« im Tiergarten, die Adressen an den preussischen König, Friedrich Wilhelm IV., in denen Volksvertretung und Volksbewaffnung, Preß-, Rede- und Versammlungsfreiheit, Amnestie und politische Gleichberechtigung gefordert werden.

Ein verheißungsvoller Anfang: Das sind auch die scheinbar positiven Reaktionen auf der Regierungsseite, die Verordnungen zur Zensurfreiheit und zur Pressereform, die Abschaffung der Vorzensur, vor allem das königliche Patent vom 18. März, das Pressefreiheit, Konstitution und Landtags-Einberufung verheißt, einen künftigen Bundesstaat Deutschland in Aussicht stellt; das sind Friedrich Wilhelms Proklamationen *An meine lieben Berliner* und *An mein Volk und die deutsche Nation*, sein Umritt in Berlin mit einer schwarz-rot-goldenen Fahne, die Flucht des Prinzen Wilhelm, des Symbols absolutistischer Herrschaft, nach England.

Aber zugleich spielt sich Negatives ab: die fieberhafte Geschäftigkeit der Regierung, um die Ereignisse zu unterbinden, oder, wenn schon, in den staatlichen Griff zu bekommen. Seit Anfang März werden Truppen in und um Berlin konzentriert, die Reservisten werden eingezogen; am 13. März gibt es den ersten größeren Zusammenstoß, als Militär eine protestierende Menge auseinandertreibt, die in der Grünstraße eine Barrikade errichtet; am 15. März erneute Krawalle: Die Menge verhöhnt die Soldaten und bewirft sie mit Steinen; an diesem Tage fallen die ersten Schüsse.

Drei Tage später ist es soweit. In die riesige Menschenansammlung, die dem König wegen seines Patentes zujubelt, wird plötzlich (»aus Mißverständnis«, wie es hinterher heißt) gefeuert, der König läßt den Platz vor dem Schloß räumen, daraus entstehen Straßenkämpfe, Barrikaden und Kugelregen – die Revolution ist ausgebrochen. Die 183 »märzgefallenen« Bürger werden am 22. März feierlich im Friedrichshain beerdigt, die toten Soldaten zwei Tage später auf dem Invaliden-Friedhof. Beruhigung tritt allerdings erst ein, als die Gefangenen freigelassen und die Truppen aus Berlin abgezogen werden (sie kehren schon 14 Tage später zurück), als einer Bewaffnung der Bürger zugestimmt wird, der »Bürgerwehr«, die es bis auf 26 000 Mann bringt, ohne je ernsthaft eingreifen zu können, und als eine Amnestie für »politische Verbrechen« erlassen wird.

Danach geht die Revolution aus der Zeit der Spontaneität in die Phase eines erbitterten Kleinkriegs-Management über. Zwar gibt es die großen Volksversammlungen noch immer. Am 26. März fordert man die Verringerung des stehenden Heeres, Volkserziehung auf Staatskosten, Herabsetzung der täglichen Arbeitszeit auf zehn Stunden und insgesamt eine »wohlfeilere Regierung«; am 2. April wendet sich eine Massenkundgebung auf dem Alexanderplatz gegen die indirekten Wahlen; am 17. April verlangt eine Volksversammlung direkte Wahlen ohne Wahlmänner; am 12./14. Mai protestiert eine bewaffnete Menge gegen die geplante Rückkehr des Prinzen von Preussen (er traf am 7. Juni ein). Aber gleichzeitig wird nun ein schillerndes Spektrum von »Klubs« gegründet, die, links, rechts und in der Mitte, die Revolution diskutieren, beschreien und zerreden: der Demokratische Klub, der Volksklub, der Reformklub, der Preußenverein, der Patriotische Verein, der Arbeiterklub, der Konstitutionelle Klub (»Geheimratsklub«), der Verein zur Besprechung der politischen Tagesfragen oder der Zentralverein demokratischer Urwähler.

Ab Mai, als man nicht nur Ereignisse produziert, sondern auch beginnt, über diese nachzudenken, erscheinen fast gleichzeitig drei der wichtigsten Berliner satirischen Zeitschriften des Jahres 1848: Adolf Glassbrenners *Freie Blätter* (ab 6. Mai), David Kalischs *Kladderadatsch* (ab 7. Mai) – und der *Berliner Krakehler* (ab 18. Mai). Letzterer, in der Auswahl noch eine verläßliche Chronik der allmählich zerlaufenden Ereignisse, berichtet von den vielen Kabinetten der preussischen Regierung (»Ministerien«, nach dem damaligen Sprachgebrauch) und deren Wirkung auf die vox populi: Bodelschwingh-Eichhorn (bis März), Arnim-Schwerin-Auerswald (im März), Camphausen-Hansemann (von März bis Juni), Auerswald-Hansemann (von Juni bis September), von Pfuel (von September bis Oktober) und Brandenburg-Manteuffel (ab November). Und er spiegelt im Einzelnen eine Reihe von Vorkommnissen wider, von den Tagen der (schon schwächeren) »zweiten Hoffnung« über die immer deutlicher sich ausprägende Resignation der »Revolutionäre« bis zum Ende des »Bezügelungszustand« genannten »Belagerungszustandes« und der zwangsweisen, obrigkeitlich »octroyierten« Preisgabe aller Gedanken an Veränderung und/oder Verbesserung der politischen und sozialen Situation:

- im Mai die Eröffnung der aus Urwahlen hervorgegangenen preussischen Nationalversammlung und die öffentliche Verbrennung des ersten Verfassungsentwurfs;
- im Juni das »Revolutionsfest« (eine Massenkundgebung im Friedrichshain an den Gräbern der März-Opfer), die vehementen Auseinandersetzungen um die »patriotische« Anerkennung der Märzrevolution, den Zeughaussturm;
- im Juli die ersten Verbote von Volksversammlungen;
- im August das »Junkerparlament«;
- im Oktober die Arbeiterunruhen und die Demokratenkongresse, den Demonstrationszug mit einem Esel (der das neue Bürgerwehrgesetz trägt, das anschließend verbrannt und einige Tage später doch von der Nationalversammlung angenommen wird); die Debatten um die Abschaffung der Adelsprädikate und -privilegien, die neuen blutigen Straßenkämpfe;
- im November die gewaltsame Verlegung der Nationalversammlung nach Brandenburg und deren Kampf mit der Regierung, den Einzug Wrangels, die »Contrerevolution«, die den vielzitierten »passiven Widerstand« provoziert; den Belagerungszustand, die Auflösung der Bürgerwehr, die Einschränkung, Zensur und Suspendierung von Presse-Organen, die Schließung aller politischen Klubs und Vereine;
- und im Dezember das Ende: die Auflösung der Nationalversammlung, das Inkrafttreten einer befohlenen »Verfassungs-Urkunde« (die, erheblich eingeschränkt, ab 1850 preußisches »Staatsgrundgesetz« wurde).

3

Die kurze, aufgeregte Geschichte des *Berliner Krakehlers* beginnt am Donnerstag, den 18. Mai 1848. Sehr knapp, in neun Worten nur, und dennoch die Totalität der Ereignisse hintersinnig umfassend, wird als Programm in der ersten Nummer verkündet: »Die Tendenz des Krakehlers ist einzig und allein Krakehl«. Ähnlich lapidar, das Verhalten der Kundschaft wie der Behörden gleichermaßen vorhersehend, wird die Erscheinungsweise des künftigen Blattes beschrieben: »Der Berliner Krakehler erscheint gar nicht, sondern ist immer vergriffen und vergreift sich wöchentlich einmal (ab Nr. 2: wöchentlich ein- bis zweimal)«. Und auch das Motto spricht für sich: »Ruhe«, heißt es da, in Umkehrung eines berühmten Zitats aus den deutschen Befreiungskriegen, »ist die letzte Bürgerpflicht, die erste aber: immer mit dem Kuhfuß« – »Kuhfuß« ist ein satirischer Ausdruck der preußischen Soldaten für den Kolben ihres Gewehres, mit dem man, ebenfalls in Umkehrung des eigentlichen Zweckes dieser Waffe, auf die Bürger einschlagen konnte.

»Wir, von Gottes Gnaden Berliner Krakehler, Mitglied des souveränen Volkes, König der schlechten Witze, Herzog von Geißelheim, Fürst von Peitschenhieb, Nasenstüber und Rippenstoß« sollten ursprünglich einmal wöchentlich erscheinen, »der immer sich steigernde Beifall jedoch«, mit dem das Blatt »gleich nach seinem Erscheinen aufgenommen wurde«, der Stoff, der »immer reichhaltiger und ausgiebiger floß und die »außerordentlich vielen Bestellungen« machten teilweise zweimaliges Erscheinen pro Woche möglich: Von Mai bis November wurden 36 Nummern produziert.

Die Einzelnummer, zum Preis von einem Silbergroschen, umfaßte stets vier Seiten, drei Seiten Text und – ab Nr. 10 regelmäßig – eine Seite mit Illustrationen. Das ursprüngliche Format (doppelt so hoch wie breit) wurde ab Nr. 10 einem gängigeren Quartformat angeglichen. Von Anfang an – und bis zum Ende – ist die Polizei im Spiel. Schon auf der ersten Seite der ersten Nummer beginnt der (programmatische) republikanische Krakehl: Das »bürgerfreundliche Polizei-Präsidium«, das sich »gehorsamst« erlaubt habe, »den jugendlichen Buchhändlern, welche die Flugschriften in den Straßen feilbieten, das Handwerk zu legen«, wird angewiesen, »sich gegen den Verdacht zu rechtfertigen, als habe es mit diesem Verbot das Vertreiben freisinniger Flugschriften hintertreiben und somit dem zur Hölle gefahrenen Censur-Kobold eine Eselsbrücke in unsere schwarz-roth-goldne Freiheit hineinbauen wollen«. Trotz solcher Hemmnisse floriert der *Krakehler*, kurz danach stellt eine redaktionelle Notiz befriedigt fest: »Der polizeiwidrige Eifer unserer Colporteure hat dem Krakehler eine solche Verbreitung zu verschaffen gewußt, daß heute bereits das Erscheinen einer siebenten Auflage [der ersten Nummer] nöthig geworden ist«.

In der Nr. 4 kann eine erste, temporär und finanziell gestützte Bilanz gezogen werden, die auch für die folgende Zeit gültig bleibt: »Den Betreffenden zur Nachricht, daß der Krakehler bereits so viel Injurienklagen auf dem Halse hat, daß er wenigstens so alt wie Methusalem werden muß, um sie alle absitzen zu können. Für die Geldstrafen, die ihm bis jetzt aufgelegt, dürfte Rothschilds Kapital schwerlich hinreichen. Sollten daher neue Klagen gegen denselben beabsichtigt werden, so machen wir die Herren in ihrem eigenen Interesse darauf aufmerksam, daß weder Lebensalter noch Kapital für dieselben vorhanden sind«.

Redaktionelle Äußerungen zum Programm sind selten. In Nr. 21 wendet sich die »Verlagsbuchhandlung« an die »respectiven Abonnenten«: »Der Berliner Krakehler, welcher seinen Lesern stillschweigend Witz und Satyre auf den breitesten Grundlagen versprochen hat, hat dieses Versprechen nicht nur erfüllt, sondern offenbar überboten. Statt von den breiten Grundlagen auf die schmälsten zurückzugehen, wie dies anderswo einer unverbürgten Sage zufolge passirt sein soll, hat er vielmehr die schmalen Grundlagen seines früheren Formats immer mehr verbreitert, und obendrein die Fülle seines Segens nicht wie versprochen in einem Vierteljahr 12mal über die andächtige Gemeinde seiner Leser ausgegossen, sondern in kaum 2 Monaten, sodaß diese selbige Gemeinde in den nächsten vier Wochen noch 6mal ein wohlthätiges Sturzbad satyrischen Humors zu gewärtigen hat«.

Als im Oktober/November General Wrangel energisch in die Presseszene eingreift, reagiert der *Krakehler* sogleich: »Holdselige Leserinnen, theure Leser, von nah und fern, Ihr Alle, die Ihr mit Theilnahme das Entstehen, Knospen und Aufblühen des für ›öffentliche Ruhe‹ wirkenden Krakehlers begleitet habt, Ihr Alle, die Ihr mit Beifall den guten Witz belohntet, mit Nachsicht den schlechten ertrugt, Ihr Alle, die, wenn der Witz ausgegangen, doch nicht abgegangen, Ihr Alle, die Ihr erkanntet, daß sein Streben, wenn auch unter der Schellenkappe, dennoch kein anderes war, als der Saat der Freiheit durch Beackerung Eurer Zwerchfelle einen fruchtbaren Boden zu verschaffen, an Euch, die Ihr an uns gehalten in Freud und Leid, ergeht heute diese feierliche, ernste Rede, denn der Krakehler sieht in dem verderbenblitzenden Sabel des Vater Wrangel das Damocles-

Schwert über seinem Haupte!« Schon in der Nr. 10 hatte sich das Blatt in einem fiktiven Brief des »Denuncianten-Vereins« ahnungsvoll schreiben lassen: »Ihr großes Maul wird Ihnen übrigens bald gestopft werden«, und nun: »O Wrangel, Wrangel, warum hast Du uns das gethan?! – Wir werden gemordet, todtgeschlagen, gezündnadelgewehrt, gekartätscht, geschrappnellt, gebombt, gekugelt, geviertheilt, zerrissen, mit einem Worte: wir werden gewrangelt«. Eine kleine, schwarzumrandete Annonce verkündet: »Der Krakehler packt!« (mit der Anmerkung des Setzers: »Vielleicht, um nicht gepackt zu werden«), aber die Sorge ist – noch – unnötig. Es hatte nicht nur gegoren. »Es hat ausgegoren! Alles ist zu Essig geworden! Wir Krakehler von Wrangels Gnaden leben noch« – für kurze Zeit. Mit der Nr. 36 vom 10. November muß das Erscheinen vorläufig eingestellt werden.

Bis zur Nr. 37 vom 25. Dezember verstreichen anderthalb Monate. »Herr General!«, heißt es in dieser Nummer in einem *Offenen Brief an Se. Excellenz, Herrn General v. Wrangel,* »Sie haben mich gebunden wegen meiner Ungebundenheit, mir die Freiheit des Erscheinens genommen, weil ich nach Erscheinen der Freiheit zu frei erschienen war, ich habe eine große Pause machen müssen, seit in Berlin der Tambour-General den Takt angiebt, und weil ich diesen Takt nicht verstehe, weil Sie wußten, daß ich in die Trommelwirbel zur Unzeit einfallen würde und daß unzeitige Einfälle die Harmonie stören, ich habe meine Subscriptionsliste nicht auslegen dürfen, weil ich auf der Proscriptionsliste gestanden, ich durfte Nichts setzen lassen, weil ich sonst selber gesetzt worden wäre, und obgleich ich bisher vom Drucke gelebt hatte, ging ich doch in mich und Sie an, weil ich eingehen mußte unter dem jetzigen Drucke.

Nunmehr haben Sie mich wieder heraus gelassen aus meinem Verließ, unter der Bedingung, daß ich nicht zu ausgelassen würde, und mit der Bestimmung, daß ich keine Mißstimmung erregen dürfte; ich habe also die Freiheit, wenn ich mir nicht zu viel Freiheit nehme, und wenn ich kein ›Mißvergnügen‹ verursache, das Vergnügen, zu existiren.

Herr General! Seien Sie barmherzig und stellen Sie mich nicht unter zu strenge Curatel! Habe ich jemals Mißvergnügen erregt? Hätte ich das gethan, woher kämen meine 23 000 Abonnenten?

Herr General! Was ist schwerer zu halten, als ein Waffenstillstand? – ein Versprechen! was schwerer als ein Versprechen? – das Maul! was aber am allerschwersten? – ein Witz«.

Wie sehr die Zwischenzeit von Selbst-Zensur ausgefüllt war, zeigen die *Skizzen aus der Selbstbiographie des Krakehlers* (»Am 15. November. Besser, man steckt etwas ein, als daß man selber eingesteckt wird«) oder die lebhafte *Scene im Redactions-Büreau des Krakehlers.*

Als er wieder erscheinen darf, veröffentlicht er eine einzigartige Satire, den *Muster-Krakehl, oder: wie der Krakehler, um dem Bedürfnisse des Belagerungszustandes der Gegenwart zu genügen, aussehen müßte,* in dem es heißt: »Das Wetter ist nicht nur schön, sondern es ist schöner als schön, ja das schönste, welches wir bisher bei schönem Wetter beobachtet haben. Berlin ist ruhig, nein, nicht ruhig, sondern ruhiger als ruhig, ja wenn es noch ruhiger wäre, dürfte diese Ruhe beunruhigend werden«.

Die Produktion war jedoch durcheinandergeraten. Die Nr. 37 vom 25. Dezember erscheint als die letzte datierte Nummer. Das Jahr und damit das letzte Quartals-Abonnement sind zwar fast zu Ende, aber trotzdem werden die Verpflichtungen, die man gegenüber den Abnehmern eingegangen ist, gewissenhaft erfüllt. 46 Nummern waren zugesagt, bis Jahresende erscheinen noch die (undatierten) Nummern 38 und 39; im Jahre 1849 kommen dann noch die Nummern 40 bis 46 hinzu, deren letzte vier wieder datiert sind; erst am 20. Januar 1849 ist mit der Nummer 46 der Jahrgang 1848 pflichtgemäß beendet.

Um dies erreichen zu können, veröffentlicht der *Krakehler* eine Folge von *Offenen Briefen*, deren Adressaten von General Wrangel über den Berliner Polizeipräsidenten Karl Ludwig Friedrich von Hinckeldey von bis zum »Constabler Herrn Aa. 4444« reichen. Als »hoffender Todes-Candidat« unterstreicht er: »Ich liebe die Zurückgezogenheit des Veilchens, wenigstens zunächst bis No. 46«.

4

Zur publizistischen Eigenart des *Krakehlers* gehört es, die einzelnen Nummern nicht nur mit dem Datum des Erscheinungstages, sondern auch mit einer Reminiszenz aus der jüngsten Tagesgeschichte oder mit der Prophezeihung eines möglichen Ereignisses der Tageszukunft zu datieren. So erscheint die Nummer 1 am 18. Mai, »am 60. Tage nach dem ersten Mißverständnis«, die Nr. 8 am 20. Juni, »sechs Tage nach der Erstürmung des Zeughauses« (die am 14. Juni stattfand), die Nr. 15 am 22. Juli, »fünf Tage nach Beendigung der Fortificationsarbeiten des K[öniglichen] Schlosses« (deren Beginn den Zeughaussturm provoziert hatte), und die Nr. 30 am 12. Oktober, »acht Tage nach der Bürgerwehr-Esels-Parade« (am 5. Oktober). Eine kleine Chronik der Berliner Revolution also, geschrieben durch die Hervorhebung von Ereignissen, die dem *Krakehler* wichtig erschienen. Bewundernswert bleibt, wie dicht er dabei an jene Bewertung herankommt, die spätere Historiographie aus der Sammlung der Vorkommnisse als wesentlich herausfilterte.

Das trifft auch auf die andere Datierungsart zu, die satirische Vorhersage. Hier wird die Vermutung des öfteren von der Wirklichkeit bestätigt, wenn auch mit der nötigen Verspätung, die die Ungeduld oft als wesentliche Voraussetzung übersehen muß. Die Nr. 3 erscheint am 28. Mai, »einige Tage vor Abdankung des Ministeriums« (das Ministerium Camphausen trat am 20. Juni zurück, weshalb es folgerichtig in der Nr. 9 vom 22. Juni heißt: »Zwei Tage nach der vom Krakehler 3 bereits prophezeiten Abdankung des Ministeriums Camphausen«). Die Nr. 20 vom 19. August ist datiert mit »nur wenige Tage vor dem Abtritt des Ministeriums der That« (das Ministerium Auerswald demissionierte am 8. September), die Nr. 34 vom 8. September verheißt die »Auflösung der Bürgerwehr« (die am 11. November erfolgte). Zusätzlich bietet sich hier die Möglichkeit, ironisch in die Utopie auszuweichen. Die Nr. 13 vom 14. Juli ist datiert mit »Wenige Jahre vor Beendigung der preußischen Verfassung« (an der man seit mehr als drei Dezennien laborierte), die Nr. 19 vom 14. August mit »Vierzehn Tage vor Heiligsprechung des Ministeriums Auerswald« und die Nr. 38 (die kein Tagesdatum hat) gar mit »10000000000000000000000000-000000000000* Jahre vor Einweihung der Republik Teltow durch Harkort« [den konservativen Industriellen Friedrich Harkort]: eine Prognose, mit der der *Krakehler* seine mögliche wie seine tatsächliche Lebenserwartung um einiges überschreiten mußte.

Pressegeschichtlich bemerkenswert ist auch, daß das Blatt seine sämtlichen Rubriken vereinheitlicht und dieses Prinzip bis zum Ende durchhält. Die stehenden Rubrikentitel lauten also *Amtlicher Krakehl, Nicht amtlicher Krakehl, Auswärtiger Krakehl, Inwendiger Krakehl, Beruhigender Krakehl, Berichtigender Krakehl, Lärm-Krakehl, oder: Eingesandter Krakehl, Correspondenz-Krakehl, Dramatischer Krakehl, Lyrischer Krakehl, Feuilleton-Krakehl.* Die erste Seite einer Nummer ist häufig mit der Parodie auf den Leitartikel der Tageszeitungen, dem *Leitenden Krakehl,* gefüllt.

*Wer nicht nachzählen möchte: Es sind 37 Nullen.

Einen Hinweis verdient schließlich die Druckgestaltung. Der *Krakehler* geht sehr verschwenderisch mit den verschiedenen Schriftgrößen um – eine schnell zu konsumierende Überredungstechnik durch massive Auszeichnungen auch in der äußeren Form. Beispiele dafür finden sich auf jeder Seite des Blattes. Den Höhepunkt in dieser Hinsicht stellt ohne Zweifel die erste Seite der Nr. 9 vom 22. Juni dar, das durch allmähliche Vergrösserung der Schrifttypen optisch sichtbar gemachte Herannahen der gefürchteten Macht aus dem Osten: »Die Russen kommen!«

Von seinem Beginn an war der *Berliner Krakehler* ein großer Erfolg. Die Nummern 1 bis 9 sind in mehreren Auflagen erschienen, bei fünf Nummern ist sogar eine 20. Auflage erhalten. Diese Auflagen sind inhaltlich bis auf Kleinigkeiten identisch; gelegentlich wurde der Text, wie Veränderungen in Silbentrennung und Zeilenfall zeigen, neu abgesetzt. Ob tatsächlich jeweils 20 Auflagen produziert wurden, oder ob diese Zählungen, was wahrscheinlicher ist, ein taktisches Mittel zur Täuschung von Zensur und Staatsanwaltschaft bedeuten, mag dahingestellt bleiben. Jedenfalls sind von keiner dieser ersten neun Nummern alle 20 Auflagen zu ermitteln.

Im einzelnen waren bisher durch mehrjährige Recherchen in insgesamt 28 öffentlichen Bibliotheken und Archiven sowie bei einer Reihe von Antiquaren und Privatsammlern folgende Auflagen nachzuweisen (vermutlich existieren noch andere):

Nr. 1: 2. 3. 4. 7. 12. Auflage.
Nr. 2: 4. 10. 11. 12. 13. 20. Auflage.
Nr. 3: 4. 5. 8. 9. 20. Auflage.
Nr. 4: 9. 10. 11. 13. 20. Auflage.
Nr. 5: 9. 10. 14. Auflage.
Nr. 6: 1. 10. 14. 15. 20. Auflage.
Nr. 7: 10. 12. 13. 18. 20. Auflage.
Nr. 8: 9. 10. 11. 12. 14. Auflage.
Nr. 9: 9. 11. 13. 14. Auflage.

Ab Nr. 10 scheint nur jeweils eine Auflage herausgekommen zu sein. Vermerkt wird nun, bis Nr. 31, lediglich noch die Auflagenhöhe. Dabei ergibt sich von Nr. 4 bis Nr. 31 die folgende Steigerung:

Nr. 4: 15.000 Auflage.
Nr. 5: 16.000 Auflage.
Nr. 6: 17.000/18.000 Auflage.
Nr. 7: 18.000/19.000 Auflage.
Nr. 8-11: 19.000/20.000 Auflage.
Nr. 12-29: 20.000 Auflage.
Nr. 30-31: 21.000 Auflage.
(In der Nr. 37 werden 23.000 Abonnenten erwähnt.)

Auch bei diesen Zahlen bleibt fraglich, wie weit sie der Wirklichkeit entsprechen, und wie weit sie der Reklame dienen.

5

Der gesamte Jahrgang 1848 erschien bei dem Berliner Verleger Litfaß, der das Blatt auch in seiner eigenen Schnellpressendruckerei produzieren ließ. Ernst Theodor Amandus Litfaß, 1816-1874, im alten Berlin für seine quadratmetergroßen »Riesenplacate« bekannt und bis heute in der allgemeinen Erinnerung als Erfinder der (1855 erstmals aufgestellten) »Litfaß«-Säulen, war sehr wahrscheinlich der spiritus rector des *Krakehlers*: 1845 hatte er den Betrieb seines Stiefvaters Leopold Wilhelm Krause übernommen, der seinerseits einige unterhaltend-humoristische Zeitschriften veröffentlicht hatte, die *Berliner Schnellpost für Literatur, Theater und Geselligkeit* etwa, 1826-1829, den *Berliner Courier*, 1827-1830, oder den *Berliner Figaro*, der von 1831 bis 1848 erschien. Aus deren Mitarbeiterkreis kommen die Redakteure des *Krakehlers* und mit Sicherheit auch seine Autoren. In einer Festschrift, die 1871 Ernst Litfaß' 25jähriges Geschäftsjubiläum feiert (Friedrich Tietz: *Ernst Litfaß' industrielle und private Wirksamkeit*), wird – in dieser preußisch-deutsch-kaiserlich-nationalistischen Zeit – der demokratisch widerspenstige *Krakehler* natürlich nicht erwähnt. Nur der Hinweis fügt sich ein, daß Litfaß in seiner Frühzeit viele drucktechnische Experimente anstellte und daß er 1845 mit dem »Buntfarbendruck« begonnen habe.

Ein zweiter Jahrgang sollte bei dem Berliner Verleger Leopold Lassar herauskommen, der daraus ein *humoristisch-satyrisch-politisches Wochenblatt* machen wollte, »mit zeitgemäßen Illustrationen, durch die genialsten Künstler« ausgeführt. Nachzuweisen ist davon jedoch nur eine (Probe-)Nummer.

Als erster Herausgeber des Blattes ist ein nicht identifizierter »Dr. Herr-weg« ausgedruckt, der sich, falls er existiert hat, parodistisch nach dem vormärz-engagierten Dichter Georg Herwegh nennt. Schon ab Nr. 5 erscheint als »verantwortlicher Redacteur« Karl Otto Hoffmann, ein Berliner Literat und Journalist wie seine Nachfolger; nach zwei kurzen Intermezzi (Nr. 19-23: Adalbert Cohnfeldt, Nr. 24: Ludwig Koßarski) übernimmt ab Nr. 25 bis zum Ende der Zeitschrift Heinrich Bettziech, genannt Dr. Beta, die Redaktion: »Mit dem Polizei- und deutschen Einheits-Runkelrüben-Minister-Wechsel auch schon wieder ein gewechselter Krakehler-Minister? Ja, was hilft's? Muß doch jedes Blatt seinen Sündenbock haben, an den sich die Preußen-Patrioten und Staatsgefängniß-Lieferanten halten können für ihren Gehalt ... Betraut mit dem Vertrauen unserer Urwähler trauen wir uns zu, dem souverainen politischen Witze, Krakehler und Humore dieselbe Macht zu verschaffen, welche der Strom in den Ställen des Augias ausübte, eine solche Macht und Liebe, daß alle Deutsche darin aufgehen, und auf die Frage: ›Was ist des Deutschen Vaterland?‹ nur die eine Antwort haben sollen: ›Ueberall, wo der Krakehler gelesen wird‹«.

Zwar wirbt man um Mitarbeiter aus dem Publikum, »Krakehler jeglicher Gattung« werden um Beiträge ersucht, und in der 7. Auflage der Nr. 1 wird vermerkt, daß »das Manuscript aus allen Enden der Stadt uns sehr reichlich zugegangen sei« – im Ganzen jedoch ist es ein interner Kreis von Autoren, der das Kunterbunterlei aus Meterware und Cimelien organisiert. Wer das war, ist im Einzelnen schwer auszumachen. Die Unterzeichnungen der Beiträge sind, wie immer bei derartigen Blättern, die pure Fiktion; die meisten Texte sind ohnedies nicht gezeichnet. Neben einer Reihe von nicht dechiffrierten Kürzeln sind parodistische Namen festzustellen: »Rieke Beranger« (Jean Pierre de Béranger), »Willste bald Alexis« (Willibald Alexis) oder »Leopold Schaaf« (Leopold Schäfer).

Zu den identifizierten Mitarbeitern gehört Adalbert Cohnfeldt, der auch anderweitig stark in der Publikationsmaschinerie des Jahres 1848 engagiert ist und sich auf seinen vielen Flugblättern und Plakaten »Aujust Buddelmeyer, Dagesschriftsteller mit'n jroßen Bart« nennt. Zwei weitere Autoren stellt das Blatt selbst vor, den Sänger Julius Krause und den Schauspieler Albert Leopold Gern, die sich »um Unsere Allerhöchste Person wohl verdient gemacht« haben und daher »zu Allerhöchst Unseren Kammerherren und Ehrenmitgliedern Unseres geheimen Conseils« ernannt werden.

Unter den Illustratoren des Blattes ist an erster Stelle der »würdige Krakehl-Illustrant« Wilhelm Scholz zu nennen, der spätere berühmte Zeichner des *Kladderadatsch*; vor allem am Anfang arbeitet er mit (Nr. 9, 10, 14); von ihm stammt auch die satirische Figur im Kopftitel der Nummern 5, 6 und 8.

Andere Karikaturisten sind der nicht ermittelte »Uhlmann« (Nr. 7, 14, 23, 26 und 28), von dem eventuell auch eine mit »AU« signierte Zeichnung (Nr. 5) stammt, und »G[ustav?] Bartsch« (Nr. 21, 22). Nicht aufzulösende Siglen finden sich außerdem in den Nummern 4 (»M«)., 24, 25, 46 (»A. M.«) und 42 (»A. I.«). Auch in diesem Bereich nennen die meisten Arbeiten keinen Verfasser.

Imitationen tauchen schon während der Laufzeit auf. Von Juli 1848 bis Mai 1849 erscheint der *Danziger Krakehler*, der *Wiener Krakehler* bringt es 1848 auf nur zwei Nummern; ein *Krakehler* aus Oppeln kam 1848-1849 heraus, der *Breslauer Krakehler* 1849. Auf eine weitere Zeitschrift dieses Titels, aus Potsdam, verweist der *Krakehler* selbst und er erfindet bei dieser Gelegenheit eine parodistische Variante aus London: »Metternich und Guizot geben daselbst einen Krakehler heraus, auf den der Kaiser der Kosaken und Baschkiren sofort subscribirt hat«.

Direkte Nachfahren sind – unter veränderten politischen Bedingungen, daher auch mit einem sprechenden Titelzusatz – der *Neue Berliner gemüthliche Krakehler* aus dem Jahre 1849, von dem eine Nummer erhalten blieb, und ein Blatt gleichen Titels, das 1853-1854 erschien.

6

Die hektische, zwischen Druckmaschinen, Zeitnot und Zensurscheren eingesperrte Produktionsweise des *Berliner Krakehlers* schlägt sich in einer Inhaltsvielfalt nieder, die von harmlosen Späßen bis zu Höhepunkten deutscher satirischer Prosa reicht.

Die Themen dieses aktuellen Kompendiums zur Geschichte der Revolution von 1848, speziell ihrer Berliner Sektion, die Gegenstände dieses zum unmittelbaren Verzehr bestimmten Angebots von oberflächlichen Glossen zu Tagesereignissen und hintergründiger diskursiver Erhellung machtpolitischer Zusammenhänge sollen in einer Auswahl vorgestellt werden.

> »Sag mal Lude wat is denn Gierke?
> Na wat soll er sind? Staatsminister!
> Na er duht ja aber jar nischt?
> Schaafkopp! Er is ja och blos man Minister zum Staat!«

Oder:

> »Lude. Saja mal, Fritze, wenn du zwischen det Ministerium Brandenburg un det Ministerium Eichhorn zu wählen hättest, wat nähmst de lieber?
> Fritz. Enen Bittern!«

Zu den bevorzugt Behandelten gehören die preußischen Regierungen des Jahres 1848. »Da die Majorität Preußens darüber einig ist, das Ministerium Camphausen so lange, wie möglich, zu erhalten, so schlägt der Krakehler vor: dasselbe in Spiritus zu setzen, um so mehr, als dem gedachten Ministerium etwas Spiritus in keiner Weise schaden dürfte«. Der *Krakehler* wünscht Aufschluß über die Frage, »welchen Einfluß ein Ministerportefeuille auf einen sonst ziemlich gesunden Menschenverstand« ausübt, und da eine Antwort offenbar nicht sogleich möglich ist, kehrt man die Verhältnisse um und läßt den unter politischem Druck stehenden Ministerpräsidenten Ludolf Camphausen sich als »Dampfhausen« werbend an die Berliner wenden: »Theure Mitbürger! Ich beschwöre Euch, macht doch aus der Noth eine Tugend! Nehmt doch so eine Ministerstelle an! Was schaden Euch denn 6 000 Thaler Gehalt jährlich? ... Beißt in den saueren Apfel und nehmt ein Portefeuille an, Ihr werdet's ja doch nicht lange zu tragen haben!«

Gewiß nicht lange: Kaum hat der *Krakehler* festgestellt, wie sonderbar es sei, »daß ein Ministerium, welches sich so sehr zum Rückschritt neigt, so schwer zum Rücktritt zu bewegen ist«, da tritt Camphausen zurück. »Preussen ist gerettet!«, wird sarkastisch gejubelt, »der Riß zwischen dem constitutionellen König und dem souverainen Volke ist ausgebessert. Ein neues verantwortliches Ministerium ist als Flicken darauf gesetzt«. Aber, leider: »Das neue Ministerium Auerswald! Es fängt mit »Au« an – wie wird es enden!«. Zu solcher Skepsis war aller Grund vorhanden, wenn man die regierungsamtlichen Tätigkeiten scharf genug sezierte. »Gegen eine möglichst geringe Entschädigung« wird vom »Ministerverweser in Thule ein tüchtiger Rechtsgelehrter zu engagiren gesucht, welchem die Bestimmungen des Landrechts über Unterrichts- und Medizinal-Angelegenheiten geläufig sind, um die zu erlassenden Rescripte zu prüfen«, inwiefern sich der Verweser »durch dieselben wegen mangelnder Rechtskenntnisse blamiren würde«.

Und auch das Zusammenspiel von Ministerium und Nationalversammlung (die in der Berliner Singakademie tagte) war geeignet, Mißtrauen zu säen. Hier gelangt der *Krakehler* zu Vorschlägen, die, staatsphilosophisch eher wenig kalkülisiert, volkswirtschaftlich scharf kalkuliert sind. »Majestät, des is Allens Unsinn! wird in einer Adresse aus Deutsch-Rixdorf gesagt, Wat jeht uns Berlin an! Wir Unterschriebene protestiren jejen de Neurung und wenden uns direkt an unsern alten König. Davor sind wir da! Mit det Ministerium wollen wir nischt zu duhn haben! Een Jott, een König, een Herr! So muß et sind! Unn weil wir nu gelesen haben, dett die Vereinbarung in Berlin in de Singacademie ist und de Offenbarung da liegt, dett se faul nach Noten sind, und vor det schwere Geld gar nischt duhn, so bitten wir Ihnen, Herr König, ganz ergebenst, haben Se doch die Jüte, und sagen Se de Vertreter, dett, wenn des noch lange so fortgehen duht, wir Unterzeichnete dadruff beharren, dett de Singacademisten keenen Dagelohn vor't Nischduhn mehr kriegen sollen, sondern deß de Vereinbarung uff Accord an den Mindestfordernden übergeben werden wird«.

Besonderer Liebling ist ein Minister im Kabinett Auerswald-Hansemann, Friedrich Christian Hubert von Kühlwetter – ein überaus sprechender Name in einem jedenfalls heißen Sommer. Ihm wird unter anderem folgende bemerkenswerte Tirade gewidmet: »Er ist wirklich ein großer Mann! Glauben Sie etwa, ich spreche von Solon, der bloß Gesetze gab? von Sokrates, der bloß weise war? von Demosthenes, der nur als Redner glänzte? von Alexander und Cäsar, die nur Feldherren waren? von Moses und Mohamed, die nur Religionen stifteten? von Columbus, der nur eine neue Welt entdeckte? von Berthold Schwarz, der nur das Pulver erfand? oder gar von andern untergeordneten Geistern, wie Favet, Gutenberg, Hirschel, oder wie sonst die Kleinhändler im Reiche des Genies heißen mögen? Nein, und nochmals nein, ich spreche von jenem großen Manne, der allerdings weder Redner noch Feldherr ist, weder Gesetze geben kann noch das Pulver erfunden hat – ich spreche von Kühlwetter, Excellenz«.

Später im Jahr, als erneut die Notwendigkeit einer Kabinettsumbildung besteht, mustert der *Krakehler* die Kandidaten und rechnet wiederum wirtschaftlich: »Es bleibt mithin Niemand mehr übrig, als der, durch seine großen Thaten, Schriften und unsterbliche Worte, durch Geburt, Rang, Stellung, Verwandtschaft, Achtung des Volkes, Liebe der Untergebenen und seine Größe von 5 Fuß 11 Zoll gleich ausgezeichnete Graf Brandenburg. Wozu noch andere Minister? Wo so viele Eigenschaften in einer Person vereinigt sind – wozu besoldet man da noch fünf oder sechs andere? Spart das Geld des Staates! der Mann ist gefunden, dessen Billigkeit Alles benutzen wird, was feil ist zum Frommen der Krone und somit zum Nutzen des Vaterlandes!«.

Daraus ist dann, zu Jahresende, die pure Melancholie geworden: »Die Zeitungen sprechen von einem Abtritt des Ministeriums Brandenburg, Herr v. Vincke soll aber weder berufen noch auserwählt sein, vielmehr Bodelschwingh. Mit diesem wären wir wieder, freilich mit Erinnerungen an die Träume, die wir als Siebenmonatskinder der Revolution und als Siebenschläfer geträumt, vor dem 18. März angekommen«.

7

»Wir machen unsere Leser ein- für allemal damit bekannt, daß, wenn wir zu einer Verdächtigung und Lüge die Worte setzen: ›Thatsache‹ und ›aus sicherster Quelle‹, die Denunciation als sehr dringend und zum eiligsten Zugreifen hingestellt wissen wollen. Die Kreuz-Zeitung mit Gott für König und Vaterland«.

Häufig beschäftigt den *Krakehler* die Berliner Presse, vor allem die konservativen Tageszeitungen, und hier speziell die »Tante Voß«, wie der Volksmund den umständlichen offiziellen Titel *Königlich privilegirte Berlinische Zeitung von Staats- und gelehrten Sachen* sprechbar vereinfachte. Die »Runkunkel Voß«, die »Allerweltvettel« erweckt mit ihrer politischen Berichterstattung den Spott des *Krakehlers* – »Am 7. starben viele Abonnenten der Muhme Voß an der Unverdaulichkeit derselben, nachdem sie dieselbe bereits seit dem 18. März im Magen gehabt« –, seine Empörung – »eine Zeitung, welche sich durch bezahlte Veröffentlichung schmachvoller, ehrloser und infamer Gesinnungen prostituirt, ist einer feilen Dirne gleich zu achten, und besudelt Jeden, der sie berührt« – und schließlich, zum schlechten Ende, eine Mischung aus Resignation, Zorn und Unüberlegtheit: »Ein Volk, das die Tante Voß in 20.000 und die beiden Breslauer Zeitungen in 10.000 Exemplaren liest, ist noch nicht reif für demokratische Wahlen«.

Von den konkurrierenden Berliner Satire-Blättern hat man es besonders auf die *Freien Blätter* abgesehen, die Adolf Glaßbrenner zwei Wochen vor dem *Krakehler* gegründet hatte. In einem *Privatgesuch* habe Glaßbrenner »um die zurückgelegten [nicht verwendeten] Witze des Krakehlers zu Gunsten der ›freien Blätter‹ gebeten«, ist da zu lesen, oder: »Am 24. d. erhängte sich ein Mann in seiner Wohnung, nachdem er kurz vorher auf die ›freien Blätter‹ abonnirt hatte«. Das ist mindestens ungerecht, denn der *Krakehler* hat Glaßbrenner einige wichtige Impulse zu verdanken; wenigstens formal sind Einflüsse etwa seines *Komischen Volkskalenders* nicht zu übersehen.

Einig dagegen ist man sich mit zwei anderen Blättern. *Krakehler*, *Kladderadatsch* und *Die Ewige Lampe* sind die Mitglieder des »Triumvirats in der Republik des Humors«, des »dreiköpfigen Großmoguls der Journalistik«. Arthur Mueller, der Herausgeber der *Ewigen Lampe*, wird zum »Ehrenmitglied des Krakehlers« ernannt, und als der *Kladderadatsch* durch Wrangel verboten wird, als er kurzfristig nach Leipzig auswandern muß, widmet ihm der *Krakehler* einen »Nachruf am Grabe seines bei der Belagerung von Berlin gefallenen Bruders und Freundes, des hoffnungsvollen Jünglings Kladderadatsch. (Nach Beethovens Adelaide zu singen)«.

Viel Schärfe wird in – heutzutage nicht mehr vorstellbare – persönliche Angriffe gelegt, besonders bei den profilierten Vertretern der konservativen Revolutionsgegner. Der Theologe Ernst Wilhelm Hengstenberg gerät ebenso ins grelle Scheinwerferlicht wie der »potsdämliche« Prediger Ludwig Jonas, der sich am besten »in dem Bauche irgend eines Wallfisches befände«, der Theologe Karl Leopold Adolf von Sydow (»Herr Prediger Sydow will vom religiös-sittlichen Standpunkte die Revolution nicht anerkennen! Als Revange erkennt der Krakehler vom politischen Standpunkte seine Predigten nicht an!«) oder der Publizist Ernst von Bülow-Cummerow (»Kummervoll«): »Hr. v. Bülow rief dem demokratischen Frauen-Klub zu: ›Das Weib schweige in der Gemeinde‹. Da Waschweiber auch zu dem weiblichen Geschlechte gehören, warum schweigt Hr. v. Bülow nicht?«

Die generelle Stimme der »Reaktionären« wird stellvertretend in einem Brief des »Hans Ochs von Ochsenheim aus dem Hause Ochsendumm« zusammengefaßt, den dieser »an Herrn von Kalb in Potsdam« richtet: »So weit hat es kommen müssen! Was Jahrtausende allen Stürmen getrotzt, ist in einer Nacht vernichtet. Der Adel ist abgeschafft, die Adelsprädikate sind verboten! Ich bin nur noch ein einfacher Ochs, danken Sie Gott, daß Sie in Potsdam sind, denn hier würden Sie schlechtweg für ein Kalb gelten. Dies ist ein offenbarer Eingriff in das Privateigenthum; schon als ich auf die Welt kam, war ich mehr als ein bloßer Ochs! Hat nun, frage ich, die Demokratie das Recht, mir dieses Mehr zu rauben? An den Namen Ochs knüpfen sich große historische Erinnerungen, meine Familie ist eine der ältesten und weitverbreitetsten unter allen Adelsgeschlechtern; Sie wissen, wie mancher Ochs den Thronen der Fürsten und Könige nahe stand und jetzt soll dieses herrliche Geschlecht gleichsam zur gewöhnlichen Menschenrace degradirt werden? Das wird kein wahrer Ochs dulden!«

Die Gegenseite ist ebenfalls thematisiert, die Liberal-Progressiven unter den »Literaten«, die engagierten (»politisierenden«) Schriftsteller und Publizisten, die leidenschaftlichen, oft stellungslosen doctores philosophiae: »Einem unverbürgten Gerüchte zufolge, sollen sich in Berlin doch noch einige Literaten befinden, die nicht verhaftet sind. Ein solches Mißkennen der Revolution ist wahrlich nicht zu entschuldigen«. Ihnen kann »ein rasches und billiges Fortkommen« nachgewiesen werden: durch »das Ausweisungs-Büreau am Molkenmarkt«. Falls sie dennoch bleiben, soll für Ruhe vorgesorgt sein. »Ich mache hiemit ein für allemal bekannt«, heißt es in der Annonce eines Gastronomen, »daß, um meinen verehrten Gästen, namentlich den Herren von der Bürgerwehr, den Genuß des Weißbiers nicht länger zu verleiden, in meinem Lokale nicht mehr politisirt werden darf. Auch habe ich einen stämmigen Hausknecht angenommen, um Literaten, falls sie mein Lokal besuchen sollten, augenblicklich herauszuschmeißen«. Schließlich wäre ihre berufliche Bildung zu fördern: »Seitdem Georg Herwegh, Hecker und Struve sich als so schlechte Feldherren bewährt haben, sind die deutschen Regierungen übereingekommen, so viel Literaten wie möglich auf die Festungen zu schicken, um sie dort – Fortifikation studiren zu lassen«. Und falls alles nicht hilft,

»falls das Unkraut länger noch
Wuchert, zu des Staats Verderben?
Nein sie müssen all' in's Loch,
Ob der schnöden frechen Thaten,
Alle diese Literaten,
Die in tollen Wahnsinn taumeln,
Müssen all' am Galgen baumeln«.

Ein zentraler Ort der Revolution von 1848, Frankfurt am Main und seine Paulskirche, wird, wie in anderen gleichzeitigen satirischen Zeitschriften aus Berlin, München oder Wien, überwiegend kritisch gesehen.

»In Frankfurt wird ein Thurm gebaut
Von Buttermilch und Sauerkraut;
Und was das Schönste ist daran:
Man fängt ihn an der Spitze an«.

Die Nationalversammlung, der »erst Sauls-, und nun aus Furcht etwas Paulskirchliche Redeübungs-Verein«, in dem »die Frankfurter De-Düpirten« sitzen, erweckt keine Hoffnungen: »Die Paulskirche hat die Bildung der deutschen Flotte in die Hand genommen und das ist gut, denn die dortige Rederei ist ja berühmt oder berüchtigt geworden; wenigstens ist es die größte Rederei in Deutschland«.

In diesem Zusammenhang sind jene *Zum 18. October* überschriebenen Verse zitierenswert, die das Frankfurter Parlament mit scharfen Schlaglichtern in einen größeren historischen (Vormärz-)Rahmen stellen:

»Bei Leipzig die große Völkerschlacht
Sie hat uns den Wiener Congreß gebracht,
Den Wiener Congreß und den Bundestag
Daß der Teufel sich ihrer erbarmen mag! –
Wir wurden verkauft, wir wurden verrathen
Durch Diplomaten und Potentaten.
Geheime Beschlüsse und Conferenzen,
Polizei und Steuern ohne Grenzen.
Der Löwe – bei Leipzig ward er vertrieben,
Doch die Wölfe und Füchse waren geblieben.
Auch jetzt sind wieder zur Völkerschlacht
Der Geschlagenen Geister aufgewacht.
An jedem Thron hat der Sturm gerüttelt
Und alle Stammbäume brav geschüttelt.
In Deutschland die größte Völkerschlacht
Hat den Frankfurter Reichstag uns gebracht.
Wir werden gerichtet, wir Demokraten
Durch Diplomaten und Potentaten.
›Der alte Schwindel in neuer Gestalt‹
Er heißt zu Deutsch: Central-Gewalt.
O Frankfurt, o Leipzig, o Bundestag!
Daß Gott sich unser erbarmen mag!«

Es wird also Zeit, daß das Volk selbst, auf unmißverständliche Weise, eingreift: »In Frankfurt und Berlin hat sich nun innerhalb 5 Monat schon so viel ungewaschenes Zeug aufgehäuft, daß die große Wäsche nächstens losgehen kann. Ist die beendigt, geht das Bläuen los und den Beschluß macht das Aufhängen«.

Auch für die in Frankfurt inszenierte Wahl des Erzherzogs Johann von Oesterreich zum deutschen Reichsverweser kann der *Berliner Krakehler* nur Hohn aufbringen: »Hans von Oesterreich ist deutscher Reichsverweser! Böswillige meinen: Er wird das Reich hänseln, verwesen wird es von selber«. Die Rolle der neuen »Autorität« scheint ihm so belanglos, daß er sich auf Etikette-Fragen konzentriert: »Da Gott der Höchste, die Könige und Kaiser in Deutschland aber schon die Allerhöchsten sind, welchen Titel wird nun der Reichsverweser führen, der über ihnen allen steht?« Allerdings muß hier auf einen überaus tragikomischen politischen Zusammenhang aufmerksam gemacht werden: »Du stolzes Deutschland freue Dich! Die Franzosen haben doch gar keinen König, ätsch, ätsch, ätsch! Die Russen haben doch nur einen Kaiser, ätsch, ätsch! Die Engländer haben doch bloß einen femininen König, ätsch! Aber wir Deutsche haben doch 34 complette Souveraine und haben jetzt doch noch einen neuen Fürsten erwischt. Wir haben einen Erzverweser! Juchhe! Wir sind nicht mehr simple Unterthanen, o nein! unsere Unterthänigkeit ist zur höchsten Potenz erhoben worden! Wir sind Kaiserl. Königl. Erzherzogl. Erz-Unterthanen!! Noch eine Revolution und wir werden Leibeigene werden!«

So verwundert es nicht, daß auch die vielfältigen Bemühungen der in Frankfurt Versammelten, unter den Fürsten und Königen einen deutschen Kaiser zu finden, nur kurz und bitter kommentiert werden, indem man einen populären Bühnenschauspieler vor den Vorhang des Polit-Theaters ruft: »Da die Geschichte mit dem deutschen Kaiser doch nur eine Komödie ist, wie wäre es, wenn die Wahl auf Herrn Moritz Rott fiele? Derselbe hat Routine in dergleichen Rollen, würde sie zur Zufriedenheit Aller durchführen, und da er mehr auf gute Behandlung, wie auf festes Gehalt sieht, so dürfte seiner Wahl Nichts im Wege stehen, selbst nicht einmal seine bekannte republikanische Gesinnung«. In seiner letzten Nummer bringt der *Krakehler* zu diesem Thema eine Karikatur (*Die getreue Abbildung des deutschen Reichsapfels und wer den meisten Appetitum nach solchem trägt*), die zeigt, wie die aus dem Himmel herabgereichte Insignie auf die Gier vieler gekrönter Häupter stößt. Der dazugehörende Vers enthält eine präzise Prophetie:

»Wer jetzt am meisten thut darnach den Mund aufreißen,
Wird doch am Ende nicht in diesen Apel beißen,
Und wer jetzt ruhig läßt die Andern darnach lecken,
Dem wird man ihn zuletzt doch in die Tasche stecken«

– wenige Monate später, im April 1849, wird Friedrich Wilhelm IV. die ihm angebotene deutsche Kaiserwürde ablehnen, 22 Jahre später wird sie sein Sohn Wilhelm annehmen. Wie genau die Karikatur spätere Entwicklungen vorhersieht, zeigt ein Detail: Rechts im Bild ist deutlich Otto von Bismarck zu erkennen.

Neben dem noch-nicht-existenten deutschen Kaiser fesselt den *Krakehler* ein reales Staatsoberhaupt, der österreichische Kaiser Ferdinand. Getreu einem zeitgenössischen Vorurteil, aber auch im Sinne preußischer Politik der sich abzeichnenden »kleindeutschen« Lösung, wird er zum gekrönten Kretin stilisiert, dessen »besondere Kennzeichen« sind: »Spricht wenig, denkt gar nicht und ißt gern Backhändl«. Ferdinand und ein »Staatsminister« in einem Zimmer in der »Burg«, vor der eine »tobende Menge« eine Grundforderung der Revolution artikuliert:

»Kaiser (ängstlich zum Minister): Aber sagens, ich bitt Ihne, was schreien's halt?
Minister: Kaiserliche Majestät, sie begehren eine Verfassung!
Kaiser: Nu so thun's Ihne halt doch den Gefallen und geben Sie ihnen eine!
(Minister geht hinaus, tritt sogleich wieder herein; ungeheurer Jubel,)
Kaiser (weinerlich): Aber i bitt Ihne, was wollen's denn nun schon wieder?
Minister: Sie danken halt Ew. Majestät für die Verfassung!
Kaiser (sehr heiter): Na, wenn sie sich damit so freuen, da geben Sie doch den guten Leuten halt gleich noch ane«.

Ferdinand mutiert nicht nur zum habsburgischen Eckensteher »Ferdinante«, er bekommt auch, als er den Hof zeitweilig nach Olmütz verlegt, das Prädikat »Allerdurchlaufigster Kaiser«, der keinerlei Ahnung, geschweige denn Überblick hat. Dialog zwischen »Pferdinandel« und Graf Stadion:

> Pferd: Aber i will halt den Metternich sehen!
> Stad: Majestät wissen ja, daß er bereits seit 7 Monaten in London ist.
> Pferd: Aber was macht er halt denn da?
> Stad: Majestät wissen ja, daß Sie ihn abgesetzt!
> Pferd: Schauns, daß hab i halt nit gewußt! Warum hab i ihn denn glei abgesetzt?«.

Der Nachfolger, Franz Joseph I., gerät ebenfalls ins Visier: »Die österreichischen Zeitungen melden: ›Der junge Kaiser verspricht viel und man verspricht sich viel von ihm‹. Niemand aber sagt, was man von ihm hält; das kann man immer erst sagen, wenn man weiß, was er und wie er Alles halten wird, um sich selbst zu halten. Vielversprechende Kinder und vielversprechende Fürsten haben das gemein, daß sie – – ›Maul gehalten, Krakehler, sonst schick ich dir den Pascha!‹« – zugleich ein schönes Beispiel für die auch beim *Krakehler* automatisch nötige Selbstzensur.

8

»Warschau. Polen ist noch nicht verloren, darum kann es sich auch noch nicht wieder finden«. Eine große Zahl von satirischen Notizen, Nachrichten und Glossen belegt, wie sehr im *Krakehler* der Blick über die Grenzen Berlins und Preußens hinausgeht, wie sehr versucht wird, die Ereignisse in den erwünschten europäischen, ja überseeischen Kontext zu bringen – als Rückhalt und, wo möglich, als Anregung für einheimische Entwicklungen. So heißt es in einem zusammenfassenden fiktiven Bericht vom Juni 1848:

»St. Petersburg: Es gährt! – Warschau: Es gährt! – Pesth: Es gährt! – Bukarest: Es gährt! – Wien: Es gährt mehr! – Innspruck: Es gährt gar nicht! – Rom: Es republikert! – Neapel: Nacht! Complette Nacht!! Es wird blutig tagen! – Stuttgart: Es gährt! – München: Es gährt! – Karlsruhe: Es heckert und struvelt! – Frankfurt a.M.: Alles schläft! Man hört nur zuweilen Schnarchen und den Nachtwächter tuten! – London: Es gährt, es chartistelt, es irländert, es bankerotelt, es constablert!« Oder, in einer ähnlichen Revue der Ereignisse vom Oktober: »St. Petersburg: Gelinde Aufregung. Es wird sibiriirt. – Warschau: Verschiedene Polen wagen es, zu athmen. Vorsichtsmaaßregeln. Es wird gecidadellt. – Breslau: Es gährt. Vorbereitung auf den Belagerungszustand. Es wird verhaftet. – Posen: Es wird gemunkelt. Verschiedene unschuldige Einkerkerungen aus Vorsicht. – Frankfurt: Das Spießbürgerthum fühlt sich. Die Paulskirche eine Zufluchtstätte für Verräther an der Freiheit, Sitz des hochnothpeinlichen Halsgerichts für Deutschland. – München: Aufwallung. Verhaftungen, Schriftstellerverfolgungen. – Uebriges Deutschland: Theilweise Cravalle, Aufregungen, Emeuten, Einfälle, Verhaftungen, Verfolgungen, Steckbriefe, sonst ziemlich gemüthlich. – Frankreich: Mißvergnügen, Verhaftungen, im Uebrigen Republik. – Grosbritannien und Irrland: Noch mehr Unzufriedenheit, noch mehr Verhaftungen, aber ohne Republik. – Spanien und Portugal: Es fehlt an Geld, sonst wird ziemlich verhaftet. – Italien: Alles verhaftet. – Schweiz: Man will verhaften. – Amerika: Freiheit. Lächerlich !!!! Keine Verhaftungen! Oberlächerlich!!!!!! Ruhe, Ordnung und Gesetz! Pyramidallächerlich!!!!!!

1. Moral.
Spiel mit der Freiheit nicht, o Kind!
Willst Du nicht eingespunnet sind.
2. Moral.
Doch willst Du frei sein, 's geht, o ja,
So bummele nach Amerika«.

Womit bereits die Entwicklung nach 1848/49 angedeutet ist, die Auswanderung vieler demokratisch Gesonnener im Gefolge der fehlgeschlagenen Revolution.

Ein Land spielt in diesen »Auslandsbeziehungen« eine besondere Rolle: Rußland, gesehen als der grauenhafte Hort der reaktionärsten Menschenverachtung, vor dem der *Krakehler* nicht müde wird, zu warnen, Rußland, in dem der »Kaiser von Knutanien« regiert, Nikolaus I. – »Nikkellai Knutowitsch«. Die Furcht vor einem militärischen Eingreifen des Zaren in die deutsche Revolution äußert sich etwa in einer erfundenen Liste, die »angekommene Fremde« verzeichnet: »Peter Wassilewitsch Schnapsoff, K. K. russ. Oberkosack und Grand Maître de la Knoute, mit Gefolge, von Petersburg. Sr. Durchlaucht der Fürst Nicolaus Langfingrowitsch Spürnasoff, Grand Espion de la Cour imperiale von Moskau. Graf Ossip Bluthundski«. Oder in jener optisch überaus eindrucksvollen Schlagzeilenfolge »Die Russen kommen!« auf der ersten Seite der Nr. 9. Wie ein Leitmotiv geht diese Meinung durch die Spalten des Blattes. Wenig später marschieren russische Truppen in das aufständische Ungarn ein. Das blutige Resultat ist bekannt.

9

Der *Berliner Krakehler* sei »durch seinen rohen Ton berüchtigt« gewesen, wollte 1927 ein Doktorand herausgefunden haben. Richtiger ist Rudolf Hoffmanns Urteil in seinem Buch *Der Kladderadatsch und seine Leute* (1898), das Blatt habe sich »durch einen sehr radikalen Inhalt« ausgezeichnet. Denn »roh« kann man den Ton des *Krakehlers*, von einigen Ausrutschern abgesehen, nicht nennen. Vielmehr ist eine große Spannweite von Tönen zu konstatieren, wenn man genauer hinhört, von Tönen und Zwischentönen – die Zeitschrift wurde vor allem für jenes liberale Bürgertum produziert, dessen wirtschaftliche und politische Situation, dessen Interessenlagen und Handlungsbedingungen die »Revolution« erst ermöglichten, für ein Bürgertum also, das auch gebildet genug war, um Anspielungen aus Literatur, Musik und bildender Kunst zu verstehen.

Da sind nicht nur große Parodien zur Genesis (»Die Schöpfung der preußischen Volkssouveränitet«) oder zu Jeremias (»Die Klagelieder Jeremiae«, die die Unzufriedenheit aller Beteiligten an der Revolution beschreiben), da wird auch Carl Maria von Webers volkstümliche Oper zitiert als *Der neue Freischütz,* eine »große Treib- und Parforce-Jagd auf demokratisches Wild«, und da erscheint Wolfgang Amadeus Mozarts *Don Giovanni*, dessen Leporello-Arie »Voglio far il gentiluomo, e non voglio più servir« [Erster Akt, erste Szene], schon in der Entstehungszeit politisch brisant, hier vom Volk gesungen wird, »bald obligat, bald im kräftigen Tutti«, und nicht weniger unmißverständlich als im Uraufführungsjahre 1787: »Ich will selbst den Herren machen, will nicht länger Diener sein«.

Auf Literarisches wird häufig angespielt, auf William Shakespeares *Julius Caesar* beispielsweise – »Herr Baumstark hat's gesagt, und Herr Baumstark ist ein ehrenwerter Mann« – oder auf Johann Wolfgang von Goethes *Faust I* (*Auerbachs Keller in Leipzig*):

»Es war einmal ein König,
Der hat'n großen Floh,
Der quälte ihn nicht wenig,
Er wurde nimmer froh.

Der stach ihm in's Gewissen,
Er kroch ihm in das Ohr,
Daß von dem Purperkissen
Der Schlummer sich verlor.

Der König that verächtlich
Ihn scheuchen hier und dort,
Der Floh, der kroch bedächtlich
Zurück zum alten Ort.

Keck sprang er auf die Krone,
Auf Scepter und auf Schwert,
Auch saß er auf dem Throne,
Als wär er dessen werth. [...]
Ihr fragt wie er sich nennet
Der Floh? Democratie!
Man kann auf ihn wohl fahnden,
Doch knacken wahrlich nie«.

Die folgenden Strophen sind eine Parodie auf Georg Herweghs *Wiegenlied*, das seinerseits eine Parodie auf Goethes *Nachtgesang* ist:

»Es endete mancher Brave,
Sein Leben in tapferer Wehr;
Dir kam Deine Freiheit im Schlafe!
Bürger, was willst Du mehr?
Du wirst ihre Früchte schon brechen –
Das Warten fällt Dir nicht schwer,
Du hast ja die schönsten Versprechen,
Bürger, was willst Du mehr?«

»Die Constabler sind eigentlich nichts weiter als ein politisches Brechmittel. Alle 15 Schritt wird Einem ein Constabler aufstoßen, und endlich wird sich ganz Berlin übergeben. Die Demagogen werden nach unten abgeführt werden«. Gewiß: Die Sprache des *Krakehlers* ist, durch Zeit und Umstände bedingt, manchmal drastisch, gelegentlich hart an der Grenze, hin und wieder darüber. »Bereits seit einigen Tagen«, beginnt eine *Adresse* des Blattes an den Denuncianten-Verein, »leide ich in Folge der Hochachtung, die ich für Sie empfinde, an einem heftigen Leibschneiden, von welchem ich mich nur dadurch befreien kann, daß ich meine Gesinnung für Sie auf geeignetem Wege von mir gebe. Gestatten Sie mir deshalb, Sie mit diesem Ausfluß meiner Verehrung hiermit gleichsam zu überschütten, und obwohl Selbstlob in der Regel stinkt, so kann ich doch nicht umhin zu glauben, daß die Ovation, die ich Ihnen darbringe, die würdigste von allen für Sie ist«.

Aber diese Sprache ist noch sehr viel mehr – ein Experimentierfeld für Sprachwitz und Wortspiele. Sinnfällig wird das röhrende Pathos eines »Bürgergenerals« vorgeführt (in einer Szene, in der drei »verdächtige« Schusterjungen von 20 000 Bürgern »vernichtet« werden):

»Rrrührrrt die Trrrommeln, blast, daß es drrröhnet,
Macht Morrrdkrrrakehl, daß's forrrt durrrch alle Strrraßen tönet,
Sparrrt Eurrre Lungen nicht, auf, gegen dies Geschlecht!
Ha tummelt Euch! Führrrt alle Bürrrgerrr in's Gefecht!«

Oder die beredte Sprachlosigkeit in der *Unterhaltung zweier Konstabler*:

»Erster Konst: Jah – – –
Zweiter Konst: Jaah – – –
Erster Konst: Ach Jott!
Zweiter Konst: O Jotteken!
Erster Konst: Nanu?
Zweiter Konst: Woso?
Erster Konst: Jaah!!
Zweiter Konst: Jaah!!!
Beide (a tempo): Jaah!!!!!«.

Sprachparodistische Elemente zielen auf das überladene Verwaltungs-Undeutsch – »Wenn der in seiner absoluten Paraphrasirung des bis zum Extrem alterirten, ebenso individuell als correctionell concipirten und seiner Subjectivität durch die Objectivirung des status quo bis in die Singularitäten concreter Relationen und transsubstantiationeller Ascendenz, geschilderten arbiträren Expressionen, welche Seitens des Commandos ein auf Authenticität notorisch regardirter Individualitäts-Aeußerungen und attestirender Aggravations-Testimonien basirtes Indicium Criminis laes. maj. so wie des Conatus des Hochverrathes« – oder nehmen das jüdische Berlinerisch auf –

»Kenn'n von der Fraihait nischt Rühmens g'nug machen,
Gaihen capores vom Kopp bis zur Zaih!
Was soll norr de Fraihait; Uff Ehre ßum lachen,
Wenn mer muß hungern, un hungern thut waih!«

Auch jenes makkaronische Französisch-Deutsch-Kauderwelsch taucht auf, das seine Tradition von Johann Christian Trömer (1696/97-1756), der sich »Jean Chrêtien Toucement« oder »die Teutsch-Françoś« nannte, über Riccaut de la Marliniere in Gotthold Ephraim Lessings *Minna von Barnhelm* hat. In einer (erfundenen) Rede des (historischen) Illusionskünstlers Bartolomeo Bosco anläßlich einer »Grossen ausserordentlichen Zauber-Vorstellung« ist zu lesen:

»Meine Herren! Attention je vous prie, ick halten hier ein Magisch-Draht-Pupp. Die Magisch-Draht-Pupp seien hohl! Ick lege hinein das kleine Göttin Freiheit in das hohle Magisch-Draht-Pupp, das soll aufheben die Freiheit! A présent ick schließen ßu, ick nix berühren, je vous donnerai la clé, ick stehen Schildwach und bekümmern mir rein gar nix um das Freiheit in das Magisch-Draht-Pupp. Eh bien, Messieurs! Toujours ick stehen Schildwackt, ick nehmen ein Gewehr, ßu schieß pour mon plaisir, ick schießen todt, un, deux, trois personnes et à présent ick macken auf, ßu sehen, wie das Magisch-Draht-

Pupp haben aufgehoben meine Freiheit: Eins, zwei drei. O mon dieu! Die Freiheit sein fuhtsch, das Magisch-Draht-Pupp sein leer wie zuvor. (Kläglich). Ah Messieurs, wo sein gebliebęn, meine liberté, meine gutte Freiheit? Ist sie marschirt weg! Oh mon dieu! Ah! Ah! Ah! Messieurs, je vous prie, geben sie gut Acht, wenn sie wollen behalten die Freiheit, geben sie mik aufzubewahren an das hohle Magisch-Draht-Pupp! das ihnen wird escamortir die Freiheit dans un moment, und sie werden haben nix«.

Die Skala der Wortspiele des *Krakehlers* reicht vom Kalauer bis zu Sprachexperimenten. Kalauer wie diesem (der freilich zugleich zeigt, daß die sich sammelnde Gegenseite noch unscharf gesehen wird): »Was ist ein Reactionär? Irgend Jemand, der eine Actie auf ein Reh hat!!!!!!« – der Gerechtigkeit halber muß hinzugefügt werden, daß die Redaktion hier selbst den Zusatz »Schauderhaft!« macht. Sprachexperimente wie diesem: »Und als Herr Rimpler [der Bürgerwehr-Chef Otto Rimpler] dieses sah, siehe, da rimpelte ihn sein Gewissen, und in seinem Herzen rumpelte mahnend der Geist des Vaterlandes, und das Verlangen der Bürgerwehr rempelte sein oberkommandeurliches Bewußtsein, und es rampelte, rempelte, rimpelte, rompelte und rumpelte in seinem Innern ...«.

Die Berliner Sing-Akademie, der Tagungsort der ungeliebten preußischen Nationalversammlung, wird zur »Akademie des singes« (»Affen-Akademie«), die Landwehr wird umdefiniert zur »Kaiserl. Königl. Erzherzogl. Reichsverweserlich Deutsch-Preußischen-Berliner-Bürgerwehr-Diensterleichterungs-Unterstützungs-Truppe«, und anläßlich der zunehmenden Verhaftungen profilierter Aufstandsführer stellt man fest: »An die Stelle der Ausgelassenheit tritt nun die Sitzsamkeit. Das Sitzen der Volksmänner ist leider erfolgreicher als die Sitzungen der Volksvertreter: Sie sitzen, weil die alten Satzungen noch stehen«.

Von einem mißliebigen Militär heißt es: »Es geht ein Gerücht, daß der General Pascholl versetzt werden soll. Der Krakehler ersucht in dem Interesse der nächtlichen Ruhe, den Pfandschein sofort zu vernichten«. Der taktierende General von Wrangel wird zum »Jener-Aal Schlangel«, dem »K[öniglich] P[reussischen] Oberhofruhestifter«, der nur die Befehle der Gewalt ausführt: »Das Volk hat sich die Preßfreiheit erkämpft und die Regierung sich die Druckfreiheit vorbehalten«.

Immer wieder steigern sich die Wortspiele zu virtuosen Kaskaden wie dieser: »Es gab eine Zeit, wo für uns gar kein Zeitgeist existirte, sei es nun, daß der Geist keine Zeit oder die Zeit keinen Geist hatte; es war finstre Nacht – wir schliefen! Endlich klopfte der Geist doch an unsere Thür und rief: ›Es ist Zeit, erwacht!‹ Es war im Frühlinge, als wir Spätlinge aufstanden und mit dem Aufstande des Monat März Alles das ausmärzen wollten, was nicht im Wege der Freiheit, sondern der Freiheit im Wege stand. Wir dachten aber nicht, daß der April vor der Thür sei und daher kam es auch, daß wir aus dem März gleich in den April geschickt wurden!«

In diesem Zusammenhang muß das Gedicht *Deutschlands Kleinigkeiten* erwähnt werden:

»O Deutschland, Land der Ländchen,
Voll Zipfelchen und Endchen,
Mit blau und rothen Rändchen
Voll Titelchen und Bändchen
Wie hältst du nur noch fest.

Wer kennt das ganze Krämchen
Die Fürstlein dieser Rämchen
Der winzigen buntbräm'gen,

Wer kennt wohl all die Nämchen
Chinesisch construirt! –

Ja Tausend Unterthänchen
Die halten ihr Souvränchen,
Der bläht sich wie ein Hähnchen,
Auf seinem Staatenkähnchen
Und steuert wie es will«.

Bliebe noch die alte Erkenntnis, die viel älter als der *Berliner Krakehler* ist, und doch auch in seinen Spalten einen zutreffenden Platz findet: »Wunderbar bleibt es doch, daß die Reaction den Tod noch nicht abgeschafft hat, denn er ist gewiß der größte Jacobiner, weil er am Ende Alles gleich und Alles frei macht«.

10

Ein Blick auf die Formen, die der *Krakehler* präsentiert, zeigt, wie virtuos er die Standardausrüstung der satirischen Presse seiner Zeit beherrscht. In einer *Deutschen Fibel für politische Kinder* mit lakonischen Lemmata wie diesen:

»D. Kein Demokrat zu Fürsten spricht.
Mit Dummheit kämpfen Götter nicht.
H. Viel Herren hat ein deutsches Kind.
Heuschrecken eine Plage sind.
M. Der Marder würgt oft Jahre lang.
Fürst Metternich entlief dem Strang«.

Bei einem Dialog, in dem ein Schulrat einen Lehramtsanwärter examiniert:

»Der Schulrath: Sie scheinen, mein lieber Herr Candidat, die Mathematik von einer ganz neuen Seite aufgefaßt zu haben – ich bin daher begierig zu hören, was Ihre Kenntnisse aus der Größenlehre sind.

Der Candidat: Die Größenlehre ist heutigen Tags die schwerste, weil fast alle Größen der letzten Zeit in ihr Nichts verschwunden sind.

Der Schulrath: Wie denken Sie von den Körpern?

Der Candidat: Die schönsten sind die Frauenkörper, die schlechtesten aber die Staatskörper, weil sie weder fest noch empfänglich sind.

Der Schulrath: Was wissen Sie von den Winkeln?

Der Candidat: In Berlin giebt es Bollen-, Diebes- und Schlupfwinkel für reactionäres Gesindel, der schlimmste Winkel der Welt aber ist Frankfurt, weil von hier aus die meisten Winkelzüge gemacht werden«.

Oder mit einer parodistischen Aufzählung, in der »Gegenstände, welche im Jahre 1948 auf dem Museum zu Berlin gezeigt werden«, verzeichnet sind:

»Ein saurer Reichsapfel, in welchen 32 Fürsten gebissen und in welchem die Allerhöchsten Zähne sichtbar.

Ein Paar liberale Minister, für die Erhaltung in der Hofküche geräuchert.

Ein Bürger der Bürgerwehr, die sich von einem General anführen ließ.
Die Fürstenliebe in Blei gegossen und in Essig hier seit 100 Jahren aufbewahrt.
Die frommen Minister, die das Volk arm machten, um es selig zu machen, da kein Reicher in das Himmelreich kommt.
Rechte und Pflichten zwischen Fürst und Volk gleich vertheilt, so daß die Fürsten die Rechte und die Völker die Pflichten erhalten«.

Besonders liebevoll pflegt der *Krakehler* eine spezielle Form: karikierende, logisch-unlogische Pseudo-Schlußfolgerungsketten, die den Leser in einer Art hermeneutischer Drehtür nicht ins Freie der Conclusio, sondern stets zurück in den Raum der Voraussetzung befördern (hier ist einer der Orte, wo das Blatt von Adolf Glaßbrenner gelernt hat; die Technik selbst ist viel älter). »Freiheit ist Unsinn!« steht da zu lesen, denn: »Freiheit ist frei sein! Also wer nicht frei ist, will frei werden; wer frei werden will, thut etwas, was der Polizei nicht gefällt, wer etwas thut, was der Polizei nicht gefällt, kommt in's Loch, wer in's Loch gekommen ist, sitzt fest, festsitzen ist aber gerade Nichtfrei sein, folglich ist Freiheit Unsinn!«

Ebenso wird »bewiesen«, daß Pressefreiheit »auch Unsinn«, Redefreiheit »erst recht Unsinn«, Religionsfreiheit »ungeheurer Unsinn« und Waffenfreiheit »nun erst ein recht krasser Unsinn« sei: »Waffenfreiheit heißt die Freiheit, Waffen tragen zu dürfen. Wer Waffen tragen darf, gehört der Bürgerwehr an, wer der Bürgerwehr angehört, muß sich beim Generalmarsch sammeln; wer sich beim Generalmarsch sammelt, kann von der Schweidnitzer Soldateska wie ein toller Hund todtgeschossen werden. Wer also nicht wie ein toller Hund todtgeschossen werden will, darf keine Waffen tragen, keine Waffen tragen dürfen, ist aber gerade Nicht-Waffenfreiheit, folglich ist Waffenfreiheit sehr krasser Unsinn!«

Nicht zu übersehen ist, daß dieser Artikel – wie zufällig – mit dem Namen des Vaters der neueren dialektischen Methode gezeichnet ist: »Hegel«.

Die Konsequenz aus all diesen »Beweisen«? »Schlafen ist süß!«, stellt der *Krakehler* fest, und belegt auch dies in der schon bekannten Manier: »Wozu denn wachen? Wer da schläft, der sündigt nicht; wer nicht sündigt, der wird nicht observirt, wer nicht observirt wird, der wird nicht denuncirt, wer nicht denuncirt wird, wird nicht citirt, wer nicht citirt wird, wird nicht inquirirt, wer nicht inquirirt wird, dem wird nichts eingerührt, wem nichts eingerührt wird, der wird nicht condemnirt, wer nicht condemnirt wird, der wird nicht inngespunnt!«

Neben all dieser tändelnden Rhetorik erhebt sich der *Krakehler* gelegentlich – vor allem in den späteren Nummern – aber auch zu großer, eindrucksvoller revolutionärer Beredsamkeit. Die Frage »Was ist Demokratie« beantwortet er unter anderem so: »Democratie ist die aus der Verdummung und Vernichtung sich emporsträubende Urkraft der Völker; das zum Selbstbewußtsein erwachte Spießbürgerthum, welches an der Eierschaale der Null pickt, um als geltende Zahl herauszukriechen; das Rabbiatwerden eines gemüthlichen Backhändelfressers, welchem die Ahnung aufdämmert, daß er zum Schuhputzer der Aristocratie zu gut sei; die Berserkerwuth eines unglücklichen Volkes, das ein gekrönter Meineidiger durch eine Heerde zerlumpter Henker abschlachten läßt«.

11

Politische Karikaturen, Mischungen aus Röntgenbild, Portrait und Meinung, konkreteste Formen der Abstraktion: Auch sie gehören zu den unverzichtbaren Bestandteilen des *Berliner Krakehlers*.

Dabei werden manchmal gängige Einfälle wiederholt, mit jenem leeren Rahmen etwa, der die »wirklich naturgetreue Abbildung einer Kanone bietet, wie sie die Berliner Bürger-Artillerie durch die Gnade Sr. Maj. des Königs erhalten hat«, mit der Darstellung »des Ordensbandes, welches die Mitglieder des Denuncianten-Vereins als Auszeichnung um den Hals erhalten« – ein zum Aufhängen geknüpfter Strick, oder mit dem Hinweis, wie ein Patriot gekleidet sein müsse, der nicht in den Verdacht geraten wolle, der »rothen Republik« anzugehören: Zu sehen sind zwei nackte Männer.

Von einigen Arbeiten Wilhelm Scholz' abgesehen, zeichnen sich die Illustrationen der ersten Nummern nicht besonders aus, sie sind flüchtig zusammengerafft und, wenn Umbruch-Not herrscht, gelegentlich auch quer montiert. Erst im zweiten Teil der Erscheinungszeit gewinnen sie an scharfer politischer Kontur und an graphischem Interesse.

Beispielsweise die »naturgetreue Abbildung« einer durch starken Regensturm strategisch völlig unbrauchbar gewordenen »Berliner Bürgerwehr-Patrouille, welche den [demokratischen] Linden-Club aufheben soll«, oder die Darstellung, »wie ein Republikaner durch die aufgebotenen Schutzmannschaften beseitigt wird« – 38 Mann, zum Carrée formiert, führen in ihrer Mitte den Verdächtigen ab.

Auf einige Höhepunkte sei hingewiesen. Etwa auf den Zeitungsverkäufer (»Magazin für den Denuncianten und den Staatsanwalt«), auf die Szene zwischen Jupiter und den Nachfahren der kapitolinischen Gänse, die die Köpfe europäischer Fürsten tragen, oder auf die »große Befreiung politischer Gefangenen auf gesetzlichem Wege«, einem »Trauerspiel in acht Scenen«, das mit der Forderung »Sir, geben Sie Gefangen-Freiheit« beginnt und sich bis zur Verhaftung des »Aufwieglers in politischen Gefangenbefreiungsangelegenheiten gegen öffentliche Ruhe und Ordnung« steigert.

Eindrucksvoll sind Karikaturen-Folgen: die physiognomischen Studien des Gesichtes eines österreichischen Generals mit ihrer Deszendenz von heiterer Zuversicht (»mit den lumpigen Demokraten wollen wir bald fertig sein!«) zu trostloser Enttäuschung (»Das Volk Sieger! Der Kaiser geflohen! Das Militär übergangen!... Ich gehe nach Petersburg«), oder die eindringliche Analyse der »Börse im Jahre 1848«, die Wandlung zweier Gesichter von feister Fröhlichkeit zu abgehärmter Skepsis.

An unmittelbar erlebte Produktionsbedingungen erinnert die schönste Zeichnung des Blattes: »Der Reichs-Preß-Commissariats-Censor aus Frankfurt«, zusammengesetzt aus zwei gewaltigen Scheren und einem winzigen Kopf mit Zipfelmütze, »giebt seine Visitenkarte beim Krakehler ab«.

12

Der *Berliner Krakehler* reflektiert die Oberfläche der Revolution, und er reflektiert ihre Gründe und Hintergründe: Physiologie und Psychologie einer leicht zu durchschauenden, schwer zu erkennenden Ereigniskette.

Insgesamt gesehen, erweisen sich die Erfahrungen, die mit dem Jahre 1848 zu machen waren, als von Anfang an äußerst zwiespältig. Gleich in einer der ersten Nummern wird ironisch bestätigt, daß eine Revolution überhaupt stattgefunden habe: »Da von vielen Seiten Zweifel laut werden, ob es wirklich ein Factum sei, daß in der Nacht vom 18. zum 19. März 1848 in Berlin eine blutige Revolution zur Erringung der Volksfreiheit Statt gefunden habe, so erklärt der Krakehler, nach Einsicht der Muhme Voß vom 20. März c., daß in der Nacht vom 18. zum 19. März c. allerdings ein solches beklagenswerthes Ereigniß allhier sich zugetragen hat«.

Die Folgen dieses beklagenswerten Ereignisses sind denn auch überaus ungenügend. Einige Zeit später wird in riesigen Lettern der Wunsch »Wir wollen tauschen!« geäußert: »Wir hatten ein Ministerium ›Graf Arnim‹, welches das gemüthliche Princip hatte, den Ereignissen immer um einige Schritte voraus sein zu wollen. Was kann man mehr verlangen? Wir aber murrten, und siehe da, das Schicksal gab uns ein Ministerium ›Camphausen‹, welches den Ereignissen nachhinkte. Wir hatten Gensd'armen, die März-Revolution trat ein und ein Schrei ertönte: ›Kein Gensd'armen mehr!‹ Das Schicksal erfüllte unsere Bitte und gab uns Constabler ... Wir durften auf der Straße nicht rauchen und wir murrten. Herr von Minutoli gab Rauchfreiheit, und siehe da, wir dürfen auf der Strasse nicht mehr sprechen. Einst war eine schöne Zeit, da konnten wir uns im Freien zerstreuen; jetzt ist eine düstere Zeit, wo man die zerstreut, die sich im Freien sammeln ... Ehe wir Freiheit hatten, konnten wir gemüthlich zu Hause sitzen, und die Polizei kam nicht einmal, wenn sie gerufen wurde. Auch darüber murrten wir, und siehe da, jetzt kommt die Polizei ungerufen ...«.

Zwar blitzt gelegentlich Selbstbewußtsein durch, werden Erinnerungen an die Französische Revolution wach: »Standeserhöhung. Der Reichsminister-Präsident Fürst von Leiningen wird in Rücksicht auf seine durch Wort und That bewährte, ächte schwarz-rothgoldne Gesinnung in den Bürgerstand erhoben und sind dem Bürger Leiningen alle Ehren eines freien Deutschen Bürgers fortan von Jedermann unweigerlich zu erweisen«. Aber was bleibt, letzten Endes, ist die ewige Wiederkehr des gleichen Kalenders: »Im März stand die Sonne der Revolution im Wendekreis des Steinbocks, jetzt« – im Dezember – »steht sie im Wendekreis des Krebses«.

Überwiegend pessimistisch sind auch die vielen Prognosen, die der *Krakehler* anstellt. Eine besonders makabre Vision, *Prophetische Ahnung* betitelt, macht sich Gedanken über die Zukunft Berlins:

»Es sank das mächt'ge Babylon,
In Trümmern liegt Palmyra
Auch Rom, den Siebenhügelthron,
Beklagt des Sängers Lyra.
Es fiel Athen, das Götterkind,
Und liegt jetzt in Ruinen,
Und von der schönen Stadt Corinth
Giebts nichts mehr als – Rosinen.
[...]
Berlin auch zeigt einst, sandergraut,
Nur dürft'ge Ueberreste.
[...]
Und Schloß, Museum und der Dom –
Ein einziger Schutthaufen!
Aus Brunnen und aus Spreas Strom
Wird Russisch Rindvieh saufen«.

Daß es keine zusammenhängende Darstellung der Geschichte der deutschen satirischen Presse gibt, ist leichter beklagt als erklärt. Gäbe es sie, müßte dem *Berliner Krakehler* darin ein eigenes Kapitel gewidmet sein. Denn er gehört zu den bemerkenswerten Produktionen des Jahres 1848.

»Bekanntlich ist Herr Friedrich Rückert Professor an der hiesigen Universität, bekanntlich erhält er 3 000 Thaler Gehalt, bekanntlich ist er im Sommer auf Urlaub und im Winter vom Lesen dispensirt, bekanntlich ist derselbe auch Hofpoet. Aber nicht bekannt ist es, daß er wegen des folgenden Gedichtes zu dieser Auszeichnung gelangte:

Die Wahrheit liegt im Wein,
Das heißt, in unsren Tagen
Muß man besoffen sein,
Will man die Wahrheit sagen!«

Solche Schlichtheit ist nur die eine Seite dieses Blattes. Auf der anderen stehen ätzende Satiren wie diese: »Von Seiten einiger Polizeifreunde ist Beschwerde darüber eingegangen, daß beim großen Zuge nach dem Friedrichshain nicht der geringste Exceß vorgefallen. Es wird darauf hingewiesen, wie durch ein solches Benehmen nicht nur eine Menge Beamten in ihrer Existenz bedroht, sondern auch die Sicherheits-Behörde gewissermassen geradezu für unnütz erklärt wird. Es dürfte namentlich der demokratische Klubb zur Rechenschaft zu ziehen sein, da derselbe notorisch unablässig bemüht ist, die Massen zur Ruhe und Ordnung aufzuwiegeln«.

Nur gelegentlich, wenn die satirische Kraft der Realität die realistische Kraft der Satire überwältigt, verliert der *Krakehler* die Contenance: »Am Sonntag, den 24. September, während sämmtliche Truppen in und um Berlin den Befehl hatten, nöthigenfalls das Trauerspiel eines Bürgerkrieges zu beginnen, und aus Berlin ein Prag oder Neapel zu machen, – an demselben Tage wurde in Potsdam in Gegenwart des ganzen Hofes die Friedenskirche eingeweiht. Eine größere, schrecklichere Ironie giebt es wahrlich nicht!«

Warum alles so kam, wie es kam, und warum es so ging, wie es ging, erläutert der *Berliner Krakehler*, zugleich ernsthafter Kabarettist und heiterer Citoyen, in einem Dialog, der geradezu als klassisch bezeichnet werden kann:

»Wat schreiste denn so?
Ick bring dem Reichsverweser en Hurrah!
Biste denn nich preisch?
Ne! Ick bin deitsch!
Na warum biste denn deitsch?
Weil ick demokratisch bin!
Na warum biste denn demokratisch?
Weil ick das Volk liebe!
Warum liebste denn das Volk?
Weil ich bisher von de Fürschten unterdrückt wurde.
Und darum bringste den Reichsverweser en Hurrah?
Ach Lude, Du bist doch een recht dummet Luder!«

9

»Der Volksversammlungsauseinandertreibungs-widrigenfallseinhauenlassungs-Direktor« Das »Berliner Großmaul«

1

Wer durch Reden an öffentlichen Orten oder bei öffentlichen Zusammenkünften oder durch Schriften, Abbildungen und andere Darstellungen gegen die Landesverfassung, die Gesetze, die Staatseinrichtungen oder die Maßregeln der Verwaltung, durch Erdichtung von Tatsachen oder durch Entstellung der Wahrheit, Spaß oder Verachtung zu erwecken sucht, wird mit Gefängnis von 14 Tagen bis zu 6 Monaten bestraft« (Botschaft des preußischen Staatsministeriums an die Nationalversammlung, 8. Oktober 1848). Zu denjenigen, die, trotz dieser deutlichen Warnung, »durch Schriften, Abbildungen und andere Darstellungen« die Ereignisse kommentierten, wobei zwangsläufig immer wieder die »Landesverfassung«, die »Gesetze«, die »Staatseinrichtungen« oder auch nur »Maßregeln der Verwaltung« ins Blickfeld gerieten, zu denjenigen, die durch Berichterstattung über (und keineswegs nur durch Erdichtung von) Tatsachen bemüht waren, Einsichten in Zusammenhänge, das heißt, »Spaß oder Verachtung« zu erwecken: Zu diesen gehörte auch das *Berliner Großmaul.*

2

Als es zu erscheinen begann, waren die aufregenden, verwirrenden und grausamen Ereignisse der ersten Phase der 1848er Revolution in Berlin bereits vorüber, war die Zeit der spontanen und eruptiven Aufbrüche und ihrer Niederschlagung schon vorbei, war die Revolution in ihre zweite Phase, das Revolutions-Management, übergegangen.

Die erste Phase, das war jener »heiße März« 1848, der von den großen Volksversammlungen »unter den Zelten« im Tiergarten zu Anfang des Monats über den Einmarsch der Armee und den Barrikadenbau zu den überaus heftigen Straßenkämpfen vor allem am 18. und 19. März und zum feierlichen Begräbnis der über 200 Gefallenen reicht. Es war die Zeit der Formulierung der Forderungen einer durch den Feudalismus politisch, wirtschaftlich und gesellschaftlich benachteiligten Bürger- und Arbeiterschaft: »Konstitution«, Volksvertretung, Volksbewaffnung, Preß-, Rede- und Versammlungsfreiheit, politische Amnestie und Gleichberechtigung; wozu als weitere Vorstellungen die Verringerung des stehenden Heeres, die Volkserziehung auf Staatskosten, eine »wohlfeilere Regierung« oder die Herabsetzung der Arbeitszeit auf täglich zehn Stunden kamen. Die erste Phase, das waren auch die Arbeiterunruhen im April, der Druckerstreik, die Massenkundgebungen im April und Juni, erneute heftige Straßentumulte, der Zeughaussturm, der Kongreß der Handwerker- und Arbeitervereine. Es war die Zeit der (berufenen und unberufenen) Volksredner und »Demagogen«, der Polizeispitzel und »Denuncianten«, die Zeit auch der Gründung einer »Bürgerwehr«, die wenngleich wenig effizient, bis Juni eine Stärke von rund 26 000 Mann erreichte.

Der andere Aspekt dieser ersten Phase, die Gegenmaßnahmen der Regierungsseite, ist vor allem gekennzeichnet durch die schwer zu durchschauende Rolle des als »Romantiker« und »Reaktionär« nur unscharf beschriebenen preußischen Königs Friedrich Wilhelm IV. Dieser Aspekt ist definiert durch das königliche Patent über Pressefreiheit, Konstitution und Landtagseinberufung vom 18. März und den Aufruf *An meine lieben Berliner*, durch die unglückliche Mitwirkung des Prinzen Wilhelm von Preußen, durch die Amnestie vom 20. März und den »Umritt« des Königs (mit schwarz-rot-goldenen Farben), durch die Versuche auch des Königs und seiner Regierungen, sich an die Spitze der deutschnationalen Bewegungen zu stellen *(An mein Volk und an die deutsche Nation)*.

Die zweite Phase dieser Revolution, in vielen Einzelheiten noch von der ersten Phase überlagert, ist geprägt von fraktionistischen und putschistischen Demokratie-Versuchen, vom Zerreden des Erreichten und Erstrebten, durch die Gründung und aufgeregte Tätigkeit zahlreicher Klubs und Augenblicksklubs (vom »Demokratischen Klub« bis zum »Konstitutionellen Klub«: dazwischen der »Volksklub«, der »Reformklub«, der »Arbeiterklub«, der »Preußenverein«, der »Zentralverein demokratischer Urwähler« und viele andere), von Kämpfen und Intrigen, von Pressearbeit und Agitation fast unüberschaubar vieler Flugblätter, Maueranschläge, Zeitschriften und Zeitungen, von der Verbindung der Berliner Revolution zu den Volkserhebungen in Frankfurt am Main und in Wien.

Der andere Aspekt, wiederum, dieser zweiten Phase, besteht in Versuchen, die Ereignisse durch Verwaltung, durch Dekrete und durch parlamentarische Experimente in den Regierungs-Griff zu bekommen. So der Zweite Vereinigte Landtag im April, und im Mai, als Gegenstück zu der deutschen Nationalversammlung in der Frankfurter Paulskirche, die preußische Nationalversammlung. Zugleich, aus denselben Gründen, mehrfacher Wechsel im preußischen Kabinett: bis März das Ministerium Bodelschwingh-Eichhorn, dann das Ministerium Arnim-Schwerin-Auerswald, im gleichen März noch das Ministerium Camphausen-Hansemann (bis Juni), dann das Ministerium Auerswald-Hansemann (bis September).

Von August bis Dezember 1848 begleitete das *Berliner Großmaul* die dritte, wiederum sehr widersprüchliche und tumultuöse Phase der Revolution, einen Zeitraum, der schon damals als »Contre-Revolution« bezeichnet wurde.

Im August das reaktionäre »Junkerparlament« und der Allgemeine Arbeiterkongreß; zugleich die ersten Versammlungsverbote. Im September die Ernennung des Generals von Wrangel zum Kommandeur sämtlicher Truppen in den Marken und die Bildung des Ministeriums Pfuel. Im Oktober eine Bürgerdemonstration gegen das neue Bürgerwehrgesetz (Umzug mit einem Esel, der das Gesetz trug, anschließend Verbrennung des – dennoch im Parlament angenommenen – Gesetzestextes); Arbeiterunruhen, Straßenkämpfe; die großen Demokratenkongresse und das (gegen die Paulskirche gemeinte) »Gegenparlament« von Oppositionellen aus allen deutschen Volksversammlungen; blutige Auseinandersetzungen zwischen Arbeitern und Bürgern; in der Nationalversammlung die Streichung der Adelsprädikate und die Tilgung der Formel »von Gottes Gnaden« aus dem Titel des Königs. Im November dann, nach längeren Vorbereitungen, der »Staatsstreich«: die Bildung des hochkonservativen Ministeriums Brandenburg-Manteuffel, die (widerrechtliche und gewaltsame) Verlegung der Nationalversammlung nach Brandenburg, das erneute Einrücken der Armee unter Wrangel; »passiver Widerstand« seitens der Bürger und Arbeiter; Auflösung der Bürgerwehr; am 12. November der Belagerungszustand, verbunden mit Versammlungs- und Waffenverbot, mit der Schließung aller Klubs und Vereine, mit der strikten Zensur und teilweisen Suspension der Presse.

Und im Dezember, schließlich, das Ende: die Auflösung der Nationalversammlung, die Oktroyierung einer neuen Verfassung, die, verändert, ab 1850 das »Staatsgrundgesetz« für das Königreich Preußen wurde.

Dies der zeitgeschichtliche Hintergrund, in wenigen Stichworten, vor dem das *Berliner Großmaul* erschien.

3

In der Geschichte der deutschen politsatirischen Zeitschriften ist dieses *Berliner Großmaul*, zu unrecht, fast ganz übersehen worden. Gewiß: Nur insgesamt elf Nummern sind nachweisbar, eine winzige Folge im Vergleich zu anderen Presseproduktionen jener experimentiersüchtigen Zeiten. Gewiß: Andere Blätter aus dem gleichen Jahre und der gleichen Stadt haben das *Großmaul* überholt und übertönt, vor allem der *Kladderadatsch*, der ab Mai 1848 erschien, rasch zum Prototyp norddeutscher Karikatur-Zeitschriften avancierte und heute mit seinen 97 bis 1944 erschienenen Jahrgängen ein delikates Lehrbuch zur deutschen Geschichte darstellt. Dennoch: Trotz der massiven Bibliothek von Darstellungen, Memoiren, Dissertationen und Dokumentationen über die Berliner Revolution von 1848, die inzwischen zu besitzen wir das nicht immer zweifelsfreie Glück haben, sind wir nach wie vor auf die Substanz der Primärquellen angewiesen, wenn wir die damaligen Zusammenhänge intensiver begreifen wollen. Unersetzliches Material hierzu ist in den Zeitschriften gespeichert, besonders in den weniger reflektierenden, mehr agitierenden Blättern. Dieser Umstand weist auch dem *Berliner Großmaul* seinen Stellenwert zu.

4

Von Wien abgesehen, für das noch immer andere politische und wirtschaftliche Gründe galten, ist in keiner deutschsprachigen Stadt des Jahres 1848 eine vehementere Presse-Explosion zu konstatieren als in Berlin. Die Zahl der allein in diesem Jahre (oft nur kurzfristig) erschienenen Blätter, Blättchen und Experimente ist, allen historiographischen Mühen zum Trotz, nicht exakt bekannt. Wohl bei 100 dürfte sie liegen. Nicht wenige dieser Blätter sind längst verschollen, vielleicht, wenn sie Glück hatten, erwähnt als bibliographisches Gerücht, bestenfalls als die eine oder andere Einzelnummer in einer Sammlung oder in den Akten der Behörden erhalten.

Neben den großen politischen Tageszeitungen, die die Ereignisse des Revolutionsjahres entscheidend mitprägten – die *Vossische Zeitung*, die *Spenersche Zeitung*, die *Allgemeine Preußische Zeitung*, die *Nationalzeitung*, die *Staatszeitung* oder die *Volkszeitung* – erschien eine Fülle von Zeitschriften, Zeitungen und Mischformen, aus deren Titeln sich ein Spektrum der Tendenzen und Geschehnisse andeuten läßt: *Die Republik – Die Reform – Die deutsche Reform – Der Demokrat – Bürger- und Bauernzeitung – Deutsche Arbeiter-Zeitung – Die Barrikade – Berliner Bürgerwehr-Zeitung – Die Volksstimme – Der Volksfreund – Der Volkstribun – Das Volk – Der Herold für das deutsche Volk – Das neue Preußen – Der Urwähler – St. Georg gegen den Drachen – Konstitutionelle Klub-Zeitung – Locomotive – Berliner Omnibus – Frauenzeitung* – und viele andere mehr.

Speziell im Bereich der satirischen Blätter zeigt sich eine überaus bunte und vielfältige Palette. Dies waren, unter anderen, die Konkurrenten und Mitstreiter des *Großmauls:*

Berliner Charivari – Berliner Krakehler – In Berlin ist immer noch der Deibel los – Ein ganz neuer Schwindel – Freie Blätter – Die ewige Lampe – Der blaue Montag – Kladderadatsch – Neuer Berliner Struwwelpeter – Satyr – Tante Voß mit dem Besen – Der Teufel in Berlin – Zeltengedanken ohne Mißverständnisse.

5

»Das ›Berliner Großmaul‹ ist eine der am meisten verbreiteten Zeitschriften, da es fast keinen echten Berliner gibt, der nicht im Besitze eines solchen wäre«. Ein ausformuliertes Programm hat das *Berliner Großmaul*, wie die meisten satirischen Zeitschriften jener Jahre, nicht veröffentlicht. Lediglich bei seinem Aufhören erscheint eine flüchtige Bemerkung: »Das Berliner Großmaul schmeichelt sich seit seiner Geburt so großmäulig gewesen zu sein, als es sich für einen anständigen Berliner nur irgend geziemt. Selbst der Belagerungszustand hat auf ihr nicht influirt, weil es immer nur das wirklich Geheime und Ober-Lächerliche verfolgt und mit Spott und Satyre in Wort und Schrift angegriffen hat«.

Nur insgesamt elf Nummern konnten produziert werden, die erste am 12. August 1848, die letzte am 25. Dezember. Dazwischen kam das Blatt mit staatlich geprüfter Unregelmäßigkeit heraus: zuerst wöchentlich, dann, wie geplant, zweimal wöchentlich; nach der Nummer 5 eine Lücke von drei Wochen, dann wieder kurzfristig regulär, nach der Nummer 8 jedoch eine Lücke von zwei Monaten, dann noch, ebenfalls unregelmäßig, die letzten drei Ausgaben (mit dem Untertitel *Humoristisch-satyrische Zeitschrift*). Mehr ist mit größter Wahrscheinlichkeit nicht erschienen. Zwar sagt eine Notiz *An die Leser* in der letzten Nummer: »Sein Leserkreis hat sich so erweitert, daß die Verlagshandlung nun auch in den Stand gesetzt ist, nur gediegene Originale zu bringen. Wir bitten nun, diese Theilnahme dem Unternehmen zu erhalten und auf weitere Freundeskreise zu übertragen, zu welchem Behuf wir um ein bedeutendes Abonnement für das neue Jahr bei allen Königl. Postämtern und Buchhandlungen ersuchen. Schriftsteller, welche Humor und Satyre besitzen, werden zur thätigen Hülfsleistung gegen ein fürstliches Honorar hiermit feierlichst eingeladen«. Aber die Ironie dieser Formulierungen ist deutlich, und die gleiche Nummer wird, in der eigentümlichen Art dieses Blattes, von der noch zu reden sein wird, folgendermaßen datiert: »Nr. 11. Montag, den 25. Dezember 1848. 1 Jahr 6 Tage vor Untergang der Welt, frei nach Glassbrenner, 44 Tage nach Erfindung des passiven Widerstandes und 3 Tage vor der Stopfung des Berliner Großmauls«.

Produzent und verantwortlicher Redakteur ist der Berliner Drucker Ferdinand Reichardt, der sich auch sonst im Revolutionsjahr mit der Herstellung vieler Flugschriften und Plakate engagierte. Von den anderen Mitwirkenden ist wenig bekannt. Der Kopftitel und einige Karikaturen stammen sehr wahrscheinlich von dem Zeichner Wilhelm Scholz, dem nachmals berühmten Illustrator des *Kladderadatsch*. Einige Textbeiträge sind unterzeichnet: Below, »Ltz.«, Rimpler und »Louis Schneider«. Alle anderen Texte erschienen, wie üblich und sinnvoll, anonym.

Charakteristisch für dieses Blatt sind die drei Figuren im Kopftitel: der »Geheime Rath«, der »Demagoge« und der »Spießbürger«, die in jeder Nummer neu charakterisiert werden, indem sie jedesmal die Zeitläufe auf ihre spezifische Weise kommentieren, in den jeweils links und rechts beigefügten Kolumnen »Das Wort« und »Der Gedanke«, bzw. »So reden sie!« und »So denken sie!«

Zum Beispiel in der Nummer 2:

»So reden sie!	So denken sie!
Geh. Rath: Preußen muß der erste Staat in Deutschland bleiben.	Geheime Rath: Von Preußen beziehe ich mein Gehalt und nicht von Deutschland, also bin ich Preußisch gesinnt.
Demagoge: Es bleibt der Erste, wenn es darauf ankommt, das faule alte System wieder herzustellen.	Demagoge: Ich habe von Preußen nichts, ich habe von Deutschland nichts; folglich bin ich für Unruhen. Ich kann ruhig leben, wenn Unruhen sind.
Spießbürger: Ohne Preußen ist Deutschland eine Null. Wir Preußen machen Allens.	Spießbürger: Ohne Weißbier ist Deutschland eine trockene Wüste. Ich bitte um eine Weiße«.

Ebenso bemerkenswert sind die auffälligen, der Reklame wie der Parodie dienenden Auflagen-Hinweise. So heißt es in der Nummer 1: »Zweite vermehrte Auflage. Die ersten 3.000 Exemplare (ohne Stuß) waren in 12 Stunden vergriffen«. In der Nummer 4: »Neunte verbesserte Auflage! Die ersten 11.111 Expl. waren in 11 Stunden vergriffen«. Oder in der Nummer 6: »Zweite verbesserte Auflage! Die ersten 200.901 Expl. waren in 3/4 Stunden vergriffen«.

Zusätzliche Datierungen der Nummern (genauer: karikierende und prophetische Datums-Definitionen, bezogen aus der Chronik der laufenden Ereignisse) erscheinen auch bei anderen satirischen Blättern. Nirgends aber wird diese Methode so virtuos gesteigert wie im *Berliner Großmaul*:

»Nr. 1 – Sonnabend, den 12. August, zwölf Tage nach der Niederlegung sämmtlicher Arbeiten der Buchdruckergehilfen – zehn Tage nach der moralischen Enthauptung des großen Held; – sechs Tage nach dem Zusammentreffen der Teltower-Rübenbauern mit dem famosen Festzuge am Kreuzberge; – vier Tage nach der großen Parade und zwei Tage nach dem Tode von zwanzig der Cholera morbus Verdächtigen«.

Die medientheoretisch interessante Idee, alle Rubriken unter ein einheitliches, aus dem Titel bezogenes Schlagwort zu stellen – *Amtliches Großmaul, Nicht-amtliches Großmaul, Polizeiliches Großmaul, Reactionäres Großmaul* – wird leider nach wenigen Nummern wieder aufgegeben.

6

Der Inhalt dieser Zeitschrift ist trotz ihres geringen Umfangs bedeutend genug für eine eigene Physiognomie. Die einzelnen Ausgaben erschienen im (damals) größten Folio-Format, das *Großmaul* gehört damit zu jenen satirischen Zeitschriften des Jahres 1848, die im Format und in der Typographie der gerade in Berlin überaus lebhaft florierenden Kunst der Plakate, Maueranschläge, Affichen angenähert sind. Verwendet werden vor allem Klein- und Kleinstformen der Satire, ad hoc geschrieben und gedruckt, jederzeit gegen Neueres, Aktuelleres, Ironischeres oder Besseres austauschbar, immer auf dem Sprung zwischen Raison, Kalkül und Polizei.

»Es ist Höchsten Orts äußerst mißliebig bemerkt worden, daß es Unterthanen giebt, deren Kulturzustand ihnen dermalen noch nicht erlaubt, das Verhältniß einer ›breiten‹ und ›schmalen‹ Grundlage richtig zu begreifen. Es wird daher verordnet, daß besagte Unterthanen sich jedes Begreifens der Dinge von breiter oder schmaler Beschaffenheit bis auf Weiteres zu enthalten haben«. *Diesem Erlaß an die Männer des beschränkten Unterthanen-Verstands* strikt zuwiderhandelnd befaßt sich das *Berliner Großmaul* mit den aktuellen Ereignissen. Es schildert – in einer Zeit, als die ersten Volksversammlungen bereits wieder verboten wurden – die »Folgen einer ohne polizeiliche Erlaubniß abgehaltenen Volksversammlung«, einen Gehenkten, und es liefert die »naturgetreue Abbildung einer polizeilich erlaubten Volksversammlung«, einen leeren Rahmen. Es karikiert die auf solchen Versammlungen gehaltenen Reden – »Was heißt Habeas Corpus? Meine Herren, da Sie sämmtlich nicht studirt haben, und ich auch nicht, so kann ich Ihnen nur sagen, was wir uns unter Habeas corpus zu denken haben. Habeas corpus ist Französisch oder eigentlich Englisch und heißt auf Deutsch: Kein Mensch darf arretirt werden, so lange er noch einen Körper hat, es müßte denn gerechte Ursache da sein« – es mokiert sich über das mitunter wenig befriedigende Ende einer solchen Veranstaltung – »Allgemeines Vivatschreien, Schnapstrinken, Hüteschwenken und Hin- und Herdrängen, Knoblauchswürste-Essen und langsames Nachhausegehen« und es erfindet dazu einen Ober-Beamten mit einem höchst eindrucksvollen Titel, den »Volksversammlungsauseinandertreibungswidrigenfallseinhauenlassungs-Direktor«.

Auch die Frauen-Versammlungen jener Tage werden thematisiert, im Stile der Zeit freilich wenig anmutig. So beginnt das Protokoll der »Sitzung des demokratischen Frauen-Vereins, abgehalten im Gasthofe zur wildgewordenen Ente an jenem denkwürdigen Tage, an welchem die Männer der demokratischen Frauen hungrig zu Bette gingen«, mit dieser Beschreibung: »Der Saal ist ansehnlich gefüllt. Die anwesenden Damen haben sich in einzelne Gruppen gesondert, welche sich lebhaft unterhalten, die meisten Damen rauchen Cigarren. Unter dem allgemeinen Schnattern vernimmt man häufig die Worte: Emancipation, bisherige Sclaverei, Zerbrechung lästiger Fesseln, Pariser Mode, Selbstständigkeit des weiblichen Geschlechts, Leipziger Messe, Vorurtheile, Erlangung der Mündigkeit, Einbildung der Männer, neue Garnirung u.s.w.«.

Ein anderes zentrales Thema ist die deutsche Einigkeit. »Aber sage mal, Schneppe, wo kommst Du denn her?«, fragt ein besorgter Bürger einen anderen; dieser – abgerissen, müde, verletzt, notdürftig verbunden – antwortet: »Aus det einige Deutschland!!!«

Was diese Einigkeit sei, wird an Paradoxen definiert:

»Einig sind:
Der König und das Volk,
Die Rechte und die Linke der National-Versammlung,
Der Magistrat und das Polizei-Präsidium,
Der demokratische Club und der patriotische Verein,
Der Verein für Volksrechte und der Verein für König und Vaterland,
Preußen und Deutschland,
Die Studenten und das Charlottenburger Militär,
Die Fabrikanten und die Arbeiter«.

Somit ist es auch wenig hilfreich, zu sehen, »wie Mutter Germania ihre 34 Kinder zur Einigkeit ermahnt: Nanu, kommt her, Kinderkens, verdragt Euch, ich bin Eure Mutter, die Central-Gewalt über Euch hat. Hört mir ruhig zu, ick will Euch wat sagen. Du Preußen, stell Dir an die Spitze, aber laß für Oesterreich auch eenen Platz frei, sonst giebt et Confusion. Du, Hannover, eigensinniger Junge, mache die Augen uf, sonst kannste sehen, wo Du bleibst. Würtemberger, stell Dir dichte ran, es sind keene Demokraten und Du, Sächser, sei nicht falsch, laß des Baden sind, sonst versauffst Du noch, und Ihr, Hessens, gebt Euch die Hände, so, Ihr habt Euch nichts vorzuschmeißen«.

Ebenso im Blickfeld des *Berliner Großmauls* stehen die vielfältigen gegenrevolutionären Bewegungen, die »Reaction«. Veröffentlicht wird folgende Übersicht des »Reactions-Industrie-Comtoir«:

»Um etwaigen Differenzen bei der Zahlung der für uns geleisteten Dienste zu begegnen, sehen wir uns veranlaßt, den betreffenden Tarif hiermit zur öffentlichen Kenntniß zu bringen.

Die Reactionspartei zahlt und resp. vergütigt:

1) Für je 10 abgerissene Anschläge 5 Sgr. (Silbergroschen).
2) Für jedes ›Hurrah!‹ beim Anblick eines Prinzen 2 Sgr.
3) Für jede Veranlassung zu einer Schlägerei, durch welche eine Volksversammlung gestört wird 1 Thl. (Taler).
4) Für jede Ohrfeige, welche das betreffende Individuum bei Erregung dieser Schlägerei empfangen hat 5 Sgr.
5) Für jede Anstiftung eines Wortwechsels zwischen Arbeitern und Bürgerwehrmännern 10 Sgr«.

Und in dem Gespräch »eines Reaktionärs mit seinem Sohne« heißt es:

»Vater (aufgeregt, aber gefaßt): Die Reaction? was verstehst Du unter Reaction?

Sohn: Unter Reaction verstehe ich die Gesammtheit der Reactionäre mit ihren Machinationen, Intriguen, Kabalen, Frechheiten, Gewaltstreichen.

Vater (wüthend): Reactionär? Du willst Deinen Vater Reactionär nennen? Bursche, sitzt Du darum in Secunda? Lehrt man so etwas auf dem Gymnasio? Bezahle ich darum das schwere Schulgeld? Sind das die Früchte meiner Erziehung, daß ein Bube, der sich noch keinen Wind um die Nase hat wehen lassen, mich einen Reactionär nennt, mich, der ich die Freiheitskriege mitgemacht habe mit Gott, für König und Vaterland? Ich ein Reactionär? Sage mir, Bursche, was ist ein Reactionär?

Sohn: Ein Reactionär ist ein Mensch, der sehr aufgebracht wird, wenn man von Reaction spricht«.

Ein besonderer Höhepunkt der satirischen Schärfe des *Berliner Großmauls* sind die »Geheimen Statuten des Denuncianten-Clubs«, gefunden »in der Tasche eines Geheimen Hofraths, der sich selbst entleibt hatte«:

»§ 2. Mitglieder dieses Vereins können nur diejenigen werden, welche durch glaubhafte Atteste nachweisen, daß sie selbst zum Stehlen zu feige sind, dagegen Andere zum Stehlen schon oftmals nur in der Absicht verleitet haben, um solche nachher wegen des ausgeführten Diebstahls der Polizei zur gesetzlichen Bestrafung zu überweisen.

§ 3. Meuchelmörder bedürfen zu ihrer Aufnahme in den Denuncianten-Club dergleichen Atteste nicht, sondern werden ohne Weiteres angenommen.

§ 7. Jedes Mitglied bekommt den Branntwein und das Bayrische Bier aus der Club-Casse ersetzt, dessen er bedurft hat, um seine Nebenmenschen zu ungebührlichen Ausdrücken zu verleiten. Dagegen bleiben die polizei-widrigen Ausdrücke unbestraft, deren sich ein Mitglied bedient hat, um Andere zutraulich und dreist zu machen.

§ 12. Jedes Mitglied ist seinen unbekannten Oberen unbedingten Gehorsam schuldig.

§ 16. Jedes Mitglied muß die Wahrheit, daß Preußen seine Größe nur seinen Herrschern, nicht aber dem Muthe und Blute des Volks verdankt, anerkennen und möglichst verbreiten«.

Des öfteren angesprochen werden auch die »Ordnungskräfte«: Militär, Polizei und Bürgerwehr. So heißt es in einer Bekanntmachung des »Oberbefehlshabers auf dem Markte«:

»Es wird in Bezug auf den Weihnachtsmarkt und die Weihnachtsausstellungen hiermit Folgendes zur Nachricht bekannt gemacht:

1) Die Nußknacker dürfen keine Aehnlichkeit mit Militair-Oberoffizieren haben.
2) Bürgerwehrmänner dürfen auch als Spielzeug, nur ohne Waffen, verkauft werden.
3) Die hölzernen Kanonen werden wiederholt untersucht werden, ob sie auch nicht geladen sind.
4) Niemand darf verbotene Flugschriften in die Pfefferkuchen backen lassen, und auf diese Weise verbreiten«.

Oder in einem »Vergleich zwischen einem englischen und einem preußischen Constabler« ist zu lesen:

»4) Der englische Constabler stützt sich auf das Ansehen der Gesetze, der preußische lehnt sich zuweilen gegen einen Thorweg.

6) Der englische Constabler ist nothwendig, weil in der großen Stadt London sich nur 6.000 Soldaten, und zwar ausschließlich für den Tower, befinden; der preußische Constabler ist überflüssig, weil in der kleinen Stadt Berlin neben einer Menge Gens-d'armen und Polizisten sich noch außerdem 27.000 Mann Truppen befinden, die zur Wahrung der Ruhe verwandt werden«.

Auf den Appell der preußischen Nationalversammlung an alle Offiziere, sich »reactionären Gedankenguts« zu enthalten, antwortet das Großmaul nicht nur mit dem Abdruck der *Rede eines Obersten* an seine Soldaten (»Soldaten, soeben geht mir ein Befehl zu, daß ich ganz besonders auf Euch achten und diejenigen Hundsfötter unter Euch auf das Allerstrengste bestrafen soll, welche ihre Soldaten-Ehre somit Füßen treten, daß sie nicht den tiefsten Abscheu vor dem wühlerischen Treiben des demokratischen Pöbels empfinden ... Soldaten, Ihr werdet also einsehen, daß es Euer eigener Vortheil erfordert, daß Ihr tüchtig dreinschießt, wenn Gelegenheit dazu da ist«), es löst das Problem zugleich auf die bekannte Weise: »Es ist lächerlich von der National-Versammlung, darauf zu bestehen, daß die Offiziere nicht reactionär denken sollen, da sie diesen Beschluß auszuführen kein Mittel hat. Das gesammte Offizier-Corps ist fest entschlossen, künftig gar nicht zu denken, um nur nicht freisinnig zu denken. Man sieht, es bleibt beim Alten«.

Auch die preußische Regierung, die verschiedenen teils rasch aufeinander folgenden Ministerien, gehören zu den bevorzugten Objekten des *Berliner Großmauls*. Ihre zahl- und erfolglosen politischen und administrativen Bemühungen bringt das Blatt auf einen – offenbar ewig gültigen – Nenner:

»Rede eines Minister-Präsidenten aus dem 19ten Jahrhundert. Auf den gemachten Antrag kann ich – will ich – meine Herren, werde ich – wollt ich sagen, ich weiß nicht, – eigentlich genommen – wie ich bereits gesagt habe, mir ist von der ganzen Sache nichts bewußt, deshalb – ja eben deshalb – Sie werden mich verstanden haben ...«.

In einer Denkschrift der Nationalversammlung (vom 13. November) hieß es: »Ein Unternehmen, welches auf eine gewaltsame Umwälzung der Verfassung zielt, ist Hochverrath«. Dazu am 4. Dezember das *Großmaul*, die Argumentation mit einer historischen Reminiszenz gegen die – an der neuen »Oktroyierungs«-Verfassung arbeitende – Staatsspitze kehrend: »Heute über 2 Monat wurde vor 200 Jahren, am 30. Januar 1649, der König Karl von England, wegen Hochverraths am Volke, öffentlich hingerichtet«. Apropos Hinrichtung: In einer *Vertraulichen Corridor-Unterhaltung* aus der Nationalversammlung ist zu lesen:

»Drepper: Ja soll man denn gleich Bürgerblut vergießen?
Gierke: Warum hängt man die Bestien nicht auf? dabei fließt kein Blut«.

7

Aber auch deutliche Hinweise auf das Scheitern aller Bemühungen sind in den Spalten des *Berliner Großmauls* zu finden. So wird ein »naturgetreues Bild des berühmten Esels« vorgeführt, »welcher der Träger des neuen Bürgerwehrgesetzes am Donnerstage (den 5. Oktober) war«. Im Text dazu heißt es: »Da viele Berliner, denen doch Neugierde gerade nicht abzusprechen ist, das Glück nicht gehabt haben, den Esel von Angesicht zu Angesicht zu sehen, der gegenwärtig eine Europäische Rolle spielt, so wollen wir wenigstens dafür sorgen, daß das wohlgetroffene Portrait desselben unseren Lesern nicht vorenthalten werde ... Wer aber weder den Esel selbst gesehen hat, noch auch dies Portrait zu Gesicht bekommt, der blicke in den Spiegel und ich sage gut dafür, er wird hinlänglich entschädigt werden für jenen Verlust«.

Denn schließlich hatte die »Contre-Revolution« gesiegt, war von aller Spontaneität und von aller Energie nur wenig Hoffnung auf die Zukunft geblieben. »Die Truppen sind gut, die Schwerter haarscharf geschliffen, die Kugeln im Lauf«, hatte General von Wrangel am 21. September gesagt. Dazu das *Großmaul*:

»Schwerter sind, liebes Kind,
Haarscharf jetzt geschliffen,
Kugeln in den Laufen sind,
Haben schon gepfiffen!
In den Straßen wächst auch Gras,
Lieber Feldherr, weißt Du was,
Fürchten uns noch lange nicht,
Droh'st Du auch mit Kriegsgericht,
In der Stille spinnen wir
Demokrat'schen Faden,
Wird der Faden etwas dick –
Ist's nicht unser Schaden!«

So aber hatte General von Webern zu den Landwehrmännern gesprochen: »Kameraden, wem haben wir denn eigentlich die Revolution zu verdanken? Niemand Anderem, als den französischen und polnischen Emissären und den verdorbenen Literaten, die werth wären, daß sie Alle aufgehängt würden. Ich weiß wahrlich nicht, wie ich diese Schurken passend bezeichnen soll. Es sind Schweinekerls und nochmals Schweinekerls und zum dritten Mal Schweinekerls!« Mit diesen »verdorbenen Literaten«, die immer an allem schuld sind, war auch die Mannschaft des *Berliner Großmauls* gemeint, empfing auch sie die höheren Weihen militärischer Literaturkritik.

10

»Ich habe besseren Fahnen zugeschworen«
Der »Satyr«

1

Belagerungszustand. Bei der Fortdauer des Aufruhres wird Frankfurt in Belagerungszustand erklärt, und das Kriegsgesetz verkündet. Alle Vereine sind suspendirt, und es wird deren Mitgliedern strenge verboten, sich zu versammeln. Wer zum Aufruhr aufreizt, wer den Truppen Widerstand leistet, oder sich nur unbefugterweise bewaffnet einfindet, wird standrechtlich behandelt. Frankfurt, den 18. September 1848.

Der Reichsverweser. Johann.
Das Reichsministerium des Innern. Schmerling«.

»Grundrechte:

§ 1. Die Stadt Frankfurt und deren Gebiet ist eine einige und untheilbare Republik. Jeder Frankfurter Borjer ist geborner Republikaner.

§ 2. Die Verfassung der Frankfurter Republik ist eine oligarchische Plutokratie auf breitester aristokratischer Grundlage. Jeder Frankfurter Borjer ist daher geborner Aristokrat.

§ 3. Der Freistaat Frankfurt ist ein Glied und Bestandtheil des deutschen Bundes-Polizeistaats und steht unter der Central-Reichs-Regierungs-Gewalt. Jeder Frankfurter ist daher geborner freier deutscher Reichs-Polizist«.

In dem Spannungsfeld, das diese beiden Zitate andeuten, zwischen der Realität des Belagerungszustandes, den Reichsminister Anton von Schmerling von angeordnet hatte, und der Illusion einer Karikatur auf Frankfurter Verfassungs-Bemühungen, von unbekannten Spöttern formuliert, wurde, im September und Oktober 1848, der *Satyr* vorbereitet.

Obwohl nur zwölf Nummern publiziert wurden, können die *losen Blätter aus dem deutschen Reiche* einen exquisiten Platz in der Presse-Springflut des Revolutionsjahres für sich in Anspruch nehmen. Kein anderes Blatt jener aufgeregten und aufregenden Tage ist derart üppig und exzellent illustriert, kein anderes Blatt mit so souveränem graphischem Geschmack aufgemacht. Die zeichnerische Qualität der Karikaturen wird bereits bei erstem, flüchtigem Blättern deutlich: Kabinettstücke wie *Reichs-Lichter* oder *Coalition* schließen an den Standard an, den zu jener Zeit die europäische politische Karikatur, vor allem die französische, erreicht hatte.

Es gibt, leider, keine Geschichte der deutschen satirischen Graphik. Allzuviel ist hier noch unbekannt, verkannt oder falsch eingeschätzt. Gäbe es diese Geschichte, dem Satyr käme darin ein kleines, aber wichtiges Kapitel zu. Da ist der virtuos geschnittene Kopftitel mit seinen vielfältig verschlungenen Schmuckelementen und den vier Figuren im S des Titelworts: Satyr, der große Ähnlichkeit mit Pan (mit dem destruktiven Pan) hat, vertreibt, Arm in Arm mit einem – durch den Heckerhut gekennzeichneten – Demokraten mit seiner Flöte und mit Fußtritten zwei reaktionäre Typen, erkennbar an Zopf und Zipfelmütze. Da sind die vielen entlarvenden Textillustrationen – fast keine Seite, die nicht wenigstens ein Bild bietet. Da sind die Beilagen zu jeder Nummer, großformatige Karikaturen von überaus eindrücklicher Qualität, die häufig Portraits von Abgeordneten der Paulskirche enthalten (beispielsweise Gagern, Lassaulx, Peucker, Schmerling und Vogt). Diesen Blättern verdankt der *Satyr* eine besondere publikationsgeschichtliche Stellung: Weil sie auch als Einzelstücke verkauft wurden, gehört die Zeitschrift zugleich in die Geschichte der Periodica und in die Geschichte der Flugblätter. Und da ist, schließlich, das nachproduzierte Titelblatt zur Gesamtausgabe (1849) der zwölf Nummern: das grinsende Gesicht des Satyrs zwischen den Köpfen des Doppeladlers, der in seinen Krallen ein Buch – das Buch der Geschichte? – hält, aus dem links und rechts Blätter herausfallen, die Karikaturen auf weltliche und geistliche Macht oder ein Henkerbeil und ein Skelett zeigen. Feder und Stichel in den Händen des Satyrs deuten auf das Programm der Zeitschrift, Texte und Illustrationen gleich wichtig zu nehmen.

Dies alles macht den *Satyr* bemerkenswert, trotz großer Konkurrenz wie dem Berliner *Kladderadatsch*, dem Stuttgarter *Eulenspiegel*, den *Düsseldorfer Monatsheften* oder dem *Münchener Punsch*.

2

Das Jahr 1848 in der – noch immer – Freien Stadt Frankfurt: Als der *Satyr* veröffentlicht wird, sind die hauptsächlichen Ereignisse bereits vorüber. Darum hier nur wenige Stichworte, zum Verständnis der unmittelbaren politischen Vorgeschichte am Ort seines Erscheinens.

Die bürgerliche Revolution beginnt mit dem Bundestags-Aufruf »An das deutsche Volk« (1. März), mit Beratungen über eine Volksvertretung, über ein »tatsächliches« deutsches Parlament, sie führt – vor dem Hintergrund der jungen »Pressefreiheit«, vieler Bürgerversammlungen und zahlreicher Tumulte der erregten Bevölkerung– zu einer gesetzgebenden Versammlung, die ein »Deutsches Volksparlament« vorbereitet, das »Vorparlament«, das am 30. März seine Sitzungen in der Paulskirche eröffnet (ein penibler Statistiker zählte allein in der Innenstadt 7534 »deutsche« Fahnen, die die begeisterte Bürgerschaft gehißt hatte).

Im April der ständige »Fünfziger«-Ausschuß des Vorparlaments und die Vorbereitungen der Wahl zur Nationalversammlung, die sich am 18. Mai in der Paulskirche konstituiert.

Im Mai wieder Unruhen in der Bevölkerung, im Juni der »Kongreß demokratischer Vereine« und die Wahl des Erzherzogs Johann zum Reichsverweser, der im Juli und im August feierlich in der Stadt empfangen wird und – Illusion einer »Zentralgewalt« – einige Minister ernennt. Gleichzeitig weitere Bürgeraufstände, im Juli, besonders im September, wegen der Entwicklung in Schleswig-Holstein: Versammlungen, Bewaffnungen, Barrikadenbau, die Paulskirche unter militärischem Schutz. Und daneben langwierige Diskussionen über die Revision der Frankfurter Verfassung.

Am 17. und 18. September dann die Revolution: Belagerungszustand, Straßenkämpfe gegen preußische und österreichische Truppen, Dutzende Tote. Im Oktober die Bildung der »Konstituante« zur Vorbereitung des »Freistaats Frankfurt«, und am 21. Oktober die Aufhebung des Belagerungszustands.

3

Der *Satyr* erschien, laut eigener Aussage, einmal wöchentlich. Die Nummern 1 bis 7 sind mit »1848« datiert, die Nummern 8 bis 12 mit »1849«. Setzt man das erwähnte wöchentliche Erscheinen voraus, so wurde das Blatt zwischen November 1848 und Februar 1849 veröffentlicht.

Eduard Gustav May, in dessen Verlag und unter dessen verantwortlicher Redaktion der *Satyr* herauskam, betrieb seit 1845 in Frankfurt eine lithographische Anstalt. Einige Broschüren, um die Jahrhundertwende veröffentlicht, weisen ihn als strikten Konservativen aus: *Fin de siècle und seine Propheten*, 1894; *Frisch von der Leber. Zeitgemässe Betrachtungen eines alten Herrn*, 1897; *Allerlei Misswachs auf geistigem und materiellem Gebiete*, 1902. Nur in einem Heft, *Mein fünfzigjähriges Jubiläum*, 1896, macht er einige flüchtige Bemerkungen über das Jahr 1848. Er erwähnt dabei den *Satyr* nicht, wohl aber Gründe für dessen Aufhören: »Das Revolutionsjahr 1848 drängte mich vollständig von meinem Ziele [des Geschäftsaufbaus] ab, aber bot mir wenigstens momentanen Ersatz durch zeitgemässe Unternehmen, die allerdings nur kurzlebig waren und die gar bald eintretende Reaction lastete noch lange auf der Wiederbelebung der Geschäfte«. Indirekt wenigstens beziehen sich auch die folgenden Zeilen auf den *Satyr*: »Jeder glaubte die Ideen, die ihn beherrschten, die allein richtigen zur Wiederbelebung der Kraft und des Ansehens des Vaterlandes. Selbst Freunde, die früher gemeinsame politische Ziele verfolgten, bekämpften sich leidenschaftlich und die durch das geschaffene deutsche Parlament gewährte Redefreiheit gestaltete sich fast zu einem Bruderkampf innerhalb der Räume der Paulskirche. Jede Partei hielt es für gerechtfertigt, ein Separatrevolutiönchen für ihre Anschauungen hervorzurufen, anstatt eine compacte besonnene Majorität den Regierungen gegenüber zu schaffen, und so sank das Ansehen der Erwählten des Volkes von Tag zu Tag«. Über sich selbst sagt er: »Obwohl ich stets ein warmes Herz für die Schicksale unseres deutschen Vaterlandes hatte, muss ich doch offen bekennen, dass mir politische Bestrebungen und politischer Ehrgeiz stets ferne lagen«. So unpolitisch, wie hier von der Erinnerung verklärt, kann May nicht gewesen sein. Das beweist nicht nur der *Satyr*, sondern auch eine große Zahl von teilweise scharfen Karikaturen-Flugblättern, die er 1848 und 1849 druckte: immerhin rund ein Drittel der gesamten Frankfurter Produktion.

Des weiteren am Blatt beteiligt sind der Buchhändler Heinrich Keller, 1816-1894, als Mitverleger, und der – politisch sehr engagierte – Drucker Heinrich Karl Adelmann, 1811-1887, der die Textteile des *Satyr* produzierte, während die großformatigen Beilagen in Mays lithographischer Anstalt gedruckt wurden.

Zwei Karikaturisten sind durch ihre Signets feststellbar. Der eine, »Stix«, der Textillustrationen, den Kopftitel, die Beilagen zu Nummer 9 bis 12 und das Sammeltitelblatt zeichnete, ist der Frankfurter Kunstmaler und Holzstecher Alexander Stix, 1819-1893.

Der andere, »W. V.«, war bisher unbekannt. In der Sekundärliteratur sucht man vergeblich Informationen über ihn. Zu ermitteln war, daß es sich um Wilhelm Völker handelt, 1812 im unterfränkischen Wertheim geboren, ab 1853 in St. Gallen, wo er 1873 starb. Er war Maler und auch Karikaturist [Thieme-Becker, *Allgemeines Lexikon der bildenden Künste*, Band 34, S. 468]. Für 1848 und 1849 ist er in Frankfurt nachweisbar. Zwei Lithographien, die von der Forschung bisher nicht berücksichtigt wurden, sind namentlich signiert und führen den gleichen Verlag wie der *Satyr* auf: *Mitglieder der Linken des ersten deutschen Reichstags in Frankfurt a. M. in der Paulskirche.* [Gezeichnet von] W. Völker. Druck und Verlag von Ed. Gust. May in Frankfurt a. M. und *Scenen aus den Ereignissen des 18. September in Frankfurt a. M. Nr. 4. Der Abgeordnete Rößler von Oels verkündet den Waffenstillstand.* [Gezeichnet von] W. Völker. Lith. Anst. von Ed. Gust. May in Frankfurt a. M. [*Katalog der Bibliothek des Freiherrn Emil Marschalk von Ostheim.* Bamberg 1911. 2. Abteilung. S. 1287, S.1308]. Von Wilhelm Völker stammen Textillustrationen und die Beilagen zu Nummer 1 bis 8 des *Satyr.* Einige seiner Arbeiten veröffentlichte May zugleich als Flugblätter, außer den bereits aufgeführten beispielsweise zur *Kaiserwahl* oder zu *Herrn von Rothschild.*

Über die Textautoren ist wenig zu berichten. Wie bei derartigen Blättern üblich, sind die meisten Beiträge anonym. Daneben tauchen einige Pseudonyme auf, so der zeitgenössisch öfter vorkommende »Sebastian Fenchelmaier«. Genannt sind nur Karl Gottfried Nadler, Heinrich Roos und Ludwig Wihl.

4

Zweimal bezieht der *Satyr* Stellung zu seinem redaktionellen Programm, in der ersten und in der vorletzten Nummer. In der Nummer 1 wendet er sich mit einer persiflierend-paradoxen Tirade an das Publikum, spielt dabei mit einem zentralen Schlagwort der Zeit, mit der »Tendenzpresse«: »Ich Endesunterzeichneter komme, wie das Glück und die Cholera, unangemeldet. Dies ist indessen nicht ganz meine Schuld. Ich habe lange gewartet, daß die Leser mich aufsuchen würden; da dies aber leider nicht geschah, so sah ich mich endlich genöthigt, die Leser aufzusuchen und zwar mit einem eben so verzweiflungsvollen Eifer, mit welchem Ceres vor mehreren Jahrtausenden die geraubte Proserpina und Dahlmann erst vor einigen Wochen ein neues Reichsministerium aufgesucht. Ich habe aber die feste Ueberzeugung, daß es mir besser gehen wird, als der griechischen Göttin und dem deutschen Professor. Schon der Originalität wegen. Es werden nemlich die besten Maler Deutschlands für diese Blätter schreiben und unsere namhaftesten Schriftsteller die Zeichnungen dafür liefern. Cornelius, Kaulbach, Schnorr und viele andere unserer größten Meister, die aber hier nicht genannt sein wollen, werden, so lange die ›losen Blätter‹ erscheinen, nach besten Kräften arbeiten. Unsere größten Autoren werden das Gleiche thun.

Die Haupttendenz der losen Blätter ist, keine Tendenz zu haben und diese Tendenz werden sie, wie so viele andere deutsche Blätter, höchst gewissenhaft verfolgen. Was den losen Blättern an Humor abgeht, werden sie durch einen sprudelnden Mangel an Witz reichlich ersetzen und sich in dieser Beziehung die Leistungen so vieler Parlamentsredner zum Muster nehmen.

Es geht zwar mit den guten Einfällen wie mit dem Frankfurter Bürgermilitär, sie stellen sich nemlich nie ein, wenn man sie am nothwendigsten braucht; doch werden die losen Blätter immer noch so reich sein an guten Einfällen, wie der Herr von Schmerling an schlechten. Und mehr kann man wahrhaftig nicht verlangen«.

Auf dieses Programm kommt er gegen Ende seines Erscheinens, in der Nummer 11, nochmals zurück: »Da in der neuesten Zeit sich vielseitig wieder Separatforderungen gelten machen, so hat es sich der Satyr angelegen sein lassen, aus sämmtlichen 38 deutschen Nationalitäten Mitarbeiter zu finden, und glaubt er daher jeden Wunsch befriedigen zu können. Auch die passiven Mitarbeiter des ›Satyr‹, größtentheils hervorragende Parlamentsmitglieder, werden es den ›losen Blättern‹ nicht an Stoff fehlen lassen, das Publikum auf das Angenehmste zu unterhalten«.

5

»Spitzt die Feder ihr Poeten! Kaiserlieder laßt erschallen,
Auf der deutschen Freiheit Blüthe ist ein böser Frost gefallen«.

Zu den bevorzugten Themen des *Satyr* gehört die Nationalversammlung in der Paulskirche. So werden in einer Parodie auf Georg Herwegh die zum Teil skurrilen Abgeordneten ironisiert:

»Reißt ihr die Throne aus dem Mist der Erden,
Sie wuchern nach – das ist das Weltgericht!
So wird Europa niemals urbar werden,
Ihr Herren seid die rechten Pflüger nicht. –
Noch ward kein Feldherr unter euch geboren,
Denn eure Schlachten sind ein Hohn.
Ich habe besseren Fahnen zugeschworen –
Zehntausend Griechen waren nicht verloren –
Doch ihr habt keinen Xenophon«.

Oder die bis an die Grenzen des Reichs spürbare Machtlosigkeit des »Ministeriums« wird lächerlich gemacht – »Die Anfrage der Herren Müller aus Heimheim und Consorten dahingehend, ob das Reichsministerium seine Federn aus Pommern oder Krain beziehe, kann ich zur Stunde nicht umfassend erörtern, da die Kanzlei für Verrechnung der Ausgaben in Papier, Tinte etc. noch kein Lokal hat« – und die schüttere politische Theorie der Verantwortlichen wird reduziert auf folgende »Quintessenz aus den Werken eines Reichsministers: Anarchie – Ordnung – Belagerungszustand – Gesetz – Anarchie – Belagerungszustand – Reichsarmee – Anarchie – Belagerungszustand – Gesetz – Ordnung – Belagerungszustand – Belagerungszustand – Deutschland – Belagerungszustand – Belagerungszustand – Belagerungszustand – Belagerungszustand – Belagerungszustand«.

Der Artikel »Ministerwahl« denkt sich, in bestem Paulskirchen-Deutsch, den satirischen Versuch einer perfekt »direkten« Demokratie aus: »Wir Michel der Erste, von Gottes Gnaden etc. etc. Von der pflichtmässigen Ueberzeugung durchdrungen, daß es ein Verrath an unsern Märzerrungenschaften wäre, nicht nur, wenn die Krone sich mit einem unbeliebten Ministerium, sondern auch, wenn sie überhaupt mit einem Ministerium sich umgeben wollte: In Erwägung nemlich, daß ein Ministerium, wenn es das öffentliche Vertrauen besitzen soll, nothwendig aus direkten Wahlen der zu Regierenden hervorgehen muß – in Erwägung, daß viele Klassen von wirklichen oder künftigen Staatsbürgern sich nicht im vollen Genuß der bürgerlichen Rechte befinden, beschließen und verordnen wir, zu deren vorläufiger Schadloshaltung, daß der Reichsversammlung nachstehender Gesetzesvorschlag unterbreitet werde«.

Nämlich: Das Marineministerium wird von Matrosen und Schiffsjungen gewählt, das Handelsministerium von Packern und Lehrlingen, oder das Finanzministerium von praktischen Rechtsgelehrten, »welche sich durch Auszüge aus den Concurstabellen und Steuerabgangsregistern über die Identität ihrer Person ausweisen können«.

Die offiziell vielumjubelte »Zwischenlösung« mit Johann von Habsburg findet nicht das Gefallen des *Satyr*:

»Johannes war nicht der Erlöser!
So ist's auch mit dem Reichsverweser«.

Aber auch die endlos debattierte Idee eines »Deutschen Kaisers« wird entschieden abgelehnt (als dann am 28. März 1849 Friedrich Wilhelm IV. von Preußen zum Kaiser gewählt wird, erscheint der *Satyr* schon nicht mehr):

»Mystizismus und Romantik, mit Historikern im Bunde,
Wollen liebevoll, o Deutschland, heilen deine große Wunde.
Auferstehen soll ein Kaiser aus dem Grabe der Verwesung,
Um dem neu gebornen Reiche Heil zu bringen und Genesung.
An probaten Zauberformeln fehlt's nicht unsern Professoren,
Darum staunt nicht, daß sie plötzlich ein Gespenst herauf beschworen,
Ein Gespenst mit Purpurlappen, das, mit Fleisch und Blut bekleidet,
Als ein neuer Völkerhirte unsere deutschen Schaafe weidet!«

Stattdessen wird, eher melancholisch, an den Kaisersaal im Frankfurter Römer erinnert, der die malerische Verklärung vergangener deutscher Herrscher präsentiert:

»Die Freiheit will uns noch nicht strahlen!
Laßt euch noch ein'ge Kaiser malen«.

Ein wichtiges Thema des *Satyr* ist die damals »Partikularismus« genannte Unfähigkeit der Deutschen, sich zu gemeinsamem (staatlichem) Handeln zusammenzufinden: »Bückeburg will Bückeburgisch bleiben. Wenn Bückeburg nicht Bückeburg wäre, möchte Bückeburg vielleicht preußisch sein; da aber Bückeburg Bückeburg ist, so ist Bückeburg sich selbst genug und liebt seinen Fürsten und will nicht, daß sein Fürst mediatisirt werde, nein, durchaus nicht! Bückeburg hat dies bereits im Namen des ganzen Fürstenthums Lippe-Schaumburg der National-Versammlung schriftlich und wie man hört, ohne viel orthographische Fehler, nachdrücklichst erklärt. In Bückeburg selbst herrscht eine entsetzliche Aufregung. Sämmtliche Bückeburger haben eine drohende Haltung angenommen, und die Bückeburgerinnen haben sich um den Thron ihres Fürsten geschaart und geschworen, bis auf den letzten Mann für ihn zu kämpfen«.

Selbst für Scheinlösungen auf diesem Gebiete ist der *Satyr* bereits ironisch dankbar. Veröffentlicht wird ein »Herzergreifender Abschied des Fürsten Heinrich XXXXXXXII. von seinen Unterthanen«, in welchem seine Hoheit formulieren: »Lobensteiner! Ebersdorfer! Ihr hättet glücklich bleiben können, wenn nicht die Pariser Februar-Pest euch angesteckt hätte. Demokratische Wühler haben mein Land unterwühlt und mit schwarzem Undank mein fürstliches Streben belohnt. Darum entsag' ich einem Throne, auf dem ich so lange über euer Wohl nachgedacht. Ebersdorfer! Lobensteiner! Ich ziehe mich in's Privatleben zurück. Wie Diokletian will ich Kohl pflanzen und über die Nichtigkeit irdischer Größe nachdenken. Weinet nicht und traget den Schmerz mit männlicher Fassung. Tröstet Euch; denn ohne Fürst sollt ihr nicht bleiben. Mein Vetter, Herr Heinrich der zwei und sechzigste von Reuß und Schleiz, wird die Gefälligkeit haben, Euch zu regieren. Lobensteiner! Ebersdorfer! Eine neue Aera beginnt für Euch! Lobenstein und Ebersdorf werden nicht mehr getrennt sein von Reuß und Schleiz; sondern Reuß und Schleiz werden eng verbunden sein mit Lobenstein und Ebersdorf. Mein Vetter, Herr Heinrich der zwei und sechzigste, wird die Last der doppelten Krone tragen; aber dafür verlangt er von Euch deutschen Gehorsam«.

Dazu der *Satyr*, demokratisch verkürzt, an »Herrn Heinrich Reuß-Lobenstein«: »Wer so wie Sie die Flachsenfingerei der kleinen Herrscherlinge als Erbärmlichkeit und Unmöglichkeit erkennt, und mit kräftigem Fußtritt den ganzen Bettelstaat von sich stößt, der ist würdig, Mitarbeiter an unserem satyrischen Zersetzungs- und Auflösungs-Werk zu sein. Dignus, dignus est intrare, in nostro docto corpore! – Diese Großheit! diese Geradheit! Möchten doch alle deutsche Fürstlein solche Gesinnung hegen!«

Denn (den Duodezstaaten ins Stammbuch):

»Als besonderer Klecks auf Deutschlands Staatenkarte zu erscheinen,
Darauf könnt ihr nicht verzichten! O ihr eigensinnigen Kleinen!
Deutsche Einheit, holde Blume, blühst hinfort nur in Gedichten,
Denn die Sonderhäuser können auf's Regieren nicht verzichten«.

6

Von den anderen Themen hier nur ein Beispiel, ein Zitat aus der damals heftig umstrittenen »Emancipation der Frau«. In der Rede der Frau Suade, geborne Haberecht, gehalten im Club ›der freien Frauen« ist – gegen den Mann – zu lesen: »Aber ein Mittel gibt es doch, uns zu den Rechten zu verhelfen, die er uns freiwillig nicht zugestehen will. Verweigern wir ihm unsere Steuern, ohne die er nicht bestehen kann! Setzen wir seinen Forderungen, auch in die zärtlichsten Worte gekleidet, die ganze und entschiedene Passivität unseres Widerstandes entgegen. Er muß und wird sich beugen! Wir werden siegreich aus diesem sechstausendjährigen Kampfe hervorgehen! Kein Kuß mehr aus freiem Willen! Kein Händedruck! Es lebe die Steuerverweigerung. Es lebe der passive Widerstand!«

Wie bei anderen satirischen Blättern, kann man auch im *Satyr* einige Stellen als Prophetie deuten. So veröffentlicht er eine Doppelkarikatur, *Wie man die deutschen Grundrechte im Jahre 1850 auslegen wird.* Wenn das Parlament 1848 bestimmte: »Die Deutschen haben das Recht, Waffen zu tragen«, so illustriert er dies mit zwei Deutschen, die unter Polizeiaufsicht konfiszierte Waffen abtransportieren. Und wenn das Parlament festlegte: »Die Deutschen haben das Recht, sich friedlich und ohne Waffen zu versammeln«, so demonstriert er das mit einem Blick in eine Kirche, in der die Deutschen, friedlich und ohne Waffen, einem gestikulierenden Prediger zuhören. Seherische Gabe: Nur drei Jahre später, am 24. Oktober 1852, wurde die Paulskirche, um die es ihm vor allem ging, wieder für Gottesdienste umgerüstet.

Aber noch weiter reicht der Blick des *Satyr.* Erst 1871 wurde als sogenanntes »Deutsches Reich« mit preußischer Gewalt verwirklicht, was er 1849 in einem Gedicht an »Germania« so formulierte:

»Deutschland soll in Preußen aufgehn, denn der Adler liebt die Taube!
Blondgelockte deutsche Jungfrau, bald schmückt dich die Ehstandshaube.
Aus Muslin ist sie gemacht nicht, sondern aus Metall und Leder,
Daß wir Preußens Pickelhaube meinen, merkt gewiß ein Jeder!«

Nur 48 Seiten und ein Dutzend Bildbeilagen: Dennoch ist der *Satyr* ein in sich geschlossenes Ganzes. Er erschien am Schnittpunkt zweier historischer Linien, der sinkenden Linie liberal-reformerischer bürgerlicher Energie und Kapazität, und der steigenden Linie administrativ-reaktionären staatlichen Drucks: ein Dokument zur vorletzten Phase der »deutschen Revolution«, eine Stimme auch des von den 48er Ereignissen enttäuschten Bürgertums, jenes Bürgertums, das dringend nötigen demokratischen Fortschritt nicht mit politischer Illusion und unseriöser Phantastik bezahlen wollte.

7

Heute zählt diese Zeitschrift zu den besonderen Raritäten der Bibliotheken und Antiquariate. Nur wenige, teilweise unvollständige Exemplare sind noch bekannt. Eines davon, läßt sich nachweisen, wurde von Eduard Gustav May dem Frankfurter Historischen Museum geschenkt.

Seine Zeitgenossen und die Nachwelt waren – aus vielerlei einsichtigen Gründen – weniger daran interessiert, die politisch-satirische Produktion der Deutschen in größerem Umfang für Geschichtsschreibung und andere Forschung zu sammeln.

Dies zu tun, schlug bereits 1849 die Frankfurter *Didaskalia* in einer Rezension des (eben eingestellten) *Satyr* vor: »Wer nach einer Reihe von Jahren die Geschichte der großen deutschen Volkserhebung, welche mit dem März des vorigen Jahres begonnen hat und deren Beendigung noch unbekannt ist, kennenlernen und studiren will, der wird außer den allgemeinen historischen Quellen auch noch die besonderen Desjenigen, was die einzelnen Tage gebracht und genommen haben, aufsuchen müssen. Quellen der letzteren Art sind vor allen die Literatur an den Straßenecken, die vereinzelten Flugblätter und die Carricaturen. In unserer Mainstadt haben wir diese Quellen in deren voller Frische genossen und, was namentlich die Carricaturen betrifft, solche aus erster Hand erhalten. Wer eifrig und bemittelt genug gewesen ist, die seit der freigewordenen Presse erschienenen Carricaturen, diese lustigen, kecken und oft genug frivolen Kinder des Witzes und der Laune zu sammeln, – und ihre Anzahl ist nicht nur nach Hunderten, sondern wohl nach Tausenden zu berechnen –, der mag ein hübsches Museum beisammen haben. In diesem wird er kaum noch etwas vermissen, was irgendwie an der Tagesordnung gewesen und in kleineren oder größeren Kreisen die Theilnahme gefesselt hat. Den Hauptinhalt jener Scherz- und Spottbilder bildete die Paulskirche mit ihren Volks- und Fürstenvertretern, mit Demjenigen, was sie gethan und was sie zu thun unterlassen haben. So frei und ungezügelt die Carricaturen gewesen, so weit sie gegangen und so leichtfertigen Scherz sie selbst mit dem heiligsten Ernste oft getrieben, so hat sich doch die Befürchtung ihrer Gefährlichkeit genügend widerlegt und diese Erfahrung mag die für das Bestehen von Ruhe und Ordnung so ängstlich bekümmerten Heuler beruhigen. Thorheiten und Verkehrtheiten müssen beleuchtet werden. Ist diese Beleuchtung eine richtige, so ist ihr Nutzen unverkennbar; ist sie dagegen irrig und falsch, so wird ihr Schaden nicht groß seyn. Nur die Wahrheit ist mächtig und nur sie geht siegreich hervor aus dem ernsten Kampfe der Parteien, wie aus den scherzhaften Befehdungen und den neckischen Spielen des Witzes und der Laune« [Nr. 41/1849].

Es hat einzelne Initiativen in dieser Richtung gegeben. Sie sind aller Ehren wert. Aber eine vollständige, wissenschaftlich brauchbare Sammlung aller Materialien, die eine einzigartige Quelle für die deutsche Kultur- und Gesellschaftsgeschichte wäre, gibt es noch immer nicht.

11

»Ätzende Schärfe und rücksichtslose Entschiedenheit« Die »Deutsche Reichs-Bremse«

1

In der ›Reichs-Bremse‹ soll die Geißel des Humors und der Satire über alle politischen Thorheiten unsers Jahrhunderts geschwungen werden, einerlei, welche Namen sie führen und welcher Richtung sie angehören« – mit dieser eher friedlich klingenden, verallgemeinernd-harmlosen, den Charakter der *Reichs-Bremse* keineswegs treffenden Formulierung kündigte die Zeitschrift *Der Leuchtthurm* in ihrer Nummer 8/1849 eine Gratisbeilage an (die aber auch als selbständige Publikation ausgeliefert wurde). Den Zeitgenossen freilich war sofort klar, worum es sich handeln mußte. Denn der seit 1846 erscheinende *Leuchtthurm* gehörte zu den schärfsten radikal-demokratischen Zeitschriften des Vormärz, damit war auch seine Beilage politisch einzuordnen, die »zur Unterhaltung und resp. Erheiterung unserer gesinnungsverwandten Freunde« [*Leuchtthurm* Nr.13/1849], und keineswegs nur dazu, bestimmt wurde.

Sehr viel deutlicher spricht die *Deutsche Reichs-Bremse* selbst, knapp ein Vierteljahr später, in der Nummer 30/1849 ihr Programm aus: »Ein Quartalwechsel liegt vor uns, aus der alten Wechselordnung der Natur, und wir benutzen den ersten Respekttag dazu, nicht nur um unsere lesenden Geschäftsfreunde zur Zahlung aufzufordern, sondern ihnen zu danken für den uns bisher so bereitwillig geschenkten Credit. Bei unserem offnen Geschäft, die besten Artikel an den Mann zu bringen, ist es uns gelungen, die kritischsten Sachkenner zu befriedigen, und unsere Lieferungen haben ebenso gute Aufnahme als Abnahme gefunden, ja die Zahl der Abnehmer hat sichtlich zugenommen. Wir sehen den Grund davon nicht nur in dem Werth unsrer Fabrikate, sondern vorzugsweise darin, daß wir bei allen unsern Artikeln, den leitenden Artikeln, den beißenden Artikeln, den faulen Artikeln, selbst dem faulsten Artikel, in dem wir sehr viel gemacht – dem Artikel 105 – immer billig gewesen. Wir haben uns nicht auf gewisse Waaren beschränkt, sondern Alles in unser Geschäft gezogen, was in unsern Kram paßt. Wir haben eben so viel zu thun gehabt mit rohen Waaren militärischer Brutalität, als mit den ächtesten Produkten treubündlerischer Machinationen, ebensoviel mit erprobten Vertilgungsmitteln staatlichen Ungeziefers, als mit Pinselsäften für schlippenbächerliche Lächerlichkeiten. Wir waren Großhändler und Kleinkrämer zugleich. Wir haben der großen Frankfurter Messe beigewohnt, wo die deutsche Freiheit verhandelt wurde, wir waren auf dem Platz, als der Verfalltag deutscher Einheit gekommen, und wir werden auf dem Platze bleiben, bis daß der Zahltag gekommen sein wird. Wir sandten unsern Protest in die Welt, da der bereits acceptirte Systemwechsel der Regierungen nicht eingelöst ward, und wir werden unsere Wechselklage laut erheben, so lange wir noch glauben, daß es ein Recht giebt in Deutschland gegen faule und böswillige Schuldner. Wir werden auch fernerhin mit unsrem Kapital wirken für deutsche Interessen, um womöglich die deutschen Stamm-Actien zu heben; wir werden all unser Vermögen, all unsern Kredit für den Bau der Fortschrittseisenbahn der Zeit verwenden, bis endlich die hochgestellten Conducteure die unmotivirte Locomotive des Rückschritts bremsen werden«.

Noch eindringlicher wird in der Nummer 1/1850 formuliert: »Die Zeit und die Reichsbremse beginnen einen neuen Jahrgang. Beide sind im Sturme dahingeflogen. Die Reichsbremse geht immer mit der Zeit und überläßt es reallastablösungsscheuen Junkern, der Zeit so weit voraus zu sein, daß sie von der Zeit nichts sehen und nichts hören. Die Bremse hat gelehrt, was an der Zeit ist, die Zeit hat gelehrt, was an der Bremse ist. Die Bremse hat gewirkt für die Zeit, die Zeit für die Bremse. Wer mit der Zeit fortgehen will, der bleibe stehen bei der Bremse, wer die Zeit verstehen will, der lasse sie in Gestalt der Bremse an sich vorübersausen, und er wird deuten lernen die Zeichen der Zeit, wie die alten Auguren sie deuteten aus dem Fluge der Vögel. Die Bremse wird auch fernerhin der Zeit folgen, sie wird verfolgen Alles, was der Bewegung der Zeit hemmend entgegentritt, sie wird verabfolgen ihre giftigen Stiche den gutgesinnten Rückwärtsern aller Kategorien«.

Als 1850 der komplette Jahrgang 1849 verbilligt angeboten wird, heißt es dazu: »Der Jahrgang enthält eine Masse der witzigsten und schärfsten Zeichnungen und Aufsätze, die in nächster Zeit aller Wahrscheinlichkeit nach zu den verbotenen Errungenschaften der Revolution gehören werden«. Für den Buchhandel wird, wieder eher verkleidend, der harmlose Untertitel *Organ für politisch-satyrische Sticheleien* hinzuerfunden, wie auch die Sammelausgabe des Jahrgangs 1850 als *Bilderbuch für erwachsene Kinder* angeboten wird.

Im Blatt selbst aber wird noch einmal sehr deutlich auf das Programm der Zeitschrift (die inzwischen *Die Schildwacht* heißt) hingewiesen: in der letzten erschienenen Nummer. »Mit der heutigen Nummer lösen wir die Schildwacht von ihrem Posten ab. Nicht Mangel an Theilnahme und Abonnenten lassen uns das Beiblatt aufgeben, sondern die Gewißheit, daß wir ein politisches Carrikaturenblatt, wie wir es geben möchten, nicht geben dürfen. Ohne Schärfe und Entschiedenheit ist ein solches politisches Carrikaturenblatt ein Unding und in ganz Deutschland hat jetzt, wo das unsrige in Preußen, Oesterreich, Hessen, Baden und anderswo verboten ist, nur noch ein Blatt die Erlaubniß, sich diese beiden nothwendigen Eigenschaften beilegen zu dürfen. Und dieses Blatt ist, wenn auch ein freisinniges, doch kein Organ der Demokratie. Wir meinen den ›Kladderadatsch‹, dessen Erscheinen nur durch einzelne Persönlichkeiten und eigenthümliche Zufälligkeiten noch möglich ist, die sich aber sehr leicht und sehr rasch, vielleicht nach einem schlecht verdauten Mittagsmahl oder laut Ordre einer romantischen Laune ändern können. Etwas Halbes und Schläfriges aber wollten wir nicht geben und deßhalb lassen wir das Blatt eingehen«.

2

Dieses Blatt, das die längste Zeit seines Bestehens *Deutsche Reichs-Bremse* hieß, erschien nur knapp zweieinhalb Jahre lang. Interessant und wichtig ist bereits sein Entstehungsdatum: nicht das »Sturmjahr 1848«, das eine Presseflut erzeugt hatte, speziell bei den politischen und politisch-satirischen Blättern viele zum Teil verwegene Kurzzeit-Experimente und einige Titel, die sich länger (wie der Stuttgarter *Eulenspiegel*) oder sehr lange halten konnten (wie der Berliner *Kladderadatsch*, der, später völlig deformiert, bis 1944 erschien), sondern das »Jahr danach«, als sich das Scheitern der bürgerlich-liberalen Revolution bereits deutlich abzeichnete und die Macht der Reaktion stärker denn je sich formierte. Die *Deutsche Reichs-Bremse* vermittelt einen unmittelbaren Eindruck jener utopischen Presse-»Freiheit«, für die, unter anderem, 1848 gekämpft und gestorben worden war, und die dann doch in das Messer restriktiver Politik gerannt war: Das Blatt ist, sozusagen, ein Stück realisiertes Programm von 1848 und, unübersehbar, ein Beweis für den Untergang dieses Programms.

Die kurze, aber heftige Geschichte der *Reichs-Bremse* verlief, wie anders, unter den Bedingungen deutscher Staatlichkeit, will sagen, unter Konditionen, in denen Staat und Polizei, das uralte Geschlecht derer von Amtswegen, das, was die Bürger tun, stets besser beurteilen zu können glauben, als die Bürger selbst.

Von 1849 bis Mitte 1850 kam die *Reichs-Bremse* regelmäßig wöchentlich heraus, wenn auch immer wieder vorher verboten, nachträglich konfisziert oder an der Produktion gehindert. Man versuchte, sich dem zu entziehen, indem man, bei identischem Inhalt, einzelne Nummern einfach umtaufte, in *Beiblatt zum Leuchtthurm* oder in *Die Laterne*: (»Wir sehen uns veranlaßt, da die ›Reichsbremse‹ im Lande der Hohenzollern verboten ist, unsern preußischen Lesern als Ersatz die ›Laterne‹ beizugeben«), oder sogar Nummern ohne Titel auslieferte (und damit die Behörden vor Probleme stellte: Wie wäre Titelloses korrekt aktenkundig zu machen?).

Dann schlug der Staat zurück. Eine titelgleiche staatliche Gegengründung in Berlin konnte sich zwar nicht halten (*Nothwendige Erklärung* der *Reichs-Bremse* in ihrer Nummer 28/1850: »Näheren Erkundigungen zufolge, ist besagte Reichsbremse jedoch nicht, wie die unsrige, weiblichen, sondern männlichen Geschlechts, wenn nicht gar ein Zwitter. Wir vermuthen daher, daß es nur ein Bremser ist, den die preußischen Regierung an der schon hinlänglich gehemmten Lokomotive des Fortschritts anbringen will«). Aber die Gefährdung ist unübersehbar. Eine Produktionsvielfalt begann, die das Echo auf Zensur, Verbot und Verfolgung war. Man mußte endgültig umfirmieren, hieß nun, für den Rest des Jahres 1850, *Spitzkugeln* und 1851, der Reihe nach: *Die Wespe, Beiblatt zur Wartburg* und *Die Schildwacht*. Zugleich war es – preußischer Druck auf Sachsen – nötig, aus dem vergleichsweise liberalen Leipzig umzuziehen in das damals noch liberalere Braunschweig: »Nachdem die sächsische Regierung das der Wartburg [der Nachfolgerin des *Leuchtthurm*] bisher beigegebene Gratisblatt: Die Wespe verboten hat, sehen wir uns genöthigt, hier am Ort selbst ein solches Beiblatt zu gründen. Daß die Schildwacht in vielen Stücken anderer Natur sein wird, als die Wespe, kann der Leser bereits aus der heutigen Nummer ersehen. Was die Wespe wollte und was sie theils nicht konnte, theils nicht durfte – das zu untersuchen ist jetzt nicht unsere Sache. Die Schildwacht hat ein anderes Ziel. Sie steht hoch oben auf dem Thurm der Wartburg und lugt herein in's Land mit klarem scharfen Auge und stattet dann einfach Rapport ab von dem, was sie gesehen und erfahren während der Wacht einer ganzen Woche. Sie wird Trauriges und Lustiges bringen, Lob und Tadel, Bitten und Beschwerden – was eben eine Schildwacht im deutschen Vaterlande jetzt bringen darf. Wir dürfen hoffen, daß sie treu auf ihrem Posten aushält«.

Mit dem persönlichen Schicksal des Mannes, der dieses Blatt machte – von ihm wird gleich die Rede sein – hing zusammen, daß dann endgültig Schluß sein mußte. Wie Hohn nimmt es sich aus, daß den Lesern als Nachfolger und Erbe der radikal engagierten *Deutschen Reichs-Bremse* Mitte 1851 *Der illustrirte Dorfbarbier* angedient wurde, ein Blatt harmloser teutonischer Biertisch-Raisonniererei: »Die ätzende Schärfe und rücksichtslose Entschiedenheit der vormaligen Reichsbremse oder der Spitzkugeln werden unsere Leser freilich darin nicht finden, was aber dem alten Burschen, der es immer ehrlich mit der guten Sache gemeint und sich stets treu geblieben ist, an Entschiedenheit des Ausdrucks abgeht, das bietet er dagegen doppelt und dreifach an Gemüth und gesundem Humor, und das ist viel werth in unserer gemüth- und humorarmen Zeit«.

3

Der Produzent dieses Blattes war der Verleger, Buchhändler und Schriftsteller Ernst Keil, 1816-1878. Wenn man ihn kennt, verbindet man seinen Namen zumeist mit einer völlig anders gearteten Zeitschrift, mit einem publizistischen Leitprodukt der zweiten Jahrhunderthälfte, mit der *Gartenlaube*. Die Tatsache, daß dieses berühmte und überaus erfolgreiche »Familienblatt« und die extrem republikanisch-agitatorische *Reichsbremse* aus dem gleichen Hause stammen, ist nicht nur ein Beleg dafür, wie sehr »sich die Zeiten ändern« (die *Gartenlaube* als Nachfolgerin der *Reichs-Bremse*), sondern auch ein Hinweis darauf, daß manches spätere Urteil über die *Gartenlaube* falsch ist: Sie war keineswegs nur das von Zustimmung überhäufte (1881: 378 000 Abonnenten) naive Blatt redlich-simpler deutscher Selbstdarstellung, in ihrer Frühzeit wurde sie des öftern aus politischen Gründen verboten, bis weit in die Gründerjahre hinein versuchte sie immer wieder, wenn auch zweckmäßigerweise sorgsam verhüllt, liberales Gedankengut zu transportieren.

Ernst Keil lebte in Leipzig, der Metropole vormärzlicher Buch- und Zeitschriftenproduktion, einem Zentrum auch der politischen Opposition. Er bewies bereits in früher Jugend seine Neigung zu liberalen (»demagogischen«) Ideen, so zum Jungen Deutschland. Seit 1838 arbeitete er an der Redaktion des einflußreichen Blattes *Unser Planet* mit, das er 1845 in *Der Wandelstern* (lesbar auch als: Der Stern der nötigen Wandlungen) umtaufte und entschieden politisch radikalisierte. 1845 gründete er seinen eigenen Verlag, in dem ab 1846 der *Leuchtthurm* und ab 1849 die *Deutsche Reichs-Bremse* erschienen. 1848 begeistert auf der Seite des revolutionären Bürgertums, geriet er in viele Preßprozesse, nicht zuletzt wegen der *Reichs-Bremse*, die er schließlich ganz aufgeben mußte: Ihretwegen verbrachte er 1852 sechs Monate Haft in Hubertusburg. Und 1853 folgte dann die *Gartenlaube*: das Zeichen einer anderen Zeit.

4

Selbstverständlich sind fast alle Beiträge einer derart politischen, von Zensur und Polizei bedrohten Publikation wie der *Deutschen Reichs-Bremse* anonym oder pseudonym (»G. Ervinus«, »Von einem gewissen Schiller«). Genannt sind nur [Ludwig] Kalisch, Rudolph Menger, Adolf Glaßbrenner und Adalbert Hopf (von den letzteren erscheinen auch Vorabdrucke und Nachdrucke). Alle anderen Mitarbeiter – eine Reihe von Siglen ist feststellbar – sind nicht entschlüsselt. Das wäre das Thema einer eigenen Untersuchung; bemerkenswert ist, daß 1849 die beiden satirischen Figuren Eisele und Beisele (aus den Münchner *Fliegenden Blättern*) auftauchen.

Die Formen des Blattes reflektieren alle Möglichkeiten der zeitgenössischen Satire-Presse, aber vielfach wendiger, professioneller, effektiver. Gedruckt werden kurze und kurzeste Texte, manchmal nur wenige Zeilen lang: auswendiglernen, weitersagen. Typische Rubriken-Titel sind *Faule Sachen, Tirailleurfeuer* oder *Galgencorrespondenz*.

Überaus eindrucksvoll ist die graphische Gestaltung: eine lange Reihe bedeutender und gewichtiger Karikaturen, die darauf hindeuten, wie sehr die historische deutsche Polit-Karikatur noch immer unterschätzt wird. Vor allem, wenn man bedenkt, wie schnell und gefährdet produziert werden mußte, muß man über diese dichte Folge hervorragender Arbeiten staunen. Daß gelegentlich Zeichnungen mit neuer Textierung wiederholt werden, ist zeitüblich. Wichtiger ist die Feststellung, daß 1851 die Umstände auch hier siegten: Gegen Ende des Blattes erscheinen Illustrationen erheblich seltener.

Auf zwei Figuren soll kurz hingewiesen werden, Leitfossilien vieler Empörungen, die darum häufig karikiert werden: Friedrich Wilhelm IV. von Preußen, der als schwammigdicklicher, unentschlossen-martialischer Macht-Popanz gezeichnet wird, und Franz Joseph I. von Oesterreich, der meist als pubertierender Kretin mit schnabelartig verlängerter Habsburgerlippe zu sehen ist.

5

Der zeitgeschichtliche Hintergrund der *Deutschen Reichs-Bremse* reicht, um nur wenige Stichworte zu nennen, von der letzten Phase des Frankfurter Paulskirchen-Parlament bis zu den Dresdener Konferenzen zur Reform des Bundestages, vom Sieg der kleindeutschen Richtung in Frankfurt, von der Ablehnung der Kaiserkrone durch Friedrich Wilhelm IV. und der Auflösung der Nationalversammlung bis zum Erfurter Unionsparlament und dem Vertrag von Ölmütz, der den Deutschen Bund unter Österreichs Führung wiederherstellte: dazwischen der Krieg mit Dänemark um Schleswig-Holstein, das Stuttgarter Rumpfparlament, die Volkserhebungen am Rhein, in Berlin und Dresden, in der Pfalz und in Baden, der Rücktritt des Reichsverwesers Erzherzog Johann, die vordringende Reaktion in Berlin und Wien, der Kampf um »oktroyierte« und andere Verfassungen, das Eingreifen Rußlands.

Auf alle diese Ereignisse reagiert die *Reichs-Bremse*, unter ihrem rasch bekanntgewordenen Kopftitel-Symbol, einer überdimensionalen »Bremse«, die sich wütend auf die entsetzt fliehenden Vertreter der verschiedenen Reaktionen und Konservativismen stürzt, auf Militärs, Geistliche, Mediziner, Herrscher, Hofräte und Beamte (sie wurde später das Vorbild für Wilhelm Buschs berühmte republikanische Maikäfer im Fünften Streich von *Max und Moritz*).

Die Figuren, die in diesem kleinen Welttheater auftreten, sind Friedrich Wilhelm IV., Franz Joseph I., Nikolaus I. Pawlowitsch von Rußland, Felix Ludwig Johann zu Schwarzenberg, Alfred zu Windischgrätz, Heinrich Wilhelm August von Gagern, Hans Daniel Ludwig Friedrich Hassenpflug, Otto Theodor von Manteuffel und Friedrich Heinrich Ernst von Wrangel.

1849. Die Revolutionen, Aufstände und Unmutsäußerungen des Jahres 1848 sind vorüber, niedergeschossen, zerredet, wegverwaltet. Auf dem deutschen Spielplan steht jetzt ein anderes politisches Stück: »1849, eine wild-romantische Komödie von Fr. Willm [Friedrich Wilhelm IV.] und Fr. Sepperl [Franz Joseph I.]«, die dargestellt sind, wie sie sich »vor den Coulissen« bekämpfen und »hinter den Coulissen« umarmen. Die »Revolution von 1848« zeigt das »tiefbetrübende Hinscheiden meiner geliebten Tochter: Volkssouverainetät an. Dasselbe ist nach mehrmonatlichen Leiden in der Paulskirche zu Frankfurt im Kreise vieler Geisteskranken erfolgt. Bei diesem Trauerfalle tröstet mich nur die Hoffnung auf ein Auferstehen und Wiedersehen«.

Vorbei sind die Zeiten des demokratischen Aufbruchs. Wie Zitate von 1848 wirken, nur ein Jahr später, Überlegungen, daß »die Demokratie der leitende Artikel in der Zeitung der Gegenwart sei, daß die große, erhabene Idee der Demokratie die Wolke sei, die uns voranzieht, und der wir folgen müssen, um zu erreichen das gelobte Land des Friedens und der – Freiheit«.

Dies ist die Lage: »Preußen steht immer noch an der Spitze der Bewegung, der Bewegung – nach rückwärts. Das Preußische Heer, dieser wahre Repräsentant des Preußischen Volkes, soll nicht auf die Verfassung vereidigt werden, denn so wollen es die Preußischen Volksvertraitre und – gegen Demokraten helfen nur Soldaten. Preußen ist, wie es war, ein militairischer Staat. Der Sonntag soll wieder in alter pietistischer Herrlichkeit gefeiert werden, denn Preußen ist ein christlicher Staat. Preußen will die Deutsche Einheit – in die Hand nehmen, denn Preußen ist ein christlich germanischer Staat. Der österreichische Kaiser von 18 Jahren aber sagt: die deutsche Einheit, c'est moi. Baiern liebäugelt mit den deutschen Grundrechten; sein purpurner Mantelträger hält eine Thronrede und verspricht viel, aber man weiß, was man von solchen Versprechungen zu halten hat. Würtemberg wird sich einem Hohenzoller nicht unterwerfen, niemals, niemals ... Wahrhaftig, wir könnten weinen, wenn wir nicht – lachen müßten!«

Darum erläßt »Michel von Spottes Gnaden, König von Thoren« eine bittere »Proklamation an das katzenjämmerliche Deutschland: Ihr habt gegessen, getrunken, gesprochen, getoastet, geturnt, und gesungen: Ihr habt rebellirt, protestirt, petitionirt, demonstrirt, reparirt und katzenmusicirt, und von alledem ist Euch nichts geblieben als – ein einziger ungeheurer Katzenjammer. Aber größerer Jammer steht Euch noch bevor ... Ihr seid schuldig. Das Lied ist noch nicht zu Ende, aber das Ende vom Lied ist: Ihr müßt bezahlen«.

»Ihr müßt bezahlen«: Eine deprimierende »Kostenrechnung der Revolution« wird aufgemacht, die bedeutende Positionen zutage fördert:

»Drei und dreißig Portionen fürstlicher Einheit à 1 1/2 Millionen	49 500 000 Thaler
Desgl. eine Portion Centraleinheit	40 000 000 Thaler
Eine Flotte als Tafelaufsatz	6 000 000 Thaler
Ein neuer Unterbau der Throne von Kanonen und Bayonetten nebst einem herrlichen Kriegsheere zur Auspolsterung derselben	100 000 000 Thaler
Eine Kaiseridee nebst Honorar an die Edelsten des Volkes	1 500 000 Thaler
Für verschiedene Putsche, die verunglückt sind	1 500 000 Thaler
Für zehn Dutzend belagerte Städte à 100 000 Thaler	12 000 000 Thaler
Für aufgelöste Kammern, 33 Stück à 100 000 Thaler	3 300 000 Thaler
Für Kriegs- und Standgerichte nebst Zubehör	1 700 000 Thaler
Kleine Ausgaben, Portefeuilles, Orden, Bändchen etc.	30 000 000 Thaler
Geheime Ausgaben	20 000 000 Thaler
Trinkgeld für durstige Landesväter	1 000 000 Thaler«.

Alles in allem: die historisch falsche und politisch richtige Summe von »228 000 000 Thalern«.

Wie schon die bisher zitierten Texte, so bezeugen auch viele andere Beiträge durch die Härte, Aggressivität und Brillanz ihrer Formulierungen, wie groß die Desillusionierung der Jahre 1849 und 1850, wie herb die Enttäuschung der betrogenen Demokraten war.

So heißt es in einem *Räthsel* über die 1848 von Bismarck gegründete, extrem konservativ-reaktionäre *Neue Preussische Zeitung* (die wegen ihres Kopftitel-Emblems auch als »Kreuzzeitung« bekannt ist): »Aufgabe: Oben Pfaffe, unten Schwein. Lösung: 's wird die ›Neue Preuß'sche‹ sein«. Und sarkastisch wird protokolliert, was »Michel auf der Schulbank« auf die Examensfragen zu antworten hat (der Dialog verdient, hier vollständig wiedergegeben zu werden):

»Lehrer: Was ist Deutschland?
Michel: Das größte und reichste Land der Welt.
L: Warum?
M: Es faßt in sich: 4 Königreiche und noch 28 andere Reiche.
L: Was bilden unsere Könige?
M: Einen deutschen Bund.
L: Warum sagt man deutscher Bund?
M: Weil alle Deutschen dadurch gebunden werden.
L: Warum sagt man ›Einiges Deutschland‹?
M: Weil Hr. Gagern sagt, wir brauchen nicht alles, sondern blos einiges Deutschland.
L: Warum sitzen Deine Abgeordneten in einer Kirche?
M: Damit sie desto eher zum Kreuze kriechen können.
L: Warum hast Du in Deinem Wappen einen Adler und Gold und Roth?
M: Weil meistens das Vieh bei Gold und Purpur angetroffen wird.
L: Was ist das Sinnbild der Deutschen?
M: Die Eiche.
L: Warum?
M: Weil sie so unzählige Blätter hat, die nur für den Mist gut sind.
L: Warum noch?
M: Weil Ihre Früchte immer von den Schweinen gefressen werden.
L: Warum noch?
M: Weil sie dazu dient, die Häute zu gerben.
L: Warum noch?
M: Weil sie eine große Krone hat.
L: Und warum noch?
M: Weil sie am besten die stärksten Schläge aushalten kann, ohne ruinirt zu werden.
L: Gut – Du kannst nach Hause gehen.
M: Ich danke für die Freiheit (Geht.)
L: (ruft ihm nach). Gehe hübsch langsam, mein Jüngelchen, damit Du nicht über eine Kanone stolperst«.

An anderer Stelle tritt »Der deutsche Verein« auf und appelliert an »das sächsische Volk« mit einer Parodie auf die Programme der »demokratischen« Vereine:

«Wir verlangen und fordern:
Vollständige Preßfreiheit – für alle Servietten und Tischtücher!
Freiheit der Rede – für alle Taubstummenanstalten.
Volksvertretung – durch Kavalleriepferde auf breitester Basis.
Eine Kammer – für alle Radikalen im Stockhaus.
Geschworene – Feinde des Fortschritts.
Befreiung des Grund und Bodens – von allen Republikanern.
Freies Jagdrecht – auf fette Stellen und hohe Orden.
Gewerbefreiheit – für Gensd'armen, Constabler, Polizisten, Denunzianten und Vigilanten.
Freies Wahlrecht – aus allen Speisezetteln«.

Und schließlich wird sogar die »Versteigerung des deutschen Rciches nebst vielen dazu gehörigen Staatsutensilien« verkündet. Im »Verzeichniß der nachgelassenen Gegenstände und Effekten« spiegelt sich die ganze Misere der aktuellen Scherbenhaufen-Situation:

»Zweitausend Ballen Professorenweisheit und Zopfgelehrsamkeit.
Funfzehnhundert Ballen abgedroschener Phrasen und unverdaulicher Redensarten.
Die Grundrechte des deutschen Volkes (defekt und zerrissen, aber noch brauchbar zu Zuckertüten).
Die Papiere des Reichsministeriums, Speisezettel, Weinkarten, unbezahlte Rechnungen etc. (Diese werden sämmtlich als Makulatur versteigert.)
Eine Anzahl verschossener schwarz-roth-goldner Fahnen.
Der Embryo eines deutschen Kaisers, in Spiritus gesetzt.
Ein Dutzend leerer Champagnerflaschen, getrunken auf das Wohl des hungernden Volkes.
Mehrere hundert bequem zum Schlafen eingerichtete Abgeordneten-Bänke.
Ein Album, enthaltend Steckbriefe gegen deutsche Volksvertreter.
Eine Anzahl schwerer Ketten, mit denen die deutsche Einheit hergestellt werden sollte.
Die Reichskleinodien, bestehend aus einer Krone von Goldpapier, einem zerbrochenen Scepter und einem faulen Reichsapfel.
Der Reichsschatz, gefüllt mit Schulden. Derselbe wird dem Mindestfordernden zugeschlagen.
Das gesamte deutsche Reich, welches noch nicht in Preußen aufgegangen ist. – Man bittet, sich mit Mikroskopen zu versehen.
Eine Staatsuhr, die fortwährend zurückgeht, und nie die Stunde zeigt, die es geschlagen hat.
Ein kleiner Rest deutscher Freiheit, der nach Belieben der Käufer verschnitten werden kann«.

Markige Worte formulierschwacher Politiker, wie sie auch diese Zeit in erlesener Fülle produzierte, werden kommentiert und ironisch aufgespießt. Eines dieser Worte wurde schon zitiert, es ist bis heute bekannt: Friedrich Wilhelms IV. Ausspruch »Gegen Demokraten helfen nur Soldaten«. Dazu die *Reichs-Bremse* in einem virtuosen Gedicht:

»Ach die Demokraten
In den deutschen Staaten
Sind gar schlecht berathen!
Gegen Demokraten
Helfen nur Soldaten? –
Nein, auch Bureaukraten
Sammt den Magistraten,
Alte Diplomaten
Edle Aristokraten,
Teufels-Advokaten,
Ritter-Candidaten,
Fremde Potentaten,
Pfaffen und Prälaten
Worte gleichwie Thaten,

Notfalls auch Dukaten;
Gegen Demokraten
Helfen selbst Kroaten,
Bomben und Granaten.
Ach die Demokraten,
Die der Ruhe Saaten
Keck mit Füßen traten
Sind gar schlecht berathen!«

Ein anderes Zitat aus gleichem Munde, auf das ebenfalls schon angespielt wurde, besagt, von nun, 1848, an ginge »Preußen in Deutschland auf«. Aber wie, überlegt die *Reichs-Bremse*:
»Geht Preußen in Deutschland auf, wie die Sonne, oder wie ein Pfannkuchen, oder wie ein Geschwür, oder wie ein Senfkorn, oder wie ein Rechenexempel oder – Wollen erst sehen, ob es überhaupt aufgeht. Könnte ja auch ein-, aus-, ab-, unter-, davon- oder flöten gehen«.

6

Ein beliebtes Satire-Modell der *Deutschen Reichs-Bremse* ist der Vorher-Nachher-Vergleich, die Gegenüberstellung von »Damals« (1848) und »Heute«. So bei zwei illustrierten Dialogen, »Ironie der Zeit« überschrieben (das »N« des einen Partners steht für eine damals populäre Figur, den Berliner »Eckensteher Nante«):

»Im Jahre 1848.
N: Guten Tag ooch, Herr Hofrath Gumpel!
H: Ihr Diener! Bester Freund, ein Wort im Vertrauen – nennen Sie mich einfach Herrn Gumpel und lassen Sie den Hofrath weg.

Im Jahre 1849.
N: Guten Tag ooch, Herr Gumpel.
H: Guten Tag! Lieber Mann, ein Wort im Vertrauen – nenne Er mich einfach Herr Hofrath und lasse Er den Gumpel weg!«

Oder bei dieser Bilanz über den »Unterschied zwischen 1848 und 1850«, die viel mehr als nur wortspielerisch ist:

»Am 18. März vor zwei Jahren, in Berlin,
da war vor dem Schloß ein Leichenhof,
am 18. März dieses Jahres, ebenfalls in Berlin,
da war vor dem Leichenhof ein Schloß.
Im März vor zwei Jahren
herrschte das Volk über seine Könige nach dem Recht-Stande,
im März heurigen Jahres
herrschen die Könige über das Volk nach dem Stand-Rechte.
Eben jetzt vor zwei Jahren
kamen durch Verfassungen die alten Mißbräuche zur Abschaffung,
ebenfalls jetzt, also nach zwei Jahren,
kommen durch die alten Mißbräuche die Verfassungen zur Abschaffung.

Im März 1848
kannte der deutsche Jubel keine Grenzen,
im März 1850
kennen die deutschen Grenzen keinen Jubel!«

Dic auch von anderen satirischen Blättern oft verwendete Technik, vorgegebene Publikationsformen aus der Presse- und Buchproduktion persiflierend umzufunktionieren, wird in der *Deutschen Reichs-Bremse* besonders virtuos eingesetzt. Auszüge aus einem *Bericht vom August 1849* über die *Europäische Börse*:

»Deutsche Einheit – gefallen.
Kaiserkrone – angeboten.
Reaction – unverändert.
Provisorische Centralgewalt – kein Geschäft.
Belagerungszustände – haben sich etwas gehoben.
Demokraten – gesucht.
Demokratische Beamte – viel abgesetzt.
Deutsche Treue – macht sich knapp.
Deutsche Republik – nur auf Zeit gekauft.
Denucianten – der Bedarf kann nicht befriedigt werden.
Wahlstimmzettel – Abgeber fehlen.
Berliner Spione – für geringe Preise zu kaufen.
Standrecht – Preis haltend.
Demokratenblut – gut zu lassen.
Ketten für Volksmänner – schließen sehr fest.
Hängen und Erschießen – keine Frage!
Grundrechte – gedrückt.
Censur – zeigt sich viel Verlangen.
Jesuitismus – sehr gefragt«.
Aber auch dies:
»Deutsche Reichsbremse – sehr gefragt, nicht zu haben«.

Ein »Politisches Kochbüchlein«, herausgegeben von »Tante Voß, konstitutionelle Köchin« (dem Symbol der konservativen Berliner *Vossischen Zeitung*) liefert »Rezepte zur Bereitung aller für deutsche Unterthanenmägen zuträglichen Speisen«, so etwa bei dieser »Krebssuppe«: »Man nehme einen preußischen Lieutnant, einen Berliner Geheimrath und einen pommerschen Krautjunker, werfe sie alle drei in einen Topf und zeige ihnen [das Symbol der Demokraten] einen Heckerhut. Das wird dieselbe Wirkung thun, als wenn sie mit kochendem Wasser übergossen würden; in fünf Minuten sind die krebsroth; darauf richte man sie zu wie man will, sie werden stets ungenießbar bleiben«.

Wissenschaftliche Veröffentlichungen parodieren Beiträge wie der Artikel *Ein neu entdecktes Thiergeschlecht*, in dem – mit gnädiger Erlaubnis des Herrn von Linné – die Familie der »Reactionarii« vorgestellt wird, »Reactionarius antediluvianus nobilis Bismarcicus, Reactionarius epoletticus militaris oder Reactionarius vulgaris, der gemeine Reactionarius: Er kommt häufig in Deutschland vor, lebt in dunkeln, sumpfigen Gegenden und scheut das Sonnenlicht. Er steht in der Mitte zwischen Schwein, Hund, Kameel und Seehund. Er hat schwarz-weißes Blut und haßt alle Thiere, die rothes Blut haben. Er hat eine feine Nase, ein großes Maul, Schuppen auf den Augen, sehr bissige Zähne mit einer starken

Krone. Vom Herzen ist nur ein Rudiment vorhanden. Das Gehirn ist klein und durch zwei Kammern ausgezeichnet«.

Aber auch »Fibelverse«, jene pädagogischen Schlichtheiten aus den Buchstabier- und Lesebüchern der Grundschulen, werden umgebaut:

»Camel trägt Lasten, gar nicht wenig.
Ein jedes Volk hat seinen König.

Der Igel saugt uns aus das Blut.
Die Kirche hat viel Geld und Gut«.

Es geht nun schon nicht mehr um die berühmte, im Jahre 1848 oft gestellte Frage: »Was ist mehr: 38 [Fürsten] oder 40 000 000 [Deutsche]«, eine Frage, die schon damals politisch anders als mathematisch beantwortet werden mußte. Was, aller bitteren Erfahrung nach, bleiben würde, war die Teilung der Deutschen in Herrschende und (vorübergehend unbeherrschte) Beherrschte.

Für die Mächtigen veröffentlicht die *Reichs-Bremse* das *Gesetz über Verantwortlichkeit der Minister*:

»§ 1. Kein Minister darf die Verfassung verletzen.
§ 2. Thut er's dennoch, so kann ihn die Kammer in Anklagestand versetzen.
§ 3. Zur Erhebung einer solchen Anklage gehören die Unterschriften von mindestens 24/25 der Versammlung.
§ 4. Die Minister bestimmen den Tag, an welchem über die Anklage verhandelt werden soll.
§ 5. Wenn die Kammern aufgelöst werden, so zerfällt die Anklage.
§ 6. Mißliebige Kammern können von der Regierung jederzeit aufgelöst werden.
§ 7. Kammern, die Anklagen gegen die Minister erheben, sind mißliebig«.

Und sie bildet eine Szene aus einer Rede des preußischen Ministers von Manteuffel ab, »der aus Nischt 18 Millionen macht«, daß seinen Zuhörern, ehrenwert-einfältigen Abgeordneten, die Haare zu Berge stehen: »Meine Herren, Anarchie in Breslau – Anarchie in Magdeburg – schleichende Verschwörung im ganzen Lande – das Eigenthum gefährdet – alle Stützen der Ordnung bedroht – meine Herren, es giebt nur eine Rettung, votiren Sie die 18 Millionen und Sie und das Vaterland sind für immer gerettet!« Merke: »Unsere Fürsten hassen Alles, was vom Volke ausgeht und lieben nur das, was vom Volke eingeht«.

Aber auch die Bemächtigten bleiben, wie sie waren. Klassisches Beispiel: der Kammerdiener in der Szene *Der Deutsche als Bedienter oder der Bediente als Deutscher*, 1850, der beweist, wie sehr 1848 vorübergegangen ist. »Da Du nun alleweil anjetzo durch meine Rekommendation in unser Hochgräfl. Haus gekommen bist, Christoph, so hast Du Dir vor Allen zu erinnern, daß Du von diesem Augenblick an nicht mehr Christoph heißen thust, sondern Jean. Sofern hast Du auch allen Umgang mit Subjekten und gemeinen Leuten zu manquiren und stets eingedenk zu sein, daß Du nunmehro Hochgräfl. Hundejunge bist. Schließlich habe ich Dir, Jean, noch mitzutheilen, daß ich aus Rücksicht auf unsere Verwandtschaft mich entschlossen habe, Dir zu erlauben, meine Stiefel und Schuhe zu putzen«.

Mögliche, wenngleich vage Hoffnung sind die »Patrioten« seligen vormärzlichen Andenkens. Die *Reichs-Bremse* zitiert aus dem fiktiven »Tagebuch eines X. X. Patrioten«

und spielt dabei satirisch mit dem Zeilenfall (eine alte Pressemethode, um die Zensur zu verwirren):

»10. Febr. Die Könige halten kein Wort
so hoch, als das eines treuen, bewährten Ministers.
12. Febr. Wer nicht zu würdigen versteht die Verdienste des Grafen
Brandenburg ist ein Schwachkopf
15. Febr. Die neueste Schrift des gelehrten Dahlmann über
unsere Regierung ist keinen Schuß Pulver werth«.

Und auch dieser alte Spaß wird veröffentlicht, der viele Jahrzehnte später, im 20. Jahrhundert, den dann noch immer regierenden Franz Joseph I., den Gott-erhalte-Franz-den-Kaiser-Kaiser, treffen sollte:

»Patriotischer Trinkspruch.
A: Gott erhalte alle Fürsten!
B: Ja, und stelle uns recht bald eine Quittung aus, daß er sie alle erhalten hat«.

Wie weitvorausschauende Prophetie klingt, was 1849 in einer der ersten Nummern der *Deutschen Reichs-Bremse* steht und erst 1871 geschichtliche Realität wurde: »Die Frage: ›Was ist des Deutschen Vaterland?‹ ist glücklich gelöst: die Oesterreicher werden zum Tempel hinausgejagt, die übrigen deutschen Vaterländer aber in ein Bündel zusammengewickelt und dem juten König von Preußen übergeben. Dieser schnürt sie recht fest zusammen, daß sie sich nicht rühren können, nimmt sie auf allerhöchst seinen Buckel und wird so der Träger der Idee eines großen einigen Deutschlands«.

7

Das Deutsche Reich: »Deutschland, ein fruchtbarer, alle Klimate der gemäßigten Zone in sich einschließender Länderstrich im Herzen Europas, grenzt im Osten an Westpreußen, Posen, das russ. Polen, den poln. Freistaat Krakau, Galizien und Ungarn, im Süden an das Adriatische Meer und Oberitalien (Lombardei), im Westen an die Schweiz, Frankreich, Belgien, Holland und im Norden an die Nordsee, Schleswig und die Ostsee. Zu Nord- oder Niederdeutschland gehören Preußen, Holstein, Hannover, Braunschweig, Oldenburg, die lippeschen Fürstenthümer und die drei freien Städte Hamburg, Lübeck und Bremen. Mitteldeutschland umfaßt Luxemburg, Hessen, Sachsen, Nassau, Anhalt, Schwarzburg, Reuß, Waldeck und die freie Reichsstadt Frankfurt am Main. Süd- oder Oberdeutschland begreift die Länder zwischen den Alpen und dem mitteldeutschen Gebirge, Östreich, Baiern, Würtemberg, Baden, Hohenzollern und Liechtenstein« [*Allgemeine deutsche Real-Encyklopädie für die gebildeten Stände. Conversations-Lexikon.* Neunte Originalauflage. Band 4, S. 188. Leipzig: F. A. Brockhaus 1844].

Die Bremse: »Bremse (Oestrus). Die Bremsen bilden eine besondere Familie unter den zweiflügligen Insekten (Diptera), gleichen kleinen Hummeln und sind besonders am Hinterleibe stark behart. Im Larvenzustande sind sie sehr unangenehme, häufig wohl auch gefährliche Parasiten« [op. cit., Band 2, S. 646. 1843].

Die Verbindung aus beiden: *Deutsche Reichs-Bremse*, Zeugnis der eminenten liberalen und demokratischen Energie des fortschrittlichen Bürgertums, seiner Handlungsfähigkeit und eloquenten Selbstironie ebenso wie seiner Handlungsunfähigkeit und lähmenden

Resignation, Beleg der Selbstüberschätzung dieses Bürgertums wie Beweis für die Unterschätzung und Überschätzung dieser Selbstüberschätzung durch die Historiographie des späteren Bürgertums.

Viele Texte, die diese Zeitschrift veröffentlichte, würden, mutatis mutandis, heute publiziert, Beleidigungsprozesse en masse und Hagelschauer von Einstweiligen Verfügungen provozieren. So bleibt der juristisch einwandfreie Blick zurück: Die Täter sind tot, die Kritiker und Satiriker der Taten sind tot, die Satire ist lebendig.

Im 19. Jahrhundert kam es, übrigens, vor, daß Satiriker wegen ihrer Verdienste um die Nation geadelt wurden. Aber das war in England. Nicht in Deutschland.

12

»Humor ist Demagog«
Die »Frankfurter Latern«

1

Ob man Frankfurt am Main als »hervorragende Stätte des Reiches« betrachtet (Umschrift des Großen Siegels der Reichsstadt: »Frankenvort/specalis/domus/imperii«) oder ob man feststellt, daß es »voll Merkwürdigkeiten« stecke – so der »größte Sohn« Johann Wolfgang von Goethe, der 1817 das Frankfurter Bürgerrecht aufgab: In jedem Falle ist es eine »Unruhstadt am Main«. Womit wir beim Thema wären, bei Friedrich Stoltze, der dieses Wort prägte und selbst einer dieser »Unruhigen« war.

Er wurde am 21. November 1816 in Frankfurt geboren, verbrachte fast sein ganzes Leben in der Stadt und ihrer Umgebung und starb hier am 28. März 1891: ein »Frankfurter« Leben, in mehrfacher Hinsicht. Gut bürgerlich-frankfurterisch die Erziehung des Gastwirtssohns, »wobei sein Vater sogar weit über seinen Stand hinausging« (so ein Biograph), vor allem durch seinen Privatlehrer, den Goethe-Neffen Friedrich Karl Ludwig Textor und durch seine Mentorin Marianne von Willemer, aber auch die Vorstellung des Vaters, aus dem Sohn einen Kaufmann zu machen, wogegen sich allerdings die frühzeitig erkennbare literarische Begabung des jungen Friedrich sperrte. Und Frankfurt, seit 1815 der Sitz des Deutschen Bundes, damit ein Kristallisationspunkt der Politik, war das Umfeld, in dem Stoltze mehr und mehr zum politischen Kopf heranwuchs. Um 1830 die geheimen Treffen fortschrittlicher Demokraten (offizieller Jargon: »Demagogen«) im väterlichen Gasthaus, dem »Rebstock«, konspirative Kontakte mit politischen Flüchtlingen aus Polen, 1830 die Revolution, 1832 das Hambacher Demokratenfest, das den 17jährigen tief beeindruckt, 1833 der »Frankfurter Wachensturm«, 1835 das Verbot des Jungen Deutschland in Frankfurt, 1848 die Paulskirche, Illusion, Energie und Scheitern einer bürgerlichen Revolution. Im gleichen Jahre wurde er Frankfurter Bürger, schrieb als »freier Schriftsteller« zahllose lustige Gelegenheitsarbeiten für Frankfurter Feiern und Festivitäten, wurde vor allem durch seine *Krebbelzeitungen* immer populärer in der Stadt – und saß zugleich für viele Jahre in ihr fest (ringsum liefen Auslieferungsverfahren gegen den »roten Demagogen«). Seit 1851 konnte er seinen späteren Lieblingsgegner, den preußischen Gesandten Otto von Bismarck, in Frankfurt beobachten, bis 1866 (als Frankfurt, auch ein Verlierer von Königgrätz, aufhörte, eine Stadt von politischer Bedeutung zu sein) erlebte er weitere entscheidende Stationen deutscher Geschichte vor Ort mit, und später trug die *Frankfurter Latern*, stets deutsch *und* frankfurterisch, seine Satiren und Glossen in alle deutsche Staaten: ein »Frankfurter« Leben. Dies auch darin, daß er, intensiv wie kein anderer, die heimischen Mundarten studierte, protokollierte und beherrschte. Und nicht weniger dadurch, daß er selbst eine echte Figur Frankfurter Volkslebens wurde, verehrt von großen Teilen der Bevölkerung bis lange nach seinem Tode.

Bliebe nachzutragen, daß er 1849 Anna Maria (»Mary«) Messenzehl heiratete, mit der er elf Kinder hatte. Und bliebe anzufügen, daß auch die wenigen größeren Reisen, die er unternahm, zumeist »berufsbedingt« waren: 1840 nach Frankreich, wo er Jean Pierre de Béranger und das Grab Ludwig Börnes besuchte (beides Vorbilder des Politsatirikers

Stoltze), 1843/44 nach Thüringen, wo er demokratisch-gleichgesinnte Schriftsteller wie Ludwig Storch und Ludwig Bechstein traf, 1866 nach Stuttgart und in die Schweiz, als Flüchtling vor den Preußen.

2

Die *Frankfurter Latern*, Friedrich Stoltzes publizistisches Hauptwerk erschien ab 1860, »e vatterlännisch un aach vatterstädtisch Unnernemme« (Anzeigentext), gemeinsam redigiert und herausgegeben von ihm und dem Zeichner Ernst Schalck. Da die Nullnummer vom August überraschenden Erfolg hatte, konnte noch im gleichen Jahr mit der Produktion begonnen werden: Ab November 1860 kam die Zeitschrift als *Illustrirtes-satyrisches, humoristisch-lyrisches, kritisch-raisonnirendes, ästhetisch-annoncirendes Wochenblatt* regelmäßig heraus, in dem charakteristisch-eigenwilligen Rhythmus *wo die Woch' zehn Tage hat.* Sie verbreitete sich sehr rasch und erreichte Auflagen bis 7000.

1865 starb der Kompagnon Ernst Schalck, Verhandlungen mit seinen Erben über Weiterführung waren erfolglos, sodaß Stoltze fortan das Blatt allein als *Friedrich Stoltze's Frankfurter Latern* herausgab. 1866 dann das vorläufige Ende: am 16. Juli Einmarsch der preußischen Armee in Frankfurt, Verbot der *Latern*, Stoltzes Flucht und Rückkehr im Oktober. Bis 1871 folgt ein knappes Dutzend Versuche, seine Zeitschrift wieder aufleben zu lassen (*Frankfurter Leuchte, Neue Frankfurter Latern, Deutsche Latern*), aber erst im Februar 1872 war es wieder möglich, kontinuierlich fortzufahren: Von da an erschien die *Latern* wöchentlich bis zu Stoltzes Tod, 1891, und dann noch zwei Jahre bis zu ihrem endgültigen Eingehen im März 1893 – insgesamt 1390 Nummern in 33 Jahren.

Diese Geschichte zerfällt deutlich in zwei Abschnitte: in die – im weiteren Sinne – »nachmärzliche« Zeitschrift von 1860 bis 1866 und in das Blatt nach der Errichtung des Deutschen Reiches, 1871. Und dennoch: Was die *Latern* zu einer Einheit, einem »Lebenswerk« macht, ist die durchgängige Form der Präsentation, jenseits der politischen Voraussetzungen und Konsequenzen: Bis an ihr Ende erschien sie im Stil der literarischen Satire-Zeitschriften aus dem Vormärz, die Einzelnummer umfaßte, wie lange vor 1848 üblich, jeweils vier Seiten, die meisten Beiträge sind ungezeichnet oder nur chiffriert, als Bildwiedergabe-Technik wird ausschließlich die Xylographie verwendet, einziger, seltener, Luxus ist die gelegentliche farbige Auszeichnung der Titelseite zu besonderen Anlässen. Was das Blatt »zeitgenössisch« im Sinne der zweiten Hälfte des 19. Jahrhunderts macht, sind die Reklamebeilagen: Schon frühzeitig wurde versucht, die Existenz des Blattes durch Annoncen zu sichern. In den späten Jahrgängen nehmen diese Beilagen ebensoviel und mehr Raum ein als das Hauptblatt: Auch wirtschaftlich war die *Latern* durchaus ein Erfolg.

Über die politische Stellung seiner Zeitschrift als eines süddeutsch-demokratischen Pendants zum Berliner *Kladderadatsch* hat Stoltze seine Leser (und die Polizei) niemals im Zweifel gelassen. Schon im ersten Programm der Nullnummer heißt es ebenso republikanisch wie patriotisch:

»Und wer verhöhnt das Vaterland
Und hofft auf fremde Sterne,
Geräth erst in den Grafenstand,
Und dann – an die Laterne.
Doch wem's im Herzen wiederhallt,

Mein Deutschland, wenn dein Name schallt,
Wer sich als Patriot bewährt,
Der wird mit der Latern verklärt«.

Realisiert wurde dieses Credo in einer Fülle von hervorragenden Texten und Bildern von ungewöhnlicher Bissigkeit und herausfordernder Schärfe. Viele Karikaturen von Ernst Schalck und manches Gedicht von Stoltze haben bis heute ihre Gültigkeit bewahrt.

Denn man tut der *Latern* Unrecht, wenn man sie als »Witzblatt« bezeichnet. Sie war eine (zum großen Teil) glänzende Satire-Zeitschrift, deutschen und (mit Einschränkungen) internationalen Vergleichen hält sie durchaus stand. Sie war das lebenslange Sprachrohr des engagierten patriotischen Republikaners Stoltze, trotz wichtiger Mitarbeiter wie Otto Hörth, Franz Schreiber und Max Hirschfeld stets sein individuelles Blatt, »ein Teil seiner selbst« (so Stoltze-Enkel Eduard Stoltze-Schreiber), oder, wie er selbst lange Jahre im Impressum seines Blattes formulierte: »Friedrich Stoltze, verantwortlicher Redacteur, Herausgeber, Verleger, Eigenthümer und Inhaber; sämmtlich in Frankfurt am Main wohnhaft«.

Während der polizeilich bedingten Zwangspause der *Frankfurter Latern* versuchte Stoltze, eine andere politsatirische Zeitschrift zu gründen: 1867 erschien *Der wahre Jacob* mit dem bezeichnenden Untertitel *Ein gemüthliches Mainlinienblatt ohne Wasserzeichen, zum Gradausschreiben; auf beiden Seiten zu gebrauchen.* Auch er stand unter den Zwängen von Unterdrückung und Verbot. Immerhin kamen noch 1867 zwanzig Nummern heraus, elf weitere erschienen sehr sporadisch – »nothgedrungen zwanglos, sooft es nur irgend erlaubt ist« – bis 1871. Dazwischen liegen wiederum zwei Ersatznummern, die *Frankfurter Pechfackel,* »die man in die Hand nehmen kann, ohne sich zu besudeln, aber nicht angreifen«, veröffentlicht anläßlich des Frankfurter Dombrandes am 15. August 1867.

Ausser irreführenden Datierungen – Nr.12: »39. März 1867« – fällt die gefährdete Flüchtigkeit auf, mit der hier produziert wurde: Das in der ersten Nummer angekündigte »Titelbild« (die Kopftitelzeichnung) erschien nie, Illustrationen sind seltener als in der *Frankfurter Latern,* manche Ausgaben enthalten nur Text, oft werden bereits früher in der *Latern* erschienene Bilder (meist Arbeiten Schalcks) wiederholt.

Dennoch ist Stoltze auch hier der scharfe, spitz formulierende Satiriker:

»Das Regieren lernt sich schnell
Und wir würden's gut besorgen,
Denn wir waren or'ginell-
Exemplarisch im Gehorchen«.

Das dritte von Friedrich Stoltze herausgegebene Blatt ist keine eigentliche Zeitschrift: Zwischen 1852 und 1879 erschienen, ein- bis zweimal jährlich, meist zur Fastnacht, aber auch zum Nikolaus-Tag, zu Weihnachten und als Reaktion auf politische Ereignisse, 41 Ausgaben eines fast nur im Dialekt verfaßten »Periodikums«, das so häufig den Titel wechselte, daß man es am besten unter dem Sammeltitel *Krebbelzeitungen* zusammenfaßt. Am Beginn steht die *Frankfurter Krebbel- und Warme-Brödercher-Zeitung,* die aber auch *Frankfurter Schützen-Krebbel-Zeitung, Frankfurter Nikolose-Zeitung, Frankfurter Wonne-Mond-Kälber-Zeitung, Frankfurter Allgemeine Kometen- und Weltuntergangs-Zeitung* oder *Frankfurter Reichstagswahl-Krebbel-Zeitung* heißt. »Unverantwortlich verfaßt und herausgegeben von Friedrich Stoltze«, spielt das Blatt mit allen Formen des Mediums Presse, von der Zählung der einzelnen Nummern (»No. Ganz Klaa Bissi, No. Null und

Nichtig. No. 32 Grad im Schadde, No. 40.000.000 Deitsche«) über die Datierung (»61. Februar 1582« statt »16. Februar 1852«, »Im blauen und schwarzen Apfelweinmonat«, »Im zweiten Preßgesetzmonat«) bis zum Untertitel (*Orkan der Narrheitregieruns, Eine Pfingstgabe für das Mittelmäßige Deutschland, Eine Pfingstrose für Eingebildete Stände, Blätter für Butzemannie und Wuwatzismus, Intelligenzblatt für Schädelleere und paralisirte Gesundheitsapostel*).

Mit alledem ist schon gesagt, daß diese lose Folge großformatiger Blätter (meist in dreispaltigem Folio) zur Tradition der Karnevals- und Ulkzeitschriften gehört (und eine ihrer besten ist). Zumeist werden Kleinformen veröffentlicht, Anekdoten, Witze und Gedichte, die fast immer zum Vortrag bestimmt sind: Friedrich Stoltzes »Bütt«. Der Erfolg dieser speziell francofurtensischen Mixtur aus Spaß, Satire und Sottise war groß: Von der ersten *Krebbelzeitung* wurden 10.000 Exemplare verkauft, später stieg die Auflage bisweilen auf 35.000.

Zum Thema »Friedrich Stoltze und seine Zeitschriften« gehören schließlich noch einige Titel, die nur mit einer Nummer erschienen sind, separate Veröffentlichungen in Zeitschriftenform sozusagen: beispielsweise die *Frankfurter Wüste-Demagogen-Zeitung* von 1869, ein *Organ für Vermögens-Theilung und alle in dieses Fach einschlagende Artikel*, oder *Ein Stück Alt-Frankfurt* von 1876, *Frankforter Erinnerunge in Frankforter Mundart*. Auch mit diesen Einzelnummern ist die formale Vielfalt Stoltzescher Produktion belegbar, speziell seine Neigung, mit dem Medium Presse zu spielen.

3

Bürger Stoltze vor Fürstenthronen: der Zeuge eines Jahrhunderts deutscher Politik vom Kartenhaus des Restaurationsstaaten-Vielerlei bis zum gußeisernen Neubau des »Deutschen Reichs«. Als Clemens von Metternich Haus-, Hof- und Staatskanzler wurde, war Stoltze sieben Jahre alt; als Stoltze starb, war Otto von Bismarck bereits ein Jahr entlassen.

»Frisch von der Lewwer, und Freiheit for ever«: Friedrich Stoltzes Stärke und Schwäche liegen darin, daß er sein Leben lang zutiefst geprägt blieb von den demokratischen Ideen des Vormärz, die er niemals aufgab, die er – aus der Tradition des »gelernten Reichsstädters« stammend – erst begeistert, dann engagiert und schließlich unverdrossen vertrat. Damit stand er, der Frankfurter Kleinbürger, der »Berjer«, quer zur zunehmenden, vor allem durch die Prosperität der Industrialisierung sich definierenden und selbst bestätigenden Welt der »Bürger«, damit unterlief er aber auch die von Parteien aller Art zurechtgestutze politische Pragmatik des Vox Populi – Vox Dei.

Aus den vormärzlichen Vorstellungen eines Deutschen Nationalstaates (wie ihn vergeblich das Paulskirchen-Parlament zu realisieren versuchte) erwuchs seine strikt antipreußische Haltung (gleichsam: »Ceterum censeo Neoprussiam esse delendam«), kämpfte er, eine Art Libero des Liberalismus, in seinen Zeit-, Leid- und Streitschriften (»Humor ist Demagog«, heißt es in der *Frankfurter Latern*) lange für sein »großdeutsches« Staatsmodell, ehe er, vor Preußens Übermacht, zumal in den achtziger Jahren, diesen Gedanken verblassen lassen mußte (vergessen hat er ihn nie): »Ich bin net großdeutsch un bin net kläädeutsch, sonnern rein deutsch«. Der scheiternde Republikaner wird im neuen deutschen Kaiserreich Kronzeuge des Versinkens einer demokratisch-individualistischen Idee, der (von den vielen »demokratischen Vereinen«, denen auch Stoltze angehörte, entwickelten) Vorstellung von der integren Republik aufrechter Männer, von dem für ein

»freies Deutschland«, »einig Vaterland«, glühenden Gemeinwesen »wahrhafter« Deutscher. Auch von daher erklärt sich sein Versuch, gegen die Verpreußung Deutschlands anzugehen, gegen den vollautomatischen Einheitsstaat der Berliner Buchhalter und Kontenführer: dies freilich in einer Zeit, in der Politik noch weit weniger schiere Verwaltung war.

Mit der Zeit allerdings macht sich in der *Frankfurter Latern* bemerkbar, daß Stoltzes »Freiheits«-Begriff kaum definiert war, daß seine Wirkung gewiß mit seiner Fetischierung zusammenhing, und mit dem schwierigen Rückgriff auf die Vernünftigkeit des »gemeinen Mannes«. Unübersehbar ist auch, daß der republikanische Diogenes vom Main über kein besonderes wirtschaftliches Bewußtsein verfügte: Er gehörte weder zu den »Krupps«, noch zu den »Krauses«, in einer Zeit der beginnenden Gewinnmaximierung durch deutsche Industrie-Imperien spielte er eher die Rolle eines politischen Ackerbürgers.

Was seine Zeitschriften betrifft, so ist es irreführend, ihn als einen »Humoristen« zu bezeichnen. Besser wäre, zu sehen, daß ihm in der noch nicht geschriebenen Geschichte der deutschen politischen Satire ein wichtiger Rang zukäme. Daß er daneben, und nicht zu knapp, auch noch Goldschnitt-Lyriker mit zeitverhafteten Maienblüten-Empfindeleien war, tut dem keinen Abbruch: Unterschätzt und viel zu unbekannt sind die spitzzüngigen Karikaturen in Versen dieses präzisen Satirikers, der bezeichnenderweise oft volkstümlich-bänkelsängerisch schrieb, dessen Strophen, genau genommen, als Chansons gesungen werden müßten.

Friedrich Stoltzes politisches Denken hatte zwei Pole der Kritik: »Kleindeutschland«, an dem er litt, das er, als Frankfurter und damit »Großdeutscher«, nicht wollen konnte, das aber offensichtlich unter Preußens Führung beherrschend und beängstigend heranwuchs, und »Großkrähwinkel« (ein Ausdruck von ihm), das ihm ebenfalls zuwider war, sein Frankfurt und sein Deutschland gleichermaßen, vor allem die Provinzialismen, die als Reaktion auf den beginnenden Wilhelminismus zu wuchern begannen.

4

Zur *Frankfurter Latern*, seinem wichtigsten politischen Instrument und literarischen Experimentierfeld, steuerte Friedrich Stoltze, Initiator und permanenter spiritus rector, selbst die weitaus meisten Texte bei. So die gereimten Leitartikel (»Leit-Gedichte«) auf den Titelblättern, die versifizierten Unterschriften zu den Zeichnungen und viele andere Gedichte. Und die kritisch-hintersinnig auf Frankfurterisch raisonnierenden Monologe des »Herrn Hampelmann« (einer Figur, die er aus Theaterstücken des Frankfurter Autors Carl Malß übernommen und ins charakteristisch Kleinbürgerliche weiterentwickelt hatte), wie auch die nicht weniger be-, vor- und nachdenklichen Dialekt-Dialoge zwischen dem »Berjer[Bürger]kapitän« und seinem Adlatus »Millerche« (deren Vorbild das Paar »Müller und Schulze« im *Kladderadatsch* ist): Mit dieser Trias erfundener Kolumnisten gelingt Stoltze eine über viele Jahre sich erstreckende Meinungs-Chronik der laufenden Frankfurter, deutschen und europäischen Ereignisse.

Andere Text-Mitarbeiter sind nur selten genannt (das ist zeitüblich und bei einem satirischen Blatt auch naheliegend): Eduard Bing, C. Hiller, Joseph Schmölder, Edward Thornton und Ludwig Wihl. Daneben einige Pseudonyme; zweimal tritt »Fredericus/Fridericus superbus« auf, unschwer als Friedrich Stoltze zu erkennen. Und dann eine größere Zahl von Kürzeln und Chiffren, die – das wäre das Thema einer eigenen Arbeit – noch nicht aufgelöst sind.

Wichtigster Beiträger an Illustrationen ist der Mitbegründer und Ko-Redakteur Ernst Schalck, 1827-1865, ein talentierter Zeichner und Karikaturist, dessen witzige und bissige Arbeiten der *Latern* über Jahre ein hohes satirisches Niveau sichern. Seine vielen Zeichnungen machen sie zu einem reichhaltigen Karikaturen-Album der Zeit vor dem deutschen Krieg von 1866. Der frühzeitig politisch interessierte Frankfurter Maler hatte schon vorher mit Friedrich Stoltze zusammengearbeitet, so bei den *Skizzen aus der Pfalz*, vom badischen Aufstand 1849. Und er besaß Erfahrungen mit politischen Karikaturen, etwa durch die 1849/50 veröffentlichten *Bilder aus Frankfurt*, einer Folge von Satiren auf das Reichsstadt-Bürgertum, oder durch viele andere Einzelblätter, die er bei den revolutionären Ereignissen von 1848 in Frankfurt zeichnete.

Nur auf wenige Arbeiten kann hier hingewiesen werden: auf die Figur des werbenden Laternenmannes mit der Jakobinermütze, spitze Federn wie Waffen umgegürtet, das erhoffte Verbreitungsgebiet des Blattes zwischen Berlin, Frankfurt und Wien auf der Schürze, auf *Michels Frau, die deutsche Lies*, auf *Seid umschlungen, Millionen*, auf den *Cirque français* oder auf den *Tausendkünstler in Berlin*. Von Schalck stammt auch die in fast jeder Nummer auftretende Figur des »Herrn Hampelmann«.

Besondere Delikatessen sind Zeichnungen wie *Ein Bild deutscher Einheit* (Schalcks erfolgreichste Karikatur: Die beißend persiflierte »Patrouille der Bundes-Garnison in Frankfurt a. M.«, eine aus Österreichern, Preußen, Bayern und Frankfurtern bestehende, zum Schutz der Bundesversammlung aufgestellte Truppe, wurde kurz nach dem Erscheinen dieser Satire aufgelöst), die *Gegenwärtige Stellung der europäischen Mächte*, *Gekrönte und ungekrönte Wühler*, *Politischer Eiertanz* oder der *K. K. russische Gesinnungsmesser zu Warschau*. Karikaturen-Serien, eine Spezialität Schalcks, erschienen mehrfach in der *Latern*: *Frankfurter Zeitungen, Homburger Portraits, Aus dem herzoglich nassauischen Fest- und Jubiläums-Bürgermeister-Album*. Und auch eines seiner besten Blätter findet sich hier, der großformatige *Carnevalszug der Frankfurter Latern*.

Von den anderen Illustratoren ist vor allem Albert Louis Ulrich Hendschel zu erwähnen, der den Titelkopf des Blattes zeichnete (zu Füßen einer Laterne, die Nachteulen und Gespenster verjagt, versammeln sich typische Vertreter der von der *Latern* karikierten Stände) und die stehenden Figuren des »Berjerkapitän« und des »Millerche« schuf. Fr. Grätz und der nicht ermittelte »J. K.« lieferten nach Schalcks Tod die wöchentlichen Karikaturen. Und von Wilhelm Busch stammen drei kleine Arbeiten für den Fortsetzungs-Versuch *Deutsche Latern*.

Last not least: das vorzügliche Layout, ein Werk des Frankfurter Druckers Heinrich Karl Remigius Adelmann, der ebenfalls zum Kreis der aktiven Frankfurter Bürger-Demokraten gehörte.

5

»Und wer im Dunkeln wird erwischt,
Ob Armer oder Reicher,
Und wer jetzt noch im Trüben fischt,
Die Mucker und die Schleicher;
Wo Heuchelei des Pudels Kern,
Und die im Dunkeln munkeln gern –
Kurzum wer Schlechtes nur bezweckt,
Dem wird ein Lichtlein aufgesteckt.

Und wer sich in die Wege stellt,
Den Hochmuth auf der Stirne,
Und für ein großes Licht sich hält,
Bei völlig kleinem Hirne,
Mit ›Kunstbeschützer‹ um sich wirft,
Und unverdienten Weihrauch schlürft,
Und sich gewaltig überschätzt,
Der wird in's rechte Licht gesetzt.

Und was da kriecht und speichelleckt,
Vermummelt und verduckelt;
Und was sich hinter Andre steckt
Und feige katzebuckelt; –
Was sich mit fremden Federn schmückt,
Was sich vor falschen Götzen bückt
Und doch ein Ehrenmann sich deucht,
Dem wird gehörig heim geleucht't«

– drei Strophen aus dem ersten programmatischen Gedicht (*Es werde Licht!*) der *Frankfurter Latern*, drei Hinweise auf die selbstgewählte Aufgabe eines Satire-Blattes, das sich nicht nur geographisch in der Mitte zwischen süddeutschen und norddeutschen Extrempositionen plazierte:

»Auf Preußen klopft der Münchner Punsch,
Der Kladd'radatsch auf Bayern;
Wir haben einen bessern Wunsch,
Wir haben eine treuern:
Daß Nord und Süd, daß Ost und West
Zusammenhalt' in Liebe fest!
Ein Herz und Mann, Ein Schild und Speer,
Ein Schutz und Trutz, Ein Volk und Heer!«

Gewiß, auch im Jahre 1860 für das Programm einer satirischen Zeitschrift eine utopische Position. Aber: »...eine Laterne hat auch Noth gethan! denn trüb ist's noch aller Orten, und es hat gar nicht den Anschein, daß es sobald heller wird. Deßhalb wird die ›Frankfurter Latern‹ im nächsten Quartal auch aus Leibeskräften leuchten, beleuchten, vorleuchten und heimleuchten. Alles aber lediglich für Volk und Vaterland, Freiheit und Fortschritt. Sie wird das Gute, Edle und Schöne verklären, das Schlechte, Halbe und Gemeine, wo sie es immer findet, rücksichtslos ins rechte und verdiente Licht setzen«.

Es ist deutlich, daß diese Formulierungen aus dem »Geist des Jahres 1848« stammen, aus den Vorstellungen und Motivationen der »Demagogen« und Barrikadenopfer, der Debattierklubs, Freischärler und »Demokratenvereine«. Ambivalenz der Situation: Stoltze war sich darüber im klaren, daß vieles an einem solchen Programm zumindest schwierig, wenn nicht illusionär war. Dennoch blieb der aktivistische Zwang, zu handeln, diese Ideen zu vertreten, unüberwindlich (vielleicht, weil sie illusionär waren). Schon vor der Publikation der *Latern* hatte er in dem Gedicht *Schwärmerei. 1848* (in: *Gedichte un Geschichte eines Frankfurters*, 1859) erkannt:

»Im März hat's gejubelt, im März hat's geschäumt,
Von Frühling und Freiheit hat Alles geträumt,
Von Kränzen und Fahnen die Hüll' und die Füll',
Famose Beleuchtung am - ersten April!
Und dann im Oktober? Na, Gott steh' mit bei!
Sie werden erlauben: das war Schwärmerei!«

Dennoch legte er 1861 als *Das politische Glaubensbekenntniß unseres Blattes* emphatisch fest:

»Zum Lichte sei dein Angesicht gekehrt,
Und Hoheit leuchte Stirne und Geberde!
So tritt einher in deinem Menschenwerth,
Der freigeborne Sohn der grünen Erde.
Ob auch kein Purpur dir vom Rücken wallt,
Und Kronenreif und Herrscherstab dir fehle,
Stolz trage deine menschliche Gestalt
Im Hochgefühle einer freien Seele«.

Ungewöhnlich häufig kommt er später auf das für ihn unvergessliche Jahr der »Revolution« zurück. So parodiert er den bekannten Ausspruch eines preußischen Generals:

»An den König.
›Wenn's Eure Majestät satt haben, dann rufen Sie mir!‹
Wrangel.
An das Volk.
›Wenn Ihr's satt habt, Kinder, dann ruft mir!‹
Der Geist des Jahres 1848«.

Und in dem Gedicht *Glosse* (das einen vielzitierten Vierzeiler aus Friedrich Schillers *An die Freude* glossiert) erinnert er sich wehmütig:

»In dem Jahre acht und vierzig,
War da die Begeist'rung groß!
Freiheitslüfte wehten würzig,
Alle Bande waren los.
Und das Volk, erwachend, rührt' sich:
›Deutsche Einheit soll uns lohnen!‹
Also riefen Millionen.
Diese Zeit ist längst verklungen,
Und es ward umsonst gesungen:
Männerstolz vor Königsthronen!

Wieder herrscht die alte Leyer
In dem guten deutschen Reiche,
Und es regt sich kein Befreier,
Der uns einen Ausweg zeige;
Während unser Erbfeind heuer
Schüret neu der Zwietracht Glut.

Zeigen wir jetzt unsern Muth!
Endlich muß es doch gelingen,
Deutschlands Einheit zu erringen,
Brüder, gält' es Gut und Blut«.

Noch dreißig Jahre danach, im Jahrgang 1878, werden die Ereignisse von 1848 in einer Folge von Beiträgen ehrend und mahnend in Erinnerung gerufen – als längst die neue deutsche »Reichs«-Ideologie in Kraft getreten war.

Das auf diesen Überzeugungen aufbauende Programm seiner Zeitschrift hat Friedrich Stoltze in vielen Gedichten präzisiert. Immer wieder tauchen dabei drei Begriffsfelder auf: die republikanische Selbstbestimmung der deutschen Staaten auf der Basis ihrer Einigung, die Veränderung bestehender Rechtsverhältnisse zugunsten der »niederen Stände« und der Minderheiten, und die nur durch praktizierte Demokratie realisierbare deutsche Freiheit. Mit anderen Worten: Die *Frankfurter Latern* ist eine permanente detaillierte Paraphrase jenes politischen Programms, das August Heinrich Hoffmann von Fallersleben 1841 in seinem *Lied der Deutschen* formuliert hatte: »Einigkeit und Recht und Freiheit für das deutsche Vaterland« – Begriffe, die, das ist oft genug festgestellt worden, bei den Zeitgenossen und damit bei Friedrich Stoltze und Ernst Schalck historisch anders zu interpretieren sind als heute.

Einigkeit. Schon in der Probenummer der *Latern* heißt es:

»Und weil das deutsche Vaterland und Einheitsband,
Aus Unverstand, noch vor der Hand
Zerfetzt ist und zerstückelt:
So sei die deutsche Einigkeit – die Kleinigkeit!
Auf eine Zeit, von einer Seit,
Zum wenigsten entwickelt«.

Oder, zur Karikatur einer ältlich-säuerlichen Gemischtwaren-Händlerin:

»Alles hält hier feilgeboten
Michels Frau, die deutsche Lies:
Scheiben, Turngeräth und Noten,
Und daneben Zopf und Spieß.
Breite schwarz-roth-goldne Bänder,
Gleiches Maß und gleich Gewicht,
Fünfunddreißig Vaterländer,
Nur die deutsche Einheit nicht«.

Und Recht. 15 Jahre nach der Berliner Revolution am 19. März 1848 ist 1863 zu lesen:

»Und wieder März, – das heil'ge Kämpfergrab
Ragt stolz geschmückt, beschattet von Cypressen, – –
Ein wenig Blut wäscht bald der Regen ab,
Ein abgetrotztes Wort ist bald vergessen!
Auf's Neu entbrannt – unblutig das Gefecht,
Europa's Völker sind des Kampfes Zeugen; –
›Hut ab, sie kämpfen für ihr heilig Recht!‹«

Und Freiheit. Aus einer *Einladung zum Abonnement* von 1866:

»Kanonendonner und Schwerterklirren
Soll uns nicht schrecken und soll uns nicht irren!
Fest halten wir die Latern in der Hand
Und leuchten zum Siege dem Vaterland;
Zum Sieg und zur Freiheit mit rosigem Strahl
Für – einen Gulden und zwölf per Quartal!«

Das politische Programm der *Frankfurter Latern*: Ein guter Teil ihres heute noch spürbaren Reizes geht von der republikanisch-widerborstigen Trotzhaltung aus, mit der das Blatt zwischen 1860 und 1871 jene Zeitläufte anging, zu denen es, von Gedanken des Vormärz geleitet, immer eindeutiger quer lag. Schon zu Beginn des Erscheinens war der *Latern* klar, daß die erhoffte Einigung der Deutschen wohl doch nur auf dem Wege einer Kaiser-Wahl kommen konnte, wie sie 1849 versucht worden und fehlgeschlagen war, und sie sah auch, schon 1860, prophetisch voraus, daß dies alles nicht mit parlamentarischen, sondern mit kriegerischen Mitteln zu bewerkstelligen wäre (wie es dann 1866 und 1870/71 geschah):

»Ihr wähnt, den tausendjähr'gen Stall
Erweich' ein sanfter Regen,
Ihn, welchen nur ein Wasserfall
Des Waldstroms könnte fegen,
Ihn, welchen nach verlauf'ner Flut
Nur eine wilde Flammenglut
Von Schlangen, Wölfen, Räubern
Vermöchte ganz zu säubern.
[...]
Ein Kaiser wird nicht ohne Blut
In deutschem Land geboren,
Und dieses Blut geht besserm Gut
Für lange Zeit verloren«.

Dennoch macht das Blatt, auch in diesem Zusammenhang, Vorschläge, die mindestens in den unvereinigten Staaten von Deutschland nicht realistisch waren:

»Wenn nun sich Müh' und Kosten gleich:
Warum nicht erst das rechte Reich,
Die Pfeiler, welche dauern,
Vom Grunde aus aufmauern?
Blickt hin zur Eidgenossenschaft
Im Lande der Helveter!
Wer gab dem kleinen Bunde Kraft,
Die Feinde und Verräther
Zu werfen und zu stoßen aus,
Und im befreiten Vaterhaus
An Glück, an Ruhm und Ehren
Sich täglich neu zu mehren?
Es war die Sonne ›Republik‹,
Die leuchtete dem Volke,

Und streifte ab das Mißgeschick
Gleich flücht'ger Wetterwolke,
Die, ob sie scheinbar untergeht,
Stets aufersteht voll Majestät!
Der Menschheit Ziel erreichen
Wir nur in diesem Zeichen!«

In hoc signo: Es sollte bekanntlich noch über ein halbes Jahrhundert dauern, bis die erste deutsche Republik »ausgerufen« wurde.

1871 aber, als alles wie vorhergesagt und doch ganz anders gekommen war, als die Einigung der Deutschen in der Form eines preußisch-kleindeutsch dominierten Reiches vollzogen war (mit dem »Kartätschenprinz« aus dem badischen Aufstand von 1849 als greisem Kaiser) – da ließ der als »National-Deutscher« dieser Entwicklung einerseits vorsichtig zustimmende, als demokratischer Republikaner andererseits zeitweilig resignierende Friedrich Stoltze seinen Ehrgeiz auf eine bunte Jacke gehen. In der Probenummer der *Neuen Frankfurter Latern* vom November 1871 schrieb er:

»Ich hänge meinen Leierkasten um,
Verzichtend auf die goldnen Versifexe;
Für Mordgeschichten sorgt das Publikum,
Der Stadtvorstand und sonstige Gewächse;
Und komm' ich mit meinem Stoff nicht herum,
So drucke ich, als Beneficium,
Gedankenstriche oder Tintenklexe«.

Dies ist das Ende der ersten Serie der *Frankfurter Latern*, der Abschluß einer Geschichte, die 1860 mit dem »Hochgefühle einer freien Seele« begonnen hatte.

6

Die gefährliche Produktions-Situation wurde bereits erwähnt, die aus dem Programm der *Latern* resultieren mußte und mit der das Blatt von Anfang an zu kämpfen hatte. Von Anfang an war man aber auch stolz auf diese öffentlich-rechtliche Bestätigung seiner oppositionellen Haltung. In zwei kleinen Rubriken, die in den ersten Jahrgängen regelmäßig direkt unter dem Kopftitel erschienen, ist bereits 1861 zu lesen:

»*Haus- und Gartenkalender der Latern.*
Die Blätter fallen von den Ranken, der Abonnent fällt von dem Blatt,
Wohl dem, der solche Herbstgedanken nicht gegen die Laterne hat!
Bauernregel.
Wohl dem, der auf sie abonniret, da täglich mehr die Sonne bleicht!
Sie ward schon mehrmals confisciret, was zur Empfehlung ihr gereicht«.

Und in einer *Abonnements-Einladung* von 1862 steht:

»Tendenz uns'res Blattes, auf jeglichen Fall,
Bleibt: Wirken für Freiheit und Einheit!
Und werden verboten wir überall,
Wir kämpfen stets gegen Gemeinheit,

Für ein einiges, kräftiges Vaterland!
Dann hat unser Licht doch umsonst nicht gebrannt«.

Selbstbewußt wird dieser Zusammenhang zwischen beabsichtigter Wirksamkeit und unbeabsichtigter Wirkung auch in dem Gedicht *Die Frankfurter Latern* aufgegriffen, das im Juni 1862 erschien:

»Verboten sind wir längst in Hessen,
Und rechnen das uns nicht zur Schmach;
Wir leben noch! es folgt indessen
Vielleicht auch nächstens Preußen nach.
Doch folgt dem Hessen auch der Pommer,
Und will uns an's Laternenlicht,
Na, eine Schwalb macht keinen Sommer,
Doch zwei! – die thun das auch noch nicht.

Verbietet uns in zwanzig Ländern,
So viel ihr wollt, gestrenge Herrn!
Ihr werdet noch kein Fünckchen ändern
In unsrer ›Frankfurter Latern‹.
Sie wird nur desto heller schimmern!
Und nähmt ihr einen Sturmeslauf
Und es geläng' sie zu zertrümmern,
Sie steht als Fackel wieder auf!

Und wird als Fackel heim euch leuchten,
Mit doppelt hellem grellen Schein,
Bis in die dunklen moderfeuchten
Verstecke eurer Brust hinein.
Nicht sollt ihr diesem Pech entlaufen,
D'rum duldet lieber die Latern!
Doch wiss't, die ist nicht zu verkaufen
Als wie ein trüber Ordensstern«.

Daß sich aus dieser Situation auch für das persönliche Geschick der Blattmacher unangenehme Konsequenzen ergaben, wurde schon angedeutet. »Stoltze & Schalck«, die den folgenden Text unterzeichneten, konnten schließlich die »Freie« Stadt Frankfurt nicht mehr verlassen, da sie in allen umliegenden Vaterländern gesucht wurden: »Durch ihre unausgesetzte Thätigkeit an der ›Frankfurter Laterne‹, die Völker über die angestammten Herrscher aufzuklären und deren Würdenträger in das rechte Licht zu setzen, haben sich die ergebenst Unterzeichneten einer so hohen Anerkennung zu erfreuen, daß sie das Weichbild der künftigen Metropole Deutschlands nicht mehr überschreiten können, ohne sich zwar höchst ehrender aber äußerst lästiger Empfangsfeierlichkeiten benachbarter Regierungen auszusetzen«.

7

Dieser staatsanwaltlich und polizeilich bestätigte Erfolg der *Frankfurter Latern* rief Nachdrucker und Imitatoren auf den Plan. An vielen Orten wurde aus dem Blatt gestohlen: Die Liste reicht von der Hamburger *Reform* über die *Mannheimer Familienblätter*, die Würzburger *Sibylle* und die Augsburger *Stadtfraubas* bis zum *Wiener Kuckuck*. Wenig Glück hatten die Nachahmer. Eine *Sachsenhäuser Laterne* kam 1861 in einer Nummer heraus, ihre Fortsetzung, die *Reichs-Laterne*, brachte es auf zwei Ausgaben. Von der *Rothen Laterne*, Berlin 1874, sind vier Nummern bekannt. Und auch eine *Münchner Laterne*, 1869/70, erschien nur kurz.

8

In dichter Folge erst, dann, unterdrückt, sehr sporadisch kommentiert und illustriert die *Frankfurter Latern* politische Ereignisse zwischen 1860 und 1871.

Ihr zeitgeschichtlicher Hintergrund – hier können nur einige Stichworte aufgeführt werden, die im Blatt besonders prominent behandelt werden – reicht, in Deutschland, von der Krönung Wilhelms I. zum König von Preußen, 1861, bis zur Proklamation des Deutschen Reichs in Versailles, 1871; von der Ernennung Otto von Bismarcks zum preußischen Ministerpräsidenten bis zu seinem Aufstieg zum Reichskanzler, zum unbestrittenen Führungspolitiker der – höchst unterschiedlich interpretierten – »deutschen Interessen«. Dazwischen: der Verfassungskonflikt in Preußen, das Regiment Bismarcks gegen den Landtag (Theorie der Verfassungs-»Lücke«), der Beginn seiner mit »Blut und Eisen« zu vollziehenden »Realpolitik« und des preußischen Militarismus, die Erneuerung der preußischen Verbindung zu Rußland. 1863 der Fürstentag in Frankfurt und das Mißlingen einer Reform des deutschen Bundestages (»Fürstendirektorium«); die Annektion Schleswig-Holsteins durch Dänemark, die heftigen nationalistischen Emotionen danach. 1864 der deutsch-dänische Krieg, mit dem Frieden von Wien, in dem Dänemark Schleswig, Holstein und Lauenburg abtreten muß. 1865 der Vertrag von Gastein, der »Friede« zwischen Preußen und Oesterreich; Preußens Plan eines gewählten Parlaments, Oesterreichs harte Reaktion darauf, Preußens Austritt aus dem Deutschen Bund. 1866 der »Deutsche Krieg«, der Sieg der Preußen bei Königgrätz, die Auflösung des Deutschen Bundes, das Ausscheiden Oesterreichs aus »Deutschland«, die preußische Annektion fast aller Staaten nördlich der »Mainlinie«, einschließlich der Freien Reichsstadt Frankfurt, die Bildung des preußisch dominierten Norddeutschen Bundes. Und 1867 bis 1870: die Furcht Frankreichs vor einer preußischen Hegemonie in Deutschland, der deutsch-französische Krieg 1870/71, der Aufstieg des Deutschen Reiches zur europäischen Vormacht, die Vorprogrammierung künftiger Konflikte.

»Der Habsburgaar, der Zollernaar,
Sie spielen mit der deutschen Eule,
Die ehmals auch ein Adler war«:

Das zentrale Thema der *Frankfurter Latern*, Deutschland und die »Deutsche Frage« zwischen österreichischen und preußischen Interessen, ist in diesem Zitat zusammengefaßt. So stellt sie »das Jahr 1863« vor, als junges Mädchen, das von einem »großdeutschen« und von einem »kleindeutschen« Freier umworben wird (»Wer's Glück hat, führt die Braut heim«), und sie personifiziert den preußisch-oesterreichischen Dualismus in »Charybdis und Scylla«, zwischen denen das deutsche Staatsschifflein auf rauher See schwankt.

Zu Optimismus besteht kein Anlaß. Aus dem einstigen deutschen Adler ist – siehe oben – eine Eule geworden. Nicht müde wird die *Frankfurter Latern*, den in ihren Augen desolaten Zustand des politisch gelähmten Deutschland anzuprangern:

»Stolz standest du, Germania!
Das Schwert zur Hand, die Kron' am Haupte. – –
Wie stehst du heute kläglich da,
Du Kron'- und Schwert- und Schmuck-Beraubte!

Dein reicher Mantel ist zerfetzt,
Er birgt dir kaum des Leibes Blößen,
Man hat die Krone dir versetzt,
Um dreißig Krönlein d'raus zu lösen«.

Die Zeichnung *Schwere Zeit* zeigt, »was der arme« (von der »Presse« angegriffene, von »Europa« ausgelachte) »Michel doch Alles zu tragen hat«: den »Bundestag« und den (preußischen) »Nationalverein«, die Probleme mit »Schleswig-Holstein«, »Kurhessen« und »Berlin«, Wilhelms I. »Gottesgnadentum«, die Debatte um die »deutsche Flotte« und die Frage: »Was ist des Deutschen Vaterland?«

Als einzige »große politische Bewegung in Deutschland« kann die *Latern* die Bewegung vereinsmeierlicher Artikulationswerkzeuge konstatieren, mögen sie nun dem »Genossenschaftsverein der Handwerker«, dem »Großdeutschen Verein«, dem »Arbeiter-Bildungsverein«, dem »Nationalverein«, dem »Piusverein« oder dem »Turnverein« gehören.

Dabei taucht das traditionelle deutsche Selbstmitleid (»Der Michel wird geprellt / Am Sund und an dem Belt / Und – in der ganzen Welt«) ebenso auf wie das notorische deutsche Mißtrauen gegen Verhandlungen und Diplomatie: »Der Michel kriegt die Hände leer / Noch eh' er sich's versieht«.

Gegen diesen Befund nationaler Bedeutungslosigkeit und Inaktivität setzt das Blatt programmatisch seine Forderungen des politischen Handelns, richtet beispielsweise »an Michel« den Aufruf: »Zum Reden bist du flink, / Zu Thaten faul; / Sprich mit den Fäusten Freund / Und spar dein Maul« oder tönt in der heute nicht mehr erträglichen, damals und noch lange danach modischen Sprache aus dem Umkreis des deutschen Nationalismus, die auch typisch für die *Latern* ist:

»Auf, Brüder auf! das Schwert zur Hand!
Im Sturmschritt vor, mein Vaterland!
Ein Volk! Ein Heer! ein Wetterschlag!
Nun kommt der Freiheit großer Tag,
Nun, Deutschland, sollst du strahlen!
Kokarden auf! Standarten auf!
Aus Nacht durch Blut zum Licht hinauf!
O Glanz! O Sieg! o helle Ruhmesbahn!
Auf, Vaterland! voran!«

Und wenn sich, 1866, »auf« (des niedergebeugten) »Michels breitem Rücken« Preußen und Oesterreicher prügeln, verlangt man: »Steh auf, Michel!«.

Aber an Auf-Stand ist nicht zu denken, die Einigkeit und Freiheit, von denen die *Frankfurter Latern* träumt, sind nicht in Sicht, nicht einmal auf eine gemeinsame Verfassung kann man sich einigen. So legt die *Latern* ihren eigenen »Unmaßgeblichen Entwurf einer deutschen Reichsverfassung« vor:

»§ 1. Jeder Deutsche thut was er will.

§ 3. Die stehenden Heere sind abgeschafft; sollten auswärtige Mächte mit dem deutschen Kaiserthum Krieg führen wollen, so werden selbe auf den Rechtsweg verwiesen.

§ 6. Alle Steuern etc. sind abgeschafft. Der Kaiser ist mit seinen Staatsbedürfnissen auf die Einsammlung freiwilliger Liebesgaben à la ›Peterspfennig‹ beschränkt«.

Denn dies ist in Wahrheit die Lage:

»›Deutschland, Deutschland über Alles, über Alles in der Welt‹ –
Außer wo mit Großmachts-Stellung deutsche Macht zusammenfällt!«

9

Ein anderes wichtiges Thema der *Frankfurter Latern* ist die »gegenwärtige Stellung der europäischen Mächte«. Was es damit auf sich hat, besagt das lapidare Gedicht zu der gleichnamigen Zeichnung:

»Polen insurgirt!
Frankreich protegirt!
Östreich rivalisirt!
Rußland malträtirt!
Preußen intriguirt!
England protestirt!«

An Beiträgen zur internationalen Politik allerdings wird auch immer wieder eine Schwäche der *Latern* deutlich. So scharfsinnig sie zumeist innenpolitisch argumentiert, so unreflektiert wendet sie sich oft gegen außenpolitische Vorgänge. Mag es noch hingehen, daß sie die komplizierte griechische Thronfolge-Situation (»Reichsapfel du der Griechen, Inbegriff der Säuernisse«) mit einer Bewerbung des Herrn Hampelmann als korrekt landesüblich gekleidetem »Hampelmannides« karikiert oder die vergleichsweise schwierigen Athener Regierungsbildungen in der Darstellung eines besorgniserregend abenteuerlichen Kabinetts persifliert (»Gebildet ist das neue Ministerium, nur etwas ungebildet. Indessen ist man froh, wenn man es über die Fastnacht hinüberbringt. – 12 Minuten nachher: Die Schutzmächte kommen! Sämmtliche neue Minister durchgegangen!«); das muß nicht nur als überhebliches Vorurteil aus »geordneten« Landen gesehen werden, es kann auch, taktisch maskiert, gegen gleichzeitige deutsche Vorgänge gerichtet sein. Sehr viel bedenklicher sieht es dagegen mit Texten zur französischen und englischen Politik aus. In dieser Zeit aufkommender Schlagworte, die später – in jenem »Wilhelminismus«, der von Wilhelm II. und seiner Zeit geprägt ist – besondere politische Brisanz gewinnen sollten, wird auch das demokratische Frankfurter Blatt ein Opfer von Fehlurteilen. Das Wort vom französischen »Erbfeind« wurde schon zitiert. Ähnlich gedankenlos geht die *Frankfurter Latern* gegen England vor:

»Die Engländer haben ein frommes Gemüth,
Sie loben den Herrn – wenn die Baumwoll blüht.
Sie predigen den Heiden das Christenthum
Und bringen ihnen Bibeln und – Opium.
Die Bibeln, die reichen sie gratis herum
Und schlagen die Kosten auf's – Opium«.

Spezielles europäisches Lieblingsobjekt der *Latern* ist der französische Kaiser: Der für Karikaturisten aller Länder ergiebigen Figur Napoleons III. sind vor allem in den ersten Jahrgängen viele Glossen gewidmet (»Gibt Er in Paris einen Brocken zu kauen / So braucht Europa ein Jahr zum Verdauen«). Sie führt ihn – *Welt-Theater* – vor, wie er »auf der Bühne« Pius IX. devot die päpstlichen Pantoffeln küßt und ihn »hinter den Coulissen« befehlend am Ohr zieht: »Alles pour la gloire, pour la patrie und für unser 'Osentasch«. Sie zeigt ihn als Wolf im Schafspelz (*Bal masqué: Louis, ich kenn Dich*), als Schlittschuhläufer in einer Folge exquisiter (meist schwankender) Positionen und als Jagdgast – das Wild ist ebenfalls abgebildet, schlachtreife Geldsäcke auf Füßen:

»Auf der großen Jagd bei'm Rothschild
Hat Er weniger an Rothwild
Als an goldne Füchs gedacht.
Und die Weltmacht kam zur Geldmacht,
Ohne Geldmacht, was ist Weltmacht?
Nichts ist Weltmacht ohne Geldmacht!«

10

Je deutlicher die expansionistischen Absichten der norddeutschen Führungsmacht werden, je näher damit eine militärische Entscheidung rückt, desto intensiver gerät Preußen in das Blickfeld der *Frankfurter Latern*, die erst karikierend, dann warnend und schließlich empört ihre Stimme gegen das »Großpreußenthum« erhebt.

Sie beginnt mit Spott, etwa auf Wilhelm I., der als der »neue Laokoon« gleichermaßen mit dem »Zopf« und dem »Fortschritt« zu kämpfen hat oder das Opfer doppelsinniger Späße wird: »Wenn die Flaggen auf dem königlichen Residenzschlosse in Berlin aufgezogen werden, um die Anwesenheit des Königs zu verkünden, sagen die guten Berliner: »Wilhelm ist mal wieder bei sich«. Schärfer sind Beiträge wie *Zwei preußische Wünsche:*

»Das preußische Ministerium wünscht:
›Hätten wir nur das Volk hinter uns!‹
Das preußische Volk wünscht:
›Hätten wir nur das Ministerium hinter uns!‹«

Kurz vor dem Ausbruch des »deutschen Konflikts« wird man dann sehr deutlich: »›Preußens Beruf ist größer zu werden‹. Oft schon ist Preußen in der Ausübung seiner Berufspflicht gehindert worden, daran war jederzeit Oesterreich schuld. Preußen hätte seit Friedrichs II. Zeiten längst alle deutschen Mittel- und Kleinstaaten zu deren eigenem Wohl annektirt; daß diese Wohlfahrtsmaßregel nicht ausgeführt werden konnte – daran ist Oesterreich schuld. Das arme Schleswig-Holstein wäre bereits seit Jahr und Tag ein Glied in dem glorreichen preußischen Staatsorganismus. Daß den gequälten Bewohnern der

Herzogthümer dieser ihr höchster Wunsch unerfüllt blieb, daran ist Oesterreich schuld. Preußens Beruf ist größer zu werden. Geht's nicht auf friedlichem Wege, so müssen natürlich die Waffen gebraucht werden. An einer nöthigwerdenden Friedensstörung ist aber beileibe nicht Preußen, das ja viel lieber in Frieden größer werden möchte, sondern wieder das neidische Oesterreich schuld. Darum wer in den jetzigen Verhältnissen, seine Kleinheit und Schwäche fühlend, auch gerne etwas Großes und Starkes werden möchte, der schließe sich an Preußen an und helfe das schuldige Oesterreich züchtigen. Des Deutschen Beruf ist: durch Preußen größer zu werden«.

Zeichnerisches Pendant dieses Textes ist die »preußische Spitze« (der Pickelhaube), die bereits Schleswig-Holstein, Lauenburg und die »Mainlinie« aufgespießt hat.

Der Höhepunkt der Entwicklung ist erreicht, als 1866 die preußische Armee in Kurhessen einmarschiert. Die *Frankfurter Latern* druckt eine Proklamation, in der die Besatzer den Besetzten die k. preuß. vorgeschriebene Begeisterung über ihre ausschließlich im allgemeinen Interesse »des deutschen Volkes« unternommenen Maßnahmen befehlen, wobei sie gleichzeitig »die deutsche Bruderhand zu reichen« und »jeden Versuch des Widerstandes mit dem Schwerte in der (gleichen) Hand zu brechen« bereit sind. Dagegen setzt die *Latern* – die wenige Nummern später verboten werden wird – ihre »richtige Lesart«:

»Kurhessen! Wir kommen als eure Befreier! Wir bringen euch, statt eures Dietrich unsern Bismarck. Eine neue Ordnung der Dinge soll in Hessen beginnen: die Zuchthausordnung. Landeskinder dürfen nicht mehr an Amerika, sondern nur an Frankreich verkauft werden. Die Verfassung von 1831 ist gewährleistet und wird gehalten werden wie unsre eigene. Sofortige Einberufung der Landstände unterm Schutze des Obertribunals. Eure Finanzen sollen geordnet werden, denn wir nehmen das Geld wo wir es finden. Handel und Gewerbe wollen wir neue Absatzquellen eröffnen in unsre Landwehr. Verbesserung der Schulen. Eure Lehrer sollen fortan nicht mehr hungern als wie die unsrigen. Die Presse ist frei! und dürfen sowohl Aepfel als Trauben gekältert werden. Die Privilegien des Adels sind abgeschafft; Hausknechte können von nun an auch von Bürgerlichen erstochen werden«.

Die Auseinandersetzung der *Frankfurter Latern* mit preußischer Politik kulminiert in immer drastischerer Beschäftigung mit deren Zentral-Figur. Schier unerschöpflich ist ihr Einfallsreichtum bei der negativen Zeichnung Otto von Bismarcks, den sie sogar zur Abonnenten-Werbung verwendet:

»Wir hören und lesen von allen Seiten
Der Bismarck kann die ›Latern‹ nicht leiden,
und d'rum bestelle sie Jedermann,
Der wieder den Bismarck nicht leiden kann.
Das ist, wie man gestehen muß,
Ein völlig richtig, logischer Schluß«.

Sie zeigt ihn als »neuen Struwwelpeter (Jeder ruft: ›Das ist der / Garstige Minister!‹)«, als Teilnehmer eines »reactionären Rütli«, mit Franz Joseph I. von Oesterreich und Alexander II. von Rußland (»Krankheit, Verfolgung, Betrübniß und Pein / Soll uns're Liebe Verknotigung sein«), und als »Bismarck-Eisenbart«. Sie führt ihn als Schlange »aus dem preußischen Paradiese« vor (»Und die Schlange Bismarck war listiger, denn alle Fortschrittswesen im Lande«), als schluchzende »verfolgte Unschuld« und als mäßig adrette Ballerina beim »Eiertanz« zwischen »Wahlen, Recht, Reform, Verfassung« und »Gesetz«:

»Und den politischen Eiertanz
Hält Bismarck sehr von Nöthen,
Er glaubt, sie blieben alle ganz,
Und keines ging zertreten,
Zertreten, nein! wie Ihr ja seht,
Dieweil er jedes – Recht – umgeht«.

Und sie portraitiert ihn als »Fuchs, der den Gänsen (den Mittel-und Kleinstaaten) predigt« oder zu Besuch bei Napoleon III., der ihn, einen Fuß auf dem am Boden liegenden »Volk«, verabschiedet:

»Monsieur le comte Bismarck, Sie reisen?
Nun wenden Sie hübsch an auf Preußen
Was Sie dahier bei mir geseh'n!«

Die aggressiven Texte der *Frankfurter Latern* sind die weitaus schärfsten Angriffe, die vor 1866 auf den einflußreichsten deutschen Politiker veröffentlicht wurden. »Russische Recepte« ist ein Beitrag überschrieben, in dem General Michail Nikolajewitsch Murawiew, bekannt für seine Grausamkeiten im Umgang mit Aufständischen, Ratschläge erteilt:

»Lieber Bismarck!
Ihrem Wunsche entsprechend übersende ich Ihnen hiemit einige Wirthschaftsrecepte, die ich probat gefunden habe und Ihnen daher mit gutem Gewissen empfehlen kann.

Denkt einer zu frei, knuten Sie ihn!
Er wird für die nächste Zeit nur an seinen
Buckel zu denken haben und das ist nicht gefährlich.
Spricht einer zu frei, hängen Sie ihn!
und das Wort wird ihm in der Kehle stecken bleiben.
Schreibt einer zu frei, spießen Sie ihn!
Mit einem soliden Stift im Leibe wird
er die Hand nach keinem spitzigen
Schreibgeräth mehr ausstrecken.
Zahlt einer die Steuern nicht, erschießen Sie ihn!
Dann können Sie das ganze Vermögen confisciren.
Steckt einer gar seine Nase in
jede Regierungsverordnung, köpfen Sie ihn!
Unter einer fürsorglichen Regierung
braucht der Unterthan keinen Kopf zu haben.
Sollten Sie wider Erwarten den Muth nicht haben,
diese wirksamen Mittel energisch anzuwenden, so verbannen Sie sich!
ehe Sie von Andern verbannt werden«.

Oder: Vor Bismarck erscheinen Tod und Teufel, letzterer mit der Pritsche »Vergeltung« in der Hand:

»Sprachst du nicht mit frechem Ton
Und mit höhnischen Geberden:
Fertig, fertig will ich schon
Mit den Demokraten werden?

Wir, der Tod und Teufel, wir,
Wir sind auch zwei Demokraten!
Einer von uns Beiden hier
Holte stets die Diplomaten.

Darum nicht zu früh gedroht!
Denn nur Eins ist außer Zweifel:
Holt dich, Bürschchen nicht der Tod,
Holt dich ganz gewiß der Teufel«.

Denn unverhohlen wird Bismarcks Ende gewünscht: »Zwischen Preußen und Nordamerika werden gegenwärtig Beileids-Adressen ausgetauscht. Preußen bedauert, daß der amerikanische Präsident gestorben ist. Amerika bedauert, daß der preußische Präsident noch lebt«, und:

»Sie haben ja, sie haben
Den Blut- und Eisenmann,
Den Mann, der sich begraben,
Begraben lassen kann«.

Diese überaus negative Haltung des Blattes wird schließlich in einem Akrostichon zusammengefaßt:

»*B*ist du deiner Falschheit noch nicht müde?
*I*st dein Durst nach Blut noch nicht gestillt?
*S*chauderst du nicht, wenn mit Schmerz und Flüchen
*M*illionen Herzen du erfüllt?
*A*hn'st du nicht, daß Vaterlandsverräther
*R*ächend einst die Nemesis bezwingt? –
*C*avours Erben wählst du zu Genossen,
*K*lagt nicht, wenn ein Abgrund euch verschlingt!

11

Von ihrem formalen Vorbild, dem *Kladderadatsch*, löste sich die *Frankfurter Latern* rasch durch ein charakteristisch eigenständiges Erscheinungsbild: jeweils auf der ersten der vier Seiten einer Nummer das »Leit-Gedicht« als Aufmacher, auf der letzten Seite eine große Karikatur, und auf den beiden Mittelseiten die Fülle der kabarettistischen Kleinformen, die von der satirischen Presse in Deutschland seit 1848 entwickelt worden waren. So etwa das *Politische Echo*:

»Frage: Das linke Rheinufer, will es wirklich der Louis?
Echo: Oui!
Frage: Welchen Rath hast du den nach Einheit strebenden Deutschen zu ertheilen?
Echo: eilen!
Frage: Wer wird uns diesen Dienst erweisen?
Echo: Eisen!«

Der *Europäische Börsen-Bericht*:

»Bundestag	$21\ ^3/_8$	geschäftslos
Demokratie	$83\ ^1/_2$	macht sich wenig bemerkbar
Einheit, deutsche	–	nicht am Markt«.

Der *stotternde Politiker*:
»Bis jetzt geschah im deutschen Land
Doch immer nicht das Rechte;
Es gibt in unserm Vaterland
Noch gar zu viele Kne- gnädige Herren,
Den Fortschritt sie versperren.

Sie kommen, anstatt still zu sein,
Sogar mit Paradoxen,
Verfolgen einen Volksverein
Und handeln dann wie O- offene Männer
Und wahre Menschenkenner.

In manchem andern deutschen Staat
Steckt tief im D-k der Karren;
Und unser liebes Deutschland hat
Gottlob noch viele Na- nachsicht'ge Leute ohne Sorgen:
›Kommt's heute nicht, kommt's morgen!‹«

Politische Fragezeichen aus dem Volks- und Völker-Rechts-Katechismus werden aufgestellt und beantwortet:

»Auf wie viel Tafeln stehen die mosaischen, die römischen und die deutschen Gesetze?
Antwort: Die mosaischen Gesetze standen auf nur zwei Tafeln; die römischen auf den berühmten ›Zwölf Tafeln‹; die deutschen Gesetze aber werden uns von 36 Tafeln vorgeschrieben, dictirt, octroyirt u.s.w. – von den 36 fürstlichen Tafeln.
Und welcher Unterschied, wie zwischen Grundbesitz und Grundsatz, ist staats- und naturrechtlich zwischen Herrscher und Volk?
Antwort: Die Herrscher besitzen die Macht ohne Grund und die Völker begründen die Macht ohne Besitz!«

Die *Witterungs-Nachrichten* besagen unter anderem:

»Preußen.
Wir haben nur zu melden heut':
Viel Wind bei großer Trockenheit.
Bayern.
Hier ist das schönste Wetter jetzt:
Der Bierpreis ward herabgesetzt!
Hannover.
Kaum mehr weiß man sich zu helfen:
Heulen muß man mit den ›Welfen‹!«

Ein spezieller Hinweis muß dem *Briefkasten* gelten, in dem Stoltze die Zuschriften seiner Leser beantwortete. Diese Rubrik verdient, besonders beachtet zu werden, denn hier wird eine zeitübliche Weise des redaktionellen Schriftwechsels (»M. E. in F. Sehr gut«) durch die Auswahl der Themen und durch die Form – viele Antworten erscheinen als Gedichte – zu einem meinungsbildenden Instrument erhoben.

12

Hier waren nur einige Hinweise und Zitate möglich. Insgesamt gesehen, ist die *Frankfurter Latern* eine vorzüglich reichhaltige, bisher fast unerschlossene Quelle zur Geschichte der Jahre zwischen 1860 und 1866, zur frühen Bismarck-Zeit, speziell zu ihm und seiner politischen Wirkung. Daß das Blatt 1866 verboten wurde, ist auch eine Rache für viele Angriffe. Denn in den sechziger Jahren war die *Latern* eine Zeitlang die wichtigste deutsche Satire-Zeitschrift, von ihrem Standort zwischen österreichischen, preußischen und »mittelstaatlichen« Fronten ebenso begünstigt wie von den relativ duldsamen Frankfurter Presse-Gesetzen, freier jedenfalls als der weitaus mehr gebundene Münchener *Punsch* oder der politisch immer wieder bedrohte Berliner *Kladderadatsch* (der zudem bald grundsätzlich mit der Politik Bismarcks übereinstimmte).

Gewiß: Auch die *Frankfurter Latern* steht für jene Entwicklung in der deutschen Geschichte, in der sich Föderalismus und Provinzialität gegenseitig potenzieren. Wichtiger aber ist, zu sehen, daß sie eine Materialsammlung bildet, deren republikanisch-süddeutscher Aspekt in vielem den Meinungen und Urteilen späterer – bis heute wirksamer – preußisch-«reichsoffizieller« Geschichtsschreibung widerspricht.

An ihrer Verwendung geläufiger Schlagworte läßt sich jener überaus komplexe Prozeß der Verschiebung politischer Begriffsfelder verfolgen, der die republikanischen Vorstellungen aus der ersten Hälfte des 19. Jahrhunderts allmählich, mit wachsender Prosperität, in die deutsch-nationalistischen Reichs-Ideologien der zweiten Jahrhunderthälfte übergehen ließ: als aus der »Einigkeit« der deutschen Staaten allmählich ebenso die »Einheit« eines zentralistisch organisierten Reiches wurde, wie die auf demokratischen Fortschritt gerichteten »Freiheits«-Gedanken in imperialistische Außenpolitik-Illusionen – »Freiheit« zumal vor englischer Wirtschaftskonkurrenz – umschlugen, und als »Recht« schließlich nurmehr als »Platz an der Sonne« verstanden werden konnte.

Die *Frankfurter Latern* hat sich hier, wie zu sehen war, selbst einiges zuschulden kommen lassen. Dennoch: Daß sie so konsequent wie möglich bei ihrem Ansatz blieb, macht sie zu einem großen Dokument ihrer Zeit. Dieser Ansatz muß bei jedem Urteil, das über sie gefällt wird, berücksichtigt werden: die dezente Andeutung einer Jakobinermütze, die sie sich in einer gezeichneten Selbstdarstellung aufsetzt.

13

Deutsche Literatur-Zeitschriften 1880-1918

Innerhalb einer auf sozialgeschichtliche Aspekte angelegten Darstellung der deutschen Literaturgeschichte ist es speziell bei der Behandlung der Literaturzeitschriften notwendig, den Untersuchungszusammenhang durch die Verwendung eines möglichst umfassenden »Literatur«-Begriffs um jenes Feld zu erweitern, in dem die gesellschaftswissenschaftlich orientierte Literaturgeschichte-Forschung über die inhaltlich wie formal »geistesgeschichtlich« eingeschränkte Literatur-Historiographie hinausgeht. Im Gegensatz zur methodischen Verengung des Begriffs Literaturzeitschriften auf solche Blätter, die ausschließlich Primärtexte enthalten – womöglich »hochstehende Werke« –, muß hier das gesamte Spektrum des Zeitschriftenmarktes, soweit er für die Literaturforschung relevant ist, berücksichtigt werden; erst dadurch ist eine genügende Materialabsicherung zur Ermittlung der komplizierten Produktions-, Distributions- und Konsumptions/Rezeptions-Mechanismen gewährleistet. Jenseits der – auch zahlenmäßig begrenzten – »reinen« literarischen Zeitschriften wird das Aufgabengebiet fast unübersehbar, wenn man alle Formen von Publikumszeitschriften einbezieht. Auch hier erweist sich, daß es unter sozialgeschichtlichen Gesichtspunkten unzulässig ist, mit »Qualitäts«-Kategorien zu arbeiten, etwa »Dichtung« und »Gebrauchsliteratur« zu differenzieren.

Begriffliche und historische Eingrenzung

Unter Literaturzeitschriften sollen deshalb hier nicht nur Periodika verstanden werden, die durch den überwiegenden Abdruck von Originalbeiträgen gekennzeichnet sind, sondern ebenso Zeitschriften, die Lesetexte aller Art und Materialien jeder Sorte zur »Literatur« enthalten, aber auch Periodika, die neben dem Druck literarischer Texte die Bereiche Politik, Weltanschauung, Kunst thematisieren – umgekehrt gesagt: alle Zeitschriften, die mindestens in nennenswertem Umfang Material für die Literaturforschung bereitstellen.

Der Zeitschriftenmarkt eines Zeitraums, der etwa der Regierungszeit Wilhelms II. entspricht, ist gesellschaftlich eingebunden in die Formierung und Strukturierung eines großpreußischen Imperiums mit dem Namen Deutsches Reich, in prosperierenden Wilhelminismus und wilhelminische Prosperität, wirtschaftlichen und kulturellen Kolonialismus und Imperialismus: ideologische »Germania germanicissima« (Jost Hermand) in der Hypertrophie eines zentraleuropäischen Mittelstaates zu scheinbarer »Großmacht«-Stellung mit der brutalen Folge des Ersten Weltkriegs. Vor allem in der Urbanisierung der Literatur mit prononcierten Zügen einer Großstadtkultur (die meisten Zeitschriften erscheinen in München, Berlin oder Wien) entwickelt sich die zeittypische Dialektik des Kräftefeldes zwischen sentimentaler Hinwendung zur Vergangenheit, Fin de siècle-Bewußtsein, »konservativer Revolution« und vielfältiger, oft sozialistisch programmierter Progressivität und Prophetie.

Die nötigen Produktionsvoraussetzungen sind gegeben: Die explosionsartigen Fortschritte der Druckverfahren, die immer schneller die Herstellung immer höherer Auflagen erlauben, die verbesserte Ausstattung bis hin zum Vielfarbendruck, die vehemente

Zunahme des modernen Anzeigenwesens als eines wirtschaftlichen Faktors und die exaktere, kalkülisiertere Nutzbarmachung der Marktmechanismen indizieren eine fortschreitende Industrialisierung des Literaturbetriebs, die auch die Literaturpresse zunehmend bestimmt. Die Entwicklungsgeschichte der Redaktionsarbeiten tritt ebenfalls in ein neues Stadium: Während die Blätter der Vormärz-Zeit und noch lange danach meist im Einmannbetrieb gestaltet wurden, später gelegentlich von zwei oder drei Mitarbeitern, erscheinen jetzt auch Zeitschriften, die von einem halben Dutzend und mehr Namen verantwortet werden.

Zwei Bemerkungen noch, die zur Sozialgeschichte der deutschen Literatur gehören, genauer: zur Sozialgeschichte der Sozialgeschichte. Erstens: Daß Zeitschriften zentrale Funktionsträger literarischer und politischer Entwicklungen sind, Medien der neuen Trends und Tendenzen, Indikatoren der Veränderungen im Publikumsgeschmack ebenso wie Überlieferungsträger der Sozialisationsprozesse, damit aber wesentliche Materialbasen für die Erforschung ihrer Zeit (viele Texte sind nur in Zeitschriften zu finden, die Veröffentlichung von wichtigen programmatischen Entwürfen und Experimenten erfolgte speziell in ihnen) - dies alles ist seit längerem bekannt, wurde aber erst in jüngerer Zeit ernsthafter in die wissenschaftliche Arbeit einbezogen. So blieb die zusammenhängende Behandlung periodischer Produkte gegenüber den Arbeiten zu monographischen Formen bislang defizitär; es fehlt eine Gesamtdarstellung der deutschen Literaturzeitschriften, ebenso wie es auch über viele zentrale Titel noch keine Abhandlung gibt. Der tradierte Qualitäts-Eklektizismus wirkt noch immer: Gerade die Bereiche der Literaturversorgung der einkommensschwachen Teile der Bevölkerung – deren einziger Zugang zu Texten zumeist die Billigblätter waren – sind noch unerforscht. Sogar die nötigste Grundlage, eine zusammenfassende bibliographische Übersicht für diesen Zeitraum, liegt noch nicht vor. Und zweitens: Die materielle Überlieferung der Zeitschriften in den Bibliotheken ist sehr mangelhaft, viele Titel sind weit verstreut und inkomplett, einige ganz verschollen, die meisten in schlechtem Erhaltungszustand, oft lückenhaft (wenn Datenträger wie Umschläge oder Annoncenbeilagen nicht magaziniert wurden); Neudrucke, von denen es eine Reihe gibt, sind häufig kein Ersatz, da auch sie keineswegs immer vollständig sind.

Versuch einer Typologie

In den Jahren zwischen 1880 und 1918 läßt sich zum drittenmal in der Geschichte der deutschen Literatur ein Zeitraum besonderer publizistischer Vielfalt konstatieren, zum drittenmal (nach den Aufklärungs-Jahrzehnten der fünfziger bis siebziger Jahre des 18. Jahrhunderts und dem Vormärz-Zeitraum der dreißiger und vierziger Jahre des 19. Jahrhunderts) ein deutliches Ansteigen der Titelzahlen, ein offensichtliches Ausfächern des Angebots, der progressiven wie der regressiven Tendenzen, der Experimente und der Polemiken. Eine Fülle von Blättern kommt auf den Markt, wie sie weder vorher noch nachher zu verzeichnen ist. Der *Deutsche Journal-Katalog*, der Titel aller Inhalte erfaßt, nennt in seiner Ausgabe von 1903 unter etwa 2800 aufgeführten Titeln (von schätzungsweise 4000 tatsächlich erschienenen) in den Rubriken *Bibliographische, litterarische und kritische Zeitschriften, Kunst und Theater* und *Blätter zur Unterhaltung* knapp 300 Titel, in seiner Ausgabe von 1918 unter circa 3600 Titeln fast 350 Titel, die hier in Betracht kommen. Dieser hohe Prozentsatz an Literatur-Presse wird noch höher, wenn man die Zahlen der Billig- und Gratisblätter, der kirchlich gelenkten Zeitschriften und der Fachorgane einbezieht. Zusammenfassend gesehen läßt sich diese Menge in sieben Typen – mit Übergängen und Mischformen, versteht sich – einteilen, von denen die meisten Sorten heute nicht mehr erscheinen, sondern spätestens in den gesellschaftspolitisch-kulturellen und wirtschaftlichen Umbruchsituationen des deutschen Faschismus und des Zweiten Weltkriegs untergegangen sind.

Typ 1: *die großen Familienzeitschriften und Massenblätter*, die, zumeist in der Zeit vorher gegründet, in diesen Zeitraum hineinreichen und oft noch darüber hinaus erscheinen. Mit ihren hohen Auflagen, ihrer nicht selten durch jahrzehntelange Abonnements-Tradition gesicherten Verbreitung, ihrer oft üppigen Ausstattung und ihren umfänglichen Anzeigenteilen sind sie die zentralen Materiallieferanten und Meinungsbildner der breiten Schicht des mittleren Bürgertums. Obwohl sie grundsätzlich über alle Gebiete der kulturellen – und oft auch der politischen -- Entwicklungen berichten, haben sie durchweg einen sehr hohen Anteil an Literatur, vor allem an narrativen Texten; ihr großes Gebiet ist der Fortsetzungsroman. Unübertroffener Klassiker dieses Typs ist *Die Gartenlaube*, 1853 von Ernst Keil in Leipzig begonnen und erst 1943/44 eingegangen. In Nr.52 des Jahrgangs 1893 heißt es: »Zum einundvierzigsten Male ist es nun, daß die ›Gartenlaube‹ am Abschluß eines Jahrgangs steht und sich anschickt, mit ihren zahlreichen, allüberall im deutschen Vaterland und in der ganzen Welt verbreiteten Lesern in ein neues Jahr einzutreten. Das ist die Zeit, wo jedermann – und sei es auch nur in flüchtigem Gedanken – zurückblickt auf das hinter ihm Liegende, auf das von ihm Vollbrachte, und wo er vorwärts schaut in die Zukunft, auf die neuen Aufgaben, die seiner harren. Um wie viel ernster aber ist ein solcher Rück- und Ausblick für ein Blatt, welches jahraus jahrein zu Hunderttausenden redet, welches sich das Ziel gesteckt hat, Männern und Frauen nicht minder wie der erwachsenen Jugend aller Lebenskreise gemüthliche Anregung und geistige Nahrung nach den Mühen der Tagesarbeit zu bieten! Die ›Gartenlaube‹ ist sich der verantwortungsvollen Bedeutung dieser ihrer Aufgabe immer bewußt gewesen. Sie wird es auch ferner bleiben. Unverrückt wird sie ihr seit vier Jahrzehnten verfolgtes Ziel im Auge behalten: ›ein Vereinigungspunkt zu sein für die besten, volksthümlichsten Erzähler, Dichter und Denker Deutschlands, ein frischer, reiner Quell nützlicher Belehrung und edler Unterhaltung für das deutsche Haus, ein treuer Spiegel des geistigen Lebens unseres Volkes, ein warmer verständnisvoller Freund desselben in Freud und Leid!‹«

Und in der Nr.52 des Jahrgangs 1900 wird im Blick auf das seit 1853 Erschienene gesagt: »Ein treues Bild dieser langen Zeit spiegeln diese Bände wider, denn kaum eine Frage von tieferer Bedeutung für das deutsche Volk ist aufgeworfen, kaum eine Errungenschaft auf einem Felde gemeinnützigen Wissens gemacht worden, ohne dass die ›Gartenlaube« durch geeignete Männer ihren Hunderttausenden von Lesern im deutschen Vaterlande und in aller Welt Aufklärung und anregende Belehrung hierzu geboten hätte. So ist die ›Gartenlaube‹ im stets engen Zusammenhange mit den bewegenden Fragen des Tages und als Uebermittlerin von wahrhaft wertvollen Werken der Erzählungskunst unserer besten Dichter und Dichterinnen trotz all der anderen im Laufe der jüngsten Jahre aufstrebenden Journale das Lieblingsblatt des deutschen Bürgerhauses, die weitaus verbreitetste Familienzeitschrift der Erde geworden«.

Andere, damals nicht weniger bekannte Titel dieses Typs sind *Ueber Land und Meer* (Stuttgart, Berlin 1858 bis 1925), »im eminenten Sinne ein Unterhaltungsblatt: die Unterhaltung steht für uns obenan, und selbst wo wir belehren, soll es unterhaltend sein« (Nr.52/1882), und *Daheim* (Berlin, Leipzig, Bielefeld 1864 bis 1944), das seinen Jahrgang 1888/89 mit der früher vielfach üblichen Form eines Programm-Gedichts eröffnet:

»›Daheim, Daheim!‹« das waren gute Worte, / Mit denen einst sich uns dies Heim erschloß: / Die Klingel klang, aufging des Hauses Pforte, / Mann, Weib und Kind, Platz fand man klein und groß; / Da saß man warm beim trauten Lampenlichte, / Der Vater las, es lauschte jung und alt / Manch schönem Lied, manch reizender Geschichte; / Die Zeit verflog, fast ward das Essen kalt ...«.

Schon aus einer Zusammenstellung von weiteren Titeln geht die allgemeine Intention solcher Blätter hervor: *Bibliothek der Unterhaltung und des Wissens, Das Buch für Alle, Vom Fels zum Meer, Nord und Süd, Aus fremden Zungen, Feierstunden, Deutscher Hausschatz in Wort und Bild.* Zu diesem Typ sind auch die frühen Versuche großer Illustrierter zu rechnen, etwa die *Illustrirte Zeitung*, die trotz ihres Namens und des Folioformats eine Zeitschrift mit vielen literarischen Texten ist, oder *Die Woche*.

Typ 2: *die allgemeinen ›Kultur‹-Zeitschriften*, die innerhalb ihres meist anspruchsvoller redigierten, häufig bürgerlichen Liberalismus vertretenden Programms betont auf Literatur und Literaturpolitik eingehen, Blätter des Rundschau-Typus, die anhand sowohl primärer als auch sekundärer Texte – umfangreiche Essays, viele Notizen – dem »gebildet« gedachten Leser eine tunlichst fundierte Basis der orientierenden Meinungsbildung zu geben suchen; sie sind zumeist gepflegt aufgemacht und haben mittlere Auflagen zwischen 10 000 und 50 000 Exemplaren. Prototypen sind die *Deutsche Rundschau* (Julius Rodenberg, Bruno Halle, Rudolf Pechel; Berlin 1874 bis 1963), bewußtes Gegenstück zu internationalen Erfolgen wie der französischen *Revue des deux mondes* und der englischen *Quarterly Review*, ferner *Die Grenzboten. Zeitschrift für Politik, Literatur und Kunst* (Leipzig 1841 bis 1922), »die vornehmste deutsche Wochenschrift, in den höchsten Kreisen gelesen« (Werbetext 1903), und die *Deutsche Revue über das gesamte nationale Leben der Gegenwart* (Richard Fleischer; Breslau, Stuttgart 1877 bis 1922). Im *Vorwort* der *Deutschen Revue* zum Jahrgang 1900 heißt es: »Die Begründung des Deutschen Reiches brachte auch neues Leben in die periodische Litteratur. Nicht nur die Tagespresse hat einen weiteren Horizont und eine größere Ausdehnung gewonnen, sondern auch die Zeitschriftenlitteratur ist mächtig angewachsen. Das deutsche Volk wollte andern großen Nationen nicht nachstehen und Organe besitzen, in welchen, wie in den großen englischen und französischen Revuen, hervorragende Männer das Wort ergreifen, um aufzuklären, zu belehren und für das Wohl der Gesamtheit zu wirken. Die Zeit des gelehrten und bureaukratischen Schweigens und des Abschließens von der Oeffentlichkeit ist vorüber. Die Feder regiert mit in der Welt, und man kann jetzt weit eher von einem Bacillus scriptorum als von großen Schweigern reden. Es ist ein Glück, daß das Licht der Oeffentlichkeit selbst in die geheimsten Kabinette und in alte Werkstätten der Arbeit und des Geistes dringt, um den Frieden zu erhalten und um die Forschungen und Entdeckungen in den Wissenschaften zum Gemeingut aller Kulturvölker zu machen. Die Bücher der Weisheit haben ihre sieben Siegel verloren; offen liegt alles, was unsre Zeit bewegt, was erstrebt und geschaffen wird, vor unsern Augen da«.

Aus der Fülle der hier einschlägigen Titel können nur einige genannt werden: *Die Gegenwart. Wochenschrift für Literatur, Kultur und öffentliches Leben* (Theophil Zolling, Richard Nordhausen; Berlin 1872 bis 1931), *Moderne Dichtung/Moderne Rundschau. Monatsschrift für Literatur und Kritik* (Eduard Michael Kafka; Wien 1890 bis 1891), *Wiener Rundschau. Zeitschrift für Kultur und Kunst* (Rudolf Strauß; Wien 1896 bis 1901), *Das Forum* (Wilhelm Herzog;Herzog, Wilhelm Berlin 1914 bis 1915, 1918 bis 1924), *Wissen und Leben* (Zürich 1908 bis 1931), *Berner Rundschau* (Franz O. Schmidt; Bern 1906 bis 1913), *Der neue Merkur. Monatsschrift für geistiges Leben* (Efraim Frisch, Wilhelm Hausenstein; München 1914 bis 1916, 1919 bis 1925). Aus dem *Prospekt* des *Neuen Merkur*: »Lebendig, persönlich und in steter Beziehung zur Gegenwart, doch gediegen und geistig gerichtet – damit ist der Charakter der neuen Zeitschrift und ihr Willen gekennzeichnet. Die neue Zeitschrift hat es sich zu ihrer vornehmsten Aufgabe gesetzt, aus der richtungslosen Mannigfaltigkeit der literarischen Produktion, die heute den Markt überschwemmt und zu einer völligen Desorientierung des Lesepublikums geführt hat, das mit Sorgfalt auszuwählen und herauszustellen, was natürlich gewachsen und aus künstlerischer Notwendigkeit geschaffen ist. Sie wird ferner auf geistigem Gebiete nur das berücksichtigen, was wirklich neuen Ideengehalt in sich birgt und dem Leser innerlich erlebte Erkenntnis vermittelt. Sie will damit sowohl zur Klärung der heutigen Verworrenheit beitragen, als auch dem neuen Geiste dienen, der entgegen den mechanistischen Tendenzen der technischen Kultur eine lebendige Erneuerung erstrebt. Kritisch wird ›Der neue Merkur‹ sich nur mit Erscheinungen auseinanderzusetzen haben, welche in irgendeiner Beziehung wirkliche Ereignisse in der geistigen Welt bedeuten. Über politische und soziale Fragen will die neue Zeitschrift in gleicher Weise nur diejenigen zu Worte kommen lassen, die über den kleinlichen Kämpfen des Tages und der Parteien stehend, von großen Gesichtspunkten aus die Zusammenhänge sehen und lebendige Verantwortung für die Zukunft fühlen. ›Der neue Merkur‹ will mit dem Begriff ›Weltliteratur‹, der heute berechtigter als je ist, insofern Ernst machen, als er auch Werke fremder Literaturen nach Maßgabe ihrer vorbildlichen Bedeutung veröffentlichen wird«.

Zu diesem Typus gehören auch die illustrierten Kultur-Rundschauen wie *Velhagen und Klasings Hefte* (Bielefeld 1886 bis 1953) oder *Westermanns illustrierte deutsche Monats-Hefte* (Braunschweig 1856 bis 1944, 1953ff), die erfolg- und einflußreichen weltanschaulich enger gebundenen Blätter, etwa die Vertreter der »Heimat«-Ideologie wie *Heimgarten* (Peter Rosegger; Graz 1876 bis 1935) oder *Der Bote für deutsche Literatur/Die Heimat. Blätter für Literatur und Volkstum* (Georg Heinrich Meyer; Leipzig 1897 bis 1904), konfessionell engagierte Periodika wie *Hochland. Monatsschrift für alle Gebiete des Wissens, der Literatur und Kunst* (Karl Muth; München 1903 bis 1941, 1946ff) und *Der Türmer. Monatsschrift für Gemüt und Geist* (Jeannot Emil von Grotthuß; Stuttgart 1898 bis 1943: »Wie Schiller einst und sein Geschlecht, / Gelobten wir dem Werke, / Auf Wahrheit, Schönheit, Freiheit, Recht / Zu gründen unsre Stärke« – aus Heft 1 des Jahrgangs 1907), vor allem *Der Kunstwart. Rundschau über alle Gebiete des Schönen*, ab 1912 *Der Kunstwart und Kulturwart* (Ferdinand Avenarius; München 1887 bis 1932). Aus dem Prospekt des *Kunstwart*: »Was wollen wir? Ein Blatt schaffen, das dem Gebildeten vom dichterischen, musikalischen, bildnerischen und sonstigen Kunstleben die Kenntnis all' dessen vermittelt, was er eben als Gebildeter kennen muß. Das ist weniger und mehr, als ihm gar häufig geboten wird. Weniger! Zunächst: wir wollen keinen Kunstklatsch bringen, der am Privaten der Menschen kleben bleibt, die uns nur als Künstler was angehen. Dann: wir streben weder nach dem Ruhm, über möglichst viele Erscheinungen, die irgendwo auftauchen, etwas zu sagen, noch überhaupt nach dem, einen möglichst großen Haufen kleiner Kenntnisse vor unsern Lesern auszuschütten. Mehr! Wir wollen denen zu Hilfe kommen, die, von der Fülle der Einzelerscheinungen verwirrt, nach dem Allgemeineren suchen, das sie die Teile verstehen und das Ganze zu sehen lehre. Wir wollen ferner im höheren Sinne eine Rundschau gewinnen: eine Rundschau nicht nur über das, was von wirklich Bedeutungsvollem geschaffen wird, sondern auch über das, was über solches Schaffen Gescheites und Eigenartiges gedacht und empfunden wird. ... Der ›Kunstwart‹ kommt in einem anständigen Rock, wie's einem Diener so hoher Herrin geziemt, er macht seine Sache kurz, denn wer hat heutzutage viel Zeit, und er läßt sich nicht teuer bezahlen, denn wer giebt heutzutage gern Geld?«

Für viele andere Blätter dieses Typs mögen einige Sätze aus dem Programm der Zeitschrift *Der Lotse. Hamburgische Wochenschrift für deutsche Kultur* (Carl Mönckeberg; Hamburg 1900 bis 1902) stehen: »Der ›Lotse‹ bezieht in Lob und Tadel alles auf sein Ideal einer echten, schöpferischen, deutschen Kultur und erkennt kein anderes Kriterium an, als sein lebhaftes Empfinden für das, was seinem Ideal günstig oder feindlich ist. Unter deutscher Kultur versteht der ›Lotse‹ die Entfaltung aller Stammescharaktere zu ihrer besondern Tüchtigkeit; als geschmackloses Barbarentum bekämpft er jede über den technischen Apparat der Verwaltung hinausgreifende Gleichmacherei auf künstlerischem, wissenschaftlichem, erzieherischem und volkswirtschaftlichem Gebiete. Der ›Lotse‹ will das wirkliche Geschehen beobachten und auf das Leben der Gegenwart Einfluß gewinnen. Er betrachtet deshalb Schlagworte, Modebegriffe, Parteiprogramme und Dogmen jeder Art mit gründlichem Mißtrauen und rechnet mit ihnen nur als mit einer Macht, von der die einzelnen Menschen verschieden stark bewegt werden«.

Typ 3: *politisch-literarische Zeitschriften.* Damit sind weniger Blätter gemeint, die expressis verbis ein politisches Programm vertreten, vielmehr Zeitschriften, deren reflektorische Aufmerksamkeit sich gleichermaßen auf die Berichterstattung politischer wie kultureller (und hier häufig literarischer) Entwicklungen konzentriert, zumeist aus dem Impetus, alle gesellschaftlichen Zusammenhänge letztlich »kulturell« erklären zu können; der Typ der sozialanalytischen Zeitschrift somit, der politischen Fragen einen gravierenden Platz in seinen Spalten einräumt. Ein Prototyp ist *Die Fackel* (Karl Kraus; Wien 1899 bis 1936), zu deren »politischem Programm« das *Vorwort* in Heft 1/1899 sagt: »Kein tönendes ›Was wir bringen‹, aber ein ehrliches ›Was wir umbringen‹ hat sie sich als Leitwort gewählt. Was hier geplant wird, ist nichts als eine Trockenlegung des weiten Phrasensumpfes, den andere immerzu national abgrenzen möchten. Mit Feuerzungen – und wäre es auch ein Dutzend verschiedensprachiger – predigen die Verhältnisse das Erkennen socialer Nothwendigkeiten, aber Regierende und Parteien wünschen vorerst – mit hinhaltender Berechnung die einen, in leidenschaftlicher Verblendung die anderen – die Kappenfrage der Prager Studenten erledigt zu wissen. Diese Erscheinung schmerzlichsten Contrastes, die sich durch unser öffentliches Leben zieht, wird hier den Gesichtspunkt für die Beurtheilung aller politischen Ereignisse bestimmen, und es mag zuweilen glücken, dem dumpfen Ernst des Phrasenthums, wo immer er sein Zerstörungswerk verübe, durch die ihm so unbequeme Heiterkeit rechtzeitig den Credit zu schmälern«.

Ein anderer Prototyp ist *Die Nation. Wochenschrift für Politik, Volkswirtschaft und Literatur* (Theodor Barth; Berlin 1883 bis 1907); aus dem *Finale* in Nr.26/1907: »Während so ›der Wechsel der Zeiten immer neuen Trank eingoß in unsern Kelch‹, hielt die ›Nation‹ stets als oberste Aufgabe das Ziel im Auge, einer einheitlich liberalen Weltanschauung auf den verschiedensten Gebieten des geistigen Strebens Ausdruck zu verleihen. Freiheit und Humanität sind während der ganzen Dauer der Existenz dieser Zeitschrift ihre Leitsterne gewesen. Von lärmenden Ausbrüchen des Nationalgefühls hat sich die ›Nation‹ immer ferngehalten. Die nationalen Hurraschreier und Tamtamschläger haben sie deshalb oft angegriffen. Wir glauben, patriotischer gehandelt zu haben, indem wir nationalen Vorurteilen und nationalen Phrasen keinen Einfluß auf uns einräumten; auch bei der Beurteilung anderer Völker suchten wir Gerechtigkeit und Billigkeit walten zu lassen«.

Auch hier können aus der großen Fülle einschlägiger Titel nur einige als Beispiele herausgegriffen werden: Die *Preussischen Jahrbücher* (Berlin 1858 bis 1935) oder die *Süd-*

deutschen Monatshefte (Wilhelm Weigand, Paul Nicolaus Cossmann, Josef Hofmiller; München 1904 bis 1936), *Deutschland. Wochenschrift für Kunst, Literatur, Wissenschaft und soziales Leben* (Fritz Mauthner; Glogau 1889 bis 1890), *Das 20. Jahrhundert. Deutschnationale Monatshefte für soziales Leben, Politik, Wissenschaft, Kunst und Literatur* (Friedrich Lienhard, Heinrich Mann; Berlin 1890 bis 1896) oder *Die Zukunft* (Maximilian Harden; Berlin 1892 bis 1922), *Das Blaubuch. Wochenschrift für öffentliches Leben, Literatur und Kunst* (H. Ilgenstein; Berlin 1906 bis 1910), *März. Halbmonatsschrift für deutsche Kultur* (Albert Langen, Hermann Hesse, Ludwig Thoma, Theodor Heuss; München 1907 bis 1917) oder *Morgen. Wochenschrift für deutsche Kultur* (Werner Sombart, Georg Brandes; Berlin 1907 bis 1909). Eigens erwähnt werden müssen die einflußreichen Titel *Die Hilfe. Wochenschrift für Politik, Literatur und Kunst* (Friedrich Naumann; Frankfurt, Berlin 1895 bis 1943) und *Die Tat. Wege zu freiem Menschentum/Monatsschrift für die Zukunft der deutschen Kultur* (Eugen Diederichs; Jena 1909 bis 1938).

Typ 4: *die künstlerisch-literarischen Zeitschriften*, deren oft extensive, häufig graphisch glänzende Ausstattung an Layout, Illustrationen, Buchschmuck und Beigaben – der Farbdruck setzt sich hier immer mehr durch – einen hohen Anteil an ihrer Spekulation und an ihrer Wirkung haben. Ihre meist umfangreichen und großformatigen Hefte stellen heute ein eminentes Quellenmaterial zur Erforschung der zeitgenössischen Geschmackssoziologie dar. Bekanntester Titel dieses Genres ist die *Jugend. Münchner illustrierte Wochenschrift für Kunst und Leben* (Georg Hirth; München 1896 bis 1940). Im Gedicht *An unsere Freunde* heißt es zum Abschluß des Bandes 1/1896: »Hat uns auch an Feinden nicht gefehlt. / Was haben sie alles geklagt und geschmält, / In ihren Reden und Blättchen und Schriften! / Wir sollten das Herz der ›Jugend‹ vergiften, / Wir hätten von idealer Kunst / Keinen blassen Schein, keinen blauen Dunst, / Und namentlich sei's ein Skandal / Bezüglich der sogenannten Moral, / Wie nackt und bloß in unseren Spalten / Gar mancherlei verruchte Gestalten / Umtrieben ganz ohne Feigenblätter. / Es krachte so manches Donnerwetter / Von hoher Kanzel auf uns her, / Wir hatten ja allen Respekt vergessen, / Manch wackerem Schwarzrock was aufgemessen, / Und manchen politischen Kampfhahn schwer / Geärgert, verhöhnt und im Bild geschildert. / Es hieß: Die ›Jugend‹ sei falsch und schlecht / Frivol und frech und total verwildert – – – / Nun – dafür machten wir's Andern recht / Und zwar den Bessern in deutschen Landen, / Und haben die Bessern uns wohl verstanden, / Wir nehmen recht gerne die Schreier in Kauf!«

Ähnliche Zeitschriften sind *Pan* (Genossenschaft Pan/Otto Julius Bierbaum, Julius Meier-Graefe; Berlin 1895 bis 1900), *Ver sacrum* (Leipzig 1898 bis 1900), *Die Insel* (Otto Julius Bierbaum; Leipzig 1899 bis 1902), *Hyperion* (Franz Blei, Carl Sternheim; München 1908 bis 1910) oder *Die Rheinlande/Düsseldorfer Monatshefte für deutsche Art und Kunst* (Wilhelm Schäfer; Düsseldorf 1900 bis 1922).

Eine zweite zu diesem Typ gehörende Gruppe bilden die illustrierten Satire-Zeitschriften und Oppositionsblätter jener Jahre: allen voran der *Simplicissimus* (Albert Langen; München 1896 bis 1944), »das einzige illustrierte Kunst- und Kampfblatt Deutschlands ohne politische Tendenz, geschaffen für alle Freunde und Feinde einer freien Denkungsart« (Reklametext 1896), in dessen Nr.1/1896 *Simplicissimus spricht*: »Du träges Volk, du hast zu lang gerastet. / Wach auf, wach auf, die Morgenstunde naht! / Wenn stumm und scheu die Nacht von dannen hastet, / Vernichten wir der Knechtschaft bittre Saat. / Wer Durst gelitten, trinke, – wer gefastet, / Empfange neues Brot; – der Zeiten Rad / Läuft über Parlament und Pickelhelmen / Zum dunkeln Pförtchen eines armen Schelmen«.

Daneben erscheinen noch immer traditionsreiche, aus dem Vormärz herübergekommene Titel wie die *Fliegenden Blätter* (seit 1845) oder der *Kladderadatsch* (seit 1848), und es werden neue, in hohen Auflagen verbreitete Blätter gegründet wie *Der wahre Jakob* oder der Berliner *Ulk*.

Typ 5: *Rezensions- und Informationsblätter*, Zeitschriften, deren wesentliche Strukturelemente literaturkritische Beiträge – häufig ausführliche Besprechungen, »Trend«-Aufsätze – sind, meist verbunden mit Nachrichten und Kurzmeldungen »aus dem literarischen Leben«, unerschöpfliche Fundgruben materiellen Wissens über jene Jahre. Daß diese Zeit eine Epoche »großer Kritikerpäpste« war, besagt wenig; daneben dokumentiert eine unbekannte Zahl »kleinerer« Rezensenten die gesamte Literaturproduktion in einer Fülle und in einer Differenzierung, daß sich heutige Rezeptionsforschung vor immer neue und immer schwierigere Aufgaben gestellt sieht. Noch erscheint (bis 1898) das älteste hier zu erwähnende Blatt, die 1818 von August von Kotzebue als *Literarisches Wochenblatt* begonnenen *Blätter für literarische Unterhaltung* (Leipzig), daneben, ebenfalls sehr weit zurückreichend, das *Magazin für die Literatur des In- und Auslandes* (Karl Bleibtreu, Fritz Mauthner, Otto Erich Hartleben, René Schickele; Leipzig 1832 bis 1915); in einem Gedicht zum fünfzigjährigen Jubiläum heißt es 1882 programmatisch: »Viel dunkle Wolken sind zerstreut, / Seit sich das alte Reich erneut; / Und aus den Wolken hat's gewittert, / Dass, was Aeonen lag zersplittert, / Durch Blitzesglut zur Einheit schmolz. / Nun klingt der deutsche Name stolz / Durch alle Welt, und höheres Streben / Muss jeden deutschen Mann beleben, / Der, wo der Geist im Riesenschritt / Einhergeht, sagt: ›Ich gehe mit!‹«

Vergleichbare Titel sind *Die schöne Literatur/Die neue Literatur* (Eduard Zarncke; Leipzig 1900 bis 1943), die *Wiener Literaturzeitung/Neue Revue* (Leipzig 1900 bis 1943), *Eckart. Ein deutsches Literaturblatt* (Berlin 1906 bis 1916) und *Das litterarische Echo. Halbmonatsschrift für Literaturfreunde* (Josef Ettlinger, Ernst Heilborn; Berlin 1898 bis 1943), dessen Programm in Heft 1/1898 vorgestellt wird: »Den Vielen, die in dem weitläufigen Reiche der modernen Litteratur nur von Zufalls wegen einzelne Streifen und Strecken kennen und danach Verlangen tragen, ihrem Wissen einen weiteren Horizont und ihrem Urteil festeren Boden zu geben, will dieses Blatt die Möglichkeit bieten, das rege Treiben und Schaffen auf litterarischem Gebiet aus größerer Nähe zu beobachten. Daß ein Mensch, der seine Zeit verstehen und mit ihr gehen will, alles selber liest, was geschrieben und gedruckt wird, ist weder denkbar noch nötig: bei der ungeheuren Menge der Produktionen kann er heutzutage kaum noch das Wichtigste von dem Wichtigeren mit eigenen Augen kennen lernen, was alljährlich die Hochflut des Büchermarktes heranträgt. Aber sich unterrichten lassen über das was vorgeht, das kann er, und das sollte er, wenn er die einflussreiche Rolle nicht ganz verkennt, die der lebendigen Litteratur im geistigen Haushalte eines Kulturvolkes zufällt. Von der dichten Fülle der Erscheinungen daheim und draußen den Querschnitt zu geben, soll der Zweck dieser Zeitschrift sein. Sie wendet sich damit nicht nur an die engeren Kreise der Kenner und Fachleute, die ihre eigenen Wegweiser sind. Sie will versuchen, das Interesse aller Gebildeten oder Bildungsuchenden zu gewinnen, eine ständige Verbindung zwischen Schaffenden und Genießenden herzustellen und der oft beklagten litterarischen Appetitlosigkeit des großen Publikums zu steuern«.

Typ 6: *die Theater-Zeitschriften*. In einer Zeit, in der die Bühne eine viel gravierendere bürgerlich-gesellschaftliche Rolle spielt als heute, haben Blätter mit Theaterkritiken aus Metropolen und Provinzen, mit Aufsätzen über Schauspieler und Schauspielkunst, mit Dramen-Abdrucken und mit der Wiedergabe zahlloser kleiner Meldungen eine besondere literaturpolitische Stellung. Zu nennen sind *Die Volksbühne* (Franz Mehring; Berlin 1892 bis 1895), *Die freie Volksbühne* (Conrad Schmidt; Berlin 1897 bis 1914), *Bühne und Welt* (Leipzig 1898 bis 1916) und *Das Theater* (Christian Morgenstern; Berlin 1903 bis 1905); zu erwähnen ist besonders *Die Schaubühne* (Siegfried Jacobsohn; Berlin 1905 bis 1918, deren Fortsetzung *Die Weltbühne* nicht mehr hierher gehört); sie beginnt – Nr.1/1905 – mit den Sätzen: »So lange das Gefühl nicht ganz erstorben ist, daß der Geist eines Volkes und einer bestimmten Zeit eindringlicher als in der übrigen Literatur im Drama zum Ausdruck kommt, so lange wird immer von neuem der Wunsch lebendig werden, daß der Schaubühne ein Strom künstlerischer und geistiger Neuwerte entquelle, da jetzt zumeist Geschäftsleute bemüht sind, dem Theater mit dem geringsten Einsatz an Geist den größten Gewinn zu entlocken. Der Wunsch wird zur Aufgabe – zu der Aufgabe, das Theater wieder zur Würde eines Kunstinstituts zu erheben. An dieser Aufgabe mitzuarbeiten, führend und unterrichtend, ist die vornehmste Pflicht dieser Wochenschrift: im engsten Zusammenhange mit dem Leben unsrer Zeit, soweit die Kunst des Dramas in Wort und Ton es gestaltet, in ständiger Fühlung auch mit den mannigfaltigen praktischen Fragen der dramatischen Kunst wollen wir hier die Probleme und die Erzeugnisse des zeitlos Großen und Schönen würdigen und fördern«.

Typ 7: *die »literarischen« Zeitschriften*, die Produktionsblätter für neue (und neuentdeckte) Texte. Während die oben genannten Familien-Zeitschriften sich auf etwa ein Dutzend »großer« und bekannter Titel beschränken, fällt unter diesen Typ eine kaum übersehbare Menge kleiner und winziger Blätter mit teilweise minimalen Auflagen und geringer, sporadischer Verbreitung, Geheimtips für Kenner, Titel auch, bei denen Mitarbeiterstab und Leserschaft nahezu identisch sind. Diese »Poetenblätter«, oft exklusiv und esoterisch, drucken zumeist Gedichte und kurze Prosa, fast immer Originalbeiträge, oft in experimenteller Aufmachung. Die meisten von ihnen kann man, aus dem historischen Abstand, hinsichtlich ihrer zeitgenössischen Wirkung als Randerscheinungen der Literaturvermarktung klassifizieren, etwa gegenüber dem Einfluß der Massenblätter und Tageszeitungsfeuilletons. Die Literatur verlagert in jenen Jahren ihr politisches Gewicht; in der Zeit der wirtschaftlichen Prosperität kommt ihr nicht mehr die Rolle zu, die sie im Vormärz und noch vor der Reichsgründung hatte. Insofern indizieren auch die »literarischen« Zeitschriften der Jahrhundertwende den Beginn »sezessionistischer« Tendenzen in der deutschen Literatur, wie sie nachmals für das 20. Jahrhundert symptomatisch sein würden. Typische Titel dieses Zusammenhangs sind etwa *Deutsche Dichtung* (Karl Emil Franzos; Stuttgart 1886 bis 1904), *Pan* (Wilhelm Herzog, Paul Cassirer, Alfred Kerr; Berlin 1910 bis 1915) oder *Wieland. Deutsche Wochenschrift für Kunst und Literatur* (Bruno Frank, Cäsar Flaischlen; München 1915 bis 1920). Weitere Blätter werden in den folgenden Abschnitten genannt, wo es um Zeitschriften geht, die in engerer Verbindung mit den damaligen literarischen Bewegungen stehen, ein Vorgang, der gerade bei Original-Produktionsblättern deutlich ist.

Literatur-Zeitschriften und literarische Bewegungen

Bestimmte Zeitschriften einer literarischen Bewegung zuordnen zu wollen, ist bis auf wenige Ausnahmen müßig und oft sinnentstellend wegen der notwendigen inhaltlichen Vielfalt, auf die Periodika verwiesen sind, ebenso wie wegen der Schwierigkeit, die damit postulierte »Einheit« einer literarischen Bewegung überhaupt zu ermitteln. Der publizistisch-strategischen Vielfalt des gesamten literarischen Lebens ist mit Schlagworten und

Sammelbegriffen, auch wenn sie differenzierter auf Intentionen eingehen, nicht beizukommen. Wenn es schon Blätter gibt, die das Programm (oder die Programme) einer Richtung mehr oder weniger vertreten, so spiegeln sich doch diese »Bewegungen« ebenso in anderen Zeitschriften wider, wird die Diskussion um Positionen an sehr vielen Orten geführt. Innerhalb dieser generellen Einschränkung folgt hier ein kurzer Überblick zu solchen Blättern.

Am Beginn des deutschen Naturalismus stehen die Zeitschriften der Brüder Heinrich und Julius Hart: *Deutsche Dichtung. Organ für Dichtung und Kritik* (Münster 1877), *Deutsche Monatsblätter. Zentralorgan für das literarische Leben der Gegenwart* (Bremen 1882 bis 1884) und vor allem *Kritische Waffengänge* (Leipzig 1892 bis 1894). Ihnen folgt das große Blatt des süddeutschen Naturalismus, *Die Gesellschaft. Realistische Wochenschrift (Monatsschrift) für Literatur, Kunst und öffentliches Leben* (Michael Georg Conrad; München 1885 bis 1902), in deren Heft 1/1889 es heißt: »Vier Jahre des Kampfes liegen hinter uns. Oft war er uns so schwer geworden, daß wir mit einem Fluch auf alle deutsche Litteratur und Kunst hätten unsere Feder zerbrechen mögen. Nie hätten wir geglaubt, daß alles Leben rings um uns so tief in Unreinlichkeit des Denkens, in Unwahrhaftigkeit des Empfindens hätte getaucht sein können; nie hätten wir jenes Maß von Bosheit, Feigheit und Niedertracht für möglich gehalten, das wir bei jedem neuen Schritt entdecken mußten. ... Aber es giebt ein Gefühl über alle Gefühle: Du hast Deine Kraft, Dein Leben nicht umsonst vergeudet; Du hast einer großen, ewigen Sache gedient! Das hat unseren Mut gefestet, unsere Seele froh gestimmt. ... Mit jedem neuen Tag wuchs unser Vertrauen auf unsere Kraft, auf die Ausdauer unserer Kampfgenossen, auf immer regeren Zuzug von Freunden und Förderern. Der Vorwurf, daß wir nur zu zerstören, nicht zu bauen wüßten, wurde sinnloser und schwächer, je mehr auf die sichtbaren Ergebnisse unserer Arbeiten verwiesen werden konnte. In einer Reihe von Werken auf dem Gebiete des Romans, der Novelle, des Dramas u. s.w. haben wir und unsere Kampfgenossen die positive Leistungsfähigkeit des modernen deutschen Realismus erwiesen. Diese Zeitschrift ist unser Sammelplatz. Sie hat nach und nach sämtliche Zeitschriften des Reiches an Tüchtigkeit und Mannichfaltigkeit des Inhalts überholt, wie sie von Anfang an in der Reinheit der Absichten, in der Höhe der Ziele allen überlegen war«.

Norddeutsches Gegenstück dazu ist die *Freie Bühne für modernes Leben*, später *Freie Bühne für den Entwicklungskampf der Zeit*, noch später *Die neue Rundschau* (Otto Brahm, Wilhelm Bölsche, Otto Julius Bierbaum; Berlin 1890ff). Ihre vielzitierte *Eröffnung* lautet: »Eine freie Bühne für das moderne Leben schlagen wir auf. Im Mittelpunkt unserer Bestrebungen soll die Kunst stehen; die neue Kunst, die die Wirklichkeit anschaut und das gegenwärtige Dasein. Einst gab es eine Kunst, die vor dem Tage auswich, die nur im Dämmerschein der Vergangenheit Poesie suchte und mit scheuer Wirklichkeitsflucht zu jenen idealen Fernen strebte, wo in ewiger Jugend blüht, was sich nie und nirgends hat begeben. Die Kunst der Heutigen umfaßt mit klammernden Organen alles was lebt, Natur und Gesellschaft; darum knüpfen die engsten und die feinsten Wechselwirkungen moderne Kunst und modernes Leben aneinander, und wer jene ergreifen will, muß streben, auch dieses zu durchdringen in seinen tausend verfließenden Linien, seinen sich kreuzenden und bekämpfenden Daseinstrieben. Der Bannerspruch der neuen Kunst, mit goldenen Lettern von den führenden Geistern aufgezeichnet, ist das eine Wort: Wahrheit; und Wahrheit, Wahrheit auf jedem Lebenspfade ist es, die auch wir erstreben und fordern. Nicht die objective Wahrheit, die dem Kämpfenden entgeht, sondern die individuelle Wahrheit, welche aus der innersten Ueberzeugung frei geschöpft und frei ausgesprochen:

die Wahrheit des unabhängigen Geistes, der nichts zu beschönigen und nicht zu vertuschen hat. Und der darum nur einen Gegner kennt, seinen Erbfeind und Todfeind: die Lüge in jeglicher Gestalt. ... Die moderne Kunst, wo sie ihre lebensvollsten Triebe ansetzt, hat auf dem Boden des Naturalismus Wurzel geschlagen. Sie hat, einem tiefinnern Zuge dieser Zeit gehorchend, sich auf die Erkenntniß der natürlichen Daseinsmächte gerichtet und zeigt uns mit rücksichtslosem Wahrheitstriebe die Welt wie sie ist« (Heft 1/1890).

Von den Zeitschriften, die die diversen nicht- und gegennaturalistischen Stilrichtungen der Jahrhundertwende vertreten, sind vor allem Stefan Georges *Blätter für die Kunst* (Berlin 1892 bis 1919) zu nennen; in Heft 1/1892 steht als Programm dieses Blattes, das anfänglich keine Abonnenten, sondern nur »einen geschlossenen von den mitgliedern geladenen leserkreis« duldete: »Der name dieser veröffentlichung sagt schon zum teil was sie soll: der kunst besonders der dichtung und dem schrifttum dienen, alles staatliche und gesellschaftliche ausscheidend. Sie will die GEISTIGE KUNST aufgrund der neuen fühlweise und mache – eine kunst für die kunst – und steht deshalb im gegensatz zu jener verbrauchten und minderwertigen schule die einer falschen auffassung der wirklichkeit entsprang, sie kann sich auch nicht beschäftigen mit weltverbesserungen und allbeglückungsträumen in denen man gegenwärtig bei uns den keim zu allem neuen sieht, die ja sehr schön sein mögen aber in ein andres gebiet gehören als das der dichtung. Wir halten es für einen vorteil, dass wir nicht mit lehrsätzen beginnen sondern mit werken die unser wollen behellen und an denen man später die regeln ableite. ... Es sei hervorgehoben dass wir jeder fehde abgeneigt sind: wenn wir diese blätter verbreiten so geschieht es um zerstreute noch unbekannte ähnlichgesinnte zu entdecken und anzuwerben. ... In der kunst glauben wir an eine glänzende wiedergeburt«.

In diesen Zusammenhang gehören *Neue litterarische Blätter. Zeitschrift für Freunde zeitgenössischer Literatur und Monatsblatt der »Literarischen Gesellschaft Psychodrama«* (Franziskus Hähnel; Bremen, Berlin 1892 bis 1897), *Jung-Deutschland/Stimmen der Gegenwart* (Max Beyer; Eberswalde 1900 bis 1902), *Charon. Dichtung, Philosophie, Darstellung* (Rudolf Pannwitz, Otto Zur Linde; Leipzig, Berlin 1904 bis 1914 – »Charonleute sind Sucher«) und *Jahrbuch für die geistige Bewegung* (Friedrich Gundolf, Friedrich Wolters; Berlin 1910 bis 1911).

Die weitaus meisten Zeitschriften, die im engeren Sinne einer »Bewegung« zugeordnet werden können, hat der literarische Expressionismus hervorgerufen. Im Umfeld der sich abzeichnenden und dann doch noch schlimmer als geahnt eintretenden politischen und wirtschaftlichen Katastrophe des »Welt-Kriegs« erschien eine Vielzahl von »programmatischen« Blättern, die die Aspekte des deutschen Expressionismus von gesellschaftskritisch-spielerischen bis zu sozialrevolutionär-anarchistischen Tendenzen aufzeigen. An ihnen wird besonders deutlich, daß der Expressionismus eine der wenigen »innovatorischen« Abschnitte der deutschen Literaturgeschichte ist, im Unterschied zu anderen Abschnitten, die zumeist vorgegebene europäische Entwicklungen aufnehmen oder nachahmen. Vor allem die Titel der ersten Generation, bis zum Beginn des Ersten Weltkriegs, gehören hier in den Darstellungszusammenhang, speziell die »großen« Unternehmungen *Der Sturm* (Herwarth Walden; Berlin 1910 bis 1932), *Der Brenner* (Ludwig von Ficker; Innsbruck 1910 bis 1954), *Die Aktion* (Franz Pfemfert; Berlin 1911 bis 1932) und *Die weissen Blätter* (René Schickele; Leipzig, Zürich 1913 bis 1921). »Die gesamten Jahrgänge des ›Sturm‹ umfassen den bedeutsamsten Abschnitt des deutschen und europäischen Geisteslebens«, steht in einem Werbetext von 1918. »›Der Sturm‹ hat auf dem Gebiete der Dichtung, der Literatur, der Musik, der Zeichnung und des Holzschnittes stets nur die Arbeiten jener Jüngeren und Neuen veröffentlicht, die eine Entwicklung zu größerer Bedeutung erwarten ließen. ... So geben die Jahrgänge des ›Sturm‹ einen Überblick über die gesamte künstlerische Entwicklung der neuen Zeit. Wer die Entstehung des Expressionismus, sein Wesen und seine Bedeutung begreifen will, ist auf Material, das der ›Sturm‹ bietet, angewiesen. ... ›Der Sturm‹ ist das führende Organ der Expressionisten«. Ähnlich beschreibt Franz Pfemfert sein Blatt in der Nummer 21/1914: »Was in den drei vergangenen Jahren in meiner Zeitschrift gedruckt worden ist, es ist so wertereich, so voll heißen Lebens, so (Gott, ein populäres Wort noch!) pyramidal, daß kommende Historiker der Literatur, der Kunst, der Politik die Geschichte des heutigen Deutschlands nicht schreiben werden, ohne *die Aktion* studiert zu haben. Der Literarhistoriker z. B. wird dann feststellen: Das wichtigste, temperamentvollste, mutigste, moralischste Wochenblatt der jungen Literatur um 1910 war die Berliner *Aktion*. Hier (wird der Geschichtsschreiber sagen) haben die besten Köpfe des Jungen Deutschland ihre ersten Schlachten geschlagen ...«.

Aus der Fülle der Blätter, die zwischen 1910 und 1914 gegründet wurden, einige Beispiele: *Kain* (Erich Mühsam; München 1911 bis 1919), *Saturn* (Hermann Meister, Herbert Grossberger; Heidelberg 1911 bis 1920), *Der lose Vogel* (Franz Blei; Leipzig 1912 bis 1913), *Neue Blätter* (Carl Einstein; Berlin 1912 bis 1914), *Das neue Pathos* (Ludwig Meidner, Paul Zech; Berlin 1913 bis 1919), *Die neue Kunst* (Hans Ammon, Heinrich F. S. Bachmair; München 1913 – »Wer jung ist, soll es bis zur Katastrophe sein, und Unreife ist das triebkräftigste Ferment der Weltgeschichte«, Einleitung in Heft 1/1913), *Revolution* (Hans Leybold; München 1913/14), *Neue Jugend* (Friedrich Hollaender; Berlin 1916/17), *Das Forum* (Wilhelm Herzog; München 1914 bis 1924), *Der Orkan* (Rolf C. Cunz; Hanau, Bremen 1914, 1917 bis 1919).

Mit Titeln von Zeitschriften, die während des Krieges und nach Kriegsende herauskamen, läßt sich eine Art Programm des Expressionismus zusammenstellen: *Der Anbruch, Der Mensch, Das junge Deutschland, Revolution, Das Tribunal, Die Rettung, Die Erde, Neue Erde, Das hohe Ufer, Aufschwung, Der Revolutionär, Der Weg, Die Pleite, Der Gegner, Genius, Die junge Kunst, Die rote Erde.* Typisch für viele dieser Blätter sind einige Sätze aus einem Anzeigentext zu *Der Sturmreiter* von 1919: »Zeitschrift junger und jüngster Generation. Vereinigt, pflegt, fördert alle Kräfte, die mit letzter Hingabe Eigenwertiges zu schaffen sich mühen. Jüngste expressionistische Dichtung und Graphik: Erleuchtung, Offenbarung – der innere Mensch, Hingabe, Wille zur Tat – der ekstatische Mensch«.

Bleibt zum Schluß ein Hinweis auf die Zeitschriften des Dadaismus. Sie sind zumeist erst nach der hier abgegrenzten Berichtszeit erschienen und haben ihre literarische Wirkung in den zwanziger Jahren gehabt: *Sirius* (Walter Serner; Zürich 1915 bis 1916), *Cabaret Voltaire* (Hugo Ball; Zürich 1916), *Dada* (Tristan Tzara; Zürich 1919 bis 1920), *Das Hirngeschwür* (Walter Serner; Zürich 1919), *Der blutige Ernst* (Carl Einstein, George Grosz; Berlin 1919) oder *Jedermann sein eigner Fußball* (Wieland Herzfelde; Berlin 1919).

Verhältnis zur Presse insgesamt

In dieser knappen, auswählenden Übersicht der Literaturzeitschriften zwischen 1880 und 1918 wurden, der Formulierung des Themas entsprechend, nur selbständige Publikumsperiodika behandelt, nicht die germanistische Fachpresse, die ebenfalls zum Gesamtkomplex »Literaturzeitschriften« gehört und in dieser Zeit einen großen Aufschwung erlebt, und auch nicht die eigentlichen Massendistributoren primärer wie sekundärer Literaturtexte, die vielen Feuilletons der Tages- und Wochenzeitungen beziehungsweise die oft umfangreichen Literaturbeilagen der Tagespresse.

Würde man gerade letztere einbeziehen, so entstünde ein noch plastischeres, für die Sozialgeschichte der Rezeption aufschlußreicheres Bild vom Auseinanderklaffen der für die deutsche Literaturgeschichte so bezeichnenden »zwei Literaturen«: hier die kleinen, häufig auf fortschrittliche Programme bezogenen, engagiert redigierten, oft experimentellen, zumeist erst im historischen Rückblick faßbaren literarischen Zeitschriften, dort die auflagestarken, weit verbreiteten, meist eher etabliert-konservativen großen Produzenten von Lesestoff aller Art – eine Differenz der Positionen, die geeignet ist, Definitionen von der gesellschaftlichen Wirksamkeit der Literatur wenigstens zu modifizieren. So gesehen sind auch die Literaturzeitschriften zwischen 1880 und 1918, zumal in ihrer oft geringen Effizienz für die Menge der Literatur-Konsumenten, ein wichtiges Stück in der brüchigen und widersprüchlichen Geschichte der deutschen Intellektuellen.

14

Die Periodika-Sammlung der Rothschild'schen Bibliothek Frankfurt am Main in den ersten Jahrzehnten ihres Bestehens

Jeder Sammler, dessen Erwerbungspolitik von nicht unbegrenzten Möglichkeiten des Bargeld-Einsatzes determiniert wird, die Mehrheit also, ist mit der Tatsache vertraut, daß, falls nicht ein absichtlich überschaubar gehaltenes Sammelgebiet vorliegt, der Konflikt zwischen der schieren Unendlichkeit des Geistes, der Sammelobjekte, und der baren Endlichkeit der Materie, der hierauf zu verwendenden Finanzen, letztenendes nur auf dem Wege harter, mitunter schwerwiegender Entscheidungen wenigstens notdürftig zu lösen ist. Dies gilt auch für eine öffentliche Bibliothek, und dabei speziell für das fast uferlose Gebiet der Periodika-Produktion. Hier muß, verwaltet man nicht eben ein Sondersammelgebiet mit dem realen Anspruch auf machbare Vollständigkeit, jedesmal neu und schmerzhaft zwischen den jährlich sich rasch leerenden Konten des vorgeschriebenen Etats und der gleichzeitig immer neu anschwellenden Titel-Flut vermittelt werden.

Soviel als Ausgangslage zur kurzen Darstellung eines Teilaspektes der Geschichte einer Sammlung, die glanzvolle Lichter in der Frankfurter Bibliothekslandschaft aufgesteckt hat.

»Mit der Beschaffung der Zeitschriften und Serienwerke«, schrieb Christian Wilhelm Berghoeffer, der Gründungsbibliothekar und langjährige Leiter des Instituts, im Jahre 1913, »beginnt die eigentlich wissenschaftliche Pflege eines Faches. Beide zusammen stellen die wichtigsten Sammlungen der Quellen und der Einzelforschungen dar. Beide eignen sich wegen ihres Bändereichtums am besten für ein gedrängtes Verzeichnis, das in seinem Bereich dartun soll, wie man bisher die Anschaffungen der wichtigsten Werke gehandhabt hat, zugleich aber programmatisch andeutet, wie man in bezug auf sonstige Sammelwerke, auf Einzelausgaben und monographische Forschung bisher verfahren ist oder in Zukunft verfahren muß. Einstweilen stellen die Serienwerke und Zeitschriften samt den Nachschlagewerken unser bestes Gut dar«[1]. Für die Beurteilung einer Geschichte der Erwerbungen dieses »besten Gutes« durch die Rothschild-Bibliothek sind vier Gesichtspunkte wesentlich bedeutsam.

Zum einen die Tatsache, daß die Bibliothek mit ihrer Gründung in Frankfurt am Main bibliothekarisches Neuland betrat. Schon daraus ergaben sich Folgen für die Anschaffung und Nichtanschaffung von Periodika. »Als die von Rothschild'sche Bibliothek im Jahr 1888 eröffnet wurde, gab es in Frankfurt noch keinen mit Handbibliothek, Zeitschriften oder Zeitungen ausgestatteten öffentlichen Lesesaal«[2]. Es hatte somit »seine Berechtigung und seinen guten Nutzen«, in den Leseräumen »auch einige der wichtigsten politischen Blätter«[3] auszulegen. Erst als ab 1894 andere, mittlerweile gegründete Frankfurter Häuser, so die Freie Bibliothek und Lesehalle oder die Volksbibliothek, ebenfalls Lesesäle einrichteten und eine größere Auswahl an Tagespresse anboten, glaubte man »im Interesse der wissenschaftlichen Ziele der Anstalt auf die Zeitungen verzichten und die so verfügbar werdenden Mittel der eigentlichen Fachlitteratur und solchen Publikationen, die andere hiesige Anstalten nicht erwerben, zuwenden zu müssen«[4].

Mit dieser Entwicklung korrespondiert zum anderen der Umstand, daß die Bibliothek ihre Geschichte sozusagen zweimal begann. Zunächst orientierte man sich »neben rein wissenschaftlichen Zwecken«[5] auch am Vorbild der englischen »free library«, nannte das

Haus »Freiherrlich Carl von Rothschild'sche öffentliche Freibibliothek«. Dementsprechend wurde im Lesesaal eine »geringe Anzahl Romane«[6] ausgelegt, ferner »eine Auswahl von Zeitungen und Unterhaltungsschriften«[7], und es wurden auf diesen Gebieten auch Neuanschaffungen vorgenommen. Doch schon kurz nach der Eröffnung modifizierten sich Theorie und Erwerbungspraxis in Richtung auf eine rein »wissenschaftliche« Bibliothek, damit auch das Verhalten hinsichtlich »unterhaltender« Periodika. »Nach Vierteljahres Frist sah man sich zu Änderungen veranlaßt. Abgesehen davon, daß die Gnädige Stifterin einer Beförderung speziell der Lektüre moderner Romane, wie sie das Publikum wünschte, durchaus abhold war, und den Begriff einer free library nicht in dem Sinne aufgefaßt hatte, daß er Anschaffung und Ausleihung derartiger Unterhaltungslektüre in sich schließe, kam noch der Umstand besonders in Betracht, daß eine Vereinigung beider Ziele, rein wissenschaftlicher und free library-artiger, sich als schlecht erreichbar zeigte«[8]. Die »Freiherrlich Carl von Rothschild'sche öffentliche Bibliothek«, wie sie nun endgültig hieß, sammelte darum hinfort fast ausschließlich wissenschaftliche Periodika. »Die Unterhaltungsschriften und Zeitungen blieben das laufende Kalenderjahr noch sämtlich aufliegen, mit dem Beginn des Jahres 1889 dagegen wurden diejenigen, welche am wenigsten wissenschaftlichen Inhalt boten, nicht laufend weiter gehalten«[9]. Die breite Palette »unterhaltender« Zeitschriften – unter denen sich viele heute kulturgeschichtlich höchst wichtige Quellen befinden – wurde daher nicht angeschafft. Später kamen dennoch einige dieser Blätter hinzu, beispielsweise *Die Gartenlaube*, *Über Land und Meer* oder *Westermann's Monatshefte*. Sie wurden teilweise geschenkt, und so blieben sie im Bestand.

Zum dritten: Die Erwerbungspolitik der Rothschild-Bibliothek stand, auch was Periodika betrifft, immer unter dem einschränkenden Vorzeichen, komplementär zu den anderen Frankfurter Bibliotheken und darüber hinaus zu wirken. Sie war »von vornherein bestrebt, die übrigen öffentlichen und halböffentlichen Bibliotheken Frankfurts möglichst zu ergänzen, Doppelanschaffungen nur insoweit eintreten zu lassen, als sie durch die Pflege bestimmter Spezialfächer mitbedingt waren oder sonst ein ausgesprochenes und weitgehendes Bedürfnis danach vorlag. Sie wählte daher solche Spezialitäten, welche bei der Senckenbergischen Bibliothek gar nicht vertreten waren, bei den Anschaffungen der Stadtbibliothek wenigstens nicht als bevorzugte Hauptfächer berücksichtigt wurden«[10]. Man gelangte so »schon aus rein praktischen Erwägungen zu lauter jungen Disziplinen der Geisteswissenschaften, der Kunst- und Musikwissenschaft, der neueren Philologie und Philosophie, der Volkskunde und der vergleichenden Sprachwissenschaft. Diese Fächer, deren eigentlich wissenschaftliche Behandlung meist in den ersten Jahrzehnten des vorigen Jahrhunderts begann, waren begreiflicherweise und nicht nur in Frankfurt am Main weniger gepflegt als die Disziplinen mit jahrhundertelanger und starker Tradition. Man ergriff also ein Gebiet, das auch im interlokalen Sinne einer zeitgemäßen Förderung bedurfte«[11]. Im verabredeten Arbeitsverbund der Frankfurter Bibliotheken nahm sich die Rothschild-Bibliothek schließlich, auch auf dem Gebiet der Periodika, vor allem der folgenden Fächer an: »Kunstwissenschaft mit Ausschluß der klassischen Archäologie, Musikwissenschaft, allgemeine und vergleichende Sprachwissenschaft, Volkskunde, neuere Philologie, neuere Philosophie, Rothschildliteratur«[12].

Und zum vierten, last not least: Es waren, auch für den Ankauf von Periodika, nur geringe Mittel vorhanden. »Die Rothschild'sche Bibliothek hatte keinen größeren Kredit zwecks Abrundung des Grundstocks zur Verfügung«[13]. Daß aus einer solchen Situation besondere Problematiken entstehen, wurde eingangs schon angedeutet. Berghoeffer formulierte es, mit einem Zitat, so: »Pauperis est numerare gregem«[14]. Und dennoch: Das

Dilemma knappen Geldes gegenüber wachsendem Benutzungsbedarf wurde vor allem durch überaus sachkundige, kluge Erwerbungsentscheidungen gelöst. Davon soll nun die Rede sein.

Als private Stiftungs-Bibliothek, unabhängig also von den Konditionen der staatlichen oder städtischen Haushalte, wäre die Rothschild-Bibliothek im Grunde nicht verpflichtet gewesen, von ihrer Arbeit dem Publikum Bericht zu erstatten. Sie hat es dennoch getan, in der Erkenntnis der Notwendigkeit, alle Interessierten zu informieren und möglichst zu Benutzern zu gewinnen. Sie hat ihre Arbeit, um dieses gewünschte öffentliche Interesse zu erwecken und zu erhalten, häufig und eingehend dokumentiert. Darum sind wir auch über ihre Periodika-Anschaffungen genauer unterrichtet.

Aus den ersten beiden Dezennien liegen zwei Verzeichnisse vor, die hier kurz untersucht werden sollen. Beide Titel-Listen müssen, was die Daten-Basis anlangt, von einer dritten Zusammenstellung, die im Anschluß daran vorzustellen sein wird, unterschieden werden. Denn es sind Verzeichnisse der laufend gehaltenen und im Lesesaal ausliegenden Zeitschriften und Zeitungen. Sie geben also keine Auskunft über den allgemeinen Periodika-Bestand insgesamt, von dem noch zu sprechen sein wird.

Der älteste verfügbare Katalog ist das *Verzeichnis der laufenden periodischen Schriften* aus dem Jahre 1891[15]. Darin sind »die im Zeitschriftenrepositorium der Leseräume aufliegenden Schriften sämtlich aufgenommen, auch wenn sie zu den periodischen Schriften im eigentlichen Sinne nicht gerechnet werden konnten«[16]. Die erste enthaltene Übersicht, ein *Systematisches Verzeichnis*, ist in zwölf Sachgebiete gegliedert[17]:

I. Bibliographie, Bibliothekswissenschaft, Buchhandel (12 Titel).
II. Geographie (3).
III. Geschichte (5).
IV. Handel und Gewerbe (4).
V. Kunstwissenschaft. Musik (22).
VI. Naturwissenschaften. Tierschutz (4).
VII. Philologie und Sprachwissenschaft (20).
VIII. Philosophie (1).
IX. Rechts- und Staatswissenschaften (5).
X. Theologie (7).
XI. Zeitschriften vermischten Inhalts (33).
XII. Zeitungen / Tagesblätter (7).

Die zweite Übersicht, ein *Alphabetisches Verzeichnis* der gleichen Titel, nennt insgesamt 177 laufend gehaltene Periodika. Aus diesem – für die ersten Jahre einer Bibliothek immerhin bemerkenswert großen – Bestand seien einige einzelne Zeitschriften und Zeitungen hervorgehoben, um auf die Qualität und die Dichte der Sammlung hinzuweisen. Es versteht sich, daß dies nur in knapper Auswahl geschehen kann.

So findet man in der Gruppe I beispielsweise die *Allgemeine Bibliographie*, die *Bibliotheca philologica*, den *Catalogue mensuel de la Librairie française*, *The Library Journal*; bei II *Das Ausland* und *Globus*; bei III die *Historische Zeitschrift*; bei IV das *Deutsche Handelsarchiv*; in der Gruppe V *The Art-Journal*, die *Allgemeine Musik-Zeitung*, die *Zeitschrift für bildende Kunst*; bei VI die *Naturwissenschaftliche Rundschau*; bei VII das *Archiv für das Studium der neueren Sprachen und Litteraturen*, das *Magazin für Literatur*, die *Zeitschrift für deutsche Philologie*, die *Zeitschrift für deutsches Alterthum und deutsche Litteratur*; bei IX das *Reichs-Gesetzblatt*; bei X die *Theologische Literaturzeitung*, die *Allgemeine Zeitung des Judentums*; in der Gruppe XI die *Göttingischen gelehrten Anzeigen*, die *Blätter für literarische Unterhaltung*, die *Freie Bühne für modernes Leben*, das *Literarische Centralblatt für Deutschland*, *The Edinburgh Review*, *Die Grenzboten*, die *Preußischen Jahrbücher*, die *Deutsche Litteraturzeitung*, *Westermann's Monatshefte*, *Die Nation*, *Nord und Süd*, die *Revue des deux Mondes*, die *Revue politique et littéraire*, die *Deutsche Rundschau*, die *Illustrirte Zeitung*; in der Gruppe XII, schließlich, das *Journal des Débats*, *The Times*, die *Allgemeine Zeitung*, die *Frankfurter Zeitung und Handelsblatt* und die *Kölnische Zeitung*.

Schon aus dieser auswählenden Aufzählung gehen zwei Aspekte hervor, die auch für die nächsten Verzeichnisse gelten werden: einerseits der internationale Ansatz in der Zeitschriften-Erwerbung, der von Anfang an galt, andererseits die hohe, ja höchste Qualität der angeschafften Periodika für ihr jeweiliges Fach.

Ein weiterer Katalog stammt aus dem Jahre 1905[18]. Dieses *Verzeichnis der laufenden Zeitschriften* enthält alle einschlägigen »periodischen Sammelwerke mit selbständigen in zusammenhängender Rede verfaßten Artikeln«[19]. Es gliedert diesmal die Titel in 16 Sachgruppen:

I. Zeitschriften vermischten Inhalts (50 Titel).
II. Schrift- und Buchwesen (18).
III. Bibliothekswesen (12).
IV. Philosophie (11).
V. Pädagogik (15).
VI. Geschichte und Volkskunde (27).
VII. Allgemeines zur Philologie und Sprachwissenschaft. Orientalische und klassische Philologie (15).
VIII. Allgemeines zur neueren Philologie (16).
IX. Keltische Philologie (3).
X. Romanische Philologie (24).
XI. Germanische Philologie (41).
XII. Musik und Theater (22).
XIII. Bildende Künste und Kunsthandwerk (33).
XIV. Rechts- und Staatswissenschaften (12).
XV. Naturwissenschaften und Medizin (9).
XVI. Ökonomie, Technologie und Verwandtes (10).

Das ergibt insgesamt 318 laufend gehaltene Titel, also fast eine Verdoppelung gegenüber der Zahl von 177 im Katalog von 1891.

Man sieht bereits an der neuen Sachgruppen-Einteilung, daß sich die Themenstellungen geändert haben. Das Verzeichnis paßt sich den Fortentwicklungen in den Wissenschaftstheorien seiner Zeit an, es spiegelt aber auch den weiteren Ausbau der »wissenschaftlichen« Rothschild-Bibliothek. Das geht zumal aus der Betrachtung einzelner Titel hervor. Wiederum seien Beispiele bemerkenswerter Zeitschriften angeführt. Die folgende Aufstellung enthält jedoch Titel, die bereits in der vorhergehenden Liste erwähnt wurden, nicht nochmals. Ebenfalls in gedrängter Auswahl:

In der Gruppe I, unter anderem, *The Athenaeum*, *Das litterarische Echo*, *Die Gegenwart*, das *Journal des Savants*, *Harper's Monthly Magazin*, der *Mercure de France*, *The Quarterly Review*, die *Deutsche Revue*, *Die neue Rundschau*, der *Türmer*; in der Gruppe II das *Börsenblatt für den deutschen Buchhandel*, *Ex-libris*, die *Zeitschrift für Bücher-*

freunde; bei III die *Revue des bibliothèques,* das *Zentralblatt für Bibliothekswesen;* bei IV das *Archiv für systematische Philosophie,* die *Psychologischen Studien;* bei V *Die neueren Sprachen,* die *Zeitschrift für den deutschen Unterricht,* das *Zentralblatt für Volksbildungswesen;* bei VI das *Bulletin historique et philologique,* die *Germania,* die *Zeitschrift des Vereins für Volkskunde;* in der Gruppe VII *Euphorion,* die *Neuen Jahrbücher für das klassische Altertum,* die *Studien zur vergleichenden Litteraturgeschichte;* bei VIII die *Forschungen zur neueren Litteraturgeschichte,* das *Literaturblatt für germanische und romanische Philologie, The Modern Language Quarterly;* bei X das *Giornale storico della letteratura italiana,* die *Revue d'Histoire de la France;* in der Gruppe XI der *Anzeiger für deutsches Altertum und deutsche Litteratur, die Beiträge zur Geschichte der deutschen Sprache und Literatur,* das *Goethe-Jahrbuch,* das *Jahrbuch der deutschen Shakespeare-Gesellschaft,* die *Mitteilungen aus dem gesamten Gebiete der englischen Sprache und Litteratur,* die *Mitteilungen der Deutschen Gesellschaft zur Erforschung vaterländischer Sprache und Alterthümer, Palaestra, Teutonia,* die *Zeitschrift für deutsche Wortforschung;* bei XII die *Bayreuther Blätter,* das *Kirchenmusikalische Jahrbuch,* die *Signale für die musikalische Welt,* die *Wochenrundschau für dramatische Kunst, Literatur und Musik;* bei XIII die *Antiquitäten-Zeitung,* die *Deutsche Bau-Zeitung, Die Denkmalspflege, Die graphischen Künste, Die Kunst für Alle,* der *Kunstwart,* das *Repertorium für Kunstwissenschaft,* der *Simplicissimus;* in der Gruppe XIV die *Kritischen Blätter für die gesamten Sozialwissenschaften,* die *Entscheidungen des Reichsgerichts;* bei XV die *Encyclopädischen Jahrbücher der gesamten Heilkunde,* die *Novitates Zoologicae;* und bei XVI der *Anzeiger für Industrie und Technik,* der *Finanzherold,* die *Fortschritte der Ingenieurwissenschaften.*

Der dritte Katalog wurde im Jahre 1913 veröffentlicht: *Verzeichnis der Zeitschriften und Serienwerke nebst einer Auswahl sonstiger Sammel- und Nachschlagewerke*[20]. Diese Aufstellung unterscheidet sich, wie bereits ihr Titel andeutet, grundlegend von ihren beiden Vorgängern: Sie gibt den gesamten vorhandenen Periodika-Bestand wieder, also auch Titel, die längst vor der Gründung der Bibliothek zu erscheinen aufgehört haben, sämtliche Zeitschriften somit, die seit 1888 durch Kauf, Tausch oder Geschenk auch retrospektiv erworben worden waren. Allerdings: Dieser Katalog ist auf eine merkwürdige Weise uneinheitlich, er ist überfrachtet mit anderen Titeln, die beim besten Willen weder Periodika noch Serien-Werke (die Berghoeffer gern zu den Periodika rechnete) sind – als hätte es gegolten, um jeden Preis Titelmassen zu erzeugen. In diesem Sinne führt der oben erwähnte Titel-Zusatz *nebst einer Auswahl sonstiger Sammel- und Nachschlagewerke* irre, das Verhältnis ist eher umgekehrt: Auf unser Thema bezogen, heißt das, und dies wäre bei den im folgenden zu nennenden Zahlen zu bedenken, daß nur etwa jeder vierte Titel in diesem Verzeichnis als ein Zeitschriften-Titel in Frage kommt. Jedenfalls ergibt sich dieser Eindruck beim Durchblättern.

Diesmal ist die Titelmenge in 20 Fachgruppen gegliedert:

1. Allgemeine und nationale Bibliographien. Bibliothekswissenschaft. Buchhandel. Buchdruck (256 Titel).
2. Allgemeine Enzyklopädien. Vermischte Werke aus mehreren Fächern. Allgemeine Literaturzeitungen (32).
3. Allgemeine und nationale Biographie (53).
4. Philosophie (35).
5. Pädagogik (25).
6. Geschichte und Geographie (86).

7. Volks- und Völkerkunde. Trachten (52).
8. Orientalische Philologie. Allgemeines zur Philologie und Sprachwissenschaft (56).
9. Klassische Philologie (7).
10. Allgemeines zur neueren Philologie (45).
11. Romanische Philologie (142).
12. Germanische Philologie mit Einschluß der englischen (253).
13. Slavische Philologie (8).
14. Musik und Theater (111).
15. Kunstwissenschaft (292).
16. Theologie (35).
17. Rechts- und Staatswissenschaften (45).
18. Mathematik und Naturwissenschaften (9).
19. Medizin (8).
20. Ökonomie und Technologie (31).

Insgesamt 1578 Eintragungen (einschließlich der Verweisungen): Legt man dazu die erwähnte Annahme zugrunde, daß nur etwa jeder vierte Titel eine Zeitschrift oder Vergleichbares sei, so ergibt sich für das Jahr 1913 ein totaler Periodika-Bestand von rund 400 Titeln, also eine nur unwesentliche Steigerung zu der Zahl von 318 im Jahre 1905 – obwohl jetzt außer den dort beschriebenen laufenden Zeitschriften auch das vollständige nach rückwärts ergänzende oder sonstige als nichtlaufend erworbene Material mit aufgeführt ist. Es will somit scheinen, als habe der Höhepunkt der Periodika-Erwerbungen durch die Rothschild-Bibliothek um die Jahrhundertwende oder kurz danach gelegen.

Auch aus diesem Verzeichnis sollen einige Beispiele aufgeführt werden, wiederum in Ergänzung zu den beiden vorangegangenen Katalogen: In der Gruppe 1 der *Neue Anzeiger für Bibliographie und Bibliothekswissenschaft*, das *Archiv für Geschichte des deutschen Buchhandels*, die *Allgemeine Bibliographie für Deutschland*; in der Gruppe 4 die *Philosophischen Monatshefte*, die *Revue philosophique de la France et de l'Etranger*, die *Vierteljahresschrift für wissenschaftliche Philosophie und Soziologie*; bei 6 die *Zeitschrift für Geschichte der Juden in Deutschland*, die *Praehistorische Zeitschrift*, bei 8 der *Anzeiger für indogermanische Sprach-und Altertumskunde*, das *Orientalische Archiv*, die *Zeitschrift für africanische und oceanische Sprachen*, die *Zeitschrift für die Wissenschaft der Sprache*, die *Internationale Zeitschrift für allgemeine Sprachwissenschaft*; in der Gruppe 10 *Die Dichtung*, *Das literarische Echo*, das *Jahrbuch für romanische und englische Sprache und Literatur*, *Die Literatur*, *Die schöne Literatur*, die *Germanisch-Romanische Monatsschrift*, *Neoglottia*, die *Vierteljahrschrift für Literaturgeschichte*, die *Zeitschrift für vergleichende Litteraturgeschichte*; in der Gruppe 11 *Le Magasin pittoresque*, *La Revue blanche*, die *Revue de France*, die *Zeitschrift für romanische Philologie*; in der Gruppe 12 die *Anglia*, *Deutschland*, *Die Gartenlaube*, *Die Gegenwart*, *Die Grenzboten*, *Über Land und Meer*, die *Neuen Monatshefte für Dichtkunst und Kritik*, die *Süddeutschen Monatshefte*, die *Deutsche Revue über das gesamte nationale Leben der Gegenwart*; bei 14 die *Cäcilia*, die *Vierteljahrsschrift für Musikwissenschaft*, die *Allgemeine musikalische Zeitung*; und in der Gruppe 15 das *Archiv für die zeichnenden Künste*, die *Baukunst*, *Die Insel*, *Jugend*, der *Kladderadatsch*, *Deutsche Kunst und Dekoration*, die *Monatshefte für Kunstwissenschaft*, der *Punch* und die *Zeitung für Bauwesen*.

Das Fazit ist leicht. Eine große Zahl dieser Titel, wie auch derer, die vorher aufzuführen waren, gehört mit Sicherheit zu den Spitzenproduktionen ihrer Fächer, zu den noch heute in jeder Weise unverzichtbaren Material- und Studiensammlungen ihrer Zeit – ausgewählt und erworben von einer ebenso kompetenten wie weit vorausschauenden Bibliotheksleitung.

Mit dem Herbst 1914 ist ein entscheidender Punkt in der Geschichte der Rothschild-Bibliothek erreicht. Bei einer Institution, die nicht nur von den Frankfurter Rothschilds gefördert wurde, sondern auch von den Pariser und Londoner Familienzweigen, mußte der Ausbruch des Ersten Weltkriegs die Äquilibristik ihrer Ressourcen ernsthaft ins Wanken bringen. Sie überlebte diese Entwicklung als ein imposantes, aber auch gefährdetes Relikt.

Gleichwohl: Die Bestände, auch die Periodika, überstanden die Weimarer Zeit, das Dritte Reich und den Zweiten Weltkrieg so gut wie unversehrt. Nach 1945 bildeten sie einen wesentlichen Grundstock für die aus mehreren Institutionen neugestaltete Sammel-Organisation »Stadt- und Universitätsbibliothek«. Bis auf den heutigen Tag sind die Rothschildschen Zeitschriften in ihrer ursprünglichen Folge verfügbar, sieht man einmal von dem sozusagen natürlichen Schwund ab, der an Büchern öffentlicher Bibliotheken durch Diebstahl oder Mißhandlung ebenso üblich wie leider unvermeidlich geworden ist.

Wenn man Beweise für die Richtigkeit so mancher Anschaffungs-Entscheidung der Rothschild-Bibliothek in den ersten Jahrzehnten ihres Bestehens haben möchte, sollte man den einen oder anderen Jahrgang der damals erworbenen Periodika durchblättern. Man wird feststellen, daß viele von ihnen oft ausgeliehen wurden, häufig gebraucht aussehen, mitunter auch zerrissen und verschlissen sind. Das scheinbar nur negative Bild hat einen positiven Aspekt: Es zeigt, daß die Bände, gewissermaßen, eine hohe Akzeptanz im Benutzungsbereich hatten und haben, daß sie durch Tausende von Händen gingen, die ihre Spuren hinterlassen haben. In diesem Zusammenhang mußte bereits vieles restauriert werden, anderes wird noch nachzubessern sein: das große Erbe der Vergangenheit als Verpflichtung für die Gegenwart und für die Zukunft.

1 *Die Freiherrlich Carl von Rothschild'sche öffentliche Bibliothek. Ein Grundriß ihrer Organisation. Nebst einem Verzeichnis ihrer Zeitschriften und einem Frankfurter Bibliothekenführer.* Hrsg. von Christian Wilhelm Berghoeffer. Frankfurt am Main: Joseph Baer & Co, 1913, XXVI, 322 S. Hier: S. XXII-XXIII.
2 *Freiherrlich Carl von Rothschild'sche öffentliche Bibliothek. Bericht für die Jahre 1891-1900.* Erstattet von dem Bibliothekar Christian Wilhelm Berghoeffer. Frankfurt am Main: Joseph Baer & Co [1901], 48 S. Hier: S. 11.
3 S. 11.
4 S. 11.
5 *Die Einrichtung und Verwaltung der Freiherrlich Carl von Rothschild'schen öffentlichen Bibliothek während der Jahre 1887 bis 1890.* Von Christian Wilhelm Berghoeffer. Frankfurt am Main: Joseph Baer & Co [1891], 38 S. Hier: S. 5.
6 S. 5.
7 S. 5-6.
8 S. 6.
9 S. 6.
10 *Führer durch die Freiherrlich Carl von Rothschild'sche öffentliche Bibliothek.* Von Christian Wilhelm Berghoeffer. Frankfurt am Main: Knauer 1908, 46 S. Hier: S. 6.
11 *Die Freiherrlich Carl von Rothschild'sche öffentliche Bibliothek*, S. VI.
12 *Führer durch die Freiherrlich Carl von Rothschild'sche öffentliche Bibliothek*, S. 7.
13 *Die Freiherrlich Carl von Rothschild'sche öffentliche Bibliothek*, S. XXIII.
14 S. VIII.
15 *Freiherrlich Carl von Rothschild'sche öffentliche Bibliothek. Verzeichnis der laufenden periodischen Schriften. (Geschlossen am 31. Juli 1891).* Frankfurt am Main: Knauer [1891], 21 S. Darin gekennzeichnet: Geschenke, nach rückwärts Ergänztes.
16 S. 3.

17 Vgl. dazu die Anmerkung auf S. 3: »Für das Einteilungssystem waren andere Grundsätze maßgebend als beim systematischen Gesamtkatalog«.
18 *Freiherrlich Carl von Rothschild'sche öffentliche Bibliothek. Verzeichnis der laufenden Zeitschriften.* Frankfurt am Main: Knauer 1905, 14 S. Darin gekennzeichnet: Geschenke.
19 Bemerkung auf dem Umschlag.
20 *Die Freiherrlich Carl von Rothschild'sche öffentliche Bibliothek*, S. 173-250.

15

»... denn der Geist setzt sich doch durch« »Die Schaubühne« / »Die Weltbühne«

Als im September 1905 *Die Schaubühne* zum erstenmal erschien, schrieb ihr Herausgeber Siegfried Jacobsohn auf der ersten Seite *zum Geleit*: »So lange das Gefühl nicht ganz gestorben ist, daß der Geist eines Volkes und einer bestimmten Zeit eindringlicher als in der übrigen Literatur im Drama zum Ausdruck kommt, so lange wird immer von neuem der Wunsch lebendig werden, daß der Schaubühne ein Strom künstlerischer und geistiger Neuwerte entquelle ... Der Wunsch wird zur Aufgabe – zu der Aufgabe, das Theater wieder zur Würde eines Kunstinstituts zu erheben. An dieser Aufgabe mitzuarbeiten, führend und unterrichtend, ist die vornehmste Pflicht dieser Wochenschrift: im engsten Zusammenhange mit dem Leben unsrer Zeit, soweit die Kunst des Dramas in Wort und Ton es gestaltet, in ständiger Fühlung auch mit den mannigfachen praktischen Fragen der dramatischen Kunst wollen wir hier die Probleme und die Erzeugnisse des zeitlos Großen und Schönen würdigen und fördern«.

Fünfzehn Jahre später, nach der 1918 erfolgten Umgestaltung des Blatts in *Die Weltbühne*, notierte Jacobsohn programmatisch: »Wir verzagen nicht, weil wir glauben, daß auf dieser Welt nach dem Gesetz von der Erhaltung der Kraft nichts, einfach nichts umsonst verrichtet ist, und daß unsre Wahrheit unmerklich und langsam doch in Kanälchen und Netze fließt und eines Tages, an einem Tage des einundzwanzigsten Jahrhunderts einen unwiderstehlichen Strom bilden wird. Man kann keinen Gegner überzeugen, und der Gegner sind viele ... Optimisten sind wir durchaus nicht. Wir tun unsere Pflicht als Arbeiter, blicken vorwärts und hoffen, daß unsre Urenkel unser Andenken segnen werden«.

Der Begründer der Zeitschrift starb 1926. Seine Nachfolger wurden Kurt Tucholsky, der nur kurz als Redakteur amtierte, und dann Carl von Ossietzky, verantwortlich bis zum Verbot 1933. Er befand 1932: »Die ›Weltbühne‹ hat in den langen Jahren für deutsche Angelegenheiten oft die schärfsten und schroffsten Formulierungen gefunden. Sie hat dafür von rechts den Vorwurf der Verräterei, von links den des verantwortungslos krittelnden individualistischen Ästhetentums einstecken müssen. Die ›Weltbühne‹ wird auch weiterhin das sagen, was sie für notwendig befindet; sie wird so unabhängig bleiben wie bisher, und sie wird so höflich und so frech sein, wie der jeweilige Gegenstand es erfordert. Sie wird auch in diesem unter dem Elefantentritt des Fascismus zitternden Land den Mut zur eigenen Meinung behalten«.

Keine Frage – müßte man unter den deutschen Zeitschriften aus der ersten Hälfte des 20. Jahrhunderts die zehn besten, engagiertesten und wirksamsten bestimmen, die *Schaubühne/Weltbühne* wäre gewiß darunter, ein Klassiker der deutschen Pressegeschichte, neben gleichzeitigen Blättern wie *Die Fackel* oder *Das Tage-Buch*, um nur zwei zu nennen. Zunächst ein hervorragendes Theaterblatt, auch in dem Sinne, daß »Theater« für »Gesellschaft« steht, nach dem Ersten Weltkrieg eine in signalroten Oktavheften mit dem Programm-Untertitel *Wochenschrift für Politik, Kunst und Wirtschaft* regelmäßig niederfahrende Geißel der Republik, parteipolitisch neutral mit breitem Spektrum, im damals möglichen Verständnis »aufklärerisch«, dies jedoch eher allgemein, weder für Funktionäre noch für Funktionierende geeignet: die Welt als Bühne, auf der Bühne die Welt. Die »klassische Schule des freien Journalismus« (Axel Eggebrecht) begleitete überaus kritisch, führend und unterrichtend, scharf und schroff, den deutschen Weg vom Kaiserreich über den Krieg und die Demokratieversuche in die Diktatur. »Künstler, Tribüne und Apostel« (so Heinrich Heine über einige seiner Mitstreiter) schrieben, höflich und frech, für dieses Blatt, republikanisch nüchtern, demokratisch offen, weltbürgerlich weitblickend, gegen jede Form des Nationalismus, zumal in Justiz, Kultur und Wirtschaft. Vergleichbares verglichen, war auch äußerlicher Erfolg zu verzeichnen, die Auflage stieg von 1200 Exemplaren um 1914 auf 16 000 um 1930.

Natürlich wurde die Zeitschrift von den Nationalsozialisten sofort nach ihrer Machtübernahme ausgeschaltet. Heute ist sie, historisch im Zusammenhang mit Partnern, Konkurrenten und Feinden gesehen, ein unersetzliches Dokument, eine nicht zu erschöpfende Quelle, ein fundamentaler Datenspeicher zur Erforschung des frühen 20. Jahrhunderts.

Über 2000 Mitarbeiter sind bekannt. Viele von ihnen tauchen allerdings nur mit einem Text auf. Etwa hundert Stammautoren – so belegt es die Statistik für die *Weltbühne* von Holly (vgl. unten) – schrieben über die Hälfte aller Artikel; ein Viertel der Texte stammt allein von dem »Quintett« Kurt Tucholsky, Siegfried Jacobsohn, Carl von Ossietzky, Richard Lewinsohn und Alfred Polgar. Um nur drei Zahlen zu nennen: Jacobsohn veröffentlichte – in der gesamten Laufzeit – 1798 Beiträge, Tucholsky (unter seinem Namen und unter den Pseudonymen Paulus Bünzly, Kaspar Hauser, Theobald Körner, Old Shatterhand, Peter Panter, Theobald Tiger, Ignaz Wrobel sowie ungezeichnet) 1637 Beiträge, der später hinzugekommene Ossietzky (unter seinem Namen, als Simson Carasco, Thomas Murner, Lucius Schierling und anonym) 680 Beiträge.

Unter den anderen Mitarbeitern bekannte Namen der Zeit in Fülle – es lohnt sich, an dieser Stelle ein Epitaph zu errichten, ausgewählt unter Autoren, von denen wenigstens jeweils 40 Texte gedruckt wurden: Peter Altenberg, Rudolf Arnheim, Hermann Bahr, Oscar Bie, Max Brod, Bernhard Citron, Axel Eggebrecht, Arthur Eloesser, Max Epstein, Lion Feuchtwanger, Otto Flake, Egon Friedell, Hellmuth von Gerlach, Alfons Goldschmidt, Ferdinand Hardekopf, Moritz Heimann, Kurt Hiller, Herbert Ihering, Erich Kästner, Hans Erich Kaminski, Walther Karsch, Theodor Lessing, Walter Mehring, Lothar Persius, Hans Reimann, Hans Siemsen, Ernst Toller, Berthold Viertel, Robert Walser, Leopold Ziegler, Arnold Zweig.

Und auch viele derjenigen, die hier nur wenig veröffentlichten, setzen mit ihren Namen programmatische Akzente, profilieren das Blatt: Walter Benjamin, Gottfried Benn, Ernst Bloch, Bert Brecht und Martin Buber sind darunter, Paul Claudel, Alfred Döblin, Theodore Dreiser und Ilja Ehrenburg, Maximilian Harden, Hugo von Hofmannsthal, Hermann Kasack und Egon Erwin Kisch, Klabund, Annette Kolb und Karl Kraus, Else Lasker-Schüler, Thomas Mann, Ludwig Marcuse und Christian Morgenstern, Erich Mühsam, Kurt Pinthus und Joachim Ringelnatz, René Schickele, George Bernard Shaw und Herwarth Walden.

Zu der riesigen Stoffmenge der rund 21 000 Beiträge in den zwischen dem September 1905 und dem März 1933 erschienenen 1381 Heften gibt es nun einen übersichtlichen und praktikablen Zugang, Ergebnis einer jahrelang geduldigen Fleißarbeit.

Joachim Bergmanns Entscheidung, sich auf die beiden Titel *Die Schaubühne* und *Die Weltbühne* zu konzentrieren, ist sicher richtig. Sowohl die Abspaltung *Wiener Weltbühne* (ab 1932) als auch die Exil-Fortsetzung *Neue Weltbühne* (Prag, Paris 1934 bis 1939) sind als eigene Zeitschriften zu sehen und getrennt zu behandeln. Das gilt erst recht für die 1946 in Ostberlin gegründete *Weltbühne*, von 1949 bis 1989 ein Produkt der DDR-Presse, das einen ehedem berühmten Namen mißbrauchte; da der Titel nach dem Abriß der Mauer aus Steinen noch weiter erscheint, ist er der hier gemeinten Verzeichnung ohnehin entzogen: Retrospektive Bibliographie muß warten, bis die Zeitschrift eingegangen ist.

Bergmanns Werk erschließt 2680 namentlich bekannte Autoren alphabetisch und 2063 anonyme Texte chronologisch. Die Zahl der ersteren liegt deshalb höher als die Zahl der tatsächlichen Mitarbeiter, weil jeder Artikel sinnvollerweise unter dem ausgedruckten Verfassernamen eingetragen wurde, also auch unter den nicht seltenen Pseudonymen; diese sind gegenseitig verwiesen und daher leicht zusammenzuführen, was nicht nur für die »homunculi« Tucholskys seinen Wert hat, sondern auch und vor allem bei vertrackteren, unbekannteren Fällen wie Walter Turszinsky, der unter nicht weniger als elf Decknamen schrieb. Innerhalb eines Autorennamens sind die einzelnen Beiträge chronologisch aufgeführt. Die beigefügten Adressen verweisen auf die Halbjahres-Paginationen der Zeitschrift, mit Datum der Einzelnummer und Seitenzahl des Beitrags. Die Paginations-Nachweise sind bibliographisch kryptisch, sie nennen nur die jeweils erste Seite der häufig mehrseitigen Texte.

Betrachtet man den Inhalt des vorliegenden Bandes genauer, so fällt auf, daß er in einem entscheidenden Punkt hinter eine kurz zuvor erschienene Veröffentlichung zurückfällt. 1989 hat Elmar E. Holly seine Bibliographie *Die Weltbühne 1918-1933. Ein Register sämtlicher Autoren und Beiträge* vorgelegt (aus den dort publizierten *Untersuchungen zu den Decknamen und Pseudonymen in der ›Weltbühne‹*, S. 32 bis 44, hat Bergmann die Hauptresultate, die Auflösung der Namen »Georg Metzler« für Richard Wirting und »Hugo Grotius« für Tucholsky, eingearbeitet).

Ein – natürlich nur für die Erscheinungsjahre 1918 bis 1933 vorzunehmender – Vergleich zeigt, daß Bergmann insgesamt eine größere Zahl von Textnachweisen weniger als Holly bietet. Dies hängt mit ihrer unterschiedlichen Behandlung der seit 1913 eingeführten Rubrik »Antworten« zusammen, einer typischen Korrespondenz-Spalte, mit der die Redaktion sich Möglichkeiten zusätzlicher Meinungsäußerungen durch die Beantwortung echter oder fingierter Leserbriefe schuf. Bergmann listet die entsprechenden Texte grundsätzlich nur unter dem jeweils zuständigen Redakteur auf. Holly geht einen Schritt weiter und ordnet die Beiträge, etwa die zitierten Briefe, soweit möglich zu, so daß noch weitere »400 Einzelbeiträge von verschiedenen ›Weltbühnen‹-Autoren« (Holly S. 26) ermittelt und bibliographiert werden können. Diese 400 Nachweise fehlen bei Bergmann.

Konkret heißt das, am Beispiel des Berliner Anwalts Alfred Apfel: Bergmann verzeichnet unter dem Autorennamen 21 Beiträge, einen weiteren, bei Holly nicht erwähnten, schreibt er als anonym zu; Holly nennt 24 Texte, drei zusätzliche aus der Rubrik »Antworten«. Oder das Beispiel Brecht: Hier hat Holly vier und Bergmann zwei Eintragungen.

Positiv ist, umgekehrt, zu vermerken, daß der bei Holly noch als »Ein Stabsoffizier« erwähnte Autor bei Bergmann (Nr. 0076) als Arno Voigt aufgelöst wird; auch die Behandlung des dazugehörenden Beitrags von Wilhelm Markstahler (Nr. 1515 – *Brief an den Stabsoffizier*) ist gelungener als bei Holly.

Eine andere kritische Bemerkung wäre bei den Titelaufnahmen möglich. Zum inhaltlichen Erscheinungsbild der Zeitschrift gehört auch das zeitgenössische Vertrautsein mit historisch-literarischer Bildung. Autoren der europäischen Kulturgeschichte, vor allem der deutschen des 18. und 19. Jahrhunderts, werden zitiert, von Pindar bis Nietzsche, von Luther bis Lichtenberg, von Macchiavelli bis Swift und Danton. Ihre Texte, zumeist kurze, aphorismenartige Gedankensplitter, sind durch neue, von der Redaktion formulierte Titel aktualisiert (*Zu diesem Krieg*), woraus sich ironisch-sarkastische, entlarvende, verblüffende und verwirrende kleine Denkspiele ergeben. Der Band weist das alles sorgfältig nach. Nur: Durch die Verwechslung von Überschrift und (Rubriken-)Titel entsteht eine bibliographische Verkennung der Intentionalität innerhalb der sekundären Publikation. So ergibt es sich, daß beispielsweise Friedrich [II. von Preußen] über »Die Zehnpfennigmarke spricht« handelt, Goethe zu Jacobsohns Todestag schreibt, Wieland sich Gedanken über den § 218 macht und Kant über den Ersten Weltkrieg nachdenkt. Ein einfacher Eingabebefehl hätte bewirken können, diese fingierten Titel in eckige Klammern zu setzen und damit auch optisch-bibliographische Deutlichkeit herzustellen.

Die Verzeichnung der Sonderfälle ist unterschiedlich gelungen. Nr. 2628 nennt einen – von der Redaktion versehentlich mit dem Tucholsky-Pseudonym »Ignaz Wrobel« gezeichneten – Beitrag von Alfred Polgar, der korrekt seinem wirklichen Verfasser zugewiesen wird. (Einzelheiten dazu vgl. Holly S. 31). Dagegen Nr. 2576, wo der Text eines »Alfred Wien« als »vermutlich [von] Alfred Polgar« stammend bezeichnet wird, was aber ohne Verweisung bei Polgar wenig nützt.

Die knappen (bei vielen Mitarbeitern nicht möglichen) biographischen Annotationen zu den Autoren sind teils bemerkenswert, teils merkwürdig. Eingeschränkt auf die Erscheinungszeit der Zeitschrift, können sie bei deren aktiven Mitarbeitern als zusätzliche Informationsquelle nützlich sein, gerade durch ihre Konzentration auf publizistische Arbeit, auf Bezüge zur Zeitschrift, auf Beteiligung an anderen Periodika, auf politische Positionen und Schicksale; die Hinweise zu Exil, Widerstand und Ausbürgerung haben zumal bei den Autoren dieses Blattes großen Belang.

Wenig sinnvoll sind solche Beigaben freilich bei passiven Mitarbeitern, bei bekannten historischen Figuren, die zitiert werden. Hier liegt doch nur Transport von Lexikonwissen vor, das andernorts mühelos erreichbar wäre. Das ist noch nicht alles. Bei den – besonders gern angeführten – Literaten begegnet die altmodische Unterscheidung in »Dichter« und »Schriftsteller«, und auch sie keineswegs konsequent. Baudelaire, Byron, Eichendorff, Goethe, Heine, Klopstock oder Novalis werden als »Dichter« bezeichnet. Nun ja. Aber ebenso Dante, E.T.A. Hoffmann, Hans Sachs, Schiller oder Wieland; sogar Lessing und Börne, die sich gewiß vehement gegen diese Rubrizierung verwahrt hätten. »Schriftsteller« dagegen: Arndt, Brentano oder Dostojewski, Droste-Hülshoff, Kafka, Kleist oder Lasker-Schüler, Macchiavelli, Schnitzler oder Ringelnatz. Mögen solche Personal-Notizen auch nicht immer direkt falsch sein, fragwürdig sind sie jedenfalls.

Einige von ihnen sind nicht aktualisiert: Sowohl Axel Eggebrecht (Nr. 0510) als auch Hans Heinz Stuckenschmidt (Nr. 2310) sind inzwischen verstorben. Gelegentlich fehlen sie auch dort, wo man sie unschwer hätte ermitteln können, so bei Andreas Gryphius (Nr. 0836) oder bei Heinrich Theodor Rötscher (Nr. 1956). Ein schwierigerer Fall, zugegeben, wäre Gisella Selden-Goth (Nr. 2175) gewesen, die bedeutende ungarische Pianistin, Komponistin und Musikwissenschaftlerin, geb. 1884; von ihr sind immerhin 36 Texte nachgewiesen. Und daß in Nr. 2017 »Sand, Georges« als ein »Franz. Schriftsteller« bezeichnet wird, ist frauenfeindlich gegen Madame Aurore Dudevant, die sich nicht Georges, sondern George Sand nannte.

Seltsam sind schließlich Namensansetzungen und Annotationen wie »Friedrich der Grosse, Politiker« (statt: Friedrich II. von Preußen) oder »Wilhelm der Erste, Deutscher Kaiser«, auch wenn solche Formulierungen dem Text entnommen wurden, oder sogar »Bonaparte, Napoleon, franz. Politiker« (statt Napoleon I. Bonaparte, Kaiser der Franzosen). »Bonaparte, Napoleon«? Warum dann nicht auch »Hohenzollern, Friedrich, preußischer Flötist und Hundefreund«? Es paßt in dieses Bild, daß ausgerechnet dem Genossen Uljanow die höchste bürgerlich-politische Weihe (als einzigem) erteilt wird: »Lenin, Wladimir Iljitsch, sowj. Staatsmann«.

Schwerer wiegen einige bedauerliche Entscheidungen bei der Bearbeitung, die die Benutzbarkeit des Bandes einschränken. Leider sind die ermittelten wirklichen Namen der ausgedruckten Pseudonyme dann nicht im Verfasseralphabet verwiesen, wenn der Autor nur unter seinem Pseudonym in der Zeitschrift veröffentlichte. Dadurch entstehen unnötige Informationslücken. Ich meine hier nur einen begrenzten Zusammenhang, natürlich nicht die Frage, wie Klabund oder Stendhal eigentlich hießen, daß Leo Lania bürgerlich Lazar Herman war, kann man vielleicht noch wissen; aber daß Karlernst Knatz als »Peter Squenz« schrieb oder Heinz Grczyb als »Asiaticus«, wäre anzugeben doch hilfreich gewesen.

Ferner: Beiträge, die nicht mit einem Namen, sondern mit einem Begriff gezeichnet sind (»Ein Mitschuldiger«, »Ein Staatsbeamter«), wurden nicht in die Generalstelle für anonyme Texte (Nr. 3000) eingetragen, sondern stehen im Alphabet unter A: Nr. 0059 – »Anonym, ein Fachmann«, Nr. 0071 – »Anonym, ein Rittergutsbesitzer« (wobei der Zusatz »Anonym« nicht dem Text entnommen, sondern vom Bearbeiter hinzugefügt wurde). Das ist eine unglückliche Lösung, die Wiederfinde-Probleme schafft. Besser wäre es gewesen, diese Begriffe gleich in das Autorenalphabet einzuordnen, wenn sie schon die Qualität von Namen haben sollen; noch besser freilich wäre ein eigenes Alphabet.

Daß hier, wieder einmal, das aus zwei Vornamen zusammengesetzte Pseudonym »Jean Paul« des bekanntlich bürgerlich »Richter« heißenden Autors unter »Paul, Jean« aufgetragen ist, mag noch hingehen. Aber es macht keinen Sinn, den Staatssekretär Dr. Ramm unter »D« zu stellen (Nr. 0476), oder den Major Eckart unter »M« (Nr. 1489). Und der unter Nr. 2360 genannte »Thil, Freiherr Du« ist in Wahrheit Karl Wilhelm Heinrich Du Bos du Thil, Hessen-Darmstädtischer Staatsminister (eine Bemerkung im Text, die für die fehlende Annotation hätte herangezogen werden können), wird also unter »D« gesucht.

Eine andere verunglückte Eintragung ist in der Nr. 1086 unterlaufen: Erich Kästners (in der Zeitschrift und bei Holly unter diesem Namen stehendes) *Ohnmächtiges Zwiegespräch* von 1932 wird hier von den anderen Kästner-Eintragungen (Nr. 1122) abgetrennt und unauffindbar unter »Jästner, Erich« eingeordnet.

Auch unvollständige Eintragungen fallen auf. Nr. 0446 etwa verzeichnet einen Text von Eduard Devrient, *Zum 150. Geburtstag*. Geburtstag wessen? Das erfährt man nicht. Erst ein Blick ins Blatt belehrt, daß es sich bei diesem Beitrag um die Zusammenstellung zweier Texte (von Ludwig Tieck und Devrient) zum Gedenken an den Schauspieler Konrad Fleck handelt. Ohne die dort vorhandene Überschrift ist dieser Hinweis bibliographischer Leerlauf. Nebenbei: In der Nr. 2102 hätte man den Namen des Beiträgers »Schnehnepaw, Ztirf« in der richtigen Buchstabenfolge, von rechts nach links, lesen und so zu »Fritz Wapenhensch« gelangen können; beweisbar ist, daß dieser Nachname existiert; über den Verfasser einer pazifistischen *Weihrede* allerdings ist, soweit zu sehen, noch nichts bekannt.

Das Register erfaßt die Titel sämtlicher Beiträge alphabetisch nach der gegebenen Wortfolge. Sein Nutzen ist unbestreitbar, es führt in vielen Fällen rasch zu Resultaten. Einwenden könnte man lediglich, daß Rubriken (*Antworten*, *Liebe Weltbühne*) und Serientitel (*Industriekapitäne*) als Titel mißverstanden wurden, und daß, eben wegen der Abbildung der Wortfolge, Namen häufig unter dem Vornamen zu suchen sind, beziehungsweise nicht gefunden werden können, wenn sie im Titel nicht an erster Stelle stehen. Höheren Erkenntniswert hätte es geboten, die Titel nach den enthaltenen Stichwörtern zu sortieren.

Aber sicher: Solche Einwände und Randbemerkungen können den exzellenten Gebrauchswert dieser begrüßenswerten, notwendigen Publikation nicht mindern. Mit ihr ist nun ein bequem zu verwendender, sachkundiger Führer durch eine überwältigende Stoffmenge verfügbar. Dessen Ergiebigkeit wird noch gesteigert werden: Zur Vervollständigung der Gesamterschließung sind zwei weitere Bände geplant, die ein Personenregister (aller in den Texten vorkommenden Namen) mit kurzen biographischen Bemerkungen, ein Register der Theater- und Film-Besprechungen sowie der Buchrezensionen und ein annotiertes Presse-Register enthalten werden.

Die äußere Gestaltung des Bandes verdient großes Lob. Ein weiteres Mal legt der Verlag eine Publikation vor, die in ihrer allgemeinen Präsentation vorzüglich genannt zu werden verdient, übersichtlich und benutzerfreundlich gegliedert, komfortabel und großzügig gestaltet. Es wird eine Freude für alle sein, mit diesem Werk zu arbeiten, die, wie immer gehetzt, die rasche Information suchen – und finden.

Allen denen, die etwas mehr Zeit haben, sind die vorangestellten Erinnerungen an Siegfried Jacobsohn zu empfehlen, ein Essay von Axel Eggebrecht (der selbst mit 49 Beiträgen vertreten ist). Er sagt dort: »Früher als anderswo wurden in der Weltbühne die Übel erkannt und rückhaltlos angeprangert. Besonders aufmerksam beobachtete man die durch und durch reaktionäre Justiz und die geheime Wiederaufrüstung. Immer neue Leute holte S.J. heran. Er selbst hing, wie denn anders, insgeheim noch immer am Theater ... Aber mehr und mehr bedrückten ihn eben doch ganz andere Sorgen. Unter seiner Führung wurde die Weltbühne zur unermüdlichen Mahnerin. Die Kassandrarolle ist unbeliebt von jeher – auch Jacobsohns Mitarbeiter wurden diffamiert als Nestbeschmutzer, als Zerstörer eben dessen, was sie doch verzweifelt zu verteidigen suchten«.

Verzweifelte Verteidiger. Zu Beginn wurde von der ersten Seite, aus dem Jahre 1905, zitiert. Auf der letzten Seite der letzten Nummer, vom 7. März 1933, ist, als letztes Wort vor dem Verbot, zu lesen: »Wir dürfen wohl in diesem Augenblick feststellen, daß wir immer unsre warnende Stimme erhoben, daß wir uns nie gescheut haben, den Ruf ewiger Querulanten auf uns zu nehmen, denen nichts recht zu machen ist. So schmerzlich die Konstatierung auch ist: unsre Kritik, unsre Warnungen waren mehr als berechtigt. Trotzdem: es wird weitergearbeitet, denn der Geist setzt sich doch durch«.

Joachim Bergmann: Die Schaubühne / Die Weltbühne 1905-1933. Bibliographie und Register mit Annotationen. Teil 1: Bibliographie mit biographischen Annotationen. Alphabetisches Titelregister. Mit einem Essay von Axel Eggebrecht. München, London, New York, Paris: K.G. Saur 1991.

16

»Wiederherstellung der Kontinuität des literarischen Lebens« »Die Fähre« / »Literarische Revue«

Die Jahre nach 1945 sind in diesem Jahr durch Gedenkfeiern, Gedenkfilme und Gedenkreden besonders ins Gespräch und ins Gerede gekommen. Schon beginnt man zu vergessen, daß »Gedenken« auch mit »Denken« zu tun hat. Oder haben sollte. In der Kulturmaschine zwischen Feuilleton und Forschung liegen jene Jahre allerdings seit einiger Zeit auf dem Fließband.

Vielerlei verwirrende Fragen. War es eine Stunde Null? Gewiß nicht. Ein Neubeginn? Wohl kaum. Eine Anknüpfung an die Zeit vor 1933? Vielleicht. Eine Fortsetzung kultureller Tendenzen von vor und nach 1933? Auch nicht unwahrscheinlich. Mithin: Bis hier erwünschte Klarheit auftaucht, ist noch sehr vieles aufzuarbeiten.

Wichtige Quellen dazu findet man in der zeitgenössischen Presse. Von einer besonders materialreichen und auch symptomatischen Literaturzeitschrift ist hier die Rede, von der *Fähre*, die später *Literarische Revue* hieß und von 1946 bis 1949 in München erschien. Angetreten im »Spannungsfeld von Kontinuität und Neubeginn«, ergriff sie kompromißlos Partei für »Humanismus und Demokratie«, sich selbst in ein dialektisches Verhältnis von »Anfang und Tradition« einordnend. Über das Blatt unterrichtet eine vorzügliche Studie von Kai Schlüter.

In der Einleitung macht der Verfasser den Ansatz seiner »Einzelfallstudie« einsichtig: »Eine Zeitschrift als Untersuchungsgegenstand ... bot sich aus mehreren Gründen an. Erstens war die Buchproduktion in den ersten Jahren noch sehr gering. Zweitens konnten die Zeitschriften durch ihre relativ schnelle Erscheinungsfolge rascher auf aktuelle politische und kulturelle Entwicklungen reagieren ... Drittens boten die Zeitschriften den Deutschen als eine Art ›Parlamentsersatz‹ nahezu die einzige Möglichkeit, sich öffentlich zu artikulieren ... Und viertens boten spezielle Literaturzeitschriften Literatur nicht nur dar, sondern versuchten durch Kritik und Förderung, auch auf die Entwicklung der Literatur Einfluß zu nehmen«.

Das zweite Kapitel faßt, in der Form eines präzisen Forschungsberichts, die bisherigen wissenschaftlichen Erkenntnisse zum Thema »Rahmenbedingungen der Zeitschriftenproduktion unter amerikanischer Besatzung« zusammen. Die Rede ist von der Informationspolitik der damaligen US-Militärregierung, von Versuchen der »re-education« eines fernen, unverständlichen, mit großen Anstrengungen soeben besiegten Landes seitens der Amerikaner, mit Hilfe möglichst »demokratisch« gesteuerter Lizenzvergaben, durch Zensur und Kontrollen. An diesen Überblick schließt sich eine Kontext-Untersuchung, in der ausgewählte andere Literaturzeitschriften der frühen Nachkriegsjahre vorgestellt und mit dem untersuchten Blatt verglichen werden. Bekannte Namen tauchen dabei auf: *Das Karussell*, *Die Erzählung*, *Ost und West*, *Texte und Zeichen*, *story*, *Das Goldene Tor*, *Lancelot*, *Prisma/Glanz*, *Der Ruf*, *Die Wandlung* und *Frankfurter Hefte*.

Das dritte Kapitel stellt die Biografien des Verlegers und seiner Redakteure vor; gezwungenermaßen mehr oder weniger fragmentarisch, aber stets von hohem Erkenntniswert. Willi Weismann, 1909 geboren, kam 1932 zu Ernst Niekischs Zeitschrift *Widerstand*, wurde wegen seiner praktizierten Opposition zum Nationalsozialismus mehrfach verhaftet, hielt sich als Verlagsvertreter über Wasser, war ab 1941 Soldat und ab Januar 1945 Mitglied der Münchener Widerstandsgruppe »07«. Sogleich nach Kriegsende gründete er seinen eigenen Verlag, der außer der *Fähre* noch andere Zeitschriften publizierte und – von 1946 bis 1954 – ein anspruchsvolles literarisches Programm veröffentlichte: Hermann Broch, Elias Canetti, Hans Henny Jahnn. (Eine Bibliografie der Produktion findet sich im Anhang der Arbeit.)

Mit diesen wenigen Lebensdaten ist der intellektuelle und gesellschaftliche Hintergrund des hier behandelten Blattes angerissen. Die Biografien der Redakteure setzen Akzente dazu. Herbert Burgmüller, der in den dreissiger Jahren an der österreichischen Zeitschrift *silberboot* mitarbeitete, später als Bibliotheks-Hilfsdezernent überlebte und 1945 in die KPD eintrat. Hans Hennecke, 1929 bis 1933 Lektor des Erich Reiss Verlags, vor allem als Übersetzer und Komparatist tätig, dann 1936 bis 1942 Mitarbeiter der *Europäischen Revue*. Und Herbert Schlüter, der Pazifist und Antifaschist, seit 1933 im Exil.

Die Kapitel vier und fünf beschreiben die materiellen Grundlagen der Zeitschrift und ihre Geschichte. Die kurze Historie zwischen 1946 und 1949 beginnt mit einer Art Vorgeschichte in Ernst Schönwieses glanzvoller, aber kurzlebiger Wiener Emigranten-Zeitschrift *das silberboot* (1935 bis 1936). Diesen Titel wollte Weismann ursprünglich 1946 fortsetzen, da er aber von Schönwiese selbst weitergeführt wurde, ließ Weismann sein Produkt als *Die Fähre* erscheinen. Bis 1947 ergab sich durch den Austausch von Manuskripten und den gegenseitigen Nachdruck von Texten eine fruchtbare Zusammenarbeit mit dem »neuen« *silberboot*. Weismanns Zeitschrift begann im April 1946. Als Mitte 1947 Herbert Eulenburgs Sohn Till Anspruch auf den Titel *Die Fähre* erhob, wurde das Blatt (ab 1948) umbenannt in *Literarische Revue*. Unter diesem Titel erschien es bis zu seinem Eingehen, 1949.

Von einer Zeitschriften-Monografie darf man Einzelheiten zu Redaktion, Herstellung und Vertrieb erwarten. Schlüters Arbeit überzeugt mit einer Fülle sorgfältig recherchierter und ausgewerteter Daten zur Auflage (die Startauflage betrug 15 000, stieg auf 20 000 und sank zum Ende auf 3000), zur Erscheinungsweise und zum Umfang der einzelnen Hefte, zur Verlagsarbeit und Finanzierung, zu Druck und Vertrieb. Großen Raum nehmen Details zur Redaktionsarbeit ein, beispielsweise die Beschreibung der intensiven Konzipierung einzelner Hefte (das Blatt veröffentlichte häufig Themenhefte mit Titeln wie *Junge deutsche Dichtung* oder *Schriftsteller und Diktatur*). Aber auch Fragen der Herstellung sind behandelt, so wird die polygrafisch eher zurückhaltende, konventionelle Aufmachung der Zeitschrift beschrieben, die keinerlei Illustrationen vorsah.

Analysen zum literarischen Programm der *Fähre / Literarischen Revue* füllen die Kapitel vier bis sechs. Die Zeitschrift, zunächst »für Literatur und Kunst« konzipiert, konzentrierte sich rasch auf das alleinige Thema Literatur. Dabei sind drei Aspekte deutlich: »Wiederherstellung der Kontinuität des literarischen Lebens«, »Besorgnis um die junge Dichtung« und »Fühlungnahme mit der Weltliteratur«. Zusammengefaßt: Bemühungen des Blattes, an nicht diskreditierte Traditionen anzuknüpfen, diesen weiterzuhelfen und auf diese Weise »zu einer geistigen Neuorientierung der Deutschen beizutragen«.

Das hieß zitatweise Hereinnahme ausgewählter Texte aus der deutschen Literaturgeschichte (unter anderem: Leibniz, Klopstock, Jean Paul, Herder, Lichtenberg, Büchner, Rilke). Das bedeutete Beschäftigung mit den Werken der Exilierten und Verfehmten (Thomas Mann, Hermann Broch, Hanns Henny Jahnn, Stephan Hermlin) und auch Berücksichtigung von Autoren der »Inneren Emigration« (die von der Redaktion abgelehnt wurde). Und das meint schließlich auch entschiedenes Eintreten für die jungen Autoren (wie Wolfgang Borchert, Erich Fried, Heinrich Böll, Wolfdietrich Schnurre).

Ein längerer Abschnitt belegt, in welch hohem Umfang die Zeitschrift fremdsprachige Literatur erstmals ihren – nachholbedürftigen – deutschen Lesern präsentierte: Texte und Essays zur amerikanischen und englischen Literatur (Eliot, Auden, Whitman, Saroyan, Wilder, Miller, Joyce) ebenso wie zur französischen Literatur (Mallarmé, Proust, Valéry, Claudel, Sartre). Zu Wort kommen aber auch russische, italienische, spanische und nordische Autoren: Dokumente einer aktiven Sorge um das Bewahren eines verletzbar-unvergänglich gedachten »Weltkultur«-Europa. (Dies alles übrigens nicht ohne kritisch-lenkendes Selbstbewußtsein; das zeigen eindeutige Fälle von Nicht-Veröffentlichungen; so fehlt, im Jubiläumsjahr 1949, Goethe.)

Die Kapitel neun und zehn haben den gemeinsamen Titel *Über Literatur Fragen stellen.* »Zur Aufgabe der Literatur und des Dichters«, wie Verleger und Redakteure der *Fähre / Literarischen Revue* sie sahen, wird ein zentraler Satz zitiert: »Die schöpferische Aufgabe der Gegenwartsdichtung besteht ... darin, die Literatur mit der Lebenswirklichkeit von heute zu verbinden«. In der Erfüllung dieses Ziels ging die Zeitschrift sehr anspruchsvoll vor. Sie bot ihren Lesern eine Fülle von dokumentarischem Material in Form von »Essays, Gedichten, Briefen, Tagebüchern, programmatischen Dialogen und erzählender Prosa«; gedankliche Konsequenzen daraus zu ziehen, überließ sie indes weitgehend ihnen selbst. Soviel wurde jedoch im Geflecht höchst unterschiedlicher Meinungen und Positionen deutlich: »daß die Literatur bei einer gewissen künstlerischen Autonomie gesellschaftliche Verantwortung trage und nach Form und Inhalt auf die (sich stets wandelnde) gesellschaftliche Wirklichkeit bezogen sein müsse«. Darum die Förderung junger Autoren, darum aber auch die Skepsis bei der Beurteilung der ersten Veröffentlichungen der deutschen Literatur nach 1945, die sich ganz anders darboten, als die Zeitschrift es kritisch erwartete.

Von solchen – gewiß nicht unproblematischen– Überlegungen aus läßt sich auch das Deutschlandbild des Blattes übersichtlich darstellen, seine Aufsätze zur deutschen Geschichte, zu Faschismus, Krieg, Exil und Widerstand, die Appelle zum Aufbau eines demokratischen Deutschland, die Vorstellungen über die (damals noch nicht deutsch-deutsche, sondern nur deutsche) Zukunft: »Es darf nicht geschlafen werden – das Gewissen der Menschen muß wach bleiben, damit nie mehr geschehen kann, was geschehen ist«. Auch dies ist, weit über die hier behandelte Zeitschrift hinaus, ein Symptom: deutsche Vergangenheit als deutsche Zukunft. Für die *Literarische Revue* freilich bedeutete eine solche Stellung das Aus: Sie »beharrte nach der Währungsreform, entgegen der sich in Deutschland ausbreitenden Tendenz zur Anpassung an den status quo, auf der Klärung grundsätzlicher politischer und kultureller Fragen, was zu ihrem Ende entscheidend beitrug«.

Die Zeitschriftenproduktion der Nachkriegsjahre, stellt der Verfasser fest, sei »äußerst vielfältig, unübersichtlich und bibliografisch noch nicht befriedigend erfaßt«. Wie wahr. Man sollte verschärfend hinzufügen: und in vielen Teilaspekten auch nicht mehr exakt darzustellen, weil viel zu lange versäumt wurde, die (allmählich abtretenden) Zeitzeugen sinnvoll zu befragen, wie es der Verfasser mit dem 1983 gestorbenen Willi Weismann getan hat. Daß wir – neben den anderen, nicht eben übermäßig reichhaltigen Forschungen zur Zeitschriftengeschichte jener Jahre – jetzt gründlich über einen sehr wichtigen Titel informiert sind, ist der übersichtlichen und exakten, klug disponierten, auf ausgiebigen Quellenstudien, Briefwechseln und Interviews basierenden und erfreulicherweise von keinerlei herumempfindelndem Bramarbasieren abgelenkten Arbeit von Kai Schlüter sehr zu danken.

Kai Schlüter: »Die Fähre / Literarische Revue«. Analyse einer Literaturzeitschrift der ersten Nachkriegsjahre (1945-1949). Sonderausgabe aus dem Archiv für Geschichte des Buchwesens. Frankfurt am Main. Bd. 24 (1984). Sp. 1269-1552.

17

Die Bibliographie der Zeitschriften des deutschen Sprachgebietes bis 1900

1

Der erste Band eines groß angelegten bibliographischen Unternehmens: Er präsentiert, von den Anfängen periodischer Publikation bis 1830 reichend, nicht weniger als rund 6700 Titelnennungen. Eine, auf den ersten Blick, staunenswert fleißige und gründliche Arbeit, eine begrüßenswerte Erscheinung. Erstens schließt das Werk als Versuch, einen bibliographischen Überblick über die gesamte deutschsprachige Zeitschriftengeschichte zu geben, eine Lücke, die bei wissenschaftlichen Arbeiten ebenso wie bei bibliothekarischen Recherchen zu spüren ist. Zweitens bietet es umfangreicheres und exakter erschlossenes Material auf knapperem Raum an als vergleichbare Werke, und es nennt Fundorte bei den einzelnen Titeln. Drittens ist dieses Material übersichtlich redigiert und in einem sehr lesbaren Druck dargeboten. Ein ausführliches Titelregister erleichtert die Arbeit mit der eindrucksvollen Informationenmenge.

Dieses Werk, das mit dem Anspruch einer »Gesamtbibliographie« (Prospekt) auftritt, beruht jedoch leider nur zu einem geringen Teil auf selbständiger bibliographischer Forschung. Der Verfasser hat alle Titel, die ihm zugänglich waren, mit einem Sternchen bezeichnet. Überschlägig gerechnet, sind das etwa 15-20% aller Titel. Mindestens 80% stammen also entweder aus dem Fundus des »seit dem Jahre 1923 gesammelten Zettelmaterials« Kirchners, oder sie wurden ungeprüft aus anderen Bibliographien und sonstigen Quellen entnommen (deren geringe Zahl fällt auf – vor allem fehlen die Dokumente lokaler Literaturerschließung, wie beispielsweise Franz R. Bertheau, *Das Zeitungswesen in Hamburg*, 1914). So sehr diese Methode der Materialbeschaffung im Ansatz für die Produktion einer retrospektiven Bibliographie richtig ist, Kirchner hat es leider versäumt, dem ersten Schritt den zweiten hinzuzufügen, er hat der Sammlung die Prüfung nicht folgen lassen. Da dadurch frühere Fehler reproduziert werden, ist es klar, daß Titel genannt werden, die nachweislich nicht erschienen sind (Beispiel: 6618 – *Siona*; vgl. *Sulamith* 2, Bd. 2, 286), oder Titel, die gar kein Periodikum sind (4802 – *Teutschkundliche Forschungen* von J. G. Radlof – ein Aufsatzsammlung eines einzigen Verfassers). Aufs Ganze gesehen, bedeutet es, daß der positive Eindruck der bisher umfangreichsten Titelsammlung durch methodisch begründete Fehlinformationen sogleich wieder determiniert wird.

Die Titelmasse ist in 23 inhaltlich gliedernde Gruppen aufgeteilt, in sehr große Gruppen wie *Allgemeinwissenschaftliche Zeitschriften und Blätter des Buchhandels* (32 Seiten) und in Splitter wie *Magica* (vier Titel). Der Sinn solcher Anordnung, fachliche Übersichtlichkeit, wird allerdings sofort fragwürdig, wenn man bedenkt, daß viele Zeitschriften inhaltlich so heterogen sind, daß eine Zuordnung unter eine Rubrik nur mit Schwierigkeiten möglich ist. Blätter, die ihren Inhalt so radikal ändern wie J. S. Ebersbergs *Feierstunden*, die sich vom einfachen pädagogischen Magazin über das literarische Unterhaltungsblatt bis zum politischen Journal (als *Österreichischer Zuschauer*) fortentwickeln, passen entweder gar nicht ins Schema oder müssen zerrissen werden. Außerdem mußte Kirchner die Mehrzahl der Titel, da er sie nicht gesehen hat, allein nach den Indizien der

Titelaufnahme einordnen. Das geht natürlich häufig gut. Es führt aber auch zu Fehlentscheidungen: 4760 – *Der Patriot*, im Untertitel ausdrücklich als »ein politisches Blatt« gekennzeichnet, gehört ebensowenig zu den literarischen und literaturwissenschaftlichen Zeitschriften wie 6250 – *Oppositionsblatt oder Weimarische Zeitung*, eine politische Zeitung, zu den unterhaltenden und belehrenden Zeitschriften gehört, zu denen auch 6328 – *Der deutsche Sokrates aus dem Voigtland*, eine philosophisch-theologische Publikation, nicht gehört. Trotz ihres Titels ist 6583 – *Breslauische Modenzeitung* ein reines Literaturblatt, das pädagogische Blatt *Die Welt in Bildern vorzüglich zum Vergnügen und Unterricht der Jugend* alles andere als eine naturwissenschaftliche und mathematische Zeitschrift. Weder 1860 – *Der Aufmerksame* noch 1936 – *Wöchentliche Unterhaltungsblätter für Welt- und Menschenkunde* sind historisch-politische Zeitschriften. Nicht klar ist auch, warum Blätter gleichen Typs in verschiedenen Gruppen stehen (4689 – *Morgenblatt für gebildete Stände* bei den literarischen, 6078 – *Abendzeitung* bei den unterhaltenden und belehrenden Zeitschriften). Sinnvoller wäre es gewesen, alle Titel in ein einziges Alphabet zu geben, wie es beispielsweise beim *British Union Catalogue of Periodicals* der Fall ist.

Noch hinderlicher ist, daß die einzelnen Titel zerlegt werden. Jede Titeländerung wird als Fortsetzung betrachtet und unter eigener Nummer aufgeführt (auch das nicht konsequent; die vielen Umbenennungen der wichtigen *Wiener Theaterzeitung* sind in die Annotation verwiesen). Könnte man das noch hinnehmen, obwohl sich dadurch öfters chronologische Unstimmigkeiten ergeben, weil nicht jede Titeländerung mit einem Jahrgangsbeginn identisch ist, so stört doch entschieden, daß zwar von einem Titel auf den anderen verwiesen wird, jedoch prinzipiell ohne Angabe der entsprechenden laufenden Nummer; der Benutzer ist gezwungen, diese Nummer erst im Register ausfindig zu machen: ein ermüdendes Verfahren mit langer Zugriffszeit.

Mit diesen, den Gesamtaufbau des Bandes betreffenden Einwänden korrespondieren einige Bedenken, die sich aus der Untersuchung der einzelnen Bestandteile ergeben. Die Titelaufnahmen sind weniger exakt, als es von einem Werk dieses Umfangs und dieser Bedeutung erwartet werden dürfte. Einige Beispiele: unter 920 wird das *Neujahrsblatt ab der Burger-Bibliothec* (Zürich), 1645-1835, genannt; unter 1423 die *Neujahrsblätter von der Stadtbibliothek in Zürich*, 1816-1821; in Wirklichkeit sind beide Nennungen Bestandteile ein und derselben Publikation, die von 1645 bis 1924 erschien. 4302 – *Theatralische Mittheilungen*: nicht 1811-1815 erschienen, sondern 1814-1815; Beginn am 10. 10. 1814. 4752: es fehlt der Vermerk, daß die *Wiener Zeitschrift* eine politisch-satirische Fortsetzung namens *Punch* hatte. 4766: der genaue Titel ist nicht *Conversationsblatt*, sondern *Conversationblatt* (schon irrtümlich bei Diesch 1661). 4815 – *Das Nordlicht*: nicht 1:1828-12:1840, sondern 1:1839-2:1840; Beginn 1. 10. 1839). 6074 – *Laibacher Wochenblatt* und 6271 – *Illyrisches Blatt* gehören zusammen, Verweisungen fehlen. 607 – *Abendzeitung*, Beilage *Literatur- und Kunstblatt* ist der Druckfehler aus Diesch 1416 übernommen; die Beilage erschien nicht 1834-1844, sondern 1843-1845. 6246 – *Der Gesellschafter*: keine der vielen Beilagen dieser wichtigen Publikation des Vormärz ist verzeichnet. 6253: der genaue Titel lautet nicht *Mindener Sonntagsblatt*, sondern: *Das Sonntagsblatt*, ab Jg 28:1844 *Mindener Sonntagsblatt zur Unterhaltung und Belehrung*, ab Jg 37:1853 *Mindener Journal und Kreisblatt*, ab Jg 38:1854, Nr.47 *Mindener Journal*. 6259 – *Der Neustädter Kreisbote* erschien nicht nur bis 1837, sondern bis (mindestens) 1925. Unter 6409 und unter 6429 ist zweimal dieselbe Zeitschrift bibliographiert, jedesmal mit anderen Daten; die richtigen Daten lauten: *Erheiterungen. Eine Auswahl des Neuesten und Interessantesten aus deut-*

schen Unterhaltungs-Blättern (ab Jg 6:1834: *Eine Auswahl des Merkwürdigsten und Interessantesten aus der neuesten belletristischen Literatur*; ab Jg 14:1842: *Blätter für Unterhaltung und Belehrung*; ab Jg 21:1849: *Eine Hausbibliothek der Unterhaltung und Belehrung für Leser aller Stände*; 1829-1865; Fortsetzung: *Erheiterungen am häuslichen Herd*, 1866, und *Erheiterungen*, 1867-1869). Für 6561 – *Berlinische Blätter für deutsche Frauen* steht seit den Repertorien von H. H. Houben fest, daß 12 (nicht: 14) Bände erschienen sind. Die Nummern 6571, 6572 und 6573 sind in Wirklichkeit eine einzige Zeitschrift, ebenso die Nummern 6111, 4306, 6247 und 6454 (zwei weitere dazugehörende Titel fehlen). Unter 4346 und 4809 werden Beilagen (die als solche gekennzeichnet sind) wie Haupttitel aufgeführt; andererseits ist 4328 – *Zeitung für Theater, Musik und bildende Künste* keine Beilage, sondern die Samstagsausgabe des *Freimüthigen*, und auch nicht 1821-1827, sondern 1821-1823 erschienen.

Über Druckversehen braucht hier nicht gesprochen zu werden; hinzuweisen wäre höchstens auf Fälle wie die Nr. 4299, deren Annotation sich unter der Nr. 4300 befindet. Merkwürdigerweise kommt der Fehler »Elentheria« dreimal vor, im Text (503), im Nachtrag und im Register. Wichtiger zu bemerken ist, daß des öfteren Untertitel gänzlich fehlen, daß ihre Änderungen nur sporadisch notiert werden, daß mitunter die Namen von Herausgebern, Redakteuren und Verlegern unpräzis erfaßt sind. Es gibt zwar keine allgemeinen Regeln für das Bibliographieren von Zeitschriften. Wenn Kirchner aber, aus seiner jahrzehntelangen Erfahrung im Umgang mit solchem Material, eine neue Methode praktiziert, hätte sie überzeugender sein müssen als die vorliegende. Er setzt prinzipiell die Herausgeber in eckige Klammern. Warum eine Information bereits bei ihrer ersten Nennung auszeichnen? Die eckigen Klammern wären besser für Änderungen (oder Zusätze) verwendet worden. Solche Änderungen werden übrigens häufig statt mit genauer Datierung mit einem schlichten »sp.« angezeigt; weder dies noch die Art, in der die Jahrgangszählung generalisiert ist, so daß man nicht feststellen kann, welche Zählung original und welche vom Bearbeiter ist, ist als exakt zu bezeichnen.

Mit erklärenden Hinweisen, die unbedingt zur Bibliographie eines so vielfach aufgefächerten Materials wie Zeitschriften gehören, geht Kirchner sehr sparsam um. Besonders fehlen Hinweise auf Probeblätter, auf Erscheinungslücken, auf Verbote und Prozesse, auf Raub- und Nachdrucke und Reprints, auf Fälle, in denen für nicht erschienene Zeitschriften vorgesehenes Material anderweitig ediert wurde.

Ähnlich problematisch steht es um die Standortangaben. Sie bestehen nur aus Bibliothekssiglen und geben keine Auskunft über den tatsächlichen Bestand. Bibliographische Genauigkeit hätte hier detaillierte Angaben gebieten sollen. Dadurch wären solche Fehler zu vermeiden gewesen wie 1991 – *Journal für die neuesten Land- und Seereisen*, bei dem als Standort »22« angegeben ist; in der Staatsbibliothek Bamberg liegen aber nur vier Monatshefte der Jahre 1808 und 1832; in der Hessischen Landes- und Hochschulbibliothek Darmstadt steht ein komplettes Exemplar 1808-1838. Solche Beispiele ließen sich haufen. Probebestellungen ergaben eine Reihe von Fehlmeldungen; manche der Kirchnerschen Besitznachweise scheinen Vorkriegsbestände zu nennen. Und bei rund einem Viertel der Titel fehlen sie gänzlich. Zieht man die Fälle nie erschienener oder verschollener Zeitschriften ab, bleiben noch genug übrig, die zu ergänzen wären. Auch hier einige Beispiele: 512 – *Mittheilungen aus Greifswald und Pommern*: Universitätsbibliothek Greifswald; 518 – *Anzeigeblätter literarischer Nachrichten*: Universitätsbibliothek Leipzig, Staatsbibliothek Bamberg; 1463 – *Allgemeine thüringische Vaterlandskunde*: Zentralbibliothek Weimar, Universitätsbibliothek Jena; 1523 – *Preußische Provinzialblätter*: Bayerische Staatsbibliothek München, Universitätsbibliothek Bonn, Württembergische Landesbibliothek Stuttgart, Universitätsbibliothek Marburg; 4810 – *Dresdener Morgenzeitung*: Staatsbibliothek preußischer Kulturbesitz Marburg; 4361 – *Breslauer Theaterzeitung*: Universitätsbibliothek Wroclaw; 4808 – *Berliner Conversationsblatt*: Schillermuseum Marbach, Staatsbibliothek preußischer Kulturbesitz Marburg, Universitätsbibliothek Berlin [Ost], Sächsische Landesbibliothek Dresden, Universitätsbibliothek Wien. Besitznachweise aus Bibliotheken in Polen (Wroclaw, Gdansk, Kraków) fehlen generell bei Kirchner.

Daß dieses Werk eine Reihe von Titeln nicht enthält, steht bei einem zeitlich wie räumlich derart großen Umfang des Berichtsgebietes von vornherein fest. Stichproben-Vergleiche mit mehreren Bibliothekskatalogen brachten denn auch immer wieder Hinweise auf Nachträge. Hier eine kleine Auswahl: *Chaos*, Weimar 1829-1832; *Auserlesene chirurgische Wahrnehmungen*, Frankfurt 1791-1806; *Medicinische Nationalzeitung*, Altenburg 1798-1799; *Der medicinischen Societät in Budissin Sammlungen und Abhandlungen*, Altenburg 1757; *Abendblatt von München*, 1829-1830; *Allgemeines Repertorium der Kritik*, 1827; *Athenäum berühmter Gelehrter Württembergs*, Stuttgart 1829-1830; *Belehrendes Unterhaltungsblatt für die Jugend*, Hamburg 1829-1835; *Belehrungsblätter*, Ziegenrück 1822; *Blätter für nützliche und unterhaltende Lektüre*, 1796; *Confluentia*, Koblenz 1822; *Deutsche Jahrbücher*, Stuttgart 1819, *Dichtung und Wahrheit*, Prag 1817; *Ernst und Frohsinn*, Stuttgart 1822; *Erörterungen für meine Zeit*, 1824; *Der Erzähler*, Aschersleben 1820-1821; *Das Dampfboot*, Stuttgart 1826; *Der evangelische Volksfreund*, Schorndorf 1819; *Feierstunden*, Brünn 1821-1822; *Freiburger Wochen- und Unterhaltungsblatt*, 1808-1848; *Ganymed für die Lesewelt*, Eisenach 1781; *Die Grazien*, München 1824-1825. Natürlich gibt es keine vollständige Bibliographie eines Gebietes dieses Umfangs. Aber den Maßstab einer relativen Vollständigkeit darf man anlegen, einer Vollständigkeit, die das Ergebnis des Auswertens aller heute zugänglichen Quellen und des Benutzens aller heute möglichen Hilfsmittel ist. In diesem Sinne betrachtet, fehlt bereits dem Band 1 eine ganze Anzahl von Titeln.

Zusammenfassend gesagt, ließen sich die positiven ersten Eindrücke dieses Buchs bei längerer und genauer Arbeit damit leider nicht aufrechterhalten. Es versucht zwar einen Gesamtüberblick, ist aber seinem Material gegenüber oft zu wenig kritisch und bietet es auch unübersichtlich dar. Es präsentiert zwar mehr Titelmaterial als bisher, muß aber seinerseits wieder in fast allen Einzelheiten nachgeprüft werden. Es nennt zwar Standorte, aber diese sind häufig ungenau.

Die Überlegungen, die an dieser Stelle anzustellen sind, führen über das hier besprochene Buch hinaus. Was Kirchner als bibliographische Methode vorbringt, wird in dieser Form den Ansprüchen einer wissenschaftlich exakten Informationsversorgung nicht mehr gerecht. Es genügt nicht, Titel zu sammeln und neu zu ordnen. Der unbedingt notwendige nächste Schritt hätte die Verifikation des Gesammelten am Objekt zu sein. Das ist ein sehr mühseliges und langwieriges Unterfangen. Aber nur so entstehen zuverlässigere Daten. Ein einzelner Bearbeiter, wie Kirchner, ist damit in jedem Falle überfordert. Auch wenn damit kurz das Gebiet der Utopie gestreift wird: Eine solche Aufgabe kann zutreffend nur von der kollektiven Arbeitskraft eines wissenschaftlichen Instituts geleistet werden. Nur so könnte die generelle, umfassende und im einzelnen exakte Bibliographie einer so großen Stoffmenge hergestellt werden, wie sie nach wie vor fehlt. Ein zweiter Gedanke bietet sich an, die Frage, wie sinnvoll (bei einer derart komplizierten und fehlerhaltigen Herstellung) solche thematisch übergreifenden Bibliographien in der Weise des traditionellen Titel-Massengrabs überhaupt noch sind. Ob nicht die Bearbeitung kleinerer Einzelgebiete, dafür aber diese vollständig, exakt und ausführlich, wesentlich sinnvoller (und auch, wenngleich hier Grenzen rasch erreicht sind, von einem einzelnen zu bewältigen) wäre. Mit anderen Worten: auf durchgängiger Autopsie beruhende, spezifische Darstellungen einzelner Sachgebiete mit wesentlich höherem Informationsniveau, etwa dem des Findbuchs (Beispiel: Paul Raabes *Repertorium der expressionistischen Zeitschriften und Sammlungen*). Vor allem die Forschung benötigte solche Hilfsmittel, aber auch den Bibliotheken wären sie hilfreich. Falls solche Hilfsmittel jemals existieren sollten: Bis sie existieren, bleibt man auf so verdienstvolle Unternehmungen wie die Kirchners angewiesen.

2

Band 2 und Band 3 liegen abgeschlossen vor. Damit ist der Textteil eines Werkes komplettiert, das den Anspruch erhebt, möglichst viele deutschsprachige Zeitschriften von den Anfängen bis zum Jahre 1900 bibliographisch exakt zu beschreiben und mit Standorten nachzuweisen. Wieviele es schließlich wurden, steht nicht fest; Band 3 endet mit der Nummer 24459, das ergibt rund 21000 Eintragungen, da zwischen Band 2 und Band 3 eine Lücke von Nr.11596 zu Nr.15000 besteht; die Zahl von 21000 Eintragungen reduziert sich wiederum wesentlich auf die Zahl der tatsächlich erfaßten Zeitschriften, da jede Titeländerung eigens als Titel aufgeführt und numeriert ist. Bis auf den geplanten Band 4 ist somit ein Opus vollendet, dessen älteste Materialschicht mit 1923 datiert ist – über ein halbes Jahrhundert vor dem Abschluß des dritten Bandes –, das in der vorliegenden Form ab 1963 bearbeitet wurde und das heute ein prinzipiell zentrales, unverzichtbares Werk für Wissenschaftler und Bibliothekare darstellt. Gibt es doch zur Zeit keinen anderen informatorischen Ort, an dem man sich so rasch und so einfach einen Überblick über die deutschsprachige Zeitschriftenpresseproduktion bis zum Ende des 19. Jahrhunderts verschaffen, an dem man Zusammenhänge und Einzelheiten verifizieren kann. Das ist aber nur die eine Seite. Auf der anderen Seite läßt sich, leider, durch die Arbeit mit den präsentierten Materialien mühelos eine erhebliche Diskrepanz zwischen Anspruch und Realität feststellen, da die Bände voller Fehler stecken, voller vermeidbarer Flüchtigkeitsfehler, aber auch voller Fehler, die sich aus der falschen, veralteten Anlage des Gesamtunternehmens ergeben. Anläßlich der Besprechung von Band 1 habe ich bereits einige grundsätzliche Einwände formuliert. Diese Punkte lassen sich noch deutlicher an den Bänden 2 und 3 belegen. Das soll anhand von Beispielen geschehen (die beliebig vermehrt werden könnten).

Alle Titel, sagt das Vorwort, die von den Bearbeitern gesehen wurden, seien mit einem Sternchen bezeichnet. Dieses Prinzip hört in Band 2 mehr und mehr auf, in Band 3 wird es gar nicht angewandt. Daraus folgt, daß der größte Teil des Werkes nicht per Autopsie, sondern per Kollation gearbeitet ist. Ein deutlicher Begriff von »Zeitschrift« liegt dabei nicht zugrunde. Vielmehr enthalten die Bände 2 und 3 eine große Anzahl von Titeln, die mit Sicherheit keine Zeitschriften sind. Bei dieser Feststellung muß davon ausgegangen werden, daß Kirchner selbst sich um eine Differenzierung bemüht (vgl. die unten zitierten Annotationen) und daß er in früheren Veröffentlichungen öfters über eine Definition des Begriffs »Zeitschrift« gehandelt hat. Dennoch werden hier reihenweise Tageszeitungen, Jahrbücher, Almanache und andere Publikationsformen aufgenommen. Beispiele:

6642 – *Bibliopolisches Jahrbuch*; 7204 – *Kleine Beiträge zur deutschen Sprach-, Geschichts- und Ortsforschung* (eine Verfasserschrift); 7458 – *Berner Taschenbuch*; 7550 – *Geographisches Jahrbuch*; 7621 – *Vorwärts! Taschenbuch*; 7654 – *Königsberger politisches Taschenbuch*; 7675 – *Deutsche Brüsseler Zeitung*; 7679 – *Arbeiterzeitung*; 9216 – *Neues Taschenbuch für Natur-, Forst- und Jagdfreunde*; 9549 – *Taschenbuch fur Freunde der Geologie*; 10482 – *Theater-Journal der vom 18. Oktober an hier in Oranienburg aufgeführten Schau-, Trauer- und Lustspiele* (ein Programmheft); 10579 – *Charitas*; 10643 – *Perlen*; 10653 – *Literarhistorisches Taschenbuch*; 11096 – *Kasselsches Journal*; 11155 – *Allgemeine Pommersche Zeitung*; 15025 – *Deutscher Universitätskalender*; 15293 – *Sammlung bibliothekswissenschaftlicher Arbeiten*; 22039 – *Münchener medicinische Abhandlungen* (eine Serie). Innerhalb der Titel, die zurecht in diese Bibliographie gehören, können kleinere Versehen und Irrtümer, von denen die Bände, wegen fehlender Autopsie, eine Menge enthalten, hier übergangen werden (etwa: 10612 – *Nordabingischer Telegraph* heißt richtig *Nordalbingischer Telegraph*; der eine Vorname des Herausgebers von 10826 – *Der Zauberer* ist nicht Zephyrmus, sondern Zephyrinus; 11192 – *Pückenhofer Blätter* sind die *Puckenhofer Blätter*). Schwerer wiegt dagegen, daß Titel verzeichnet werden, die nachweislich nie erschienen sind (Beispiel: *Der Telegraph zur Kunde der Heimath und Fremde*, 7319, vgl. 10604), daß zusammengehörige Zeitschriften-Teile verweisungslos zerrissen werden (Beispiel: 7644 – *Illustrirte Chronik* und 7707 – *Illustrirte Chronik der Gegenwart*), daß nicht selten Beilagen und/oder Extra-Ausgaben nicht erwähnt werden (Beispiel: 7753 – *Die ewige Lampe*). Solche Fehler wären vermeidbar gewesen, hätten die Bearbeiter die Zeitschriften zur Hand genommen.

Das Prinzip, aus Gründen der Übersichtlichkeit die Titelmassen in inhaltlich definierte Kapitel aufzuteilen, habe ich bereits in der Rezension zu Band 1 angezweifelt. Auch in Band 2 und 3 führt es, wegen der Tatsache, daß die Bearbeiter offensichtlich viele Zeitschriften nicht kennen, zu grotesken Fehlentscheidungen. Wie fragwürdig es ist, geht schon daraus hervor, daß in Band 2 ein Kapitel *Historisch-politische Zeitschriften* – was immer das heißt – und in Band 3 gar ein Kapitel *Politische, staats-und privatwirtschaftliche Zeitschriften* erscheint; in letzterem stehen, beispielsweise, folgende Titel zusammen: 18519 – *Organ für Schornsteinfegerwesen*; 18520 – *Der Papierhandel*; 18521 – *Reichsministerialblätter*; 18522 – *Illustrirte internationale Revue der Wiener Welt-Ausstellung*; 18523 – *Allgemeine Schlächter-Zeitung*. Und wenn Band 3 ein neues Kapitel einführt, *Sport-, Spiel- und Sammelwesen*, so ist auch dies eine nicht sauber zu trennende Zusammenstellung. (Daß Band 3 die überflüssige Rubrik *Jüdische Zeitschriften* aufgibt und die entsprechenden Titel gemäß ihrem Inhalt einordnet, ist gut; andererseits hätten, wenn man schon trennt, die vielen erfaßten Stenographie-Zeitschriften eine eigene Kategorie verdient, da sie weder *Allgemeinwissenschaftliche Zeitschriften* noch *Blätter des Buchhandels* sind.)

Die Folge solch starren Schematisierungsdenkens ist, daß viele Titel in Kapiteln stehen, wo sie ganz gewiß nicht hingehören. *Wiener Charivari* (7706) oder *Nürnberger Conversationsblatt* (7713) sind ebensowenig *Historisch-politische Zeitschriften* wie *Berliner Grossmaul* (7738), *Zeitschrift für reussische Landeskunde* (7396), *Deutsche Vaterlandskunde in Bild und Wort* (7832) oder *Danziger Dampfboot* (7572). *Europäische Eisenbahn* (8879) ist mit Sicherheit keine *Staats- und privatwirtschaftliche Zeitschrift*, sondern die publikumswirksam gemeinte Adaption einer technischen Entwicklung für den Titel eines Unterhaltungsblattes. *Fürstlich Lippische Intelligenzblätter* (10957) können ebensowenig zu den *Unterhaltenden und belehrenden Zeitschriften* gerechnet werden, wie *Porta-West-*

phalica (11183) oder *Kreisblatt für das Münsterland* (11182); *Oesterreichisches Morgenblatt* (7306) oder *Deutsche Jugendlust* (7568) sind keine *Historischen und geographischen Zeitschriften*. Unter *Allgemeinwissenschaftliche Zeitschriften und Blätter des Buchhandels* gehören keinesfalls *Oesterreichische Buchdrucker-Zeitung* (15032), *Danziger Unterhaltungsblätter* (15082), *Nord und Süd* (15098), *Deutsches Literaturblatt* (15117), *Der Stereotypeur* (15569) oder *Schreibmaschinen-Zeitung* (15605). Warum steht *Der Jude in Deutschlands Gegenwart* (7646) bei den *Historisch-politischen Zeitschriften*, wo es doch, in Band 2, ein eigenes Kapitel *Jüdische Zeitschriften* gibt? Ist es wirklich vertretbar, *Die praktische Offiziersfrau* (22672) zu den *Militärwissenschaftlichen Zeitschriften* zu stellen?

Die Titelaufnahmen sind, wie schon anläßlich der Besprechung des Bandes 1 festzustellen war, überaus ungenau – beispielsweise in der häufigen Verwendung des nichtssagenden »sp.« zur Anzeige von Redaktions- oder Verlagswechseln –, und oft irreführend. Als Beispiele dafür beschreibe ich die Art, wie hier mit Titeln, Herausgebern, Laufzeiten und Beilagen umgegangen wird.

Titel: 7004 – *Zeitschrift für Fr. Fröbels Bestrebungen* (nicht: »Betrachtungen«); 7130 – *Blätter für die christliche Schule* (nicht: »Blätter der christliche [!] Schule«); 7214 – *Gavlensografisch-Deutsches Sonntagsblatt* (nicht: »Gaolensografisch ...«); 7732 – *Die Geißel*, richtiger Titelzusatz: *Geschwungen auf dem Buckel eines Jeden* (bei Kirchner: »Geschwungen auf dem Buckel eines Juden«); 7790 – *Leipziger Rebeiren*, im Register: *Rebeiren, Leipziger* (es muß natürlich heißen: *Leipziger Reibeisen*); 10980 – *Wiener Sonntagsblätter*: Die Zeitschrift nennt sich nur *Sonntagsblätter*, im Jg. 1 *Sonntagsblätter für heimatliche Interessen*, dieser Titel ist eigens und ohne Verweisung unter der Nummer 7369 erfaßt; 11283 – *Der Derlamator* ist *Der Declamator*; 11294 – *Die Magie* muß heißen *Die Maje* (rheinischer Dialektausdruck für »gesellige Freude«).

Herausgeber: 7016 – *Aurora*: Der Redakteur heißt Pehmöller, nicht »Schmöller«; 7210 – *Germania*: Herausgeber ist Behaghel, nicht »Behagel«; 7494 – *Preußische Jahrbücher*: wurde von (dem nicht ganz unbekannten) Rudolf Haym ediert, der nicht »Hayse« heißt; 10542 – *Die deutsche Schaubühne*: Herausgeber Feodor Wehl, nicht »Wahl«; 10728 – *Unsere Zeit*: Herausgeber ist Rudolf Gottschall, nicht Gottschell; 15802 – *Für Haus und Schule*: Herausgeber ist Spieker, nicht Spieller; 18735a – *Deutsche Reichs-Bremse*: Herausgeber ist Böttcher, nicht »Böllcher«; sogar der geläufige Paul Lindau (23192 – *Nord und Süd*) wird in »Limdau« verwandelt; 23404 – *Humoristische Gartenlaube*: Der Verleger heißt Körner, nicht »Köhler«. Und wenn bei 16879 – *Zeitschrift des westpreussischen Geschichtsvereins* gesagt wird: »Schriftleiter wechselnd«, so ist damit ein neuer Rekord an bibliographischer Genauigkeit erreicht.

Laufzeiten: 6627 – *Athene*: nur ein Heft erschienen; 7023 – *Armin*: nur 13 Nummern erschienen; 7058 – *Blätter für die Jugend*; 1858-1860, nicht 1858; 7081 – *Deutsche Jugend-Blätter*: 1861-1882, nicht 1861-1870; 7113 – *Kinder-Sonntagsblatt*: 1864-1894, nicht 1864; 7459 – *Alsatia*: 1850-1876, nicht: 1853-1864; 7921 – *Der Socialist* nur zwei Nummern erschienen, nicht 35; 7984 – *Die Glocke*: 1859-1864, nicht: 1859-1860; 7999 – *Die Posaune Deutschlands*: 1861-1864, nicht: 1864; 8960 – *Deutsche Auswanderer-Zeitung*: 1852-1864, nicht: 1852; 9334 – *Blätter über Pferde und Jagd*: 1852-1858; nicht: 1852; 10717 – *Westermanns Monatshefte*: nicht bis 1925 erschienen, die Zeitschrift erscheint vielmehr noch immer; ähnlich kamen 11293 – *Über Land und Meer* und 11364 – *Daheim* noch nach 1925 (dem Jahr in dem Diesch die Datensammlung seiner Bibliographie abschloß) heraus; 10772 – *Deutsches Künstler-Album*: 1866-1876, nicht: 1866-1867; 11029 – *Fliegende Blätter*: Dieses doch wahrhaft bekannte Blatt erschien nicht, wie hier angegeben, von 1845 bis 1846, sondern bis 1943; 11103 – *Der Sprecher*: nicht 1847-1852 erschienen, sondern noch länger und schon viel früher (vgl. Bd. 1, Nr. 1924: 1820-1863); 11267 – *Der Pilot*: 1855-1864 nicht: 1855-1858; 11365 – *Der Feierabend*: 1854-1894, nicht: 1865; 11407 – *Münchner Grog*: 1869-1871, nicht: 1869; und schließlich: 15625 – *Die Fackel*: Karl Kraus' Zeitschrift erschien nicht nur bis 1932, sondern auch noch nach der faschistischen Machtergreifung bis zu seinem Tode 1936; sie ist übrigens ebenfalls zweimal erwähnt, einmal unter *Allgemeinwissenschaftliche Zeitschriften und Blätter des Buchhandels* und einmal (Nr. 23299) unter *Literarische und literaturwissenschaftliche Zeitschriften* – beides für jeden absurd, der auch nur einen Blick in dieses Blatt geworfen hat.

Beilagen: Wie wenig Sachkunde der Arbeit zugrundeliegt, erhellt auch daraus, daß in vielen Fällen Beilagen – erkennbare Beilagen – als eigene Zeitschriften aufgeführt werden. Beispiele: Nr. 7901 bringt zunächst die Beilage *Ergänzungsblätter zur Fackel*, Nr. 7904 dann die *Fackel* selbst (eine andere *Fackel*); Nr. 7918 verzeichnet die Beilage *Deutsche Reichs-Bremse*, Nr. 7975 bringt zuerst die Fortsetzung der Hauptzeitschrift, *Die Wartburg*, Nr. 11066 dann die Hauptzeitschrift selbst, *Der Leuchtthurm*, und das alles ohne Binnenverweisungen (andere Beilagen werden nicht erst erwähnt); Nr. 10497 verzeichnet die Beilage *Süddeutsche Theaterzeitung* zu Nr. 10602 *Das Rheinland*, Nr. 10856 die Beilage *Helios* (mit falschen Daten) zu Nr. 10860 *Allgemeines Mittwochblatt*, Nr. 11114 die Beilage *Nürnberger Trichter* zu Nr.11119 *Fränkische Blätter*.

Daß Titel versehentlich mehrfach eingetragen werden, unterläuft wohl jeder Bibliographie, die mit großen Stoffmassen umgeht; selten freilich dürfte dies so gehäuft und so divergierend der Fall sein wie hier. Beispiele: *Deutsche Volksschule* unter Nr. 7014 (1852-1873, richtig) und Nr. 15796 (1872, falsch); *Der Salon für Literatur* unter Nr. 10777 (1867-1890, richtig) und Nr. 23230 (1880-1890, falsch); *Zeitschrift für deutsche Philologie* unter Nr. 7221 (1868 ff., richtig) und Nr. 16578 (1874 ff., falsch); *Das neue Blatt* unter Nr. 11410 (1870-1920, richtig) und Nr. 23479 (1879-1900, falsch). Oder: 18455 und 23173: *Die Dioskuren*; 7538 und 9063: *Illustrirter Anzeiger über gefälschtes Papiergeld und unächte Münzen*; 7583 und 11086: *Die Ameise* (mit falschen Daten); 10587 und 10894: *Unterhaltungen für Literatur, Kunst und Conversation / Iris* (wobei der Herausgeber einmal Muffat [richtig] und einmal Mussat heißt); 16677 und 23240: *Jahrbuch der Grillparzer-Gesellschaft*; 16715 und 23288: *Schwäbischer Schiller-Verein Marbach-Stuttgart. Rechenschaftsbericht*; 15102 – *Deutsche Revue über das gesamte nationale Leben der Gegenwart*, 1872-1922, 23351 – *Deutsche Revue für das gesamte nationale Leben*, 1877-1914.

Sehr problematisch sind die Standorthinweise, da sie keineswegs einen jeweils vollständigen, für die Benutzung sinnvollen Bestand, sondern lediglich eine beliebig kleine Menge des betreffenden Titels bedeuten, maximal also den Beweis des tatsächlichen Erschienenseins des Bibliographierten führen; aber auch dies stimmt so nicht, da dann alle Titel ohne Standortangaben nicht nachgewiesen sein müßten, was belegbar nicht der Fall ist, sondern darauf zurückzuführen, daß häufig eben keine Standorte ermittelt wurden. Gegenüber Band 1 fällt auf, daß in Band 2 die Standortangaben immer seltener werden – gegen Ende des Bandes hören sie ganz auf, oder bestehen fast ausschließlich aus dem Hinweis »12« auf die Bayerische Staatsbibliothek München. In Band 3 findet man Standorthinweise (relativ) häufiger, aber auch hier gibt es große Lücken, etwa im Kapitel *Mode-Zeitschriften*, wo auf neun Druckseiten ganze sieben Besitzvermerke auftauchen. Unidentifizierbare oder schwer verständliche Angaben sind in diesem Zusammenhang Eintragungen wie »Hs« (10987), »Bremerhaven: Meereskunde« (21303) oder »M Med. Lesehalle« (22289). Daß die vielen nachweisbaren Standorte in Bibliotheken der DDR und anderer sozialistischer Staaten fast ausnahmslos entfallen, soll ebenfalls erwähnt werden. Und auch die zu den Standortangaben gehörenden Sigel-Listen sind keineswegs immer hilfreich: So bedeutet, beispielsweise, die Sigel »36« nicht »Mainz Stadtarchiv« (Band 3), und es nützt auch nichts, daß die altertümlich-großdeutsche Sigel »2« (Band 2) in Band 3 ausgetauscht wurde gegen »Breslau UB (Bestand vor 1945)«.

Eigens zu erwähnen sind die Annotationen, die sich bei einigen Titeln finden. Was soll eine Bemerkung wie die folgende (zu 6752 – *Chronik der Gegenwart*): »Die Zeitschrift ist ein bemerkenswerter Beleg für ein allgemein unterrichtendes Blatt, das über der Höhenlage der unterhaltend-belehrenden Blätter steht«? Das könnte man von so vielen Titeln behaupten, daß es in sich banal ist. Ein Zusatz wie »Ist mit Meldungen von Tagesereignissen nicht so sehr als Zs. wie als Zeitung zu bezeichnen« (zu 7668 – *Wiener Zuschauer*) ist unsinnig, weil er dem vorhandenen Material eindeutig widerspricht, ebenso die Bemerkung »Ist eigentlich Zeitung, da die politischen Nachrichten mit den literarischen etwa gleich stark vertreten sind« (zu 7953 – *Der Wiener Zuschauer*). Falsch ist auch die Annotation zu 10560 – *Nürnberger Blätter* oder die zu 10908 – *Der Neuigkeits-Bote*: »Ein äußerlich einer Zeitung ähnliches Periodicum«; das Blatt ist, wie bereits ein einziger Blick in eine einzige Nummer ergeben hätte, wie alle anderen literarischen Zeitschriften der Restaurationszeit auch aufgemacht. 10799 – *Unser Planet*: Die Annotation stimmt ebenfalls nicht, denn der dort als »nicht apart erschienen« bezeichnete Jg. 1 ist »apart« nachweisbar. Und schließlich: 10695 – *Literaturblatt*: Hier ist die Bemerkung »Vorher u. d. T. Morgenblatt für gebildete Stände. Stuttgart 1807 ff. Vgl. Nr. 4689« völlig verfehlt; der Titel ist keineswegs Nachfolger des *Morgenblatts*, das, wie in Band 1, Nr. 4689 richtig steht, von 1807 bis 1865 erschien, während dieses *Literaturblatt* bereits 1852 beginnt; es hat nicht das Geringste mit dem *Morgenblatt* zu tun, denn Wolfgang Menzel gab sein zweites *Literaturblatt* erst heraus, als er sich von Cotta und dem *Morgenblatt* getrennt hatte; um solche Zusammenhänge und Details zu beschreiben, müßte man schon etwas mehr von der Geschichte der Zeitschriften wissen.

Am Schluß ein Wort zu fehlenden Titeln. Diese Bibliographie, so umfassend sie auch angelegt ist und so lange auch an ihr gearbeitet wurde, läßt eine große Zahl von einschlägigen Titeln vermissen. Wenn Kirchner feststellt, ihm sei »bislang etwa 1 % Errata oder Addenda in den bisher vorliegenden Bereichen bekannt gemacht« worden, so bezieht sich dies zum einen wohl nur auf Band 1, zum andern kann es lediglich bedeuten, daß ihm weitere Errata und Addenda – die man übrigens statistisch trennen müßte – nicht zugänglich wurden. In den Bänden 2 und 3 ist allein die Zahl der Errata viel höher, wie hier an (ausgewählten) Beispielen zu zeigen war. Über Addenda zu sprechen, erscheint mir nicht sinnvoll, da es keine Aufgabe eines Rezensenten sein kann, Nachträge zu liefern, und da auch nur eine Auswahlliste den Rahmen dieser Besprechung bei weitem sprengen müßte.

Trotz all dieser (und weiterer möglicher) Einwände: Kirchners Zeitschriften-Bibliographie ist, wie schon oben gesagt wurde, ein prinzipiell zentrales, unverzichtbares Werk für Wissenschaftler und für Bibliothekare. Sie wird als Nachschlagewerk und als Arbeitsinstrument für Benutzer und Signierdienste in unentbehrlicher Funktion sein, bis sie durch eine sinnvollere, brauchbarere und exaktere Bibliographie ersetzt ist. Das wird freilich lange dauern. Aber man soll die Hoffnung nie aufgeben. Auch im deutschen Bibliothekswesen nicht.

Bibliographie der Zeitschriften des deutschen Sprachgebietes bis 1900. Herausgegeben von Joachim Kirchner. Stuttgart: Hiersemann.
Bd. 1. Die Zeitschriften des deutschen Sprachgebietes von den Anfängen bis 1830. Bearbeitet von Joachim Kirchner. 1969.
Bd. 2. Die Zeitschriften des deutschen Sprachgebietes von 1831 bis 1870. Bearbeitet von Joachim Kirchner. 1977.
Bd. 3. Die Zeitschriften des deutschen Sprachgebietes von 1871 bis 1900. Bearbeitet von Hans Jessen. 1977.

Bücher

18

»Die besten Bücher aller Zeiten und Litteraturen« Studien zu einer Umfrage aus dem Jahre 1889

»Besten-Listen«

Verschiedene Medien publizieren heute »Besten-Listen«[1] aus der aktuellen Produktion, die durch zusammengefaßte Voten einer Reihe von Kritikern entstehen. Sie unterscheiden sich in ihrer literaturpolitisch-didaktischen Intention als Ratgeber oft sehr deutlich von der puren Widerspiegelung des Geschäftes mit den Büchern, wie sie die veröffentlichten »Bestseller-Listen« belegen.

Vorläufer solcher Auswahlen sind seit dem 18. Jahrhundert bekannt, vor allem im 19. Jahrhundert können historisch weit ausgreifende Anthologien aus der Weltliteratur nachgewiesen werden, die, zumindest statistisch, auch eine Art praktizierter Besten-Listen sind. Um nur einen Titel zu erwähnen: Georg Webers 1851/52 erschienenes Werk *Litterarhistorisches Lesebuch, enthaltend Proben aus den bedeutendsten Litteraturwerken aller Völker und Zeiten in Poesie und Prosa nach deutschen Übersetzungen*[2].

Aber auch von Zusammenstellungen, die im engeren Sinne als »Empfehlungs-Listen« aufgefaßt werden können, läßt sich eine größere Zahl ermitteln: Bücher-Listen, die, unter dem Aspekt einer Auswahl der »besten« Titel, ihre Rechtfertigung sowohl aus der konservierend-retrospektiven Herausfilterung des »Bewährten« aus dem Gesamtreservoir der Weltliteratur beziehen als auch in der pädagogischen Vorstellung einer Propagation des »Empfehlenswerten« zum Zwecke der »Erziehung« des Lesers haben. Problematisch sind derartige Unternehmungen allemal. Wer kann schon sagen, was dieses »Beste« sei, und wem es wie nützen könne? Wer kann dies begründen, und wie? Wer könnte auf einem nicht durch Grundübereinstimmungen definierbaren, nur durch wechselnde Übereinkünfte eher flüchtig abgegrenzten Gebiete wie dem der Welt-Buchproduktion gültige hierarchische Strukturen festlegen? Dennoch wurden solche Aufzählungen, kürzer oder länger, immer wieder vorgelegt, sei es aus eher aufklärerisch-emanzipatorischen Vorstellungen heraus (was gut ist, ist gut für alle), sei es in der Realisierung eher populistisch-volkserzieherischer Ideen (was alle gut finden, ist gut).

Solche Versuche müssen natürlich stets im Bereich subjektiv-individueller Qualitätskategorien bleiben. Das ist ihr Vorzug und ihr Nachteil; jedenfalls eine Voraussetzung, die bei ihrer Bewertung zu berücksichtigen ist.

Um an dieser Stelle, in sehr knapper Auswahl, als Einführung in das Thema einige Prototypen solcher »Besten-Listen« aufzuführen (deren Zusammenhang im ganzen noch nicht untersucht ist), seien Veröffentlichungen von John Cowper Powys, Kasimir Edschmid, Hermann Hesse, Hanns W. Eppelsheimer und William Swan Sonnenschein erwähnt. Diese Beispiele ließen sich leicht vermehren.

John Cowper Powys publizierte 1916 seine Studie *One Hundred Best Books*[3]. Sie bietet 100 Titel vor allem aus der englischen, französischen, deutschen und italienischen Literatur, ergänzt um begründende Kurztexte aus der Urteils-Erfahrung eines intensiven Lesers: »Die folgende Liste macht aus ihren subjektiven Kriterien keinen Hehl; sie enthält schlicht die Auswahl eines Einzelnen, der in völliger Freiheit diese ›goldenen Reiche‹ durchstreift«[4].

Ein komprimiertes Gegenstück dazu ist Kasimir Edschmids Aufsatz *Die Bibliothek. An einen Redakteur* von 1920[5]. Er versucht darin, »eine Liste Bücher zu schreiben, geeignet für jeden Menschen, Soldaten, Offizier, den zu Hause, andere, die der Wahnsinn zwang, entfernt ihrer menschlichen Bestimmung zwischen Tanks und Tranchees, Gasen und Mörsern in Lehm und Schmutz gute Jahre ihres Daseins zu verbringen«[6], seine knapp kommentierte »Besten«-Auswahl, eine offenbar im Ersten Weltkrieg konzipierte Bestandsaufnahme wesentlicher Titel aus der Gegenwartsliteratur und aus der Literaturgeschichte, erfolgte »ohne zu suchen und nur aus raschem Denken heraus, [sie] wird daher eben so urban wie voraussetzungslos, so absolut wie geprüft, so weitherzig wie persönlich sein«[7]: »Es ist nicht gehäuft, es ist gesondert. Es ist nicht das Wichtigste, es ist vom Wichtigsten schlechthin das eine und das andere«[8].

Hermann Hesses Text *Eine Bibliothek der Weltliteratur*[9], von ihm selbst als eine »Liste der Ideal-Bibliothek«[10] bezeichnet, bietet einen sehr persönlich gefärbten und die Auswahl begründenden Gang durch die literarische Produktion größerer und kleinerer Völker aller Zeiten. Das kleine Opus wurde 1929 »zur ordentlichen Tagung der Gesellschaft für Deutsche Bildung« in München[11] vom Leipziger Verlag Philipp Reclam jun. als separater Druck veröffentlicht und um einen *Überblick über die vorstehend genannten Werke in der von Hermann Hesse aufgeführten Reihenfolge*[12] ergänzt, der auch Verlagshinweise und, vorzugsweise, Reclam-Nummern enthält. Das Büchlein nähert sich damit dem Modell, das im Anschluß an diese kurze Übersicht zu besprechen sein wird.

Hanns W. Eppelsheimers *Handbuch der Weltliteratur, von den Anfängen bis zur Gegenwart*[13] versucht, »das zu Weltgeltung und Weltwirkung gelangte Schrifttum der Kulturvölker, die großen (und manchmal auch nur) kennzeichnenden Literaturdenkmäler der Zeiten, zu sammeln und zu ordnen«[14]. Es geht damit über das hier zu behandelnde Thema hinaus, wenn es ihm auch durch eine ebenfalls zugrundeliegende Vorstellung vom »Besten« verbunden ist. Denn es erweitert das Thema zu einem umfangreichen Nachschlagewerk, das auf 808 Seiten Tausende von bibliographischen Monographien zu einzelnen Verfassern und Themen enthält, diese vielfach um literaturhistorische Urteile und Meinungen erweiternd: In der Vorstellung breiter repräsentativer Auswahl als Stellvertreter der sinnvollen Vollständigkeit wird auch hier letztendlich das allgemein akklamierte »Empfehlenswerte« bevorzugt.

Noch weiter von dem hier zu behandelnden Thema entfernt, und somit nur am Rande zu zitieren, ist William Swan Sonnenscheins Foliant *The Best Books* von 1896[15], eine riesige, nicht weniger als 50 000 Titel umfassende Übersicht, die nach Wissenschaftsgebieten und darin nach Länderproduktionen gegliedert ist, die verschiedene Unterabteilungen nur in unrepräsentativ knapper (wohl durch die englische Sicht bedingter) Auswahl bietet – gewiß eher ein Informationswerk für den Buchhandel als eine Einführung für den Leser, wenn sie auch im Untertitel *A Reader's Guide* genannt wird[16].

Ein wichtiges, kaum bekanntes Beispiel solcher Besten-Auswahlen stammt vom Ende des 19. Jahrhunderts.

»Die besten Bücher ...«: Vorgeschichte und Programm

Im Jahre 1889 erschien in Berlin ein schmales Buch, das für die Kulturgeschichte des ausgehenden 19. Jahrhunderts und speziell für ein Rahmenthema »Buch und Buchhandel im Kaiserreich« vorzügliches Quellenmaterial anbietet. Sein Titel: *Die besten Bücher aller Zei-*

ten und Litteraturen[17]. Ein erster Untertitel verweist auf den Anlaß: *Ein deutsches Gegenstück zu den englischen »Listen der 100 besten Bücher«*, ein zweiter Untertitel äußert sich näher zum Inhalt und zur Absicht: *Eine Sammlung von ähnlichen deutschen Listen und von Äußerungen lebender deutscher Schriftsteller u.s.w. über die besten Schätze der Weltlitteratur und über die bevorzugtesten Bücher ihrer eigenen Neigung zur Beratung des lesenden Publikums zusammengestellt.* Veranlasser der Publikation war, soweit das festzustellen ist, der Verleger selbst, Friedrich Pfeilstücker. Zu fachkundiger Mitarbeit hatte er zwei Publizisten herangezogen, die heute verschollen sind, Hans Herrig und Max Schneidewin.

Den Inhalt des Buches bilden 35 Antworten auf eine Umfrage unter Prominenten des zeitgenössischen Literaturbetriebs, vorzugsweise Schriftstellern, 35 alphabetisch nach den Antwortenden aneinandergereihte persönliche Besten-Listen im Sinne des Gesamttitels, 35 mehr oder weniger ausführliche Versuche, aus dem internationalen Angebot von Zehntausenden Büchern der Literaturgeschichte und -gegenwart das Zentralmassiv herauszumeißeln. In erster Linie geht es dabei um sogenannte »schöne Literatur« – »beste« Bücher im Sinne des Lesers sind Werke der Belletristik. Daneben, wenngleich mit deutlichem Abstand, finden sich Schriften aus den Bereichen Geschichte, Philosophie, Theologie, Politik und Naturwissenschaft.

Schon die Vorgeschichte dieser Publikation führt in national-internationale Verspannungen der damaligen Kulturpolitik. Die Londoner *Times* hatte zwei Jahre zuvor, 1887, sowohl spielerisch als auch mit erkennbaren Absichten, durch Umfragen ermittelte Listen von jeweils weltweit 100 »besten« Büchern veröffentlicht. »So ein wenig spleenig und sportartig«, wendet das erwähnte Buch dagegen ein, »werden in England leicht auch die besten Geistesinteressen angehaucht. Die Tausende der Autoren der Weltlitteratur erscheinen mit einemmal als auf demselben Plane wettlaufend nach der Krönung durch eine auf die Rangabstufung neugierige Zuschauerschaft. Eine vollkommen gerechte ›Liste‹ die nicht nachträglich vielfach die verwunderte Frage nach manchem Vermißten und ein Kopfschütteln über manches Aufgenommene je nach dem hier gar nicht zu umgehenden individuellen Urteil aufkommen ließe, ist offenbar gar nicht möglich«[18].

Wichtiger aber: Unter den Ausgewählten befanden sich nur drei deutsche Nennungen, deutsch durchaus im Sinne dessen, was man damals darunter verstehen zu sollen meinte. Das *Nibelungenlied*, Goethe mit *Faust* und *Wilhelm Meister* und, ohne Spezifikation, Heine. Eine solche, für sich genommen, bedenkenswerte Außen-Ansicht der deutschen Literaturgeschichte konnte von den wilhelminischen Zeitgenossen nicht hingenommen werden. »Gegen eine also bloß dreiprozentige Beteiligung des deutschen Geistes an dem Besten der Weltlitteratur«, heißt es protestierend in dem erwähnten Buch, »muß sich allerdings bei der höchsten Objektivität und Gerechtigkeit, zu welcher es bekanntlich ganz vornehmlich befähigt ist, das deutsche Nationalgefühl voll Stolz auflehnen«[19]. Denn das Londoner Produkt sei »so einseitig englisch gefärbt«, daß »ein deutscher Gegenzug ... ganz berechtigt erscheinen durfte«[20]. Man ging also selbst in die Offensive, indem man »an zahlreiche Autoritäten des geistigen Lebens in Deutschland die Aufforderung zur Ausfüllung einer deutschen Gegenliste und zu Meinungs-Äußerungen über das Unternehmen aussandte«[21]. Da jedoch die gleichen Gründe, die man gegen das englische Vorbild namhaft gemacht hatte, auch gegen das deutsche Unternehmen sprachen, erwies sich das Resultat, wie vorhersehbar, als nicht zu publizieren: Nur »eine geringe Anzahl von Listen« wurde zurückgesandt, stattdessen »eine überwiegende Menge von Äußerungen ... über die Unthunlichkeit, ein objektiv maßgebendes Urteil in so bestimmten Grenzen und auf einem Gebiete, mit dem die Individualität des Urteils unzertrennlich verwachsen ist, zustande zu bringen«[22].

Freilich, dies konnte kein Grund sein, das einmal begonnene Projekt abzubrechen. Vielmehr erweiterte man den Plan, wollte »an der Vernünftigkeit des Gedankens festhalten«, daß »die allmähliche Beschaffung einer beschränkten Büchersammlung des besten aller Zeiten seitens möglichst vieler deutschen Familien im Interesse der menschlichen und nationalen Kultur überaus wünschenswert sei und daß der Auswahl bei jener allmählichen Anschaffung das Urteil berufenster Stimmen über das wahrhaft wertvollste der Weltlitteratur die trefflichsten Dienste leisten könne; die Verschiedenheit der zu erwartenden Schätzungen erschien ... nicht von Schaden, sondern vielmehr eben der Verschiedenheit der Richtungen der Leserwelt entsprechend«[23].

Man fragte erneut um, diesmal ohne die Beschränkung auf eine Zahl von 100 Nennungen, lediglich mit der Vorgabe eines allgemeinen literaturgeschichtlichen Schemas; speziell wurde um Auskunft darüber gebeten, »welche Bücher jedem der Gefragten als in oberster Linie wichtig für seine Entwicklung erschienen und die größte Anziehungskraft für immer wieder gesuchten geistigen Genuß besäßen«[24].

Drei Anliegen zugleich also: eine Auswahl des Besten aus der Weltliteratur, Zeugnisse persönlicher Lektüre-Erfahrungen, und Hinweise auf empfehlenswerte Titel. Mit diesem sehr weit gespannten Programm hatte man den gewünschten Erfolg. Es ist unbekannt, wieviele Antworten eingingen. Anzunehmen ist aber, daß das nunmehr in Buchform – immerhin mit einer Auflage von 5000 Exemplaren – Veröffentlichte auch alles Verwertbare darstellt.

Das eben angesprochene literaturgeschichtliche Schema, das den Antworten zugrundeliegen sollte, läßt sich aus den Einsendungen rekonstruieren. Es lautet: 1. Orientalisches. 2. Griechen. 3. Römer. 4. Deutschland. a. Literatur bis Lessing. b. Die klassischen Schriftsteller. c. Die Romantiker und Dichter bis zur Neuzeit. d. Lebende Autoren. 5. Wissenschaftliche Literatur. a. Geisteswissenschaft. b. Naturwissenschaft. 6. Frankreich. 7. England und Amerika. 8. Italien, Spanien und Portugal. 9. Skandinavien und die Niederlande. 10. Ungarn, Rußland, Polen und andere slavische Länder.

Theorien und Systeme der Antworten

Die Verfasser der 35 Beiträge sind heute zumeist unbekannt. Aber dies kann man vernachlässigen. Bedeutsamer ist ihre Rolle als Zeitzeugen, einzeln und in der Zusammenschau mit anderen. Es handelt sich um Schriftsteller und Dichter, Journalisten und Publizisten, Philologen und Historiker, Philosophen, Theologen und Politiker, Maler und Mediziner – in der überwiegenden Mehrzahl also um medienerfahrene Persönlichkeiten, darunter nur ein hauptamtlicher Literaturwissenschaftler. Eine Ausnahme bildet die letzte Antwort. Auf sie wird noch zurückzukommen sein.

So unterschiedlich die beruflichen Voraussetzungen, so differierend die Systeme der Antworten. Deren Skala reicht vom strikt subjektiven, privaten Bekenntnis, das nur vier oder fünf Titel einschließt, bis zum historiographisch-enzyklopädistischen Zwang möglichster Vollständigkeit, der die Aufführung von mehr als 150 Autorennamen oder Werken zur Folge hat. Einige Antwortende halten sich an das vorgegebene Schema, andere liefern Listen nach der Vorgabe der persönlichen Gewichtung. Fast alle rechtfertigen sich durch Vor-, Zwischen- oder Nachbemerkungen, immer wieder finden sich auch Kommentare bei den einzelnen Entscheidungen. So gut wie keiner beachtet die Frage nach den besten *Büchern*, statt dessen wird in den meisten Fällen mit Autorennamen, mit Gesamtwerken also, gearbeitet; in diesem Zusammenhang tritt immer wieder der unverbindliche Hinweis »Auswahl« auf.

War das Unternehmen überhaupt sinnvoll? War es durchführbar? War es vielleicht nichts als ein Vorwand, mit brillanter persönlicher Belesenheit zu prunken? Welche Resultate konnten erwartet werden? Über solche und andere Fragen haben sich die Antwortenden ihre Gedanken gemacht.

»Wenn man bedenkt«, bemerkt der Philologe Johannes Flach, »wie viel schlechte Bücher alljährlich in Deutschland gedruckt und wie viel täglich gelesen werden, so scheint es ein zweckmäßiges und nützliches Verfahren, einmal das zusammenzustellen, was die Besten der Nation für das beste halten«; denn »heute, wo das ganze Leben mit der Geschwindigkeit des Dampfes sich vollzieht«, sei die »erziehliche Gewalt« der Bücher von höchstem Nutzen[25]. Der Schriftsteller, Journalist und Maler Julius Grosse begrüßt die Initiative ebenfalls und wünscht ihr »die ersprießlichsten Erfolge gegen die zunehmende Verwilderung der sog. popularisierenden Litteratur«. Aber, fragt er, »kann man diese Frage überhaupt ganz exakt beantworten? Vieles, vielleicht das beste wird unbewußt aufgenommen – anderes wird durch Schulzwang eingetrichtert, ohne daß diese Förderung zunächst Genuß bereitet«[26]. Und umgekehrt: »Die Bücher, von denen wir mit Bestimmtheit wissen, daß sie unsern Horizont erweitert, unser Können entwickelt haben, sind meist nur wenige und je nach Umständen oder nach individueller Lebenslage durchaus nicht immer die litterarisch wertvollsten«[27]. Es käme daher sehr wohl auf das richtige Zusammentreffen von Buch, Lebensalter und Aufnahmebereitschaft des Lesers an, es gäbe »ganz sicherlich eine rationelle Reihenfolge auch der geistigen Agrikultur«[28]. Problematisch seien solche Listen auch darum, weil es »eine gewisse Gourmandise« gäbe, »eine Feinschmeckerei, die sich erst nach vollendeter Ausbildung entwickelt, ohne daß sie eine objektive Geltung für den Geschmack anderer haben kann«[29].

Ähnlich der Schriftsteller und Publizist Julius Rodenberg. Er meint, daß die Frage, »um in der Beantwortung jedes Mißverständnis auszuschließen, noch etwas präziser gefaßt werden sollte«, denn wiewohl er »dafür halte, daß der Mensch bis zu seinem letzten Lebenstag an sich zu arbeiten, zu bilden und zu erziehen habe«, so sei er doch der Ansicht, daß »die eigentlich bestimmenden und grundlegenden, intellektuellen sowohl als moralischen, Einflüsse nur bis zu einer gewissen Altersgrenze wirksam sind und jenseits derselben mindestens schwächer werden und sich darum auch schwerer nachweisen lassen«[30].

Bei solchen Besten-Listen, formuliert der Priester und Schriftsteller Franz Xaver Kraus, könne es im Grunde nur darum gehen, »zu erfahren, welche Bücher auf die Entwicklung und Denkweise derer Einfluß geübt, von denen wir glauben, daß sie der Menschheit etwas genützt und nicht bloß wiederholt haben, was andre vor ihnen dachten oder sagten«[31].

Aber was ist das nun – ein gutes Buch? Der Schriftsteller Dagobert von Gerhardt definiert es: »Gut ist ein Buch nach meinem Urteil, wenn es auf meine geistige und sittliche Entwicklung einen fördernden Einfluß geübt hat; es kann aber ein solches Buch für einen andern, der geistig und sittlich tiefer oder höher steht als ich, schlecht, d.h. wesentlich unbrauchbar sein«[32]. Deshalb sei »jene englische Frage« ein »heilloser Unsinn« gewesen, »um den wir unsre sonst so gescheiten Vettern jenseits des Kanals nicht beneiden wollen«[33].

Noch Präziseres zum Thema der »guten« und »besten« Bücher formuliert Max Schneidewin, hier besonders wichtig, da er, wie erwähnt, am Zustandekommen der Umfrage maßgeblich beteiligt war. Er kommt zu Feststellungen, die direkt und exakt in die Motive der Hersteller und der meisten Autoren jenes Buches hineinführen. Die »besten« Bücher, sagt er, seien »weder mit den epochemachendsten noch auch mit den genialsten schlechthin identisch. Zunächst wird hier natürlich die Rücksicht auf die Allgemeinverständlichkeit vielfach ausscheidend wirken. So können z. B. Kants drei Kritiken und Fichtes Wissenschaftslehre in solcher Sammlung keine Stelle haben«[34]. Auch »die Genialität ..., das Maß der in ein Buch ausgegossenen Geisteskraft« sei »durchaus nicht entscheidend«[35]. Denn »beste« Bücher müßten »eine für jeden Standpunkt anzuerkennende gesunde Nahrung enthalten, höchste Genialität kann sich aber auch auf krankhaftem Boden entfalten«[36]. Die Kernpunkte seiner Ansichten sind in den folgenden Apodikta zusammengefaßt: »›Beste‹ Bücher sind solche, durch deren Lektüre man tiefer und klarer in die menschlich wichtigsten Seiten des Lebens blicken lernt, durch die man der Einbildungskraft Anschauungen zugeführt erhält, welche durch ihren Adel auch für die Zukunft die Bedürfnisse derselben veredeln, durch die man in seinem Mitgefühl für alles Menschliche geläutert und gestärkt, in der Freudigkeit des Wirkens und Schaffens nach Maßgabe der individuellen Neigung und Kraft angefeuert und gefördert wird: kurz, aus deren Lektüre man nicht herausgeht wie man hineingegangen ist, sondern gehobeneren Sinnes seinen besten Idealen weiter zustrebt«[37]. Übergeht man bei diesen Sätzen den Zwang zu Leerformeln, den man in jedem gespreizten Definitions-Versuch ebenso findet wie eine offenbar unvermeidliche Komik: Der literaturpolitische Standpunkt, aus dem heraus die Mehrzahl der Beiträge des Buches abgefaßt wurde, ist damit genau auf den Punkt gebracht.

Analyse einzelner Beiträge

Um mit einer der Ausnahmen zu beginnen: Einer der, von heute aus gesehen, interessantesten Gewährsmänner ist wohl Theodor Fontane. Er gehört zu den wenigen Beiträgern, die ohne einführende Überlegungen unmittelbar zur Sache kommen. Stattdessen annotiert er bei einigen Titeln seine Meinung – Zitate, von denen das eine oder andere wert ist, hier ausgehoben zu werden.

Fontane führt 71 Autoren und Werke auf[38]. Vielleicht als frühe Jugenderinnerung, vielleicht auch als Hinweis darauf, daß die Umfrage so ernst nun auch wieder nicht zu nehmen sei, stellt er eine totale Nichtigkeit an die Spitze, eine anonyme »polnische Räubergeschichte« aus einer fast obskuren, heute leider nur noch fragmentarisch überlieferten Löschpapier-Gazette, dem jahrzehntelang in Berlin erschienenen und ebensolang von den Zeitgenossen als »Dienstboten-Journal« verachteten Nachdruckblättchen *Der Beobachter an der Spree*. Dann nennt er – in dieser Reihenfolge – Joachim Heinrich Campe (mit dem Zusatz: »*nicht* Robinson, sondern Cortez, Pizarro«), Gottfried August Bürger (*Lenore, Pfarrerstochter zu Taubenhayn*), Friedrich Schiller (*Die Räuber, Wallenstein, Die Jungfrau von Orleans, Wilhelm Tell, Die Kraniche des Ibykus*), Ferdinand Freiligrath (mehrere Balladen), Nikolaus Lenau (Gedichte – »besonders die frühesten, die auf den ersten 30 Seiten stehen«), August von Platen (»Alles«), Friedrich Rückert (»besonders die patriotischen und die Kindergedichte«) und Uhland (»Alles, mit Ausnahme der Stücke«). Auf *Des Knaben Wunderhorn* folgen Joseph von Eichendorff (*Gedichte, Aus dem Leben eines Taugenichts*), Eduard Mörike (»Alles«), Anastasius Grün (*Spaziergänge eines Wiener*

Poeten, Schutt, Nibelungen im Frack) und Georg Herwegh (»beinahe Alles«). Die Ballade *Das Herz von Douglas* des längst vergessenen Erfolgsautors Moritz von Strachwitz veranlaßt ihn zu der Bemerkung: »Neben Bürgers ›Leonore‹ und Heines ›Hastingsfeld‹ mein Lieblingsgedicht«. Des weiteren genannt sind Emanuel Geibel, Willibald Alexis, Gustav Freytag, Theodor Storm, Berthold Auerbach, Fritz Reuter, Klaus Groth, die plattdeutschen Gedichte von Friedrich und Karl Eggers, dann Gottfried Keller (»Alles, mit Ausnahme der Gedichte«), Ernst von Wildenbruch, Paul Heyse und Paul Lindau.

Vor allem bemerkenswert sind Fontanes Zusätze zu zwei der am häufigsten in diesen Listen genannten deutschen Autoren. Zu Goethe bemerkt er: »Faust, Götz von Berlichingen, Gedichte (seine Prosa, die ich bewundere, läßt mich kalt bis auf diesen Tag)«. Und von Heinrich Heine wünscht er »das Schlechte (mit alleiniger Ausnahme des Sentimentalen) mit demselben Vergnügen wie das Gute«.

Der besonders mit englischer Literatur erfahrene Fontane nennt William Shakespeare (»vor allem Macbeth, Hamlet«), Walter Scott, Charles Dickens, William M. Thackeray und James Fenimore Cooper. Aus anderen Literaturen führt er Hans Christian Andersen, Eugène Sue, Emile Zola, Iwan Turgenjew und Leo Tolstoi auf.

Ein Teil seiner Liste ist, wie zu vermuten, historiographischen Werken gewidmet. So Kuglers Buch über Friedrich den Großen und Försters Werk über Friedrich Wilhelm I., die Memoiren der Markgräfin von Bayreuth und des Generals von der Marwitz, Droysens Leben Yorcks und Rankes Weltgeschichte, aber auch Macaulays *History of England* und Holbergs dänische Geschichte. Daneben Herman Grimms Vorlesungen über Goethe, Otto Brahms Buch über Heinrich von Kleist, Julian Schmidts *Geschichte der deutschen Literatur seit Schiller*, Viktor Hehns *Italien* und Stanleys *Durch den dunklen Weltteil*. Soweit ein eingehender dargestelltes Beispiel für die Antworten.

Marie von Ebner-Eschenbach[39], die einzige Frau in dieser Umfrage, läßt es gegenüber der Fontaneschen Ausführlichkeit mit wenigen Zeilen das Bewenden haben. »Von den Autoren, welche mich in meiner Kindheit entzückten, hat nur noch Foa, von denen, welche das Glück meiner Adolescentenjahre waren, haben nur noch die Romane Walter Scotts ihren vollen Zauber für mich bewahrt«. Nächst den »Klassikern« verehre sie »am höchsten Kleist und Grillparzer«. »Iwan Turgenjew scheint mir einer der feinsten Seelenmaler und Paul Heyse der größte Künstler unter unsern Schriftstellern und Dichtern«. Annette von Droste's und Luise von François' Schriften seien ihr »immer ein Quell der innigsten Begeisterung und Erhebung«. Das ist alles.

Knapp antwortet auch Peter Rosegger[40]. Er habe in seinem Leben »nicht hundert gute Bücher gelesen«, meint er, und fügt 17 Titel bei, die »besonderen Einfluß« auf ihn geübt hätten, eine knappe Liste, die von Schiller, Goethe, Lessing und Jean Paul über Gottfried Keller, Adalbert Stifter und Berthold Auerbach bis zur Bibel, Darwin und Ranke reicht.

Auch Klaus Groth[41] geht lediglich auf die Bitte ein, Bücher zu nennen, die ihn besonders beeindruckt hätten – »ich verdanke ausschließlich nur Büchern meine geistige Entwicklung ... ich mußte selbst aufsuchen, was und wozu ich es lernen wollte«, er nennt 26 Titel, fürchtet dabei aber, sein Beitrag könne »als renommistisch« mißverstanden werden, ähnlich wie der Schriftsteller Arthur Fitger[42], der bemerkt, aus der Dürftigkeit seiner Liste werde man »leicht einsehen, daß ich nicht die Gelegenheit benutzt habe, mit Belesenheit zu prunken«.

Von den anderen Schriftstellern unter den Antwortenden nur drei Namen, die heute vergessen, damals aber ihres Ruhmes wegen in die Umfrage einbezogen werden mußten. Der greise Eduard von Bauernfeld[43] kann sich nicht mehr auf eine detaillierte Liste konzentrieren. Er nennt Shakespeare, den er selbst ediert hat, Goethe, und vor allem Voltaire, Molière, Cervantes, Aristophanes, Heinrich von Kleist und Grillparzer, die er sich in seinem »hohen Alter« vorlesen lassen müsse. Oskar Blumenthal[44] verzichtet völlig auf die Nennung von Titeln oder Autoren. Stattdessen erinnert er, in diesem Zusammenhang freilich wenig hilfreich, an ein Gedicht von Friedrich Rückert, in welchem ein »bücherfreundlicher Perserkönig«, der bei jeder Reise seine Bibliothek auf den Rücken von hundert Kamelen mit sich ziehen ließ«, der Bequemlichkeit halber durch »hundert weise Männer« daraus einen Auszug anfertigen ließ, der »von einem einzigen starken Maultiere befördert« werden konnte, und auch daraus wieder einen Auszug, »der ein einziges artiges Büchlein ergab, das der König immer bei sich führen konnte«, und auch daraus schließlich wieder einen Auszug, bis »nichts übrig [blieb], als ein sinnreicher Spruch, den sich der König zum Heil seines Volkes ins Herz schrieb«: »Mich deucht, das wären die hundert besten Bücher, aus welchen sich ein einziges Buch herausziehen ließe«[45].

Sehr viel ausführlicher, mit einer Liste von 100 Positionen, und mit einem langen Essay, in dem er seine Auswahlkriterien deutlich macht, tritt Karl Bleibtreu[46] auf. »Eine solche Bücher-Auswahl wird notwendigerweise bei jeder Kulturnation verschiedene Ergebnisse zeitigen«[47] – er gedenke in der seinigen den »Standpunkt eines Mannes von allgemeiner Bildung zur Geltung zu bringen«[48], übergehe also viele griechische und römische Autoren, »da die antike Litteratur doch stets nur dem akademisch gebildeten Bruchteil überlassen bleiben wird«[49]. Und ebenso könnten »die Spezialwissenschaften für die allgemeine Bildung in keiner Weise genügende Nahrung zuführen«[50]. »Geschichte und Poesie« müßten somit »billig den Löwenanteil beanspruchen«[51]. »Beste« Bücher: »Übereinstimmendes Urteil hat auf gewisse Werke einen Ewigkeitsstempel gedrückt«[52]; dabei entschieden »weder die abstrakt künstlerische, noch auch die bloß analytische (wissenschaftliche) Wertung ..., sondern beide zusammen«[53]. Nur dasjenige tauge also für die Aufnahme in seine Liste, »was in einer bestimmten Richtung bahnbrechende Originalität oder höchstmögliche Bedeutendheit entfaltet, zugleich aber in der Geschichte der Weltlitteratur ein notwendiges (durch nichts andres zu ersetzendes) Glied bildet«[54]. Jeder Einsichtige begreife leicht, sagt er, erklärt aber nicht, wieso es jeder Einsichtige leicht begreife, »warum man Bürger, Hölderlin, Rückert, Platen, die Romantiker, Freiligrath, Herwegh, Grillparzer, Hebbel oder Oehlenschläger und Tegnér bei strenger Sichtung übergehen müsse«. »Doch scheinen Lyriker vom Range eines Lenau, Edgar Poe, Béranger, Leopardi, Petöfi ... hier Erwähnung zu heischen. Allein, auch sie können nur in die zweite Linie verwiesen werden, weil gerade ihre Eigenart ... durch bedeutendere Leistungen andrer (Byron und Burns) bereits in der Weltlitteratur vertreten ist«[55]. Auch habe er »einige hochberühmte Bücher wie Goldsmiths ›Vicar‹ und Sternes ›Sentimental journey‹ für die Litteraturgeschichte von größtem Wert, ... absichtlich weggelassen«, weil ihm »die inhaltliche Bedeutung allzutief unter ihrem gemachten Renommee zu stehen«[56] schien.

Ähnlich bemerkenswert in ihrem harschen, subjektiven Zugriff ist die Stellungnahme des Philosophen Eduard von Hartmann[57]. Er teilt als einziger seine Vorschläge in »A. Bücher, die nicht fehlen dürfen« und »B. Bücher, welche auszuschließen sind«. In seinem Vorspanntext definiert er das erwartete Zielpublikum für seine Bestenliste genauer. Während der Chirurg Johann Nepomuck von Nußbaum[58] in seinem Beitrag allgemein fragt, für wen diese Aufstellungen wohl zu denken seien (»Für einen Bürger? Für einen Studenten? Für ein Fräulein?«[59]), formuliert Eduard von Hartmann sehr präzise: »Ich lege den Bildungsgrad von Lesern zu Grunde, welche eine lateinlose höhere Bürgerschule mit der Berechtigung zum einjährig freiwilligen Dienst besucht haben, und schließe die Rücksichten aus, welche auf unverheiratete Leserinnen unter 24 Jahren zu nehmen sind«[60]. Seine entsprechende Liste umfaßt 77 Positionen, von »1. Altes Testament einschl. Apokryphen« bis »77. Gustav Freytag, Bilder aus deutscher Vergangenheit«, die Aufstellung ist gegliedert in I. Religionsbücher, II. Märchen und Sagen, III. Epik, IV. Lyrik – hier wünscht Herr von Hartmann zwischen Walther von der Vogelweide, Goethe, Heine, Eichendorff und Byron fast nur Auswahlen –, V. Dramatik, VI. Romane und Novellen, VII. Belehrende Literatur. Auf keinen Fall zu übersehen ist die bereits erwähnte Kategorie »B. Bücher, welche auszuschließen sind«. Ohne jede Begründung aneinandergereiht werden diese Titel: »Vedas, Avesta, Edda, Cicero, Tacitus, Racine, Corneille, Miltons *Verlorenes Paradies*, Klopstocks *Messias*, Humboldts *Kosmos*, Joh. Müllers *Physiologie*, Liebigs *Chemische Briefe*«. Es käme wohl auf einen Versuch an, das kleinste gemeinsame Vielfache dieser Werke zu ermitteln.

Vergleichbar geht ein anderer Mitarbeiter vor, ein noch nicht identifizierter W. Preyer[61] aus Berlin. Seine Liste scheint, wie die von Karl Bleibtreu, ein eingearbeitetes Relikt aus der oben angeführten ersten Umfrage zu sein. »Ein gründlicher Kenner der Litteratur«, stellt er fest, »wird es immer viel schwieriger finden, eine Bibliothek der hundert besten Bücher zu empfehlen, als die fünf besten oder die fünfhundert besten zu nennen«[62]. Wenn »in meinem Verzeichnis Plato, Xenophon, Cicero, Schopenhauer, Herbart, Schelling, Hegel fehlen, so liegt der Grund darin, daß ich sie erst in das zweite Hundert, ihrem Werte nach, setzen würde«[63]. Ebensowenig kann er die Aufnahme von Linné, Cuvier, Arago, Benjamin Franklin, Jean Paul, Freiligrath, Gustav Freytag, Rückert, Klopstock, Herder, Wieland, Heine, Petrarca, Ariost, Pindar, Chaucer, Spenser, Milton, Pope oder Dickens befürworten. Seine Liste enthält denn auch, im Unterschied zu den anderen, überdurchschnittlich viele naturwissenschaftliche Nennungen, von Hippokrates über Galileo Galilei, Kopernikus, Kepler, Leonardo da Vinci, Newton, Faraday, Galvani und Lavoisier bis zu Gauß und Fraunhofer.

Auch von einigen skurrilen Antworten ist zu berichten. Wenigstens kurz sei, des Interesses halber, Josef Kürschner[64] erwähnt, der Herausgeber einer vielbändigen Edition zur Geschichte der deutschen Literatur. Die Aufstellung einer Besten-Liste werde ihm sehr schwer, bemerkt er, weil er in seinem Leben »so außerordentlich viel ... gelesen habe«[65]. Daran fügt er ganze vier Namen: Shakespeare, Goethe, Jean Paul und Gustav Freytag. Mehr will er nicht sagen.

Zwei andere Beiträger haben an der Umfrage vorbei geantwortet. Wie der Philosoph Karl Du Prel[66], der seine Stellungnahme im Sinne einer Propaganda seiner »mystischen« Philosophie umfunktioniert, fällt auch der Mediziner und Publizist Paul Niemeyer[67] einem Mißverständnis zu Opfer, wenn er einen längeren, seiner Biographie und seinen Lektüre-Erlebnissen gewidmeten Aufsatz abliefert, mit dem Titel: *Zur Frage von den besten Büchern im allgemeinen und vom hygienischen Standpunkt im besonderen.*

Dagegen erscheinen einige quasi »offizielle« Antworten von größerem Belang. Der preußische Kultusminister Gustav von Goßler[68] – erstaunlich, daß er überhaupt reagiert hat – nennt natürlich keine einzelnen Titel. »Der Beschränkung, welche ich mir auferlegen muß, eingedenk, verzichte ich auf die Mitarbeit, mit dem besten Wunsche für brauchbare Ergebnisse des Anschreibens«[69], er stellt aber, sozusagen als Ausgleich, die folgende Erkenntnis zur Verfügung: »Nicht die Fülle des überwältigten, vielleicht sogar dem Gedächtnis eingeprägten Materials bildet den Wert des erworbenen Bildungsstoffes, sondern vor allem die eigene Arbeit, welche an die Aufnahme fremder Gedanken gewandt ist, ihr Ernst, ihre Aufrichtigkeit«[70]. Und er fährt fort: »Zuweilen fördert ein Epigramm von

Goethe mehr, als sein größtes Drama, – Lessings Erziehung des Menschengeschlechts verbreitet oft mehr Licht, als seine übrige Prosa«[71].

Auch der Hannoveraner Abgeordnete Ludwig Windthorst[72] hat keine Zeit und Möglichkeit für Literatur, seine »überhäuften Geschäfte« verhindern eine Antwort. Er schließt: »Jedenfalls muß aber die katholische Litteratur in einem solchen Verzeichnisse eine größere Berücksichtigung finden, als dies bis jetzt der Fall gewesen ist«[73].

Bedeutender und bedenkenswerter gegenüber solcher beinahe telegraphischen Flüchtigkeit ist ein anderer »halbamtlicher« Beitrag. Er soll als Gegenstück zu der oben näher betrachteten Antwort Theodor Fontanes genauer vorgestellt werden. Tatsächlich ein Gegenstück: kein Schriftsteller – ein Theologe und Politiker; kein Norddeutscher – ein Süddeutscher; keine feingegliederte Liste – ein kompresser Aufsatz mit fulminant persönlich gefärbten Urteilen quer durch die Weltliteratur. Die Rede ist von dem Münchner Theologieprofessor Johann Nepomuck Sepp[74]. Die Heiterkeit, die seine Meinungen heute hervorrufen könnten, darf die Tatsache nicht verdecken, daß es sich bei ihm um einen überaus einflußreichen bayerischen Kulturpolitiker handelt.

Er beginnt mit Thomas von Kempen, den er ablehnt, denn dieses »in mehr als 2000 Auflagen erschienene, selbst ins Türkische übersetzte Buch enthält uns zu viel Buddhismus«[75]. Zusatz: »Mit der Lehre von der Weltverachtung und Selbsterniedrigung kann kein Volk sich selbst behaupten, ebensowenig der einzelne sich aufschwingen: man kann nicht alle Welt ins Kloster stecken«[76]. Stattdessen propagiert er, einem damals geläufigen Topos folgend, einen anderen Autor: »Ich gebe jedem Deutschen am liebsten Tacitus' Germania in die Hand, worin er den Römern eine unverdorbene, sittlich reine und tapfere Nation als Spiegelbild vorhält«[77]. Aus der Bibel wird das Buch Hiob empfohlen; »der Schluß ist allerdings irrig, daß am Ende alles verlorne zeitliche Glück im Leben wiederkehre«[78]. Positiv des weiteren: Jesaias und das Johannes-Evangelium. »Ohne Kenntnis des Homer darf keiner für einen gebildeten Mann gelten«[79]. Ferner hervorhebenswert: Herodot, Äschylos, Sophokles, Euripides, Platon. Weniger günstig steht es um Aristoteles: »Seine Politica, wonach der Mensch im Staatsbürger aufzugehen hat, könnte jede Tyrannei rechtfertigen«[80]. Plutarchs *Biographieen edler Männer*, dagegen, »bestärken uns im Glauben an die Menschheit«[81]. »Von den Rednern will ich Demosthenes nicht mehr lesen, weil die pure Ohnmacht seiner Declamationen dem Gange der Weltgeschichte gegenüber zu auffallend wird. Noch weniger plage man die Jugend mit dem weitschweifigen und eitlen Advokaten Cicero«[82]. Thukydides kann passieren, Cäsar »bietet keine höhere Anschauung als die des Eroberers, auch ist seine Schilderung nicht in allem getreu, wenngleich richtiger, als die Aufzeichnung Napoleons auf St. Helena«[83].

Günstig wieder beurteilt sind Firdusi, Camões, Cervantes, Calderon, desgleichen Shakespeare, Lope de Vega und Tasso. »An Dante haben unsere größten Geister sich aufgerichtet«[84], und dann, verbunden mit einem Salto mortale in die Opernhäuser: »Der deutsche Dante, Wolfram von Eschenbach, lehnt sich an die Provenzalen und erfährt die Genugthuung, daß sein Parzival und Lohengrin auf Flügeln des Gesanges dem deutschen Volke näher gebracht wird«[85].

Das 18. und 19. Jahrhundert sind sehr knapp besetzt. »Der Einfluß der arabischen Poesie, ursprünglich von Spanien her, wirkt noch heute nach, und ihnen danken wir es, wenn durch die Romantiker unsere deutsche Sprache glühender und sprühender geworden, als sie Goethe schrieb ... Goethes Faust ist ein Weltdrama ... aber der zweite Teil reflektiert greisenhaft. Vier Bände Goethe genügen, sprach Bismarck«[86]. Schiller, wiederum, »ist der Liebling der Nation, besonders der studierenden Jugend, doch wünschte ich, er hätte seinen Tell nie geschrieben, in welchem Schauspiel der Befreiungsdrang von Napoleons Tyrannei sich aussprechen soll? Im Gegenteil gründet darauf die Abneigung der Schweizer gegen Österreich und das stammverwandte Deutschland und die Inklination zu Frankreich«[87]. Lobenden Erwähnungen für Ludwig Tieck und Franz Grillparzer folgt eingeschränkte Sympathie für Gotthold Ephraim Lessing, der »ein ganzer Mann« ist, »nur widersteht mir Nathan der Weise, weil dieser wie ein Christ spricht und die Verhältnisse ganz umgekehrt sind«[88].

In der Philosophie werden, wie hier stets assoziativ und ohne chronologische Ordnung, Schelling, Jakob Böhme und Kant genannt, bei den Sachbüchern treten Franz Kugler (*Handbuch der Kunstgeschichte*), Jacob Grimm (*Mythologie*), Montalembert, Macaulay und Carlyle auf. »Auch Washington Irving lasse ich mir gefallen«[89]. Der Schluß ist eine großartige Attitüde: Die Auswahl von Büchern sei letzten Endes »Geschmackssache ... wie manchem eine Cigarre mundet, die der andere wegwirft«[90].

Ein anderer Einflußreicher hält sich dagegen sehr zurück: Adolf Stöcker[91], Hofprediger und Politiker zu Berlin. In einem nur 36 Zeilen langen autobiographischen Beitrag nennt er als Autoren, die ihn persönlich beeinflußt hätten, unter anderen Thukydides, Sophokles, Demosthenes, dann Friedrich Schleiermacher, aber auch Hegel, bei den Historikern Ranke und Riehl, bei den Sonstigen Jeremias Gotthelf und Wichern.

Die 35. und letzte Antwort[92], die schon kurz angesprochen wurde, fällt gegenüber allen vorhergehenden aus dem Rahmen. Streng genommen, gehört sie nicht in dieses Buch. Sie stammt von dem Direktor einer nachmals, im Dritten Reich, zu grausamem Ruf gekommenen Institution, des »Strafgefängnisses Plötzensee bei Berlin«. Selbst im Bewußtsein dieser Differenz, haben die Bearbeiter der Umfrage in diesem Falle nicht die üblichen Unterlagen verschickt, sondern sich auf die Frage beschränkt, »auf welche Bücher sich gebildete Gefangene bei längerer Haft beschränken«[93] würden. Naturgemäß kann daraus keine individuelle Erfahrungs- oder Empfehlungs-Liste zustandekommen, sondern nur ein anstaltsobrigkeitlich kontrollierter Bericht. Und bei den Büchern selbst, um die es geht, denkt man von vornherein weniger an die hochglanzpolierte Halbleder-Folge in bürgerlichen Bücherschränken, sondern an zerlesene, fingerfleckige, verschlissene Exemplare einer Anstaltsbibliothek.

Was lesen gebildete Gefangene? Genauer: Was dürfen sie lesen? »Die Einförmigkeit des Gefängnislebens«, antwortet Direktor Wirth, »die um so drückender wird, je länger sie dauert, fordert oder weckt das Verlangen nach Abwechslung, Zerstreuung, vor allem nach etwas Neuem! auch bei den gebildeten Gefangenen, deren Zahl aber sehr klein ist«[94]. Der mit der Führung der Bibliothek betraute Pastor Pippow ergänzt: »Daraus erklärt sich auch die große Vorliebe der Gefangenen für Zeitschriften«[95], sein Kollege, Pfarrer Jung, fügt an: »daher lesen sie gern ›Daheim‹ und ›Buch der Welt‹«[96]. Von den angebotenen, will sagen: gestatteten Büchern werden insgesamt 19 Titel genannt, religiöse Schriften und volkstümliche Erzählungen, an »Klassikern« Goethe, Schiller, Lessing und Hauff, bei den neueren Romanen Werke von Gustav Freytag, Fritz Reuter und Berthold Auerbach, unter »Verschiedenes« auch Theodor Fontanes *Wanderungen durch die Mark Brandenburg*. Das ist alles »aus dem ... nur engen Rahmen der Bibliothek des hiesigen Isoliergefängnisses«[97].

Zusammenfassende Statistiken

Der zweite Teil des Buches besteht aus einem Register, das fast so umfangreich ist wie die Folge der Antworten selbst und einer eigenen Untersuchung wert wäre. Es listet alle genannten Autoren und Titel auf – allerdings nicht nur diese. Die Intention, die hinter dem gesamten Unternehmen steht, wird auch dadurch signalisiert, daß hier zusätzlich Werke aufgenommen wurden, die in den vorausgehenden Besten-Listen *nicht* enthalten sind. »Zur größeren Vollständigkeit«, sagen die Herausgeber, »und um dem Verzeichnis einen dauernden Wert als Nachschlagebuch zu verleihen, sind außer den in den Listen genannten Werken in den meisten Fällen auch die bedeutenderen übrigen Schriften der betreffenden Autoren verzeichnet«[98]. Fragt man nun nach einem statistischen Ergebnis dieser Besten-Listen, selbstverständlich nicht im Sinne einer gar nicht möglichen Super-Besten-Liste, sondern des Erkennens von Entwicklungen halber, so ist dieses die Antworten verzerrende, mit zusätzlichen Informationen angereicherte Register nicht zu verwenden. An seiner Stelle muß auf eine separate Teil-Auszählung zurückgegriffen werden, die sich ausschließlich mit den erwähnten Positionen befaßt und diese kumuliert. Da nicht alle Antwortenden das vorgegebene Schema mit gleicher Vollständigkeit ausgefüllt haben oder sogar ganz darauf verzichten, bestehen gewiß Bedenken im Bereich der strikten Quantifizierung. Aber als eine lockere Folge erkennbarer Tendenzen, vorsichtig interpretiert, mag die folgende Zusammenstellung allemal taugen.

Vorausbemerkt werden muß noch, daß hier nur Autorennamen genannt werden. Es wurde schon erwähnt, daß wenigstens die Hälfte aller Nennungen in den Antworten nicht, wie es die Umfrage eigentlich wollte, auf Titel von Büchern hinweist, sondern sich mit der Aufführung von Autorennamen behilft, ersatzweise also ein Gesamtwerk als Antwort anbietet. Das muß sich in der zusammenfassenden Statistik spiegeln. Insgesamt entsteht dabei folgendes Bild.

Die orientalischen Literaturen – China, Indien, Persien – (in gekürzten und bearbeiteten Übersetzungen) sind mit 11 Nennungen von Autoren oder Titeln vertreten. Führend dabei: Firdusi mit 8 Eintragungen, Kalidasa mit 6, 1001 Nacht mit 5, die Mahabharata, Hafis und der Koran mit je 3. Der Talmud, die Vedas, Saadi, Hariri und Konfuzius werden je ein- oder zweimal erwähnt.

Eine Sonderstellung nimmt die hier stets als »orientalische Literatur« erwähnte, zumeist als Literaturwerk gesehene Bibel ein. Neunmal tritt sie als Corpus auf, achtmal mit Einzelteilen.

In der griechischsprachigen Literatur der Antike, mit insgesamt 18 Nennungen von Autoren oder Titeln, führen Homer (20), Sophokles (15), Platon (12), Äschylos (11), Herodot und Thukydides (je 9), Aristoteles und Euripides (je 7). Alle anderen Namen – darunter Plutarch, Demosthenes, Hesiod, Anakreon, Xenophon oder Pindar – kommen höchstens fünfmal, zumeist nur einmal vor.

Die lateinischsprachige Literatur der Antike, mit insgesamt 25 Nennungen von Autoren oder Titeln, wird von Tacitus (12) und Horaz (11) dominiert, vor Ovid (8), Caesar (6), Cicero und Livius (je 5). Alle anderen – etwa Plautus, Terenz, Catull, Properz, Vergil, Lukrez, Seneca oder Mark Aurel – sind je ein- bis dreimal erwähnt.

Über die deutsche Literatur von der althochdeutschen Zeit bis zum 17. Jahrhundert bestehen, entsprechend der historischen Situation, nur sehr umrißhafte Vorstellungen. Die Literatur des Mittelalters, total nur zehnmal erwähnt, wird hauptsächlich von drei Namen repräsentiert: dem Nibelungenlied (15), Walther von der Vogelweide (11) und Wolfram von Eschenbach (7). Das Gudrun-Lied hat 4, Gottfried von Straßburg 3 Eintragungen. Wenige andere, wie Hartmann von Aue, treten nur einmal auf.

Gering ist das Interesse auch für die deutsche Literatur des 16. und 17. Jahrhunderts, mit je 6 Positionen: hier vor allem Luther (7), dort zumeist Grimmelshausen (auch als:

Simplizissimus) (8). Alle anderen Namen sind je ein- bis zweimal vorkommende Gelegenheitsnennungen: etwa Hans Sachs, Erasmus von Rotterdam, Ulrich von Hutten, Sebastian Brant oder Johann Fischart einerseits, Martin Opitz, Andreas Gryphius, Paul Gerhardt, Friedrich von Logau oder Johann Michael Moscherosch andererseits.

Die deutsche Literatur des 18. Jahrhunderts, 15mal vertreten, hat eine überragend dominante Figur: Gotthold Ephraim Lessing mit 22 Eintragungen. Alle anderen treten neben ihm zurück: Johann Gottfried Herder mit 6, Christoph Martin Wieland mit 5, Gottfried August Bürger mit 4, Joachim Heinrich Campe, Friedrich Gottlob Klopstock, Georg Christoph Lichtenberg mit je drei Erwähnungen. Je einmal tauchen, beispielsweise, Abraham Gotthelf Kästner, Christian Fürchtegott Gellert, Albrecht von Haller, Johann Karl August Musäus, Johann Gottfried Seume oder Friedrich von Hagedorn auf.

Wie zu erwarten, finden sich die höchsten Nennungen bei der deutschen Klassik: 43mal wird für Goethe votiert, 33mal für Schiller. Goethe liegt damit bereits vor Schiller, der bis dahin, zuletzt im Gefolge des Jubiläums von 1859, der bevorzugte Dichter des deutschen Bürgertums gewesen war.

Die deutsche Literatur des 19. Jahrhunderts, den Antwortenden am nächsten liegend, zeigt mit der Nennung von 74 Autoren das weitaus differenzierteste Bild. Hier stößt man auch auf ein erstaunliches Resultat dieser Umfrage. Der am häufigsten genannte Autor, überhaupt der nach Goethe und Schiller am meisten erwähnte, ist, mit 16 Nennungen, Heinrich Heine. (Ein Grund für diesen Verhalt mag sein, daß Heines Wirkung in seiner Rezeptionsgeschichte des 19. Jahrhunderts gespalten erscheint, einmal in den brillianten Intellektuellen, dessen scharfsinnige und verletzend-verletzliche Analyse-Künste empört als undeutsche Perfidie und Vaterlandsverräterei abgelehnt wurden, zum andern in den wundersam genialen Lyriker, dessen empfindsame und in den Vertonungen so sangbare Verse man auch dann noch als Identifikationsmuster genoß, wenn sie glitzernde Sottisen und kleine kühne Frivolitäten enthielten: ein von der *Lorelei* bis zum *Asra* eingeschränkter Heine, ohne seine Prosa, ohne sein Spätwerk.) 15mal entscheidet man sich für Ludwig Uhland, 11mal für Heinrich von Kleist, 10mal für Joseph von Eichendorff, neunmal für Jean Paul und für die Märchen der Gebrüder Grimm, je achtmal für Franz Grillparzer und für Viktor von Scheffel.

Siebenmal werden Friedrich Rückert und Berthold Auerbach genannt, je sechsmal Willibald Alexis, Karl Immermann, Gottfried Keller, Fritz Reuter, Emmanuel Geibel und August von Platen, je fünfmal Friedrich Hebbel, Karl Gutzkow, Adelbert von Chamisso, Nikolaus Lenau, Adalbert Stifter und Johann Peter Hebel. Unter den drei- bis viermal Erwähnten finden sich Novalis, Eduard Mörike, Theodor Storm, E. T. A. Hoffmann, Wilhelm Hauff, Ferdinand Freiligrath, Jeremias Gotthelf, Ludwig Tieck, Achim von Arnim und Clemens Brentano. Und am unteren Ende der Skala: Christian Dietrich Grabbe, Hermann von Pückler-Muskau, Annette von Droste-Hülshoff, Georg Herwegh, Otto Ludwig, Ferdinand Raimund, Friedrich und August Wilhelm Schlegel.

Aus den Nennungen der damals lebenden Autoren – die hier gesondert aufzuführen sind, weil einige Antwortende ganz auf solche Nennungen verzichtet haben, andere sie ebenfalls eigens rubrizieren – ragen Gustav Freytag (12) und Paul Heyse (10) hervor. Dann Friedrich Spielhagen (4), Conrad Ferdinand Meyer (3), Felix Dahn (3). Einzelne Erwähnungen finden sich für Theodor Fontane, Paul Lindau, Friedrich Bodenstedt, Ernst von Wildenbruch, Wilhelm Raabe und Wilhelm Busch.

Unter den fremdsprachigen Literaturen – von denen die französische, die englische und die italienische auch vielfach in Originalausgaben genannt werden – ist die französische mit 40 Namen die am ausführlichsten behandelte. Führend hier Molière (12) und Voltaire (9), gefolgt von Pierre-Jean de Béranger und Alphonse Daudet mit je 7, George Sand, Alain-René Lesage und Émile Zola mit je 6, Jean-Jacques Rousseau und Germaine de Staël mit je 5 Nennungen. Honoré de Balzac, Alfred de Musset und Victor Hugo werden viermal erwähnt, dreimal und weniger Eugène Scribe, Prosper Mérimée, Eugène Sue, Racine, Beaumarchais, Corneille, Rabelais, Diderot, Alphonse de Lamartine, Larochefoucauld, Chateaubriand oder Alexandre Dumas père.

Mit 35 Namen fast ebenso stark vertreten ist die englische und amerikanische Literatur. Auch hier eine überragende Gestalt, 26 Stimmen für Shakespeare, gefolgt von Walter Scott (16), Byron und Charles Dickens (je 15). Im Mittelfeld: Robert Burns (9), Jonathan Swift und Edward Lytton Bulwer (je 6), Daniel Defoe, Henry Fielding, Oliver Goldsmith und Washington Irving (mit je 5), Lawrence Sterne und William Makepeace Thackeray (je 4). Nur ein- bis dreimal erwähnt werden Chaucer, Shelley, Pope, Milton, Poe oder Walt Whitman.

Gegenüber diesen Zahlen treten die anderen hier erfaßten Literaturen sehr zurück: die italienische mit 10 Namen, die russisch/polnisch/ungarische und die skandinavischen mit je 8, die spanische und portugiesische mit 5.

Führend in der italienischen Literatur: Dante (14), Manzoni (8), Boccaccio (7) und Ludovico Ariosto (7). Je dreimal Petrarca und Tasso. Alle anderen Einzelnennungen, darunter Giacomo Leopardi und Vittorio Alfieri.

Der am häufigsten erwähnte russische Autor ist Iwan Turgenjew (9), gefolgt von Alexander Puschkin (6) und Michail Lermontow (4), von Dostojewski (3) und Tolstoi (2). Je einmal treten der Pole Adam Mickiewicz und der Ungar Sandor Petöfi auf.

Die skandinavischen Literaturen werden von zwei Namen dominiert: von Esaias Tegnér (6) und von Hans Christian Andersen (ebenfalls 6). Auf Henrik Ibsen fallen 4 Erwähnungen, auf Björnstjerne Björnson 3; je eine auf Ludvig Holberg und auf Bernhard Severin Ingemann.

Innerhalb der spanischen/portugiesischen Literaturen, schließlich, wieder ein Name, der mit weitem Abstand vorne liegt: Cervantes (15), nach ihm Calderon (6), Camões (4) und Lope de Vega (ebenfalls 4).

Nach diesem Überblick im Rahmen der schönen Literatur sind die Autoren- und Titelnennungen aus den wissenschaftlichen Fächern hier gesondert zu behandeln (und ebenfalls nur in Auswahl vorzustellen). Sie müssen statistisch anders eingeordnet werden, da nur ein Teil der Antworten diese Gebiete berücksichtigt.

Werke der Historiographie sind dabei mit Abstand am meisten aufzuführen, die großen Publikationen von Ranke, Mommsen, Sybel, Droysen, Boeckh, Niebuhr, Schlosser, Raumer, Johannes von Müller, Dahlmann oder Gervinus ebenso wie die Bücher von Taine, Guizot, Michelet, Montalembert, Carlyle, Macaulay, Stuart Mill, Gibbon oder Adam Smith.

Ausführlich ist die Philosophie vertreten: Spinoza, Leibniz, Herder, Kant, Hegel, Fichte, David Friedrich Strauß, Schleiermacher, Schelling, Feuerbach, Schopenhauer; daneben Descartes, Pascal, Comte, aber auch Hume, Hobbes, Locke und Baco von Verulam.

Nur etwas weniger Interesse gilt den Naturwissenschaften, bei denen neben Alexander und Wilhelm von Humboldt vor allem Darwin, Haeckel, Brehm, Liebig und Ritter zu finden sind, aber auch Fraunhofer, Gauß und Euler.

Und zum Schluß einige Nennungen aus der – im weitesten Sinne – Kulturgeschichte: Hier werden Bücher von Felix Mendelssohn Bartholdy oder Richard Wagner ebenso erwähnt wie Schriften von Machiavelli, von Friedrich dem Großen, von Napoleon oder, natürlich, von Otto von Bismarck.

»Buchhändler-Spekulation« und Kultur-Politikum

Das Buch, dessen informatorischer Inhalt im vorstehenden wenigstens annähernd darzustellen versucht wurde, erschien, als das preußisch-deutsche Kaiserreich 18 Jahre alt war und kurz vor dem Ende seiner ersten Epoche stand, vor dem Rücktritt des eben erwähnten Bismarck im Jahre 1890. In seinen einzelnen Teilen stellt es sich dar wie eine Folge von blitzlichthaft erhellenden Momentaufnahmen der zeitgenössischen Lesekultur. Gewiß wäre es sinnvoll, seine Daten durch andere Materialien zu ergänzen. Sie sind aber auch imstande, durch sich selbst zu wirken.

Die Produzenten ließen es bei der Aneinanderreihung von 35 Einzelantworten bewenden. Eine Schlußabstimmung findet nicht statt. Das Ergebnis bleibt offen. Es gibt keine Nummer 1 der Weltliteratur, keinen zweiten Sieger, keine Plazierten. Alle Autoren liefen näher oder liefen ferner. Dies erscheint, angesichts der Materie, eine durchaus richtige Entscheidung.

Der von der zeitgenössischen Kritik erhobene Vorwurf der »Buchhändler-Spekulation« trifft gewiß zu. Entstanden ist ein überaus differenzierter idealtypischer Muster-Lagerkatalog. Das wird schon durch das Register und seine Titelergänzungen deutlich, geht aber auch aus den dort beigegebenen Preisen und aktualisierten Verlagsangaben hervor. Heraus kam ein Instrument möglicher Steuerung der nationalen Bildung durch die Branche, ein Leitfaden des Verständnisses von Kultur, Literatur, Geschichte, »Abendland«.

»Dieses Buch«, sagt der Schriftsteller Hermann Heiberg in einer Rezension im *Börsenblatt für den deutschen Buchhandel*[99], »ist in seiner Weise so verdienst- und wertvoll, daß der Staat im großen, und wenn dieser nicht will (und er wird sicher nicht wollen), der Staat im kleinen: der Buchhandel sich aufraffen und dieses Werk in Millionen ankaufen und im Publikum verbreiten sollte«. »Ich spreche«, fährt er fort, »vom Standpunkt der deutschen Schriftsteller, indem ich ... dem Sortimentsbuchhandel die Bitte ausspreche, der Broschüre eine eingehende und dauernde Aufmerksamkeit zu schenken«. Und er schließt: »Allerdings! Der Buchhandel muß helfen! Es nützt nicht, daß Erdbeeren wachsen, man muß sie pflücken, um sie genießen zu können – – –«[100].

Das Buch bedeutet aber, ebenso gewiß, noch mehr. »Soviel ist klar«, heißt es in seinem Vorwort, »daß dem für sich selbst nicht genügend orientierten Wunsche höchst zahlreicher Leser, die Mußestunden durch beste Lektüre möglichst edel und gewinnreich zu gestalten, die folgende Veröffentlichung vielfach in hochgeeigneter Weise entgegenkommen muß, ungleich besser als alle ähnlichen bloß buchhändlerischen Kataloge«[101]. Produziert wurde auch ein kulturelles Bedarfsweckungs- und Bedarfsdeckungs-Modell für Leser, im Sinne einer allgemein anzuerkennenden Vorschrift dessen, »was man gelesen haben mußte«, um als »Gebildeter« zu gelten, und nur darum geht es, wie die Titel zeigen. Angeboten werden Haltepunkte, Fluchtlinien, Horizonte. Orientierungsmomente gegenüber der im 19. Jahrhundert gewaltig angestiegenen Bücherproduktion. Versuche auch, jene Kulturveränderungen zu bewältigen, die durch die technischen und industriellen Prozesse entstanden sind und immer wieder Krisen in der überkommenen Selbstdefinition des Kulturbürgers hervorgerufen haben.

Die Umfrage bezieht sich sowohl in den jeweils getroffenen Auswahlen als auch in den dazu gegebenen Begründungen auf die Mittelschicht des Bürgertums. In der Zeit dieser

Veröffentlichung ist für die unteren Schichten noch sehr wenig Buchbesitz zu verzeichnen, die oberen Schichten verfügen über eigene Bibliotheks- und Lektüre-Traditionen. Was sich hier abbildet, ist der »Kulturträger« Bürgertum; die genannten Bücher stammen ausschließlich aus dem Gebiet der »hohen« Literatur.

Mit solchen individuellen Beiträgen und mit den statistisch zusammenfassenden Schlüssen, die daraus gezogen werden können, ist das Buch darum auch ein Bestandteil der »Kanonbildung« vor allem für die schöne Literatur. Die einzelnen Nennungen, die zu erwähnen waren, belegen, daß dieser höchst problematische Prozeß, der in jenen Jahren stattfand und noch weiterlief, in seinen Grundzügen bereits so gut wie abgeschlossen war. Die Menge und die Folge der »großen« Autoren aus allen Literaturen steht schon fest, die zu kennen ein Großteil des aktiven Bildungsbürgertums im Kaiserreich für unerläßlich hielt, sei es durch Lektüre, sei es durch Zitate, sei es auch nur als bloße Namen. Gewiß, späterhin gab es Modifikationen, Verfeinerungen, Umwertungen. Aber der »Grundvorrat Literatur«, vor allem was die internationale Literatur betrifft, ist bereits deutlich erkennbar.

Stark konturiert sind kulturgeschichtliche Vorstellungen und bildungspraktische Intentionen der Zeit: fundamentale Akzentuierung der antiken Literatur, dem zentralen Programm der humanistischen Gymnasien für Bürgersöhne, Europazentrismus mit Deutschland als Mittelpunkt, die amerikanische Literatur als Appendix der englischen, kein Titel aus dem iberoamerikanischen oder afrikanischen Bereich.

Einerseits ist diese Umfrage ein Zeugnis »emanzipatorischer«, »volkserzieherischer« Ideen des 19. Jahrhunderts, auch insofern, als sie tief den einzelnen Biographien der Antwortenden verhaftet ist, die oft weit in das Jahrhundert zurückreichen. Andererseits ist sie aber auch deutlich ein direkter Beitrag zum Umgang mit der Ware »Buch« im Kaiserreich, eine Zusammenstellung von Empfehlungen zum Kauf, zur Lektüre, zum Besitz von Literatur: eine kulturpolitische Utopie, die weder mit allgemeiner Literaturwissenschaft noch mit Literaturgeschichtsschreibung im engeren Sinne zu tun hat, sondern, dem »Büchmann-Effekt« des Jahrhunderts gehorchend, der Ausdruck eines gestalterischen Willens ist, der nicht nur anregen und hinweisen, sondern auch vorschreiben und anordnen möchte, der sich, angesichts vorgestellter Selbstverständlichkeiten in kulturellen Belangen, fast in Befehlsform äußert. Die »volkspädagogische« Absicht des Unternehmens ist damit offensichtlich, die, im Sinne »nationaler Erziehung«, ins Politische weist. Sehr deutlich sagt dies das Motto auf dem Titelblatt: »Es gehört zur Reform unseres deutschen Familienlebens, den Besitz einer gewählten Bibliothek jedem geordneten Hauswesen zur Pflicht zu machen«.

Und doch: Jenseits des unübersehbaren »Zeitstils« der Meinungen und Voten, jenseits der immer zutage tretenden Bedenklichkeiten und Unüberlegtheiten in den Antworten, jenseits auch der Rücksichtnahme auf zeitgenössische Kultur-Moden, ist eine Tatsache unübersehbar: Der kulturelle Kosmopolitismus ist immer noch groß, der literarische Rahmen international noch sehr weit. Fast ein Drittel aller aufgeführten Titel entstammen nicht-deutschen Literaturen, vorzugsweise der französischen und englischen. Häufig werden die fremdsprachigen Titel in der Originalsprache aufgeführt, man setzt also die Kenntnisse dieser Sprache voraus, beschränkt sich nicht auf Übersetzungen. Noch ist kein ausschließlich »nationaler«, ja »imperialer« Gestus bei einer derartigen Sichtung europäisch gemeinsamer Literatur zu bemerken; dies würde erst für spätere Zeiten zu verzeichnen sein. Noch führen zahlreiche Fäden zurück in frühere Jahrzehnte des 19. Jahrhunderts.

Die besten Bücher aller Zeiten und Litteraturen: eine Zusammenfassung von Literaturen aus drei Jahrtausenden am Vorabend des Endes des 19. Jahrhunderts. Literatur/Kultur als – immer noch – unverbrüchlicher Besitz, als Erbe und Aufforderung. Anregend dadurch, daß vieles nicht mit apodiktischem Oberlehrer-Bewußtsein hingenommen, sondern durchaus diskursiv in Frage gestellt wird. Gefährdet freilich auch durch eine zwar wohlgemeinte, aber schier erdrückende Fülle. Damals ein Produkt der Kulturpolitik, heute ein Zeugnis der Kulturgeschichte.

1 Aktuelle Formen von empfehlenden »Besten-Listen« können nicht in den Untersuchungszusammenhang einbezogen werden, hinweisende Umfragen beispielsweise, zur Anregung des Lesers, wie sie, speziell in der Vorweihnachtszeit, immer wieder in der Presse erscheinen; zumeist handelt es sich dabei um gebündelte, in der Regel unkommentierte Hinweise von Redaktionsmitgliedern, gelegentlich auch um Leseerfahrungen prominenter Mitarbeiter des betreffenden Blattes. Nicht berücksichtigt sind auch Sonderformen wie die Bibliothek von 100 – kommentierten – Büchern, die die Wochenzeitung »Die Zeit« in einer Artikelfolge beschreiben ließ.
2 Leipzig: W. Engelmann 1851/52.
3 New York 1916. Deutsche Ausgabe: *100 beste Bücher*, Zürich 1986.
4 Vorbemerkung, S. 28.
5 In: *Feuer*. Berlin, Leipzig, Stuttgart. Jg. 1: 1920. H. 8/Mai. S. 607-613. In diesen Zusammenhang gehört auch Walter Mehrings Buch *Die verlorene Bibliothek. Autobiographie einer Kultur*, Hamburg 1952, in dem er unter anderem die ehemalige Bibliothek seines Vaters rekonstruiert.
6 S. 607.
7 S. 609/610.
8 S. 613.
9 Leipzig 1929.
10 S. 35.
11 Vorsatzblatt.
12 S. 49.
13 Dritte, neu bearbeitete und ergänzte Auflage. Frankfurt am Main 1960.
14 Vorwort zur ersten Auflage 1937, in die dritte Auflage übernommen.
15 *The Best Books. A reader's guide to the choice of the best available books (about 50 000) in every department of Science, Art, Literature with the price and publisher's name of each book. A contribution towards Systematic Bibliography*. London, New York, Boston 1896. CIX, 1009 S.
16 Als Ergänzung dazu: *A Reader's Guide to Contemporary Literature, being the First Supplement to The Best Books* (...). London, New York 1895. 775 S.
17 Benutzt wurde das Exemplar der Stadt- und Universitätsbibliothek Frankfurt am Main (Enc. 255/210).
18 *Vorrede* von Max Schneidewin. S. 2.
19 S. 37.
20 *Vorrede*. S. 2.
21 AaO.
22 AaO.
23 AaO.
24 AaO.
25 S. 11.
26 S. 17.
27 AaO.
28 S. 18.
29 AaO.
30 S. 35.
31 S. 25.
32 S. 14.
33 AaO.
34 S.28.
35 AaO.
36 AaO.
37 AaO.
38 S. 13-14.
39 S. 8.
40 S. 36.
41 S. 20-21.
42 S. 10-11.
43 S. 3.
44 S. 8
45 AaO.
46 S. 3-8.
47 S. 3.
48 S. 4.
49 AaO.
50 AaO.
51 AaO.
52 AaO.
53 AaO.
54 S. 5.
55 S. 4.
56 S. 5.
57 S. 21-22.
58 S. 30-31.
59 S. 30.
60 S. 21.
61 S. 33-34.
62 S. 33.
63 AaO.
64 S. 26-27.

65 S. 26.
66 S. 31-33.
67 S. 27-30.
68 S. 17.
69 AaO.
70 AaO.
71 AaO.
72 S. 46-47.
73 AaO.
74 S. 40-42.
75 S. 40.
76 AaO.
77 AaO.
78 AaO.
79 AaO.
80 S. 41.
81 AaO.
82 AaO.
83 AaO.
84 S. 42.
85 AaO.
86 AaO.
87 AaO.
88 AaO.
89 AaO.
90 AaO.
91 S. 43.
92 S. 47-48.
93 S. 47.
94 AaO.
95 AaO.
96 S. 48.
97 S. 47.
98 S. 49.
99 *Ein neues Belebungsmittel für den Bücherabsatz im deutschen Buchhandel.* In: *Börsenblatt für den deutschen Buchhandel*, Nr. 271/1889, S. 6178-6179.
100 In dieser Rezension heißt es unter anderem noch: »Sicher ›kaufen‹ die Deutschen nicht weniger Bücher als andere Nationen, sondern noch mehr! Wenn eine Statistik aufgestellt werden könnte, würde sich ergeben, um wie viel größer bei uns der Umsatz ist! Aber der Deutsche kauft noch lange nicht genug und er druckt zuviel! Da der letzteren Krankheit durch keine anderen Maßnahmen entgegengetreten werden kann, als durch schlechte Erfahrungen beim Verlegen – man sollte glauben, daß auch hier das gebrannte Kind das Feuer scheut – so sieht sich der sich nicht in theoretischen Kontemplationen verlierende, sondern praktische Mensch nach den Mitteln um, wodurch den Uebelständen abzuhelfen, der Absatz zu erhöhen ist.
Billige Bücher! Gewiß ein wichtiger, wenn auch nicht seine Erfolge so rasch erweisender Faktor, da man noch immer dazu neigt, etwas Billiges als minderwertig anzusehen.
Spemann und Engelhorn und manche anderen verdienstvollen Männer verbinden mit der geschäftlichen Spekulation auch ethische Zwecke; sie sind als Bahnbrecher einer neuen Zeit anzusehen. Erfolglos ist edler Wagemut nie! – Die Speere, die einst ein Arnold von Winkelried ergriff und in seine Brust senkte, verhalfen den Schweizern zum Sieg! Aber wie wenig das Mittel der Billigkeit allein verfängt, beweist u. a. die Thatsache, daß sich Damen der besseren Gesellschaft Engelhornsche Bände zu 50 Pf. aus der Leihbibliothek holen!! Das deutsche Buch hat viele Feinde; nicht der billige Preis entscheidet den Sieg! Neben der Ueberbürdung des Einzelnen mit geistiger Kost, den wachsenden anderweitigen, dringenden Lebensbedürfnissen, der Zunahme der Anzahl der Zeitschriften, in denen das Billige mit dem Bequemen Hand in Hand geht (Lesezirkel, deren Hefte gebracht und abgeholt werden), der geringen Achtung, die man im Volk den Skribenten zollt und somit auch ihren Produkten, ist einer der hauptsächlichsten Förderer der Unlust: der Gewohnheitsmangel, ja eine gewisse Gedankenlosigkeit.
[...]
Dem Sinn nach sagt ein Dichter: Willst du erkennen, wie's bestellt in anderer Brust, greif in die eigne nur.
Ein gleiches gilt in allen Fällen, wo man erfahren möchte, welche Bedürfnisse im Volke schlummern.
Man nehme sich selbst als Prüfstein, untersuche, wo sich ein Mangel, eine Unbequemlichkeit herausstellt.
[...]
Als ich das Pfeilstückersche Buch in die Hand nahm, sah ich eigentlich zum erstenmal, was mir bisher in meiner Bibliothek gefehlt hatte, was ich als gebildeter Mann lesen müsse. Da zog ich von mir den Schluß auf Andere und begriff den Wert dieses Werkes für die zu erstrebenden praktischen und sittlichen Zwecke.
Die Engländer edierten ein ähnliches Buch; sie waren so ausgezeichnete Geschäftsleute, daß sie fast nur ihre eigenen Werke empfahlen.
Ich bezeichnete als Feind der Lust zum Bücherkaufen: den Mangel an Gewöhnung, die Gedankenlosigkeit. Aber ich vermag diese Behauptung auch zu belegen.
Wie selten gerät ein gebildeter Deutscher, wenn er sich den Kopf zerbricht, was er einer Dame, einem Freund, einem Verwandten schenken soll, auf den Gedanken ein *Buch* zu wählen!
Millionen, ja, es ist nicht zuviel gesagt, werden für abgeschnittene Blumen ausgegeben, die am nächsten Tage verwelkt sind! Gewiß, die Blume ist eine der poetischsten Gaben; aber ist der Luxus nicht strafwürdig, der getrieben wird?
Setzet auf das Pfeilstückersche Buch die Worte:
›Wer gar nicht weiß, was er dem Freund soll schenken, –
Der schlag in ›Besten Büchern‹ nach, – so spart er's Denken!‹
Das klingt wie ein Scherz, aber der Ernst sitzt hinter der Thür.
[...]
Nun tritt noch für den deutschen Buchhandel der Vorteil hinzu, daß er bei der Broschüre gleich direkt Geld verdient, nicht nur indirekt; er nützt sich also doppelt, indem er große Partieen bei seiner Kundschaft unterzubringen sucht.
›Die Gewöhnung an etwas zu fördern‹, darum

handelt es sich; die Menschen aufzurütteln, hinzuweisen, daß zu den dauernden Schätzen ein gutes Buch gehört! Gelegenheit geben!
Wenn heute 5000 Automaten in Deutschland arbeiteten, aus deren Schlund jedesmal ein gebundenes billiges und gutes Buch herausspazierte, welches Geschäft würde den Verlegern erwachsen; welche gute Saat würde dadurch aufgehen!

[...]
In Volks- und Schülerbibliotheken darf das Buch nicht fehlen; jeder Ansichtssendung müßte es beigelegt werden, dem reichlich kaufenden Bücherkunden kann der Sortimenter es gratis überlassen. Es wird seine Früchte tragen«.

101 *Vorrede* S. 2.

19

Leser zum Buch
Der erste Band des Massif Central
zu den historischen deutschen Buchbeständen

Deutschland ist ein erstaunlich reiches Land, was die historische Buchproduktion betrifft, seit Johannes Gensfleisch, genannt Gutenberg, diese Idee mit beweglichen Lettern ausführte, und es ist ein auffällig armes Land, was die Gesamtinformation über diese Buchproduktion anlangt. Wohl gibt es Kataloge und Verzeichnisse zuhauf, so viele, daß längst Verzeichnisse von Katalogen zu konsultieren sind. Aber Entscheidendes fehlt eben: die Zusammenfassung, die Zentralsystematik, die Gesamtbilanz. Die Gründe dafür sind geläufig: keine Nationalbibliothek, also keine (historische) Nationalbibliografie, also auch keine nationale Bestandsaufnahme. Andere Buchkulturländer, man weiß es, hatten auf diesem Gebiet ein besseres Geschick. »Unser Literaturbesitz ist beträchtlich, aber er ist ein Streubesitz, der sich ungeplant und ungeordnet über das ganze Land verteilt. Wer historisches Schrifttum in größerem Umfang für seine wissenschaftliche Arbeit benötigt, steht vor fast unlösbaren Schwierigkeiten der Literaturbeschaffung«. So der Münsteraner Anglist und Buchforscher Bernhard Fabian, Mitglied der Historischen Kommission des Börsenvereins des Deutschen Buchhandels. Seine Studie *Buch, Bibliothek und geisteswissenschaftliche Forschung* von 1983, in der er aus der Sicht eines wissenschaftlich-historisch arbeitenden Benutzers eine Reihe von Defiziten signalisiert und als praktische Folgerung daraus ein Handbuch der historischen Buchbestände skizziert hatte, löste bekanntlich erst eine Diskussion, dann eine Entwicklung aus. Weniger als zehn Jahre danach beginnen die Ergebnisse dieser Konsequenzen zu erscheinen.

Vorangegangene Versuche einer zusammenfassenden Verzeichnung der nationalen Buchproduktion bleiben stecken oder unausgeführt, der (zunächst nur preußische, erst später deutsche) »Gesamtkatalog« von 1931/ 39 beispielsweise, der mit dem Band 14 beim Buchstaben »Be« abgebrochen werden mußte, oder die bereits im Stadium der Planung eingestellte Kumulation der Besitznachweise der Zentralkataloge in den siebziger Jahren. Dagegen hat das hier vorgelegte Modell den entscheidenden Vorzug, daß es Resultate bringt.

Fabians Vorschlag war: statt des wünschenswert Nichtmachbaren zunächst das machbar Sinnvolle zu produzieren, dem dann das machbar Wünschenswerte immer noch folgen könne. Die Volkswagen-Stiftung förderte das Unternehmen – das nach der Vereinigung Deutschlands beträchtlich zu erweitern war – mit 8,6 Millionen Mark, die Bearbeitung verlief relativ zügig, wenn man den Umfang und die Vielgliedrigkeit des zu behandelnden Stoffes bedenkt und auch die einem solchen Projekt mit sehr vielen Mitarbeitern und noch mehr Meinungen normalerweise immanenten Gefährdungsmomente.

So entstand eine »Gesamtübersicht der historischen Buchbestände in Deutschland«, eine »kulturhistorische Dokumentation der in der Bundesrepublik Deutschland aufbewahrten gedruckten Überlieferung« (Fabian) von etwa 1450 bis 1900. Sinnvollerweise ist sie nach Bundesländern gegliedert, die Regionalteile werden separat benutzbar und am Ende durch ein Gesamtregister erschlossen sein. »Das Handbuch möchte ... die regionalen Bibliothekslandschaften in Deutschland in ihrer Komplexität und Reichhaltigkeit präsentieren. Es versucht, die Bibliothek als kulturelles Artefakt zu dokumentieren, in dem sich ein besonderes Interesse an Literatur und eine spezifische Gestaltungsabsicht manifestieren. In diesem Sinne hofft es, ein neuartiges Erkenntnisinstrument zu sein« (Fabian). Wenn es beendet ist, wird es 16 Bände mit etwa 1200 Bibliotheken umfassen.

Natürlich können und sollen Bibliografien und Kataloge damit nicht ersetzt werden. Praktiziert wird vielmehr eine dritte Art der Inventarisierung und nachfragelenkenden Berichterstattung: Nicht das Buch steht im Mittelpunkt des Interesses, sondern die Bibliothek, man abstrahiert vom Einzeltitel auf das relevante Wissenschaftsgebiet, statt der individuellen Publikation wird die (kleinstmögliche) Suchfläche präsentiert. »Elementareinheit ist die Bestandsgruppe, wie sie sich in der Bibliothek vorfindet«: »Bibliographien mit Standortnachweisen, gleich welcher Art, transzendieren in der Regel die individuelle Bibliothek. Die Beschreibungen des Handbuches sind dagegen Beschreibungen von konkreten Bibliotheksbeständen. Kataloge, ob Bibliotheks- oder Zentralkataloge, lassen in der üblichen Form des Verfasserkatalogs Struktur und Eigenart eines Bestandes nicht erkennen. Eben diese bringen die systematischen Übersichten des Handbuches zur Anschauung« (Fabian).

Das Werk hat somit die Kybernetik einer Vorsortiermaschine, die vorab definierte Interessenfelder bedient, vom generellen Erkenntnishorizont ganzer Fachgebiete bis zur speziellen Ausdifferenzierung begrenzter Fragestellungen; die nächsten Schritte, die Direktkontakte zu den ermittelten Besitzbibliotheken, sind eingebaut. Und das Werk ist, im Sinne des Worts, eine produktive Phantasiemaschine, voller Antworten auf Fragen, die dem Benutzer bei Lektürebeginn noch nicht gegenwärtig sind.

Ein weiterer Aspekt kommt hinzu. Das Bibliothekenland Deutschland befindet sich derzeit in einem gewissen Umbruch. Nach einer längeren Phase, in der als theoretische Arbeitsgrundlage galt, daß in Fällen des wissenschaftlichen Bedarfs das Buch zum Leser kommen müsse (die nationalen und regionalen Fernleihsysteme), wird man künftig aus naheliegenden Gründen des konservierenden Schutzes der älteren Bestände, der Organisationsbelastbarkeit und der Kosten, vermehrt davon auszugehen haben, daß der Leser zum Buch kommen, also reisen müsse. Solche Vorgänge lassen sich im internationalen Vergleich gut beobachten. In dieser Situation sind Reiseführer wie der vorliegende unverzichtbar.

Um die nötige Einheitlichkeit eines Bestands-Baedekers wenigstens im Äußeren herzustellen, wurden die Einträge für die einzelnen Bibliotheken formalisiert vorgegeben. Vorangestellt sind Bemerkungen zu den administrativen Aufgaben, Grunddaten wie Adresse, Funktion, Sammelgebiete, Benutzungsmöglichkeiten, technische Hilfsmittel und (»der Leser zum Buch«) Hinweise für anreisende Benutzer. Es folgen, in Umfang und Einzelheiten weitgehend freigestellt, die Darstellungen der Bestandsgeschichte und die Bestandsbeschreibungen (die den großen Vorzug haben, daß sie neben dem deutschsprachigen auch das fremdsprachige Schrifttum erfassen), Übersichten der Kataloge, der Quellen und Darstellungen zur Geschichte der Institution sowie schließlich Bibliografien ihrer Veröffentlichungen.

Der nun als erster vorliegende Band *Hessen* (eins), A-L des Ortsalphabets, führt 73 Bibliotheken auf. Zentrum ist Frankfurt am Main mit 24 Institutionen (von 267 – 1988 –, die nicht in Betracht kamen oder kommen wollten, weil sie über einschlägige Bestände nicht verfügten, weil sie nachgeordnete Institutsbibliotheken sind oder weil sie sich in Privatbesitz befinden – selbstverständlich galt das Prinzip der Freiwilligkeit). Die Stadt- und Universitätsbibliothek, neben der Deutschen Bibliothek das zweite Flaggschiff der Frankfurter wissenschaftlichen Bibliotheken, und die inkorporierte Senckenbergische

Bibliothek beanspruchen zusammen ein Sechstel des Bandes. Ausführliche Darstellungen gelten aber auch den anderen bekannten Altbestands-Häusern in Darmstadt, Fulda, Gießen, Kassel und Limburg. Daneben viele kleinere, teilweise unbekannte Sammlungen, wie die Kugelhausbibliothek in Butzbach, die Museumsbibliothek in Dreieichenhain, die Bibliothek des Heimatmuseums in Heusenstamm oder die Pfarrbibliothek in Hungen. Sogar winzige Bestände mit weniger als 200 Bänden für die Berichtszeit sind erfaßt. »Das Spektrum reicht von der großen wissenschaftlichen Landesbibliothek bis zur kaum oder gar nicht erschlossenen Büchersammlung ländlicher Pfarreien, von der über Jahrhunderte gewachsenen Adelsbibliothek bis zu eher zufällig zusammengekommenen Beständen mühsam um ihre Existenz ringender lokaler Vereinigungen« (Berndt Dugall).

Ein Vorzug des Werks ist, daß man es multiperspektivisch lesen kann. Die zum Teil umfangreichen Bestandsgeschichten und -beschreibungen, die informative Vernetzung von Bestandsgenese und Bestandsabbildung bieten jenseits der Funktion eines Wissenschafts-Cicerone auch authentische und detailkundige Segmente einer vergleichenden deutschen Bibliotheksgeschichte, weshalb es gut war, hier Bestands-, Verwaltungs- und Wirkungsgeschichte zu vereinen. Darüber hinaus sind die darstellenden Teile auch Quellenbruchstücke einer besonderen deutschen Kulturgeschichte und ihrer politischen, wirtschaftlichen und gesellschaftlichen Konditionierungen; das zeigt bereits ein Blick auf die Artenvielfalt der hier vorgestellten Bibliotheken und ihrer Spezialsammlungen.

Die Durchsicht dieses ersten Bandes beweist, daß sich ein Standardwerk ankündigt, ein bemerkenswerter Fortschritt bibliothekarischer Informationsvermittlung. Nun bleibt das Erscheinen des zweiten Hessen-Bandes (der auch Rheinland-Pfalz umfassen wird) abzuwarten. Er wird das Register enthalten, das, der Intention und Anlage des Gesamtwerks zufolge, sein wichtigster Bestandteil für den historisch arbeitenden Wissenschaftler ist. Wenn es vorliegt, kann, nach der hier gegebenen formalen Beschreibung, auch eine nähere inhaltliche Beurteilung des Handbuchs geliefert werden, eine genauere Darstellung seines Nutzens für die Forschung – der freilich schon jetzt schwerlich zu überschätzen sein dürfte. Darum bereits an dieser Stelle Verbeugung vor allen, die an diesem – vom Verlag großzügig leser- und benutzerfreundlich ausgestatteten – Werk mitwirkten: an die Volkswagen-Stiftung, an Bernhard Fabian, an die Band-Herausgeber, an die Redaktionen und, vor allem, an die 1000 Bibliothekarinnen und Bibliothekare, die recherchiert, gezählt, geschätzt und geschrieben haben.

Bekanntlich wird inzwischen bereits an Ergänzungen und Erweiterungen gearbeitet. Das *Archiv deutscher Drucke*, die retrospektive Zusatz-Sammlung zur nationalen Buchgeschichte im Zeitraum des Handbuches, seine ergänzende Bestands-Umsetzung, ist, ebenfalls von der Volkswagen-Stiftung unterstützt, im Aufbau. Und gleichzeitig entstehen zwei andere verzeichnende Großprojekte, das *Handbuch der historischen Buchbestände in Österreich* und das *Handbuch deutscher historischer Buchbestände in europäischen Bibliotheken des nichtdeutschsprachigen Bereichs*. Deren Register sollen am Ende mit dem des hier anzuzeigenden Werks zu einem riesigen Generalregister verbunden werden. Dann wird es noch viel mehr Gründe für Reisen geben.

Handbuch der historischen Buchbestände in Deutschland.
In Zusammenarbeit mit Severin Corsten, Eberhard Dünninger, Berndt Dugall, Wolfgang Kehr, Friedhilde Krause und Paul Raabe herausgegeben von Bernhard Fabian.
Band fünf: *Hessen. A-L.* Herausgegeben von Berndt Dugall.
Hildesheim, Zürich, New York: Olms-Weidmann 1992.

20

»Ganz der Wahrheit gemäße Anzeigen«
Über Titelblätter der deutschen Literatur

»Titel der Bücher sollen nichts anderes sein als kurze, deutliche und ganz der Wahrheit gemäße Anzeigen, von dem, wozu sich der Verfasser und Buchhändler verpflichten, dem Käufer leisten zu wollen«.
Bensen/Palm, *Neues Archiv für Gelehrte, Buchhändler und Antiquare*, Erlangen 1795.

Ein Titelblatt war in den mittelalterlichen Handschriften, die den frühen Druckern als Vorbilder dienten, nicht üblich, Produktionsdaten faßte man im Kolophon am Textende zusammen. Erst allmählich, je mehr das Drucken ein wirtschaftlicher und politischer Machtfaktor wurde, entwickelte sich das Vor-Blatt mit den Informationen zu Urheber, Produzent und Distributor, von jenem ältesten bekannten Titelblatt (genauer: Blatt mit Titel und folgendem Text) zu der Kreuzzugsbulle Pius II. von Fust und Schöffer, wohl 1463, über den Kalender des Regiomontanus, gedruckt von Erhard Ratdolt 1476/1478 in Venedig, der auf der ersten Seite Titel, Verfasser, Ort, Drucker und Jahr enthält – allerdings in Versen, so daß eher von einer Art Annonce zu sprechen ist –, bis zu jenem *Exercitium super omnes tractatus parvorum logicalium* des Johannes von Glogau, das 1500 in der Offizin Wolfgang Stöckels in Leipzig entstand und mit Titel, Verfasser, Verleger, Drucker, Jahr und Privileg erstmals alle Elemente des späteren und des modernen Titelblatts aufweist.

Ab etwa 1520 werden solche Titelblätter allgemein üblich. Dafür gibt es zwei Gründe. Die frühe Preßgesetzgebung verlangte, erstens, eine deutlich sichtbare Stelle für die Angaben des Verfassers und des Druckers, damit wird das Titelblatt als Urkunde juristisch wichtig, der Abdruck schützender Privilegien verlagsrechtlich bedeutsam, Vorreden, Widmungen, Zusatztexte, Register sind bald als verkaufsfördernd erwiesen, die »Titelei« entsteht, zu deren Geschichte die Entwicklung des Titelblatts einen wesentlichen Beitrag liefert. Zweitens erkannte man, bei zunehmendem Konkurrenzdruck, rasch die Werbewirksamkeit auffällig gestalteter Titelblätter; sie werden in der Folge immer voluminöser, immer wortreicher, anpreisender und augenfälliger, ihre graphische Gestaltung gewinnt Bedeutung, die Titelseite funktioniert schließlich als das hauptsächliche Propagationsmittel der Neuerscheinungen, wie sich an jenem Buchhändlerbrauch des 16. und 17. Jahrhunderts nachweisen läßt, Bretter vor den Läden aufzustellen und daran Titelblätter als Plakate auszuhängen. Beide Gründe führen zu immer prächtigerer Gestaltung der Titel, die Geschichte der Titelblätter ist bis in das 18. Jahrhundert auch ein integraler Teil der Kunstgeschichte. Die – überwiegend kulturgeschichtlich orientierte – Buchforschung hat denn auch ihre bisherige, ohnedies geringe Aufmerksamkeit in der Untersuchung der historischen Titelblätter vor allem auf die »künstlerisch glanzvollen« Epochen vom 15. bis zum frühen 18. Jahrhundert gerichtet, als es noch Titelblattgestaltungen von Albrecht Dürer oder von Peter Paul Rubens gab, auf die Höchstleistungen xylographischer Renaissance- und chalkographischer Barock-»Buchausstattungen«, die Zeit von der Aufklärung bis zur Gegenwart hingegen wurde weniger beachtet, pauschal abgehandelt, gelegentlich auch als »Niedergang« diffamiert.

Vergleicht man das Titelblatt von *Des Herrn Barthold Hinrich Brockes Irdisches Vergnügen in Gott*, 1736, mit dem einer 1976 erschienenen Erstausgabe, *Die wunderbaren Jahre* von Reiner Kunze, so wird auf den ersten Blick ein Grundaspekt der Titelblattgeschichte deutlich, der Weg von der überfüllten, informationsgeladenen Seite zum fast leeren, nur noch wenige Daten liefernden Blatt. Bis gegen das Ende des 18. Jahrhunderts, in jener Zeit also, die, literaturgeschichtlich betrachtet, die Werke der Aufklärung, der Empfindsamkeit, des Sturm und Drang, der frühen Klassik und der frühen Romantik hervorbrachte, sind die Titelblätter in der Regel, barocken Traditionen folgend, völlig ausgefüllt (Johann Jakob Breitinger, *Critische Dichtkunst*), neben den Angaben zu Verfasser, Titel und Verlag werden Zusatzinformationen geliefert wie Ämter und Würden des Verfassers, Vorredner, Herausgeber, Privilegien (Friedrich Gottlieb Klopstock, *Der Messias*: »Mit Königlich Pohlnischen und Churfürstlich Sächsischen, Königlich Preußischen und Churfürstlich Brandenburgischen allergnädigsten Privilegien«), ausführliche Alternativtitel, Untertitel oder anderweitige Erläuterungen, manchmal in der Form ganzer Sätze, vermitteln eine werbewirksame, oft exakte Vorstellung von der zu erwartenden Lektüre.

Bücher der Literatur sind in dieser Zeit im wesentlichen Besitz einer schmalen, einflußreichen, vermögenden Bevölkerungsschicht, das zeigen auch die Titelblätter. Kein Platz bleibt leer, augenfällig, neben den großen Typen der Auszeichnungsschriften und den vielen Zierinitialen sind die raumfüllenden Kupfer, die einen Verfasserteil und einen Verlagsteil trennen, gemäß der Tradition des »illustrativen« Titelblatts häufig mit einem zentralen Motiv des folgenden Buches, einem »Präludium« vergleichbar (Johann Georg Hamann, *Kreuzzüge eines Philologen*, Christian Friedrich Daniel Schubart, *Todesgesänge, Henrich Stillings Jugend*, Johann Heinrich Pestalozzi, *Lienhard und Gertrud* oder August von Kotzebue, *Menschenhaß und Reue*), teils als Medaillon gestaltet (Johann Joachim Winckelmann, *Geschichte der Kunst des Alterthums*), teils als Bordüre (Salomon Gessner, *Schriften*): Reklamecharakter des Titelblatts. Meist ist die Seite zur Hälfte mit Text, zur Hälfte mit Bild gefüllt, manche Titelblätter gehen in der graphischen Gestaltung so weit, daß der Text (wie bei Gottlieb Wilhelm Rabener, *Satiren*) nur noch eine Ergänzung der künstlerischen Leistung ist. Raum füllen auch die beliebten Motti, in denen man sich auf antike Autoritäten beruft (Friedrich von Hagedorn, *Versuch in scherzhaften Liedern*: Martial, Johann Christoph Gottsched, *Nöthiger Vorrath zur Geschichte der deutschen Dramatischen Dichtung*: Tacitus oder Friedrich Schiller, *Fiesco*: Sallust), diese Tradition reicht noch weit in das 19. Jahrhundert hinein. Viele literarische Werke der Zeit erscheinen anonym (Justus Friedrich Wilhelm Zachariae, *Scherzhafte epische Poesien*, Heinrich Leopold Wagner, *Die Reue nach der That*, Wilhelm Heinse, *Ardinghello* oder Heinrich Zschokke, *Abällino*, »nach der Geschichte dieses Namens von demselben Verfasser«). Öfters kommt es vor, daß nicht der Autor, sondern der – bekanntere – Herausgeber auf dem Titelblatt steht: Christoph Martin Wieland bei Sophie von La Roches *Geschichte des Fräulein von Sternheim* oder Ludwig Tieck bei Wilhelm Heinrich Wackenroders *Phantasien über die Kunst*. Nur wenigen gelingt es, durch die bloße Nennung ihres Nachnamens zum Markenartikel zu avancieren: *Faust. Von Goethe*.

Im Übergang vom 18. zum 19. Jahrhundert (etwa ab Jean Pauls *Titan* und Friedrich Schillers *Wallenstein*) beginnt in der Präsentation deutscher Literatur eine deutliche Veränderung, die sich in jenem Zeitraum fortsetzt, der in der Literaturgeschichte mit Hochklassik, Spätromantik, Restauration, Biedermeier, Jungem Deutschland und Vormärz umschrieben wird. Schon bei den »klassizistischen« Produktionen vor der Jahrhundertwende und noch nach 1800 (Johann Jakob Engel, *Herr Lorenz Stark*, Johann Heinrich Voss, *Idyllen*) ist eine Auflockerung der Typographie bemerkbar. Die Titelblätter werden, aufs Ganze dieses Zeitabschnitts gesehen, flächiger gegliedert, nüchterner, eine »Auflichtung« – weniger Text, breiterer Durchschuß – findet statt (Ernst Moritz Arndt, *Lieder für Teutsche*, August von Platen, *Neue Ghaselen*, Adelbert von Chamisso, *Neue Gedichte*, Nikolaus Lenau, *Neuere Gedichte*). Man schränkt die Informationen für den Käufer/Leser ein, charakteristisch andere Typen in Fraktur und Antiqua werden verwendet, Leerflächen tauchen auf, Illustrationen erscheinen zusehends weniger, bis sie schließlich ganz aus der Mode kommen.

Nebeneinander stehen dabei solche schlichten Titelblätter wie das zu *Der zerbrochne Krug* des unbekannten Autors Heinrich von Kleist und, im gleichen Verlag ein Jahr später erschienen, das zu *Phantasus* des erfolgreichen Ludwig Tieck, mit einer graphisch geschickten Aufteilung, oder der in die Zeit des Klassizismus zurückverweisende Titel zu Wilhelm Müllers *Lieder der Griechen* und der Titel zu Friedrich Rückerts *Oestliche Rosen*, ein für das frühe 19. Jahrhundert typisches Blatt. Auffällig sind hervorstechende, »fette« Auszeichnungsschriften (Theodor Mundt, *Madonna*, Heinrich Heine, *Deutschland. Ein Wintermährchen*), öfters trifft man auch Titelblätter, die, ebenfalls alte Werbe-Tradition, eine Vielzahl verschiedener Typen zur Gliederung und Hervorhebung vereinen (»Mischsatz«): Joseph Görres, *Die teutschen Volksbücher*, E.T.A. Hoffmann, *Lebens-Ansichten des Katers Murr* oder Hermann von Pückler-Muskau, *Vorletzter Weltgang von Semilasso*. Ebenso ist auf den »biedermeierlichen« Charakter mancher Titelblätter hinzuweisen, etwa bei Eduard Mörikes *Idylle vom Bodensee*.

Daneben, natürlich, gibt es herausragende Gestaltungen, Achim von Arnims und Clemens Brentanos *Des Knaben Wunderhorn*, mit Elementen eines kalligraphischen Titelblatts, ähnlich Johann Wolfgang von Goethes *West-oestlicher Divan* mit der arabisierenden Titelzeile, oder Clemens Brentanos *Gockel, Hinkel, Gackeleia*, genau genommen ein Titel ohne Buch. Die Anonymität hört fast auf, bis in den dreißiger Jahren, aus politischen Gründen, wieder Bücher ohne Verfasserangabe erscheinen (Anastasius Grün, *Spaziergänge eines Wiener Poeten*, Karl Gutzkow, *Briefe eines Narren an eine Närrin*, Georg Herwegh, *Gedichte eines Lebendigen*). Außer der Teilanonymität (*Gedichte der Annette Elisabeth v. D*[roste] *H*[ülshoff]) kommt in dieser Zeit des öfteren auch die Verweisung auf früher erschienene Veröffentlichungen zur Kennzeichnung des Verfassers vor: Charles Sealsfield, *Die deutsch-amerikanischen Wahlverwandtschaften*, vom »Verfasser des Legitimen, des Virey, der Lebensbilder aus beiden Hemisphären«.

Dieses 19. Jahrhundert, von Alois Senefelder bis Tolbert Lanston eine Zeit stürmischer herstellungstechnischer Entwicklungen – 1812 wird die Zylinderdruckpresse erfunden, 1838 die Handgußmaschine, 1846 die Rotationsmaschine, 1883 die »Linotype«, 1897 die »Monotype« – , gelangt durch Effizienzsteigerung, Marktkämpfe und »Literatur als Mode« zu Massenproduktion und Verbilligung, neue Bevölkerungsschichten kommen in den Besitz von Literatur, eine »Demokratisierung« des Buches findet statt, hervorgerufen durch die gesellschaftlichen Entwicklungen jener Jahre, ermöglicht auch durch den sich stark ausbreitenden Buchhandel und eine enorme Vielfalt an Verlagen. Bis in die zweite Hälfte des Jahrhunderts hinein reicht die wichtige Geschichte der Nachdrucker, die noch immer so gut wie unerforscht ist. All dies wirkt sich in der Gestaltung der Bücher und damit der Titelblätter aus. Diese können jetzt weniger aufwendig und überredend sein, als hauptsächliche Werbeträger sind inzwischen die neuen Formen Annoncen und Rezensionen hinzugekommen.

Mit breiten Übergangszonen zeigt die zweite Jahrhunderthälfte, jene Zeit, die literaturgeschichtlich als Nachmärz, Realismus, Naturalismus und Impressionismus bezeichnet wird, von etwa der Jahrhundertmitte bis zu den »Gründerjahren«, allmählich in der Verwendung wiederum anderer Typen eine veränderte Buch- und Titelblattgestaltung. Man stattet wieder üppiger aus (Friedrich Hebbel, *Gyges und sein Ring*, Karl Bleibtreu, *Schicksal*), neue Techniken erlauben solche illustrativen Titel wie den zu Wilhelm Buschs *Eispeter*. Die wiederentdeckte Lust an dekorativer Gestaltung kann so weit gehen wie bei *Theodor Storm's gesammelten Schriften*, wo die gewünschte Rezeption durch die Titelblattgestaltung bereits vorgeformt ist, Schmuck-Initialen erscheinen wieder (Peter Rosegger, *Der Schelm aus den Alpen*, Johannes Schlaf, *Meister Oelze* oder, besonders eindrucksvoll, Otto Erich Hartleben, *Die sittliche Forderung*), das Verlags-Signet als Titelblatt-Verzierung taucht auf (Paetel, Berlin oder Friedrich, Leipzig). Vor allem aber fällt in diese Zeit eine titelblattgeschichtlich zentrale Neuerung: Man beginnt, den Verfasser an die erste Stelle zu setzen, und den Sachtitel an die zweite Stelle (*Gerhart Hauptmann. Vor Sonnenuntergang, Max Halbe. Freie Liebe*). Diese Anordnungsfolge blieb, fast ausschließlich, bis heute gültig.

Im 20. Jahrhundert entsteht dann eine Vielfalt von typographischen Entwicklungen, Strömungen, Versuchen, feststellbar bleibt darüberhinaus eine Zäsur, die der Zweite Weltkrieg setzt: Im Ganzen gesehen, stellt sich das Äußere der Literatur von der Jahrhundertwende bis zum Ende der Weimarer Republik und des Dritten Reichs als ein Zusammenhang dar, die Nachkriegs- und Gegenwartsliteratur als ein anderer, dazwischen Publikationen, die aus politischen Gründen im Ausland erscheinen mußten, bis hin zum – deutlich amerikanischen – Titelblatt von Hermann Brochs *Der Tod des Vergil*.

Jahrhundertende/Jahrhundertwende, Nachkriegszeit, Zwanziger Jahre, die bekannte Fülle literarischer Stile und Ismen: Solche inhaltlichen Entwicklungen kommen in den Titelblättern nicht zum Ausdruck. Denn etwa ab 1900 beginnt der Einbandschutzumschlag, bekannt seit dem 19. Jahrhundert, der zentrale mediale Ort als Aufmerksamkeitserreger und Kaufauslöser zu werden, auch seine Geschichte, und die seiner großen Meister, wie John Heartfield, ist noch nicht zuammenhängend dokumentiert. Das Titelblatt, dem der Umschlag, meist farbig und öfters graphisch anspruchsvoll, durchaus an plakativem Effekt überlegen ist, kann sich hinfort eher zurückhaltend als der Ort der präzisen bibliographischen Daten und zusätzlicher Hinweise geben, seine Geschichte im 20. Jahrhundert hat darum eine andere Dimension als in den vorangegangenen Zeiten.

Für die ersten Jahre nach 1900 lassen sich noch »stilisierte« Titelblätter nachweisen, etwa bei Richard Dehmels *Zwei Menschen* oder bei Ricarda Huchs *Vita somnium breve*. Dagegen fällt auf, daß die Titelblätter expressionistischer und dadaistischer Veröffentlichungen eher sachlich-informativ gestaltet sind, beispielsweise Georg Heyms *Umbra vitae*, August Stramms *Du* oder Kurt Schwitters' *Anna Blume*. Auch in den zwanziger Jahren überwiegen strenge Einfachheit und betonte Schlichtheit: Hugo von Hofmannsthals *Der Schwierige*, Rainer Maria Rilkes *Duineser Elegien*, Franz Kafkas *Das Schloss* oder Robert Musils *Der Mann ohne Eigenschaften*. Auf einige Fälle sei besonders aufmerksam gemacht: Otto Julius Bierbaums *Empfindsame Reise im Automobil*, dessen Titelblatt mit seiner totalen Füllung des Raums und mit seiner Datierung an Blätter des 18. Jahrhunderts erinnert, in der Form als massiver Textblock aber zugleich das technische Zeitalter indiziert, Stefan Georges *Der Stern des Bundes*, dessen »Inschriftencharakter« eine deutliche Diskrepanz zwischen Anspruch und Geleistetem offenlegt, Ernst Stadlers *Der Aufbruch* mit seiner Anspielung auf barocke Titelbordüren und schließlich Ernst Barlachs *Die echten Sedemunds*, wo die Hommage an den Künstler eine Grenzüberschreitung zum Schutzumschlag verursacht und die Vervielfältigung durch sehr private handschriftliche Aufmachung verleugnet wird.

Nach dem Zweiten Weltkrieg beginnt auf dem deutschen Markt die Zeit der Taschenbücher und der Broschuren, deren werbewirksame graphische Einbände die Geschichte der Schutzumschläge fortsetzen und erweitern (beispielsweise Celestino Piattis Entwürfe für den Deutschen Taschenbuch-Verlag), damit verstärken sich die Tendenzen zur »Reduktion« der Titelblätter. An dieser Stelle deshalb nur wenige Stichworte, Hinweise etwa auf Experimente mit der Kleinschreibung, die eine Zeit lang Mode war (*ingeborg bachmann. die gestundete zeit, hans magnus enzensberger. blindenschrift*), oder auf Peter Rühmkorfs *Irdisches Vergnügen in g* mit seinem thematisch bedingten Zitat barocker Fraktur in der Titelzeile. Häufig zeigt sich eine Verknappung des Impressums: Erscheinungsort und/oder Erscheinungsjahr werden nur noch auf der Rückseite des Titelblatts plaziert (wo seit Ende des 19. Jahrhunderts der »Druckvermerk« üblich ist), etwa bei Uwe Johnsons *Das dritte Buch über Achim* oder bei Arno Schmidts *Kühe in Halbtrauer*. Tendenz dieser Zeit ist es auch, die Titelzeile nicht eigens hervorzuheben, sondern das gesamte Titelblatt aus der gleichen Schrift abzusetzen (Peter Weiss, *Die Ermittlung*, Peter Handke, *Der kurze Brief zum langen Abschied*). Eine Rarität zuletzt: Günter Grass, *Die Blechtrommel* dürfte der einzige Fall eines nicht anonym erschienenen Buches sein, bei dem der Name des Verfassers auf dem Titelblatt fehlt.

21

»Ost-Indianische Reisebeschreibung« Zu einem Journal aus dem 17. Jahrhundert

1

Kein Zweifel: Reisen bildet. Es bildet im Sinne dessen, was früher, mehr oder weniger feststehend, unter dem Begriff »Bildung« verstanden wurde. Es bildet auch noch im Zusammenhang dessen, was als »Bildung« ein gemartertes Spielobjekt der »Vorstellungen«, »Hinterfragungen« und »Zielprojektionen« zeitgenössischer »Bildungs«-Politiker ist. Es bildet, genügend Sorgfalt nicht nur bei der Bereitstellung der Reisemittel, sondern auch beim erfolgreichen Verschließen der Augen und Ohren vorausgesetzt, alte Vorurteile weiter und neue Vorurteile aus. Es bildet, einerseits, unvorhergesehene Lücken in allzu unbedachten Reisekassen. Es bildet, andererseits, wer wüßte es nicht, durch die Suggestion des Exotischen wie durch die Exotik der Suggestion produzierte schwer verdauliche Mengen von Farbdias, besser oder schlechter belichtet, oft kaum der engeren Verwandtschaft vorführbar. Kein Zweifel: Reisen bildet.

Und auch einer anderen alten Volksweisheit wäre hier zu gedenken: »Wenn einer eine Reise tut, so kann er was erzählen«. Nun wohl – »erzählen« kann er jedenfalls, im doppelten Sinne des Wortes, er kann »berichten« und er kann »erfinden«.

Reisen – um etwas zu bewegen? Gewiß. Und wenn es, von der eigenen Person abgesehen, die Zuhausegebliebenen sind, die »Zurückgebliebenen«, die durch eindrucksvolle Erzählungen möglicherweise zu bewegen sind.

2

Erzählungen solcher Art enthält ein Journal, dessen Text aus dem 17. Jahrhundert stammt. Es berichtet von ganz anderen Reisen, als jene, die mit den eben gemachten Beobachtungen aus der modernen komfortsüchtigen Massenbewegungsindustrie angedeutet wurden. Es beschreibt strapaziöse, oft genug lebensgefährliche Unternehmungen unter manchmal haarsträubenden Bedingungen, es spricht von Lebensmittelknappheit und von Seuchen, von erschreckenden und erstaunlichen fernen Ländern, von Gewalt und Tod – es redet von Reisen vor 300 Jahren.

Als der Bericht zum ersten Male veröffentlicht wurde, im Jahre 1663, gab es bereits eine große Fülle von Reiseschilderungen, und nach ihm sollte noch eine fast unübersehbare Menge hinzukommen. Die europäische Produktion an Büchern, in denen über Reisen in unbekannte Länder berichtet wird, ist uferlos, stürmisch wie die sieben Meere, auf denen die Reisenden segelten, unerforscht auch, wie so manche neue Küste, an der sie landeten oder strandeten.

Seit die Menschheit die Schrift erfunden hatte, gibt es Reiseberichte – eines der größten und ältesten Zeugnisse dafür wurde zum Synonym für eine gewisse Art zu reisen: Homers *Odyssee*. Damit ist auch angedeutet, daß, im Sinne der Doppeldeutigkeit des eben erwähnten »Erzählens«, von Anfang an die sachliche Reisebeschreibung nicht von der Dichtung über das Reisen zu trennen sei. Wovon in unserem Zusammenhang die Rede ist, muß deshalb eingegrenzt werden als die rein deskriptive Reisedarstellung, das an Ort und Stelle oder später zu Hause bearbeitete Reisetagebuch, die mehr oder weniger seriös gemeinte Niederschrift von Reisebeobachtungen. Der »Reiseroman«, vom antiken Pausanias bis zum neuzeitlichen Karl May, wäre ein eigenes, ebenfalls nahezu unendliches Thema.

Vor allem durch die Renaissance erwacht in Europa der Sinn für eine konkretere, genauere Wirklichkeitsbeobachtung und -wiedergabe. Das Zeitalter der Entdeckungen hatte begonnen, und jede Information war nötig zur politischen und wirtschaftlichen Verwertung. An den Reisedarstellungen des Marco Polo, des Antonio Pigafetta oder des Amerigo Vespucci kann man dies ablesen.

Seit im 15. Jahrhundert die ersten Notizen und Berichte, noch in der Form von Einblattdrucken, aufgetaucht waren, etwa über »Christoffel Dawber von Jenua« (»Dawber«/»Tauber« als wörtliche Übersetzung des Namens Christobal Colon/Columbus), erschienen auch in Deutschland immer mehr solcher Bücher. Weder die Zahl noch die genaueren inhaltlichen Zusammenhänge der deutschen Reisewerke des 16. und 17. Jahrhunderts sind jedoch im einzelnen erforscht. Wenige Beispiele müssen an dieser Stelle genügen: Martin Behaim etwa, der über Guinea schrieb, Valentin Ferdinand und Nikolaus Schmid über Afrika (letzterer bemerkenswerterweise in Gedichtform), Lukas Rem, der über Indien berichtete, Ambrosius Dalfinger und Philipp von Hutten über Venezuela, Ulrich Schmidel über Brasilien, Dithmar Blefken, der von Island erzählte, Emanuel Örtel über Ägypten, oder Samuel Braun über den Kongo.

In diesen Rahmen gehört Johann Jakob Merkleins Darstellung Südostasiens. In unmittelbarer Nähe zu seinem Bericht steht ein sehr berühmtes Werk des 17. Jahrhunderts, die *Offt begehrte Beschreibung der Newen Orientalischen Reise* (nach Persien) des Adam Olearius aus dem Jahre 1647.

Im 18. und im 19. Jahrhundert – die Neuerscheinungen nahmen immer noch zu – wurden solche Berichte in zahllosen vielbändigen Reihen gebündelt: *Sammlung der besten und neuesten Reisen*, 1763-1802, oder *Neue Bibliothek der wichtigsten Reisen*, 1814-1835. Die Produktion läßt erst nach, als im 19. und 20. Jahrhundert das Zeitalter der Reisen durch das Zeitalter der (wissenschaftlichen) Expeditionen abgelöst wurde. Deren Resultate sind dann ausschließlich für Fachleute bestimmt, und werden nicht mehr in populär lesbaren Büchern vermarktet.

3

Johann Jakob Merkleins Reise beginnt im November 1644 in Amsterdam. Windstille und untief werdendes Fahrwasser zwischen geschlossenem Hafen und offenem Meer verursachen zunächst einen Stau, so daß schließlich, als die Verhältnisse günstiger werden, über 300 Schiffe zugleich aussegeln. Zwischen Dover und Calais geht die Fahrt nach Süden, im Januar 1645 gelangt man zu den Canarischen Inseln, um das Kap der Guten Hoffnung herum geht es weiter in den Indischen Ozean. Mitte Mai 1645 wird Java gesichtet, Ende dieses Monats ankert man in Batavia. Diese Stadt wird in den folgenden Jahren Ausgangs- und Zielpunkt der Merkleinschen Reisebewegung. Gleich im Juni 1645 folgt, bis September, eine ausgedehnte Reise nach Sumatra, der sich weitere Fahrten anschließen. Von Januar 1646 bis Juli 1648 verbringt Merklein einen zweieinhalbjährigen Landaufenthalt in Batavia, dann reist er nach Malacca und Kedah; im Oktober/November dieses Jahres sieht er Bengalen und den Ganges.

Es folgt, von Januar bis Juni 1649, eine Fahrt nach Ceylon und Persien, im August eine weitere Reise nach Ceylon und Bengalen. 1650 besucht er wiederum Persien im März, dann die Malabarische Küste im April, Karakul im Mai, und die Nicobaren-Inseln im Juni. Im September 1650 segelt man nach Siam, im Februar 1651 wird Sumatra erreicht, Ende März dieses Jahres kehrt man nach Batavia zurück. Die nächste große Reise, Mai bis September 1651, geht über Siam nach Japan: im August 1651 ist Merklein in Nagasaki. Die beiden letzten ausgedehnten Fahrten haben die Kormandelküste – April bis August 1652 – und Bengalen – Oktober bis Dezember 1652 – zum Ziel.

Dann faßt Merklein den Entschluß zur Rückkehr. Im Februar 1653 gelangt er zunächst bis zum Kap der Guten Hoffnung, wo – mittlerweile ist Krieg zwischen Holland und England ausgebrochen – eine längere Wartezeit eingelegt werden muß. Im Mai 1653 sichtet man schließlich die Azorischen Inseln, im August kommt man in Kopenhagen an. Auf weiteren, durch den Seekrieg bedingten Umwegen geht die Reise im Oktober weiter zur holländischen Küste, wo sich eine Ansammlung von fast 500 Schiffen bildet, die den englischen Angriffen zu entgehen versuchen. Es gelingt: Am 8. November 1653 kommt Merklein wieder in Amsterdam an.

Er hat, nach eigenen Berechnungen, in den vergangenen sieben Jahren insgesamt 17 887 holländische Seemeilen zurückgelegt und dabei vierzehnmal den Äquator passiert.

Die kurze Übersicht seiner verschiedenen Reisen zeigt deutlich, daß Merklein nicht im heutigen Sinne »reiste«. Er ist kein Tourist, er ist Angestellter. Seine einzelnen Reisebewegungen entsprechen den Planfahrten der Handelsschiffe. So gelangt er immer wieder auf den gleichen Routen an die gleichen Orte.

Von sich selbst spricht der Verfasser dieses Reiseberichts, Johann Jakob Merklein aus Windsheim in Franken, wenig. (Als seine Reise beginnt, ist er 24 Jahre alt, als sie endet, 33. Über den Grund, weshalb er diese Reise unternahm, sind wir nicht informiert; es mag wohl die schlechte wirtschaftliche Situation im Franken des ausgehenden 30jährigen Krieges dabei eine Rolle gespielt haben.) Merklein heuert bei der »Niederländisch-Ostindischen Kompagnie« zunächst als »Unter-Barbierer« an, als eine Art einfacher Schiffsarzt somit. Nach dem Auslaufen seines Dreijahresvertrags und, weil ihm »wieder gute Condition angebotten« worden war, verpflichtet er sich als »Ober-Barbierer«. Sein Einsatz in beiden Positionen wechselt häufig, immer wieder nennt er andere Schiffe, auf denen er Dienst tut.

Gelegentlich kommt er auf seine Berufsausübung als »Chirurgus« zu sprechen: »In währender Zeit begab es sich, daß ein armer Chines, neben unserm Schiff sich ins Wasser begab, so weit er darein gehen kunte, in Meinung, Nägel, und alt Eisen (welches bisweilen aus den Schiffen ausgeworffen wurde, oder ungefähr heraus fiel) aufzusamlen, und ihme damit zu dienen. Indem er sich aber tauchte, ein Stücklein aufzuheben, kam ein grosser Fisch, welche man Hayen nennet (dessen er nicht wahrgenommen) herzugeschwommen; und biß ihm den gantzen Arm, samt der Schulter, mit einem Biß herunter: Also daß man ihm die Lunge in der Brust sahe ligen und schlagen; welches erbärmlich anzusehen war: Wir verbunden ihn zwar aufs beste, als wir kunten; er lebte aber nicht über drey Stunden mehr.

Des andern Tags fiel ein Bootsknecht auf einem andern Schiff, das in der Reparation lag, vom Mastkorb herunter in das Schiff, welcher auch nur noch zwey oder drey Stunden lebte. Nach gethaner Eröffnung funden wir, daß die Leber gantz contundirt und gequetschet, und das Blut alles in die Concavität des Bauchs zusammen geloffen war; dardurch er nothwendig den Geist aufgeben muste«.

Sonst erfahren wir fast nichts. Persönlich wird Merklein nur kurz in dem Augenblick, in dem er seinen Entschluß zur Rückkehr begründet: »Demnach ich nun eine so geraume Zeit in Indien, und anderer Orten, ausserhalb meinem lieben Vatterland, mich aufgehalten, und der gnädige Gott unterdessen demselbigen den edlen und langerwünschten Frieden endlich beschert hatte« – 1648 war mit dem Vertrag von Münster und Osnabrück der 30jährige Krieg beendet worden – »bekam ich ein sonderlich Verlangen, wiederum dasselbe zu besuchen, ein ruhig Leben zu führen, des lieben Friedens, und Exercitii der wahren, Evangelischen Religion zu geniessen, und beyzuwohnen«.

4

Die Urform dieses Reiseberichts dürften tagebuchartige Notizen gewesen sein, die Merklein nach seiner Rückkehr, wohl auf Anregung des Nürnbergers Christoph Arnold Wunsch, für den Druck überarbeitete. Wunsch sagt jedenfalls in einem *Lobgedicht auf diese ost-indianische Reisbeschreibung*, Merklein habe den Text »für sich zusammengeschrieben« und zunächst nicht an eine Veröffentlichung gedacht (»Der dieses Buch dem Druck, nie hat vermeint«). Für eine solche nachträgliche Redaktion sprechen auch Floskeln wie »Davon hernach weiters« oder, nach längeren Einschüben, »Wir kehren nun wieder zu unserer Reise«. Und ebenso ist der Gedanke nicht von der Hand zu weisen, daß dem Ganzen eine bewußte Gestaltung zugrunde läge, ein Eindruck, der etwa durch die beiden riesigen Schiffsversammlungen entsteht, mit denen das Buch beginnt und schließt.

Merkleins Bericht spielt auf zwei Ebenen. Zum einen stellt er ein Itinerar dar, die Aufzählung des beim Reisen Erlebten und Beobachteten. Zum anderen handelt es sich um die Weitergabe von Nachrichten aus Erzählungen Dritter (»soviel ich vernehmen können«) oder aus sonstigen, gedruckten Quellen (»Etliche schreiben«). Dabei ist ersichtlich, daß Merklein sich mit der Reiseliteratur seiner Zeit beschäftigt hat; gelegentlich korrigiert er andere Autoren aus unmittelbarer eigener Anschauung: »Etliche schreiben, die Insel Java sey sehr fruchtbar von Specereyen, als Pfeffer, Muscaten, Negeln, Zimmet, etc. Dieweil aber Bantam und Japara Handelsstädte sind, die nicht allein von Javanen, sondern auch von Chinesen, und andern Nationen bewohnet werden; derohalben vielerley Kauffmannschaft dahin geführt wird: Als haben diejenigen, die vor diesem, ehe Batavia gebaut worden, auf gemeldte Städte gehandelt; weil sie solche Wahren allda feil gefunden, dardurch Anlaß genommen, der Insel Java solche Fruchtbarkeiten zuzuschreiben, welches sich aber nicht befindt: Denn in dritthalb Jahren, die ich zu Batavia zugebracht, hab ich niemals vernehmen können, daß gemeldte Früchte auf der Insel im Überfluß wachsen«.

Die Sprache, in der dieser Reisebericht geschrieben ist, zeigt sich nüchtern, trocken und knapp, beobachtend-deskriptiv, ohne viele Schnörkel und Abschweifungen. Nicht nur der üppig ausufernde Stil, auch die kompreß lakonische Sprache ist bezeichnend für das 17. Jahrhundert. Mag auch hin und wieder ein Ausdruck nicht ganz oder gar nicht mehr verständlich sein, mag sich der Leser unversehens im dichten Gefüge einer heute ungewohnt rhetorischen Grammatik gefangen sehen: Die Patina der historischen Sprache gehört unauflöslich zum Charme und zur Nachdrücklichkeit einer solchen Darstellung. Ein Beispiel kann genügen, die buchhalterisch sachliche Beschreibung etwa einer Sklavennahme: »Zur selben Zeit wurden vier Schiffe von Batavia gesandt, die Innwohner der Insel Engano zu fangen. Diese Insel ligt ungefähr 40. Meil von der Straß Sunda, nicht weit von der Insel Sumatra, und ist von wilden Menschen bewohnt; sonsten aber zimlich fruchtbar. Dieweil dann jährlich viel Schiffe daselbsten musten vorüber fahren, also war zu befürchten, es möchte einsmals deren eines auf der Insel, durch Sturmwind, oder Unvorsichtigkeit, stranden; das Volk von den wilden Leuten niedergemacht, und die Güter geraubet werden: Derohalben wurde für gut angesehen, sich der Insel zu bemächtigen, das Volk zu fangen, unter die Christen zu Batavien zu vertheilen, und mit der Zeit zum Verstand und Christlichen Glauben zu bringen«.

Merkleins Erzählungen spiegeln, in zufälligen Bruchstücken, den Beginn des Welthandels im 17. Jahrhundert wider, den Ausbau der ökonomischen Vormachtstellung der Holländer im militärischen und wirtschaftlichen Kampf gegen Spanien und England. Dabei ist es interessant zu sehen, welche gehandelten Waren erwähnt werden. In der langen Liste finden wir Gewürze (Pfeffer, Muskat, Zimt) ebenso wie Felle, Tücher, Seide, Baumwolle, lesen wir Zucker, Gummi, Reis und Indigo ebenso wie Früchte (Mandeln, Datteln) und Kupfer, seltene Hölzer oder Lackwaren: neben Parfüm («Rosenwasser«) und Wein taucht ein Handelsobjekt unverhältnismäßig oft auf: »Amphion«, das von Europa als Heilmittel und als Rauschgift überaus begehrte Opium.

Deutlich ist, als Hintergrund aller Darstellungen, die damalige Disposition zur Europäisierung der Erde zu erkennen: Vernunft gleich Christentum gleich Gewinn für die Amsterdamer Kontore. (Es ist nur unzierlich, dies so klar zu sagen.) Merklein identifiziert sich weitgehend mit seinen Dienstherren, seine Optik ist die der Ostindischen Kompanie, er sagt »Wir« und »Unsere Schiffe«. Zu den seltenen Ausnahmen zählt es, daß er einmal von den »geldgierigen Holländern« spricht.

5

Der Inhalt dieses Reisebuches ist bunt und vielfältig wie die fremde Welt, die darin geschildert wird. Knappe, aber aufschlußreiche Bemerkungen stehen neben ausführlichen, mitunter dramatisch gestalteten Erzählpassagen.

So berichtet Merklein von unbekannten, staunenerregenden Tieren: »An schädlichen Thieren befinden sich [in Java] viel Tigerthiere und schreckliche Crocodilen, bey ihnen Caiman genant, deren etliche 16. oder 18. Schuh lang, und 3. oder 4. breit sind, und solche harte Häute haben, daß sie mit keinem Gewehr leichtlich zu eröffnen«. Und: »Das Thier Rhinoceros wird auch auf Java gefunden, welches einer unglaublichen Stärke, also daß es auch zimliche starke Bäume umreissen kan«. Oder er schildert einen schwierigen Transport von »11. Elephanten«, ein ausgesprochenes Versorgungsproblem, da zu »solch grossen Thieren viel Victualien gehörten«. Aber auch davon – heute ein aktuelles Problem – ist zu lesen: »Damit auch die Unkosten, so die [holländische] Garnison [in Südafrika] macht, nicht vergeblich seyen, haben sie angefangen, bey denen darbeyligenden kleinen Inseln, Seerobben, oder Seehunde, welche sich in grosser Menge daselbsten aufhalten, zu fangen, das Fischschmaltz, oder Traen, daraus zu brennen, die Häute abzuziehen, zu trucknen«.

An anderer Stelle widmet er der Bevölkerung der Stadt »Paliacatta« [heute: Palamcottah] eine nähere Beschreibung: »Unter denjenigen, so sich mit Kauffhandel nehren, findet man sehr reiche Leute, die auch in der Handlung mächtig durchtrieben: Die Handwerksleute aber, und der gemeine Pövel, sind arm. Dann ob sie wol gute Handwerker können, und sehr subtil in ihrer Arbeit sind; können sie doch wenig damit verdienen, dieweil sie schlecht bezahlt werden. So ist es auch ein einfältiges Völklein, das nichts trachtet vor sich zu bringen; sondern wann einer soviel erobert, daß er drey oder vier Wochen davon zu leben hat, bringt man ihn nicht wieder an die Arbeit, bis ihn die Noth darzu treibt. Welches zwar wol hingeht, so lang der Reis wolfeil ist; wann aber eine Theurung einfällt, sihet man das gröste Elend, wie sie auf der Gassen für Hunger klagen, und alsdann auch viel davon sterben«.

Im Rahmen der äußersten wirtschaftlichen Ausnutzung der zur Verfügung stehenden Ausrüstungen wurden häufig überalterte Schiffe eingesetzt und bis zum Letzten beansprucht. Merklein erzählt oft genug von langwierigen Reparaturen, oder gar von totalem Schiffsverlust, so vom spektakulären Ende des zwar ohne seine Besatzung, aber mit aller Fracht sinkenden Schiffes »Mastricht«: »Weil es aber sehr alt und gebrächlich war, und im weiten Meer einen harten Sturmwind bekommen; also ist es durch die grosse Bewegung soviel schadhaft worden, daß es sehr viel Wasser eingenommen, und so rinnend, daß man es weder mit Pumpen, noch mit schöpfen auf dem Wasser behalten kunte. Derohalben sie dem Schiff Snoeck ein Zeichen gaben, welche ihnen mit ihren grossen und kleinen Nachen zu Hülf kamen, also daß alle die darauf fahrende Seelen zwar mit grosser Gefahr errettet wurden; das Schiff aber samt aller Ladung und Zugehör, welches sich auf etzliche Tonnen Golds im Werth erstreckt, ist alsobald vor ihren Augen gesunken, und zu Grund gegangen«.

Kein Wunder, daß auf diesen schlecht ausgerüsteten »Seelenverkäufern« auch immer wieder Feuer ausbrach: »Den 2. November, kam in unserm Schiff Feuer aus: So bald man es aber wahr geworden, ist Jammer und Noth vorhanden gewest; denn man kunte dem Brand nicht beykommen, und war keine Hoffnung, das Leben zu salvirn. Derohalben das Schiff, sowol aus als inwendig, von Zimmerleuten muste aufgehauen werden, damit durch Wassergiessen dem Feuer beyzukommen, ehe es in Zucker käme, dessen schon eine zimliche Menge im Schiff war; welches dann auch also gefruchtet, daß wir, durch Gottes Hülf, (jedoch mit Verlust viel Zuckers, welcher, durch das Wassergiessen, zerschmoltzen) aus der Gefahr sind erlöset worden«.

Mehr als einmal kommt Merklein auf das harte und entbehrungsreiche Leben an Bord der zumeist überfrachteten Schiffe zu sprechen, etwa, wenn er erwähnt, daß bei nicht einzuhaltendem Zeitplan kurzerhand der Mannschaft die täglichen Rationen an Wasser gekürzt wurden: »Weil wir mit Lavoyern [Lavieren] viel Zeit hatten zugebracht, und keinen Ort kunten besegeln, da wir uns mit Trinkwasser hätten versehen können; also wurde desselben auf dem Schiff sehr wenig: Derhalben vom Schiffrath geschlossen wurde, nicht allein dem Schiffsvolk an ihrer Portion täglich abzubrechen; sondern auch daß der Reis, welcher täglich auf dem Schiff gespeiset wurde, zum theil mit süssem, zum theil mit Seewasser solte gesotten werden. Welches in kurtzer Zeit auf dem Schiff unterschiedliche Krankheiten, insonderheit aber, und am allermeinsten die Wassersucht verursachte; und welches das gröste Elend war, so kunte man dieselben durch kein Medicament curirn, bis man wiederum zu Land kam, und frische Speis und Trank zu geniessen hatte«.

Eine Geschichte berichtet von einem Hauptproblem des Lebens auf solchen von bunt zusammengewürfelten Mannschaften bevölkerten Schiffen, vom Alkohol: »Anno 1648. ist wieder eine Flotta von 8. Schiffen nacher Manilha gesandt worden, mit keiner andern Ordre, als auf dem Meer daherum zu kräisen und zu streiffen, und den Spaniern die

Handlung auf dem Meer (sonderlich mit den Chinesen) soviel müglich, zu verhindern: Da sie dann zimliche Beuten gemacht. Unter andern haben sie eine sehr reichbeladene Junke (welches Chinesische Schiffe sind) bekommen; auf dieselbige hat der Admiral einen Steuermann mit 40. Mann gesetzt, in Meinung selbige Junke mit nach Batavia zu bringen, und daselbsten auszuladen: Derselbige Steuermann aber, mit den seinigen, haben ihnen das starke Getränk (welches in Uberfluß auf dem Schiff zu bekommen war) lassen belieben, desselben zuviel eingenommen, und durch Unachtsamkeit (welche der Trunkenheit gemeiniglich folgt) die auf der Junk gefangene Chinesen nicht wol, wie ihnen befohlen war, eingeschlossen; welche solches in acht genommen, einen Anschlag gemacht, und einsmals des Nachts alle die Holländer todt geschlagen; sich von der Flotta abgesondert, und glücklich in Manilha gekommen. Haben also gedachte Holländer nicht allein die Beut, sondern auch das Leben; ja, wie vermuthlich, zum theil auch ihre Seeligkeit versoffen«.

Aber auch die drakonischen Strafen werden nicht vergessen, mit denen durchgegriffen wurde: »Den 24. dito als wir vor Batavia lagen, sind zwey von unsern Bootsknechten strittig worden, und hat einer den andern mit dem Messer an seiner Seite beschädigt; darauf sie beede, so bald sie ans Schiff kommen, in die Eisen geschlagen worden: Nach wenig Tagen ist der Thäter, weil der Patient unschuldig befunden worden, auf des Admirals Schiff zur Straff gezogen worden, wie folgt: Man hat ihn erstlich drey mal von der Rahe ins Wasser fallen lassen, hernach alsobald auf die nasse Kleider hundert Schläge vor dem Mast gegeben, und das Messer an den Mast durch die Hand gestochen; also daß er die Hand selbsten hat müssen durchziehen; und sind ihm drey Monath von seiner Besoldung confiscirt worden«.

An anderer Stelle ist von dramatischen Unglücksfällen die Rede, wie diesem: »In der Zeit, da wir vor dem Fluß lagen, kauffte unser Capitain eine kleine Nachen, von des Lands Innwohnern; dieselbe ließ er an das Schiff binden: Als er aber furchte, sie möchte, wann ein starker Wind entstunde, zu sehr an das Schiff stossen, schickte er (solches zu verhüten) einen jungen Knaben hinein, darinnen zu wachen. Als aber derselbe in dem Nachen entschlieff, und des Nachts ein starker Wind sich erhub, zerriß der Strick, daran die Nachen gebunden, und wurde dieselbe weit von dem Mund des Flusses, in ein morastig Gesträuch geworffen. Da der Jung des Morgens erwacht, und gesehen, daß er weit von dem Schiff und Fluß war, wust er ihme nicht zu rathen, denn er hatte weder Segel noch Riemen, damit er ihm hätte helffen können: Arbeitete derohalben mit den Händen, und einem Bretlein, darauf er gesessen; bis er nach etlichen Tagen in einen Arm des Flusses kam, der Hofnung, wann unsers Schiffs Nachen dahin kämen, Wasser oder Holtz zu holen, wiederum zu uns zu gelangen. Weil aber unsere Nachen die Zeit über in einem andern Arm des Flusses aus- und einfuhren, und man nichts vom Jungen erfahren kunte, also war seiner bey uns schon vergessen. Den 15. Tag nachdem der Jung mit dem Nachen vom Schiff getrieben, kamen etliche, Jambinesische Fischer mit ihren Nachen, und brachten den Jungen, welchen sie im Gesträuch des Flusses gefunden, gantz verhungert und erbärmlich aussehend, wiederum an das Schiff. Gemeldter Jung hat in 15. Tagen nicht mehr als einmal von etlichen, vorüberfahrenden Jambinesen ein wenig gesottenen Reis überkommen, also daß wir uns alle sehr verwunderten, wie er doch so lang beym Leben hat bleiben können. Man gab ihm erstlich wenig und oft zu essen, aufdaß der Magen nicht überladen würde; also kam er in wenig Tagen wieder zu völliger Gesundheit, und Kräften, und den Jambinesischen Fischern gab man eine gute Verehrung«.

Tödlich endet ein anderer Fall, den Merklein von dem Schiff »Princesse Royale« erzählt: »Als selbiges in kurtzem nacher Holland abzusegeln, zugerüstet wurde, befahl der Constabel einem seiner Zugegebenen, in der Pulverkammer des Schiffs etwas zu holen: Nun war das hinder Theil des Schiffs mit Negelein, Muscatnüssen, und Blühe, auch andern riechenden Specereyen geladen; und nur eine kleine Offnung, zu der Pulverkammer zu kommen (welche gantz zu unterst war) gelassen. Als demnach gemeldte Person hinunter stiege, heraus zu holen, was ihr befohlen war; wurde sie vom starken Geruch der Specereyen also befangen, daß sie keinen Athem mehr holen kunte, sondern ersticken muste. Ein zweiter, der nachsehen sollte, starb ebenso an den gefährlichen Dämpfen, wie ein dritter. Der vierdte wurde wol angebunden, und mit einer Latern (zu sehen, wie es beschaffen) in Eil, hinunter gelassen, und wieder ausgezogen; jedoch hatte man genug zu thun, daß man ihn wieder zu Kräften brachte. Und weil ihm das Liecht alsobald vom Dampf ausgeloschen, und er gantz ohnmächtig war; kunte man bald gedenken, wie es mit den drey ersten beschaffen seyn müste. Derhalben durfte man niemand mehr hinein lassen, sondern wurden alle Thüre und Kammern des Schiffs geöffnet, daß der Wind durch dieselben, die gantze Nacht über wehen kunte: Des andern Tags wurden sie alle drey herauf gezogen, und ehrlich begraben«.

Und immer wieder gelingt es Merklein, kleine kulturgeschichtliche Facetten zu liefern, wie dieser noch heute, nach 300 Jahren, eindrucksvolle Bericht von einer Strafexpedition der Holländer, der unter anderem eine Reihe von kunstgeschichtlich wertvollen Tempeln zum Opfer fiel: »Den 26. dito kamen wir in die Bay oder Meerbusen von Punta de Galle; daselbsten musten wir etliche Wochen still ligen, dieweil der Gubernator derer Orten mit etlich 100. Mann (worzu auch der Admiral Arnold Barentson, als er aus Persien allda angeländet, mit seinem bey sich habenden Volk gestossen) hinüber an das feste Gestatt gefahren war; sich an denselbigen Innwohnern (die durch Anhetzung der daselbst wohnenden Portugesen sich etwas feindselig gegen den Unsrigen erzeigt) zu rächen. Haben derohalben einen Zug etlich Meilen hinein gethan, alle die Dörffer und Tempel (unter welchen sehr köstliche Gebäue gewesen) geplündert, verheeret, und verbrant«.

6

Die erste Ausgabe des Merkleinschen Reiseberichtes erschien 1663 in Nürnberg bei Michael und Johann Friedrich Endter, in einem Band, den Christoph Arnold Wunsch herausgegeben hatte: *Fr[ans] Carons und Jod[ocus] Schouten Wahrhaftige Beschreibungen zweyer mächtigen Königreiche / JAPPAN und SIAM [...] Denen noch beygefüget Johann Jakob Merckleins Ost-Indianische Reise / welche er im Jahr 1644. löblich angenommen / und im Jahr 1653. glücklich vollendet.*

Merkleins Text hat ein eigenes Zwischentitelblatt: *JOURNAL, oder Beschreibung alles deß jenigen / was sich auf währender unserer neunjähriger Reise / im Dienst der Vereinigten – geoctroyrten Niederländischen / Ost-Indianischen Compagnie, besonders in denselbigen Ländern täglich begeben / und zugetragen: Dabey Die Situation und Gelegenheit der Länder / und Sitten unterschiedlicher Völker / zu besserer Nachricht / in etwas berühret worden / Durch Johann Jacob Mercklein / vorbemeldter Compagn. dazumal Chirurgum, und Barbiern.* (Merklein hat sich an dieser Edition auch sonst noch beteiligt: Er übersetzte Frans Carons *Beschryvighe van het macktigh Conickrijcke Japan* ins Deutsche.)

Die zweite, erweiterte Auflage dieses Sammelbandes kam 1672 heraus, wieder in Nürnberg bei den Endters (*Wahrhaftige Beschreibungen dreyer mächtigen Königreiche /*

JAPAN, SIAM und COREA). Für diese Ausgabe fügte Merklein zahlreiche Ergänzungen hinzu. Wunsch versah den Text überdies mit einer großen Zahl »gelehrter« Anmerkungen, in denen er weitere Materialien und Erklärungen lieferte sowie Paralleldarstellungen in den Schriften anderer Autoren behandelte. Über Merklein sagt er in seinem Vorwort: »Hingegen aber [habe ich] Hr. Merkleins Ost-Indianische Reis-beschreibung unveränderlich gelassen, nichts, vielleicht aus andern, weder alten noch neuen Reisbüchern darzugesetzt, vielweniger etwas davon gethan; sondern bin vielmehr treufleissig damit verfahren, damit es seine Glaubenskraft bey den Verständigen, und solcher Sachen Wolerfahrenen nicht verlieren, und also dadurch in Verachtung kommen möchte. Im übrigen, was er mir noch schriftlich von Japan übersandt, (oder auch mündlich erzählt) hab ich nach müglichem Fleisz, mit anderer Schrift, so gut ich gekunt, an seinem gehörigen Ort eingerucket. Solte anderstwo dergleichen vielleicht gelesen werden, so wisse der aufrichtige und Wahrheit-liebende Leser, dasz solches Hr. Merklein (der andern noch mehr dergleichen leihen könte) von keinem irgend entlehnt, oder abgeborgt: Sondern er, als ein sehr bescheidener und sittsamer Mann (der niemals, sein Reisbuch in den öffentlichen Druck zu geben, willens gewest) hat er, mit seiner Vergünstigung, gar wol leiden können, so sich jemand dessen, nach Belieben, hiebevor bedienen wollen«.

Ein Exemplar dieser Ausgabe von 1672 befindet sich in der Stadtbibliothek Bad Windsheim. Auf dem Vorsatzblatt ist vermerkt, »der WohlEhrenveste, Fürsichtige und Kunstreiche Herr Johann Jacob Mercklein« habe »diese Reisbeschreibung« der »Windsheimischen Bibliothec am 13. August 1672« verehrt.

Eine Neuausgabe der erweiterten Fassung kam 1930 in Den Haag heraus: *Johann Jacob Mercklein – Reise nach Java, Vorder- und Hinter-Indien, China und Japan*, in der Reihe *Reisebeschreibungen von deutschen Beamten und Kriegsleuten im Dienst der Niederländischen / West- und Ost-Indischen Kompagnien 1602-1797*. Darin sind die Zusätze Wunschs zumeist getilgt, die Textergänzungen Merkleins jedoch erhalten.

7

Johann Jakob Merkleins Reisebericht gehört ohne Zweifel nicht zu den großen europäischen Darstellungen. Solche würde man, nebenbei gesagt, auch vergeblich in der deutschen Produktion des 17. Jahrhunderts suchen. Dennoch bleibt sein Text als Zeugnis eines Zeitgenossen im Zusammenhang mit anderen Quellen von Wert – gelesen vor dem Hintergrund jenes Erkenntnisinteresses, das bei einem Autor des 17. Jahrhunderts vorausgesetzt werden muß.

Wenn der Geograph Friedrich Ratzel in der *Allgemeinen Deutschen Biographie* (Band 21/1885, S. 445) meint, Merkleins Beobachtungen seien »weder zahlreich noch mit besonderem Scharfsinn angestellt«, so muß er doch, recht widersprüchlich zu dieser Behauptung, hinzufügen: »Die vielgelesene ›Neunjährige Ostindianische Reise‹ des Leipzigers Von der Behr (1668) ist zu einem guten Teil aus Merklein's Schilderung abgeschrieben«.

22

Aus dem Bereich des Denkens
Briefwechsel deutschsprachiger Philosophen
1750-1850

So sehr zurecht man festgestellt hat, die Zeit zwischen 1750 und 1850 sei ein »Jahrhundert der Philosophie« gewesen, und so sehr die Behauptung zutrifft, das 18. und das 19. Jahrhundert wären als eine große Epoche des Briefeschreibens zu bezeichnen, so sehr ist als negativ geläufig, daß noch lange nicht genügend Repertorien zur Verfügung stehen, die den Reichtum dieser Briefe erschließen. Um so erfreulicher, daß jetzt eine neue Quellenbibliographie vorliegt, die rund 8000 Einzelbriefe und etwa 900 Sammlungen in übersichtlicher Präsentation aufführt. Sie entstand als ein mehrjähriges Projekt der Forschungsabteilung für Information und Dokumentation des Philosophischen Instituts der Universität Düsseldorf, wurde mit finanzieller Unterstützung der Deutschen Forschungsgemeinschaft sowie unter Beratung der »Arbeitsgemeinschaft philosophischer Editionen« erarbeitet und liegt nun in zwei Bänden vor.

Deren erster verzeichnet zunächst die Verfasser alphabetisch von Thomas Abbt bis Johann Rudolph Zwinger. Jeder Eintragung zugeordnet erscheinen Hinweise zu Briefsammlungen des Schreibers und weiterführende bibliographische Informationen (ergänzt um Daten zu ungedruckten Nachlässen). Dazwischen steht jeweils das Alphabet der Adressaten einzelner Briefe, soweit möglich mit dem Briefdatum. Sammlungen und Einzeldrucke tragen je eine Identifikationsnummer (IDN), die auf Band 2 verweist. Ein zweites Register, spiegelbildlich zur Anlage des ersten, führt die Adressaten von »A.« bis Jacob Zwilling auf. Der zweite Band bringt die erfaßten Briefe (Einzelstücke und »Pauschalaufnahmen« – mehrere Briefe, Fragmente) in der numerischen Folge der IDN. Er erfüllt damit die Funktion eines Referenzwerks für den Band 1 und die dort ermittelten Daten.

Einbezogen wurde, erfreulicherweise, alles: Selbstanalysen und Tageskorrespondenz, »Bekenntnis«-Episteln und Routine-Geschäftspost: auch ein Abbild des Paradigmenwechsels vom »gelehrten« Brief des 17. Jahrhunderts zum »gebildeten« Brief des 18. und 19. Jahrhunderts. Die Einleitung erweitert darum sinnvoll den Themenbereich »Philosophen« des Titels mit der Bemerkung, daß allgemein Briefe aus dem »Bereich des Denkens« bibliographiert worden seien. Sie legt, damit korrespondierend, als Definition der berücksichtigten Briefwechsel fest, »daß wenigstens einer der Briefpartner als Verfasser wenigstens einer Schrift philosophischen Inhalts ausgewiesen sein müsse«.

Das ist, zugegeben, ein sehr weiter Begriff, aber auch eine nützliche Vorgabe. Neben den großen und kleinen Philosophen tauchen, dieser Regelung zufolge, auch Namen auf wie Clemens Brentano und Georg Büchner, Carl von Clausewitz und Friedrich Engels, Heinrich Heine und Franz Liszt, Johann Heinrich Pestalozzi und Richard Wagner. Selbst Verfasser, die die Vorgabe »deutschsprachig« nicht erfüllen, kommen vor: D'Alembert, Mirabeau, Voltaire. Ja, sogar bis hin zu Karl Wilhelm Jerusalem, Anton Raphael Mengs, Marie d'Agoult und Otto von Bismarck, zu Charlotte von Hagn, Lorenz Leopold Haschka und Johann Heinrich Wilhelm Tischbein reicht die Liste der Korrespondenten; der Verlag Breitkopf & Härtel oder die »Helvetische Gesellschaft« tauchen ebenso auf wie die »Theaterdirektion der Hofburg, Wien« oder das »Exekutivkomitee der Sozial. Partei«; dazu zahlreiche Regenten und Institutionen, von Alexander I. (Rußland) bis Christian VIII. (Dänemark), vom Akademischen Konsistorium Kiel bis zur Königlichen Regierung von Großbritannien, vom Innenministerium (Preußen) bis zur Juristischen Fakultät der Universität Leipzig. Dies alles gehört letztendlich zum System einer Erschließung von »Briefwechseln«.

Auf kleinere Unstimmigkeiten und Versehen braucht hier nicht eingegangen zu werden. Übersehen kann man auch, daß, beispielsweise, das Pseudonym »Jean Paul« ungerechtfertigt in einen Vor- und einen Nachnamen aufgelöst wird und unter »Paul, Jean« steht, oder, daß »Novalis« nur unter seinem Pseudonym erscheint, während auf der anderen Seite häufig und unnötig Adelstitel mitgeschleppt werden (»Weber, Carl Maria Frhr. von«). Gravierender ist, daß die vorgegebenen Zeitgrenzen 1750/1850 nach beiden Seiten weit überschritten werden (Leibniz-Briefe von 1706, Nietzsche-Briefe von 1880-1889), daß einzelne Schreiberinnen getrennt und verweisungslos unter ihren Mädchen- und Ehenamen zu finden sind (Bettine Brentano / Bettina von Arnim, Meta Moller / Meta Klopstock) und daß auch Texte erscheinen, die gar keine »Briefe« sind, sondern eine literarische Form gleichen Namens (Karl Gutzkow: *Briefe aus Paris*). Vermutlich aus Zeitmangel hat man auf die Ermittlung einfach findbarer Vornamen (H[ans] F[erdinand] Massmann) gelegentlich ebenso verzichtet wie auf die leicht mögliche Verifizierung von Korrespondenten, die nur unter einer Funktion auftreten («Herausgeber der Rheinischen Zeitung«, »Redakteur der Minerva«, »Verleger von Kästner, Abraham Gotthelf«). Schwieriger wird die Benutzung, wenn das System Register/Thesaurus nicht zusammenstimmt. Beispiel: In Band 1, S. R 211 ist ein Brief von Adolf Stahr ohne Adressat aufgetragen, mit der IDN 006375; unter dieser findet man in Band 2: Adolf Stahr an Karl Gutzkow.

Gar nicht nachvollziehbar ist die Methode, nicht näher ermittelte Korrespondenten unter einer Hilfsbezeichnung in das Alphabet aufzunehmen: »Mutter von ...« unter M, »Vater von ...« unter V, »Ehefrau von ...« unter E (im feinen Unterschied dazu: »Gattin von ...« unter G), »Freundin von ...« unter F. Warum das? Warum keine Eintragung unter der Bezugsperson, die man doch nachschlägt? Wer würde die »Kinder von Spalding, Johann Joachim« unter K suchen und nicht unter S? So jedenfalls ist es nicht mehr möglich, Gewünschtes ohne längere Derivationspräliminarien zu finden, falls überhaupt. Grundsätzlich problematisch sind auch die Incipits in Band 2. Als Incipit – wenn ein solches bei Briefen überhaupt einen Sinn hat – sollte der tatsächliche Textanfang stehen, nicht belanglose Anredefloskeln, wie hier häufig (IDN 000206: »Hochedelgebohrner, Hochgelahrter, Hochzuverehrender Herr Professor, Werthester Gönner und Freund«) und auch nicht Regesten (IDN 008173: »Bestaetigt den Empfang des ... Artikels«).

Vollends vertrackt ist schließlich ein Fall wie dieser: Unter IDN 000738 ist ein fiktiver Brief Goethes an Adam Müller aufgetragen, der aus dem Bändchen *Ein Dutzend Briefe* (München 1908) stammt; er ist mit Franz Blei als dem »wirkl. Verf.« gekennzeichnet, er erscheint darum auch im Verfasser-Register unter »Blei, Franz (wirkl. Verf.)«, jedoch ohne Hinweis auf Goethe als den fingierten Schreiber – so daß nun dort zu ermitteln ist, der 1871 geborene Franz Blei habe am 3.12.1814 an Müller (als den »vermutl. Adr.«) geschrieben. Der gleiche mißliche Vorgang gilt einem fiktiven Brief Bleis von Heine an Julius Campe (IDN 000741). Am besten hätte man solche Eintragungen ganz fortgelassen, schon von der Intention des Werkes her. Diese Fälle belegen jedoch auch, wie schwierig es ist, Fehler, die verständlicherweise immer und überall vorkommen, im hochkompressen System einer EDV-Bibliographie zu beseitigen.

Aber: gelegentliche Einwände und Einschränkungen einerseits, und die zeitlichen und finanziellen Determinationen eines drittmittelgestützten Projekts andererseits. Man muß es sehr begrüßen, daß wenigstens dieses fundamentale Werk zu ermöglichen war (daß viel zu wenige Zeitschriften ausgewertet werden konnten, sagt die Einleitung selbst), man sollte es auch als ersten Schritt auf einem noch längeren Wege verstehen. Dazu noch eine Bemerkung.

Die Einleitung beginnt mit einem Zitat aus dem Vorwort des 1916 erschienenen Bandes 4 des *Goedeke* (der angezogene Text stammt allerdings keineswegs, wie dort behauptet, vom Begründer dieses Jahrhundertwerks, Karl Goedeke, der, gleichfalls dort, zurecht als »Nestor bibliographischer Akribie« gefeiert wird, aber bereits 1887 starb, sondern rührt natürlich von dem Bearbeiter dieses Bandes, Edmund Goetze, her). Es heißt an jener Stelle sinngemäß, wenn eine (Brief-)Ausgabe eines Dichters erschienen sei, so bestehe die Aufgabe des *Goedeke* bloß »darin, auf sie hinzuweisen«, denn »die Briefschreiber und die Briefempfänger stehen dort geordnet« – und seien, folgt daraus, über die dortigen Register leicht auffindbar. Das vorliegende Werk verzeichnet demzufolge die Briefsammlungen eines Schreibers oder Adressaten lediglich pauschal (mit Berücksichtigung der in den Titeln genannten Schreiber), verstreute Drucke von Briefen dagegen möglichst sorgfältig, es versteht sich quasi komplementär zur vorhandenen Situation, will das leicht findbare Gesammelte ausführlich um das schwer ermittelbare Vereinzelte ergänzen. Dagegen wäre zu bedenken zu geben, daß Goetzes Bemerkung sicher im Rahmen der Anlage des *Goedeke* stimmt, der mit der Methode der personalmonographischen Darstellung arbeitet, während hier, abweichend davon, die epistolographische Vernetzung dargestellt wird. Gewiß ist es nicht die Aufgabe eines derartigen Repertoriums, bibliographische Daten, die anderweitig mühelos zu finden sind, lediglich in neuer Zusammenstellung anzubieten. Aber dieses Argument verliert hier um so mehr an Kraft, je genauer man das Register-Zusammenspiel von Daten in Sammlungen und in Streudrucken bedenkt. Zu schweigen davon, daß Einzeldrucke oft fragmentarisch, flüchtig, fehlerhaft und damit für wissenschaftliche Arbeit unergiebig sind, während die philologischen Standards in seriösen Gesamtausgaben und Sammlungen vielfach höher liegen (Beispiele hier: Hegel, Heine, Schopenhauer). Nötig wäre also eine Gesamtübersicht der gewechselten Briefe, angesichts der rund 900 im zweiten Band aufgeführten Sammlungen auch durchaus wünschenswert: als nächste Stufe zu dem bisher Geleisteten. Das wird vorab ein Finanzproblem sein.

Schon jetzt gilt, selbstverständlich: Diese imponierende Publikation, deren Schwächen ihre Leistung um so deutlicher hervortreten lassen, wird, das vorherzusagen ist kein Kunststück, zu einem wichtigen und unentbehrlichen Arbeitsinstrument aller philosophiegeschichtlich und allgemein kulturhistorisch Interessierten werden.

Mit großem Lob muß man deshalb auch die hervorragende Sorgfalt vermerken, die der Verlag den beiden stattlichen Bänden gewidmet hat. Der Druck ist klar und benutzungsfreundlich, die einzelne Information ohne große Mühe auffindbar: gegenüber dem Allerlei an Zumutungen auf dem Gebiete informationsreicher Thesauren ein bemerkenswert geglücktes Beispiel sinnvoller Datenpräsentation.

Briefwechsel deutschsprachiger Philosophen 1750-1850.
Herausgegeben von Norbert Henrichs und Horst Weeland.
München, London, New York, Oxford, Paris: K. G. Saur 1987.

23

Das »papierene Meer«
Deutsche Literaturgeschichtsschreibung 1827-1945

Sagen wir es offen heraus: die Litteraturgeschichte der Gegenwart ist nur zur Hälfte *objektive Wissenschaft*, zur Hälfte hat sie die Tendenz *praktischen und reformatorischen Wirkens* und strebt eine in die Entwickelung der Litteratur selbst eingreifende Bedeutung an ... was sie einbüßt an gelehrter Würde, gewinnt sie an unmittelbarer Wirkung« (Rudolf von Gottschall, *Die deutsche Nationallitteratur des neunzehnten Jahrhunderts, Vorrede* zur dritten Auflage, 1871). Geschichten der deutschen Literatur, das lehrt ein Blick auf ihre eigene Historie, wurden weniger zur Beförderung der Wissenschaft oder zur Mitteilung an Fachkollegen geschrieben, als vielmehr zur bildend-prägenden Unterrichtung des großen Unbekannten: des Volks, sei es dessen ausgebildeter oder dessen noch auszubildender Teil. Ohne die idealistisch-nationalistische Illusion des »Volkes der Dichter und Denker«, jener ideen-politisch hybriden Chimäre ohnegleichen, gäbe es sie nicht, jedenfalls nicht so. Sie teilen zumeist nichts Neues mit, sie fassen, je nach Umfang, zusammen, was bereits bekannt ist; nicht wenige sind Nach-Elaborate aus Vorlesungen oder Vorträgen. Von der 120-Seiten-Kurzrevue des historiographischen Jungunternehmers bis zum sperrig-massiven Sechsbänder des dank abhängiger Assistenten detailversessenen Ordinarius, von der strengen Selektion bis zum Autoren-Massengrab: Neu ist, nicht immer, aber doch des öfteren, die jeweilige Perspektive, die den Stoff bändigt, konturiert und präsentiert. Deren Rahmen, juristisch betrachtet, reicht von der Erfüllung der publizistischen Sorgfaltspflicht bis zur sogenannten »Volksverhetzung«. (Wobei nicht unbeachtet bleiben soll, daß die höchst sensible, gefährdete und polymorphe Existenzform »Literatur« häufig genug von deutschen Diensteid-Beamten vorgeführt wurde.)

»Ein literarhistorisches Werk, das für unsere Zeit Nutzen stiften will, muß eine unerbittliche Kritik ausüben. Die Sünden unserer Poesie bleiben nicht blos im Bereich der Kunst, sie haben auf unsere sittlichen Grundsätze, auf unsern Instinct, auf unsere Ideale, ja auf unsere Geschichte den unheilvollsten Einfluß ausgeübt« (Julian Schmidt, *Geschichte der Deutschen Literatur im neunzehnten Jahrhundert*, Dritte Auflage 1856, Widmung an Moritz Haupt). Gemeinsame Grundlage ist, spätestens seit Georg Gottfried Gervinus, ein vertracktes Geflecht von Fiktionen: daß es eine »deutsche« Nation gäbe, die mehr und höher sei, als das definitorische Segment im Namen des gerade bestatteten »Heiligen Römischen Reichs«, daß mithin eine deutsche »National«-Literatur verfügbar sei, ein eigener, in sich begründeter und beschreibbarer Zusammenhang, eine deutsche National-«Literatur«, in die kakanische, helvetische, tschechische, Tiroler oder Elsässer Schriften je nachdem großzügig eingemeindet wurden – der Sprachraum als Wohnraum, das Wohnzimmer als Sprachzimmer. Derlei abstruse Vorstellungen agierten bis 1945, beziehungsweise bis zum noch immer nicht exakt datierbaren Ende jener Bürgerlichkeits-Verformungen, die in 1945 aufgingen: »Im Ziel sind wir doch einig, wir wollen uns ›der lebendig reichen Schöne‹ freuen und die Geschichte der deutschen Literatur des 19. Jahrhunderts beschauen als ein Zeugnis für den Idealismus, die Tapferkeit, die Regsamkeit des deutschen Volkes. Denn schließlich ist ja doch die ganze Nation die Schöpferin ihrer

Dichter und ihrer Dichtung!« (Richard Moritz Meyer, *Die deutsche Literatur des Neunzehnten Jahrhunderts*, Volksausgabe 1912, Einleitung).

Nicht nur der Umgang mit Produkten der deutschen Literaturgeschichte ist heute merkbar geringer geworden – Buchhändler bestätigen das ebenso wie Verleger –, sehr viel kleiner wurde mittlerweile auch die Zahl neuveröffentlichter Darstellungen dieser Geschichte. Sie entstehen kaum mehr, allumfassende (vom Lorscher Bienensegen bis Durs Grünbein) schon gar nicht. Der große, von einem einzelnen entworfene und ausgeführte »Roman der Literatur« hat ausgedient, samt der aufgestauten Dramatik seiner jeweils epochensetzend-imposanten Kapitelschlüsse wie Goethes Tod oder der Expressionismus als Gesamtkunstwerk. Verflüchtigt hat sich endlich, was ebenfalls mit den Gründen der früheren Literaturgeschichten-Hausse zusammenhing: der einst obligatorische Zwang zur darin vorgestellten »Bildung«, etwa, den *Faust* gelesen haben zu müssen, oder auch die gedankenlose Routine automatischer Gesprächs-Zitatefetzen (»Spät kommt ihr! Doch ihr kommt!« »Wohlauf, noch getrunken den funkelnden Wein!« »Nachbarin, euer Fläschchen!«). Geblieben sind, immerhin, überschaubare Zusammenfassungen und rasch abfragbare Datenspeicher, nützliche Teildarstellungen und Spezialuntersuchungen, Koproduktionen mehrerer Verfasser, und auch auf dem Gebiet der Editorik ist einiges in bemerkenswerte Bewegung geraten.

»Wie ein ungeheurer, mit jedem Tage breiterer Strom fließt die Literatur der Kulturvölker einher. Wer es sich vergegenwärtigt, welche Massen von Dichtung und Prosa ein jeglicher Tag neu ans Licht bringt, den mag wohl ein bedrückendes Gefühl erfassen. Nicht eine Seite in diesem papierenen Meer, für die ihr Verfasser nicht aufmerksame Leser, entschiedenen Erfolg, vielleicht dauernde Wirkung erhofft hätte. Und was bleibt? Einige wenige Namen – und verschwindend wenig lebendige, anschauliche Kenntnis von Werken oder Persönlichkeiten!« (Richard Moritz Meyer). Der schon vom Volumen her immense Nachlaß der schreib- und abschreibfleißigen gelehrten Buchstaben-Buchhalter, die in ihren Kompendien und Kompilationen bei der detaillierten Betrachtung des Literaturbetriebs vom Tausendsten ins Hundertste und zurück kamen, ist natürlich, von heute aus gesehen, eine einzigartige Quellensammlung. Schier unübersehbar viel Material liegt in Hunderten von Bänden bereit, wohlgeordnet und disparat, Grundlagen für die Erforschung der Fachgeschichte der Germanistik, gerade in der »Wozu-noch-Germanistik«-Zeit, und jenseits von ihr auch für sehr viel mehr, für die Beschäftigung beispielsweise mit der deutschen Geistes- und Mentalitätsgeschichte oder mit der deutschen Ideen- und Ideologiengeschichte, nicht zuletzt mit der deutschen Buchhandelsgeschichte.

Aber der Zugriff war bisher schwierig, oft unmöglich, die vorauszusetzenden Unterlagen, wenn überhaupt bekannt, weit verstreut: Zeit also, einen größeren Überblick zu wagen. Andreas Schumann, der auch mit Arbeiten zur Literaturgeschichte-Forschung hervorgetreten ist, hat diesen Versuch gemacht und, von Ansätzen bei Rainer Rosenberg (1981), Klaus Weimar (1989) und Jürgen Fohrmann (1989) ausgehend, eine umfassende Bibliographie zum wichtigsten historischen Teil der Gesamtentwicklung vorgelegt. Ein künftig unentbehrliches Arbeitsinstrument auf diesem Gebiete kam dabei zustande.

Die Einleitung stellt die »Literaturgeschichtsschreibung als Untersuchungsobjekt vor und spricht zu Recht von der »unübersichtlichen, bibliographisch bislang noch nicht systematisch erfaßten Fülle literaturgeschichtlicher Werke des 19. und 20. Jahrhunderts«. »Literaturgeschichte« wird dabei verstanden als »sinnstiftendes Ordnungs- und Interpretationsverfahren ..., dessen Material Literatur, dessen primäre Ordnungsraster geschichtliche Abläufe oder Prozesse sind« , im Zentrum des Erkenntnisinteresses steht der »von der Literaturgeschichtsschreibung gerade des 19. Jahrhunderts angenommene ›Sinnzusammenhang‹, der durch die gesamte Kultur- und Literaturentwicklung hindurch verfolgt werden soll«. Damit dies dokumentierbar blieb, war der Darstellungszeitraum zu begrenzen, auf die Jahre zwischen 1827 und 1945, er beginnt mit August Kobersteins *Grundriß der Geschichte der deutschen National-Litteratur*, was einleuchtend begründet wird, und endet mit dem »Epochen«-Finale des hier präsentierten Untersuchungsfeldes, mit dem Zusammenbruch der »letztendlichen Pervertierung« einer »auch als eine Geschichte des Nationalbegriffs und des Patriotismus« zu verstehenden deutschen Literaturgeschichtsschreibung.

Vom Ansatz dessen her, was das Werk darstellen möchte, läßt es sich begreifen, daß die Jahrhunderte der – historisch-politisch ganz anders begründeten und vernetzten – »Historia litteraria« und »Litterärgeschichte« unberücksichtigt blieben, daß der in der deutschen Literaturhistoriographie nachklappende Paradigmenwechsel von der (auch) international intendierten »gelehrten« Darstellung zur (auch) national gesehenen »gebildeten« Vorstellung als Grenzlinie funktioniert. Die universal-europäische »Historia litteraria« und ihre Fakten-Admassierungen, mit denen heute noch gewinnbringend zu arbeiten ist, wäre freilich ein eigenes, von einem Einzelnen wohl kaum bewältigbares Thema.

Daß die untere Zeitgrenze mit 1945 gezogen wurde, ist weniger erfreulich, aber doch auch einzusehen. Sicher, wer solches tut, pflegt in der Regel die Bedeutung des Einschnitts zu überschätzen, der mit dem Ende des Zweiten Weltkriegs gegeben ist. Und natürlich könnte man sich die Erweiterung der Darstellung bis zur Gegenwart nach den gleichen Prinzipien wünschen, könnte man die »Martini«- und »De Boor/Newald«-Zeit miterfaßt sehen wollen, die Zeit auch der sozialistisch behinderten »Kollektiv«-Produkte aus der DDR. Doch da ist nicht nur, wenigstens bis in die achtziger Jahre, beträchtliche Materialfülle, da ist nicht nur die Feststellbarkeit eines eigenen, nach 1945 beginnenden, vom Vorhergehenden deutlich, gelegentlich auch wohltuend unterscheidbaren Zeitraums (Bizonen-Restauration bis Postmoderne), das sind auch die Forderungen der Bewältigbarkeit eines knapp definiert bewilligten Forschungsprojekts. Vielleicht erlebt es ja eine Fortsetzung.

Der bibliographische Hauptteil umfaßt ein Autoren-Alphabet (571 Nummern) und einen Anhang mit Anonyma (19 Nummern). Darin aufgenommen sind, wegen ihrer besonderen Rolle »bei der Herausbildung eines deutschen Nationalkonzepts«, ausschließlich deutschsprachige Darstellungen, deren erste Auflage im definierten Zeitraum erschien (spätere Folgeauflagen werden sinnvollerweise miterfaßt) und deren Berichtszeit mindestens 30 Jahre umfaßt; außer erzählend-diskursiv präsentierten Gesamtübersichten wurden dabei auch »Literaturgeschichten in Tabellenform, in Bildern und literarhistorische Kartensammlungen« berücksichtigt, die »Beispiele für die Bandbreite literarhistorischer Darstellungsformen abgeben«. Nicht aufgenommen wurden somit »allgemeine«, die europäische Literatur oder die Weltliteratur zusätzlich thematisierende Werke, Segmentiertes, auf einzelne Landschaften Bezogenes (wie etwa Robert Weber oder Jakob Baechtold), auf einzelne literarische Strömungen oder Epochen Begrenztes (wie Hermann Marggraff oder Rudolf Haym), Anthologien und Lesebücher, bibliographische Nachschlagewerke (wie Goedeke, Richard M. Meyer, Robert F. Arnold).

Wenn man auch fragen könnte, wie effizient letzten Endes eine Stoffbeschränkung ausschließlich auf deutschsprachige Dokumente sei, gerade bei der internationalen Verflechtung der Primär-Produktion, so gelangt man doch auch an dieser Stelle nicht über jene Schwelle hinaus, die darin besteht, daß die Grenze des Wünschenswerten das Machbare ist. Das personell und zeitlich eng limitierte Unternehmen, das noch dazu eine ausgesprochen voluminöse Materie erstmals in dieser Einläßlichkeit zu erforschen hatte, kann gleichwohl mit tragfähigen Resultaten aufwarten.

Diese Feststellung wird durch wenige Mängelrügen nur am Rande berührt, zum Beispiel durch die Beobachtung, daß innerhalb der im allgemeinen verläßlich gearbeiteten Titelaufnahmen durch die (wohl EDV-bedingte) Methode, den Namen eines Bearbeiters mit Auszeichnungsschrift in die Verfasserzeile einzuziehen, ohne Wiederholung des ursprünglichen Verfassers und ohne Bearbeiter-Hinweis, sich verwirrende (und vermeidbare) Sprünge im Alphabet ergeben (Beispiel: 432.3). Auch das Weglassen identischer Titelteile in Folgeaufnahmen führt gelegentlich zu Schwierigkeiten (Beispiel: 148.2).

Im übrigen empfiehlt es sich für einen Rezensenten, dessen ständiger Wohnsitz im Glashaus ist, dringend, Mäkeleien jener fliegenbeinzählerisch rechthaberischen Art zu unterlassen, die sich darin ergeht, »daß es in Nr. 148.3 in der Signatur ›138‹ und nicht ›158‹ heißen müsse«, oder, noch penetranter, daß gar »in Nr. 369.3 in der Signatur der Exponent ›n‹ fehle«. Übergangen werden sollen auch kleinere Versehen, die bei jeder derartigen Produktion sozusagen zwanghaft unterlaufen (von dieser Sorte: Nr. 30: Hugo Biebers *Weg der deutschen Dichtung* hat 325 S., nicht 3257 S.; Nr. 454: Im Titel des Buchs von Traugott Ferdinand Scholl muß es heißen ... *mit gleichlaufenden Regenten*, nicht: »gleichlautenden«).

Stattdessen lieber einige (beliebige) Ergänzungen bei den Standort-Nachweisen. Nr. 32.19 (Alfred Biese), Nr. 523 (Wilhelm Wackernagel) oder Nr. 574 (*Die deutsche Literaturgeschichte im Überblick*) sind in der Bayerischen Staatsbibliothek München (BSB) vorhanden, Nr. 230.14 (August Kippenberg), Nr. 268.7 (Karl Theodor Kriebitzsch), Nr. 324.3 (Otto Lyon), Nr. 449 (Ferdinand Josef Schneider) oder Nr. 485 (Wolfgang Stammler) in der Hessischen Landesbibliothek Wiesbaden.

Und einige Korrekturen. Nr. 165 (Hans Wilhelm Hagen, *Der Schicksalsweg der deutschen Dichtung*) erschien 1938, nicht 1838. Nr.237.21 (Gotthold [=Gotthold Ludwig] Klee, *Grundzüge der deutschen Literaturgeschichte*) muß für die 21. Auflage heißen: »Herausgegeben und fortgeführt von Willy Scheel«. Bei Nr. 351.2 (Richard Moritz Meyer) handelt es sich um die »zweite durchgesehene Auflage«, ebenfalls herausgegeben von Otto Pniower. Nr. 412: Otto Roquettes Titel lautet *Geschichte der deutschen Literatur von den ältesten Denkmälern bis auf die neueste Zeit* (nicht: »bis auf unsere Zeit«). Nr. 514: August Friedrich Christian Vilmars Buch heißt in der ersten und zweiten Auflage *Vorlesungen über die Geschichte der deutschen National-Litteratur*, erst ab der dritten Auflage (514.3) wurde es umbenannt in *Geschichte der deutschen National-Litteratur*. Nr. 528: Oskar Walzels *Deutsche Dichtung von Gottsched bis zur Gegenwart* erschien so: Band 1(1927), Band 2(1930).

Der Verfasser hat zwar die Kriterien dessen, was er zu berücksichtigen beabsichtigt, klar dargelegt. Insofern wäre es müßig, Fehlendes zu monieren, insoweit ist das geläufige »Wenn-dies-warum-jenes-nicht«-Prinzip weitgehend außer Kraft gesetzt. Er sagt aber auch, daß er, innerhalb seiner Auswahl, »Vollständigkeit anstrebt«. Man könnte sich daher schon den einen oder anderen Titel denken, über dessen Aufnahme zu reden (gewesen) wäre, dann vor allem, wenn ähnliche Werke herangezogen wurden. Beispiele: Johann Georg Beilhacks *Kurze Übersicht der sprachlichen und literarischen Denkmäler des deutschen Volkes nach ihrer geschichtlichen Entwickelungsfolge*, München 1837, Zweite Auflage, besorgt durch A. J. Vollmer, 1843. Richard Moritz Meyers *Grundriß der neuern deutsche Litteraturgeschichte*, Berlin 1902, Zweite Auflage 1907 (vorhanden in der BSB). Hans von Müllers *Die namhaften deutschen Dichter und Denker*, Berlin 1917 und seine *Zehn*

Generationen deutscher Dichter und Denker, Berlin 1928 (BSB). Siegfried Robert Nagel: *Hauptwerke der deutschen Litteratur*, Wien 1904 (BSB). Gustav Schwab und Karl Klüpfel: *Wegweiser durch die Litteratur der Deutschen. Ein Handbuch für Laien*, Leipzig 1846, und *Erster Nachtrag*, Leipzig 1853 (BSB). Ludwig Uhland: *Geschichte der altdeutschen Poesie*. Bd. 1.2, Stuttgart 1865 – 1866 (BSB). Aber vielleicht wurden diese (und andere) Titel geprüft und doch nicht herangezogen.

Sicher zu ergänzen wären dagegen die folgenden Daten. Nr. 113: Paul Fechters *Geschichte der deutschen Literatur* wurde auch nach 1945 noch aufgelegt, zum Beispiel 1952 (Gütersloh: Bertelsmann). Nr. 121: Bei Kuno Francke, *Die Kulturwerte der deutschen Literatur in ihrer geschichtlichen Entwicklung* lauten die korrekten Daten: Bd. 1, 1910, Bd. 2, 1923 (Bd. 3.1. ist unter Nr. 121.3 erfaßt). Hinzuweisen wäre auch darauf, daß diese Publikationen Umarbeitungen von Franckes *Social Forces in German Literature*, New York 1896, beziehungsweise seiner *History of German Literature as determined by Social Forces*, London 1901, sind. Nr. 343: Die aufgeführte Ausgabe von Wolfgang Menzels *Die deutsche Dichtung von der ältesten bis auf die neueste Zeit* ist bereits die dritte. Die beiden vorangehenden sind *Die deutsche Literatur*, Theil 1.2., Stuttgart 1828, und, unter gleichem Titel, die zweite Auflage, Theil 1-4, Stuttgart 1836 (BSB). Nr. 362: Josef Nadlers Werk erlebte noch 1951 in Wien eine weitere Auflage als *Geschichte der deutschen Literatur* (BSB). Nr. 419: Bei Anselm Salzer, *Illustrierte Geschichte der deutschen Literatur von den ältesten Zeiten bis zur Gegenwart* ist der Erscheinungsbeginn 1903. Nr. 493: Theodor Cornelius van Stockum, Jan van Dam, *Geschichte der deutschen Literatur*. Hier gab es, zumindest vom zweiten Band, noch eine vierte Auflage, 1966. Nr. 514 – nach 514.5: Zu August Friedrich Christian Vilmars *Geschichte der deutschen National-Litteratur* verzeichnet der Katalog der BSB (Signatur: 40/7087) eine weitere, hier nicht erwähnte Auflage, deren mangelhafte Daten »s.l. / Ca. 1856/ (720 S.)« vielleicht auf einen Nachdruck schließen lassen. Nr. 514.30: Die Bearbeitung / Fortsetzung des Vilmarschen Werks durch Johannes Rohr hatte 1936 noch eine dritte Auflage. Nr. 520: Friedrich Vogts *Geschichte der Deutschen Litteratur von den ältesten Zeiten bis zur Gegenwart* ist schon in einer Ausgabe Leipzig 1896 (BSB) nachgewiesen.

Aber genug davon. Das große Verdienst des Verfassers, mit einer immensen Fülle von Informationen, die korrekt sind, eine Schneise in einen bisher sehr ungepflegten Wald geschlagen zu haben, bleibt von derlei Aufzählungen, die oberlehrerhafter wirken müssen, als sie gemeint sind, völlig unbetroffen.

Die Mehrzahl der Eintragungen im Hauptteil wurde um inhaltserläuternde Annotationen ergänzt. Daraus entstand ein »Registerblock« von elf Teilen, in denen die versammelten Literaturgeschichten nach Aspekten aufgeschlüsselt sind: 1. Titel. 2. Erscheinungsorte. 3. Verlage. 4. Erscheinungsjahre der Erstauflagen. 5. Erscheinungsjahre insgesamt. 6. Darstellungszeiträume. 7. Zielgruppenorientierung. 8. Konfessionelle Ausrichtung. 9. Ideologische Ausrichtung. 10. Präsentationsformen und Beigaben. 11. Verfasser (mit Kurzbiographien).

Diese Register sind näherer Aufmerksamkeit wert. Sie können sowohl zu spontanen Überlegungen als auch, vielleicht, zur Konzeption späterer Studien animieren. Das gilt auch dann, wenn man bedenkt, daß nicht alle bibliographierten Titel zur Beschlagwortung verfügbar waren, die Datenbasis somit aus einer (allerdings repäsentativen) Teilmenge bestehen muß. Da ist etwa die Vielfalt der Titelvariationen vom nüchternen *Abriß der Literatur-Geschichte* bis zur hochemphatischen *Überseele*. Oder die historisch aufschlußreiche Statistik der »Erscheinungsjahre der Erstauflagen« (besonders produktive

Zeiten: 1883: 9; 1886: 10; 1903: 9; 1906: 11; 1910: 10; 1920: 10; 1926: 10), die noch aussagefähiger durch die Einbeziehung der »Erscheinungsjahre insgesamt« wird.

Die Übersicht der »Zielgruppenorientierung« belegt in unterschiedlicher Ausformulierung, daß, wie zu erwarten, vor allem die Schulen die Adressaten literaturhistorischer Bemühungen waren. Deutlich geringer sind daneben die Rubriken »Frauen«, »Gebildetes Publikum« oder »Volkstümlich« vertreten. Beim Register der »Präsentationsformen und Beigaben« fällt die nur schmal besetzte Abteilung »Kompilation aus anderen Literaturgeschichten« auf: Ein solcher Verhalt ist mit Sicherheit auch bei sehr vielen weiteren Veröffentlichungen zu konstatieren. Gerade dieses Register wäre bei einer Neuauflage (auf der Grundlage vermehrter Annotationen) noch genauer durchzuarbeiten: Eintragungen wie »Biographien«, »Kulturgeschichte«, »Kunstgeschichte«, »Musikgeschichte« oder »Wissenschaftsgeschichte« sind offensichtlich zu knapp geraten.

Bleibt, zum Schluß, ein besonderer Hinweis auf den anregenden Einleitungs-Abschnitt »Aufgaben und Ziele möglicher Weiterarbeit« mit den hier verzeichneten Literaturgeschichten, wo nicht nur von der »Aufarbeitung der Wissenschaftgeschichte im engeren Sinn« gesprochen wird, sondern auch von Fragen »zu konzeptionellen Veränderungen im Bereich der Darstellungs- und Interpretationsmöglichkeiten von historischen und kulturellen Entwicklungen«, zum »Problemfeld der Ausdifferenzierung des Faches Literaturwissenschaft im Spannungsfeld zwischen universitärer oder schulischer Professionalisierung« und zu »einer breitenwirksamen Präsenz in der ›privaten‹ Öffentlichkeit«. Denn: »Literaturgeschichtsschreibung spielt gerade in Zeiten ihrer massenhaften Verbreitung eine immense Rolle für die Entwicklung eines Bildungsbegriffes und damit verbundenen sozialen Legitimationsstrategien. Ansprüche und Selbstverständnis eines sich evolutionierenden, an Einfluß und gesellschaftlicher Bedeutung zunehmenden Bildungsbürgertums lassen sich gerade am Literaturverständnis einer Zeit oder einer Gesellschaft ablesen. Die Beschäftigung mit literarischer Historiographie fällt somit nicht nur in den Gegenstandsbereich der eigentlichen Literaturwissenschaft, sondern stellt ein breites Betätigungsfeld für Historiker und historisch orientierte soziologische Forschungen bereit«. Zu entwickeln wären etwa »interdisziplinäre Themen einer Schnittmenge von Literaturwissenschaft, Fachgeschichte, Soziologie, Historie und letztlich auch einer Ideengeschichte im Bereich der politischen Wissenschaften«. Darüber hinaus könnte man sich aber auch, die vorliegenden Materialien verwendet, eine Mediengeschichte der deutschen Literatur vorstellen, eine Didaktik- und eine Wirtschaftsgeschichte (nicht noch eine jener »Sozialgeschichten«), oder, als besonderes Desiderat, eine Provinzgeschichte der deutschen Literatur in europäischen Kontexten. Zu alledem hat Andreas Schumann einen entscheidenden Grundstein gelegt.

Andreas Schumann: Bibliographie zur deutschen Literaturgeschichtsschreibung 1827-1945.
München, New Providence, London, Paris: K. G. Saur 1994.

24

»Neubewertung und Neubestimmung der Gattung«
Die Literaturkritik des Jungen Deutschland

Hartmut Steineckes exemplarische Einführung in einen komplexen, weder in seinem historischen Gesamtzusammenhang noch in seinen komplizierten Details genauer am Material bearbeiteten Problemkreis der deutschen Literaturgeschichte verdient in doppelter Hinsicht vorbildlich genannt zu werden, wegen ihrer gründlich-umsichtigen theoretischen Fundierung und wegen der gelungenen Auswahl ihrer Texte.

Ausgehend von den Feststellungen, daß generell das Bewußtsein einer literaturkritischen Tradition weitgehend nicht vorhanden sei, daß mehr auf Quellen und weniger auf Spekulationen beruhende Darstellungen der Geschichte der Literaturkritik fehlten, zu denen es bisher nur wenige brauchbare (meist stark theorielastige) Vorarbeiten gäbe, werden vier Aufgaben der Literaturwissenschaft entwickelt:

(1) eine Geschichte der deutschen Literaturkritik auf der Basis eines umfangreicheren Materials und unter Berücksichtigung ihrer jeweiligen institutionellen Bedingungen zu schreiben,

(2) aufbauend auf der historisch-genetischen Darstellung eine Theorie der Gattung zu entwickeln, die auch der gegenwärtigen Kritik Impulse zur Bestimmung ihrer Funktionen und Aufgaben geben könnte,

(3) die Schriftsteller, die auch oder in erster Linie als Kritiker hervorgetreten sind, nicht länger anhand eines einseitigen ›ästhetischen‹ Literaturbegriffs zu bewerten, sondern ihren Platz in der Geschichte der Literatur aufgrund dieser erweiterten Sichtweise neu zu bestimmen, und

(4) in literaturgeschichtlichen Arbeiten Kritik als Teil der Literatur und in ihrer Bedeutung für die Entwicklung der Literatur darzustellen.

Zweifellos sind dies richtige Schritte auf einem Wege, der, weiter gedacht, schließlich die Ablösung beziehungsweise Ergänzung der auf diesem Gebiete noch immer (und wieder) vorherrschenden »biographischen« Methode durch konsequente Analyse der Argumentationsstrukturen in den Texten selbst ergeben müßte. Denn nur auf diese Weise käme, letztenendes, auch die sehr große Zahl wichtiger anonymer Rezensionen ins richtige Blickfeld, deren Verfasser in den meisten Fällen nicht mehr zu ermitteln sind, deren Aussagen aber oft symptomatischer und auch, durch die Anonymität geschützt, präziser sind als die nicht selten mit dem »Verfasser«-Bewußtsein einer öffentlich agierenden Rolle vorgetragenen Kritiken von namentlich Genannten (von »Groß-Kritikern« zu schweigen).

Steinecke prüft seine Aufgabenstellung an einem Beispielsfeld, das ebenso schmal wie lehrreich ist: an den »kritischen« Jahren zwischen 1830 und 1838, speziell an der immer noch unbekannten, übergangenen Literaturkritik des Jungen Deutschland. Diese verdient wahrhaftig eine eingehendere Würdigung und Rehabilitierung, über den teilweise nur modischen Ruf hinaus, den sie in manchen literaturwissenschaftlichen Publikationen der letzten 15 Jahre genoß.

Der erste Teil des Buches analysiert subtil und materialreich die gesellschaftlichen Zusammenhänge, die theoretischen Konditionen und journalistischen Praktiken, die differenzierte Stellung der beteiligten Autoren untereinander und zu anderen, und die vielfältigen Wechselwirkungen zwischen programmatischen Positionen und publizistischer Praxis. Dabei gelingt, im Sinne der angeführten Thesen, ein Modellfall für die Erforschung der Geschichte deutscher Literaturkritik.

Zunächst werden die kritik-theoretischen Voraussetzungen des Jungen Deutschland dargelegt: die frühromantisch-subjektivistische »produktive« Kritik der Schlegels, die großen Vorbilder und die von ihnen ausgehenden Impulse zu einer »Neuorientierung der Kritik vor 1830«: die »heilige Einheit« von »bürgerlichem Leben, Wissenschaft und Kunst« in der Kritik bei Börne, das »Ende der Kunstperiode« bei Heine, Menzels »höhere, nationelle Kritik« und Hegels Postulat einer dauernden Reflexion der Urteilskategorien.

Darauf folgt eine Analyse der Konsequenzen, die das Junge Deutschland theoretisch und praktisch aus solchen Positionen zog, indem man einen »neuen Literaturbegriff« reflektierte und diesen, soweit möglich, in Rezensionen praktizierte: die »republikanische Literaturverfassung« (Mundt), die »Politisierung der Literatur« (Gutzkow), die »Literatur im Dienste des Vaterlandes« (Wienbarg) – Heines »Künstler, Tribune und Apostel« eben, die eminent politische Verbindung der »Literatur« mit dem »Leben«. Mit der gebotenen Vorsicht wird die jungdeutsche »charakterisierende« Kritik beschrieben, ihr bewußter Einsatz als journalistischer Genre im »Funktionsübergang von Dichtung und Publizistik«, in der absichtsvollen »Gesinnungskritik« mit prononciertem Interesse an der »Tendenz« eines rezensierten Werks.

Mit sinnvoller Zurückhaltung werden die vielfach umstrittenen Fragen des Verhältnisses der jungdeutschen Autoren zueinander diskutiert, ihre Versuche zu kooperativem Vorgehen, aber auch die rasch unvermeidlich werdenden Polemiken, die sehr bald zwei deutlich unterschiedene Fraktionierungen erkennen lassen, bei denen zwar, wie richtig festgestellt wird, »das Gemeinsame trotz der Divergenzen im einzelnen überwiegt« – das Gemeinsame wenigstens in der Theorie der Literaturkritik –, die aber doch den Zeitgenossen im praktisch-taktischen Vorgehen getrennt erscheinen (hierzu werden, als Zeugen, Varnhagen von Ense und O. L. B. Wolff angeführt. Ein besonders bemerkenswertes Urteil unter vielen anderen, das auch Rückschlüsse auf literatur-kritische Positionen zuläßt, findet sich beispielsweise in der Leipziger Zeitschrift *Der Hochwächter* in der Nummer 98 vom 7. Dezember 1835: »In unseren Mauern befindet sich dermalen ein Theil des edleren literar. jungen Deutschlands, die Herren Kühne, Redacteur für die elegante Welt, und der productivere Theodor Mundt. Die beiden genannten jungen Literaten bekennen sich nicht für jenes zerstörende und agirende Prinzip, von welchem Ludolf Wienbarg und namentlich Gutzkow ausgeht; sie schreiten mehr auf dem Wege der Reform vorwärts und ihr Streben kann nur ein edles, würdiges genannt werden«).

Ein weiterer Abschnitt ist einer Besprechung der Gattungen gewidmet, dem beginnenden Primat »emancipirter« Prosa über die gebundene Rede, dem impressiven (auch indoktrinativen) »Journalstil«, der als Ziel eine »neue, produktive und schöpferische Kritik« vor Augen hat.

Der Schluß dieses ersten Teils unterstreicht die »Bedeutung der jungdeutschen Kritik«: zum einen ihr Gewicht als »Phase einer Neuwertung und Neubestimmung der Gattung«, zum andern die Möglichkeit, durch die Integration der Literaturkritik in die Literatur der Epoche die »nur« ästhetischen Forschungsansätze gerade in diesem Zusammenhang zu erweitern (»man wird Kritiker vom Range Gutzkows oder Wienbargs nicht länger geringer schätzen als mäßige Lyriker und Dramatiker der Zeit, wie dies üblich war, solange man ihr Werk an einem einseitigen Literaturbegriff maß und daher verkürzte«, und zum dritten die Chance eines Nutzens der so gewonnenen Resultate für die Historiographie allgemein: »Die Literaturgeschichtsschreibung der Jahre um und nach 1830 könnte durch die Berücksichtigung dieser Gesichtspunkte und der durch sie bedingten Umwertungen zu einigen wichtigen Akzentverschiebungen gelangen, das Bild der Literatur dieser Epoche würde vielgestaltiger, differenzierter, es würde bereichert«.

Der zweite Teil, überschrieben *Literaturkritiker des Jungen Deutschland*, bringt eine Auswahl aus Rezensionen und Aufsätzen von Karl Gutzkow, Ludolf Wienbarg, Heinrich Laube, Theodor Mundt und Ferdinand Gustav Kühne. Jedem dieser fünf Kapitel ist eine allgemeine, komprimierte Einführung *Zum kritischen Werk* vorangestellt, die (meist ungekürzten) Texte selbst werden dankenswerterweise konsequent in der originalen Orthographie und mit Einzug der jeweiligen Pagination wiedergegeben.

Die Auswahl der Texte ist knapp. Aber innerhalb des ihr gesteckten Rahmens ist sie ausgewogen und einleuchtend. Sie gibt zutreffend das theoretische Geflecht der Argumente und Formulierungen wieder: Gutzkow über Tieck, Heine, Börne, Büchner, Wienbarg, Grabbe, Goethe, Balzac und Mundt; Wienbarg über Börne, Heine, Raupach, Goethe und Menzel; Laube über Immermann, Lenau, Börne, Gutzkow, Heine, Mundt, Menzel und Wienbarg; Mundt über Rahel Varnhagen, Heine, Alexis, Kühne, Wienbarg, Gutzkow und Tieck; Kühne über Börne, Mundt und Wienbarg. Gewiß: Die literaturkritischen Arbeiten der jungdeutschen Autoren haben außer diesem rein »literarischen« Gebiet noch viele andere Themenfelder, analog ihrem »weiten« Literaturbegriff (der noch immer fundamental von einigen programmatischen Vorstellungen der überkommenen »historia litteraria« bestimmt ist). Dies ebenfalls anhand von Textabdrucken zu dokumentieren wäre erwünscht und im Sinne der Aufgabenstellung des Buches hilfreich gewesen für neue Erkenntnisse. Aber an dieser Stelle muß auf jenen vor allem finanziell begründeten Sachzwang des »Platzmangels« bei der drucktechnischen Realisation hingewiesen werden, der seinerseits ambivalent ist: Er erspart dem Leser, der aus beruflichen Gründen liest, in anderen Fällen viel unnütze und langweilige Lektüre, er verhindert aber auch, oft genug und so in diesem Falle, sinnvolle wissenschaftliche Arbeit. In diesem Falle: leider. Ein Sonderlob gebührt den Anmerkungen, die sich auf ausschließlich dem Textverständnis förderliche Informationen konzentrieren und nicht, wie sonst immer wieder zu beobachten, allerlei lexikographischen Schrott als Ergebnis »didaktischer« Bemühungen aufsagen. Neben Quellenangaben, Wort- und Sacherklärungen enthalten sie auch, wenn nötig, kleine Exkurse in die ebenso zentrale wie unbearbeitete Textgeschichte jungdeutscher Publikationen, so, zum Beispiel, Hinweise auf Heinrich Laubes Sinneswandel und Selbstzensur, bedingt durch seinen Haftaufenthalt, nachzuweisen an den Veränderungen seiner Artikel für die *Zeitung für die elegante Welt* in dem späteren Sammelband *Moderne Charakteristiken*.

Steineckes exzellentes, nicht nur in seinem Gesamtkonzept schlüssiges, sondern auch in vielen Detailformulierungen überaus anregendes Buch kann einer differenzierter als bislang üblich die Quellen analysierenden und exakter als bisher praktiziert die historischen literarisch-gesellschaftlichen Entwicklungen berücksichtigenden Erforschung der Geschichte der deutschen Literaturkritik von hohem Nutzen sein.

Hartmut Steinecke: Literaturkritik des Jungen Deutschland. Entwicklungen – Tendenzen – Texte. Berlin: Erich Schmidt 1982.

25

»Ein Teil der literarischen Wirklichkeit« Deutsche Lyrik-Anthologien 1840 - 1914

Das Resultat eines Projektes der Münchner Forschungsgruppe »Sozialgeschichte der deutschen Literatur« erweitert unsere Kenntnis auf einem Sektor der früheren Literatur-Vermittlung entscheidend: Es möchte für die deutsche Lyrik des 19. Jahrhunderts die »auffällige Diskrepanz zwischen Gegebenheiten einzelner Epochen und Schwerpunkten der modernen Forschung« beheben helfen, in diesem Falle durch Darstellung »derjenigen Distributionsorgane, die nachweisbar die größte Verbreitung fanden«; es sucht damit »einen Teil der literarischen Wirklichkeit« zu erfassen. Innerhalb der Berichtszeit – vom Anstieg der Anthologien-Produktion ab 1840 bis zur Epochengrenze des Ersten Weltkriegs – geht das Werk weit über die ältere Veröffentlichung von Bark/Pforte (1969/70) hinaus. Vollständigkeit war beabsichtigt, wäre nötig, ist aber, siehe Materiallage, nicht erreichbar.

Dennoch: Über 2 000 Titel werden vorgestellt und, soweit möglich, mit Deskriptoren zu Anordnung, Inhalt, Intention, Adressaten und Illustrationen annotiert: Anthologien mit Herausgeber-Nennung (bei denen aufgelöste Pseudonyme leider nicht verwiesen werden), Anthologien ohne solche, nach Titeln, anthologische Periodika (ein auch theoretisch noch unaufgearbeitetes Feld). Vier Register verarbeiten die Deskriptoren, drei weitere listen Titel, Verlage und Erscheinungsorte auf, zwei Jahres-Register bieten Häufigkeits-Übersichten, zum Schluß folgt ein Herausgeber-Verzeichnis mit nützlichen biographischen Kurzdaten. Vorangestellt ist ein Aufsatz über künftige Forschung, in dem Abfragemöglichkeiten erwogen und wissenschaftliche Desiderate aufgezeigt werden, und ein knapper, aber wichtiger Beitrag zu Anthologien-Preisen.

Die sorgfältige bibliographische Bearbeitung vermittelt, nach Auflagen getrennt, ein exaktes Bild des Überlieferungsstandes, das auch Lücken verzeichnet. Wo vorhanden, sind sinnvollerweise Standortangaben für Direktbestellungen beigefügt. Die großzügig übersichtliche, bequem benutzbare Präsentation im Druckbild verdient eigens gerühmt zu werden. Wir können nun sehr viel mehr über den Anthologien-Markt wissen, auf dem sich »ein bunteres und bewegteres Leben, als bisher vermutet« abspielte, »voller virulenter Bewegungen, dynamischer Prozesse und turbulenter Vorgänge«, über Ein-Auflage-Versuche und über Bestseller (G. Scherers *Deutscher Dichterwald*, 24 Auflagen 1853-1911, oder O. L. B. Wolffs *Poetischer Hausschatz*, 32 Auflagen 1839-1911), über ihre Programme und ihr Zielpublikum.

Eine künftig unabdingbare Arbeitsunterlage, ein erster Schritt zur Erfassung des uferlosen Materials. Der zweite Schritt, die Inhaltserschließung mindestens nach den beteiligten Autoren, kann – allein aufgrund der Schätz-Zahl von wenigstens 20 000 Lyrikschreibern im Zeitraum – von einem notwendig determinierten Projekt vernünftigerweise nicht erwartet werden. Doch schon in dem jetzt Verfügbaren sind Anregungen und Aufforderungen genug.

Günter Häntzschel: Bibliographie der deutschsprachigen Lyrikanthologien 1840-1914. München, New Providence, London, Paris: Saur 1991.

26

»Der Scheidepunkt des südlichen von dem nördlichen Deutschland« Zum Neudruck eines Frankfurt am Main-Führers von 1843

1

Mit einer Formulierung, deren feinsinnige Ironie auch heute noch gelten kann, wird die Absicht des hier im Neudruck vorgelegten kleinen Reiseführers über Frankfurt am Main aus dem 19. Jahrhundert im Vorwort beschrieben: Es sollen »wesentliche Veränderungen und Verschönerungen« der Stadt vorgestellt werden. Das geschieht auf dem geringstmöglichen Raum – wohltuend im Unterschied zu modernen, gelegentlich kiloschweren Informations-Quadern für den automobilen Massentourismus wiegt das Postkutschen-Büchlein im Original nur etwa 130 Gramm, sein Format, 17 x 10 cm, ist wesentlich gebrauchsfreundlicher als jene, es gibt sich praktisch für die Reisetasche, bequem beim Stadtspaziergang. Und auch in der Präsentation seines Stoffes ist es konzentriert: nur das Wichtigste, Schönste, Beste, das Berühmteste und Bemerkenswerteste, übersichtlich aufgeführt, voller Anregungen – ein Schaufenster für das damalige reisende Bildungsbürgertum.

Dazu fügen sich die eingestreuten dreizehn Miniatur-Abbildungen, die längst vergangene Ansichten zeigen, ein Stück Stadtgeschichte, zumal ein Stück Städtebauvergangenheit. Sie stammen vermutlich von dem Kupferstecher Nikolaus Schladt.

Erschienen ist dieses Büchlein wahrscheinlich im Jahre 1843. Die Tradition der Frankfurt-Führer, die vor ihm liegt, ist alt. Seit Jahrhunderten schon konnte man hier überdurchschnittlich viele Gäste begrüßen, am Messeplatz, in der Krönungsstadt, in der wichtigen Reichsstadt, im wirtschaftlichen Zentrum des Rhein-Main-Gebiets. Aber erst im 19. Jahrhundert stieg die Produktion der Stadtführer stark an. Um nur einige, mehr oder weniger willkürlich herausgegriffene Beispiele zwischen 1800 und 1850 zu nennen: Heinrich Sebastian Hüsgens *Getreuer Wegweiser von Frankfurt am Main und dessen Gebiete*, 1802, Gottfried Käppels *Topographisch-historische Beschreibung von Frankfurt am Mayn*, 1811, *Die freie Stadt Frankfurt am Mayn und ihre Umgebungen als Leitfaden für Hiesige und Fremde*, 1817, *Gemälde der freien Stadt Frankfurt am Main und ihrer Umgebungen*, 1818, Anton Kirchners *Ansichten von Frankfurt am Main und seiner Umgegend*, ebenfalls 1818, das *Taschenbuch von Frankfurt am Main*, 1827. Oder: *Frankfurt am Main, wie es ist*, 1831, *Frankfurt am Main / La ville libre de Francfort, ein Führer für Fremde*, um 1833, *Neueste Chronik von der freien Stadt Frankfurt am Main*, 1834, *Notizen über Frankfurt am Main*, 1836. Ebenfalls 1843 erschien, damit wohl die direkte Konkurrenz zu dem vorliegenden Werk, Johann Heinrich Ludwigs *Frankfurt am Main und seine Umgebungen*. Und kurz darauf: *An historical Guide to the Free City of Frankfort on Maine*, 1844, Friedrich Krugs *Historisch-topographische Beschreibung von Frankfurt a. M.*, 1845, Johann Heinrich Ludwigs und J. L. Prénels *Francfort sur le Mein et ses environs*, 1845. 1849 taucht dann erstmals der berühmteste Name der Tourismus-Informationsvermittlung in diesem Zusammenhang auf: In seiner *Rheinreise von Basel bis Düsseldorf* legt Karl Baedeker auch ein Kapitel über Frankfurt vor. Die späteren, sehr zahlreichen Stationen dieser Produktion seien hier übergangen – sie endet, augenblicklich, im aktuellsten Angebot: *Mit dem Walkman Frankfurt entdecken*, 1991.

Der Inhalt dieses Büchleins ist im wesentlichen seinen Vorgängern entnommen, wie üblich, aus anderen, ähnlichen Büchlein, die ihrerseits die Mitteilungen aus ähnlichen, anderen Büchlein entnommen haben. Nur an zwei Stellen werden spezielle Quellen-Hinweise gegeben. »C. J. Weber in seinen Briefen«, das ist Karl Julius Weber mit dem Frankfurt-Abschnitt seines Buches *Deutschland, oder Briefe eines in Deutschland reisenden Deutschen*, 1827; mit der Notiz »M'Culloch« ist vermutlich John Ramsay MacCullochs *Handbuch für Kaufleute, oder Übersicht der wichtigsten Gegenstände des Handels und Manufakturwesens, der Schiffahrt und der Bankgeschäfte*, 1837, gemeint.

Der Aufbau des Bändchens erinnert noch immer ein wenig an jene kurzgefaßten, polyhistorisch schweifenden, zwischen Nachrichten, Meinungen und Kuriositäten kaum unterscheidenden Städtebeschreibungen, wie sie seit dem 17. Jahrhundert bekannt sind, wenn auch im vorliegenden Falle die Informationen schon zusammenfassend gestrafft wurden: In 15 Kapiteln ist zu lesen und zu betrachten, was dem Reisenden wichtig sein konnte, was aber auch dem Einheimischen zu wissen keinesfalls schaden würde – sozusagen eine Folge von kleinen Holzschnitten aus dem alten Frankfurt, mit ein wenig Kunst koloriert, hie und da wohl auch leicht mit Deckweiß gehöht.

2

Am Beginn steht eine kurze Einleitung zur geographischen Lage der Stadt (»eine der schönsten der ganzen unteren Mainebene«), das Kapitel *Frankfurt und seine Ansichten* beschreibt danach zwei besonders eindrucksvolle Blicke auf die Stadt (»den Scheidepunkt des südlichen von dem nördlichen Deutschland«), von der Sachsenhäuser Höhe und von der Friedberger Warte aus – Blicke zu einer Zeit, in der noch mehr Natur zu sehen war, noch weniger (Hoch-)Häuser zu übersehen waren, vor der Zeit »Mainhattans« eben.

Daran schließt sich ein knapper Abriß der Stadtgeschichte, einsetzend im Jahre 794 (als »eine Kirchenversammlung zu Francone- oder Frankenfurt« durch Karl den Großen »zusammenberufen« wurde), endend im Jahre 1839 mit dem Anschluß der Stadt an die neuerbaute Taunus-Eisenbahn. In diesem Kapitel, das beispielsweise auch den heimischen Bürger-Unwillen über die Regierungszeit des Fürstprimas Dalberg artikuliert, klingt etwas vom Stolz der ehemaligen Freien Stadt des Heiligen Römischen Reiches und ihrer historischen Stellung durch, von dem Wertgefühl auch, in der Gegenwart als der Sitz des Deutschen Bundestags eine Art Hauptstadt zu sein (ausführlich listet ein Anhang die »Gesandtschaften und Consulate am hohen Bundestag und bei hiesiger freien Stadt« auf).

»Nach der jetzigen Verfassung beruht die Souveränität der Stadt auf der Gesamtheit der christlichen Bürgerschaft«: Das Kapitel über die Selbstverwaltung der Stadt (in dem einiges wohl eher für den Einheimischen interessant ist, den Reisenden mehr zum Vergleich anregen kann) spricht vom »gesetzgebenden Körper«, von der »ständigen Bürgerrepräsentation« und vom »Senat« als den drei »obersten Staatsbehörden«, von den verschiedenen Gerichten und ihren Zuständigkeiten, von der »Regiminal-, Polizei- und Finanzverwaltung« (alphabetisch geordnet von der »Aushebungscommission« über die »Centralfinanzcommission«, das »Kriegszeugamt«, die »Stadtkämmerei« und die »Stadtlotterie« bis zur »Zollverwaltung«), sowie von der »Kirchlichen Verfassung«, vom »Militärwesen« (»Das Militär besteht 1. aus den reich und geschmackvoll uniformirten Corps der waffenfähigen Bürger der verschiedenen Altersclassen unter dem Commando eines Obristen … 2. aus 700 Mann Linienmilitär unter dem Befehl eines Obristlieutnants, wovon die Stadt 579

Mann zum Bundeskontingent stellt«); abschließend werden die umliegenden »Frankfurter Ortschaften« aufgezählt: »Ober- und Niederrad, Bornheim, Hausen, Bonames, Niedererlenbach, Niederursel und Dortelweil«. Mit anderen Worten: die Darstellung eines eigenen Stadtstaats, mittlerweile, seit dem Beginn des Jahrhunderts, zwar eine Freie Stadt ohne Reich, dennoch voller Selbstbewußtsein, scheinbar noch weit entfernt von den kommenden Ereignissen des Jahres 1866, noch viel weiter von den Industrialisierungs-Entwicklungen des späteren 19. Jahrhunderts.

»Man kann Frankfurt, wie einst Theben, das siebenthorige nennen«: Dem äußeren Erscheinungsbild ist das folgende Kapitel gewidmet, das zunächst die (heute verschwundenen) Tore beschreibt, das Obermaintor, das Allerheiligentor, das Friedberger Tor, das Eschenheimer und das Bockenheimer Tor (letzteres mit einem »Wacht- und Zollhaus«, das »den Tempeln der ungeflügelten Siegesgöttin der Akropolis nachgebildet« ist), dann die »freien Plätze« im Stadtinneren, den Römerberg, den Roßmarkt, den »Paradeplatz« (hinter der Hauptwache), den »Komödienplatz« und den Liebfrauenberg mit ihren hervorragendsten Gebäuden.

Daran schließen sich Hinweise auf einzelne sehenswerte Straßen, die Zeil mit ihren »prachtvoll eingerichteten« Hotels, den Privat-Palais und der Neuen Post (als Kontrast dazu die fast nur noch historisch gesehene Judengasse, »die nach und nach ganz verschwinden wird«), die Saalgasse und die Mainzer Straße (»der älteste Teil der Stadt«), die Schöne Aussicht, den Mainkai, die Neue Kräme mit der Neuen Börse und, natürlich, den Großen Hirschgraben, wo »das Vaterhaus Goethe's« steht, in welchem »Götz, Werther, Faust, Egmont und Klärchen seine Feuerseele erfüllten«. Nicht fehlen darf dabei ein Hinweis auf die »Prachtgärten mit ihren herrlichen Landhäusern« vor der Stadt; zu denen des Herrn von Rothschild und des Herrn von Bethmann kann sich der Fremde »leicht … Eintrittskarten verschaffen«. (Daß übrigens bei diesem Gang durch die Straßen auch ein werbender Text für die Hermannsche Buchhandlung eingeschaltet wird, versteht sich von selbst – schließlich hat sie das Büchlein verlegt.)

»Frankfurt zählt eine Bevölkerung von über 60 000 Einwohnern, von welchen etwas über 2000 Reformirte, 6 bis 7000 Katholiken und eben so viele israelitische Glaubensgenossen sind«: Entsprechend dieser Statistik erläutert das nächste Kapitel zuerst die evangelischen Kirchen (St. Paul, St. Katharina, St. Peter, die Weißfrauenkirche, die Dreikönigskirche, die alte St. Nikolaikirche) und die beiden reformierten Kirchen mit ausgewählten baugeschichtlichen und kunsthistorischen Details, dann die katholischen Kirchen (den Dom / St. Bartholomäus, St. Leonhard, die Liebfrauenkirche, die Deutschordenskirche, die ehemaligen Kirchen der Karmeliter, Dominikaner, Johanniter) und die Synagogen. Unter dem Titel *Wohlthätige Anstalten* sind anschließend die Hospitäler vereint, das »Senckenbergische Bürgerhospital« und das »Hl. Geist-Hospital«, aber auch das »Irrenhaus oder Kastenhospital« und, separat, das »Israelitische Krankenhospital«. Dazu historisch überkommene Organisationen der Fürsorge (»Almosenkästen«) und neuere Stiftungen sowie, als besondere »Beförderungsmittel der Humanität«, einige Freimaurer-Logen.

3

Ausführlicher, da für viele Reisende speziell interessant, wird das Thema *Kunstanstalten* abgehandelt. Bei den Museen voran das »Städel'sche Kunstinstitut« (»es besitzt ein Kapital von mehr als einer Million Gulden«), dem eine Art Kurzführer durch die Räume gewidmet ist, von den »Vorzimmern« mit ihren »colorirten Kupferstichen« über die Säle mit den »Abgüssen antiker Bildhauerarbeiten«, den »Saal für Abgüsse mittelalterlicher Bildwerke«, den »Saal der altdeutschen Schule«, den der »italienischen Schule« und den der »niederländischen Schule« bis zu den Räumen, die zeitgenössischer, zumal Frankfurter Kunst vorbehalten sind. Eine Fülle hochkarätiger Namen macht die Schilderung schmackhaft, Kopien der Laokoongruppe und des Apoll von Belvedere sind ebenso zu besichtigen wie Gemälde von Lorenzo Ghiberti, Donatello, Cranach, Holbein, Dürer, Fra Angelico, Canaletto, Rubens, Ruysdael und Frans Hals, oder auch von Overbeck, Lessing und Schnorr von Carolsfeld. Auf das Städel folgt das »von Bethmann'sche Museum« mit seiner Attraktion, Danneckers Ariadne (»ein Werk, das bekanntlich unter die größten Kunstschöpfungen der neueren Zeit gehört«), danach ein summarischer Überblick der öffentlich zugänglichen »Privat-Gemäldesammlungen«, wiederum mit klingenden Namen in bemerkenswerter Häufung, so Guido Reni, Paolo Veronese, Elsheimer, Rembrandt, Corregio oder Carracci. Und nicht zu vergessen: »Vanni's Magazin trefflicher Gypsabgüsse von Antiken«.

Zu den »Kunstanstalten« gehört auch das Theater, hier noch das alte Schauspielhaus von 1783. »Mit Recht« dürfte es sich »den ersten Bühnen Deutschlands anreihen«, liest man staunend und neidisch, »was Deutschland an großen Talenten aufzuweisen hat, geht über die Bretter der Frankfurter Bühne«, speziell in der Oper mit ihrem »unvergleichlichen Orchester«. Ähnlich bedeutend im damaligen kulturellen Leben der Stadt ist das »Museum«, ein »Vereinigungspunkt wissenschaftlich und schöngeistig gebildeter Menschen« für Konzerte, Rezitationen und gesellige Zusammenkünfte.

Prominenteste Institution unter den »Anstalten zur Beförderung der Wissenschaft und Schulen« ist die Stadtbibliothek (ihr soll weiter unten ein eigener Abschnitt gewidmet werden), gefolgt vom »Naturhistorischen Museum der Senckenbergischen naturforschenden Gesellschaft«, vom »Physikalischen Verein« und von der »Gesellschaft zur Beförderung nützlicher Künste und deren Hülfswissenschaften«, die mit Schulen, Sparkassen und Lehrveranstaltungen »für das allgemeine Bürgerwohl« sorgt.

Nach der – wiederum konfessionell getrennten – Darstellung der »Schul-Anstalten« steht ein Hinweis auf die »Frankfurter Lesegesellschaft« (formal salomonisch: zwar in einem eigenen Kapitel, der Bedeutung entsprechend, dieses aber nur elf Textzeilen lang, analog den Relationen): »Man findet hier die vorzüglichsten politischen und belletristischen Blätter der deutschen und ausländischen Literatur«.

In einem größeren Sammelkapitel zum Thema *Sonstige bemerkenswerte Gebäude* wird zunächst der Römer mit einer Baubeschreibung, einer Aufzählung der Gemälde im Kaisersaal und einem eigenen Hinweis auf die Goldene Bulle gewürdigt, danach der Saalhof, das Leinwandhaus, die Konstablerwache, die Hauptwache (»in holländischem Geschmack erbaut«), der Marstall, das Haus Alten-Limpurg, das Haus Zum Paradies, das Haus zum Frauenstein, das Thurn und Taxissche Palais und, als Zeugnis der damaligen Moderne, der »Eisenbahnhof vor dem Gallusthore«.

Über urbanes Leben berichten die beiden nächsten Kapitel, die sich mit Theater, Konzerten und Bällen befassen, mit »Geselligen Vereinen« (etwa dem »Casino«) und mit Volksfesten wie dem »Fastnachtsdienstag«, dem »Wäldchestag« oder dem 18. Oktober, der früher der Gedenktag »der 1816 beschwornen Staatsverfassung« Frankfurts war.

Geschichte, Bauwerke und Besonderheiten des Stadtteils Sachsenhausen sind in einem eigenen Kapitel zusammengefaßt, darunter die »aus rothen Sandsteinquatern erbaute prachtvolle Mainbrücke« – die Aussicht auf beide Mainufer, »die man von dieser Brücke aus genießt, ist reizend«. Daran schließen sich einige kurze Hinweise auf die Mundart der Frankfurter und ein Blick auf die Friedhöfe der Stadt (»der neue, im Geschmack eines englischen Garten angelegte Friedhof ist sehenswert für jeden Fremden«).

»Der Frankfurter Handelsstand hat sich von jeher sowohl durch Unternehmungsgeist und kluge Berechnung, als durch Vorsicht und Solidität ausgezeichnet«: Mit merklichem Stolz wird das Thema »Handel und Messen« besprochen, der (damals freilich weniger bedeutsame) Handelsplatz der »Buchgasse«, die schon recht zahlreichen Fabriken, die beiden jährlichen Messen, die allerdings »lange nicht mehr so beträchtlich, als in früheren Zeiten« sind. Dennoch: »Frankfurt reiht sich den ersten Handelsplätzen der Welt an, und seine Geschäfte in Staatspapieren dürften wohl nur denen in London, Amsterdam und Paris nachstehen ... Das Vermögen der hiesigen Bankiers wird auf mehr als 250 Millionen Gulden geschätzt«. Dazu wird ein witziges Anagramm aus den Buchstaben des lateinischen Stadtnamens, »Francofurtum ad Moenum«, zitiert, »Fanum mercatorum fundo« – »Ich stifte einen Tempel der Kaufleute«. Nun wohl – Rendite missa est.

Anmerkungen zur Prominenz der Kunst-, Wissenschafts- und Literaturgeschichte Frankfurts stellt das nächste Kapitel bereit, über die Maler Adam Elsheimer, Joachim von Sandrart, Maria Sybille Merian, Albrecht Dürer, Matthias Grünewald und Hans Holbein, über die Theologen und Juristen Thomas Murner, Matthias Flacius Illyricus, Philipp Jakob Spener, Anselm Feuerbach, Karl Friedrich von Savigny und Anton Kirchner, über den Arzt Senckenberg, die Drucker Christian Egenolph, Sigismund Feyerabend und Nikolaus Basse (»Gründer des Meßkatalogs«) oder über den Finanzkaufmann Mayer Anselm von Rothschild. Die Literatur ist selbstverständlich durch Goethe vertreten (»welchen Deutschland mit Stolz seinen Dichterfürsten nennt«), aber auch Friedrich Maximilian von Klinger, Clemens Brentano und Ludwig Börne werden erwähnt.

Räumlich weiter ausgreifende Reisetips in »Frankfurts Umgebung« bietet das letzte Kapitel. »Frankfurt liegt in der Mitte von vier berühmten Auen: der Wetterau (Frankfurts Speicher), des Rheingaues (der Keller), der Gerau (die Küche) und des Maingaues, welcher Holz, Bausteine und vieles andere liefert«. Reizvolle Ausflüge werden angepriesen, nach Offenbach, Hanau/Wilhelmsbad, Rödelheim, Höchst, Bergen und Heddernheim, nach Königstein, Kronberg, Bad Soden, Oberursel und Bad Homburg, zur Saalburg und zum Großen Feldberg.

Eingerahmt sind diese fünfzehn Kapitel von einem *Inhalt-Verzeichniß*, das, dem praktischen Zweck des Büchleins entsprechend, als alphabetisch geordnetes Sachregister (von »Adreßbuch« bis »Zuchthaus«) voransteht, und den abschließenden *Kurzgefaßten Nachweisungen für Fremde*, die unter anderem über Badeanstalten, Bank- und Wechselhäuser, »Belustigungsorte«, Buchhandlungen, Gasthäuser, »Münz-Vergleichung« (der verschiedenen deutschen Währungen), über Post- und Eisenbahnverbindungen oder über die »Zeitblätter« (die Presse) berichten, ergänzt um ein systematisches Straßenverzeichnis: »Die Stadt zählt mit Einschluß von Sachsenhausen ungefähr 3000 Häuser, in 14 mit A bis O bezeichnete Quartiere getheilt, die unter einem Vorstand mit dem Titel eines Majors stehen, der die Controle über die Bürger, Beisassen und Fremden führt«.

4

Da dieser Neudruck von der Gesellschaft der Freunde der Stadt- und Universitätsbibliothek Frankfurt am Main herausgegeben wird, ist es wohl am Platze, eigens auf das Kapitel über die Vorgängerin, die ehemalige Stadtbibliothek, hinzuweisen.

Dieses bietet zunächst einen Abriß ihrer Geschichte, der im Jahre 1484 mit dem bekannten Bücherlegat des Ludwig von Marburg zum Paradies einsetzt, aber auch spätere wertvolle Stiftungen erwähnt. Darauf folgt eine kurze Führung durch das »in Gestalt eines antiken Tempels mit korinthischen Säulen aufgeführte Bibliothek-Gebäude« (aus dem Jahre 1825), mit einer Beschreibung der repräsentativen Innenausstattung wie Pompeo Marchesis mächtiger Marmorstatue Goethes und anderer großer Büsten (die dem Zweiten Weltkrieg zum Opfer fielen), mit einer Auswahl ihrer spektakulärsten Zimelien (die erhalten blieben) wie der 42zeiligen Gutenberg-Bibel, des Mainzer Catholicons, der Mainzer Bibel von 1462, Justinians Institutionen oder des Theuerdank mit Albrecht Dürers Illustrationen, sowie mit Hinweisen auf die einzelnen Säle, in denen die Folianten und Quartanten, thematisch geordnet, verfügbar sind. Auch Raritäten und Besonderheiten, wie sie früher für Bibliotheken unverzichtbar waren, sind verzeichnet, eine »der Kleopatra gewidmete Granittafel« ist zu bestaunen oder ein »Mumiensarg aus dem Holze der Adamsfeige«. Zur Bildersammlung des Hauses gehört unter anderem ein Luther-Portrait von Lucas Cranach; »außerdem befindet sich in den Räumen der Bibliothek eine von den Gebrüdern Prehn der Stadt geschenkte in ihrer Art einzige Sammlung von mehr als 900 kleinen Oelgemälden, welche mit andern werthvollen Kunstsammlungen vereinigt werden und so den Anfang einer städtischen Bildergallerie bilden soll« – was jedoch nicht geschah, die Sammlungen wurden später an das neugegründete Historische Museum abgegeben.

Man sieht – dieses Kapitel führt aus der von Störanfällen nicht völlig freien Computerwelt der Gegenwart eines renovationsbedürftigen Mittelaltneubaus zurück in die Idylle der gelahrten »Bibliothekarien« (wie Diensttuende ehedem hießen). Ihr korinthischer Tempel ist, bis auf seinen einsamen Portikus, dahin. Der Buchbestand stieg in den vergangenen 150 Jahren von 60 000 Bänden (1840) auf über vier Millionen an (allein 1990 wurden über 120 000 Bände erworben). Und auch die alten, geruhsamen Öffnungszeiten (montags, mittwochs und freitags 2-4 Uhr, dienstags und donnerstags 10-2 Uhr) stellen sich für die Gegenwart verändert dar – heute sind die Lesesäle montags bis freitags von 9 bis 20 Uhr und Samstags von 9 bis 18 Uhr zugänglich. Reizvoll wäre es, einmal nachzuprüfen, ob nicht damals in einem Jahr ungefähr soviel Kundschaft zu bedienen war wie heute an einem durchschnittlichen Werktag im Semester.

5

Die anderthalb Jahrhunderte, die uns von diesem Büchlein trennen, haben sein komprimiertes Inventar des ehedem Sehens- und Wissenswerten zu einer Geschichtsquelle werden lassen, zu einer vielfältig lehrreichen und auch amüsanten Daten- und Impressionen-Revue aus dem biedermeierlichen Frankfurt, zu einem Dokument, das gerade deshalb für historische Hinweise nützlich sein kann, weil seine Texte keine interpretatorische Distanz zu den Themen haben, sondern nach damaligem Kenntnisstand tunlichst sachlich informieren, wenn auch gelegentlich unübersehbar unter stadtregierungsamtlichen Blickwinkeln.

Bildchen wie aus einem alten Guckkasten-Theater, ein durcheinanderpurzelndes Kaleidoskop der anschaulich sich ergänzenden und vermischten Eindrücke, Materialien zur Spurensuche nach einer verschollenen Welt. Aber nicht nur. Es mag tröstlich sein, daß bei der Lektüre erfreulich häufig zu vermerken ist, wieviele damals beschriebene Gebäude und Plätze auch heute, wiewohl verändert, zu besichtigen sind, wieviele Bausubstanz des alten Frankfurt trotz der Bomben der Kriegsnächte und trotz der Bagger des Wieder- und Neu-Aufbaus erhalten blieb – immer noch.

27

»Geben Sie Ihre Frankfurter Kranken nicht auf!« Carl Alexander Heinrich Pagenstechers Autographen-Sammlung aus der Frankfurter Paulskirche (1848) als Zeitdokument

Die Vorfahren dieses Albums sind seit der frühen Neuzeit bekannt, jene Stammbücher, die ihren Namen von der ursprünglichen Funktion herleiten, Geschlechter (Stämme) zu verzeichnen. Seit dem 16. Jahrhundert ging der Begriff auf einen andern Zweck über; in das Stammbuch, auch »Album amicorum« (Album der Freunde) genannt, ließen sich die Studenten handschriftliche Erinnerungen an Kommilitonen und Professoren schreiben, klug ausgedachte oder sinnreich abgeschriebene Zitate, Motti, Devisen und Zeichnungen. Vor allem im 18. Jahrhundert kamen solche Sammlungen stark in Mode. Die Erweiterungsfähigkeit für frühe Autographenliebhaber lag auf der Hand, man schuf sich Kollektionen von Schriftzügen der Freunde und Bekannten, und manch ein Stück von damals, in dem zwischendurch ein berühmter Name auftaucht, wird heute hoch gehandelt. Später hatten zahllose »Poesialben« Konjunktur, speziell im 19. Jahrhundert, in denen gutgemeinte und holprige Hausmacher- und Imitationsverse allemal belehrend um die Gunst des Beschenkten rangen. In dieser Form, aber auch als »Gästebuch«, überlebte das »Album amicorum« bis heute.

Pagenstechers Album dagegen ist schon wegen seines Umfangs bedeutend, sowohl formal als Autographensammlung wie auch inhaltlich als politisches Zeitdokument, eine organisierte kollektive Erinnerung für den aus dem Paulskirchen-Parlament Ausscheidenden, bemüht, möglichst viele Kollegen, prominente und sonstige, mit ihrer Handschrift zu verewigen. Daß zu diesem Zwecke vorbereitete Blätter verteilt wurden, belegen einzelne Bemerkungen wie »dieses Blättchen« oder »dem Doctor soll ein Blatt ich schreiben«. Die meisten von ihnen wurden wohl während des laufenden Sitzungsbetriebs beschrieben. Karl Mathy schildert eine solche Situation sehr plastisch.

Unter den Schreibern findet sich eine längere Reihe damals prominenter Namen: Ludwig Uhland, Ernst Moritz Arndt, Friedrich Ludwig Jahn in der für ihn typischen Sprache und Robert Mohl, der Reichsjustizminister; Andreas Ludwig Jeitteles, Friedrich Wilhelm Stahl, Heinrich von Gagern, der Präsident der Nationalversammlung, Jakob Venedey und Friedrich Wilhelm Schubert; Johann Gustav Droysen, Moritz Veit und Rudolf Haym; Gabriel Rießer, Friedrich Christoph Dahlmann, Friedrich Karl Biedermann und Sylvester Jordan. Auch Johann Hermann Detmold hat sich eingetragen, jener Hannoveraner Jurist, dessen gemeinsam mit dem Zeichner Adolf Schrödter verfasste Karikaturenfolge *Thaten und Meinungen des Herrn Piepmeyer*, 1848/1849, zu den unsterblichen Satiren auf die Paulskirchen-Versammlung gehört. Nur mit einem Autogramm tritt der deutsche Reichsverweser, Erzherzog Johann von Österreich auf. Einige Blätter stammen von Frankfurter Bekannten Pagenstechers, die keinen Sitz im Parlament hatten, so der Schriftsteller August Lewald oder der Verleger und Buchhändler Carl Jügel mit seinem witzigen »Glaubensbekenntnis«.

Zur Statistik der Beiträger: Der älteste ist der 1769 geborene, 1848 somit fast 80 Jahre alte Ernst Moritz Arndt; sein jüngster Mitparlamentarier, Karl Anton Franz von Stremayr, unterzeichnete am 30. Oktober 1848, seinem 25. Geburtstag. Die ältere Generation der

Volksvertreter ist stark vertreten, ein knappes Drittel der Schreiber stammt noch aus dem 18. Jahrhundert.

Johann Albert Droege apostrophiert das »Regiment Doctoren«, das »gen Frankfurt« gezogen sei. Das kann man auch an dieser Sammlung belegen. Etwa die Hälfte aller Eintragenden ist promoviert, davon wiederum die Hälfte trägt den Professorentitel; wie üblich, handelt es sich dabei fast ausschließlich um Juristen und Philologen.

Die Datierungen der Texte konzentrieren sich auf die Woche zwischen dem 24. und dem 31. Oktober; wenige Nachzügler folgen im November. Das Album ist damit auch ein Zeugnis für die Phase des unverkennbaren Stillstands, des Niedergangs der Nationalversammlung, für jene Wochen, in denen bei allen Beteiligten und in der Presse die Enttäuschung über das Paulskirchen-Parlament wuchs, dessen Ineffizienz und Machtlosigkeit immer deutlicher wurde, was dazu führte, daß nicht nur Pagenstecher, sondern auch andere ausschieden. Kein Wunder, daß einigen Schreibern eine Jahreszeiten-Metaphorik in den Sinn kommt, so Hermann Loew (vom »Völkerfrühling« zum »Winterschnee«) oder Jakob Guido Theodor Gülich.

Etwas mehr als 100 Eintragungen: Insgesamt gesehen, hat sich etwa ein Sechstel aller Abgeordneten der Paulskirche eingetragen. Am häufigsten die – im rechten Zentrum angesiedelte – »Casino Partei« mit ihrer Abspaltung »Landsberg«; aus diesen beiden Gruppen kommen 63 Texte, also fast zwei Drittel, was sich leicht erklärt, denn Pagenstecher war Mitglied dieser Fraktion. Die äußerste Rechte (»Café Milani«) tritt elfmal auf, die Liberalen (»Augsburger Hof«) viermal, die Linken (»Deutscher Hof«, »Westendhall«, »Württemberger Hof«, »Donnersberg«) insgesamt 19mal; dazu kommen einige fraktionslose Abgeordnete.

Daß der Adressat ihrer Niederschriften Mediziner ist, ein »weiser Arzt«, tätig »im menschenfreundlichsten aller Berufe«, löst eine Reihe von Assoziationen aus, von den Ärzten in der historischen Politik als »radicale Heilkünstler« bis zur Gegenwart: »Wir kamen, um zu heilen das theure Vaterland«; und auch dies: »Geben Sie Ihre Frankfurter Kranken nicht auf«.

Andere Stimmen rühmen die »edle Unbefangenheit« Pagenstechers und die »Besonnenheit« seines Urteils, seine »männlich kräftige Sprache«, den »echten Patriotismus« und »edelen deutschen Sinn« dieses »echt deutschen, freisinnigen Mannes«.Viele Formulierungen sind gedanklich und sprachlich von einem Zeitstil geprägt, der heute ferngerückt ist und befremdlich wirken kann.

Das trifft vor allem für die sehr häufigen Belege eines Freundschaftskultes zu, der aus den Traditionen des 18. Jahrhunderts stammt und in jener Zeit allmählich abklingt. Über 80mal ist das Begriffsfeld »Freund« zu verzeichnen, vom »hochverehrten Freund«, den man »für den Rest des Lebens gefunden« hat, über den »lustigen Freund und Kampfgenossen«, dem man »in dauernder Freundschaft verbunden« ist, bis zum »warmen herzlichen Freund«, der »mit Liebe verehrt« wird durch die »in so heiligem Feuer gehärtete Bruderkette«. Solche Äußerungen sind leicht mißverständlich. Sie könnten die Rolle und die Bedeutung Pagenstechers überschätzen lassen. Sie sollen jedoch im allgemeinen nicht viel mehr als eine prinzipielle Übereinstimmung in politischen und parlamentarischen Positionen signalisieren.

Die wortkarge Bemerkung und der ausströmende Tintenfluß, Zeugnisse der Bildungsbeflissenheit einer Zeit, die oft und gern zitiert, aus der deutschen Literatur, aus der französischen, lateinischen und griechischen, Routine und Problematik unterschiedlichster Formulierkünste, spontane und vorbereitete Meinungen und Wünsche, mitgestaltet von

Zeitdruck, Interessenvielfalt und Verpflichtungstheatralik – da ist einerseits die Rhetorik der großen Pose (»ob Donner um das Haupt uns rollen, zu Füßen uns erbebt die Erde«, »stürmen die Wetter, schwellen die Wogen, brandet die Flut am Felsenstrand ... da gilts ein Ringen, gilts ein Wagen, vorwärts zum Ziel den festen Blick«), da ist andererseits die heitere Parodie auf verfahrenstechnische Usancen der Volksvertreter wie Friedrich Wilhelm Stahls »Dringlicher Antrag« oder Adolf von Zerzogs fiktives »Titelblatt zum Disciplinargesetz«. Gelegentlich scheint gravitätische Komik auf: »Ob Dein glänzendes Talent staunt das ganze Parlament«, so Johann Albert Droeges Attentat gegen die Dichtkunst oder Adolph Albert Heinrich Schultzes Reimspiele mit dem Namen des Gegrüßten: »Es wird die Linke frech und täglich frecher, und Du verläßt uns, wackrer Pagenstecher«.

Hauptthema ist natürlich, dem Anlaß und den Beiträgern entsprechend, die Nationalversammlung. »Alles für das Volk, alles durch das Volk« – »die Gegenwart will abschließen mit der Vergangenheit und eine neue Zukunft anbahnen«, denn »ein einiges starkes und mächtiges Deutschland ist die laute und drängende Forderung« dieser Gegenwart. Revue der Schlagwörter: Die zentralen, häufigsten Begriffe dieser Texte sind »Deutschland«, »Freiheit«, »Nation« und »Volk«. Aufgaben und Arbeit der Versammelten werden von den einen betont nationalemphatisch gesehen, von anderen eher sachlich. Das »heilige Streben nach Einheit und Freiheit«, nach »Deutschlands Einheit um jeden Preis«, die »zu Deutschlands großer Zukunft« führen wird, soll in der Frankfurter Paulskirche, dem »Schauplatz kühner Mannesthaten«, in der »Männerschlacht der Geister« durch die »wahren Männer des Volks« vollzogen werden: »Freiheit und Einheit für unser herrliches deutsches Vaterland«.

Andere reagieren nüchterner und ernüchterter, sprechen von der »Menschen-Wüste« des Parlaments, dem »Tummelplatz politischer Leidenschaften«, vom »Joch« der »oft so langweiligen Sitzungen«, in denen »große Narren husten, scharren«, reden von der »versprochenen und papierenen Glückseligkeit« der Deutschen, von all dem »Großen und Herrlichen«, welches »wir für die Einheit Deutschlands – nicht vollbracht«.

Und wieder andere bezeugen Angst vor der Gegenwart und der Zukunft, vor Volkswille und Demokratie: »Es droht eine Flut hereinzubrechen, der kein künstlicher Damm mehr Stand halten kann. Darum müssen wir zu der Arche flüchten und in ihr treulich ausdauern«; die »Errungenschaften von achtzehn Jahrhunderten sollen nicht einer neuen Barbarei, Willkühr- und Pöbelherrschaft« übergeben werden; »achte nicht des Pöbels Schmähen«, »bekämpfend zugleich verderblich anarchisches Treiben«, um »das Vaterland zu retten vor den Feinden der gesetzlichen Ordnung und der freien Entwicklung«.

Das Pagenstecher-Album: ein hundertfältiges Panoptikum von politischen und privaten Meinungen, von Notaten, die die Vorzüge der authentischen Zeugenschaft haben; eine Auswahl auch zur gesellschaftlichen Herkunft der Abgeordneten; eine Sammlung kleiner Bruchstücke, niedergelegt von Schreibern, die keine professionellen Politiker waren, sondern mehr oder weniger unerfahrene Mitglieder einer »konstituierenden Nationalversammlung«, begeistert, skeptisch, desillusioniert. Und doch nicht ohne Hoffnungen, ohne Weitblick. Man kann das an einer größeren Zahl der Texte ablesen.

»Die Geschichte blickt nie hinter sich«, schrieb Friedrich Loew, »wer ihr göttliches Angesicht schauen will, muß ihr wenigstens um einen Schritt voraus sein«. Gustav Robert von Maltzahn befand, auf spätere Zeiten bezogen, ungewollt doppelsinnig: »Deutschlands Wiedergeburt erfolgt langsam unter Wehen und Schmerzen. Daß nur nicht Zwillinge zur Welt kommen«. Und Ernst von Merck erkannte: »Die Lösung der socialen Frage ist allein in der Handelsfreiheit zu finden«.

28

Gemeinsame Werke, Zusammenarbeit
Der »Roman der Zwölf« und andere Koproduktionen

1

Ein literarischer Scherz: Im Jahre 1908 hatte der Berliner Verleger Konrad W. Mecklenburg den Einfall, einen Roman nicht von einem einzigen Autor, sondern der Reihe nach von einer größeren Zahl Ko-Autoren schreiben zu lassen. Als Organisator dieses »interessanten, grotesken Literaturscherzes« gewann er, seiner dem späteren Roman vorgedruckten Einleitung zufolge, den Schriftsteller Hanns Heinz Ewers (»eine verrückte Idee – aber gut«). Die Suche nach den »Besten« im »deutschen Dichterwalde«, wie so schön gesagt wird, erbrachte eine längere Liste von Mitschreibern: Hermann Bahr, Otto Julius Bierbaum, Otto Ernst, Herbert Eulenburg, Gustav Falke, Georg Hirschfeld, Felix Hollaender, Gustav Meyrink, Gabriele Reuter, Olga Wohlbrück und Ernst von Wolzogen. »Wahrhaftig, es war nicht leicht, die bunten Vögel einzufangen: der eine brütete gerade auf einem neuen, großen Ei und hatte keine Zeit für ein gemeinsames Brutgeschäft. Der andere war übers Meer geflogen, der dritte mußte eine kleine Pause eintreten lassen in seinem Eierlegen, der vierte war von seinem Verleger in einen goldvergitterten Geflügelhof gesperrt und durfte nur für diesen brüten. So wurde es eine heiße Jagd, die Mühe und Arbeit machte – am letzten Ende aber doch gelang«.

Die oberste Etage der Berühmtheiten freilich verweigerte sich. Ihre Antwortbriefe, in der erwähnten Einleitung zitiert, sind klassische Belege für die These, daß begeisterte Zustimmung eine kultivierte Form der Ablehnung sei. »Ja, das wird sicher ein guter Scherz, es ist ein trefflicher Gedanke«, schrieb Detlev von Liliencron. Gerhart Hauptmann meinte: »Es ist ganz selbstverständlich, daß ich mit lebhaftem Interesse dem großen literarischen Scherz entgegensehe, der so viele berühmte Namen vereinigt«. »Eine famose Idee, dieser Zwölfer-Scherz«, so Richard Dehmel, und, verbindlich wie immer, eine Stimme aus München: »Ihr Einfall ist ausgezeichnet, der Scherz wird gelingen und niemand freut sich mehr auf den ›Roman der XII‹ als Ihr sehr ergebener Thomas Mann«. Mögen einige der Beteiligten auch heute vergessen sein, in der deutschen Literatur des angehenden 20. Jahrhunderts haben sie ihre Rolle gehabt. Zu erinnern ist wenigstens an jene, die das literarische Bild der Zeit nach ihren Kräften mitgeprägt haben: Bahr, Bierbaum, Ewers, Meyrink und Wolzogen.

Wie man bei der Niederschrift verfuhr, wird nur kurz beschrieben: »Es war einfach genug: Herr A. schrieb das erste Kapitel; dieses ging postwendend an Herrn B. Als dieser Kapitel 2 beendet hatte, bekam Herr C. die beiden ersten Kapitel, um ein drittes zu schreiben. Und so ging es fort; jeder der XII Dichter spann in *seiner* Art und in *seinem* Stil den Faden weiter«. Liest man allerdings das Buch, dann stutzt man doch. Wurden nicht vorher generelle Absprachen getroffen? Wann wurde festgelegt, wer was zu schreiben hatte? Wurde spioniert, geflüstert, konspiriert? Wir wissen es nicht – wir dürfen es vermuten, und wie so oft in dergleichen Fällen, ist manches unklar, vieles richtig und das meiste vorstellbar. »Bunt genug ist der Teppich gewiß und schimmert in allen Farben, nun – das *soll* er gerade«. Wobei anzumerken ist, daß das Resultat bei seiner Veröffentlichung im Jahre

1909 keinen eigenen Titel erhielt, sondern, vermutlich aus Reklame-Gründen, als *Der Roman der XII* angeboten wurde.

Seine Handlung kann, bei den gegebenen Voraussetzungen der wahrscheinlich unverabredeten sequentiellen Gestaltung, nur von höchste Fadenscheinbarkeit sein. Erzählt wird die Liebesgeschichte Gaston von Dülferts aus Berlin und Karen Holmsens, einer Norwegerin; beide sind erst Bekannte, dann befreundet, dann verliebt, dann vermutlich Geschwister, dann getrennt; schließlich können sie aber doch heiraten, nachdem er geschieden und sie, infolge veränderten Kenntnisstandes über ihre Eltern, doch nicht seine Schwester ist. Um die beiden eine Fülle von Nebenfiguren: Bella Maßmann, die Freundin Karens, und ihr Vater; Bolette Aamundsen, die Grönländerin, mütterlicher Schutzengel Karens; Gastons Frau Anna und seine beiden Kinder; der reiche Spekulant Liebenberg, der Gastons umfängliche Geschäfte und seine hochfliegenden Pläne (eine »gläserne Stadt«, Experimente mit Flugzeugen) finanziert; ein polnisches Grafenehepaar, ein italienischer Marquese; ferner Spieler, Phantasten, Artisten, Terroristen, Hazardeure, Bonvivants und so weiter – »après moi le déluge«. Dazwischengeschnitten: viele biographische Details und Reminiszenzen, die sowohl zur Klärung als auch zur Verwirrung der Situation beitragen, ein Reigen etwa von vermuteten und tatsächlichen Vätern und Müttern der Protagonisten; Utopien und Ängste, Lebensplanentwürfe und Visionen der Beteiligten. Das beginnende Zeitalter der Technik wird signalisiert mit ersten Autos, die durch Berlin fahren, oder mit der »Flugmaschine Albatros« (nach deren Absturz Gaston drei Monate im Koma liegt), die neuzeitliche Gesellschaft deutet sich an mit erregten Emanzipations-Diskussionen im »Allgemeinen deutschen Frauenbund«. Und auch der Tod ist nicht ausgespart: Adam Wisconsin, der Pilot, stirbt beim Absturz, Vater Maßmann begeht nach verlorenem Glücksspiel Selbstmord, eine andere wichtige Figur wird ebenfalls durch ein Flugzeugunglück beseitigt.

Dramaturgisches agens movens der Geschichte ist das vermutlich von Ewers verfaßte *Präludium* mit dem vertrackten Testament des Geheimen Medizinalrates Wilhelm August von Dülfert (der verstorben zu sein scheint, richtig: er lebt noch und tritt im Happy-End als heimlicher Fädenzieher auf). Gewiß, dieses opening liest sich zunächst befremdlich, es kennt keine Berührungsängste vor dem Unsinn, auch nicht, wenn man schlichteren Zeitstil unterstellt. Aber es ist für die Absichten des »grotesken Literaturscherzes« dramaturgisch notwendig (und wahrscheinlich dessen komischer »Ur-Einfall«), es impulsiert das mitunter heftig, aber immer belustigend ächzende Räderwerk dieses Romans. Gaston sieht es eher unter dem Aspekt verminderter Zurechnungsfähigkeit: »Wenn er es jetzt als reifer Mann mit klarem Kopf überdachte, dann mußte er sich sagen: das Ganze deutete nicht nur auf Burgunder, vieles ließ sozusagen alte, eingewurzelte Portwein-Gewohnheiten vermuten«. Ebenfalls von Ewers dürfte das »Finale« stammen, das als final joke einen aparten Einfall durchspielt: Beim Festbankett zur Hochzeit feiern alle zwölf Autorinnen und Autoren als Gäste mit.

Eine Persiflage also auf den Typus »Gesellschaftsroman«, eine kleine Komödie voller ironisch gesetzter Klischees, ganz und gar aus der handfest-routinierten Tradition des massenhaft produzierten Feuilleton-Romans geschrieben, wie er in der zweiten Hälfte des 19. Jahrhunderts entstand, das Dokument einer Zeit, in der noch, im Vergleich zu heute, mangels anderer Medien ein ungleich höherer Konsumbedarf an Unterhaltungsliteratur zu verzeichnen war.

Die Figuren, die von der schlingernden Handlung bewegt werden, sind im allgemeinen ebenso informiert wie eloquent. Gespräche über Kultur, über Literatur, Musik und Malerei (über edle Getränke aber auch). Französische, norwegische, sogar chinesische Zitatfetzen. (Am Rande: Im 12. Kapitel, das in München spielt, ist einer jener orthographieparodistischen Mundartbriefe zu lesen, wie sie Ludwig Thoma wenige Jahre später, 1912, mit dem »Briefwexel« seines bayerischen Landtagsabgeordneten Jozef Filser populär machte.) Die peu-à-peu-Entstehungsweise bringt es zudem mit sich, daß diese Figuren in einer zwiebelartigen Anthropologie vorgeführt werden: Jeder weiterschreibende Autor enthüllt neue Charaktereigenschaften. Offenbar war man sich bereits bei der Planung darüber im klaren, daß Weiterschreiben und Fortspinnen ohne vorgegebenen Rahmen zu immer größerer Aufhäufung von Effekten, zur Anwendung immer nachhaltigerer erzählerischer Handgriffe würde führen müssen, zu immer stärkeren Reizmitteln von der einfachen Prise Salz bis zum vollen Entfesseln des ganzen Gewürzschranks: ein Überraschungskatarakt aus Wechseln und Wenden, der lustvoll zwischen Erzählen und Parodie auf das Erzählen pendelt, Karikatur, Klamauk und Kolportage nicht scheut – wobei freilich der jeweilige Grad der Freiwilligkeit im einzelnen schwer zu bestimmen sein dürfte. Gerade deshalb liegt heute ein Vergnügen darin, die scheinbaren und die tatsächlichen Ironien und Sarkasmen dieses Romans zu genießen, seine Karikaturen auf den zeitgenössischen Biologismus und Physiologismus etwa, oder seine Parodien eines damals aktuellen europäischen Kulturweltgefühls.

In der Darstellung überwiegt die Dialogform, die zu detaillierten Credos ebenso Gelegenheit bietet wie zu mittelschweren Fällen des small talk der Berliner Szene (»Beethoven, das schönste, das es in Deutschland gibt, das beste, was dieses Volk trotz Zeppelin hervorgebracht hat«). Auch Techniken des frühen Films, Schnitte und Überblendungen, kann man spurenweise erkennen; Ewers und einige seiner Mitschreiber interessierten sich damals bereits für ihn. Und nicht zu übersehen ist das für Fortsetzungs-Romane typische, freilich schon uralte Erzählmittel der überraschend-spannenden Abschnitt-Schlüsse (etwa der Flugzeugabsturz im 4. Kapitel), die heute, zu cliff-hangers perfektioniert, in Fernsehserien frappieren.

2

Ein Fortsetzungs-Roman, in jeder Hinsicht. Sein Erfolg auf dem Buchmarkt muß beträchtlich gewesen sein. Die erste Auflage von immerhin 5000 Exemplaren war schnell vergriffen, noch im Erscheinungsjahr 1909 mußte das 6.-10. Tausend nachgeschoben werden. Und dies, obwohl das Buch verhältnismäßig teuer angeboten wurde: Es kostete broschiert M 5.-, in Leinen M 6.-, soviel wie Thomas Manns *Königliche Hoheit*, ebenfalls 1909, oder wie die gleichzeitige 36.-44. Auflage seiner allerdings doppelt so umfangreichen *Buddenbrooks*.

Der Scherz werde gelingen, hatte Thomas Mann prophezeit. Die Literaturkritik war anderer Ansicht, ihre Rezensionen gaben sich eher negativ. Das *Literarische Echo* (H. 4/1909) wertete den Roman als einen »drastischen Beweis« für eine allgemeine »Wandlung« in der literarischen Produktion; diese »deutsche Verwirklichung eines literarischen Scherzgedankens« belege den neuerlich zu konstatierenden »Sieg der Kontur über die Farbe, ähnlich wie in der Malerei, wo lange Zeit dieselbe Verachtung des Gegenständlichen den Stimmungen und Farbenwerten gegenüber bestand und wo gleichfalls die Künstler jahrzehntelang das ›Erzählen‹ verlernt hatten«. Im *Prager Tagblatt* (Nr. 287/1909) meinte der »Literarische Sonntagsplauderer« unter der Überschrift *Zwölf aus der Mark*, er schätze zwar »jeden von den Schriftstellern, die hier mitgearbeitet haben«, auch sei »jeder einzelne von ihnen zweifellos ernst zu nehmen«, aber: »in dem Moment, da sie sich vereinigt haben, sind sie komisch geworden«. Man könne sich »wohl keine größere Sünde gegen den Geist der Dichtkunst, gegen die Aufgaben des Schriftstellers denken«, als wenn »sich ein Dutzend Romanautoren in einen Kreis setzt und, einer dem anderen das Taschentuch zuwerfend, der andere dort fortsetzt, wo der eine aufgehört hat ... Ein Scherz, ein Spiel – nur als solches darf es gelten« – und als solches war es auch beabsichtigt. Die *Deutschen Nachrichten* (Beilage Nr. 256/1909) stellten fest, der Roman hätte »ein guter literarischer Ulk« werden können, statt dessen sei er »ein Ulk von Literaten« geworden. Und die *Augsburger Abendzeitung* (Beilage Nr. 135/1909) war gegenüber dieser »Sensation der 12 Dichter« ähnlich reserviert: »Vor Jahr und Tag produzierten sich unsere großen Schauspieler, die Künder der feinsten Seelenregungen, als Zirkuskünstler in der Manege. Sehr würdig war's nicht. Warum nicht auch einmal ein Dichter?« Vielleicht war das Ergebnis zu satirisch, vielleicht war dies auch nicht zu erkennen.

Heute stellt sich der Untersuchungszusammenhang anders dar. Die Betrachtung der kollektiven Intention und der verabredeten Niederschrift, eines Produktionsprozesses, in dem sich literarischen Vorstellungen und marktorientierte Überlegungen auf spezifische Weise kreuzen, Fragen also nach den Einzelheiten der Koproduktions-Mechanismen beträfen sowohl die Fallhöhe, die Voraussetzungen, die Ansätze als auch die Erwartungshorizonte, die Transportmodalitäten, das Umsystem. Gemeinsam geplante und hergestellte Werke, Literatur-Produkte somit in der Absenz eines singulär beschreibbaren einheitlichen auktorialen Willens, wären hinsichtlich ihrer koproduktionellen Technologie, des Diskurses ihrer Vernetzung und ihrer Interaktion zu analysieren. Dies auch und gerade nach dem Ende der Hypertrophie der Individualästhetik.

Die Ablehnung seitens der Kritik hing zusätzlich mit einer Besonderheit des Buches zusammen. Es enthielt ein Preisausschreiben (Ernst von Wolzogen: »Lustig wäre es, wenn den Lesern für richtiges Erraten der Autoren Prämien ausgesetzt würden«). Denn wenn dadurch, so der Verleger nicht ohne Hintergedanken, ein Anlaß gegeben werde, »sich auch in die sonstigen Schöpfungen der neuesten Literatur noch mehr als bisher zu vertiefen, dann dürfte das sich so von selbst einstellende allgemeine literarische Interesse den Lesern eine Fülle geistiger Genüsse und unserer modernen Literatur viele neue Freunde zuführen«. Deshalb wurden die Beteiligten auf dem Titelblatt in alphabetischer Reihenfolge genannt, und 60 Preise – der erste immerhin 200 Mark – für ihre korrekte Zuordnung zu den zwölf Kapiteln des Romans ausgesetzt. »Wer in unserer modernen Literatur bewandert ist, wird aus der Schreibweise die Verfasser der einzelnen Kapitel herauszufinden wissen ... dem Statistiker aber mag dieser Wettbewerb insofern nicht gleichgültig sein, als er feststellen kann, wie sehr dieses Dutzend unserer tüchtigsten und beliebtesten Schriftsteller im großen Publikum bekannt ist«.

Dennoch wandten sich die Rezensionen scharf dagegen. Das Preisausschreiben sei ein »faustdicker Humbug«, ein »literarischer Gimpelfang«, wetterte das *Literarische Echo* (H. 17/1909), und das *Prager Tagblatt* (Nr. 287/1909) empörte sich, »solche Spiele« dürften nicht »zu Erwerbszwecken ausgebeutet« werden; »wenn dieses Dutzend bekannter Schriftsteller sich vereinigt hätte, um zum Nutzen eines wohltätigen, gemeinnützigen oder nationalen Unternehmens einen derartigen Scherz auszuführen, so hätte ihnen jeder willig Beifall geklatscht«; wenn es sich aber »nur um ein Verlagsunternehmen« handle, »für das die Reklame noch dadurch erhöht wird, daß man erraten darf, welcher von den großen Schriftstellern dieses oder jenes Kapitel geschrieben hat, und daß man dafür noch einen Preis bekommt«, so müsse man sich doch gegen »diese Art der Literaturausbeutung wenden«. Aber das Schiff war auf See, und Bewanderte gab es offensichtlich viele. Jedenfalls gingen genügend richtige Lösungen des Preisausschreibens ein. Im *Börsenblatt für den deutschen Buchhandel*, Nr. 40/1910, veröffentlichte eine Jury unter dem Vorsitz von Paul Scheerbart die korrekten Zuweisungen der Autorennamen und sprach den sechzig Gewinnern ihre Prämien zu.

3

Der Einfall des Verlegers Mecklenburg war, wie er selbst bemerkte, nicht neu. Gemeinschaftsarbeiten gab es schon immer, in allen Kunstproduktionen. Dazu einige Beispiele, auch, um den *Roman der Zwölf* einzuordnen und zu relativieren.

Angesichts der Fülle von Bedeutungsmöglichkeiten, die dabei auftreten können, eine Einschränkung zuvor. An dieser Stelle soll unter »Koproduktion«, »Zusammenarbeit« und »Teamwork« ausschließlich die vollständige gemeinsame Anfertigung eines Werkes verstanden werden, von einem vorher festgelegten oder von einem sich sukzessive entwickelnden Plan zweier oder mehrerer Ko-Autoren über die diese Vorgaben realisierende assoziierte Durchführung der Herstellung (eher parallel bei wenigen Autoren, eher sequentiell bei mehreren) bis zum Resultat einer kollektiv abgeschlossenen Arbeit.

Nicht gemeint sind die Zusammenführung ursprünglich selbständiger Teile (etwa gemeinsam veröffentlichte Gedichte in sammelnden »Liederbüchern«), die Fortführung eines von einem Autor abgebrochenen Werks durch einen anderen Autor (die vielen bekannten Fragmente-Ergänzungen zum Beispiel) und die Bearbeitung des Werkes eines Autors durch einen anderen Autor (Schillers Komprimierung des *Egmont* von Goethe, dessen Sequentierung des *Zerbrochnen Krugs* von Kleist). Nicht gemeint ist auch die Zusammenarbeit zwischen Lehrern und Schülern oder zwischen Meistern und Gehilfen, mag sie nun in hervorragenden Ergebnissen bestehen oder auch nur flüchtige Nebensächlichkeiten gezeitigt haben (jene knappe, wegen zu lange dauernder Bühnenumbauten nötig gewordene Verlängerung der Verwandlungsmusik im Ersten Akt des *Parzival*, die Richard Wagner von seinem Hilfsassistenten Engelbert Humperdinck ausschreiben ließ – sie kann inzwischen, infolge größerer Schnelligkeit der Bühnentechnik, ohnedies entfallen).

Es soll hier vielmehr darauf ankommen, daß die beteiligten Autoren jeweils anteilig gleichberechtigt sind, daß wenigstens der Versuch einer Einheitlichkeit des beabsichtigten Produkts gemacht wird und daß, jedenfalls in der Mehrzahl der Fälle, der einzelne Beitrag zum Gemeinschaftswerk nicht sofort und oft gar nicht zu erkennen ist. Gerade dies unterscheidet die Koproduktion von der Zusammenstellung, von der Bearbeitung und von der Werkstattarbeit.

»Überhaupt«, läßt E.T.A. Hoffmann in seinen *Serapions-Brüdern* Cyprian sagen, »ist es mit dem gemeinschaftlichen Arbeiten ein mißliches Ding. Vollends unausführbar scheint es, wenn mehrere sich vereinen wollen zu einem und demselben Werk. Gleiche Stimmung der Seele, tiefes Hineinschauen, Auffassen der Ideen, wie sie sich auseinander erzeugen, scheint unerläßlich, soll nicht, selbst bei verabredetem Plan, verworrenes barockes Zeug herauskommen«. Das ist sicher richtig. Daneben sind aber noch viele andere Werkgeschichten zu verzeichnen. In der Literatur, Musik und Malerei der vergangenen Jahrhunderte stehen die Herstellungsabläufe in enger Beziehung zu den Praktikabilitäten der handwerklichen Produktion, sind sie sinnvoller Arbeitsteilung ebenso unterworfen wie den ökonomisch drängenden Terminen (die bereits angekündigte Aufführung der Oper, die vereinbarte Ablieferung des fest bestellten Gemäldes). Zusammenarbeit war also nötig – und nicht immer nur mit minderen Resultaten.

4

Koproduktionen in diesem engeren Sinne sind allein in der deutschen Literatur nicht selten, Bekanntes und Unbekanntes, Verschollenes und möglicherweise noch immer Geläufiges. In den Literatur-Lexika und sonstigen subsidiären Kompendien ist allerdings wenig darüber zu erfahren. Die Liste des zu Berücksichtigenden ist jedoch lang, tut man sich bibliographisch und antiquarisch um.

Beispiele aus den Annalen der letzten 200 Jahre. Etwa die *Xenien*, die Johann Wolfgang Goethe und Friedrich Schiller in des letzteren *Musenalmanach für das Jahr 1797* drucken ließen, jene satirischen Distichen, in denen die beiden eine gemeinsam verfaßte Abrechnung mit ihren Literatur-Zeitgenossen, die kritische Kritik der Kritik vollzogen. Oder ein unbekannteres Seitenstück dazu, die durch ein gemeinsames Autographenblatt bezeugte »poetische« Zusammenarbeit Goethes mit Johann Heinrich Voß, dessen Vorschläge einiger Veränderungen für das zuerst im achten Band der *Schriften* von 1789 gedruckte Gedicht *Dem Ackersmann* bei der Wiederveröffentlichung im ersten Band der *Werke* von 1806 aufgegriffen wurden.

Andere Dokumente wären der »Compagnie-Roman«, der gemeinsam am »Theetisch« ausgedachte *Roman aus dem Stegreif* (so ein anonymer Titel aus dem Jahre 1812), ein beliebtes Spiel der literarischen Moden in der Salonkultur der Jahrzehnte vor und nach 1800. Ludwig Tieck parodierte solche Mehrfach-Produkte schon 1797 in seinen *Straußfedergeschichten*, einem »Roman in Briefen«, was ihn nicht hinderte, selbst zusammen mit Wilhelm Heinrich Wackenroder *Franz Sternbalds Wanderungen* zu planen (die er nach dessen Tod allein schrieb). Ludwig Uhland und Justinus Kerner lieferten mit ihrer *Abendphantasie an Mayer* 1802 eine Kollektiv-Satire auf den klassizistischen Lyriker Friedrich von Matthisson; von Carl Maria von Weber ist bezeugt, daß er 1816/17 an einem (nie erschienenen) Gemeinschafts-Roman mitschrieb.

Hierher gehört auch die von Clemens Brentano und Joseph Görres »in einer Anwandlung mutwilliger Laune« gemeinsam verfasste, 1807 gedruckte Satire, in der sich die beiden vor allem gegenseitig ironisieren: BOGS, der Name ihres Helden, ist aus den Anfangs- und Schlußbuchstaben der Nachnamen seiner Autoren zusammengesetzt. Der Titel diese »trefflichen Wahnsinns«, so Justinus Kerner, verdient hier vollständig zitiert zu werden: *Entweder wunderbare Geschichte von BOGS dem Uhrmacher, wie er zwar das menschliche Leben längst verlassen, nun aber doch, nach vielen musikalischen Leiden zu Wasser und zu Lande, in die bürgerliche Schützengesellschaft aufgenommen zu werden Hoffnung hat, oder Die über die Ufer der badischen Wochenschrift als Beilage ausgetretene Konzert-Anzeige. Nebst des Herrn BOGS wohlgetroffenem Bildnisse und einem medizinischen Gutachten über dessen Gehirnzustand.*

5

Ein bemerkenswerteres Produkt der gleichzeitigen Arbeit mehrerer an einem Werk, zugleich der wichtigste Vorläufer des *Romans der Zwölf*, erschien 1808 anonym in Berlin: der erste Band von *Die Versuche und Hindernisse Karls. Eine deutsche Geschichte aus neuerer Zeit.* Verfaßt hatten ihn, abwechselnd ein Kapitel schreibend, vier Mitglieder des Berliner romantischen »Nordstern«-Bundes, Karl August Varnhagen von Ense, Wilhelm Neumann, August Ferdinand Bernhardi und Friedrich de la Motte Fouqué, angeregt von jenem »Doppelroman«-Projekt »Hoppelpoppel oder Das Herz«, das Walt und Vult in Jean Pauls Roman *Flegeljahre* verhandeln, inspiriert auch von Goethes Roman *Wilhelm Meisters Lehrjahre*, zu dem *Karl* eine Art parodistischer Anti-Erziehungsroman-Satire darstellt.

Die Handlung ist vor dem Hintergrund romantischer Erzähltheorien zu sehen, sie bildet lediglich die Vorwände für vielfältige Unterbrechungen. Karl, ein junger Mann aus angesehener Familie mit sehr komplexem Charakter, tötet den Mann seiner Geliebten, muß fliehen, kommt mit vielen Menschen zusammen und wird immer heftiger gedemütigt, bis gegen Ende (des ersten Teils, der als einziger gedruckt wurde) eine Besserung möglich erscheint. Wichtiger sind die häufigen Einschübe, die witzigen Literatur-Satiren, Parodien und Anspielungen, etwa auf Ludwig Tieck, Novalis, Zacharias Werner, Friedrich Nicolai, Johann Gottlieb Fichte, Friedrich Schleiermacher, August Wilhelm Schlegel und Friedrich Schlegel. Reale Figuren wie Jean Paul und fiktive wie Wilhelm Meister mit seinem kleinen Sohn treten persönlich auf; Johann Heinrich Voß (als Focks) und Johannes von Müller (als Striezelmeier) werden verspottet; das Vorhaben, auch Friedrich Hölderlin, vor allem seine Sophokles-Übersetzungen sarkastisch zu bedenken, wurde fallengelassen, als man von seiner Erkrankung erfuhr. Trouvaillen sind die Personalglossen, die Selbstportraits der vier Autoren, ihre gegenseitigen Portraits und Skizzen von Freunden und Zeitgenossen wie Nanny Schleiermacher, Adelbert von Chamisso, Marianne Saaling oder Rahel Varnhagen. Für Varnhagen selbst, den spiritus rector des Gemeinschaftswerks, der dem Helden den Vornamen lieh, ist das Buch darüberhinaus autobiographisch bedeutsam.

Die Aufnahme des mit großem Engagement kumulierten opus war geteilt. Cottas *Morgenblatt für gebildete Stände* stimmte einschränkend zu, nannte vor allem die Parodien »meisterhaft«. Clemens Brentano diagnostizierte brieflich »viel Hübsches neben großer Frechheit«, ähnlich Wilhelm Grimm, der den Roman »merkwürdig durch seine Freiheit oder Frechheit« fand. Ludwig Achim von Arnim sah sich, in einer anonymen Besprechung für die *Heidelbergischen Jahrbücher der Literatur*, von »dieser Geschichte abwechselnd belustigt und geärgert ... dieser Parodien und der literarischen Satire im allgemeinen, dächten wir, wäre einmal genug«. Jean Paul lobte, ebenfalls brieflich, das durchaus jeanpaulisierende Werk: »Was ich selbst darin gesagt, gefällt mir, ohne Eitelkeit zu reden, ausnehmend«. Und die *Jenaische Allgemeine Literatur-Zeitung* hielt, wie meistens etwas verspätet, in einer Kritik vom Mai 1813 den Text wenigstens für »gut erzählt«.

E.T.A. Hoffmann setzte dem wenig erfolgreichen Buch ein kleines Denkmal in seiner Erzählungen-Sammlung *Die Serapions-Brüder* (1819/21), am Beginn des zweiten Abschnitts, in der Einleitung zu *Ein Fragment aus dem Leben dreier Freunde*: »›Ich kenne‹, sprach Theodor« – der für Hoffmann steht – »›ich kenne ein Buch, das auch von mehreren Freunden unternommen, aber nicht vollendet wurde. Es ist mit Unrecht nicht viel in die Welt gekommen, vielleicht weil der Titel nichts versprach oder weil nötige Empfehlung mangelte. Ich meine ›Karls Versuche und Hindernisse‹. Der erste Teil, welcher nur ans Licht getreten, ist eins der witzigsten, geistreichsten und lebendigsten Bücher, die mir jemals vorgekommen. Merkwürdig ist es, daß darin nicht allein mehrere bekannte Schriftsteller, wie z. B. Johannes Müller, Jean Paul u. a., sondern auch von Dichtern geschaffene Personen, wie z. B. Wilhelm Meister nebst seinem Söhnlein u. a., in ihrer eigentümlichsten Eigentümlichkeit auftreten«. Noch über dreißig Jahre später entsann sich Karl Gutzkow des Romans, als er von einem anderen (vermutlich nicht entstandenen) Koproduktions-Projekt erfuhr. »Man schreibt uns aus Prag«, notierte er im Dezember 1839 in seiner Zeitschrift *Telegraph für Deutschland*, »daß sich daselbst die Professoren Zimmermann, Müller, Swoboda und Egon Ebert vereinigt hätten, eine Tragödie zu schreiben, in welcher Ebert den lyrischen, Swoboda und Zimmermann den heroischen [Anteil], Prof. Müller aber die Anordnung des Ganzen übernommen hat. Man wird dabei an ›Karls Versuche und Hindernisse‹, diesen bekannten Associationsroman von Varnhagen, Fouqué und W. Neumann erinnert«.

Versuche, in einem zweiten Band die Biographie des schwierigen Karl weiter und zu Ende zu führen, lassen sich in den Jahren nach 1809 vielfach belegen. Skizzen und Fragmente blieben erhalten, darunter Entwürfe des neu hinzugekommenen Adelbert von Chamisso (Karl trifft Peter Schlemihl). Aber schließlich mußte der Plan doch aufgegeben werden.

Ein aus ihm hervorgehendes Nachfolge-Projekt kam nicht erst zustande. Inzwischen hatte sich ein neuer, von seinem zentralen Mitglied E.T.A. Hoffmann »Serapions-Bund« getaufter Dichterkreis in Berlin gebildet. Dort diskutierte man über den »Roman des Freiherrn von Vieren«, was ein Wortspiel ist, denn wiederum war ein literarisches Quartett vereinigt, Karl Wilhelm Salice Contessa, Adelbert von Chamisso, Friedrich de la Motte Fouqué und E.T.A. Hoffmann, von dem diesmal die Idee eines »Roman en quatre« stammte, der Plan einer parodistisch verwickelten Doppel-Doppelgänger-Geschichte um Drillinge. Er beschreibt das selbst, an der bereits zitierten Stelle seiner *Serapions-Brüder*: »Vor einiger Zeit beschlossen vier Freunde, zu denen ich auch gehörte, einen Roman zu schreiben, zu dem ein jeder der Reihe nach die einzelnen Kapitel liefern sollte. Der eine gab das Samenkorn, aus dem alles hervorschießen und hervorblühen sollte, den Sturz eines Dachdeckers vom Turme herab an, der den Hals bricht. In demselben Augenblick gebärt seine Frau vor Schreck drei Knaben. Das Schicksal dieser Drillinge, sich an Wuchs, Stellung, Gesicht usw. völlig gleich, sollte im Roman verhandelt werden. Ein weiterer Plan wurde nicht verabredet. Der andere fing nun an und ließ im ersten Kapitel vor dem einen der Helden des Romans von einer wandernden Schauspielergesellschaft ein Stück aufführen, in dem er sehr geschickt und auf herrlich geniale Weise den ganzen Gang, den die Geschichte wohl nehmen könnte, angedeutet hatte. Hieran mußten sich nun alle halten, und so wäre jenes Kapitel ein sinnreicher Prolog des Ganzen geworden. Statt dessen erschlug der erste (der Erfinder des Dachdeckers) im zweiten Kapitel die wichtigste Person, die der zweite eingeführt hatte, so daß sie wirkungslos ausschied, der dritte schickte die Schauspielergesellschaft nach Polen, und der vierte ließ eine wahnsinnige Hexe mit einem weissagenden Raben auftreten und erregte Grauen ohne Not, ohne Beziehung. Das Ganze blieb nun liegen« – das nur mühsam weiterzubefördernde Unternehmen wurde 1819 eingestellt. Lediglich einige Kapitelfragmente von Chamisso, Fouqué und Contessa sind überliefert. Hoffmanns Anteile, falls sie wirklich existiert haben, sind verloren. Materialien dazu verarbeitete er in anderen Erzählungen, etwa in der Novelle *Die Doppeltgänger* von 1821. Erst 1926 faßte Hellmuth Rogge alles Gedruckte und handschriftlich Erhaltene der beiden Projekte als den *Doppelroman der Berliner Romantik* zusammen und veröffentlichte es mit reichlich Quellen und Kommentaren in zwei Bänden.

6

Für die Zeit nach *Karls Versuche und Hindernisse* wären, was Koproduktionen in der deutschen Literatur betrifft, solche höchst unterschiedlichen Pläne und Werke als Beispiele anzuführen wie Ludwig Börnes (nicht realisierbare) Idee eines Briefwechsels mit Heinrich Heine über aktuelle politische Themen als Texte einer gemeinsam herauszugebenden Zeitschrift (um 1830), Franz Grillparzers Mitarbeit an der Komödie *Die Bekenntnisse* des Wiener Bühnenautors Eduard von Bauernfeld, oder das Lustspiel *Die Vormundschaft* der beiden Prager Schriftsteller Wolfgang Adolf Gerle und Uffo Horn, das in den Literaturgeschichten häufiger genannt wird als es bekannt ist (es ist der einstimmige Gewinner jenes Preisausschreibens des Cotta-Verlags von 1836, bei dem eine berühmte Einsendung um zwei Tage zu spät eintraf, Georg Büchners *Leonce und Lena*), Franz und Paul von Schönthans Schwank *Der Raub der Sabinerinnen*, 1885, oder Arno Holz' und Johannes Schlafs Novellensammlung *Papa Hamlet*, die 1889 unter dem Doppelpseudonym Bjarne P. Holmsen (nebst hinzufingiertem Übersetzer aus dem Norwegischen Bruno Franzius) erschien, Thomas und Heinrich Manns Vorstellung eines gemeinsamen Romans namens *Buddenbrooks* (der bekanntlich ebenfalls nicht zustande kam, was wohl auch besser so ist), das Drama, das Frank Wedekind zusammen mit Maximilian Harden schreiben wollte, Gustav Meyrinks und Alexander Roda-Rodas Lustspiel *Die Uhr*, 1918, Bertolt Brechts und Lion Feuchtwangers Bühnenstück *Leben Eduards des Zweiten von England (nach Marlowe)*, 1924, oder auch die »Gesamtkunst«-Gemeinschaftsarbeiten der Expressionisten. Die Skala reicht, im Ganzen, zwischen Goethe-Schiller und Bastei-Lübbe von Kunstwerken bis zu Konventionsstrafen. Daß die Massenkonfektion der industriell hergestellten Fließbandromane der Kiosk-Literatur in den letzten 50 Jahren notwendigerweise aus Koproduktionen hervorgeht, bei denen feststehende Handlungsschablonen oder deren multifungibel zusammensetzbare Versatzstücke jeweils von mehreren Routine-Spezialisten neu ausgefüllt werden, ist geläufig und braucht hier nur erwähnt zu werden.

7

Ein weiteres, nur wenig bekannt gewordenes Gemeinschaftwerk erschien 1932, angeregt von dem überaus produktiven Kriminalroman- und Sachbuchautor Frank Arnau und von Willy Haas, in dessen renommierter Zeitschrift *Die literarische Welt* das Experiment gedruckt wurde. Erstmals ist damit ein Genre zu erwähnen, das in der Folge noch des öfteren auftauchen wird: Eine größere Zahl der Koproduktionen, vor allem in den anderen europäischen Literaturen, sind ambitioniertere Kriminalerzählungen. Im vorliegenden Falle offerierte die Redaktion ihren Lesern eine »unterhaltende Kuriosität, die wir ebenso lächelnd und ohne seriöses Stirnrunzeln anzunehmen bitten, wie wir sie darbieten«, *Die verschlossene Tür*, eine Kriminalgeschichte, geschrieben von einer Autorin und sechs Autoren, in einer ähnlich sukzessiven Kooperation wie beim *Roman der Zwölf* und auch, wie jener, mit einem Preisausschreiben verbunden, diesmal der Frage nach dem Täter (Hauptgewinn: eine Reise nach Moskau und Leningrad). Unter den Mitwirkenden finden sich drei prominente Schriftsteller, Richard Huelsenbeck, der Dada-Mitbegründer in Zürich, nun in Berlin, Manfred Hausmann, der soeben seinen bekanntesten Roman veröffentlicht hatte, *Abel mit der Mundharmonika*, und Alfred Döblin, der schon früher, 1924, bei der Erzählung *Die beiden Freundinnen und ihr Giftmord*, Erfahrungen mit Kriminalstoffen gemacht hatte, dessen Hauptwerk *Berlin Alexanderplatz* kurz zuvor erschienen war.

Allerdings gestaltete sich die Zusammenarbeit doch sehr zwiespältig. Der flüchtige Charakter dieser Koproduktion ist sicher auch zu erklären durch den zusätzlichen Zeitdruck des Schreibens für ein wöchentlich erscheinendes Periodikum, durch den Zwang zur Manuskriptablieferung auf Termin. Darum ist die heftig schwankende Handlung, zu deren beiden Seiten ein Gewirr fallengelassener Fäden herunterhängt, nur oberflächlich entworfen, darum ist der Text selbst ohne jede abwägende Bearbeitung mit der sprichwörtlichen heißen Feder geschrieben. Signale, selbstverständlich, von Brotarbeiten.

Die Geschichte spielt ein bekanntes Modell durch: ein Mord in einem abgeschlossenen Raum, zu dem es drei Schlüssel, also drei Verdächtige gibt. Allen geläufigen Gepflogenheiten zufolge ist der schließlich entlarvte Täter ein Vierter, der sich bereits zuvor hinter der verschlossenen Tür aufgehalten hatte. Dieser Plot wird versetzt mit Erwähnungen von Zeitprominenz wie Albert Einstein, Max Schmeling oder Hans Albers. Der amtierende Reichskanzler Heinrich Brüning tritt ebenso auf wie der künftige Reichskanzler Adolf Hitler. Sogar das Blatt, in dem der Text zu lesen war, die *Literarische Welt* spielt eine Rolle.

Wichtig für den Analyse-Ansatz einer Koproduktion sind andere Hinweise, so die ironischen Passagen, in denen die Mitschreibenden, wie schon beim *Roman der Zwölf* persönlich auftreten, hier, indem sie sich gegenseitig verhören und verdächtigen. Diesbezüglicher Höhepunkt ist die Vermutung, Alfred Döblin sei der Mörder. Oder jene eindeutig in den Bereich der grotesken Satire verweisende Beobachtung, daß während der gesamten Dauer der Handlung ein Handwagen herumsteht, auf dem eine Leiche liegt, von der kein Ko-Autor erklärt, was es mit ihr auf sich habe.

Die sieben Beiträger scheinen das kleine Gelegenheitswerk rasch vergessen zu haben. Von den Beteiligten hat es lediglich Willy Haas, der selbst nicht mitschrieb, in einer autobiographischen Schrift kurz erwähnt.

8

Ein gewichtigeres Koproduktions-Unternehmen stammt von 1965, hervorgegangen aus dem Berliner Literarischen Colloquium, der Roman *Das Gästehaus* von Peter Bichsel, Walter Höllerer, Klaus Stiller, Peter Heyer, Hubert Fichte, Wolf Simeret, Elfriede Gerstl, Jan Huber, Hans Christoph Buch, Wolf D. Rogosky, Martin Doehlemann, Corinna Schnabel, Nicolas Born, Joachim Neugröschel und Hermann Peter Piwitt – mit 15 Beiträgern das bislang numerisch größte Gemeinschaftswerk (wobei der Frauen-Anteil mit 2:13 gegenüber dem *Roman der Zwölf* mit 2:10 leicht gesunken, aber immer noch viel besser ist als bei den *Versuchen und Hindernissen Karls* mit 0:4).

Die Ausarbeitung geschah auch hier sequentiell, wie bei den beiden Vorgängern (mit dem wichtigen Unterschied, daß alle beteiligten Autoren während der Niederschrift des Romans im gleichen Hause wohnten), die Publikation erfolgte jedoch, anders als bei jenen, ohne Verrätselung der Anteile, die Verfasserinnen und Verfasser werden in der Reihenfolge der Kapitel auf dem Titelblatt genannt. Über den Produktionsprozeß notiert Walter Höllerer, von dem »die Idee und der erste Entwurf des Romans stammen«, in seinem *Nachwort (Antwort auf Interview-Fragen)*: »Es war ein völlig anderer Arbeitsvorgang als der einer Kollektivherstellung eines nach Liebe, Landschaft, Verbrechen und Abenteuer programmierten Heftchenromans. Jeder Autor blieb als Autor erkennbar, weil jeder sein eigenes Kapitel schrieb. Aber er arbeitete an einem gemeinschaftlichen Plan mit, den er selbst mit entwarf. Das entwickelte sich in lebhaften Diskussionen, Kritiken. Die Entstehung dieses Buches war alles andere als uniform-kollektiv ... Natürlich mußten Absprachen getroffen, der Ort und die Zeit der Handlung vereinbart, die Personencharaktere besprochen werden ... Man einigte sich auf eine Romanform, bei der eine gemeinsame Konzeption möglich war ... Die einzelnen Personen, die jeder zum Helden gewählt hatte, wurden durch ›Steckbriefe‹ den übrigen Autoren bekanntgemacht. Zudem las jeder aus seinem Kapitel während der Entstehung vor«.

15 verabredete Prosastücke mit jeweils ausführlicher Inhaltsangabe-Überschrift, 15 Kapitel, jedes von einer anderen Person erzählt, verbunden lediglich durch den im Titel genannten Handlungsort sowie durch zwei immer wieder auftretende Figuren, Margot Colmar und Arno Elshäuser (Walter Höllerer), der die Gäste einlädt und der »Kreuzungs- und Knotenpunkt« der Parabel ist, 15 Facetten dieser Parabel, 15 Fragmente aus der Gesellschafts- und Bewußtseinsgeschichte der Sechziger, voller Vermutungen, Ahnungen, möglicher Erklärungen und scheinbarer Widerlegungen. Nochmals Höllerer: »Gerade die verschiedene geographische und gesellschaftliche Herkunft der Autoren, ihre verschiedenen Berufe, machen doch den Reiz dieses Buches aus. Mir scheint, es ist alles andere als gesellschaftlich unverbindlich. Nicht der reale Hintergrund und die Spezialinteressen *einer* Person, sondern die von fünfzehn Personen wirken sich hier aus. Und sie werden greifbar in diesen Kapiteln: ob es nun religiöse oder politische Probleme sind, die verschiedensten Arbeitswelten, vom Kellner bis zum Psychologen und Priester ... Hauptthema, und das ist bei einem existenznahen Roman der Gegenwart kaum verwunderlich, ist der einzelne in der Gruppe, das Extravagieren und Sich-Fügen des Individuums im größeren Verband einer arbeitsteiligen Gesellschaft. Es ergeben sich Meditationen aus den verschiedensten Gesichtswinkeln zu diesem Verhältnis«.

Satirisch gemeint, wiederum, ist der Kriminalroman *Der Rat der Weltunweisen*, ebenfalls 1965, »kein literarisches Experiment, ein literarischer Spaß« von zehn Mitwirkenden, darunter Heinrich Böll, Christine Brückner, Reinhard Federmann, Hermann Kasack und Hans Weigel. Einziger Fall eines Exports in diesem Zusammenhang: 1974 erschien die spanische Übersetzung *El consejo mundial de los indiscretos*.

9

Die Fallbeispiele von Gemeinschaftsarbeiten aus der deutschen Literatur sind an einer definierbaren Schnittstelle zwischen den Produktions- und den Rezeptionsprozessen zu sehen. Zu stellen ist somit die Frage nach den Prämissen des Schreibens, den Regulativen der Produktion und den Distributionsmechanismen der Literatur. Und ebenso die Frage nach welcher Akzeptanz welcher Literatur zu welchen Konditionen. Koproduktionen erweisen sich als Gesellschafts-Spiele im wörtlichen wie im übertragenen Sinne. Ein Blick in die Aktenkonvolute der europäischen Literatur-Historiographie zeigt darüberhinaus, wie andere Gesellschaftsgeschichten differierende literarische Zusammenarbeits-Produkte begründen und aufnehmen, liefert Hinweise auf Vergleichbares und Unvergleichbares.

In der französischen Literatur läßt sich die Tradition des kollektiven Schreibens weit zurückverfolgen. Ein Beleg aus dem 17. Jahrhundert ist die Tragikomödie *L'Aveugle de Smyrne (Der Blinde von Smyrna)*, zum Karneval des Jahres 1638 auf Befehl des Kardinals Richelieu in wenigen Tagen geschrieben von fünf Autoren, unter ihnen Pierre L'Estoile, Jean de Rotrou und der jüngere Pierre Corneille. Molière, dessen Truppe die Aufführung zu besorgen hatte, war vielleicht selbst an der raschen Versifikation des Textes beteiligt.

Heute zugänglichere französische Koproduktionen stammen aus dem 19. Jahrhundert, Romane wie *Le Corrupteur*, 1827, von Auguste Lepoitevin de Légreville Saint-Alme, Honoré de Balzac und einigen anderen Schriftstellern, *Rose et Blanche*, 1831, von George Sand und Jules Sandeau oder *La croix de Berny*, 1846, von Delphine Gay, Jules Sandeau, Joseph Méry und Théophile Gautier. Vergessen sind die vielen Autoren-Gespanne, die in routinierter »collaboration« die ebenso rasch produzierten wie konsumierten Boulevard-Komödien und -Tragödien für die Pariser Theater lieferten. Geläufig dagegen, immer noch, Emile Erckmann und Alexandre Chatrian, die unter dem Doppelpseudonym ihrer Nachnamen im letzten Drittel des vorigen Jahrhunderts erfolgreiche Romane schrieben (*Madame Thérèse*, 1863), gleichzeitig mit den Brüdern Edmond und Jules de Goncourt und deren ebenso bemerkenswerten Gemeinschaftswerken (*Germinie Lacerteux*, 1864) – ihr *Renée Mauperin* gilt übrigens als einer der Anreger für die ursprünglich, wie schon erwähnt, ebenfalls als Koproduktion geplanten *Buddenbrooks*.

1923 publizierte eine Quadriga um Paul Bourget ihren *Roman des Quatre*. Ein doppeldeutiger Titel: Der »Roman der Vier«, ein Psychodrama in der Form eines Briefromans, ist von vier Autoren verfaßt, und er ist zugleich auf vier Personen begrenzt, deren je eine von einem der vier Mitwirkenden vertreten wird. So geometrisch streng liest sich auch die Schreibanweisung, die man sich gab: »15 Tage Arbeit, 200 Zeilen pro Tag für jeden, das ergibt 12 000 Zeilen«.

Der Titel des *Romans der Zwölf* klingt nicht nur in diesem Werk an. Er hat auch einen echten französischen Nachfolger, *Le Roman des Douze*, 1957. Organisator war diesmal Jules Romains, der das erste Kapitel vorgab. Im übrigen galt das gleiche sequentielle Verfahren wie bei dem Berliner Vorgänger. Die Grundsätze, an welche sich das schreibende Dutzend zu halten hatte, sind überliefert. Auszüge: »1. Vom zweiten Kapitel an dürfen nur noch ganz beschränkt neue Personen eingeführt werden. 2. Morde sind gestattet, aber nicht in großen Mengen. 3. Verboten sind: Vorausnahmen und Reisen ins Universum. 4. Keine Pornographie. 5. Kein Geschlechterwechsel und kein Kapitel in Briefform«. Als Endprodukt ergab sich eine parodistische, in das Groteske, aber auch in das handfeste Spionagemilieu spielende Variante des »schwarzen« Kriminalromans. Sie handelt zum Teil von einem unterirdischen Nekrophagen-Klub, dessen Küche auf die Zubereitung von Menschfleisch spezialisiert ist, zum Teil von einer Alpenfestung, in der europäische Kunstwerke gehortet werden, die nach einem zu erwartenden Atomkrieg der nächsten Zivilisation verkauft werden sollen. Trotz hochdotierter Mitarbeiter aus Kreisen der Académie française, des Prix Goncourt und des Prix Fémina, trotz der Placierung im Programm des angesehenen Verlages Julliard reussierte das Werk nicht. Vielleicht war es für seinen Anspruch zu satirisch, vielleicht für seine Satire nicht anspruchsvoll genug.

Eine ähnlich lange Koproduktionen-Geschichte wie die französische Literatur verzeichnet die englische, belegbar beispielsweise durch die 1679 erschienene Folio-Ausgabe der 52 Renaissance-Comedies, die die beiden Dramatiker Francis Beaumont und John Fletcher im frühen 17. Jahrhundert gemeinsam verfaßt hatten. Fletcher soll 1612 zusammen mit William Shakespeare ein erfolgreiches Schauspiel geschrieben haben, das eine Episode aus Miguel de Cervantes' *Don Quixote* benutzte – ein bemerkenswertes Detail zu dessen Wirkungsgeschichte. Noch 1653 sind Aufführungen des Stückes nachweisbar, später scheint es bedauerlicherweise verlorengegangen zu sein.

In den Bereich des Ungesicherten gehört, daß Shakespeare sich seinerseits neben anderen Autoren an der Tragödie *Sir Thomas More* von Anthony Munday beteiligt habe. Das einzige von ihm erhaltene Handschriften-Fragment, dessen Zuschreibung allerdings nicht unumstritten ist, könnte eventuell ein Bruchstück seines Beitrags sein. Aber dies ist Vermutung. Kehrte man sie um, entstünde neuerliche Spekulation: Wir wissen nicht, könnte man meinen, welche Mitarbeiter an den unter Shakespeares Namen überlieferten Stücken beteiligt waren. Soviel zur unendlichen Geschichte der Überlegungen um seine Identität.

Sichereren Boden bietet das 20. Jahrhundert. Hier sind die gewichtigsten englischen Literatur-Koproduktionen zu verzeichnen, zumal auf dem Gebiete des anspruchsvolleren Kriminalromans. Das mit weitem Abstand beste Beispiel hierfür, *The Floating Admiral*, 1931, wurde von großen Könnern des Fachs geschrieben, allen voran Gilbert Keith Chesterton, Dorothy Sayers und Agatha Christie. Die Organisation der Zusammenarbeit glich der des *Romans der Zwölf* mit dem Unterschied, daß jeder Beiträger außer seinem Kapitel auch eine Mutmaßung über die endgültige Lösung niederzuschreiben hatte. Diese Texte wurden dem abgeschlossenen Roman beigedruckt, sie enthalten Quellenmaterial, das für die nähere Untersuchung literarischer Gemeinschaftswerke ebenso von Belang ist wie für die Erforschung des Genres Kriminalroman. Vergleichbare englische Titel – *Ask a Policeman*, 1933, oder *Double Death*, 1939 – sind zwar bemerkenswert, sie treten aber hinter diesen Klassiker zurück.

Eine Skurrilität ist jener amerikanische Multiautorenkriminalroman, der auf einen amtierenden US-Staats-Chef zurückgeht, *The President's Mystery Story*. Deren Handlung hatte Franklin D. Roosevelt entworfen, eine Reihe von Schnellschreibern füllte das Gerüst aus, das Ganze blieb dürftig, auch durch die Tatsache nicht zu retten, daß der Präsident persönlich die Mörderin begnadigte.

Demgegenüber bietet die russische Literatur mit dem Roman *Die großen Brände*, 1907, den ernsthafteren Beleg eines frühen Science-fiction-Textes, einem Gemeinschaftswerk von nicht weniger als 25 Autoren, unter ihnen Isaak Babel, Konstantin Fedin, Michail Schoschtschenko und Alexei Tolstoi. Erfolgreich, über Jahrzehnte, war das Duo Ilja Arnoldovič Ilf (Fainzilberg) und Evgenij Petrovič Petrov mit seinen Satiren auf den real expandierenden Sozialismus der zwanziger Jahre, *Zwölf Stühle*, 1928, oder *Das goldene Kalb*.

Mit diesen beiden Autoren ist auf eine neuere Arbeitsweise hingewiesen, die die literarischen Koproduktionen der letzten Jahrzehnte bestimmt: das Autorenpaar. Seien es Simone und Serge Golonbinoff, die als »Anne Golon« ihre libidinöse *Angélique* erscheinen ließen, seien es Mai Sjöwall und Per Wahlöö mit ihren anspruchsvolleren schwedischen Romanen, seien es Pierre Boileau und Thomas Narcejac mit ihren französischen Kriminalerzählungen, oder sei es das erfolgreiche italienische Team Fruttero & Lucentini mit seinen Romanen aus Turin, zuletzt mit einem größeren Werk über einen unvollendeten Text von Charles Dickens hervorgetreten.

10

Den literarischen Koproduktionen sind, zur Ergänzung, für Vergleiche und als Hintergrund, Zusammenarbeits-Werke aus der Musik- und Kunstgeschichte an die Seite zu stellen, wobei die grundlegend unterschiedlichen rezeptiven Situationen berücksichtigt werden müssen, in denen Kompositionen und Gemälde gegenüber Produkten der Literatur stehen.

Die europäische Musikgeschichte kennt viele, und auch bemerkenswerte Koproduktionen. Seltener im Bereich der Sinfonik (von Gesellschaftsspiel-Späßen einmal abgesehen, wie jener »Sinfonia ex G«, die Carl Philipp Emanuel Bach 1751 gemeinsam mit Ferdinand Philipp Joseph von Lobkowitz »einen Takt um den andern, aus dem Stegreif verfertigt« haben soll – falls das erhaltene Notenmaterial überhaupt authentisch ist). Öfter schon bei der Kirchenmusik, so bei der alltagspraktischen Zusammenarbeit, der Kontamination vorgefertigter Einzelteile, wie sie in der vielbeschäftigten Familie Bach üblich war (beispielsweise die *Michaelis-Kantate* von Johann Christoph Friedrich Bach und Carl Philipp Emanuel Bach oder die *Fest-Kantate* von Johann Heinrich Bach und Johann Christoph Bach).

Zusammenarbeit im Bereich der Oper ist dagegen viel häufiger, vor allem in der Oper des 18. Jahrhunderts, als, innerhalb der Konditionen eines anderen Werkbegriffs, die Partituren für eine Saison oder auch direkt auf einen Anlaß hin geschrieben werden mußten, als rasche Verfertigung nötig, Arbeitsteilung mithin sinnvoll war, wenn die Theaterunternehmer finanziell erfolgreich um die flüchtig auf- und abwogende Gunst des Publikums konkurrieren wollten.

Dabei geht es nicht so sehr um die zahllosen Einlage-Arien, die wegen der Nachbesserung einer aktuellen Produktion beziehungsweise der Launenkorrektur einer Primadonna oder eines Primouomo halber eingeschoben wurden. Johann Christian Bach in London streckte Christoph Willibald Glucks hochkomprimierte, also viel zu kurze Oper *Orfeo ed Euridice* durch sieben eigene Arien und Kompositionen anderer auf die traditionell abendfüllende Länge. Wolfgang Amadeus Mozart, um nur einen Fall herauszugreifen, schrieb 1789 die zusätzliche Sopran-Arie *Alma grande e nobil core* in Domenico Cimarosas *I due baroni*. Es geht auch weniger um die geläufige, tunlichst attraktive Zusammenstellung populärer, schon des öfteren akklamierter Arien über einem neuen Libretto (Virtuositäten der »geläufigen Gurgel«, kontaminierbar wie Video-Clips).

Es geht hier vielmehr um von vornherein geplante Koproduktionen, bei denen eine Novität binnen kurzem aktweise von mehreren Komponisten vertont werden mußte. »Pasticcio« (Pastete) nannte man dieses zumal in der opera italiana grassierende Verfahren, dessen Produkte in der Regel nur die Lebenserwartung einer Eintagsfliege hatten. Nachrichten über solche Schnellschuß-Premieren sind Legion. Begnügen wir uns mit zwei Beispielen, einer heroischen Oper und einem Kirchenmusik-Pasticcio. 1721 erschien *Muzio Scevola* im Londoner King's Theatre am Haymarket, mit der Musik von Filippo Amadei (Akt I), Giovanni Bononcini (Akt II) und Georg Friedrich Händel (Akt III). Und 1767 wurde in Salzburg ein »geistliches Singspiel« mit dem Titel *Die Schuldigkeit des ersten Gebots* aufgeführt, dessen zweiten und dritten Teil Johann Michael Haydn und Anton Cajetan Adlgasser komponiert hatten, dessen erster Teil eine Arbeit des erst elfjährigen Mozart war.

Ebenfalls drei Komponisten schrieben 1767 die nur noch in geringen Spuren nachweisbare Oper *Theonis*, Pierre-Montan Berton, Antoine Trial und Louis Granier, von dem außer der Tatsache seiner Mitwirkung an diesem Stück nichts bekannt ist.

Drei Komponisten beim gemeinsamen Werk – das konnte keine größeren Konflikte bei der Zusammenarbeit ergeben. Schwieriger dürften die organisatorischen Einverständnisse 1831 in Paris zu erzielen gewesen sein, als sich, eine numerische Parallele zum *Roman der Zwölf*, ein Dutzend Komponisten, die Crème der Grand Opéra, vereinigte, um die Geschichte einer berüchtigten Giftmischerin in einer Oper darzustellen, dem lyrischen Drama *La Marquise de Brinvilliers*, das am 31. Oktober 1831 in der Opéra lyrique gegeben wurde, mit Musik unter anderem von Daniel François Esprit Auber, François Adrien Boieldieu, Antonio Carafa, Luigi Cherubini, Louis Joseph Ferdinand Hérold und Ferdinando Paër auf ein (ebenfalls gemeinschaftliches) Libretto von Eugène Scribe und François Henri Joseph Blaze (dit Castil-Blaze).

Noch um einen Namen größer war die Zahl der Mitwirkenden an der *Messa per Rossini*, die auf Anregung Giuseppe Verdis 1868 als Requiem zum Jahrestag des Todes Gioacchino Rossinis von dreizehn Komponisten gemeinschaftlich niedergeschrieben wurde; ihre Namen – Antonio Buzzolla, Antonio Bazzini, Carlo Pedrotti, Antonio Cagnoni, Alessandro Nini, Raimondo Boucheron, Carlo Coccia, Gaetano Gaspari, Pietro Platania, Lauro Rossi, Teodulo Mabellini – sind vergessen, mit der großen Ausnahme Verdi, der das *Libera me* beisteuerte. Aus unbekannten Gründen führte man diese Koproduktion damals nicht auf, vor kurzem erst war sie wiederzuentdecken. Ähnlich verschollen ist die unvollendete russische Pasticcio-Ballettoper *Mlada* von 1872, ein Gemeinschaftswerk diesmal von berühmten Namen: Nikolai Rimskij-Korsakow, Alexander Borodin, Modest Mussorgskij und Alexander Cui. Noch immer bekannt sind die musikalischen Koproduktionen der Brüder Johann und Joseph Strauß (*Pizzicato-Polka, Vaterländischer Marsch*), bei denen gelegentlich auch der dritte Bruder Eduard mitschrieb (*Trifolien-Walzer*), so gut wie untergegangen, ein Beispiel aus neuerer Zeit, die *Jüdische Chronik* von Paul Dessau und Hans Werner Henze.

Genug der Beispiele aus dem Produktionsbereich. Wer Zusammenarbeit im Bereich der Aufführungen kennenlernen möchte, kann sich etwa in der Jubiläums-CD-Edition des Stockholm Philharmonic Orchestra von 1989 bedienen; dort findet man eine Einspielung der Beethovenschen *Neunten*, deren Finale der Reihe nach von zehn Dirigenten geleitet wird – ein synthetisches Teamwork vom Schneidetisch.

11

Daß auch in der Geschichte der europäischen Malerei Zusammenarbeit gang und gäbe war, mit Meisterwerken ebenso wie mit Mittelware aus Durchschnittsangebots-Katalogen, ist bekannter, als es erforscht ist. Geläufiger ist sie zumal in früheren Jahrhunderten: Koproduktionen aus den realen Zwängen des Marktes mit seinen wechselnden Nachfragen und kurzfristigen Terminen finden sich häufiger in den verkaufspragmatisch bestimmten Strategien der »Werkstatt«-Epoche und weniger in den inspirationsproblematisch orientierten Produktionsweisen der »Atelier«-Ära.

Eine Liste, deren Reiz in ihrer äußersten Unvollständigkeit läge, müßte etwa Andrea del Verrocchios Gemälde *Die Taufe Christi*, um 1475, erwähnen, dessen berühmten »Engel links« sein Schüler Leonardo da Vinci hinknien ließ, oder die Niederländer des »goldenen« 17. Jahrhunderts, als es Spezialisten für Kühe und für Wolken gabe, Namen wie Jan Breughel den Älteren, etwa seine Landschaftsdarstellung in einem Paradies-Gemälde von Peter Paul Rubens, Namen aber auch wie Antonis van Dyck, Jacob Jordaens, Cornelis de

Vos, Peeter Snyers – sie und viele Zeitgenossen arbeiteten gemeinsam mit anderen bekannten Malern.

Die Aufzählung könnte sich mit der Barockmalerei befassen, vor allem mit den meist kooperativen Innenarchitektur-Ausstattungen von Kirchen und Schlössern, sie wäre in das 19. Jahrhundert weiterzuführen, zu den Nazarenern, und in das 20. Jahrhundert, etwa zu der »cadavre exquis« genannten Technik spielerischer Sammel-Zeichnungen der Surrealisten in den zwanziger Jahren, sequentiell auf gefalteten Blättern von oben nach unten fortgesetzten Darstellungen phantastischer Körper. Sie wäre bis in die jüngere und jüngste Gegenwart zu ergänzen, bis zu Andy Warhol beispielsweise und seiner factory, oder zu dem jahrelang unternommenen Kollektiv-Projekt von vier Berliner und Leipziger Malern in der ehemaligen DDR.

Um zuletzt mit nur einem Hinweis zu belegen, daß auch in einer signifikanten Kunst des 20. Jahrhunderts, dem Film, Koproduktionsverfahren eine wichtige Rolle spielen: Viele englische und amerikanische, vor allem viele französische Filme kennen die Trennung zwischen dem Drehbuchautor, dem Dramaturgen, einerseits und dem eigens genannten Verfasser der Dialoge andererseits, eine Arbeitsteilung, die sich häufig sehr positiv auf die Qualität der gesprochenen Texte auswirkt und bei vergleichbaren deutschen Filmen des öfteren unwohltuend vermißt wird.

12

Ein literarischer Scherz. »Ihre Idee ist lustig«, hatte Otto Julius Bierbaum vor der Zusammenarbeit der Autoren über den *Roman der Zwölf* an den Verleger geschrieben, »ich fürchte, zu lustig für düstere Deutsche«. Hat er damit recht? Einerseits ja: Für düstere Deutsche ist das Buch nun wirklich nichts, für sie ist es auch nicht gedacht. Andererseits nein: Denn es gibt auch andere Leser. Für diese kann, was die Zwölf zustande brachten, was sie kühn zusammenbastelten und flott herunterschrieben, inzwischen patiniert durch acht Jahrzehnte, auch heute noch amüsant sein, eine Satire, eine Persiflage, belustigt und heiter zu genießen.

Gewiß ist es kein Zufall, daß der romantische Vorgänger, *Die Versuche und Hindernisse Karls*, ebenfalls dieser Kategorie zuzuordnen ist. Und wer weiß, vielleicht sind diese Eigenschaften gelegentlich auch im Nachfolger, im *Gästehaus*, zu entdecken. (Eine schon jetzt feststehende Gemeinsamkeit liegt, nebenbei gesagt, darin, daß alle drei aus Berlin stammen – wie immer dies zu erklären sein mag.)

Und heute? Neueste Koproduktionen, zumindest so bemerkenswerte wie die hier besprochenen Romane, liegen uns nicht vor. Sie wären also, strenggenommen, möglich. Das sollte genügen.

Einige historische Beispiele wurden aufgeführt (wobei zu entschuldigen ist, daß andere aus Platzgründen oder Unkenntnis fehlen). Koproduktion, war zu sehen, bleibt ein komplexes Feld. Schwierig in der Literatur zumal. Im übrigen weniger. Jean Paul, der schon eingangs erwähnt wurde, könnte, falls er es nicht gesagt hat, gesagt haben: Im übrigen ist schließlich jeder Mensch eine Koproduktion.

29

»Teile gesamtgesellschaftlicher Prozesse« Literatur in der DDR

Auch eine Jugend in der DDR: die Geschichte der Geburt und des Heranwachsens der Literatur – soll sagen: ausschließlich der »schönen« Literatur – als Produktion und als Markt zwischen Schwerin und Rudolstadt, von 1945 bis 1962, in den 18 Jahren also bis zu ihrer Volljährigkeit. *Spiegel unseres Werdens* hieß einst eine große, weit ausgreifende Lyrik-Anthologie aus der DDR (Berlin-[Ost] 1969). Ein anderer »Spiegel« dieses »Werdens« ist hier anzuzeigen, ein bemerkenswerter, sehr diskussionswürdiger Versuch, mit Hilfe einer bibliographischen Methode ein Stück Literaturgeschichte zu schreiben, drei umfangreiche und überaus materialhaltige Bände über »Ausbildung, Verbreitung und Aufnahme« von Literatur in der frühen DDR –, was, nähme man es sehr genau, nicht ganz korrekt wäre, sondern, in historisch richtiger Abfolge, heißen müßte: in der S(owjetisch) B(esetzten) Z(one) und, ab 1949, in der frühen DDR.

Nach den bisherigen Bilanzversuchen – *Schriftsteller der Deutschen Demokratischen Republik und ihre Werke*, 1956, *Schriftsteller der Deutschen Demokratischen Republik*, 1961, und *Schriftsteller der DDR*, 1974 – liegt damit eine neue, profunde, das Material um ein Vielfaches des bisher Verzeichneten erweiternde Übersicht vor. Sie verfolgt auch ein anderes Ziel als ihre Vorgänger. »Das Buch soll seine Leistung nicht als Hilfsmittel für Einzelinformationen erschöpfen, sondern es zielt auf eine eigenwertige Darstellung des Gebietes. Die in Nachschlagewerken vorherrschende Anlage nach lexikalischen Kriterien kommt nicht zur Anwendung, sondern es werden die in der bibliographischen Methode vorhandenen Möglichkeiten zur abgekürzten Darstellung geschichtlicher Sachverhalte und Entwicklungen genutzt. An die Stelle der vorzugsweise unter Namen oder Begriffe ordnenden Literaturverzeichnisse wird eine der literarischen Entwicklung selbst entsprechende Darstellungsform gesetzt. Literarische Produktion und Rezeption werden als Teile gesamtgesellschaftlicher Prozesse herausgestellt«.

»Teile gesamtgesellschaftlicher Prozesse« – diese Bände sind eine offizielle Publikation der Akademie der Wissenschaften in Berlin [Ost], bearbeitet in deren Zentralinstitut für Literaturgeschichte. Sie verfolgen ihre literaturhistorischen Ziele stets auch unter gesellschaftswissenschaftlichen und allgemein politischen Aspekten, sie sind bemüht, nicht nur literarische, sondern auch »allgemeine« Entwicklungen sichtbar zu machen; den »Mängeln einer isolierten Auffassung der Literaturgeschichte soll durch Beachtung übergreifender kulturpolitischer Festpunkte begegnet werden, indem Belege hierfür mit ihren die Literatur tangierenden Passagen ebenso Berücksichtigung finden wie die literaturinternen Debatten, Veranstaltungen und Kongresse«. Darum erfolgt eine breite, eingehende »Information über richtungweisende Momente«, über die alles entscheidende »Kulturpolitik«, von der Verzeichnung offizieller Stellungnahmen und Dokumente, Hinweisen auf Reden und Referate, auf Texte der Partei, auf Presseberichte bis zur Darstellung von Konferenzen und Preisverleihungen. Hierher gehört auch die immerhin bemerkenswerte Feststellung: »Die Beschränkung auf den Zeitraum 1945-62 macht es möglich, nicht nur alle die Entwicklung fördernden, progressiven, sondern auch die entgegenwirkenden Erscheinungen oder die nur zeitweilig hier wirksamen Kräfte als Teile des gesamten Geschichtsprozesses zu bewerten und zu berücksichtigen«.

Neben der ausführlichen Darstellung der Neuerscheinungen eigener Autoren werden zwei weitere »Komponenten des Literaturprozesses« eingehend behandelt: »die vom Leser rezipierte ausländische Gegenwartsliteratur« und »die aufgenommenen Werke der Weltliteratur früherer Epochen«, russische, polnische, ungarische und andere Neuproduktionen in Übersetzungen und die große Zahl wiederaufgelegter »klassischer« Texte. »Damit erscheint die Literatur der DDR im Gefüge der gegenwärtigen weltliterarischen Entwicklung, insbesondere als Teil des Ensembles einer sich herausbildenden sozialistischen Weltliteratur, und vor dem Hintergrund des in Neuausgaben belegten Verhältnisses zum kulturellen Erbe«. Aus diesen drei Komponenten entsteht das Gesamtbild der »Literatur in der DDR«.

Als Grundlage für die minuziöse Bearbeitung der voluminösen Materie dienten die bekannten Allgemeinbibliographien wie das *Jahresverzeichnis des deutschen Schrifttums* und das *Deutsche Bücherverzeichnis*. Dazu Detailrecherchen in Verlagsverzeichnissen und Bibliothekskatalogen, Nachforschungen auch in jenen zum Teil recht »grauen« Informationsquellen, die nicht immer die Freude der Bibliographen sind. Wichtiger ist, daß das gesammelte Material umgearbeitet und nach neuen Gesichtspunkten vereinheitlicht dargeboten wird. Man hat es nach Erscheinungsjahren gegliedert.

Bibliographie als Chronik – Chronik als Bibliographie. Eine abstrahierende Form der Deskription wird entsprechend ihren Möglichkeiten zur Darstellung eines historischen Prozesses eingesetzt. Umgekehrt: Ein auch narrativ zu bewältigender Vorgang wird auf seine materiell-statistischen Fundamente konzentriert und damit verdeutlicht. Das ist, im Ansatz, nicht neu. Chronologisch angeordnete Bibliographien gab es schon immer. Neu ist, daß diese bibliographische Methode hier zur breitgefächerten Rundschau über einen kulturpolitisch-literarischen Vorgang mit zahlreichen Facetten verwendet wird: als Annalen.

Annalistik, man weiß es, ist ein gefährliches Prinzip, für den Produzenten, der leicht decouvriert wird, wie für den Rezipienten, der sich oft genug desillusioniert sieht. Im vorliegenden Falle allerdings bewährt sich der annalistische Ordnungsmechanismus vorzüglich. Die Zusammenstellung bietet Zugriffe und Erkenntnismöglichkeiten, die bei allen anderen bibliographischen Präsentationen entweder nicht oder nur unter sehr erschwerten Bedingungen möglich waren.

Jedem Jahre von 1945 bis 1962 zugeordnet, erscheint immer die gleiche übersichtliche Abschnittfolge:

1. »Kulturpolitik« – davon war schon zu sprechen.
2. »Zeitschriften«. Die Darstellungen der jeweils neu erscheinenden Literatur-Zeitschriften sind erfreulich ausgiebig geraten. Einer Bibliographie der Verantwortlichen (Herausgeber, Redakteure, mit allen Veränderungen) folgen eine Sammelkollation, eine Übersicht der Rubriken, Hinweise auf Sekundärliteratur. Nach einer zum Teil ausführlichen Charakteristik des Inhalts wird eine mitunter ausgedehnte Auswahl der Mitarbeiter geboten.
3. »Anthologien«. Ebenfalls inhaltliche Beschreibung und Nennung der Beiträger.

Es folgt die Übersicht der formal selbständigen Literatur-Produktion, die die Hauptmenge der Titel ausmacht. Als »obere Gliederungsebene« wurde dabei »die Ordnung nach literarischen Grundformen gewählt, eine Einteilung, die der Literatur selbst gemäß ist und die es ermöglicht, den Stoff soweit differenziert darzustellen, wie es für die Kenntnis von Entwicklungslinien informativ ist. Sie bleibt großflächig genug, um vom Nutzer ohne Schwierigkeiten bei der Interpretation von Einzelfällen nachvollzogen zu werden«. Die nächsten drei Abschnitte heißen, demzufolge, 4. »Epik«, 5. »Lyrik« und 6. »Dramatik«,

Begriffe, die hier »als Ausdrucks- oder Haltungskategorien, nicht als sprachliche Form verstanden« werden.

Und zum Schluß eines jeden Jahres jeweils zwei Kapitel: 7. »Sachliteratur«, Veröffentlichungen zumeist aus dem Umkreis der Belletristik, und 8. »Teilsammlungen«, worunter gelegentlich auch »Sämtliche Werke« eines Autors erfaßt sind.

»Die Zuordnung einzelner Genres zu den Gattungen«, wird dazu erklärt, »kann hier nicht von der Interpretation eines jeden Werkes her vorgenommen werden, sondern muß uniform geschehen und auch für den Nutzer schematisch erkennbar und nachvollziehbar sein. In diesem Sinne werden hier der Epik auch die epischen Gedichte und Epopöen, Fabeln und Anekdoten zugeordnet, dagegen der Lyrik alle Balladen und lyrischen Poeme, unabhängig von der zuweilen subjektiven Bezeichnungsweise durch die Verfasser. Ebenso konsequent mußten bei der Dramatik alle für die Vorstellung auf der Bühne bestimmten Werke vereinigt werden, also das gesamte Kabarettschrifttum einschließlich der Solovorträge, ferner Filmszenarien, Kantatentexte. Zur vierten Gattung rechnen hier außer den Essays und Abhandlungen alle Texte, die vorwiegend informieren: Reportagen, Glossen, Reisebücher und Erlebnisschilderungen, Autobiographien, Briefe«.

Es verdient, hervorgehoben zu werden, daß man starke Akzente auf das »literarische Leben« gesetzt hat. So sind die in anderen derartigen Verzeichnissen oft genug zu knapp behandelten oder gar unterschlagenen weiteren Mitwirkenden an einem Werk ausführlich miterfaßt: Herausgeber, Übersetzer, Illustratoren, Komponisten. Detailliert dargestellt ist auch das schwierige, aber wichtige Gebiet der häufig nur als unverkäufliche Exemplare vervielfältigten Bühnenmanuskripte. Soweit möglich, ist die sogenannte »Zirkelliteratur«, selbstverlegte Schriften der »Bewegung schreibender Arbeiter, Bauern und Soldaten«, aufgeführt: Hefte, die wenig gesammelt wurden, weit verstreut und schwer zu ermitteln sind.

Einschränkungen des Gesamtprogramms, sowohl aus formalen wie aus inhaltlichen Gründen, sind zu verzeichnen. Nicht vollständig nachgewiesen ist die »Kinderlitatur der ausschließlich auf diesem Gebiet tätigen Autoren« (zu der ein eigenes Repertorium in Vorbereitung ist) oder das »Schrifttum über die Theaterpraxis«. Bei Fremdsprachen auf dem Gebiet der DDR, etwa beim Sorbischen, hat man sich auf die »originären Zeugnisse« beschränkt. Nicht enthalten sind Veröffentlichungen aus anderen Literaturen in den jeweiligen Originalsprachen und »philologische Spezialliteratur«, beziehungsweise, bei letzterer wurde über die Berücksichtigung anhand der Frage entschieden, »ob der Autor die literaturinteressierte Allgemeinheit oder nur eine Gruppe Fachinteressierter erreichen wollte«. Theaterstücke, die auf DDR-Bühnen gespielt, aber nicht im Lande verlegt wurden, erscheinen ohne Verlagsangabe. Bei den Zeitschriften werden die Mitarbeiter nicht vollständig angeführt, aus Platzgründen, aber auch, um zu vermeiden, daß »das Charakteristische in einer Unmenge des geschichtlichen Bedeutungslosen, des Ephemeren, untergegangen« wäre. Durch solche und ähnliche Entscheidungen sollte, alles in allem, der »Gefahr einer unprofilierten Universalbibliographie alles Gedruckten« begegnet werden – eine gewiß nicht unproblematische Formulierung.

Die Einzeleintragungen sind jeweils in sich geschlossene Titelaufnahmen, die unter dem Verfassernamen oder dem Sachtitel als Schlagwort stehen. Sie fassen alles Wesentliche an einer Stelle zusammen: Bei der Nennung der Erstauflage wird auch die letzte Auflage im Berichtszeitraum verzeichnet (das Gesamtwerk darf somit als eine abgeschlossene Einheit betrachtet werden); sie verweisen auf Vorab- und Teildrucke in Periodika, nennen Parallel- und Lizenzausgaben, führen (in Auswahl) Rezensionen und Studien auf. So entstehen in der Tat »bibliographische Miniaturmonographien über jedes dieser Werke«.

Selten tauchen erläuternde Annotationen auf, etwa Bd. 2, S. 579 der Hinweis, Christa Wolfs Aufsatz *Achtung, Rauschgifthandel!* spreche »über seichte Unterhaltungsliteratur«.

Eine gute Idee war es, die DDR-Autoren in den Schlagwörtern durch Versalien hervorzuheben. Damit ist das Entstehen der Literatur in der Literatur deutlich zu verfolgen. Der eigene Anteil am Gedruckten und Verteilten ist anfangs, natürlich, eine Minderheit. Doch steigert er sich schließlich bis etwa zur Hälfte der jährlichen Produktion.

Diese DDR-Titel werden, wie zu erwarten, zunächst von bereits bekannten Autoren der (damals) »älteren« Generation beherrscht, vor allem von den zahlreichen Remigranten: Johannes R. Becher, Bert Brecht, Willi Bredel, Eduard Claudius, Fritz Erpenbeck, Stephan Hermlin, Stefan Heym, Peter Huchel, Hans Marwitza, Theodor Plievier, Ludwig Renn, Anna Seghers, Erwin Strittmatter, Erich Weinert, Friedrich Wolf, Arnold Zweig und andere. Zu ihnen gesellen sich allmählich die (damals) »jungen«, nach dem Ersten Weltkrieg geborenen, ihre ersten Titel publizierenden DDR-Autoren (was, von hier und heute aus gesehen, bei einigen heißen muß: ehemaligen DDR-Autoren, oder auch: DDR-Autoren in der Bundesrepublik Deutschland, oder auch: anderswo), Namen wie Helmut Baierl, Günter de Bruyn, Franz Fühmann, Peter Hacks, Heiner Kipphardt, Günter Kunert, Reiner Kunze, Erich Loest, Harry Thürk oder Christa Wolf. Allein – literaturgeschichtliche Überlegungen an das hier so vielfältig ausgebreitete Material zu knüpfen, kann nicht die Aufgabe einer Besprechung sein. Ein Hinweis nur, am Rande: In jenen Jahren wurde gelegentlich West-Belletristik importiert; neben Heinrich Böll auch Johannes Mario Simmel.

Zentraler und unentbehrlicher Bestandteil des Gesamtwerks ist der dritte Band, das Namensregister. Es faßt sämtliche in den Einzelaufnahmen erwähnten Namen zusammen und bringt zusätzliche Informationen zu den einzelnen DDR-Autoren. Mit einem gewissen Recht wird daher gesagt, dieser Band sei »das umfassendste Autorenlexikon für die frühen Entwicklungsetappen der DDR-Literatur«.

Mit anderen Worten: Das Weltreich Literatur ist, wie bekannt, in viele und vielfältige Provinzen gegliedert, und hier haben wir den Bericht vom Entstehen der Provinz DDR im Weltreich Literatur.

Was besagt dazu die Statistik? Sie besagt, daß im Jahre 1 der Berichtszeit, 1945, in der Rubrik »Kulturpolitik« 3 Eintragungen vorliegen, bei »Anthologien« keine; bei der »Epik« 23, der »Lyrik« 11, der »Dramatik« 16; bei der »Sachliteratur« 7, bei den »Teilsammlungen« keine. 18 Jahre später, 1962, dann dieses Bild: bei der »Kulturpolitik« 10 Eintragungen, bei »Anthologien« 81; bei der »Epik« 398, der »Lyrik« 26, der »Dramatik« 102; bei der »Sachliteratur« 121, bei den »Teilsammlungen« 17. (Die Zeitschriften wurden hier nicht miterfaßt, da sie stets nur im Jahre ihres Ersterscheinens aufgeführt werden und damit für diese Statistik nicht in Frage kommen können.) Nach allem, was man von den Produktions- und Distributions-Bedingungen in diesem und jenem Lande weiß, bleibt die damit dokumentierte Entwicklung eine erstaunliche Leistung.

Schließlich ist noch dankbar zu vermerken, daß die bibliographische Technik in diesen Bänden perfekt und souverän angewandt wird, was freilich kein Wunder ist, denn der Bearbeiter, Herbert Jacob (*Goedeke*), darf als einer der erfahrensten und exaktesten Bibliographen gelten, die die Wissenschaft von der deutschen Literatur zur Zeit besitzt. Er hat hier, innerhalb des für den Urheber so entsagungsvollen wie für den Nutznießer hilfreichen Gebiets der Bibliographie, eine hervorragende Leistung vorgelegt, ein überaus inhaltsreiches, exzellent gearbeitetes und vorzüglich zu benutzendes Werk über einen Teil der jüngeren deutschen Literaturgeschichte. Zugleich ist diese – auch drucktechnisch sehr rühmenswerte – Publikation eine eigene Art Buchhandelsgeschichte – für 18 Jahre

DDR. Für 18 Jahre Bundesrepublik Deutschland, oder auch für weitere Jahre, gibt es derlei nicht. Und so schnell werden wir es auch nicht am Lager haben. Leider.

Literatur in der DDR. Bibliographische Annalen 1945-1962. Von Herbert Jacob. Bd. 1-3. Berlin [Ost]: Akademie-Verlag 1986.

30

Erntekränze
Zwei Festschriften

»The Pflug Paradox«

Blicke in die Zukunft, Prophezeiungen, Aussichten, Fortschreibungen, Vermutungen – zwölf Jahre vor dem Stichtag: Der in jeder Hinsicht gewichtige Band, der soeben unter dem Doppeltitel *Nationalbibliotheken im Jahr 2000 / National Libraries in the Year 2000* erschienen ist, offeriert eine facettenreiche Palette von Beiträgen zu seinem Thema. Er ist damit nicht nur die höchst verdiente Würdigung des bibliothekarischen Lebenswerks von Günther Pflug, dem kürzlich in den Ruhestand getretenen Generaldirektor der Deutschen Bibliothek in Frankfurt am Main, dessen 65. Geburtstag der Anlaß dieser Festschrift war, sondern zugleich auch ein bemerkenswertes Kompendium von Überlegungen zur weiteren Entwicklung des weltweiten Bibliothekswesens, eine Zusammenfassung, die Bibliothekaren, Verlegern, Buchhändlern und Lesern, allen somit, die am Thema Buch, Bibliothek und Information interessiert sind, gleichermaßen willkommen sein sollte.

Nationalbibliotheken? »Die Nationalbibliotheken nehmen unter den bedeutenden Bibliotheken in aller Welt einen besonderen Rang ein. Ihre Aufgabe als zentrale Archivbibliotheken und nationalbibliographische Informationszentren bestimmen diesen Rang. Die Nationalbibliotheken bewahren so das literarische Erbe der Völker, ein Erbe, das ständig wächst«. So Bundesminister Friedrich Zimmermann in seinem Geleitwort. Von den damit gestellten historischen, aktuellen und zukünftigen Aufgaben, von der vernünftigen Verwaltung der Vergangenheit, der Bewältigung der Gegenwart und der Planung der Zukunft durch den Einsatz modernster elektronisch-technischer Möglichkeiten handelt dieses Buch. Sinnvollerweise wurde es dem Chef einer Institution gewidmet, die zu großen Teilen als Nationalbibliothek der Bundesrepublik Deutschland arbeitet, zu deren wichtigsten Aufgaben deshalb die »›Sammlung, Archivierung und Bereitstellung deutschsprachiger Publikationen‹ (nach 1945) ebenso gehört wie deren ›bibliographische Verzeichnung‹ und der ›Aufbau Zentraler Dienste zur Rationalisierung der Bibliotheksarbeit aller Bibliotheken‹ in diesem Lande, aber auch die Pflege der ›Beziehungen zu nationalbibliographischen Einrichtungen des Auslands‹, ja sogar die Funktion als ›Mittler für die Zusammenarbeit der europäischen Bibliotheken‹«. So Sieghardt v. Köckritz.

Den ersten Teil des Bandes füllen dementsprechend zumeist in englischer Sprache geschriebene Beiträge von Vertretern anderer Nationalbibliotheken. Einige davon sind den großen, weitläufigen Problemen gewidmet, die die Branche bewegen. Marianne Scott: *Towards the 21st Century: National Libraries and the 1990's*; William J. Welsh: *National Libraries in the Year 2000*; Peter R. Lewis: *Bibliographic Control and the National Bibliography*; Maurice B. Line: *National Libraries in a Time of Change*; Jacob van Heijst: *Conspectus* – ein System zur Beschreibung und Bewertung von Buchbeständen – *und die nationale und internationale Bibliothekspolitik*; Arie W. Willemsen: *A Legacy from Former Times – Some observations on retrospective conversion of catalogues and bibliographies into machine-readable form.*

Andere Artikel berichten konkret über Bibliotheksverhältnisse und -planungen in einzelnen Ländern: Kiyohide Ibusuki (Japan): *The National Diet Library in the 21st Century*; Kenneth R. Cooper: *The British Library: A Future Scenario*; Gyula Juhász (Ungarn): *Prospects of the National Széchényi Library for 2000*; Franz G. Maier (Schweiz): *Nationalbibliotheken: Mutmaßungen über ihre Zukunft aus der Sicht der kleinen Neutralen.*

Und eine dritte Kategorie von Beiträgen liefert mehr Zustandsbeschreibung als Zukunftsüberlegungen: Jul Christophory: *Dokumentation in Luxemburg*; Nikolai S. Kartashov: *Typology of Libraries in the USSR*; Helmut Rötzsch: *Die Deutsche Bücherei als Zentrum der bibliographischen Literaturinformation*; Magda Streibl: *Die Österreichische Nationalbibliothek auf dem Weg in das Jahr 2000.*

Im zweiten Teil des Bandes kommen Mitarbeiter Günther Pflugs zu Wort, die von Erfahrungen aus der Arbeit der Deutschen Bibliothek und von Plänen für die weitere Entwicklung dieses Hauses berichten: Dieter Wolf über die Rationalisierungsproblematik im Dienstleistungsbereich; Christine Boßmeyer über die Informationstechnologie der neunziger Jahre; Bertold Picard über die Fortentwicklung des Bestandsaufbaus; Rainer Erzepky über die Formalkatalogisierung (im Jahre 2000); Barbara Kelm über die Inhaltserschließung; Peter Baader über die Bereitstellung und Bewahrung der Bestände; Reinhard Buchbinder über Zentrale Dienstleistungen im Jahre 2000. Zum Schluß zwei Studien über Spezialabteilungen: Heinz Lanske über das Deutsche Musikarchiv, Brita Eckert über das Deutsche Exilarchiv 1933-1945.

Jenseits von Bericht und Darstellung, von Vermutung und Prognose: Vorgelegt wird eine gewichtige Versammlung zentraler Themen, die der nachdenklichen Aufmerksamkeit der Fachleute bedürfen. Und zugleich eine fast ununterbrochene Kette von Belegen für die vielfältigen Anregungen und innovativen Wirkungen, die Günther Pflug in seinem Hause und mit seinem Hause in der internationalen Bibliothekswelt hinterläßt. Sein Schriftenverzeichnis, das dem Band angehängt ist, umfaßt für die Jahre 1956-1988 imponierende 68 engbedruckte Spalten: die (vorläufige) Bilanz einer überaus eingreifenden und gestaltenden Arbeitskraft (bei der »nur« der Bibliothekar, nicht der Wissenschaftler und Hochschullehrer behandelt wurde). – »Je vielseitiger der Interessenkreis und die Verdienste des Jubilars« seien, »desto schwieriger« sei »die Erstellung einer Festschrift«, bemerkt Kurt Nowak in seiner Einführung. Wohl wahr. Im vorliegenden Fall ist dennoch ein sehr gut gelungenes Resultat zu verzeichnen, was sicherlich auch wieder in der ebenso intelligent-zielstrebigen wie komplex-universellen Persönlichkeit des Gefeierten begründet liegt. Es empfiehlt sich daher, eigens auf den überaus lesens- und beherzigenswerten Beitrag von Guy Silvestre hinzuweisen, der angesichts der hier vielfach und subtil analysierten und projektierten hightechnisch-elektronischen, computergestützten Verfahrenswelt der CD-ROM-Kompatibilität einen zusätzlichen Aspekt festhält, der keinesfalls unterschlagen werden darf: *The Pflug Paradox or How Latin Philology Survives the Computer Age.* Jawohl: überlebt.

Um nochmals Kurt Nowak zu zitieren: »Es ist zu hoffen, daß der vorliegende Band nicht nur den Nationalbibliotheken in aller Welt, sondern auch den mit ihnen in einem immer enger werdenden Verbund und einem immer wichtiger werdenden gegenseitigen Abhängigkeitsverhältnis zusammenarbeitenden übrigen Bibliotheken und sonstigen Einrichtungen des Informationswesens und des Buchhandels von Nutzen ist, sowie obendrein auch von den für eine angemessene finanzielle Ausstattung dieser Einrichtungen Verantwortlichen gelesen und beachtet wird«. Daß solche Lektüre sogar äußerlich ein Vergnügen sei, dafür hat der Verlag – die Buchhändler-Vereinigung Frankfurt am Main – das Seinige getan. Er hat dem Band seine besten herstellerischen Künste gewidmet und ein höchst opulentes, polygrafisch in der Tat festliches Werk vorgelegt, das zusätzlich mit Illustrationen und Tabellen bereichert und durch ein farbiges Porträt Günther Pflugs (von Hans-Jürgen Schlieker) geziert ist.

Und auch dies muß angeführt werden, ein Hinweis des Verlags, wichtig gerade bei einem Band, in dem vielfach von der Gefährdung und Sicherungsbedürftigkeit alter, auf schlechtem Papier gedruckter Bücher gesprochen wird: »Diese Publikation ist auf alterungsbeständigem, säurefreiem Papier gedruckt«. Zu wünschen bleibt, daß der Inhalt, der keineswegs immer säurefrei ist, ähnlich alterungsbeständig sein möge, überholbar nur durch bessere Lösungen.

»Aratro Corona Messoria«: The librarian who reads must not be lost

> Eine große Bibliothek ist ein Ort, an dem sich noch leichter als anderswo sagen läßt: ich weiß es nicht.
>
> Karlfried Gründer, 1988
>
> Latein und Griechisch brauchen wir schon deshalb, um uns die Barbiere vom Leibe zu halten.
>
> L. Stromeyer, 1975

Beiträge zur europäischen Wissensüberlieferung, einem Manne zugeeignet, dessen (bisheriges) Lebenswerk in mehrfachem Sinne der Überlieferung europäischen Wissens galt und gilt: Als Kurt Nowak in der Einleitung zu *Nationalbibliotheken im Jahr 2000* notierte, je vielseitiger der Interessenkreis und die Verdienste des Jubilars seien, desto schwieriger sei »die Erstellung einer Festschrift«, war er sich gewiß bewußt, daß er dabei doppeldeutig formulierte. Der zweite Sinn dieser Feststellung ergibt sich, wenn man sie gegen die üblichen Betonungsgewohnheiten liest: desto schwieriger sei »die Erstellung *einer* Festschrift«. In der Tat. Eine Persönlichkeit mit derart vielfältigen und ausgebreiteten, weit auseinanderliegenden Interessengebieten wie Günther Pflug kann nicht nur mit einem, wenn auch sehr festlichen Buche geehrt werden. Eine zweite Publikation gehört in jedem Sinne komplimentierend dazu. Die eine, eben erwähnte Festschrift feiert den verdienten Bibliothekar in beiderlei Gestalt (in Sachen Bücher und programmiert auf EDV). Die andere, nicht weniger inhaltsreiche, die den Gelehrten, den Wissenschaftler und Hochschullehrer Pflug zum Thema hat, heißt: *Aratro Corona Messoria*.

Der Titel ist, wenn ich das recht sehe, kein zusammenhängendes Zitat aus einem antiken Schriftsteller. Vorstellbar ist, daß er in längeren Debatten der an diesem Bande beteiligten altphilologisch Versierten geschaffen wurde. Hübsch ist er trotzdem: »Dem Pflug der Erntekranz«. Der Pflug ist aber auch der Pflüger, und der Pflüger ist der Pflug. Und der Kranz ist auch eine Krone. Diese (und andere) Bedeutungen muß man mitlesen.

Um, an den Namen eines der Herausgeber anknüpfend, diese Begriffe-Spielerei weiterzuführen: Serviert wird ein köstliches Menu von fünf Gängen. Die Vorspeise befaßt sich mit *Büchern und Bibliotheken*, der erste Hauptgang (oder Fischgericht) mit *Philosophica*, der Zwischengang mit *Philologica*, der zweite Hauptgang (oder Fleischgericht) mit *Bildender Kunst* und das Dessert mit *Musik und Theater*. Die meisten Speisen sind gar, wohlschmeckend, sorgfältig gewürzt, al dente und vorzüglich genießbar.

Etwa Wieland Schmidts tief nachdenklicher Essay über die historische Entwicklung von der Gewalt des Wortes und der Wortkunstwerke, von der »Sprechkultur«, vom Übergang zur Schrift und zum geschriebenen Buch (»Schreiben ist ein Mißbrauch der Sprache«, Goethe), zur Entstehung von Bibliotheken und Buchhandel – eine kompresse kleine Buchgeschichte bis zur Hochblüte der handschriftlichen Bücher im 14./15. Jahrhundert, bis zum Beginn des Buchdrucks und der durch ihn möglichen, so vieles verändernden »Identität einer Auflage«: »Im Anfang war das Wort, am Ende steht das Buch, das Buch in der Formgebung des codex impressus. In dieser Gestalt erfüllte sich das Buch seinem Wesen nach in so hoher Art, wohnte ihm eine solche Dynamik inne, daß Goethe von diesem Zeitpunkt an einen zweiten Teil der Welt- und Kunstgeschichte datieren konnte, welcher von dem ersten ganz verschieden sei«. Joachim-Felix Leonhard zeichnet in *Schenker und Beschenkte* den verwickelten Weg der Übergabe der Büchersammlung des Kardinals Bessarion (1403-1472) an die Seerepublik Venedig nach; die mit 746 Handschriften, darunter 482 griechischen, damals bedeutendste Privatbibliothek des Abendlandes fand schließlich, trotz aller Irrungen und Wirrungen, doch noch ein (Neubau-)Heim, sie wurde zum Grundstock einer der heutigen Weltbibliotheken, der venezianischen »Biblioteca Marciana«. Paul Raabe stellt die überlieferten Dokumente und Quellen »zur Idee einer deutschen Nationalbibliothek in Wolfenbüttel« vor, die 1845 vom damaligen Leiter der Herzoglichen Bibliothek, Karl Philipp Schönemann, aus einer »patriotischen Gesinnung« entwickelte Vorstellung, »mit Hilfe der Verleger aus allen Teilen des Reiches« eine zentrale Archivierung der deutschen Buchproduktion an der Oker zu schaffen – eine typische Vormärz-Utopie, nach Lage der Dinge weder damals noch später realisierbar.

Die Bücher – Unsere Freunde. Ein persönlicher – nicht allzu wissenschaftlicher – Nachtrag zu der Sammlung der Brüder Grimm, mit einem kleinen Exkurs in die deutsch-polnische Bücher-Gemeinschaft und mit einer Rückbesinnung auf Äsop, den phrygischen Sklaven, der zum Lehrer der Freien, zuerst der Griechen, dann aller Europäer, danach, darüber hinaus, vieler Länder und Kontinente wurde: Karl Dedecius' Beitrag mit diesem fulminanten Panorama-Titel beginnt mit einer biographischen Skizze über das Märchen von Hänsel und Gretel, deren amüsante Pointe so lautet: »Deshalb wurde und ist auch heute noch Günther Pflug für mich eine Märchenfigur, das Gegenstück zu der Hexe mit dem Pfefferkuchenhaus und Verbrennungsofen, ein guter Zauberer mitten im dunklen und undurchdringlichen Wald in einem riesigen Haus aus lauter schönen Büchern«; daran knüpfen sich Notizen zum Beginn der Druckgeschichte in Polen, über den wichtigen Einfluß früher deutscher Drucker dort (was sich bis heute in der Branchen-Nomenklatur niederschlägt: zecer – Setzer, drukarz – Drucker, holcsztych – Holzstich), und zum Schluß folgen einige Verse des polnischen Theologen und Arztes Biernat aus Lublin. Peter Rau (*Verstehen und Vermitteln – Übersetzen aus hermeneutischer Sicht*) bietet eine exzellente, höchst anregende, materialreiche Einführung in komplexe Probleme: »Eine Theorie der Übersetzung sollte das Übersetzen als eine eigene, Hermeneutik und Poetik (hier ›Sprachformung‹) verbindende geistige Tätigkeit begreifen«. In diesen Umkreis gehört noch Wolfgang Raschs kurze Darstellung der Stiftung Buchkunst und ihrer Arbeit; »das Ziel, alle Benutzer von Büchern davon zu überzeugen, daß die Gestaltung und Ausstattung eine eminent wichtige Rolle spielt, wird Traum bleiben«.

Im Themenbereich Wissenschaftsgeschichte beeindruckt Hans-Albrecht Koch mit einer vorzüglich edierten und kommentierten Dokumentation eines Kapitels aus der »Frühgeschichte der Berliner Ägyptologie«: Briefe des Berliner Oberbibliothekars (der Königlichen Bibliothek) Richard Lepsius an den Ägyptologen Adolf Erman aus den Jahren 1879-1884, die heute in der Staats- und Universitätsbibliothek Bremen verwahrt werden. Gerhart Lohse referiert über die Vorlesung *Einführung in das Studium Goethes*, die der Göttinger Altgermanist Edward Schröder im Wintersemester 1904/05 hielt; von ihr sind das Manuskript des Vortragenden und eine Nachschrift des stud. phil. Wilhelm Lohse überliefert. Hartwig Lohses temperamentvolle, bis in die Verstrickungen parteipolitischer Mechanismen hineinreichende Memoiren aus der Anfangszeit dreier »junger« Universitäten in Nordrhein-Westfalen – Bochum, Dortmund und Bielefeld –, zwischen Aufbau-Drang, Finanzmisere und Desinteresse, liest man, mutatis mutandis, mit übertragbarem Gewinn.

Im Kapitel *Philosophie* findet sich Harald Heckmanns Aufsatz zur Entstehungsgeschichte und Interpretation von Descartes' *Musicae Compendium*, einem vernachlässigten Frühwerk (nebenbei: wohl die einzige bekannte Schrift, die mit dem Wort »Finis« beginnt). Andere gewichtige und sehr lesenswerte Aufsätze, die hier leider nicht im einzelnen dargestellt werden können, sind Otto Pöggelers *Bergson und die Phänomenologie der Zeit* oder Werner Beckers *Die Moralisierung des Politischen. Gründe, Erscheinungsbild und die fatalen Folgen für die Demokratie.* Hierher gehört auch Karlfried Gründers Auswahl-Edition von Aphorismen des Philologen und Bibliothekars Jacob Bernays, nach Abschriften verlorener Aufzeichnungen; zufällig ausgehoben: »Ein Prinzip muß man für sich behalten. Wer es ausspricht, macht sich zum Sklaven«, oder: »Der Starke ist am fürchterlichsten wo er fürchtet«.

Über literaturgeschichtliche Themen schreiben unter anderen Ingrid Strohschneider-Kohrs, die eine sehr informative Untersuchung eines bislang wenig beachteten dramaturgischen Moments, die Verwendung »urkundlicher Unterschriften« in deutschen Bühnenwerken – Lessing, Goethe, Schiller, Kleist und Grillparzer – vorlegt, oder Horst Claussen, der über die Wohnung Goethes in Rom berichtet, in einem noch heute existierenden Eckhaus Via del Corso/Via della Fontanella, die erst kürzlich definitiv nachgewiesen wurde.

Der Bereich Bildende Kunst ist mit mehreren bemerkenswerten Festgaben vertreten. Norbert Kunisch beschreibt die seit 1972 aufgebauten Bochumer Sammlungen antiker Kunst in den Instituten für Archäologie beziehungsweise Kunstgeschichte der neuen Ruhr-Universität, die heute als Antikenmuseum allgemein zugänglich sind, Hans-Kurt Boehlke widmet sich einem Miniaturenblatt aus einem spätmittelalterlichen lateinischen Stundenbuch, das bislang noch nicht behandelt wurde; kunsthistorische Beschreibung, zeitliche und regionale Einordnung und der Vergleich mit anderen Stundenbüchern ergeben, daß das reich ausgestattete Pergamentblatt wohl aus Nordfrankreich um 1480 stammt. Gerhard Bott erläutert und publiziert teilweise einen Bericht des Grafen Franz Erwein von Schönborn-Wiesentheid aus dem Jahre 1814 über Künstler in Rom, der unter anderem von Friedrich Overbeck, Joseph Anton Koch, Johann Christian Reinhart und Peter Cornelius handelt. Max Imdahls eindringliche Studie zu Werken der Plastik und Malerei im Dritten Reich führt die – die Gebärde verfälschende, verlogene – »Pose« im Dienste der Ideologie vor, die »manipulierte Körpersprache«, etwa am Beispiel von Arno Brekers »Bereitschaft«, einer banal-brutalen »Imitation« des David von Michelangelo.

Und schließlich, last, doch keineswegs least: das Thema *Musik und Theater*. Bernhard Adams behandelt eine spätmittelalterliche Disputation an der Kölner Universität, deren Autor der Theologe Rutgerus de Premonia (Rutger Overbach aus Dortmund) ist; die Abhandlung der »Quaestio« (Ausgangsfrage), »ob jemand durch Gesang der Psalmen Davids aus dem Todesschlaf zum Leben erweckt werden könne?«, wird anhand einer eingehend kommentierten Übersetzung des lateinischen Textes dargestellt, sie führt zu der folgenden scholastischen Antwort: »... daß aus jeder Art von Todesschlaf ... der Mensch durch Musik aufgeweckt und in den gegenteiligen Zustand des Wachens versetzt werden kann – dies wenigstens gelegentlich und vor allem, wenn es sich um das Versinken in den Sündenschlaf handelt«. Hellmut Flashar (*Die Anfänge der neuzeitlichen Schauspielmusik*) beschreibt eine frühe, noch vor der »Erfindung« der Oper entstandene Bühnenmusik von Andrea Gabrieli zu einer Aufführung des *König Oedipus* im Jahre 1585. Neben Susanne Popps Arbeit über Text und Komposition von Max Regers Vertonung des Hebbel-Gedichtes *Die Weihe der Nacht* steht Heinz Beckers Studie zur Darstellung des Todes auf der Opernbühne, mit Beispielen von Monteverdi bis Wagner. Und zum vergnüglichen Finale, tempo giusto, schreibt Harro Heim unter dem – natürlich auch auf den Widmungsträger des Bandes applizierbaren – Titel *Heil sei dem Tag, an welchem du bei uns erschienen!* über Opernkomponisten »in Wort und Noten«, mit der Wiedergabe vieler Beispiele aus den Sammlungen der Stadt-und Landesbibliothek Dortmund: Weber, Rossini, Lortzing, Verdi, Wagner sind in Autographen zu besichtigen, ferner Wolf, Humperdinck, Richard Strauss, Bartok und Hindemith.

Der Band wurde geschickt komponiert. Vorangestellt ist Rainer Gruenters *persönliche Erinnerung* an den »Professor‹ Pflug«, angesiedelt »im ersten Semester nach dem Krieg«, die Günther Pflug mit Beobachtungen charakterisiert, die auch heute noch zutreffen: »Hochgewachsen, schlank, wachen Blicks, mit schnellen und elastischen Bewegungen, schien er immer witternd einer neuen Spur zu folgen«. Daß er dieser »Professor« bis heute blieb, belegt der Schluß des Buches, der Anhang, der ein Verzeichnis der Pflugschen Lehrveranstaltungen in den Jahren 1967-1988 an den Universitäten Bochum und Frankfurt am Main bereitstellt.

Nicht unerwähnt soll bleiben, daß dieser Band vom Verlag reichlich mit informativen Abbildungen ausgestattet wurde und insgesamt so ansprechend gestaltet ist, wie es eine Festschrift dieses gewichtigen Inhalts erfordert.

Nationalbibliotheken im Jahr 2000 / National Libraries in the Year 2000. Herausgegeben von Sieghardt v. Köckritz und Kurt Nowak. Frankfurt am Main: Buchhändler-Vereinigung 1988.

Aratro Corona Messoria. Beiträge zur europäischen Wissensüberlieferung. Festgabe für Günther Pflug zum 20. April 1988. Herausgegeben von Bernhard Adams, Hans-Kurt Boehlke, Karlfried Gründer und Hans-Albrecht Koch. Bonn: Bouvier-Verlag 1988

31

Eine halbe Million Biographien
Der Deutsche Biographische Index

Andreä (Conrad) ist einer von denen, wovon man wenig oder gar keine Nachrichten findet«, bedauerte Friedrich Wilhelm Strieder in dem 1781 erschienenen ersten Band seiner *Grundlage zu einer hessischen Gelehrten- und Schriftsteller-Geschichte*. Diesem und ähnlichen Mißständen abzuhelfen, größere und kleinere Lücken im allgemeinen Gedächtnis zu schließen, erschien 1982-1985 ein fundamentales, längst unentbehrlich gewordenes Standardwerk, die Microfiche-Edition *Deutsches Biographisches Archiv*, in welcher man nun über Konrad Andreä, einen Theologen des 16. Jahrhunderts, und eine Viertelmillion weiterer Persönlichkeiten, Personen und Persönchen, die sich in der deutschen Geschichte auf die eine oder andere Weise bemerkbar gemacht haben und vom Beginn der veröffentlichten biographisch-lexikalischen Bemühungen im Jahre 1710 bis zum Jahre 1900 verzeichnet wurden, »viele Nachrichten findet«.

1986 kam ein ausgedrucktes Gesamtregister hinzu, der *Deutsche Biographische Index*. Über diesen soll im folgenden gesprochen werden. Schon? Gewiß. Ich könnte mich wohl mit Jean Paul aus der Affäre ziehen, der E.T.A. Hoffmanns 1814 veröffentlichte *Fantasiestücke in Callots Manier* (nebenbei: mit einer Vorrede von Jean Paul) schon 1823 anzeigte und seine Rezension mit der beherzigenswerten Feststellung begann: »Wir wollen die Verspätung unserer Anzeige nicht weitläufig entschuldigen, denn wer das Buch gelesen, dem hat sie nichts geschadet, und er bekommt jetzo nur zu seinem Urtheile ein fremdes dazu; wer es aber nicht gelesen, kann nun froh sein, daß wir ihn zum Lesen bringen und zwingen«. Ich will statt dessen lieber feststellen, daß es seinen guten Grund habe, ein derart umfangreiches und datenhaltiges Werk nicht nach der ersten flüchtigen Bekanntschaft zu besprechen, nach den frühen freudigen oder entsetzten Gedanken, die einem beim ersten Blättern an einer roten Ampel kommen, wie das vielen anderen Büchern und ihren Rezensionen so zu gehen pflegt; daß es vielmehr effektiver und in einem gewissen Sinne auch verantwortlicher sei, dieses opus magnum et laudabile der Informationsvermittlung erst einer längeren Phase der Benutzung und des Erfahrungssammelns zu unterziehen und dann darüber zu reden. Um nun aber, wie es bei Jean Paul an der erwähnten Stelle heißt, »das Verspäten der Rezension nicht durch die Rechtfertigung derselben noch länger fortzusetzen«: zur Sache.

Der *Deutsche Biographische Index* enthält eine alphabetische Übersicht zu den rund 480 000 Biographien von etwa 250 000 Personen aus 264 Lexika, Handbüchern, Kalendern und Almanachen – darunter seltenen und schwer zugänglichen Ausgaben –, deren Texte im *Deutschen Biographischen Archiv* einzeln und vollständig publiziert sind.

250 000 Personen, 480 000 Biographien: Die Konzeption, die in der kurzen, *Hinweise zur Benutzung* überschriebenen Einleitung dargestellt wird, hat sich als überaus gelungen erwiesen. Dadurch, daß jede Einzeleintragung des riesigen Personenalphabets jeweils um Lebensdaten (soweit möglich), um Berufshinweise oder sonstige Charakteristika und um Quellenangaben erweitert wurde, erfüllt der *Deutsche Biographische Index* in der Tat sehr viel mehr Funktionen als nur die eines bloßen Registers zum *Deutschen Biographischen Archiv* (dessen Fundstellen jeweils verzeichnet sind und dessen Benut-

zung dadurch erheblich erleichtert wird). Vielmehr stellt er, wie die Herausgeber und Bearbeiter mit Recht betonen, »ein eigenständig benutzbares Hilfsmittel für die biographische Recherche« bereit. »Die Artikel beinhalten bereits eine in manchen Fällen ausreichende Kurzinformation über Lebensdaten und Tätigkeiten gesuchter Personen«. Das macht den *DBI* über die Möglichkeit eines unmittelbaren Zugriffs zum *DBA* hinaus wichtig. Und es eröffnet den Weg auch zur Buchform der Quellen, hat seinen Wert als unmittelbares Register für die Originale, aus denen sich das *DBA* zusammensetzt.

Als sehr brauchbar für die Arbeit mit diesen vier Bänden hat sich ergeben, daß die Ordnung des Namensalphabets im *DBI* gegenüber dem *DBA* vereinfacht und »geglättet« wurde (ein sinnvolles Resultat aus dessen EDV-Bearbeitung):

- daß das (historisch verständliche, aber bei den üblichen raschen Recherchen sehr hinderliche) hierarchische Prinzip aufgegeben wurde, Namen der weltlichen und geistlichen Würdenträger den bürgerlichen Namen geschlossen voranzustellen;
- daß bei Namensgleichheit ein vernünftiges Prinzip der Ordnung durch chronologische Hilfsdaten herangezogen wurde (Geburtsjahr, sonst Sterbejahr, sonst ein Erwähnungsdatum);
- daß zwischen divergierenden Schreibweisen, wie etwa bei den häufig vorkommenden Latinisierungen, eines Namens verwiesen wurde;
- daß Pseudonyme, soweit möglich, aufgelöst wurden;
- daß Monogramme und Kürzel alphabetisch zwischen den vollständigen Namen eingeordnet wurden.

Die anderen Entscheidungen – Vereinheitlichung von Namensvarianten, von Vornamen – sind ebenfalls richtig und wichtig. All dies führt dazu, daß man letzten Endes, jedenfalls in den meisten Fällen, eine gesuchte Person mit allen ihren Daten an einer einzigen Stelle findet. Das ist ein wichtiger Fortschritt gegenüber dem *DBA*. Die Einleitung zitiert als Beispiel den etwas vertrackten Fall der Rahel Antonie Friederike Levin, verheirateten Varnhagen von Ense, bekannt auch als Rahel Robert, Rahel Levin-Robert, einfach nur als Rahel und unter einer Reihe von Pseudonymen (besser: Zitier-Namen). Alle sie betreffenden Eintragungen stehen nun an einer Stelle zusammen.

Gleichwohl war es unvermeidlich, daß im *DBI* Personen unter mehreren getrennt aufgeführten Namen vorkommen; dies zu vereinheitlichen hätte wesentlich mehr Arbeit erfordert, als es sinnvoll und finanzierbar gewesen wäre. So können

- Würdenträger unter ihren Amtsnamen, unter ihren Funktionsnamen und unter einer oder mehreren Territorialbezeichnungen stehen;
- alternierend benutzte wirkliche Namen und Pseudonyme, die nicht aufzulösen waren, dieselbe Person meinen;
- Frauen sowohl unter ihrem Geburtsnamen als auch unter einem oder mehreren Ehenamen vorkommen;
- stark verschiedene Varianten eines Namens in Wahrheit dieselbe Person meinen.

Nach den Lebens- oder sonstigen Einordnungsdaten sind eine oder mehrere Berufsbezeichnungen als weitere Hinweise zur Identifikation gesuchter Personen aufgeführt. Diese Angaben wurden den Quellen entnommen und sind daher möglichst eng gefaßt. Bei der bekannten, kaum überblickbaren Vielfalt auf diesem Gebiet muß es hier, auf den ersten Blick, zu Verwirrungen und Nichtübereinstimmungen kommen; »historische Kenntnisse«, sagen daher die Bearbeiter zu Recht, »werden vorausgesetzt«, insofern beispielsweise, als man »bei den meisten Theologen bis ins 18. Jahrhundert daran denken muß, daß zu ihrer üblichen Karriere das Schulamt gehört hat«. Schwierig sind die Zusammenhänge auch bei der Literatur-Produktion. »Die Bezeichnungen Dichter beziehungsweise Schriftsteller werden im Sinne des heute geläufigen weiten Literaturbegriffs verwendet«. Genauer: Die Methode der Verwendung möglichst eng gefaßter, aus den Quellen übernommener Berufs- und Tätigkeitsbezeichnungen führt zwangsläufig dazu, daß diese und andere Begriffe, die die Veröffentlichung literarischer Texte betreffen und ohnedies kaum zu definieren sind, unvereinheitlicht nebeneinander stehen. Das ist, der Anlage des Ganzen entsprechend, richtig so. Und da jeder an dieser Stelle notierte Hinweis zur gewünschten sicheren Ermittlung sinnvoll ist, muß es auch begrüßt werden, daß, »wenn sich gar kein Indiz für eine genauere Berufsangabe fand«, anderweitige Charakterisierungselemente herangezogen wurden, »z. B. Goethes Mutter, Kunstsammler, Pastorengattin, Patriot, Schwärmerin«.

All dies bedeutet, daß es beim Deutschen Biographischen Index keinesfalls erforderlich ist, jemanden, wie Jean Paul in der oben zitierten Stelle sagt, »zum Lesen bringen und zwingen« zu müssen. Das wird für jeden, der historisch arbeitet, unausweichlich sein. Denn dieser in vier Folio-Bänden mit insgesamt rund 2300 dreispaltigen Seiten ausgedruckte Steuerkopf des auf 1431 Microfiches vorliegenden unerschöpflichen Informations-Thesaurus *Deutsches Biographisches Archiv* ist ebenso unentbehrlich hilfreich für das rasche Nachschlagen, wie er ungeahnt anregend für stöbernde Lektüre ist – man kann, tatsächlich, darin lesen; das ist keineswegs eine skurrile Attitüde, sondern bezeichnet das Umfeld jenes schwer zu fassenden Vorgangs, der den interessierten Benutzer auf neue Ideen und Gedanken bringt. Und er ist ein bemerkenswertes Betätigungsfeld für statistische Untersuchungen über die Art und die Häufigkeit der einzelnen Eintragungen, ein entscheidender Hintergrund für die Kenntnis der Wirkung und der Wertschätzung, die viele historische Personen in der öffentlichen Wahrnehmung erfahren haben.

DBA und *DBI* sind weitere Meilensteine in der allmählich eines eigenen Historiographen würdigen Geschichte der verlegerischen Großtaten Klaus G. Saurs.

Deutscher Biographischer Index. Hrsg. von Willi Gorzny. Bearbeitet von Uta Koch, Hans-Albrecht Koch und Angelika Koller. Bd. 1-4. München, London, New York, Oxford, Paris: K. G. Saur 1986.

32

»Ein Spiegel der Weltgeschichte«
Die ersten zehn Biographischen Archive

Ich was suchen – ich nicht wissen was suchen – ich nicht wissen wie wissen was suchen – ich suchen wie wissen was suchen«. Keiner hat die belustigend entnervenden, frustrierend kreativen Mechanismen dessen, was die medienwissenschaftliche und bibliothekarische Sprache »Informationsermittlung« nennt, präziser beschreiben können als der große Ernst Jandl[1]: »ich nicht wissen wie wissen was suchen – ich suchen wie wissen was suchen«.

Durch eine Veröffentlichungsreihe, die vor zwölf Jahren begann, können es inzwischen, auf einem speziellen, aber riesigen Gebiet, viele wissen. Anzukündigen und zu feiern ist ein Jubiläum: Der K. G. Saur Verlag, seit Jahrzehnten bewährt als Produzent massiver Batterien informationsvermittelnder Datenspeicher, hat das zehnte seiner *Biographischen Archive* vorgelegt – Anlaß zu einer Zwischenbilanz und Grund, in der Tat, für kontrollierte Euphorie. »Die sicher großartigste Maßnahme, die je gegen das Vergessen der Geschichte ergriffen worden ist«, hat Hans Wollschläger diese Archive gerühmt[2]. Wie wahr. Und darüber hinaus auch eine bemerkenswerte Initiative *für* das Vergessen; denn was dokumentarisch archiviert und zugänglich ist, entlastet.

»ich suchen wie wissen was suchen«. Die *Biographischen Archive* haben sich in den vergangenen Jahren als unentbehrlich materialreiche und immens nützlich organisierte Hilfsmittel aller historisch ausgelegten Forschung erwiesen, vor allem durch ihre vernünftige Präsentationsform. Die wichtigsten in den jeweiligen Zusammenhang gehörenden und verfügbaren Personen-Lexika zu einem einzigen Alphabet kumuliert und damit für sekundenschnelle Zugriffszeit komprimiert: Das verkürzt die Rüstzeiten merklich, und das ist wichtig, denn Suchende verfügen fast nie über viel Zeit. Hier haben sie eine Chance.

Die wichtigsten Personen-Lexika, das meint auch Einbeziehen seltener, mitunter halbwegs verschollener Materialien, so manch eine Rarität aus dem längst hoffnungslos unüberschaubar gewordenen Wissensvorrat des Gesamtunternehmens Menschheit: Das erweitert die Datenbasen sehr, und das ist auch wichtig, denn gute Suchende finden immer viel mehr, als sie suchen. Hier haben sie eine Gelegenheit.

Die wichtigsten Personen-Lexika, das bedeutet darüber hinaus, daß durch die Kumulation in einem Alphabet und die Einarbeitung auch rarer Dokumente bei vielen Eintragungen ganze Karrieren entstehen, Abläufe des Ansehens einer Person durch die Zeiten, durch Jahrhunderte mitunter, gespiegelt in der veröffentlichten Zusammenfassung einer Enzyklopädie-Meinung und Lexikon-Beurteilung: Das öffnet neue Perspektiven, und das ist zum dritten wichtig, denn sehr gute Suchende lassen sich ganz gern weglocken von dem, was sie eigentlich wissen wollten. Hier haben sie eine Möglichkeit.

»ich wissen was suchen«. Das Programm dieser Archive setzt die Tatsachen um, daß biografische Lexika und ähnliche Referenzwerke sowohl zur Grundausstattung als auch zu den Benutzungsfavoriten der öffentlichen wissenschaftlichen Bibliotheken gehören, daß in den letzten fünf Jahrhunderten weltweit jedoch viel mehr solcher Handbücher erschienen, als eine einzelne, noch so große Bibliothek zu verwahren vermöchte, daß viele ältere und singuläre Ausgaben geschont werden müssen und wenn, dann nur vor Ort einzusehen sind. Praktikable Konsequenzen aus diesem Verhalten werden in den Microfiche-Editionen und Buchausgaben der *Biographischen Archive* gezogen.

Die Zusammenführung aller Dokumente in einem Alphabet führt zu schätzenswerter Benutzungsvereinfachung, umständliche, oft genug resultatlose Suche nach den ursprünglichen Quellen-Werken erübrigt sich, und auch die Hinzufügung aller (mitunter sehr verstreuten) Nachträge, Ergänzungen und Korrekturen in den Originalen erleichtert die Recherche, ermöglicht sie zum Teil erst.

Damit ist zugleich auf die Breite der verwendeten Quellen hingewiesen. Gegebenenfalls werden außer Lexika auch andere Informationsträger wie Monografien oder Presseartikel herangezogen. Ohne unnötige Qualitätsschranken – sogar Fälle, in denen einst weniger mit Kenntnis/Überlegung gearbeitet und mehr mit Schere/Leim gebastelt wurde, haben hier ihre Relevanz, statistisch zumindest ist Abgekupfertes, der preisgünstigen Kalkulation halber, kurzerhand Gestohlenes, gleichfalls wichtig. Jedenfalls: Hier wurde biobibliografisches Neuland betreten, für eine derartige Initial-Situation sind die Resultate – und die Methoden, die sie ermöglichen – bemerkenswert.

(Nebenbei: Die *Biographischen Archive* offerieren zugleich auch eine fast unendliche Geschichte der Lexikon-Formulierkünste, mit all ihren Zeit-, Geschmacks-, Gesellschafts- und Modebedingungen, oft unter dem unausrottbaren Zwang, auch ein 90-Jahre-Leben in fünfzehn Zeilen zu pressen.)

»ich suchen wie wissen was suchen«. Geschichte muß an Namen festgemacht werden. Sie stehen fest. Wie sehr Begriffe schwanken, weiß jeder, der versucht, historische Zusammenhänge auf Begriffe (damalige, heutige, definierte, neue) zu bringen – ein mühsames, ein unerfreuliches Geschäft, oft ergebnislos dazu. »Die ›Universal-Geschichte‹, das Menschheitsgedächtnis, besteht zuletzt aus Namen: aus jenen ungezählten (aber durchaus zählbaren) Lebensläufen, die einmal an unserer Statt und Stelle verlaufen sind und, in oft winzig kleinen Kausalkonstellationen, bewirkt haben, wie und wohin wir selber laufen« (Hans Wollschläger).

Namen, Namen. Von Voltaire soll die scharfsinnige Pointe stammen, mit einem Register ohne Buch könne er allemal etwas anfangen, zumeist nichts dagegen mit einem Buch ohne Register. Konträr dazu ein gewisser Sonnleitner, Joseph, an dessen schlichtem Libretto sich immerhin Beethovens *Fidelio* entzündete: »O namen-, namenlose Freude«. »Caro nome«, schmachtet Rigolettos Tochter Gilda bei Verdi nach ihrem Herzog. Und Umberto Eco ließ über den Namen der Rose grübeln. Für alle Namen-Liebhaber und gegen das Rumpelstilzchen-Syndrom sind, ach, wie gut, daß jemand weiß, die Saurschen *Biographischen Archive* im Angebot.

Die Probe aufs Exempel? »Mein Name ist Hase«. Unter den Lemmata »Hase«, »Haase« und »Haas« verzeichnet allein der *Deutsche Biographische Index* (andere Sprachen wurden nicht überprüft) annähernd 200 Eintragungen.

In den Tausenden von Microfiche-Konzentrationen aller Biographischen Archive finden sich außerdem sämtliche sonst ermittelbaren Namen, ohne Rücksicht auf Ruhm und Berüchtigtsein, auf Prominenz und Verschollenheit. »Ob Könige oder Köche, ob Raubritter oder Rechtsanwälte, sämtlich sind sie da ... sie alle stehen einträchtig nebeneinander ... Welch eine Erbschaft – und welch eine ideale Verfügbarkeit!« (Hans Wollschläger). Denn die Archive spiegeln ausschnitthaft die Welt in ihrer Vergangenheit, unerschöpflich und erschöpfend, sinnreich wie das Einwohnermeldeamt und leidenschaftslos wie ein Adreßbuch. Sind sie unvollständig? Aber ja. Die Welt ist auch unvollständig und ausschnitthaft.

»Bei einem so wahrlich überwältigenden Unternehmen hat der Rezensent nichts Kritisches zu sagen; es wäre nur kleinlich, mit einem ausgeklügelt abgelegenen Namen angelaufen zu kommen, den er vielleicht vermißt«. Wollschläger hat recht. Natürlich.

Und doch kann der gegenwärtige Rezensent der Versuchung nicht widerstehen, mit einem ausgeklügelt abgelegenen Namen angelaufen zu kommen, gewiß nicht aus Kleinlichkeit, sondern, weil es ihm symptomatisch erscheint, daß dieser Name fehlt: Ausgerechnet in diesem Werk, biobibliografisch wahrhaft einem Stein der Weisen, war nichts über C. P. Wassermann, »Medicinae & Chymiae Cultor«, zu ermitteln, der sich, Erlangen 1751, über den Stein der Weisen bemerklich machte (*Philosophisch Güldene Quelle der Natur und Kunst, das ist, ein wahrer und kurzer Unterricht, wie der Lapis Philosophorum beschaffen, woraus und wie er praepariret werden könne*). Bei einem so wahrlich überwältigenden Unternehmen: ein direkter Hinweis des Weltgeistes.

»ich wissen ich suchen wie wissen was suchen«. Abgeschlossen, jeweils zwischen 400 und 1800 Fiches umfassend, liegen vor:

- *Deutsches Biographisches Archiv,* 1982-1985, zu 213 000 Personen aus 264 Lexika zwischen 1700 und 1910 (darunter auch Daten aus Österreich, der Schweiz und ehemals deutschsprachigen Gebieten),
- *British Biographical Archive,* 1984-1989, zu 168 000 Personen aus 324 Lexika zwischen 1601 und 1926 (darunter auch Daten aus Schottland, Wales, Irland und den ehemaligen Kolonien),
- *American Biographical Archive,* 1986-1991, zu 280 000 Personen aus 367 Lexika bis etwa 1900 (darunter auch Daten aus Kanada),
- *Archivio Biográfico de España, Portugal e Iberoamérica,* 1986-1989, zu 123 000 Personen aus 304 Lexika zwischen 1602 und 1926,
- *Archivio Biografico Italiano,* 1987-1991, zu 150 500 Personen aus 321 Lexika zwischen 1646-1934,
- *Archives Biographiques Françaises,* 1989-1991, zu 140 000 Personen aus 180 Lexika vom 17. Jahrhundert bis zum Beginn des 20. Jahrhunderts (darunter auch Daten aus frankophonen Ländern wie der Schweiz, Belgien oder Kanada),
- *Deutsches Biographisches Archiv, Neue Folge,* 1989-1993, zu 250 000 Personen aus 284 Lexika bis zur Mitte des 20. Jahrhunderts,
- *Scandinavian Biographical Archive,* 1989-1991, zu 150 000 Personen aus 360 Lexika bis zur Mitte des 20. Jahrhunderts,
- *Australasian Biographical Archive,* 1990-1994, zu 100 000 Personen aus 181 Lexika zwischen 1866 und 1983,
- *Archivio Biográfico de España, Portugal e Iberoamérica, Nueva Serie,* 1991-1993, aus 333 Lexika bis zur Mitte des 20. Jahrhunderts.

Insgesamt stehen damit biografische Angaben zu rund zwei Millionen Personen zur Verfügung, ermittelt aus rund 3000 Quellenwerken. In Analogie zu den Bemühungen jener amerikanischen Religionsgemeinschaft, möglichst viele Daten über möglichst viele Menschen in ihrem Tempel in Utah zu speichern, könnte man sagen: ein wahrer Mormon-Spiegel der europäisch geprägten Weltgeschichte.

Den damit nur quasi buchhalterisch aufgelisteten riesigen Datenmengen wurden als Steuerköpfe Indices in Buchausgaben beigegeben, um die Möglichkeit des raschen und konzentrierten Zugriffs zu bieten. Diese Indices sind inzwischen selbst zu einer unentbehrlichen Handbibliothek (von derzeit 32 voluminösen Bänden) geworden:

- *Deutscher Biographischer Index,* Band 1-4, dritte Auflage 1986,

– *Indice Biográfico de España, Portugal e Iberoamérica*, Band 1-4, 1990,
– *British Biographical Index*, Band 1-4, 1991
– *American Biographical Index*, Band 1-6, 1993,
– *Index Biographique Français*, Band 1-4, 1993,
– *Indice Biografico Italiano*, Band 1-4, 1993,
– *Australasian Biographical Index*, Band 1.2., 1994,
– *Scandinavian Biographical Index*, Band 1-4, 1994.

»ich was wissen«. Mittlerweile sind die Indices zum Deutschen, Französischen, Britischen, Italienischen, Spanisch-Portugiesisch-Iberoamerikanischen und Amerikanischen Archiv zusammengespielt auf CD-ROM als *Internationaler Biographischer Index* verfügbar. Diese weitere Kumulation eröffnet alle feinsten und speziellsten Suchmöglichkeiten des Mediums, die bekanntlich weit über die Zugriffe der Microfiche- und der Buchausgabe hinausgehen. Querverbindungen von Lexika, Zeiträumen, Jahren, Namen, Berufsgruppen und vielem anderen mehr, unter nahezu beliebigen Aspekten. Wobei sich der beigegebene fünfsprachige Thesaurus als besonders hilfreich erweist.

(Um ein zwar attraktiv banales, aber doch wieder amüsantes Spiel zu wiederholen, das vor Urzeiten aus den USA importiert wurde: Die CD-Rom liefert Daten zu rund 1,7 Millionen Biografien, sie kostet 1680 Mark, zehn einzelne Biografien also zusammen einen Pfennig.)

Und es geht weiter. »Madamina, in catalogo questo. .. mille e tre«. In Bearbeitung sind weiterführende Folgen zum *American Biographical Archive*, zu den *Archives Biographiques Françaises*, zum *Archivio Biografico Italiano* und zum *British Biographical Archive*. Neue Gebiete sollen erschlossen werden mit dem *Biografisch Archief van de Benelux*, dem *Cesky biograficky archiv a Slovensky biograficky archív* und dem *Polskie Archiwum Biograficzne*.

In Bearbeitung ist ferner ein *Jüdisches Biographisches Archiv*, das Eintragungen aus 123 Enzyklopädien vom Beginn des 18. Jahrhunderts bis zur Gründung des Staates Israel (1948) umfassen soll – wegen der verwendeten historischen Materialien von vornherein international angelegt.

In Planung schließlich sind das *African Biographical Archive*, das *Ungarische Biographische Archiv / Magyar Eletrajzi Archivum* und das *Baltische Biographische Archiv*. Letzteres trägt in der unsichtbaren Gesamtzählung aller Archive bereits die Nummer 21. Gute Aussichten also auf ein weiteres Jubiläum, in berechenbarer Zeit.

Das Ziel, aus sämtlichen *Biographischen Archiven* schließlich ein *Biographisches Weltarchiv* zustande zu bringen, muß freilich, bei allem Kumulations-Elan und aller Editions-Lust, im Augenblick noch eher skeptisch betrachtet werden. Zumindest dann, wenn der Begriff Welt mehr meint als die Staaten mit lateinischer Schrift, und solange, als die maschinelle Konvertierbarkeit der Einzelinformation aus anderen Schriften jenseits der Zusammenführungsmöglichkeiten durch beigefügte Feld Steuerzeichen noch im Zustand planerischer Überlegungen ist.

Doch auch vorher bleibt, was in den *Biographischen Archiven* zugänglich gemacht wurde und werden wird, eine riesige, niemals stillstehende Erkenntnismaschine. Wie sagt Hans Wollschläger? »Welch eine Verfügbarkeit!« Und Ernst Jandl, letzten Endes? »ich was wissen«. Dem kann ich nur noch eines hinzufügen: die Glückwünsche eines Vielfachbenutzers dieser Archive an den Verleger und an den Verlag.

1 Ernst Jandl: *suchen wissen.* Nr. 7 des Zyklus *tagenglas.* In: *die bearbeitung der mütze. Gesammelte Werke,* Darmstadt, Neuwied 1985, Bd. 2, S. 260.
2 Hans Wollschläger: *Welt-Archiv der Vergangenheit.* In: *Süddeutsche Zeitung,* 21./23. 5.1994.

Autoren

33

Nacherzählungen Kleistscher Prosa
Texte aus Literatur-Zeitschriften des Vormärz

1

Gemessen an der Bühnengeschichte des *Käthchen von Heilbronn* und des *Prinz von Homburg* fanden Kleists Novellen, veröffentlicht in Zeitschriften und danach in der Buchausgabe der *Erzählungen* (1810 und 1811), in einer breiteren literarischen Öffentlichkeit nur geringe Resonanz. Doch zeichnet sich in den zwanziger bis vierziger Jahren des 19. Jahrhunderts ein bisher unbekannter rezeptionsgeschichtlicher Zusammenhang ab. Es handelt sich um Texte, die lediglich den puren »Stoff«, die »dramatische« Handlung Kleistscher Erzählungen bis in die Details hinein wiedergeben, dabei aber auf die Sprache Kleists verzichten und stattdessen eine unkomplizierte, syntaktisch sehr vereinfachte »Nacherzählung« vornehmen. Die eine Reihe von Texten (Beispiel: *Das Bettelweib von Locarno*) übernimmt alle Einzelheiten der Originalfassung exakt, die andere Reihe (Beispiel: *Das Erdbeben in Chili*) greift neben vielen Übernahmen stark in den Stoff ein (Kürzungen, Umstellungen, Streichungen von Motiven, Veränderung des Schlusses; die Geschichte ist von 1647 auf 1677 umdatiert, die Namen der Figuren sind teilweise geringfügig abgewandelt). Alle solchen Bearbeitungen[1] erschienen anonym.

Dieser rezeptionsgeschichtliche Vorgang ist bisher noch nicht bibliographiert und wissenschaftlich ausgewertet worden. Auf ihn soll der folgende Abdruck zweier Texte hinweisen.

2

Das Bettelweib von Locarno wurde zuerst 1810 in den *Berliner Abendblättern*, Nr. vom 11.10., veröffentlicht, dann wieder in Band 2 der *Erzählungen*, Berlin 1811, S. 86-92. Folgende Drucke der Nacherzählungs-Version waren bisher nachzuweisen:

Allgemeine Moden-Zeitung. Jg. 1831. Nr. 45. Sp. 353-355.
Allgemeiner Anzeiger und Erzähler. Jg. 1831.
Leseblätter für Stadt und Land zu Beförderung der Kultur in Kunst, Wissenschaft und Leben. Jg. 1841. Nr. 60. S. 474-476. Zweiter Druck: Jg. 1844. S. 429-431.
Die Warte an der Donau. Jg. 1841. 426-427.
Der Breslauer Erzähler. Jg. 1842. S. 499-500[2].

Das Erdbeben in Chili erschien 1807 im *Morgenblatt für gebildete Stände*, Nr. 217-221, und dann wieder in Band 1 der *Erzählungen*, Berlin 1810, S. 307-342. Folgende Drucke der Nacherzählungs-Version waren bisher nachzuweisen:

Wöchentliche Mittheilungen aus den interessantesten Erscheinungen der Literatur zur Belehrung und Unterhaltung aller Stände. Jg. 1837. Nr. 28. Sp. 433-439.
Lesefrüchte vom Felde der neuesten Literatur. Jg. 1837. Bd. 1. S. 81 ff.
Bilder-Magazin für die elegante Welt. Jg. 1837. Nr. 22. S. 85-87. Mit dem Zusatz: *(Nach dem Spanischen.)*

Aurora. Jg. 1837. S. 1078-1080, 1087-1089, 1094-1096. Mit dem Zusatz: *(Erzählung nach dem Spanischen.)*

Originalien aus dem Gebiete der Wahrheit, Kunst, Laune und Phantasie. Jg. 1838. S. 107 ff.

Der Neuigkeits-Bote. Jg. 1843. Nr. 50-51[3].

3

Die Bettlerin von Locarno.

Allgemeine Moden-Zeitung. Leipzig. Jg. 33:1831. Nr. 45. Sp. 353-355.

Am Fuße der Alpen, unfern Locarno, besaß ein Marquis ein altes Schloß, dessen Ruinen der Reisende noch jetzt sieht, wenn er von dem St. Gotthardt herabsteigt. Es enthielt zahlreiche große Säle und Gemächer, hohe Thürme und enge Kreuzgänge. In Einem der Gemächer wehklagte auf ein wenig Stroh, das ihr die Haushälterin des Marquis gegeben hatte, eine arme kranke alte Frau, die am Schloßthore gebettelt hatte. Der Marquis aber, der bei der Rückkunft von der Jagd seine Flinte in dieses Zimmer zu stellen pflegte, befahl der armen Kranken barsch, sogleich aufzustehen und sich zu entfernen.

Die Unglückliche gehorchte, aber ihre Krücken glitten auf dem glatten Fußboden aus, sie fiel und verwundete sich so sehr, daß sie sich nur mit der größten Anstrengung wieder aufhalf; nahe bei der Thüre, neben dem Kamine stürzte sie jedoch zum zweiten male nieder und verschied hier unter lauten, schmerzvollen Wehklagen.

Mehrere Jahre nachher besuchte ein florentinischer Edelmann das Schloß, um es, wegen der herrlichen Lage, zu kaufen. Der Marquis, dessen Vermögen durch mehrere Unglücksfälle sehr zusammengeschmolzen war, wollte den Handel sobald als möglich abschließen und trug seiner Gemahlin auf, dem Fremden dasselbe Zimmer anzuweisen, wo die Alte gestorben und das seitdem prachtvoll meublirt worden war; in der Nacht aber sahen sie mit Schrecken den Florentiner in ihr Schlafgemach bleich und zitternd treten und erfuhren, daß jenes Zimmer von einem unsichtbaren Wesen bewohnt sey, das in einer Ecke im Stroh geraschelt habe, dann über das Zimmer mit wankenden Tritten hinweggegangen und am Kamine unter Wehklagen und Weinen niedergefallen sey.

Der, ohne recht zu wissen, warum? erschrockene Marquis bemühte sich, über die Erzählung des Fremden zu lachen und erbot sich, mit ihm in jenes Zimmer zu gehen und die Nacht daselbst zuzubringen; aber der Florentiner war dazu nicht zu bewegen, sondern bat, ihn in einem andern Gemache schlafen zu lassen und sobald der junge Morgen grauete, ließ er sein Pferd satteln, nahm Abschied von dem Marquis und ritt fort.

Dieser Umstand war dem Marquis sehr verdrüßlich, und, um die Sache nicht ruchbar werden zu lassen und die Kauflustigen vielleicht zu verscheuchen, stellte er keine genauern Nachforschungen an, sondern ließ alles auf sich beruhen; als jedoch trotz dem die Dienerschaft zu murmeln und zu glauben anfing, es gebe etwas Außergewöhnliches in jenem Zimmer, entschloß sich der Marquis, um das sich verbreitende Gerücht mit einemmale niederzuschlagen, sich in der nächstkommenden Nacht selbst in das unheimliche Gemach zu begeben. Er ließ deshalb sein Bett dahin bringen und erwartete, ohne zu schlafen, die Stunde der Mitternacht. Wie groß aber war sein Entsetzen, als er mit dem letzten Schlage der elften Stunde ein unbegreifliches Geräusch, als ob Jemand von einem

Haufen Stroh aufstehe, langsam über das Zimmer hingehe und unter Wehklagen und Weinen an dem Kamine niederfalle, hörte. Die Marquisin fragte ihn am andern Morgen sogleich nach dem Erfolge seiner Untersuchung; er blickte mit unstäten Blicken um sich, verriegelte die Thüre und gestand sodann, daß in jenem Zimmer wirklich ein unsichtbares Wesen hause. Sie entsetzte sich zwar sehr darüber, bat ihn aber, ehe man die Sache bekannt werden lasse, in Verbindung mit ihr mit kaltem Blute noch einen zweiten Versuch zu wagen. Sie wiederholten also in der nächsten Nacht, in Begleitung eines treuen Dieners, den Versuch in jenem Gemache und beide vernahmen das unerklärliche Geräusch; nur der eifrige Wunsch, das Schloß vortheilhaft zu verkaufen, zwang sie, ihre Furcht vor dem sie begleitenden Bedienten zu verbergen und das Geräusch irgend einem Zufalle zuzuschreiben. Am Abende des dritten Tages, als der Marquis und die Marquisin, fest entschlossen, in das Geheimniß einzudringen, die Treppe zu dem unheimlichen Zimmer hinauf stiegen, sahen sie den Haushund, der sich von der Kette losgemacht hatte, vor der Thür desselben liegen und erlaubten ihm, mit ihnen hinein zu gehen. Sie legten sich auf das Bett und der Marquis stellte seinen Degen und seine Pistolen neben sich. Während sie, um sich zu zerstreuen, ein Gespräch führten, schlief der am Bett liegende Hund ein. Mit dem Schlage der Geisterstunde begann dasselbe Geräusch wieder. Es schien sich etwas auf Krücken in einem Winkel empor zu richten; das Stroh raschelte wie früher. Bei dem ersten Geräusche erwachte der Hund, richtete sich auf, spitzte die Ohren, knurrte, boll, als ob Jemand auf ihn zukomme und wendete sich nach dem Kamine. Bei diesem Anblicke richteten sich die Haare der Marquisin empor, sie packte in aller Eile, während der Marquis den Degen zog, vergeblich »wer da?« rief und wie ein Wahnsinniger im Zimmer herumlief, einige ihrer Sachen zusammen und entfloh, der Stadt zu. Noch hatte sie sich aber nicht weit entfernt, als sie das Schloß in Flammen aufgehen sah. Der Marquis hatte in seinem blinden Schrecken die Kerzen umgeworfen, das Bett hatte Feuer gefangen und dieses das ganze Schloß ergriffen. Vergebens bemühte man sich, den unglücklichen Marquis zu retten. Er fand seinen Tod in den Flammen an demselben Orte, von dem er die arme kranke Bettlerin von Locarno mit rauhen Worten verwiesen hatte.

†z†

4

Das Erdbeben von Chili.

Wöchentliche Mittheilungen aus den interessantesten Erscheinungen der Literatur zur Belehrung und Unterhaltung aller Stände.
Burgdorf. Jg. 6:1837. Nr. 28 (9. 7.). Sp. 433-439.

Zur Zeit des großen Erdbebens, das 1677 in San Jago, der damaligen Hauptstadt von Chili, stattfand, und bei dem so viele Personen ihr Leben einbüßten, lebte in einem Kerker ein edler Spanier, Don Jeronimo Ruguera, weil er angeklagt war, eine Nonne aus einem Kloster entführt und sich gegen die Bestimmungen der Kirche mit derselben verheirathet zu haben. Die Härte und lange Dauer der Gefangenschaft hatten ihn lebensüberdrüssig gemacht und er wollte sich selbst den Tod dadurch geben, daß er sich an einer Säule aufhenkte, welche die Decke seines Kerkers trug, als der erste Stoß des Erdbebens sein Gefängniß in den Grundfesten erschütterte.

Don Henrico Asterro, einer der wichtigsten Granden der Stadt, hatte vor etwa einem Jahre ihn als Lehrer aus seiner Familie entlassen, weil er bemerkt, daß er ein Liebesverhältniß mit seiner Tochter, Donna Josephine, unterhalte. Das Geheimniß war durch die eifersüchtige Wachsamkeit seines Sohnes entdeckt worden, der den alten Vater gegen seine Schwester noch mehr aufreizte und ihm, in der Absicht, das ganze Vermögen allein zu erben, den Plan eingab, sie in das Kloster zu bringen, um den guten Ruf der Familie zu retten. Nachdem Josephine einige Monate die grausame und tyrannische Behandlung ihres Bruders und Vaters geduldet hatte, gab sie widerstrebend ihre Einwilligung, in den Orden der Carmeliterinnen zu treten.

Jeronimo war unbesonnen genug, sein Verhältniß zu ihr fortzusetzen und deßhalb die Mauern des Klosters zu erklettern. Endlich wurden sie im Gespräche mit einander im Garten entdeckt und Josephine war den nächsten Tag kaum aufgestanden, als man sie aufforderte, vor einem geistlichen Gerichte zu erscheinen. Die Bewohner von San Jago zeigten bei dieser Gelegenheit eine solche Aufregung wegen des Aergernisses, das die Liebenden gegeben haben sollten, daß weder die Bitten der Familie Asterro, noch das Gesuch der Aebtissin, die lebhaften Antheil an dem jungen Mädchen nahm, das traurige Schicksal von den Unglücklichen abzuwenden vermochten. Sie erlangten weiter nichts, als daß das Urtheil des Pfählens, das man ausgesprochen hatte, durch den Vicekönig in Enthauptung umgewandelt wurde.

Als der Tag der Hinrichtung festgesetzt war, vermiethete man die Fenster in den Straßen, durch welche der Zug kommen mußte. Ueber die Terrassen der Häuser waren Zelte gespannt, um die Zuschauer vor den glühenden Strahlen der Sonne zu schirmen.

Eingemauert in einem Kerker konnte Don Jeronimo über das schreckliche Schicksal seiner Geliebten nicht nachdenken, ohne der Verzweiflung sich ganz zu überlassen. Jede Hoffnung auf ein Entkommen war vergebens. Alle seine Plane und Versuche gegen die Wände und Stangen hatten zu keinem Resultate geführt und ein Versuch, das eiserne Gitter seines Fensters durchzufeilen, verdoppelte nur die Wachsamkeit seiner Hüter. Vergebens warf er sich vor dem Bilde der heiligen Jungfrau nieder und flehete sie an um Beistand und Erlösung; der langgefürchtete Tag kam endlich und mit ihm das Bewußtsein seiner schrecklichen Lage. Bereits schlug die Glocke die Stunde, in welcher Josephine sich vorbereiten sollte, das Blutgerüste zu besteigen. Verzweiflung bemächtigte sich seiner Seele und er nahm sich vor, das ihm so verhaßt gewordene Leben durch den Strick zu endigen, den ihm ein Zufall in die Hand gegeben hatte. Er stand bereits, wie wir erwähnt haben, am Fuße der Säule und befestigte die Schlinge an eine Verzierung des Capitals, als die Stadt, die er durch seine Fenstergitter sehen konnte, hin und her zu wanken schien wie ein vom Sturme herumgeworfenes Schiff, und sein Ohr ein Krachen vernahm, als wenn der Himmel heruntergestürzt wäre und die Stadt mit seinen Trümmern überschüttet hätte. Jeronimo, dem der Schreck jede Bewegung unmöglich machte und der durch das einstürzende Gebäude erschlagen zu werden fürchtete, klammerte sich nun um seiner Rettung willen an dieselbe Säule, die ihm einige Augenblicke vorher den Tod geben sollte; der Boden wankte unter seinen Füßen, die Mauern des Gefängnisses wichen aus einander und das ganze Gebäude lehnte sich so sehr nach der Straße, daß es, wenn das gegenüberstehende Haus nicht in der entgegengesetzten Richtung gefallen wäre, nothwendig völlig hätte einstürzen müssen.

Zitternd, mit gesträubtem Haar kroch Jeronimo auf dem Boden hin und entschlüpfte durch eine der in seinen Kerkermauern entstandenen Oeffnungen. Kaum sah er sich in Freiheit, als eine zweite Erschütterung das Gefängniß vollends zusammenbrach. Im Entsetzen ging der Befreite zuerst nach dem Stadtthore zu über die Trümmer hinweg. Ein Haus, von dem fortwährend große Steine herabfielen, nöthigte ihn, sich nach einer andern Straße hinzuwenden.

An dieser Seite strömte der Mepocho über seine Ufer, rauschte mit lautem Getöse und alles mit sich fortreißend heran und zwang den Flüchtigen, einen sicheren Ort zu suchen. Auf der andern Seite lag ein Haufen Leichen, unter welchem hervor bisweilen das Aechzen irgend eines Unglücklichen sich hören ließ, der von den Leichen derer gedrückt wurde, die im Leben vielleicht seine besten Freunde waren. Der Fluß, dessen Fluten näher herandrangen, hob bisweilen die todten Glieder empor, so daß man sie für lebende halten konnte. Auf den brennenden Dächern riefen viele vergebens um Hilfe und manche stürzten sich im Wahnsinn der Verzweiflung hinunter auf das Pflaster.

Im Stadtthore überwältigte die Müdigkeit Jeronimo, daß er unter dem Bogen niedersank. Er lag vielleicht eine Stunde lang in tiefer Ohnmacht da. Ein sanfter Wind aus Westen brachte allmählig seine Besinnung zurück und seine Augen, die nach allen Seiten herumblickten, erkannten mit Freuden die grüne Ebene von St. Jago.

Der Anblick der Leichen, die um ihn her lagen, minderte die Freude, die er über seine eigne Rettung fühlte. Er konnte anfangs nicht begreifen, wie er daher gekommen, und erst als er hinter sich blickte und statt der Stadt eine gestaltlose Trümmermasse sah, erinnerte er sich der schrecklichen Katastrophe. Er sank auf seine Knie, beugte sich zur Erde nieder und dankte dem Himmel für seine wunderbare Erhaltung. Dann mischte er sich unter die Menge, die emsig aus dem allgemeinen Schiffbruche wenigstens etwas zu retten suchte, und fragte schüchtern, ob die Hinrichtung der Tochter Asterros bereits stattgefunden habe; aber Niemand konnte ihm Antwort geben. Endlich sagte ihm eine Frau, die schwer mit Wirthschaftsgeräthen beladen war, sie habe mit eigenen Augen die Nonne enthaupten sehen.

Wenn er die Zeit der ersten Erschütterung mit der zur Hinrichtung bestimmten Stunde verglich, konnte er kaum zweifeln, daß das Urtheil vollzogen sei. Er sprang auf, eilte in das nahe Wäldchen und überließ sich ganz der Verzweiflung. Er wünschte, alle Mächte der Natur möchten wider gegen ihn losgelassen werden. Er bedauerte, daß der Tod nicht auch ihn betroffen, aber nachdem Thränen sein schweres Herz erleichtert hatten, zog die Hoffnung wieder bei ihm ein. Er durchwanderte die Gegend nach allen Richtungen hin, besah alle Leichen, die auf seinem Wege lagen und entfernte den Schutt, unter welchem er weibliche Kleidung bemerkte. Mit zitternden Schritten ging er über die Trümmer des Nonnenklosters; aber nirgends fand er eine Spur von Donna Josephine.

Gegen Sonnenuntergang stieg Ruguera, der alle Hoffnung aufgegeben hatte, seine Geliebte wiederzufinden, auf einen Felsen, der ein enges Thal überschaute. Am Fuße desselben erblickte er ein junges Weib, das ein Kind in einem Bache badete. Jeronimo trat näher und rief dann aus: »Heilige Mutter Gottes!« Es war Josephine.

Die Phantasie vermag nur ein schwaches Bild von dem Entzücken der Liebenden bei diesem Zusammentreffen zu gewähren. Als die begeisterte Freude sich allmählig etwas gemäßiget hatte, erzählte Josephine, was ihr in den letzten vierundzwanzig Stunden begegnet sei. Sie war auf dem Wege nach dem Schaffotte, als das Einstürzen der Häuser die versammelte Zuschauermenge zerstreute und mit ihr die Nachrichter, wie die andern Diener der Justiz, entflohen. Sobald sie sich von der Betäubung erholen konnte, in welche sie durch den Anblick ihres nahen Endes versetzt worden war, floh sie nach den Thoren zu, kehrte aber schnell nach dem Kloster zurück, in welchem sie ihr Kind hatte zurücklassen müssen. Sie fand das Kloster in Flammen und die Aebtissin, welche der

Unglücklichen versprochen hatte, für das Kind zu sorgen, rief wehklagend aus dem brennenden Hause nach Hilfe. Josephine stürzte durch den Rauch hindurch über die Gänge hin, welche von allen Seiten zusammenbrachen, und kam, als wenn die Engel des Himmels sie behütet hätten, unverletzt wieder unter das Portal, die Aebtissin führend und ihr Kind auf dem Arme tragend.

Kaum hatte sie das Portal erreicht, als das Dach des Gebäudes zusammenbrach und die meisten Nonnen unter seinen Trümmern begrub. Sie setzte nun ihre Flucht fort und fand bald das verstümmelte Pferd des Erzbischofs. Der Palast des Vicekönigs lag in Trümmern; der Gerichtshof, wo das Todesurtheil gegen sie gesprochen wurde, stand in Flammen und wo das Haus ihres Vaters gestanden, war ein See erschienen, aus dem ein röthlicher Dampf aufstieg. Josephine nahm ihre ganze Kraft zusammen, um sich bei diesem Anblicke aufrecht zu erhalten. Sie ging muthig weiter. Da gelangte sie an die Trümmer des Gefängnisses ihres Geliebten und dachte über dessen wahrscheinliches Schicksal nach. Sie konnte bei diesem Anblicke ihr Kind kaum halten, so zitterte sie, bis das fortwährende Einstürzen der Häuser sie aufschreckte, daß sie ihre Kraft nochmals zusammen raffte, ihr Kind an ihren Busen drückte und weiter schritt.

Von Mattigkeit erschöpft, ruhete sie eine Zeit lang aus und hoffte immer, den, welcher ihr vor allen theuer war, kommen zu sehen. Als indeß die Menge immer mehr anwuchs, ging sie weiter und gelangte endlich in ein kleines Lindenthal, wo sie, entfernt von allen Sterblichen, für die Ruhe der Seele ihres geliebten Jeronimo betete.

Nachdem sie ihm alles dies erzählt hatte, reichte sie ihm das Kind.

Es war eine jener lieblichen Nächte, welche die Dichter so gern schildern. Die beiden unglücklichen Geretteten mit ihrem Kinde blieben in dem vom Mondlichte beleuchteten Thale und sammelten emsig Moos und dürre Blätter, um sich davon ein Ruhebett zu bereiten. Auf allen Seiten hörten sie das Wehklagen des armen Volkes; einem war das Haus eingestürzt; ein anderer hatte Weib und Kind und ein dritter sein ganzes Vermögen verloren. Nach einem innigen Dankgebete überließen sich Jeronimo und Josephine dem Schlummer.

Als sie erwachten, stand die Sonne hoch am Himmel und sie erblickten nicht weit entfernt einige Familien, die an einem Feuer ein leichtes Mahl bereiteten. Jeronimo dachte eben darüber nach, wie er einige Erfrischungen für sich, die Geliebte und sein Kind erhalte, als ein gut gekleideter junger Mann, der ein Kind in seinen Armen hielt, zu Josephinen kam und dieselbe bescheiden bat, für das kleine unglückliche Geschöpf mit zu sorgen, dessen schwer verwundete Mutter in geringer Entfernung unter einem Baume ruhe.

Josephine wurde etwas ängstlich, als sie diesen Herrn erkannte, der ihre Verlegenheit falsch auslegte und bemerkte: »Donna Josephine, ich bitte nur für einige Minuten um Ihre Pflege; das Kind hat keine Nahrung erhalten seit der Stunde, die unser aller Unglück war«. Josephine nahm das Kind und gab ihr eigenes Jeronimo.

Don Fernando, so hieß der Fremde, drückte seinen Dank durch das Anerbieten aus, sie zu dem Feuer zu führen, um welches seine Familie versammelt sei. Donna Elvira, die Gattin Fernandos, welche am Fuße verletzt war, hieß Josephinen neben sich setzen und behandelte sie sehr freundlich, und Jeronimo, wie Josephine konnten kaum glauben, daß das Schicksal, dem sie entgangen, Kerker und Blutgerüst, mehr als ein Traum gewesen.

Nur Donna Elisabeth, die Schwägerin Fernandos, welche von einer Freundin eingeladen worden war, der Hinrichtung der Nonne von ihrem Hause aus beizuwohnen, sah Josephinen kalt und mißtrauisch, fast mit Abscheu an, aber die letztere war mit ihren eigenen Gedanken zu sehr beschäftigt, als daß sie dies bemerkt hätte. Donna Elvira dagegen sprach mit ihr und hörte theilnehmend die Erzählung ihres Schicksals an. Josephine gestand aufrichtig alles.

Da der Tag bereits weit vorgerückt war und die Erschütterung der Erde völlig aufgehört hatte, so fing man an, wieder Muth zu fassen. Von den Vorübergehenden hörten sie, daß in der Kathedrale der Dominikaner, der einzigen noch stehenden Kirche, eine feierliche Messe gelesen werden sollte, um den Gott der Barmherzigkeit zu bitten, weiteres Unglück von der Stadt abzuwenden. Don Fernando schlug vor, der Prozession sich anzuschließen. Josephine, auf die sich aller Augen richteten, stimmte bei, denn sie erkannte wohl, daß sie in keinem Augenblicke mehr Ursache gehabt habe, dankbar gegen den Allmächtigen zu sein, der sie aus so naher und so schrecklicher Gefahr befreiet. Elvira versprach ebenfalls zu folgen; Donna Elisabeth dagegen wollte bei ihrem kranken Vater bleiben und zugleich das Kind behalten, das Josephine noch auf ihren Armen hatte; der kleine Juan aber mochte seine neue Pflegerin nicht verlassen und so entschloß man sich, auch dieses Kind mitzunehmen.

Als sie in die Kathedrale traten, wo der Gottesdienst bereits begonnen hatte, war die große versammelte Menge in stillem Gebete versunken. Nach der Messe hielt der älteste Geistliche eine Predigt, die sich für die traurige Gelegenheit eignete, und die von der Macht Gottes und der Sündhaftigkeit der Menschen handelte.

Als der Geistliche beispielsweise von dem Frevel sprach, der vor kurzem in dem Garten der Carmeliterinnen geschehen sei, stürzte Josephine mit einem Schrei des Schmerzes zu Boden und unmittelbar darauf rief eine Stimme: »Leute von St. Jago, beide Verbrecher befinden sich unter uns!«

»Wo?« rief ein anderer.

»Hier!« antwortete der erste, ein Elender, der durch den Fanatismus fast wahnsinnig geworden war, Josephinen bei den Haaren ergriff und sie auf dem Steinboden zerschmettert haben würde zugleich mit Fernandos Kinde, wenn der Letztere sie nicht in seinen Armen aufgefangen hätte.

»Ich bin Fernando Ormez, der Sohn des Commandanten der Stadt!« sprach dieser.

»Wo ist der Vater dieses Kindes?«

Josephine antwortete in Verzweiflung: »Dies Kind ist nicht mein« und das erschreckte Kind streckte wirklich seine Arme nach seinem Vater, Don Fernando, aus.

»Das ist der Vater, der ist Jeronimo!« rief die Menge und drängte heran.

»Halt!« unterbrach sie Jeronimo, indem er festen Schrittes vortrat; »wenn ihr Jeronimo Ruguera sucht, ich bin es«.

Unterdessen gab er Fernando auch sein Kind und bat ihn, sich zu entfernen, was er that. Da mehrere diesen erkannten, ließ ihn die Menge gehen. In der Kirche aber hörte er den wüthenden Volkshaufen gegen Jeronimo toben. Ein Alter, der sich den Vater Jeronimos nannte, erklärte, denselben wohl zu kennen, schlug den Unglücklichen mit einem schweren Stabe nieder und wiederholte die Schläge, bis Don Jeronimo aufgehört hatte zu leben. Don Fernando zog sein Schwerdt und bahnte sich damit einen Weg. »Rettet Euch und die Kinder!« rief ihm Josephine zu. Don Fernando lehnte sich an einen Pfeiler und kämpfte muthig; endlich aber erfaßte einer der Fanatiker den kleinen Juan an den Füßen und zerschmetterte das Kind vor den Augen des Vaters an dem Pfeiler.

Auch Josephine unterlag den Streichen der Wüthenden und Don Fernando fand man den andern Tag leblos, während das Kind Josephinens wunderbar gerettet wurde.

Der Vater Jeronimos übergab dasselbe den Dominicanern, um es für die Kirche zu erziehen.

5

Kleists Stoffe ohne seine Sprache und seine Perspektiven: Diese beiden Texte unterscheiden sich in nichts von Tausenden anderer Erzählungen »kriminalistischen«, »schicksalshaften« oder »sensationellen« Zuschnitts, mit denen die damaligen Redakteure die Spalten der Unterhaltungsblätter zu füllen hatten. Erst in der vorliegenden Fassung waren diese Erzählungen einem größeren Leserkreis preiswert zugänglich. Die oben genannten Quellen sind alle »Publikumszeitschriften« mit überdurchschnittlich hohen Auflagen und weiter Verbreitung. Ihren Lesern wurde Kleist »konsumgerecht« präsentiert[4].

Emil Staiger[5] hat, obwohl er es »nicht unbedenklich« fand, versucht, ein Stück des *Bettelweibs von Locarno* »in gewohnter Art zu erzählen«, und kam zu dem Resultat, »daß eine Anekdote wie das ›Bettelweib‹ überhaupt nicht auf gewohnte Art erzählt werden kann, wenn sie interessant sein soll«. Der abgedruckte Text zeigt, daß das *Bettelweib* geradezu »in gewohnter Art« erzählt wurde, um »interessant« zu sein. Wäre die Bearbeitung nicht »interessant« gewesen, die Redakteure dieser (via »Vierteljahresпränumeration« stark publikumsabhängigen) Zeitschriften hätten sie nicht gedruckt und nicht einander so häufig nachgedruckt. Die oben zitierten Burgdorfer *Wöchentlichen Mittheilungen* haben das Stichwort sogar im Titel: ... *aus den interessantesten Erscheinungen der Literatur.* Aber was ist »interessant«?

1 Zur Frage der Bearbeitungen: Auch Kleists Bühnenwerke wurden sehr lange in (zum Teil stark verändernden) Bearbeitungsfassungen (Holbein) aufgeführt.

2 In Zeitschriften der zwanziger Jahre wurden noch einige bisher nicht bibliographierte Nachdrucke der Kleistschen Originalfassungen der beiden hier behandelten Erzählungen festgestellt: *Allgemeine Theaterzeitung und Unterhaltungsblatt für Freunde der Kunst, Literatur und des geselligen Lebens.* Jg. 1822. Nr. 143. S. 569-570: *Das Bettelweib von Locarno. (Eine Sage.)* Nicht gezeichnet. – *Der Bürgerfreund.* Jg. 1823. Nr. 42. S. 330-331: *Das Bettelweib von Locarno.* Nicht gezeichnet. – *Unterhaltungsblatt für gebildete Stände.* Jg. 1823. Nr. 55. S. 217-218: *Das Bettelweib von Locarno.* Nicht gezeichnet. – *Der Zuschauer.* Jg. 1822. S. 87: *Das Bettelweib von Locarno.* Nicht gezeichnet. – *Der Phönix.* Jg. 1825. Nr. 153-157: *Jeronimo und Josephe. Eine Scene aus dem Erdbeben zu Chili, vom Jahr 1647.* Nicht gezeichnet. Alle diese Drucke weisen Textvarianten gegenüber den Buchausgaben auf.

3 Die meisten der hier bibliographierten Drucke der Bearbeitungs-Versionen unterscheiden sich durch geringfügige Textvarianten, die auf die jeweils nachdruckende Redaktion zurückgehen.

4 In der Zeitschrift *Der Gesellschafter,* Jg. 1824, S. 269 findet sich sogar eine Gedichtfassung des *Bettelweibs von Locarno,* von Ludwig Halirsch.

5 Emil Staiger: *Heinrich von Kleist. Das Bettelweib von Locarno. Zum Problem des dramatischen Stils.* In: Staiger, *Meisterwerke deutscher Sprache aus dem neunzehnten Jahrhundert.* 3. Aufl. Zürich 1957. S. 100-117. Zit. S. 107.

34

»Apollo und die Musen werden mich noch nicht dem KnochenMann überliefern lassen, denn noch so vieles bin ich ihnen schuldig ...« Ludwig van Beethoven und der Verlag Schott

Am 10. März 1824 schrieb Ludwig van Beethoven, auf einen im Original nicht bekannten Brief antwortend, an die »Hof-Musik-Handlung B. Schott Söhne« in Mainz: »in ansehung von neuen Werken, welche sie von mir zu haben wünschten, trage ich ihnen folgende an, nur müßte die Entschließung nicht lange ausbleiben – eine neue große solenne Meße mit solo u. chorstimmen [samt] ganzen orchester an, so schwer es mir wird über mich selbst zu reden, so halte ich sie doch für mein größtes Werk, das Honorar wär 1000 fl. in C.M., eine neue große sinfonie, welche mit einem Finale (auf Art meiner Klawier-Fantasie mit chor) jedoch weit größer gehalten mit solos u. chören von Singstimmen die worte von Schillers unsterbl. bekannten lied an die Freude schließt. das Honor. 600 fl. C.M. ein neues Quartett für 2 Violin Bratsche u. Violonschell das Honor. 50 in Gold«.

Darauf erwiderte die Firma am 24. März: »So gern wir auch alle die 3 uns gütigst offerirte Manus[c]ripten behielten, so ist es uns dermalen doch nicht möglich, eine so starke Ausgabe auf einmal zu machen. Wir beschränken daher unsern Wunsch, und ersuchen Ihnen uns das Manuscript des Quartet als Eigenthum allein zum Verlag zu übergeben, wir werden die verlangte 50 Ducaten in Gold umgehend nach Empfang übermachen, oder wenn Sie durch ein dortiges HandlungsHauß den Betrag bey Absendung des Manuscripts sogleich auf uns wollen entnehmen lassen, so werden wir prompte Zahlung leisten, und wünschten jedoch recht bald in Besitz dieses Manuscripts zu kommen. Ihre grose Solenne Messe so wie ihre neue Sinfonie liegt uns zwar auch sehr am Herzen, und wir würden beyde Werke nur mit grosem Leid, als solche glänzende Sterne, in einem andern Catalog als dem unsrigen prangen sehen, und wir fragen daher nochmal bey Ihnen an, daß wenn Sie nicht gesonnen sind an dem Honorar nachzulassen, ob Sie wohl geneigt wären das Honorar in 4 terminen von 6 zu 6 Monath dafür in Empfang zu nehmen? Unter diesen Verhältnißen wagen wir den Verlag dieser sehr grosen und sehr wichtigen Werke, und würden mit Stolz den Verlag derselben mit aller nur möglichen Schönheit ausstatten und zur augenblicklichen Aufführung in Stimmen nebst der Partitur stechen lassen«.

Und in einem weiteren Brief vom 27. April, fügte sie hinzu: »Unser gröster Wunsch ist, uns als Verleger aller 3 angebothener Werke ansehen zu können, worüber wir noch immer einer freundschaftlichen zusagenden Antwort von Ihnen entgegen sehen. An dem verlangten Preiße sind wir nie gewöhnt dem Künstler etwas abzubrechen, allein um als ehrliche Leute das versprochene auch leisten zu können, und das eigne Geschäft nicht zu sehr zu geniren, so machten wir an Ihnen unsere offerte auf termin Zahlungen, welche Sie jedoch zu Bestimmen belieben, wenn Ihnen die vorgeschlagene zu lange dauern. Wir werden auf Verlangen dafür Sorge tragen daß ein dort wohnendes Banquier Hauß für Ihre Forderung Ihnen garanthie leistet«.

Darauf antwortete Beethoven schließlich am 20. Mai: »Auf Ihre verehrte Zuschrift vom 27ten v.[origen] M.[onats] habe ich die Ehre Ihnen mitzutheilen, daß ich nicht entgegen bin, Ihnen meine grosse Messe und die neue Symphonie zukommen zu lassen. Der Preis der ersteren ist 1000 f Conv. Münze, und der letzteren 600 f Conv. Münze nach dem 20 fl

Fusse. Die Zahlung kann damit arrangiret werden, daß Sie mir 3 Wechsel an ein hiesiges sicheres Haus einschicken, welches solche acceptiret, und wonach ich Ihnen die Werke auf Ihre Spesen einsenden oder allhier an Jemanden, den Sie mir anzeigen wollen, aushändigen werde«.

Die Rede ist von drei der größten Werke der abendländischen Musikgeschichte, von Beethovens *Missa solemnis* op. 123, von seiner *Neunten Sinfonie* op. 125 und von seinem Streichquartett op. 127.

Der eben zitierte Beginn und der weitere Verlauf ihrer Publikationsgeschichte können in einem schmalen, aber höchst gewichtigen Buch nachgelesen werden. Die Feststellung zu Beginn des Vorworts, daß »eine umfassende, modernen wissenschaftlichen Anforderungen genügende deutsche Ausgabe von Beethovens Briefen ein bekanntes, lang gehegtes Desiderat« sei, ist völlig richtig. Wer irgendwelche Zweifel hätte, könnte sich durch die ausführliche Darstellung der Absichten und Schicksale bisheriger deutscher und internationaler Beethovenbriefe-Ausgaben rasch eines Besseren belehren lassen. Es ist darum begrüßenswert, daß seit einigen Jahren eine solche Edition in großem Stile vorbereitet wird, und es ist erfreulich, daß als Beispiel und Pilotband der künftigen Gesamtausgabe ein Vorabdruck der Korrespondenz Beethovens mit einem seiner wichtigsten Verlagshäuser vorgelegt wird. Denn dieser Briefwechsel »weist ... eine verhältnismäßig hohe inhaltliche Geschlossenheit« auf, er kann somit als »Quellenfundament weiterer Forschung« dienen. Zugleich soll diese Voraus-Publikation den Beginn der neuen wissenschaftlich-kritischen Gesamtausgabe dokumentieren, sie versucht, »an einem kleineren überschaubaren Objekt« deren »Editionsprinzipien darzulegen und zur Diskussion zu stellen«. »Die Auswahl gerade dieses Briefwechsels für eine Art Probeedition empfahl sich aus mehreren Gründen«, heißt es dazu im Vorwort. »Er umfaßt eine große Mannigfaltigkeit von Dokumenten unterschiedlichen Charakters, Entwürfe, eigenhändige datierte und undatierte Briefe, Diktate oder im Auftrag erstellte Briefe, Korrekturverzeichnisse, Empfängervermerke, Antwort- und Drittbriefe, Quittungen und Eigentumsbescheinigungen, welche eine Fülle von editorischen Problemen aufwerfen und zu Entscheidungen zwingen. Zudem besitzt der Briefwechsel mit Schott aber auch einen eigenen biographischen und werkgeschichtlichen Rang, der eine separate Veröffentlichung durchaus rechtfertigt«.

Dieser Briefwechsel spielt in den letzten vier Lebensjahren Beethovens, 1824 bis 1827. Die Beziehungen zwischen dem Verlag und dem Komponisten, die das Vorwort eingehend schildert, waren für beide Partner ein Gewinn. Denn die Übernahme der Beethovenschen Kompositionen »bezeichnet für das expandierende Mainzer Unternehmen, dessen Leitung nach dem Tode des Gründers Bernhard Schott (1748-1809) die Söhne Johann Andreas (1781-1840), Johann Joseph (1782-1855) und Adam Joseph (1794-1840) innehatten, einen Höhepunkt seiner Geschichte. Bisher vorwiegend auf zweitrangige Werke lokaler Komponisten und auf den Nachdruck populärer Erfolgsstücke beschränkt, konnte der Verlag nun mit dem ›culminirenden Prachtstern‹ des musikalischen Kunsthimmels renommieren«.

Und ebenso war die neue – genau genommen: erneuerte – Geschäftsverbindung für den Komponisten vorteilhaft: »Beethoven hatte soeben zwei monumentale Werke, die Missa solemnis und die Neunte Symphonie, vollendet und suchte nach einem geeigneten Verleger. Auch eine Reihe von kleineren Kompositionen, die er seinem Bruder Johann abgetreten hatte, mußte untergebracht werden. Mit seinen früheren Partnern hatte er sich überworfen. Breitkopf & Härtel hatten sich längst zurückgezogen, ebenso Simrock, der sich durch Beethovens Verhalten bei der Verhandlung der Missa solemnis hintergangen fühlte. Mit Steiner und Haslinger lag Beethoven wegen deren Schuldforderungen in offener Fehde, und die übrigen Wiener Verlage, Cappi & Diabelli, Leidesdorf, Artaria, erschienen ihm vermutlich zu unbedeutend, um ihnen Werke dieses Ranges anzuvertrauen. Auch sein Verhältnis zu den beiden Schlesinger in Berlin und Paris, denen er die letzten drei Klaviersonaten überlassen hatte, war nicht ungetrübt. C. F. Peters schließlich hatte ihm die Schmach angetan, einige bereits gekaufte ältere Werke als unzulänglich zurückzuweisen. So mußte Beethoven eine Verbindung mit Schott, die noch völlig unbelastet war, sicherlich willkommen sein«.

Die Resultate beider Zusammenhänge präsentiert die hier vorzustellende Ausgabe. Sie ist, zusammenfassend gesagt, nach sehr wohlüberlegten, sehr klug angewandten und darum überaus erfolgreichen Editionsprinzipien angelegt und aufgebaut. Diese werden im Vorwort ins einzelne gehend dargelegt: möglichste Vollständigkeit in der Wiedergabe alles Erreichbaren (was hier zum Druck zahlreicher unveröffentlichter Briefe führt); Mitteilung auch von Briefen, die andere Schreiber (der Neffe Karl, der Bruder Johann, der Mitarbeiter und Haushälter Anton Schindler) verfaßten oder nach Beethovens Vorstellungen niederschrieben; Rekonstruktion verschollener Briefe aus den Inhalten von Gegenbriefen oder nach Registratur-Notizen; Aufnahme möglichst vieler Briefentwürfe; neue Untersuchungen und Sicherungen der oft fehlenden Datierungen; buchstabengetreue Abbildung der orthographischen Originalsituation und der Interpunktion, exakte Simulation der vielen Überschreibungen, Tilgungen, Einfügungen und späteren Textverluste; Einbeziehung auch von Umkreisdokumenten wie Quittungen, Verträgen oder Zeugnissen.

Die 71 wiedergegebenen Briefe – angefügt ist ein 72., den Anton Schindler nach Beethovens Tod schrieb – handeln außer von den bereits erwähnten Werken, der *Missa* und der *Neunten*, von einer ganzen Reihe größerer und kleinerer Kompositionen, die Beethoven dem Hause Schott zur Veröffentlichung anvertraute: die Ouvertüre *Die Weihe des Hauses*, op. 124, die Streichquartette op. 127 und op. 131, das *Opferlied* op. 121b, das *Bundeslied* op. 122, verschiedene kleine Kanons.

Es geht, somit, um das Geschäft, um Produktion und Publikation, um Konditionen und Modalitäten. Es geht um Geld, um Honorare, Überweisungen, Porti und Zölle. Und es geht um Korrekturen bei der Drucklegung, um nachträgliche Verbesserungen, Errata; um die intensive Sorgfalt, die Beethoven der Realisation seiner Manuskripte angedeihen ließ. Es geht um Fragen der Dedikationen und der Metronomisierungen. Und es geht, nicht zuletzt, um die Veröffentlichungspolitik des Autors und die des Verlags, die nicht immer mit jener parallel lief; um Vertrauen und Mißtrauen also, um Eifersüchtelein und Rankünen, um Verstimmung und Versöhnung. Viel Material zur feineren und verfeinerten Kenntnis der Biographie des späten Beethoven ist in diesen Texten enthalten. Beispielsweise zu erwähnen wäre etwa die Einläßlichkeit, mit der Beethoven auch die äußere Gestalt seiner Werke bedachte – »Sie können«, schrieb er, »also schon auf's Titelblatt denken u. die übrigen embleme der Königlich-Preußischen Formen allegorisch bedenken u. ausdenken u. ausführen laßen, damit kein verstoß vielmehr ein wohlgebildetes Titelblatt erscheine« –, oder auch die verständliche Verärgerung, mit der Beethoven auf den wohl nur als Routine zu verstehenden, aber jedenfalls höchst unpassenden Wunsch des Verlags, sein neues Streichquartett möge »ja ein original quartett seyn«, reagiert, indem er auf der Stichvorlage satirisch bemerkt: »N.b. Zusammengestohlen aus Verschiedenem diesem und jenem«. Da ist aber auch die Hartnäckigkeit und Kulanz zugleich, die Diplomatie und Konsequenz, mit der ein Verlagshaus sich um einen großen, wichtigen, wenn auch

»unhandlichen« Autor bemüht: Schließlich war Beethoven ein Geschäft, er war berühmt, die der Partitur der *Missa solemnis* voranzustellende »Pränumeranten[Subskribenten]-Liste« wurde immerhin vom »Kaiser von Rußland« angeführt und enthielt neben den Königen von Preußen, Frankreich und Dänemark eine Reihe glanzvoller fürstlicher Namen.

Geschäftsbriefe. Gewiß. Wie auch anders, bei diesem Adressaten. Aber zwischen den Honorarverhandlungen und Verbesserungsanordnungen tauchen, durchaus dem Stil der Zeit entsprechend, immer wieder Äußerungen aus der Privatsphäre auf, von Bemerkungen über die persönliche Gesundheit bis zu Gedanken an den Tod. Vor allem diese letztere Beobachtung legt es nahe, die noch weithin übliche Unterscheidung in »Geschäftsbriefe« und »Bekenntnisbriefe«, oder wie immer man das nennen will, für obsolet, für überholt und für ein heute nicht mehr taugliches, weil nicht mehr Erkenntnis förderndes Erbstück aus charmanten Zeiten »geistesgeschichtlicher« Blickverengung zu halten. So formuliert Beethoven bereits in einem frühen Brief jenen Gedanken, der als Titel über dieser Rezension steht; und auch Schott reagiert sehr persönlich, wenn er ein »Mittel gegen die Wassersucht« nach Wien schickt. Im Laufe der Korrespondenz wird der Ton zwischen Ludwig van Beethoven und Johann Joseph Schott vertraulicher, freundschaftlicher, intimer. Die letzten Briefe beider Partner sprechen fast nicht mehr über Musik, sondern über etwas ganz anderes: über Wein. Als Gegenstück zu den eingangs zitierten Passagen hier einige Ausschnitte aus Briefen des todkranken Beethoven und seines Mainzer Verlegers.

Beethoven an Schott, 22. Februar 1827: »Nun komm ich aber mit einer sehr bedeutenden Bitte. – Mein Artzt verordnet mir sehr guten, alten Rheinwein zu trinken. So etwas hier unverfälscht zu erhalten, ist um das theuerste Geld nicht möglich. Wenn ich also eine kleine Anzahl Botteillen erhielt, so würde ich Ihnen meine Dankbarkeit bezeugen. Auf der Mauth würde man, glaube ich, etwas für mich thun, so daß mich der Transport nicht so hoch käme. Sobald es meine Kräfte nur erlauben, werden Sie auch die Meße metronomisirt erhalten, denn ich bin gerade in der Periode, wo die 4te Operation erfolgen wird«.

Er wiederholt sein Anliegen am 1. März, und am 8. März reagiert Schott. »Um ihren geäuserten Wunsch so schnell als möglich nachzukommen, so haben wir von einem unserer sehr guten Freunde einen kostbaren Rüdesheimer Berg Wein von 1806, und von demselben selbst gezogen und ganz rein erhalten, für Ihnen gewählt, und bereits in einem Kistchen über Francfurt durch Herrn Emanuel Müller 12 Bouteillen per Fuhrgelegenheit an Ihnen abgesandt, wovon wir den besten Empfang wünschen«.

Die Edition, deren Prolegomena und Probeband hier vorgelegt sind, darf als ein besonders überzeugend gelungenes Beispiel für Briefedition gelten. Sie ist großzügig, damit übersichtlich und praktikabel angeordnet. Sie versteht – was im Grunde die einzig sinnvolle Art ist, editorisch-wissenschaftlich mit Briefen umzugehen – Briefe als Teile von Briefwechseln und druckt demzufolge alle Stücke und Gegenstücke in genauer chronologischer Folge ab. Sie dokumentiert philologisch vorzüglich durch die subtilste Abbildung der verschiedenen textuellen Zustände, der in jedem Falle hier hochwichtigen Orthographie und Interpunktion ebenso wie der oft komplizierten ad hoc-Veränderungen der Texte. Sie ist wissenschaftlich von höchstem Rang, denn sie arbeitet auch jüngste Forschungsergebnisse ein und wählt klug unter der großen Menge früherer Wissenschaftsresultate aus. Sie bringt viele neue Erkenntnisse, etwa den einsichtigen Vorschlag, in Beethovens Brief vom 2. August 1825 einen Satz, der infolge Beschädigung der Handschrift schwer lesbar ist, nicht in der Weise bisheriger Ausgaben zu ergänzen, sondern »die Breite der Schadstelle« zugrundezulegen, also die mögliche Zahl der fehlenden Wörter und Buchstaben zu bedenken und dadurch zu einer neuen Lösung zu gelangen. Und sie ist überaus benutzerfreundlich, denn sie bringt den Kommentar gleich bei jedem Text, dort also, wo man ihn bei der eiligen Alltagsarbeit braucht und sucht und zu finden sich freut. Der sehr exakte, sehr ausführliche Kommentar selbst verdient eigens gerühmt zu werden: Er ist, wie bei Briefen häufig nicht anders zu erwarten, in vielen Fällen nicht nur eine Erläuterung im Sinne der Verständnishilfe, sondern oft genug erst eine regelrechte Erschließung der knappen, aber inhalts- und anspielungsreichen Texte. Und, last not least: Die Ausgabe ist verlegerisch hervorragend betreut.

Zur Ergänzung dienen einige instruktive Illustrationen, neben den Portraits der Korrespondenten auch dasjenige Gottfried Webers, der als Berater der Firma Schott in diesem Band eine Rolle spielt, oder auch eine Abbildung des Etiketts des vorhin erwähnten, von Beethoven erbetenen Weins (»Rüdesheimer Berg«).

Soviel ist jetzt schon deutlich, daß Prophezeiung kein Wagnis mehr bedeutet: Wenn die mit diesem Bande vorgestellte Gesamtausgabe vollendet sein wird, werden wir ein fundamentales Zeugnis der behutsam-kompetent arbeitenden Philologie, eine exemplarische Leistung der wissenschaftlich-kritischen Textedition besitzen.

Ludwig van Beethoven: Der Briefwechsel mit dem Verlag Schott. München: G. Henle 1987.

35

Friedrich Wilhelm Hackländers Hölderlin-Nekrolog
Text eines Dokuments zur Biographie

1

Im siebten Band der Stuttgarter Hölderlin-Ausgabe[1] wird der Text einer Skizze des Journalisten und Feuilletonisten Friedrich Wilhelm Hackländer – die Beschreibung eines Besuchs bei Hölderlin im Jahre 1841 – veröffentlicht und kommentiert[2]. Dabei liegt die 1955 publizierte[3] Transkription des Hackländerschen Manuskripts[4] zugrunde, eine Arbeit, die durch Verlesungen und Lücken entstellt ist, da die sehr flüchtige Handschrift nur unvollständig zu entziffern war und eine gedruckte Fassung des Textes von den Bearbeitern nicht ermittelt werden konnte[5].

Der Kommentar von Adolf Beck bringt den Text in Verbindung mit der Hölderlin-Beschreibung Wilhelm Waiblingers[6] und erklärt: »Der Nachruf wurde nie gedruckt, wohl aufgegeben. Er ist behaftet mit Irrtümern, die lebensgeschichtliche Skizze bis zum Plagiat abhängig von Waiblinger ... Vielleicht hat der Autor die Niederschrift abgebrochen, als er merkte, daß er von Waiblinger nicht recht los komme«[7].

Der Nachruf wurde gedruckt. Noch im Todesmonat Hölderlins erschien im Feuilleton der *Kölnischen Zeitung*[8] ein Beitrag Hackländers, in dem das Manuskript enthalten ist. Mit Hilfe dieses Druckes ist über den damit korrigierten Text der Handschriftpublikation hinaus eine Ergänzung des kleinen Dokuments zu Hölderlins Biographie möglich, das in der bisher bekannten Fassung nur etwa die Hälfte des Nekrologs umfaßt[9].

2

Erinnerung an Hölderlin
Von F. W. Hackländer

Wenn ein Stein ins Wasser fällt, plätschern die Wellen auf einem kleinen Puncte empor und bilden einen engen Kreis, der sich langsam vergrößert, immer undeutlicher und schwächer werdend, bis er die Ufer erreicht und sich dort unter dem Schilfgras und den Gesträuchen verliert, wohl hier und da eine wilde Rose lüftend, die sehnsüchtig den Wasserspiegel küßt. Stirbt ein Mensch, so fallen die Thränen seiner nächsten Anverwandten, seine Freunde im Kreise umher sprechen: Er ruhe sanft! und die Bekannten weiterhin denken einen kurzen Augenblick an ihn – dann ist Alles ruhig, die Nachricht seines Todes dringt unmerklich an fremde Ufer, um dort vielleicht ein Herz zu bewegen, das sich erinnert, ihn gekannt zu haben.

Friedrich Hölderlin, der Dichter des Hyperion ist todt. – Nach jahrelangen Leiden starb er sanft und ruhig in seinem 74. Lebensjahre. Am 7. Juni d. J., Mittags gegen 12 Uhr, fühlte er sich plötzlich unwohl, und schon gegen 1 Uhr war er nicht mehr. Vergebens hoffte man, sein Geist, der über 40 Jahre von der Nacht des Wahnsinns umgeben war, werde in der Todesstunde seine Fesseln zerreißen und noch einmal empor strahlen, um einen letzten freundlichen Blick auf sein düsteres vergangenes Leben zu werfen, um Manches aufzuhellen über das Schicksal des unglücklichen Dichters. Eine lange Reihe von Jahren, die er mit gebrochenem Herzen und trübsinnig in der Fremde verlebte, und in der sich eine tiefe Melancholie zum Wahnsinn ausbildete, eine wilde und stürmische Periode, ist für seine Freunde im Dunkel geblieben, und er hat nichts Näheres über diese für ihn gewiß schreckliche Zeit mittheilen können oder wollen.

Friedrich Hölderlin wurde im Jahre 1770 zu Lauffen in Schwaben geboren. Schon in frühester Jugend zeigte er eine frische, regsame Phantasie und war dabei von äußerst zartfühlender, wohl zu empfindlicher Natur. Schon damals war ein lebendiger, begeisterter Sinn für Dichtkunst und Musik bei ihm bemerkbar, und mit einer liebenswürdigen äußern Bildung, die voll Adel und Grazie war, vereinigte er Herzensgüte und eine lebhafte Dank- und Empfindungsweise, was ihm, verbunden mit einem unbefleckten jungfräulichen Gemüthe, allgemeine Achtung und Liebe erwarb. Waiblinger, der ihn genau kannte, sagt in Betracht des Letzteren sehr richtig von ihm: »Hölderlin mußte rein und ohne Flecken in seiner fast weiblich sanften Seele bleiben, wenn er nicht untergehen sollte; für ihn konnten die wilden Vergnügungen, der taumelnde Rausch der Sinne nur Verderben und Tod sein[«][10]. In seinem 18. Jahre wurde H., wie er in späteren Jahren öfters sagte, von *außen bestimmt* und *gezwungen*, ganz gegen seine Neigung Theologie zu studiren. Er fühlte sich damals sehr unglücklich, wodurch er sich von Zeit zu Zeit einer tiefen Melancholie überließ, die man wohl als Keim seines späteren Unglücks ansehen kann. Die Poesieen, die von ihm aus jener Zeit bekannt sind, waren meistens Nachahmungen von Schiller und Klopstock, und sprechen in schmerzlichen Klagen die Leiden einer allzu zärtlichen sentimentalen Liebe aus; auch schrieb er damals schon Einiges an seinem Hyperion, was aber später ganz umgewandelt wurde. Wie viel übrigens von diesem Gedichte, wie es uns jetzt vorliegt, auf der Universität entstand, ist nicht bestimmt anzugeben. Nachdem er seine Studien vollendet hatte, verließ er Tübingen und Würtemberg, um eine Hofmeisterstelle in einem angesehenen Hause in Frankfurt anzunehmen. Hier begründete sich sein Unglück. Der junge liebenswürdige Mann, dessen ungewöhnlicher Geist und ausgezeichnetes Talent wohl im Stande war, Ansprüche aller Art zu machen, fühlte sich von der Mutter seiner Zöglinge aufs innigste angezogen, und diese, für alle Vorzüge des Dichters empfänglich, erwiederte seine Neigung, – ein Verhältniß, das jedoch nicht lange dauerte. H. wurde von seiner Diotima getrennt. Er mußte ihr Haus verlassen, und obgleich man anfänglich noch einen Briefwechsel unterhielt, obgleich beide verabredeten, sich zuweilen in einem Sterne wieder zu finden, den sie in demselben Augenblicke ansahen, so war doch Hölderlin's Schmerz unsäglich, und da er jetzt einen wirklichen Grund für seinen Trübsinn und seine Klagen hatte, so wurden diese immer bitterer und ausschweifender, bis endlich sein Herz ganz zerrissen war. Er vollendete seinen Hyperion, von dem Waiblinger in Betracht auf Hölderlin's damaligen Gemüthszustand so treffend und schön sagte, jede Blume darin neige ihr Haupt[11].

Hölderlin ging nun nach Weimar und Jena, von dem Drange getrieben, sich dort, wo damals so viele große Männer waren, auszuzeichnen. Aus dieser Zeit sind seine besten Gedichte. Schiller scheint ihn hier sehr liebgewonnen zu haben, wogegen ihn Göthe, wie man sagt, eben nicht freundlich behandelte. Für Letzteres spricht, daß Hölderlin bis in die spätern Jahre beständig in eine feindselige Aufregung gerieth, so oft man Göthe's Namen nannte. Vergebens suchten Schiller und einige andere seiner Freunde ihm hier eine Professorstelle zu verschaffen. Alle seine Hoffnungen scheiterten, und H. ging nach der Schweiz, wo er Lavater, Zollikofer und Andere kennen lernte. Dort dichtete er einige schöne Lieder und entwarf auch den Plan zu einer Tragödie, die er aber nie ausführte. Doch hatte sich seiner jetzt schon eine so tiefe Melancholie bemeistert, daß er die Menschen floh, sich einschloß, seiner Trauer überließ und so gleichsam mit Fleiß und Absicht jenem Zustande vorarbeitete, der nicht länger mehr ausbleiben konnte, wenn H., der für ein reines, geordnetes, thätiges Leben geboren war, sich in wilden, unordentlichen Genüssen, in betäubenden Ausschweifungen vergaß. Und so geschah es. Er ward aufs Neue Hofmeister, und zwar in Frankreich. Was er dort trieb, und wie weit seine Ausschweifungen gingen, ist nicht bekannt geworden. Genug, nach mehren Jahren, aus denen man, wie schon oben angeführt, von seinem Leben nichts weiß, erscheint eines Abends bei Matthisson ein leichenblasser, abgemagerter Mensch, mit hohlem, wildem Auge, langem Haar und Bart, gekleidet wie ein Bettler, der, ohne zu sprechen, langsam bis an Matthisson's Tisch vorrückt, sich vor ihm verbeugt und mit dumpfer, geisterhafter Stimme murmelt: *Hölderlin!*

Kaum hatte ihn Matthisson betrachtet, so war er wieder verschwunden. In Lauffen bei seiner Mutter angelangt, jagte er sie und sämmtliche Hausbewohner in Raserei aus dem Hause. Wenn er auch von dieser Zeit an noch einige helle Augenblicke hatte, so war er doch immer von der entsetzlichen Melancholie geplagt, und sein stiller Wahnsinn nahm täglich zu. Gutgesinnte, wohlwollende Menschen, unter andern ein damals oft genannter Prinz, nahmen sich seiner an, und letzterer berief ihn nach Jena zur Stelle eines Bibliothecars. Doch seine Anfälle von Raserei wurden heftiger und schlimmer als je. In einer Uebersetzung des Sophokles, die er damals begann, findet sich des Sonderbaren, ja, Närrischen genug. Als alle Hoffnung, ihn wieder zur Vernunft zu bringen, vergebens war, wurde er unter dem Vorwande, er solle Bücher in Tübingen einkaufen, dorthin geschickt, alsdann in das Klinikum gebracht, wo man zwei Jahre lang den vergeblichen Versuch machte, ihn medicinisch zu curiren. Darauf wurde er im Hause eines Tischlers aufgenommen, wo er in einem kleinen Zimmer bis an sein Ende, über 40 Jahre, lebte.

Vor zwei Jahren, ebenfalls im Monat Juni, besuchte ich Tübingen, und mein Wunsch, den unglücklichen Hölderlin zu sehen, ging umso leichter in Erfüllung, als einer meiner Freunde, der mit ihm in demselben Hause, ja, neben seinem Zimmer wohnte, sehr bereitwillig war, den Herrn Bibliothecar, wie man ihn nennen mußte, um seine gute Laune zu erhalten, zu einer Tasse Caffee einzuladen.

Das Haus, in welchem H. wohnte, stand dicht am Ufer des Neckars, und seine Fenster, die ich mir zeigen ließ, gingen auf den klaren schönen Fluß und auf das herrliche Thal, welches auf der einen Seite die schwäbische Alp umschließt und auf der andern Seite weit geöffnet ist. Das Wetter war wunderschön und klar; Alles blühete und duftete; über dem Wasser am Fuße des Hauses hingen wilde Rosen und streuten ihre Blätter auf die Wellen, welche sie spielend fortführten. Oben war ein Fenster geöffnet, und es überlief mich kalt trotz des warmen Wetters, als ich von daher eine Stimme hörte, eine zitternde Stimme, die abgebrochene Worte sprach, bald deutsch, bald französisch, und dazwischen einzelne traurige Laute sang, aber Alles ohne Zusammenhang. Von Zeit zu Zeit wurde auch an dem offenen Fenster eine Gestalt sichtbar, in einem altmodischen braunen Rock, eine Gestalt mit einem seltsam lächelnden Gesichte. Ich brauche wohl nicht zu sagen, daß es Hölderlin war, der, in der oben angedeuteten Weise vergnügt mit sich selbst plaudernd, auf den Neckar hinabsah und oftmals längere Zeit den Blumen und Bäumen freundlich zunickte, wobei er beständig rief: Oui, oui!

Nachmittags gingen wir bei seinem Zimmer vorbei und hörten ihn auf gleiche Art mit sich selbst sprechen und lachen, wie früher zum Fenster hinaus. Vor der Stubenthür auf dem Gange stand sein Eßgeschirr, das er jedesmal dorthin setzt, indem er nichts Fremdes, ihm nicht Gehörendes, bei sich leiden mag. Hierüber erzählt Waiblinger unter Anderm, daß er ihm einmal eine Ausgabe des Homer, der früher H's. Lieblingsdichter war, zurückgelassen, die er aber beständig aus seinem Zimmer auf den Gang niedergelegt mit der Bemerkung, sie gehöre dem Herrn von Waiblinger[12]. Er war an dies Buch seit langen Jahren nicht mehr gewöhnt, und es war ihm gänzlich fremd geworden.

Unterdessen hat mein Freund alle Vorbereitungen getroffen, ihn würdig zu empfangen. Es wurde ein tüchtiger Caffee gemacht, das Clavier geöffnet und irgend ein beliebiges Notenblatt aufgelegt. Jetzt hörten wir draußen auf dem Gange, wie sich seine Thür öffnete, er hustete einige Male, scharrte vor unserm Zimmer mit den Füßen auf dem Boden und klopfte leise an – Herein! – Ich weiß mich noch genau zu erinnern, daß mir in diesem Augenblicke bek[l]ommen das Herz schlug, als Hölderlin nun eintrat, in der Thür stehen blieb, seine Hände in die Rocktaschen steckte und nach allen Seiten die tiefsten Verbeugungen fast bis zur Erde mehrmals wiederholte, wobei er mit leiser, undeutlicher Stimme die Worte sprach: »Kaiserliche Königliche Hoheiten – Eure Heiligkeit – Eure Heiligkeit der Papst!«

Darauf wandte er sich an meinen Freund und fuhr fort: »Euer Durchlaucht, Herr von L. sehr gnädig – oui, oui, sehr gnädig – je suis, je suis« – und darauf kam ein ganz unverständlicher Wortschwall aus seinem Munde, woraus wir nur die oben angeführten Titel verstanden, die er häufig wiederholte. Mein Freund ging ihm entgegen, nannte ihn öfters und sehr laut »Herr Bibliothecar« und brachte ihn nach vielen Verbeugungen und Complimenten seinerseits in die Ecke des Sophas, wobei er öfters versicherte, daß es nicht schicklich sei, sich in Gegenwart solcher hohen Herrschaften zu setzen.

Da saß er nun dicht neben mir, der unglückliche Hölderlin, und ich hatte Muße genug, ihn zu betrachten. Seine Gestalt war hager und ohne Eigenthümlichkeit, von mittlerer Größe; doch noch jetzt in seinem traurigen Zustande wußte er sich gut, ja elegant zu wenden, und seine Manieren wären wie in den Tagen seiner Jugend noch immer anmuthig gewesen, wenn nicht alle seine Bewegungen etwas krampfhaft Unruhiges an sich gehabt hätten. Aber sein Kopf war trotz der Verwüstungen einer vierzigjährigen Geisteskrankheit noch immer höchst merkwürdig und interessant. Ich mußte sein Profil bewundern, die hohe, gewölbte Stirn, das freundliche, noch immer geistige und gutmüthige Auge, so wie den freien Blick, an welchem der Wahnsinn keine Spuren hinterlassen hatte. Zerrüttet dagegen waren die untern Partien seines Gesichts, die Nase und besonders der eingefallene Mund, dem man es nicht mehr ansehen konnte, daß sein Lächeln so äußerst anmuthig und lieblich gewesen sei. Wohl erkannte ich noch die feinen Formen der Lippen, aber eine zuckende convulsivische Bewegung, die häufig seinen ganzen Körper erschütterte, so daß seine Schultern und Finger zuckten, zeigte sich am deutlichsten an seinem Munde, den er alsdann krampfhaft öffnete und schloß.

Was ihm an Essen und Trinken angeboten wurde, nahm er unter beständigen Verbeugungen und Complimenten und verzehrte es hastig. Dabei schien ihm die Höflichkeit zu gebieten, daß er sich mit uns unterhielt, weßhalb er beständig sprach, und die sonderbarsten Sachen. Auf eine an ihn gestellte Frage war er nie im Stande, eine bestimmte Antwort zu geben. Man fragte ihn, wie er sich befände, worauf er zur Antwort gab: Euer Heiligkeit befehlen es so, und darauf fuhr er in singendem Tone fort: oui, oui, je suis, und plauderte eine Zeit lang mit sich selbst. Mein Freund erzählte mir, daß er in der letzten Zeit in seinen unzusammenhängenden Reden, und besonders wenn er allein sei, den Namen Thekla vorbringe. Auch heute Nachmittags nannte er ihn einige Mal. Man reichte ihm seine Pfeife, und als ich ihm behülflich war, dieselbe anzuzünden, sah er mich ruhig an und sagte: Ich danke Ihnen, Euer Majestät. Unter Anderm fragte ich ihn: »Herr Bibliothecar, sie haben Schiller gekannt?« worauf er mir entgegnete: »Sie befehlen es, Herr Pater! Er heißt aber nicht so, sondern er heißt Kalisimenos«. Auch Göthe wurde ihm von einem der Anwesenden genannt, doch bemerkten wir bei der Nennung dieses Namens eine Aufregung bei ihm, und er behauptete, ihn nicht zu kennen und nie etwas von ihm gehört zu haben.

Nachdem er ungefähr eine Stunde bei uns war, baten wir ihn, ob er nicht die Güte haben wollte, uns etwas auf dem Clavier vorzuspielen, worauf er bereitwillig aufstand und sich an das Instrument setzte. Doch seine Art zu spielen, und das Gefühl, das mich dabei beschlich, ist nicht zu beschreiben. Wohl hörte ich, daß es eine alte Melodie war, die er im Kopfe hatte, die er aber nicht im Stande war, von sich zu geben. Er versuchte in allen Tonarten, und dabei fuhr er zuweilen, wenn ihn der Krampf befiel, blitzschnell über alle Tasten. Später fing er an zu singen, wobei er bald den Kopf in die Höhe hob, als wollte er gen Himmel sehen, und bald in tiefes Nachdenken versunken vor sich hinstarrte, daß man glauben konnte, er blicke Tausende von Meilen weit in die Welt hinein. Was er sang, und in welcher Sprache, konnte Niemand verstehen, aber er legte einen so sonderbaren Ausdruck in seine Töne, daß es uns schauerlich und unheimlich zu Muth war.

Ich hatte mir lange gewünscht, ein Autograph von ihm zu erhalten, und mein Freund legte ihm ein Blatt Papier hin, auf das er mir nach einigen Complimenten das nachfolgende Gedicht schrieb, buchstäblich und genau so, wie ich es hier mittheile:

Aussicht

Der off'ne Tag ist Menschen hell mit Bildern,
Wenn sich das Grün aus ebner Ferne zeiget,
Noch eh' des Abends Licht zur Dämmerung sich neiget,
Und Schimmer sanft den Glanz des Tages mildern.
Oft scheint die Innerheit der Welt umwölkt, verschlossen,
Des Menschen Sinn, von Zweifeln voll, verdrossen,
Die prächtige Natur erheitert seine Tage,
Und ferne steht des Zweifels dunkle Frage.
Mit Unterthänigkeit
Scardanelli.

Daß er sich häufig andere Namen gab, war man an ihm gewohnt. Ein zweites Gedicht, das ich von ihm besitze, ist unterschrieben: Michel Angelo Buonarotti.

Nachdem er noch ein Glas Wein mit uns getrunken, so wie seine Pfeife ausgeraucht hatte, stand er plötzlich auf und empfahl sich. Wir baten ihn dringend, noch etwas bei uns zu bleiben, worauf er uns jedoch mehrmals zur Antwort gab: »Eure Majestäten befehlen, daß ich fortgehen solle«. Nun machte er wieder eine Menge Verbeugungen, wie bei seinem Eintritt, wobei er uns alle möglichen Titel gab und verließ das Zimmer. –

Später habe ich nie mehr Gelegenheit gehabt, ihn zu sehen. Auch schmerzte es mich, in Wahrheit gesagt, ihn, nachdem ich die erste Regung scheuer und theilnahmsvoller Neugier befriedigt, in dem beschriebenen unglücklichen Zustande, der sich immer gleich blieb, wieder zu sehen.

3

Das Manuskript Hackländers, wie es in Band VII, 3 vorliegt, ist somit einzuordnen als der erste, flüchtig und fehlerhaft niedergeschriebene Entwurf einer Publikation. Der Autor hat ihn kurz darauf in einer zweiten Fassung überarbeitet: verbessert[13], erweitert und mundiert. Diese Fassung wurde veröffentlicht.

Der Text, stellt die Redaktion eines Blattes, das ihn teilweise nachdruckte, zutreffend fest, sei »eine Arbeit, die in dem Theile, wo sie sich auf das literarhistorische Feld wagt, sehr schwach ist, aber im zweiten Theile reichlich entschädigt, weil der Skizzenschreiber hier in seinem Elemente ist«[14]. Die starke Abhängigkeit von Waiblinger[15], die der Kommentar in Band VII, 3 zurecht konstatiert, geht auch im neuen, zweiten Teil der Besuchsbeschreibung weiter. Wichtiger sind die Informationen, die die Produktion Hölderlins betreffen.

Der Nekrolog von 1843 enthält den Erstdruck des späten Gedichtes *Aussicht*. Als solcher galt bisher der Druck in der Zeitschrift *Über Land und Meer*, 1870[16]. Gegenüber dieser Fassung, die, da es kein Manuskript des Gedichtes gibt, in die Hölderlin-Ausgaben überging, hat der Druck von 1843 zwei Varianten. Vers 4 lautet 1843 »Und Schimmer sanft den Glanz des Tages mildern«, 1870 »Und Schimmer sanft den Klang des Tages mildern«. Vers 8 lautet 1843 »Des Menschen Sinn, von Zweifeln voll, verdrossen« und 1870 »Des Menschen Sinn von Zweifeln voll, verdrossen«[17]. Es fällt auch auf, daß der Druck von 1843 die Datierung (»Den 24. März 1671«) nicht bringt, die der Druck von 1870 hat: Sie könnte zufällig bei der Abschrift oder beim Druck ausgefallen sein, oder es liegt eine andere Handschrift vor.

Hackländer notiert weiter, er besitze von Hölderlin »ein zweites Gedicht ... unterschrieben: Michel Angelo Buonarotti«[18]. Diese Bemerkung bezieht sich entweder auf ein verschollenes Gedicht – die Unterschrift taucht unter keinem der erhaltenen Gedichte auf – oder, eventuell, auf den Text *Von der Realität des Lebens*[19]. Er ist unterzeichnet »d. 25 Januar 1729. Dero unterthänigster Buarotti« und wurde, einer Notiz Lotte Zimmers zufolge, 1840 niedergeschrieben[20]. Vielleicht wurde das Blatt 1841 an Hackländer weitergegeben.

Damit hängt die Frage zusammen, ob der Besuch überhaupt stattfand. Der Kommentar in Band VII 3 äußert dazu Zweifel[21]. Die Tatsache des Drucks des Nachrufs scheint aber eher dafür zu sprechen. Selbst wenn man den Umstand, daß Hackländer andernfalls mit öffentlichem Widerspruch hätte rechnen müssen, nicht zu hoch veranschlagt, bleibt doch die Frage, wie er sonst in den Besitz des Gedichtmanuskripts gekommen sein könnte. Auch wenn man bedenkt, daß der von ihm ausgeschriebene Waiblinger-Text der Druck von 1831 und nicht der von 1839 ist[22], erscheint es doch wenig wahrscheinlich, daß er einen Schubladen-Nekrolog vorbereitet hatte: Das Schriftbild des Stuttgarter Manuskripts spricht für aufgeregte Niederschrift unter dem Eindruck der Todesnachricht. Somit hat der Besuch wohl stattgefunden.

Jedenfalls ist Hackländers Text ein wichtiges Indiz für die Entstehung einer Reihe von Klischees und Deskriptions-Versatzstücken zur Beschreibung des geisteskranken Hölderlin, wie sie auch bei anderen zeitgenössischen Aufsätzen auffallen.

1 *Hölderlin*. Stuttgarter Ausgabe (StA) VII, 3. Dokumente 1822-1846. Hrsg. v. Adolf Beck, Stuttgart 1974.
2 StA VII, 3, 376-380: *Nachruf von Friedrich Wilhelm Hackländer.*
3 Herbert Schiller: *Hölderlin – wie ihn Hackländer sah. Auch eine »Momentaufnahme aus dem Hölderlinturm«*, in: *Amtsblatt der Stadt Stuttgart*, 1955, Nr. 2 [13. 1.], 4-5.
4 Stadtarchiv Stuttgart, zwei doppelseitig beschriebene Blätter in 4°.
5 Schiller, S. 5.
6 Waiblingers Skizze, 1827/28 in Rom entstanden, wurde 1831 erstmals gedruckt [*Zeitgenossen. Ein biographisches Magazin für die Geschichte unserer Zeit.* Leipzig, Reihe 3, Bd. 3, 1831, Nr. XXIII/XXIV, S. 161-189, in der Rubrik *Biographische Andeutungen: Friedrich Hölderlin's Leben, Dichtung und Wahnsinn.* Von Wilhelm Waiblinger] und erschien 1839 zum zweiten Mal [*Wilh. Waiblinger's gesammelte Werke, mit des Dichters Leben von H. v. Canitz.* Rechtmäßige Ausgabe letzter Hand, Hamburg 1839, Bd. 3, S. 219-261: *Friedrich Hölderlin's Leben, Dichtung und Wahnsinn*]. Hackländer benutzte für seine Darstellung den Text von 1831, wie aus einer Notiz in seinem Manuskript (»S. 164«) hervorgeht.
7 StA VII, 3, 379-380.
8 *Kölnische Zeitung*, 1843, Nr. 174 [23. 6.]: *Erinnerung an Hölderlin.* Von F. W. Hackländer.
9 Über das Verhältnis von Manuskript und Druck vgl. 3.
10 *Zeitgenossen*, S. 164; *Werke*, S. 226.
11 *Zeitgenossen*, S. 169; *Werke*, S. 233: »Jede Blume darin neigt ihr Haupt«.
12 *Zeitgenossen*, S. 180; *Werke*, S. 249: »Ich wollte ihm andere Bücher geben und dachte, den Homer, der ihm noch im Gedächtniß sey, werde er doch lesen. Ich brachte ihm eine Übersetzung, aber er nahm sie nicht an. Ich ließ sie beim Tischler und sagte diesem, er solle behaupten, daß sie ihm gehöre. Dennoch nahm sie Hölderlin nicht an. Der Grund davon ist nicht Stolz, sondern Furcht, sich zu beunruhigen, indem er sich mit etwas Fremden einläßt«.
13 Beispielsweise die Korrektur des Hölderlin-Geburtsortes »Neislingen« (nach Waiblinger) in »Lauffen«.
14 *Hölderlin's Lebensabend*, in: *Mainzer Unterhaltungsblätter*, 1843, Nr. 174 [25. 6.], 694-696. Nachdruck der Besuchs-Beschreibung.
15 Zur Abhängigkeit Hackländers von Waiblinger vgl. StA VII, 3, 379-380.
16 Arnold Wellmer: *Zertrümmert. Licht- und Schattenbilder aus einem Dichterleben* in: *Über Land und Meer. Allgemeine Illustrirte Zeitung.* Hrsg. v. F. W. Hackländer, Stuttgart, 12: 1870. Bd. 23, Nr. 26, 477-482. Der Text bezieht sich deutlich auf Hackländers Nekrolog von 1843.
17 StA II, 1, 287: Aussicht.
18 1870 unterblieb dieser Hinweis. Dort heißt es nur: »Er unterzeichnete nie Hölderlin – zuweilen auch Buonarotti«.
19 Vgl. StA II, 1, 353 und II, 2, 970-971: *Stammbuchblatt für einen Unbekannten.*
20 Adolf v. Grolmann: *Ein Blatt aus Hölderlins Spätzeit*, in: *Euphorion* 31, 1930, 175.
21 StA, VII, 3, 379: »Der Besuch beim Dichter … ist bezweifelbar«.
22 Vgl. Anm. 6.

36

»Der moderne Verstand, der vor Schmerz witzig wird« Heinrich Heine im Urteil seiner Zeitgenossen: Das große Jahrzehnt 1830 - 1840

»Ich weiß am besten, was an mir ist,
Man wird im Sterben sein eig'ner Richter;
Ich war mein Lebtag ein schlechter Christ
Und ein noch viel schlechterer Dichter«.

Fingiertes Heine-Gedicht in Joseph Sigmund Ebersbergs habsburgisch konservativer Zeitschrift *Der oesterreichische Zuschauer*, 1835.

1

Für einen Alternativtitel zu diesem Thema böten sich mindestens drei Varianten an. Erstens: oder Schwierigkeiten beim Schreiben der Wahrheit über einen aktuellen Autor. Zweitens: oder Die langsame, unaufhaltsame und überwältigende Entstehung einer öffentlichen Schriftsteller-Figur. Drittens: oder Die Abhängigkeit des Rezensenten von seiner Zeit und die Abhängigkeit seiner Zeit von ihm. Damit ist auch angedeutet, daß eine solche Darstellung mehr als nur latente Aktualität besitzt.

Zu Beginn zwei Zitate. Das erste, aus einer Literaturgeschichte von 1840: »Als hochverehrter Meister einer neuen poetischen Schule, als viel geschmähter Feind aller deutschen Gesittung und Gesinnung steht Heinrich Heine vor uns, dieser geistreiche, witzige, aber mit Geist und Witz coquettirende Dichter, den Gefallsucht und unerträgliche Eitelkeit zu vielen unkünstlerischen Sonderbarkeiten verleiteten. Sinnlicher, flacher Pantheismus ist sein Gott. Er spricht und spottet über Religion, Philosophie, Ästhetik und Politik, ohne in eine dieser Wissenschaften und Strebungen wahrhaft eingeweiht zu sein. Das subjektive Belieben ist ihm leitendes Prinzip des Handelns. Lebendige Anschauung und glückliche Darstellung zeigt sich in seinen Reisebildern, die uns eine reizende Beschreibung seiner Jugend und des rheinisch-französischen Elements geben. Aber dies Werk stößt ab durch die gemein-persönliche Satyre. Unter seinen Liedern finden sich wahrhaft poetische, unsterbliche Erzeugnisse; aber kaum hat der Dichter eine ansprechende Schilderung von Wahrheit, Freiheit und Liebe gegeben, so verdirbt er uns durch eine darüber gegossene Witzsuppe den Genuß, er erregt poetische Gefühle und giebt sie dann, weil er selbst nicht an deren Wahrheit glaubt, durch unkünstlerische Witzelei dem Gespötte preis. Sein Rhythmus, der in seiner Ungenirtheit von vielen seiner Jünger für bahnbrechend ausposaunt wurde, ist einfach aber höchst kunstlos, und den Gesetzen der Harmonie und Musik nicht selten geradezu widersprechend. Seiner göttlichen Prosa, wie er seinen prosaischen Styl nennt, fehlt vor allem Wahrheit«.

Das zweite Zitat, von Heine selbst: »Einem Adler, der auf seinem einsamen Lieblingsfelsen sitzt, und solcher Verhöhnung zuhört, muß recht mitleidig zu Mute werden. Er denkt dann an das eigene Schicksal. Seine Mittiere, besonders die Menschen, glauben, der Adler könne nicht singen, und sie wissen nicht, daß er dann nur singt, wenn er aus ihrem Bereich ist, und daß er aus Stolz nur von der Sonne gehört sein will. Und er hat

Recht; es könnte irgend einem von der gefiederten Sippschaft da unten einfallen, seinen Gesang zu rezensieren. Ich habe selbst erfahren, wie solche Kritiken lauten: das Huhn stellt sich dann auf ein Bein und gluckt, der Sänger habe kein Gemüt; der Truthahn kullert, es fehle ihm der wahre Ernst; die Taube girrt, er kenne nicht die wahre Liebe; die Gans schnattert, er sei nicht wissenschaftlich; der Kapaun kikert, er sei nicht moralisch; der Dompfaff zwitschert, er habe leider keine Religion; der Sperling piepst, er sei nicht produktiv genug; Wiedehöpfchen, Elsterchen, Schuhuchen, alles krächzt und ächzt und schnarrt«.

Heines Text wirkt bis in Einzelheiten hinein wie eine Antwort auf den ersten, der Joseph Kehreins Buch *Die dramatische Poesie der Deutschen* entnommen wurde, er veröffentlichte ihn jedoch schon zehn Jahre vorher, 1830, im dritten Teil seiner *Reisebilder*. Eine allgemeingültige Beobachtung somit, das definitive Rezensenten-Panoptikum? In der Tat. Was Heine, bereits ein erfahrenes Kritiken-Objekt, hier an Vorurteilen und Verurteilungen, an Mutmaßungen und Anmaßungen in die Details eines Kaleidoskops von Tiermetaphern komprimiert, findet man in den meisten zeitgenössischen Meinungen über ihn. Heinesche Satire als wahrhaft weitsichtige Vorausschau auf seine Rezeptionsgeschichte, aber auch eine Art literarisches »Regierungsprogramm«, ein schriftstellerischer Lebensplan gewissermaßen im Spiegel einer negativen Theorie, daher auch umgekehrt zu lesen.

2

1840 und 1830. Zu sprechen ist vom mittleren der drei Abschnitte in Heines Leben, die sich durch die beiden Zäsuren von 1831, die Emigration nach Paris, und 1841, das Ende der fulminanten Presse-Auseinandersetzung um die Börne-Denkschrift, ergeben. Diese drei Phasen, die die Gliederung seiner Werkgeschichte ausmachen, bilden, pressegeschichtlich gesehen, auch den Aufbau seiner Rezeptionsgeschichte, so daß die Dialektik beider Entwicklungen deutlich wird, die im Falle Heine von spezieller Bedeutung ist. Sowohl von der Werk- als auch von der Wirkungsgeschichte her gesehen unterscheiden sich die drei Zeitabschnitte deutlich. Erstens: der deutsche Autor, der relativ rasch auch von wichtigeren deutschen Literatur-Zeitschriften besprochen wird. Zweitens: der deutsch-französische und/oder französisch-deutsche Autor, der in Deutschland sehr häufig und in Frankreich immer öfter rezensiert wird. Drittens: der »europäische« und »internationale« Autor, dessen Werke in den Zeitschriften vieler Länder behandelt werden, bis hin zu Periodika in den USA. Diese chronologische Reihenfolge muß zugleich als ein System konzentrischer Kreise gesehen werden. Bis zu seinem Lebensende bleibt Heine ein prominentes Thema deutscher Feuilletons. Um sie schließt sich ein Kreis französischer und später englischer Urteile, die sich schließlich ins Internationale erweitern.

Rezensionen und anderweitige Meinungsäußerungen über Heine sind in fast unüberschaubarer Menge nachzuweisen, allein für den Zeitraum von 1830 bis 1840 weit über 2.000 Texte, wobei einschränkend angemerkt sei, daß hier ausschließlich deutsche Kritiken berücksichtigt werden. Es ist bekannt, daß die erste Garnitur der damaligen deutschen Rezensenten sich mit ihm beschäftigten, Wolfgang Menzel, Karl Gutzkow, Heinrich Laube, Ludolf Wienbarg, Arnold Ruge, Hermann Marggraff, Ernst Keil, Robert Prutz oder Adolf Stahr. Aber eben nicht nur diese. Fast jeder, der in der Presse über Literatur schreiben konnte, scheint die Feder in Tinte für oder gegen Heine getaucht zu haben. Es sind

Hunderte, die namentlich bekannt sind, viele andere wichtige Texte blieben bis heute anonym. Eine Studie über die Rezensenten wäre ebenso ein eigenes Thema wie eine Abhandlung über die beteiligten Zeitschriften und Zeitungen, die wichtigsten und einflußreichsten Produkte der damaligen Presselandschaft. Beides soll hier entfallen, zugunsten der Darstellung einiger Grundzüge und weniger Parameter der Heineschen Rezeptionsgeschichte, der Entwicklungs- und Entfaltungsgeschichte einer öffentlichen literarischen Figur. Und damit auch eines Stücks deutscher Kultur- und Literaturgeschichte.

Manche der darin auftauchenden zentralen Motive sind in den beiden zitierten Texten bereits angeklungen. Sie zu differenzieren und zu verdeutlichen, soll eine kurze Reise durch dieses Jahrzehnt unternommen werden, eine knappe Chronologie in vier bilanzierenden Momentaufnahmen, eine geraffte Auswahl aus Urteilen, Vorurteilen, Verurteilungen. Kein anderer Autor in der ersten Hälfte des 19. Jahrhunderts wurde so oft in den Gazetten geschändet und gerühmt, so schwärmerisch verehrt und so aggressiv mißhandelt wie Heinrich Heine. Mehr als bei jedem anderen sind die entsprechenden Formationen des öffentlichen literarischen Gesprächs geeignet, den Schriftsteller, die Epoche und deren gegenseitiges Verhältnis zu konturieren und zu definieren. Vielleicht ist es doch kein Gemeinplatz, festzustellen, daß die einzelne Meinung zwar ihre spezifische Bedeutung habe, daß sie aber auch ein anderes, nicht weniger erkenntnisförderndes Gewicht in einem Tableau von Meinungen besitze.

3

Die erste Momentaufnahme: um 1831. Zunächst stehen die Koordinaten fest. Der junge, prominente Autor hat bereits einen Sammelband seiner Lyrik (*Buch der Lieder*, 1827) publiziert und mit seinen vier *Reisebilder*-Bänden (1826 - 1831) eine ungewöhnlich aufgeregte Debatte in den Blättern für modische Unterhaltung ausgelöst. Er übersiedelt nach Paris. Die Rezensenten verhalten sich abwartend. Noch ist öffentlich unklar, ob es sich bei diesem Ortswechsel um eine spontane Idee oder um eine definitive Entscheidung handelte. Erst als deutlich ist, daß Heine für immer in Frankreich bleiben würde, verändert sich der Tonfall der Besprechungen. Aus dem »deutschen Dichter« wird, auch in der Kritik, der deutsch-französische Autor. Die Figur des etablierten Literaten entsteht, eine selbständige, profilierte und unberechenbar-umstrittene Institution des literarischen Lebens, die im Mittelpunkt vieler Überlegungen und Auseinandersetzungen steht, über die nahezu ununterbrochen Meinung publiziert wird. Wenn auch vorauszusetzen ist, daß die Fülle der Stimmen nicht auf wenige Begriffe zu reduzieren sei, einige Konstanten in der Be- und Verurteilung Heines sind doch deutlich. Sie zeigen, wie sehr es ihm gelingt, die Fesseln des zeitgenössischen Verständnisses von Literatur zu sprengen, wie sich das Bild des Autors aus der irritierenden Tatsache formt, daß er literarisch, menschlich und politisch nicht auf vorgefundene Schemata festzulegen ist.

Den einen ist Heine ein »Genie«, eine »scharfmarkierte Individualität«, die voller »Geist« und »erhabener Heiterkeit« ihre »entzückenden und überraschenden Gedanken« in »das angenehmste und lieblichste Gewand« zu kleiden imstande sei: ein »reines und frommes Gemüt«, das ein »scharfer Geist« beherrsche, ein »natürlicher« Autor, der einen »leichten und anmuthigen Humor« besitze. Seine *Französischen Zustände*, konstatiert Heinrich Laube, seien »die neue Art, Geschichte zu schreiben«, das Buch ist ihm »ein morgenröthlicher Classiker«. Seine tiefe »Verzweiflung«, allerdings, sei oft »mißverstanden« worden.

Anderen ist Heine »originell«, »nicht ohne Geist und auch nicht ohne Poesie«, aber doch nur ein »Talent ohne nötige künstlerische Ausbildung«, dessen »Witz« zu »Witzeleien« herabsänke, der zwar gelegentlich »geistvoll« (positiv), zumeist jedoch nur »geistreich« (negativ) sei: ein »großes Dichtertalent« ohne »sittlichen Ernst«. Durch die Hinwendung zum pantheistischen Sensualismus der Saintsimonisten sei er überdies »freiheitstrunken« und frankophil geworden, ein »Demokrat«, »liberal« auch und »wirr«, der »Hohepriester einer neuen literarisch-politischen Partei«. Außerdem sei, ein Grundmotiv vieler Äußerungen, »seine Zeit« vorüber. »Genug ist über Heine geredet worden; eine auffallende Erscheinung des Tages - viel mehr ist doch wohl Heine nicht«. Er stelle, schrieb Wolfgang Menzel, »das Extrem der sogenannten Kunstperiode dar, die mit Goethe vorübergegangen seyn soll«.

Den dritten gilt Heine als »zerrissen«, »frivol« und »liederlich«. Sein »Egoismus«, seine »Gemeinheiten«, seine »krankhafte Ironie« und seine »Zoten« verletzten das »edlere sittliche Gefühl«, seine »Ungezogenheiten« und »Persönlichkeiten«, sein »Spott« und seine »Tändelei der Überreizung« verrieten mangelnde »Gesinnung« und ließen ihn immer mehr als »undeutsch« erscheinen, vor allem durch seine offenbar geglückte Assimilation in Paris, wo er, der »Flüchtling aus Deutschland«, bestenfalls »ein deutsches Gemüt mit einem vollkommen französischen Stil« verbinde, aber kein »ideales Ziel« habe. Ein zutiefst »subjektiver« Autor also. Und dazu, ein anderes Grundmotiv, der wichtigste »Poet der neujüdischen Schule«.

4

Die zweite Momentaufnahme: um 1835/36. Vier Hauptwerke liegen inzwischen vor, die *Französischen Zustände*, zwei Bände des *Salon* und *Die romantische Schule*. Sie lösen breites Interesse aus. Zu konstatieren ist der eine Höhepunkt in der öffentlichen Präsenz Heines zu seinen Lebzeiten, der eine Intensiv-Bereich des publizierten Interesses am Werk des umstrittenen Autors. Die Literaturkritik hat alle Hände voll zu tun, um mit dem Phänomen Heine fertig zu werden, ohne mit ihm zu Rande zu kommen. Ihr Spannungsbogen reicht von hellsichtigen, in die Tiefe gehenden Analysen über ausgebreitet dargelegte generelle Eindrücke und Erkenntnisse bis zur aggressiven Formulierung von Mißtrauen, Abscheu und Feindschaft.

Einige Stichwörter aus den Meinungs-Mechanismen, Segmente aus der Rezeptions-Maschinerie. Heine, der »Stifter einer neuen Schule in Deutschland«, macht, einerseits, in den Augen der Zeitgenossen Epoche: »Von Heine's Auftreten datirt sich in Deutschland der Rückzug des früher alleinherrschenden Idealismus; sein launischer Genius hat höchst auffallend dem Nationalgeiste eine ganz andere Richtung gegeben, denn Ironie, Rationalismus, Skepticismus scheinen fortan in Deutschland herrschend werden zu wollen« (Philarète Chasles). Andererseits ist Heine für seine Mitwelt »der Koryphäe einer ganzen Bande mit zerlumptem Herzen« (Gustav Theodor Fechner), Wolfgang Menzel spricht von der »Lasterrepublik des neuetablirten jüdischen Hauses Heine und Compagnie« (im Gegensatz zur »Tugendrepublik des seligen Maximilian Robespierre«).

Wie bei Börne, ist auch bei ihm die Ausnahmesituation eingetreten: ein deutscher Autor, der nicht in Deutschland und damit unter deutschen Bedingungen lebt, der aber vom Ausland her entschieden Einfluß auf Deutschland nehmen möchte. Mit dieser Stellung umgeht er weder die deutsche Zensur, in die er heftiger denn je verwickelt wird, noch die staatliche Verfolgung. Von der literarisch-politischen Zeitgeschichte aus betrachtet, ist damit jene Auseinandersetzung zwischen Staat und Literatur einzubeziehen, die als »Aufstieg und Fall des Jungen Deutschland« bekannt ist. Heine, kein Jungdeutscher, aber als Vorbild, Auslöser und Modell, wie Börne, behördlicherseits gleichwohl vereinnahmt, erlebt eine Strecke Wirkungsgeschichte, die ihm ebensowenig willkommen sein kann, wie sie seine publizistischen Intentionen stört und durchkreuzt, die freilich zugleich dazu beiträgt, daß sein Bild in der Öffentlichkeit sich zusehends verfinstert. Die seit 1830 einsetzende nationale Restauration greift auch ihn an, deutlich wird die Entfernung vom erwünschten Bild des »deutschen« Autors, gleichzeitig beharrt die Kritik jedoch auf seiner für sie unverzichtbaren »deutschen« Herkunft. Sichtbar ist bereits seine Entwicklung zum »internationalen« Autor. Die Ressentiments gegen den »Ausländer« werden immer handgreiflicher. Ferdinand Gustav Kühne: »Heine weiß nicht mehr, was für Aufgaben in Deutschland zu lösen sind, seine letzten Aeußerungen haben ihn ausrangirt aus der Reihe der zeitgemäßen Wortführer. Möchte er zurückkehren zu sich und zu deutschen Interessen«. Denn, so Karl Gutzkow, »Heine kann ohne Deutschland nicht fertig werden«. Die Konsequenz zieht Theodor Mundt: »Es trifft uns nicht mehr ins Herz, wenn Heine in französischen Journalartikeln seine vaterländische Literatur herabwürdigt, und dem Auslande das Schauspiel eines perfiden Patriotismus giebt. Für uns sind Börne und Heine bereits wie todt«.

Neben solchen allgemeinen Aspekten sind es vor allem drei spezielle Zusammenhänge, die die Texte bestimmen. Zum einen: der Abschied vom Lyriker, von der Zeit des *Buchs der Lieder*, das Ende auch der *Reisebilder*-Feuilletons. Die Spaltung, die später wesentliche Dimensionen des Heine-Bildes bestimmen wird, beginnt, in den Lyriker, den man, in Auswahlen jedenfalls, gerne liebt, dem man akklamiert, dem man ein gewisses Genie nicht absprechen kann, und in den eloquenten Intellektuellen, der auch die »heiligsten Güter der Nation« offen und schonungslos in seiner frappierend beweglichen, feingliedrigen Prosa aus Abbreviaturen und Assoziationen analysiert und angreift, mit jenem im Sinne des (französischen) Wortes »diskursiven« Stil, der als auflösend, aufhellend, aufklärend verstanden und denunziert wird. Zu Ende sei, findet Richard Otto Spazier, »die eigentlich belletristische und poetische Epoche Heines«. Heine, so Alexander Jung, fange an, »von den großen Gaben, die ihm verliehen sind, einen unwürdigen, gewissenlosen Gebrauch zu machen«. »Welch ein kostbarer Dichter könnte Heine sein, wenn er seine Frechheit im Ausdruck ablegen wollte« – Heine, »der geniale, ironische, eitle und charakterlose Sprühgeist«. Aber eben – es sei »ein Elend«, notierte Adam Gottfried Gentzel, daß »die obszönsten Witze meist die besten« seien.

Zum andern: die Wahl neuer Themen – Literatur, Philosophie und Theologie in ihren historischen und gegenwärtigen, theoretischen und gesellschaftlich-praktischen Zusammenhängen – weckt Erstaunen, Mißtrauen, Ablehnung. Heine bricht in akademisch behütete Reservate ein. Das kann die Kritik weder verstehen noch verzeihen. Sie tut seine Texte zumeist als dilettantisch, ungelehrt und ignorantenhaft ab. »Eine witzigere Oberflächlichkeit in Besprechung wissenschaftlicher Gegenstände ist noch nie vorgekommen«, meint Theodor Mundt, und auch für Ferdinand Gustav Kühne ist Heine »eine Art Halbgott, bis er den abscheulichen philosophisch-lasciven Schnupfen bekam«. Darum: »Was derselbe über unsere neuere deutsche Philosophie sagt, klingt ungefähr so, wie wenn ein Esel zur Lyra singt«. Dagegen der süffisantere Wolfgang Menzel: »Die Philosophie war ihm nur ein Anhaltspunkt für seine antireligiösen Lehren, und er brauchte von derselben gerade nur so viel, als ihm zu diesem Zwecke diente. Er hat nicht etwas gelehrt, was er nicht verstand, sondern etwas, was er sehr gut verstand«.

Und zum dritten: der Konflikt mit Börne, das endgültige Auseinanderbrechen des - immer unter polemischen Aspekten gesehenen – »Dioskuren«-Paares. In vielen Texten werden die beiden, je nach der taktischen Vorgabe des Verfassers, durch Zusammenstellung getrennt. So bei Karl Gutzkow: »Börne läßt der Welt, was sie hat, nur will er ihren politischen Zustand verändern. Heine will ihr noch den Glauben nehmen. Das ist der Unterschied: Börne hat nur Einen, Heine hat sie Alle gegen sich«.

5

Die dritte Momentaufnahme: um 1838/39. Diese Jahre scheinen in der Geschichte der publizierten Beurteilung Heines eher einer Phase der Beruhigung anzugehören, Teil zu sein eines Intermezzos zwischen den Auseinandersetzungen der Jahre 1835/36 und den publizistischen Stürmen von 1840/41. Aber diese Jahre sind keineswegs friedlich. Auch in der jetzt publizierten Heine-Rezeption erscheinen wesentliche Quellen für das Verständnis des zeitgenössischen literarisch-kritischen Umfelds, ebenso wichtig für die literarischgeschichtliche Betrachtung wie für die politisch-historische Beurteilung.

Festzustellen ist die Zunahme des Unverständnisses, bestenfalls Mißverständnisses unter der deutschen Kritik: Verständnis und Verachtung, Diskussion und Diskriminierung, Wohlwollen und Haß. Für viele gehört Heine zu den »verneinenden, zweifelnden Geistern«, gezeichnet durch »jene aus innerer Zerrissenheit und Zerfallenheit mit der Welt hervorbrechenden, oft gewaltig erschütternden Mißtöne, jene Geisterstimmen aus den nur von Blitzen erleuchteten Abgründen des Zweifels oder der Verzweiflung« (Gustav Pfizer) – »es ist die Zerrissenheit eines frivolen Herzens; die schaurig-kalte Resignation eines durch und durch verkohlten Gemüthes, und ein trostloses Zerstieben flatternder Asche« (Joseph Tuvora) – »was Heine interessant macht«, ist, »daß er seine innere Kränklichkeit, die Wurmstichigkeit seines Gemüthes empfindet«.

Zwar ist er »eine Macht recht im Herzen der Gegenwart«, seine »Poesie und ganze Schriftstellerei« hat »Bedeutung nicht nur als Ausdruck irgend einer verschimmelten und im Winkel versteckten Richtung, sie ist bei dem Fortschritt unserer Zeit betheiligt und darum eine weit verbreitete Gemüthsangelegenheit« (Arnold Ruge). Aber: »Heine kann jetzt nicht mehr vorschützen, daß er nur ein harmloser, etwas leichtsinniger Dichter, eine honigsammelnde Biene sey, die sich nur in der Nothwehr des Stachels bediene; er hat mehr von der Natur der Wespe angenommen, oder gar der Hornisse« – »die Welt erscheint Heine als verkehrt; davon ist aber die nothwendige Folge, daß umgekehrt Heine der Welt als verkehrt erscheint« (Gustav Pfizer).

Als ein Charakteristikum vieler Texte zeigt sich wiederum, daß Heine wie ein Autor behandelt wird, dessen »Zeit« vorüber sei. Er ist, für die Zeitgenossen, einsam im Pariser Exil, müde, am Ende, sein Werk »abgeschlossen«, und damit als Ganzes erklärbar. »Neues« wird nicht mehr erwartet. Vielen gilt er als veraltet, einigen gar als »todt«. Die Reisebilder sind »eine bereits überlebte Epoche«. »Wie schade, daß in dem Heine lange keine kritischen Ruthen mehr wachsen« (Friedrich Clemens Gerke), »was ist ein Genius, der nicht ringt und thätig ist« (Karl Gutzkow). »Heine's Lorbeerbaum, der ihm früher so nachwuchs, daß er sich vor demselben nicht retten konnte, senkt jetzt die Blätter und geht ein«, denn »der Liederquell ist versiegt«. Für Franz Dingelstedt ist Heine daher »isolirter als je«, für Gustav Schlesier »seine eigene Karikatur, der Sclave seiner Frivolität«, für Gustav Pfizer »ein abgelebter Greis und ein Märtyrer seines Systems«; und Friedrich Theodor Vischer formuliert, er habe »seine innere Verwesung zu offenkundig an den Tag gelegt«. Der »frühere Abgott einer zwanzigjährigen Jugend« gehört mittlerweile »zu denen, die man sich scheuen muß zu nennen«.

Ehemals »Deutschlands größter Sänger«, scheint er nunmehr für dieses Deutschland endgültig verloren zu sein, seine »gänzliche Undeutschheit« sei »mehr als genug« bewiesen. »Die gegenwärtige und letzte Stellung, welche Heine gegen unser Leben genommen, ist die Stellung der Entfremdung. Er lebt jetzt in Paris, er schließt sich dem französischen Wesen an, redet von dort zu uns herüber, und verkündigt uns den Geist der Franzosen in jedem Sinne. So ist ihm Deutschland nur noch historisch« (Arnold Ruge).

Hierher gehört ein weiteres Mal das Spannungsverhältnis der Autoren-Persönlichkeiten Heine und Börne (der im Februar 1837 stirbt). Börne, der »Schiller-Revolutionär« und Heine, der »Goethe-Revolutionär« (Aaron Bernstein) werden einander gegenübergestellt, meist im Sinne einer Stilisierung Börnes zu einer Art moralischen Gegenbildes. Etwa, wenn Hermann Marggraff parallelisierend festhält, Börnes Stil sei »voll Gesinnung, Wärme, Trotz, Eigensinn, Characterstärke, Muth, Offenheit, That- und Schlagkraft, Derbheit und wenn es sein muß, Grobheit«, Heines Stil dagegen sei »bei weitem brillanter, verführerischer, üppiger, zierlicher, sentimentaler, dichterischer, aber auch loser und fasriger«, ein Stil, der »sich selbst belächelt und, ehe er sich zu Markte trägt, die Locken kräuselt, die Halskragen und feinen Manschetten zurechtrückt und sich durch und durch parfümiert, um mit den Lesern zu buhlen«. Friedrich Wilhelm Carové: »Börne ist ein Charakter, Heine ein Chamäleon«. Und ein Anonymus: »Die Blätter sagen: Heine lebt und Börne ist todt, wir aber meinen das Gegentheil: Börne lebt und Heine liegt im Sterben«.

Inzwischen über 40, längst als bedeutender Lyriker und Prosaist, aber auch als witziger Satiriker und Ruhestörer, als Verwirrer und Verblüffer, als kolossales Enfant terrible und bedrohlicher Buhmann etabliert, als Sansculott, Jude, Amoralist und Atheist etikettiert, kurzum, als erratischer Fremdling gekennzeichnet, ist Heine nach wie vor schwer zu fassen, also leicht zu verurteilen, und noch schwerer zu vermitteln, falls man das will. In den Texten werden die teilweise erregten Verhandlungen über die Etablierung und das Etabliertsein des Etablierten ebenso fortgesetzt wie die mitunter scharfen Auseinandersetzungen um Recht oder Unrecht seines Ruhms und seiner Wirkung.

Frappierend auf die Zeitgenossen wirkt gerade in diesen Jahren Heines direktes Eingreifen in das Literaturgespräch. Neben die Debatte über die Formen und Inhalte der Literatur tritt die Diskussion über deren Voraussetzungen und Absichten, die scheinbar außerliterarischen, in Wahrheit literarisch wie literaturgeschichtlich bedeutsamen Positionsbestimmungen zwischen Heine, Gutzkow und Campe: auch ein Vorspiel der künftigen Geschehnisse um das Börne-Buch. Worum es wirklich ging – um notwendige Bemerkungen zu der Rolle und zu den Möglichkeiten des Schriftstellers in der Öffentlichkeit –, wird von den Kritikern noch gar nicht oder erst umrißhaft gesehen. Aber auch dies wird deutlich: Der Emigrant Heine ist immer weniger mit den feineren Nuancen und Usancen des deutschen Literaturbetriebs vertraut, er schätzt verschiedene Situationen und Zusammenhänge offenkundig falsch ein, kann es daher weder verhindern noch ändern, daß er für manche Rezensenten ein wohlfeiles Opfer wird.

Ebenso wie seine Äußerungen zur Literatur verübelt man Heine seine »politischen« Stellungnahmen. Denn die Kritiker-Zeitgenossen denken überwiegend in von vornherein festgelegten Rubriken dessen, was ein »Dichter« zu veröffentlichen habe. »Er hätte klug gethan, wenn er Politik immer Politik sein ließ und nicht für sie, sondern für die Literatur schrieb« (H. Paulmann). Georg Herwegh: »Als Politiker, als Kritiker werde ich Heine, namentlich gegenwärtig, nicht anerkennen; den Poeten aber lasse ich ihm nicht streitig machen«.

Um diesen Heine zu erklären, wird häufig die Technik des Vergleichs verwendet. Sei »Schiller oft der Dichter der Subjektivität, Göthe der der Objektivität genannt worden«, so könne man »Heine füglich als den Dichter der Individualität bezeichnen«, er sei »zum Theil volksthümlicher als beide, indem er sich frei erhält von dem, was bloß klassisch, d.h. undeutsch ist, und weil seine Dichtungen ihr Leben lediglich gewinnen aus der Gegenwart und den heutigen Zuständen«. Hermann Schiff, in einem anderen Vergleich: »Shakspeare dichtete große Tragödien, Heine arbeitete kleine Anekdoten aus. Shakspeare's Muse überschaute alle Völker und Zeiten, Heine kommt nicht aus der Gegenwart heraus«.

Schon in einigen der bisher angeführten Zitate ist deutlich, daß die geradezu Tradition gewordene Härte der Anti-Heine-Formulierungen sich fortsetzt, Meinungsäußerungen, die sowohl aus Überraschung als auch aus Unsicherheit niedergeschrieben wurden, aus Borniertheit ebenso wie aus Verlegenheit. Heine, »der eigentliche Messias des neuen lesewüthigen Jahrhunderts«, von dem »die große lüderliche Periode unserer Literatur« datiere, dieser »moderne Rattenfänger aus Hameln«, dieser »Urургeistreiche«: Den Rezensenten geht es nicht allein um »jene Unschuldskoketterie, jene künstliche Engelhaftigkeit«, »die weinerliche Lustigkeit und die halbkomische Wehmüthelei«, »dieses Zart- und Kostbarthun«, wichtiger erscheint den Kritikern, daß Heine »groß in dummdreisten Aussprüchen« (Karl Bölsche) sei, daß er »ganz die Leichtfertigkeit, den Schmuz und die Gottlosigkeit der französischen Literatur in der deutschen repräsentire«, Wilhelm Elias meint sogar, Heine sei nunmehr »unzurechnungsfähig«.

Die erwähnten Stereotypen und Klischees in den literaturkritischen Publikationen über Heine setzen sich fort. Da ist das Urteil: »Zerrissenheit«. »Wohl keiner der neueren Dichter charakterisirt die Zerrissenheit und Getheiltheit unserer Literaturepoche besser, als Heine«. »In dieser Zerrissenheit, in diesem Wahnsinne, den der verblendete menschliche Geist als den Triumph seiner unbedingten Freiheit und Obmacht über die Wirklichkeit feierte, setzte er das Schlechteste davon, die Materie, in göttliche Rechte ein« (Karl Eitner). Wenige, wie Alexander Weill, halten dem entgegen: »Mir schien er weder ein zerrissener Gott, noch ein armer Hiob, vielmehr ein lustiger gemüthlicher deutscher Dichter, der zwei Eigenschaften besitzt, die durchaus das Genie charakterisiren, ein gutes Herz und einen bösen Geist. Ich glaubte in Heine einen Mephistopheles zu finden und traf nur den deutschen Faust in ihm«. Und da ist das Urteil: »Frivolität«, »diese breite Voraussetzung der Unsitte, diese entschlossene Abwerfung alles Idealismus« (Karl Theodor Bayrhoffer) – »Heine mit seiner genialen, tiefempfundenen Frivolität«. Anders Eduard Meyen: »Viele haben Heine's Frivolität getadelt, allein diese haben immer vergessen, wie auch Frivolität, so lange sie sich selbst nicht Ernst ist, dem Humor nur dient«. Neu erscheint ein Terminus, den zwei Kritiker fast gleichzeitig benutzen: Heine und seine »Gleichgesinnten« machten »sehr großes Geschrei in der Literatur, das hieß Terrorismus« (H. Paulmann), aber Heines »Terrorismus« werde »lächerlich, weil er auf Wissen und Verständniß Anspruch macht und von beiden himmelweit entfernt ist« (Hermann Schiff).

Die von den Zeitgenossen häufig repetierte Ansicht, die Zeit des Heine der späten dreißiger Jahre sei vorüber, er sei »erschöpft«, »überholt«, »veraltet«, findet sich wiederum in vielen Texten. Bezeichnenderweise sprechen manche Kritiker nur noch im Imperfekt von ihm. Der »Repräsentant« einer vergangenen »anwidernden Literaturphase« (Karl Gödeke) sei eine »abgeschlossene, historische Person« (Eduard Wedekind), deren »zum

Theil gar spitzige und nette, zum Theil aber auch ziemlich fade Sächelchen nur noch als Curiositäten gelten« – »längst ist die moderne Lyrik über Heines einseitigen Schmerz und seinen tollen Scherz zum Ernste und zur Versöhnung fortgeschritten«. Der »größte Fehler an Heine's Talent« aber, stellen die Rezensenten überraschend und ungerecht fest, sei, daß »es zu viele Nachahmer gefunden« habe, ein »Heer von Nachtretern und Nachbetern« (Alexander Jung), der »geniale Heine« sei »mit seiner saloppen Poesie sehr verderblich« für die »junge Generation« gewesen (Adolf Stahr).

Daß der seit 1831 in Paris lebende Autor noch jemals zurückkehren werde, erscheint fast allen als ausgeschlossen. Denn Heine habe, »um französisch denken zu lernen aufgehört, deutsch zu fühlen«, er sei »in Sprache und Darstellung französelnd, mit einem Worte: undeutsch« geworden, »eine schimmernde Kokette, die sich Selbstzweck ist und allen Prunk der Reize schillern lässet, um nur zu reizen« (H. Paulmann). »Deutschland will ihn nicht haben, und Frankreich kennt ihn nicht«. Damit hängt wiederum eng die Frage seiner Herkunft zusammen. »Heine konnte schon als Jude kein öffentlicher Charakter sein«. Er sei »seinem ganzen fremdartigen Naturell nach kein Deutscher, wie so Viele, die in der Gährung der heutigen Zeit, wo der Schaum oben zu kommen pflegt, eine laute Stimme in der deutschen Volksliteratur erhoben haben. In Heine ist kein Funke, nicht der leiseste Zug von deutschem Charakter, deutschem Gemüth und Ernst, von deutscher Tiefe und Wärme; Heine's Geist gehört einem fremden Volke, einer andern Zone an; die Zeit hat diesen Geist geweckt, aber von Deutschland hat er nichts als die Sprache, in der er schreibt, und die er, so viel an ihm liegt, verdirbt«.

In großem Kontrast dazu die sensiblen, nachdenklichen Überlegungen eines Juden, der auf dem Wege ist, ein »öffentlicher Charakter« zu werden, die Heine-Passagen aus *Jüdische Briefe. Zur Abwehr und Verständigung*, 1840, von Gabriel Rießer, der mit seinen Überlegungen in die Nähe einiger Autoren gehört, die, häufig nur in Abschnitten oder Formulierungen, die von zensurnotwendiger Ablehnung kontrastierend umgeben sind, den Versuch unternehmen, Heines Werk unvoreingenommener kennenzulernen und sorgfältiger zu verstehen. Etwa Karl Grün, der bemerkt, es sei nicht zu leugnen, daß Heine »unendlich, auch bessernd auf seine Zeit gewirkt« habe, denn er sei »zur rechten Zeit« gekommen: »Er nahm die Thränendrüsen, das selbquälerische Herzenszucken, die Verzweiflung am Leben, dargestellt in der schönsten Blüthe des Lebens, der Poesie, mit historischem Rechte in Beschlag«. Oder Eduard Meyen: Heine, »Lyriker seinem ursprünglichen Talent nach«, habe »eine eigenthümliche Richtung zu begründen gesucht, indem er die individuellen Verhältnisse des kleinlichen deutschen Lebens mit bitterem Hohn und Spott verfolgte« – »gerade in der Verspottung des Sentimentalen, dieses Erbübels der Deutschen, lag Heine's Größe und die Nothwendigkeit seiner Erscheinung. Mit dieser Satyre schloß die alte Kunstepoche und die neue Zeit stieg herauf in der Götterdämmerung dieser Lieder«. Und ein unbekannter Rezensent: »Heine ist innerlichst gereizt und leicht in Flammen gesetzt. Mit erregtem Gemüthe lernte er die Geschichte, die Philosophie und das Leben weiter und näher kennen. Er verglich unsere Wünsche, unsere Hoffnungen, unsere Rechte mit den gegebenen Verhältnissen. Er sah, wie man sich beugt vor Autoritäten, die keine sind, und er zupfte den sich Beugenden am Zipfel des Kleides, als sie nicht hören wollten, da hohnlachte er. Er wies mit Fingern auf Die, welche sich für Wohlthäter des Volks ausgaben und Betrüger waren. Heine's Schriften sind nur ein Nothschrei, ein Schrei der Gerechtigkeit, der Schrei eines Menschen, der fühlt, daß seinem Volke das Messer an der Kehle steht«.

6

Die vierte Momentaufnahme: um 1840/41. Als der Verlag Hoffmann und Campe im August 1840 *Heinrich Heine über Ludwig Börne* ausgeliefert hatte, erhob sich Entrüstung in der deutschen Literatur-Presse und in den Tageszeitungen, ein »Schrei des Unwillens« (Eduard Beurmann), die heftigste, voluminöseste und erbittertste Auseinandersetzung, die je um eine Veröffentlichung Heines veranstaltet wurde, zugleich eine der großen deutschen Aufregungen, die in einem literarischen Werk ihren Anlaß hatten. »Heinrich Heine hat über Börne sein letztes Wort gesprochen«, so Karl Bölsche, »ein Sturm hat ihm geantwortet, der Sturm des Unwillens und der beleidigten Wahrheit: Börne ward eine Grube gegraben und Heine fiel hinein«.

Was er zunächst nur als »hübsches Zwischenbüchlein« vorgesehen hat, gerät zu einem Kulminationspunkt seiner Autor-Geschichte, zu seiner vehementesten publizistischen Affaire. Was für die Kritik, trotz der strategisch geschickt langen Ankündigungs-Vorlaufzeit, zunächst eine Routineangelegenheit zu sein scheint, die Bestätigung des obligatorischen Interesses an einem so etablierten wie umstrittenen Autor, das erweist sich rasch als viel mehr, es wird ein »Fall« mit allen Energien und Ausstattungen des »Skandalösen«. Die moralische, politische und literarische Komplexität des Spannungsverhältnisses Heine-Börne, die die Zeitgenossen heftig irritiert, verursacht Überlautstärken in manch einem verdammenden Text. Die meisten Rezensenten erkennen den künstlerischen Rang dieser Prosa nicht, die ein Teil aus Heines Lebens-»Roman« ist, sie beurteilen das Buch nur nach der Oberfläche seines Inhalts, als sei es eine Fakten-Biographie.

Das Buch ist der langerwartete, willkommene Anlaß für alle Berufs- und Gelegenheitsrezensenten, für die vielen Vordenker, Mitschreiber und Nachsprecher, ein weiteres Mal, einer nun schon älteren Übung folgend, die beiden Autoren miteinander in Beziehung zu setzen und gegeneinander auszuspielen. Eduard Reis: »Heine steht in dem Grade als Schriftsteller höher als Börne, wie Börne Heine als Mensch und Charakter überragt«. »Gerade aus dem äußeren Hasse, der diese beiden Männer trennte, spricht am deutlichsten ihre innere Verwandtschaft«. Das »Doppelgestirn«, bemerkt Theodor Mundt, »eine Konstellation des Hasses, hat jetzt auch im Haß sein Ende gefunden« – »für die neueste deutsche Literatur ist der Untergang zweier Geister, wie Heine und Börne, fast ein ähnliches Ereignis wie ein Untergang Polens, und auch aus denselben Gründen der allgemeinen Verhältnisse, wie aus denselben Ursachen des innern Zerwürfnisses der anarchischen Subjektivität herzuleiten«.

In kurzer Zeit türmen sich die Verdikte und Verdammungen. Das »Schandbuch« (Ernst Keil) sei ein »Machwerk«, eine »Schmähschrift« (David Russa) voller »kalter, tückischer Phrasen« (Friedrich Steger), es wird für »schamlos« und »ekelhaft« (Friedrich Clemens Gerke) befunden, in »Waschweibermanier« (Berthold Auerbach) geschrieben, »pikant, mitunter geistreich«, aber »an sehr vielen Stellen gemein, ja Ekel erregend«: das »non plus ultra von Schändlichkeit« (Eduard Reis), gezeichnet von »Frechheit, Schamlosigkeit und Perfidie«, von »innerer Verwesung«. Nun setze sich »der Affe auf den toten Löwen« (Friedrich Clemens Gerke): »Zwerg, der du auf Stelzen gehest, um Schwächlingen zu imponieren, blick auf den Riesen, der auf den Knien rutschte, um mit den Kindern zu spielen«. Karl Gödeke: »Entkleiden wir Heine seines bunten Gewandes, das aus Witz, Scherz, Laune, Humor, Zynismus, Verläumdung und Lüge so bunt, so harlekinsmäßig zusammengenäht ist, nehmen wir die falschen Auspolsterungen und die gleißende Schminke hinweg, was bleibt dann übrig, als eine häßliche Gestalt, die vom Neide und von zehrender Scheelsucht aufgerieben ist?« Dieser Heine, so Adolf Stahr, habe »jetzt bei lebendigem Leibe einen vollständigen Unsterblichkeitsbankrott gemacht«.

Karl Bölsche verzeichnet die »rasenden Fortschritte«, die Heine »in den zehn Jahren« gemacht habe, »Fortschritte zum Rasendwerden! Jedes neue heinesche Opus wird eine schmutzigere, giftigere Suppe; sein Buch über Ludwig Börne aber ist das Nonplusultra dieser Richtung, es ist vergoldeter Kot«, ein Buch, das »nichts als ein kalligraphisches Ich« sei, »mit allen Arabesken und Schnörkeleien des Dünkels, der Frivolität, der Zweizüngigkeit und Abtrünnigkeit« (Moritz Gottlieb Saphir). Nach dieser Veröffentlichung, meint Martin Runkel, »kann Heine getrost nach Deutschland zurückkehren, es bedarf für ihn keiner Amnestie, denn er hat selbst eifrigst dafür gesorgt, daß er der Vergessenheit anheimfalle« – »Heine greift ja nicht blos Börne, er greift uns alle an, und deshalb wäre Schonung Verrat an der guten Sache« (Karl Bölsche). »Ja, Börne ist tot, aber daß der tote Börne noch in den Gemütern lebt und leben wird, das eben wurmte den lebenden Heine, der schon längst tot ist, und es nicht glauben mag« (Berthold Auerbach). Er habe es fertiggebracht, »lebendig aus der Literatur-Republik hinauszusterben« (Moritz Gottlieb Saphir), er »starb als Selbstmörder«, habe »sich selbst den Todesstoß in der Achtung aller Besseren gegeben« (Karl Bölsche). Er habe sich sogar »sein eigen Grab gegraben und Deutschland wird ihn einscharren, hastig und schnell, wie man einen faulen Körper vergräbt. Es wird keiner dort beten« (Ernst Keil).

Die negativen Stimmen treffen sich in einem Verdikt, das so deutlich bisher noch nicht zu verzeichnen war. Robert Prutz erwähnt die »kurze Dauer des Heineschen Lorbeer und die gänzliche und unauslöschliche Verachtung, in welche diese Richtung bei allen, die nicht mehr Gymnasiasten sind, gesunken ist«. Karl Gödeke befürchtet, »die wenigen Freunde, die Heine in Deutschland noch zählt, werden sich mit Verachtung von ihm wenden«. Und Karl Bölsche: »Seine politischen Gegner hassen ihn längst nicht mehr, sie verachten ihn«.

Einige andere Urteile wiederholen sich, werden in ihrer Radikalität noch intensiviert. Zum Beispiel das Betonen seiner Antiquiertheit. Eine »unnötige Flucht« habe ihn »dem Vaterlande zu sehr entfremdet, als daß er unsere praktischen Interessen begriffe, die sich seit der Julirevolution entwickelt haben«, daher die »Heinesche totale Unbekanntschaft mit den deutschen Verhältnissen im Jahre 1840«, er sei nicht fähig, »den Geist zu verstehen, der jetzt in Deutschland lebt und der so sehr verschieden von dem des Jahres 1830 ist« (Franz Dingelstedt) – »was er 1830 übersah, dafür ist er 1840 nun total erblindet« (Karl Bölsche): »Heine hat keine Heimat mehr, er komme um im Pariser Schmutz, er verdient nicht von den Deutschen bedauert zu werden, und es wird auch nicht geschehen«. Denn: »Heines Theatersonne ist untergegangen, die Komödie ist aus«.

Weit über 100 Rezensionen zu *Börne* sind zu verzeichnen: Heine auf dem Höhepunkt seiner Medienpräsenz. Vor allem wegen dieses Buchs, aber nicht nur deswegen, befindet sich der Ruf der öffentlichen Figur Heine um 1840/41 gleichzeitig auf dem Tiefpunkt. Er gilt als »der Begründer der Klatschliteratur in Deutschland« (Berthold Auerbach), als »ein geschwätziges Waschweib, eine gesinnungslose Wetterfahne«, »Grundton« aller seiner Produktionen seien »gänzliche Resignation in die eigne moralische Gesunkenheit« und »Wohlgefallen an der eignen Erbärmlichkeit«. Heine, das ist der »Gott der Verneinung«, der »Abgott des genialen Geschlechts« (Adolf Stahr) mit seiner »Selbstbuhlerei« und »Koketterie«, seinem »Dünkel« und seiner »Selbstansüßlung«: »Es ist überall der gesalbte, duftende, nektarhaschende, liederschlürfende, grisettengeliebte, salongeschniegelte, täglichreizenderwerdende, ruhmeingepökelte, minneliederliche, geistträufelnde Henri Heine« (Moritz Gottlieb Saphir).

In diesen Rahmen gehören auch die Hinweise, daß Heine »eigentlich« Jude sei. »Übrigens hat Heine die häßlichen Eigenschaften eines andern Volksstammes, den wir nicht namhaft machen wollen: Tücke, Anmaßung, Feigheit und Schamlosigkeit«. Wolfgang Menzel: Heine habe »mit Börne, aber noch weit mehr als dieser, seinen Rassegenossen die Augen über ihre literarische Mission in der heutigen Welt geöffnet und ihnen in der industriellen Literatur ein Stück gelobtes Land aufgetan. Zu den sozialen Charakteren, welche das jüdische Volk nach und nach unter uns geliefert, zum Pfandleiher, Trödler, Taschenspieler, Juwelier, Großhändler und Geldprinzen, ist heutzutage ein ganz neuer gekommen, der jüdische Schöngeist, Virtuos, Publizist«.

Und die andere Seite? »Warum«, fragt Ignaz Kuranda, »ist es allen diesen Unparteiischen, Gerechten, Entrüsteten noch nicht eingefallen, auch die Lichtseite des Heineschen Buches zu würdigen?« Heine habe zwar darin »gegen die Umgebung Börnes, gegen viele Nebenpersonen schwer gesündigt«, aber »über den Haupthelden seines Buches« habe er »die schönsten Lichter seiner Poesie geworfen«. »Und Heine ist ein Poet!« Sein Buch, »wenn ihr es denn wissen wollt, ist trotz aller Flecken, Verirrungen und Grausamkeit immer noch ein Kunstwerk, welches ihr mit all eurer Gesinnungsprahlerei dennoch nie erreichen werdet«. Gegenüber der breiten, vielgestaltigen und lautstarken Phalanx der Ablehnung sind nur wenige positive, einsichtige Stimmen zu verzeichnen, die Heine verteidigen, die »laut oder leise bekennen, er habe nie etwas Besseres geschrieben« – »diese Klarheit, diese Gediegenheit, diese Phantasie, diese Glut, dieser Glanz des Stils, erinnern sie nicht auf jeder Seite an den Verfasser der Reisebilder?« (Eduard Reis). Richard Otto Spazier nennt den *Börne* die »beste und gereifteste Schrift Heines«, »reich an Witz, Humor, Ernst und, was noch mehr, an Gesinnung«, und Adolf Stahr will dem Autor dafür danken, daß er »bei der großen Schar« die »Rückkehr zum Glauben an das Ideale hervorgerufen hat« – »Deutschland hat keinen solchen Überfluß an brillanten Talenten, um wegen einzelner Züge, die uns an dem einen oder andern verletzen, gleich ein Verdammungsurteil auszusprechen, als säßen wir mit der Weltgeschichte zu Gericht«.

Heinrich Laube, dem *Heinrich Heine über Ludwig Börne* ursprünglich gewidmet werden sollte, erkennt in Heine den »Hauptdichter neuester Zeit«, »die dichterische Seele des modernen Stils« datiere von ihm, dessen »erstes Verdienst um unsere Literatur« es sei, »die Nation wieder für Eigentümlichkeit empfänglich« gemacht zu haben. »Weil er mehr sieht und mehr empfindet als minder Begabte, so sieht und empfindet er auch öfter die Lüge unserer Zustände und Berufungen; und statt ihm zu danken, daß er sich der ganzen Härte des herkömmlichen Urteils preis gibt, ein Märtyrer für Folgende, statt dessen wiederholt ihr immer nur die Anklage, wie sie sich dem ersten flüchtigen Blicke darstellt«. Deshalb habe man »den traurigen Anblick, daß einer der genialsten Deutschen von Deutschland ausgeschlossen ist, nicht einmal weil er die extremste Forderung der Politik gemacht hätte, sondern weil er sie auf eine hervorstechende Weise gemacht hat«. »Wirklich losgeeist«, heißt es in einem Lexikonartikel, »hat Heine das Schiff der poetischen Produktion und damit das ganze deutsche Nationalbewußtsein und das darf nie übersehn werden«.

Solche besonnenen, tiefer blickenden, freundlichen Stimmen sind freilich in der Minderheit. Für die schreiende Mehrheit gilt, was Eduard Reis feststellte: »Es ist Mode geworden, ungerecht gegen Heine zu sein«. Es mußte so sein. Denn Heine, so befand Friedrich Goldschmied, »ist der kritische Poet und der poetische Kritiker unseres Jahrhunderts«. Mochten ihn die einen verehren und die anderen verachten, mochten ihn viele verdammen und wenige verstehen, gleichgültig ließ er keinen. Für alle gilt überdies Ludwig Börnes Bonmot, mit dem er das komplexe Bild Heines in der zeitgenössischen Rezeption pointiert: »Niemals wird es selbst der behendesten, verschmitztesten und katzenartigsten Kritik gelingen, Heine zu fangen, der immer noch mehr Maus als die Kritik Katze ist«.

7

»Alles krächzt und ächzt und schnarrt«. Von der Feierprosa bis zum Federkielholen: Stationen der veröffentlichten Beurteilung Heines, Fragmente einer Meinungsgeschichte. Und ein Modellfall zugleich. Ähnliches ließe sich mit Bertolt Brecht, Heinrich Böll oder Günter Grass veranstalten. Auch sie sind »kritische Poeten« und »poetische Kritiker« ihres Jahrhunderts.

Heinrich Heine im Urteil seiner Zeitgenossen. Ein europäisches Genie, betrachtet durch die dicken, beschlagenen Brillen der deutschen Provinz mit ihren Fähigkeiten und Fahrlässigkeiten, ihren Fantasien und Verzagtheiten. Die Aufforderung, hier korrigierend einzugreifen und zu vermitteln, Rezensionen genauer lesen zu lernen, um auch durch sie immer neue Zugänge zu Heine zu gewinnen, diese Aufgabe ist keineswegs nur eine historische, sondern eine bleibende. Denn heute noch kann gelten, was bei Ferdinand Gustav Kühne zu lesen ist: »Heine ist der moderne Verstand, der vor Schmerz witzig wird«.

37

Der Heine-Briefwechsel
Zu den Bänden 20-27 der Säkular-Ausgabe

Nach knapp anderthalb Jahrzehnten Vorbereitung begann 1970 die auf fünfzig Bände veranschlagte historisch-kritische Heine-Säkularausgabe (HSA) zu erscheinen, herausgegeben von den Nationalen Forschungs- und Gedenkstätten der klassischen deutschen Literatur in Weimar und vom Centre National de la Recherche Scientifique in Paris. Die Bedeutung dieses weitgespannten und ambitionierten Editionsunternehmens liegt nicht nur darin, daß sich deutsche und französische Wissenschaftler zu einem internationalen Gemeinschaftswerk zusammenfanden, das der Bearbeitung und Erschließung eines deutschen Weltliteratur-Autors gewidmet ist, sondern vor allem darin, daß hier – eine (tatsächlich vollständige, vor allem die Briefe und die sonstigen Materialien mit umfassende) Heine-Gesamtausgabe ist bekanntlich seit langem ein Desiderat – die lückenlose Gesamtdokumentation aller Heineana zu veröffentlichen unternommen wird. Inzwischen liegen unter anderem die Bände 20-27 (die Briefe Heines und die Briefe an ihn) sowie die Bände 20 K[ommentar] bis 23 K vor.

Das Corpus der überlieferten Dokumente des Heine-Briefwechsels ist damit zum erstenmal komplett verfügbar. Die vier Heine-Bände enthalten 1748 Briefe, 17 Nachträge und einige zweifelhafte Texte, die Bände der An-Briefe 1307 Nummern sowie undatierte Briefe und Widmungen.

Von den Heine-Briefen sind knapp 1400 Texte vollständig oder fast vollständig (68 erstmals veröffentlicht). Über 1000 wurden nach der Handschrift oder einem mit der Handschrift verglichenen Text gedruckt, die anderen nach einem möglichst nahen Druck. Hinzu kommen fragmentarisch überlieferte Texte und erschlossene Briefe.

Publiziert werden sollen »alle von Heine verfaßten Briefe oder Briefentwürfe, seien sie als private Mitteilungen an Einzelpersonen gerichtet oder von ihm als öffentliche Stellungnahmen in Tageszeitungen und Zeitschriften veröffentlicht worden. Nicht überlieferte, aber aus den an Heine gerichteten Briefen oder anderen Zeugnissen erschlossene Brieftexte werden, soweit nicht Teile des verlorengegangenen Briefes im Originaltext wiedergegeben werden können, in Form einer Inhaltsangabe mitgeteilt«. So die *Editionsgrundsätze*, die über das chronologische Ordnungsprinzip der Ausgabe, über die stillschweigende Korrektur offenkundiger Verschreibungen und über die Art der Nachweise nötiger textkritischer Eingriffe Auskunft geben. Jeder Brief wird nach Datum, Adresse, Überlieferung kommentiert. Als *Mitteilungen zum Text* werden »relevante Abweichungen vom edierten Text, d. h. solche – durch Korrekturstriche getilgten – inhaltlich erheblichen Stellen mitgeteilt, die im endgültigen Brieftext keine Entsprechung haben und hinsichtlich der Beurteilung und Auswertung der betreffenden Textstelle von wissenschaftlichem Interesse sind. Dabei wird bei der Darbietung größerer und stark durchkorrigierter Textpassagen Wert auf eine übersichtliche Wiedergabe der zweifelsfrei in ihrem Zusammenhang zu ermittelnden ersten und letzten Textschicht gelegt«. Der Sachkommentar, die *Erläuterungen zum Text*, schließlich, dient »der inhaltlichen Erschließung der einzelnen Briefe und vermittelt Informationen, die zum unmittelbaren Verständnis des Brieftextes notwendig sind, wobei jeder Brief als selbständige, in sich geschlossene Einheit kommentiert wird«, diese »Erläuterungen« dienen »der Entschlüsselung schwer verständlicher Anspielungen, der Richtigstellung und Präzisierung biographischer, historischer und bibliographischer Angaben, der Verdeutlichung von Beziehungen zu anderen Briefen und zu Heines Werken, der Erklärung von historischen und zeitgeschichtlichen Ereignissen und Zusammenhängen sowie dem Nachweis von Quellen, aus denen Heine geschöpft hat«; sie »sind kein Kompendium der gesamten Heine-Forschung, wohl aber eine Fixierung der von ihr bisher eruierten, zum Verständnis der Briefe Heines unerläßlichen Fakten. Allgemeinwissen und heute leicht zugängliche lexikalische Kenntnisse werden dabei nicht berücksichtigt«.

Durch diese Editionsgrundsätze entstand eine Ausgabe von musterhafter Präsentation und höchster Text-Exaktheit. Schon ihr Äußeres ist polygraphisch hervorragend gestaltet: ein übersichtlich großer Satzspiegel mit sehr lesbaren Typen, ein exaktes, großzügig gestaltetes Druckbild. Das Editionsprinzip, Heines Text prinzipiell recte zu bringen, und sämtliche Bearbeiter-Zusätze und Ergänzungen stets kursiv, bewährt sich als einleuchtendes Verfahren, das den Apparat stark entlastet und den Benutzer rasch auf den originalen Text führt. Und auch die quasi katalogartige Gliederung der Anmerkungen erweist sich als sehr praktikabel für den Zugriff auf die Informationen.

Die Rubrik *Überlieferung* weist naturgemäß an manchen Stellen Lücken auf: Heines Briefnachlaß ist, außer in den großen Sammlungen von Düsseldorf, Paris und Weimar, auf nicht weniger als 120 Orte verstreut. Die Bearbeiter der HSA sind, das muß dankbar vermerkt werden, jeder Spur nachgegangen, und sie haben in der Tat Erstaunliches zutage gefördert. Trotz all dieser Suche gibt es noch viele »Leerstellen«: Verschollenes, Vernichtetes, Nicht-Zugängliches. Und auch auf dem Gebiete der bibliographischen Erforschung früher Drucke wird noch manches zu ergänzen sein. Ein Beispiel: Heines Brief an Wilhelm Müller vom 7. 6. 1826 ist im Original verschollen; als einzige Quelle wird in Bd. 20 K, S. 151 ein Artikel Max Müllers in den *Blättern für literarische Unterhaltung*, 1845, Nr. 227 [15. 8.], S. 910 angeführt. Der Brief erschien jedoch im vollen Wortlaut schon vorher, in der Wiener Zeitschrift *Der Humorist*, 1845, Nr. 190 [9. 8.], S. 759 (*Literarisch-artistische Daguerreotypen: Ein Brief Heines an Wilhelm Müller*).

Die Handschriften-Umschrift und -Wiedergabe in der Rubrik *Mitteilungen zum Text* muß durchgängig als gelungen bezeichnet werden, denn sie ist übersichtlich, auf das Wesentliche konzentriert und lesbar. Beispielhaft etwa die Edition des sehr komplizierten Manuskript-Zustands des Entwurfs eines Briefes an den *Constitutionnel*, 6. 6. 1840 (Bd. 21 K, S. 239-241).

Bei der Beurteilung der Rubrik *Erläuterungen zum Text* muß berücksichtigt werden, daß Briefe Heines ungleich schwieriger zu erläutern sind als seine Gedichte und seine Prosaarbeiten, weil das »gesicherte Wissen« einer 100jährigen wissenschaftlichen Beschäftigung mit Heine sich fast ausschließlich auf diese, aber fast gar nicht auf seine Briefe bezieht, so daß sehr viele Einzeldaten von den Bearbeitern der Briefbände neu recherchiert werden mußten. Man merkt solche Arbeit gelegentlich an Spuren spätester Ergänzungen/Korrekturen des schon stehenden Satzes oder an kleinen Inkonsequenzen, etwa wenn in Bd. 21 K, S. 199 der Kommentar zum Datum des Briefs Nr. 736 (an Giacomo Meyerbeer) mit der lapidaren Bemerkung beginnt: »Die Einordnung des Briefes ist falsch«, oder wenn in Bd. 23 K die »Mitteilungen zum Text« des Briefes an Michel Chevalier (24. 2. 1855) in der Form eines negativen Apparats erfolgen, obwohl dem Druck in Bd. 23 nicht die Handschrift zugrundeliegt. Wichtiger ist, daß man in den *Erläuterungen* häufig auf den Vermerk »Nicht ermittelt« stößt – eine erfreuliche Ehrlichkeit, die keine »Allwissenheit« vortäuscht, wie es in so vielen anderen Kommentaren geschieht, die vielmehr den Benutzer immer wieder zum Weiterarbeiten und Lückenschließen auffordert.

Einige kritische Einwände und Fragen. Gerade weil die HSA den Anspruch erhebt, überall den möglichst vollständigen und exakten »Urtext« Heines wiederherzustellen – was ihr auch, wie Vergleiche ergaben, weitgehend und überzeugend gelungen ist –, könnte man einen Einwand gegen folgende Regelung erheben: »Bei den häufigen Abkürzungen für ›und‹, ›Exemplar‹, ›Manuskript‹ und ›Verfasser‹ wird generell auf eine kursive Kennzeichnung der Auflösung verzichtet«. Warum?

Das Prinzip des Sachkommentars ist nicht, umfangreiche Erläuterungen zu Einzelstellen und zu größeren Zusammenhängen zu geben, sondern nur jeweils knappste Hinweise zum Verständnis zu vermitteln, oft lediglich in Stichwort-Form. Nun kann man natürlich darüber streiten, was »zum unmittelbaren Verständnis des Brieftextes notwendig« sei, wie die oben zitierten *Editionsgrundsätze* sagen. Fest steht aber, daß in dem lobenswerten Bestreben, kurz und präzise zu erläutern, Dinge unterlaufen, die bis zum Nichtssagen reduziert sind. So erwähnt Heine gegenüber August Wilhelm von Schilling den »jüngeren Stoff«, und der Kommentar (Bd. 20 K, zu 54,9) meint dazu lediglich: »Heine meint entweder C. v. Stoff oder, was wahrscheinlicher ist, K. v. Stoff«. Oder: Heine schreibt 1833 an Jacques Coste: »Ce malheureux accident causera probablement la perte du Consul anglais qui reside ici ...«, dazu der Kommentar (Bd. 21 K, zu 64,6): »Der englische Konsul in Boulogne hieß Maxwell«. Oder: Heine nennt die »Kronwächter von Arnim«, der Kommentar beschränkt sich auf die wenig sagende Information »A. v. Arnim, Die Kronenwächter, 2 Bde« (Bd. 23 K, zu 45,17). Oder: Zur Erläuterung der Heineschen Erwähnung »Waldemar von Achim von Arnim« wird nur gesagt: »A. v. Arnim, Der echte und der falsche Woldemar, Berlin 1846«; warum nicht hinzufügen, daß es sich bei diesem Titel um ein aus dem Nachlaß herausgegebenes Drama handelt, erschienen 1846 als Band 18 der Gesamtausgabe, zugleich als dritter Band der »Schaubühne«? Das ist doch mit Sicherheit kein »Allgemeinwissen« (auf das die *Editionsgrundsätze* verzichten), schon gar nicht, wenn dagegen der leicht erkennbare Ausdruck »Shylokzorn« – tatsächliches »Allgemeinwissen« – eigens mit dem Hinweis auf Shakespeares *Kaufmann von Venedig* erläutert wird (Bd. 23 K, zu 63, 10 f.). Ähnlich wenig Informationsleistung wird gebracht, wenn Heines Nennung seiner *Neuen Gedichte* nur kommentiert wird mit »Neue Gedichte (HSA Bd. 2)« (Bd. 23 K, zu 131, 29).

Schwerer wiegt, daß bei den Materialrecherchen nicht immer gleichmäßig sorgfältig vorgegangen wurde. So sind öfter falsch oder irrtümlich zitierte Titel zu finden: Das in Bd. 23 K zu 252,22 genannte Werk heißt nicht »F. Freiligrath, Erinnerungsblätter an Karl Immermann«, sondern »F. Freiligrath [Hrsg.], *Karl Immermann. Blätter der Erinnerung an ihn.* Oder: Heine bittet Nanette Valentin, ihm »durch Ueberbringerin die Börneschen Briefe aus Paris zu schicken«. Dazu der Kommentar in Bd. 21 K, zu 81,16: »Ludwig Börne, Briefe aus Paris, 3. u. 4. Teil, Herisau 1834«. Warum wird die schweizerische Ausgabe genannt, und nicht die Hoffmann & Campesche deutsche (Haupt-)Ausgabe? Dies gilt vor allem hinsichtlich des – für Heine so zentral wichtigen – Mediums der Zeitungen und Zeitschriften. So gibt es das Bd. 20 K, zu 307, 10 erwähnte »Neue Berliner Konversationsblatt« nicht, sondern nur ein *Berliner Conversationsblatt*, bei dem Willibald Alexis Redakteur war; der in Bd. 21 K, zu 22,20 genannte *Freimüthige* (dessen Gründer übrigens August v. Kotzebue und nicht ein »H. v. Kotzebue« war) erschien nicht bis 1846, sondern ging bereits 1840 ein; sein Titel und seine Vignette wurden 1841 von einem anderen Blatt übernommen; auch leitete Willibald Alexis nicht die Redaktion dieser Zeitschrift bis 1835, wie in Bd. 21 K, zu

52, 32 f. gesagt wird, sondern schied bereits 1833 aus. Es wäre gut gewesen, in Bd. 21 K, zu 250,28 zu bemerken, daß das dort erwähnte *Album der Boudoirs* keine selbständige Publikation war, sondern nur eine wöchentliche Lieferungsbeilage zu August Lewalds weitverbreiteter Zeitschrift *Europa*. Oder: Bd. 22 K, zu 91,2 wird gesagt: Georg Schirges »übernahm nach Gutzkows Rücktritt von 1841 bis 1845 die Leitung des Telegraphen [für Deutschland]«; Karl Gutzkow verließ die Redaktion aber erst Ende 1843. Schließlich: Die Beschreibung der Zeitschrift *Zeitgenossen* (Bd. 23 K, zu 345, 10) ist unzutreffend; sie erschien vielmehr in einer [Reihe 1] 1816-1821, dann in einer »Neuen Reihe« 1821-1827, zuletzt in einer »Dritten Reihe« 1829-1841. Gelegentlich sind auch hier die Erläuterungen allzu knapp. Hätte man bei der Nennung der *Deutschen Blätter* nicht etwas mehr hinzufügen können, als eben den vollen Titel *Deutsche Blätter für Poesie, Litteratur, Kunst und Theater* (Bd. 20 K, zu 93,36)? Etwa Herausgeber, Verlagsort, genaues Erscheinungsjahr? Oder: Zum Brief an August Lewald (Ende September 1844) wird gesagt: »In der von Lewald redigierten Zeitschrift ›Europa‹ wurden die ›Neuen Gedichte‹ in Bd. 4, 27. 11. 1844 rezensiert«. Der vierte Band des Jahrgangs 1844 besteht aus 13 (undatierten) Lieferungen. Warum nicht, des einfacheren Findens halber, die Seitenzahlen hinzufügen: Bd. 4, S. 513-523?

Nun noch in Auswahl zu Stellen, an denen gravierendere (vermeidbare) Fehlinformationen vorliegen: Heine schreibt an E. C. A. Keller, dieser solle eine Anfrage im Brockhaus-«Conversationsblatt« (die dann nicht gedruckt wurde) mit seiner »eigenen Schiffer« unterzeichnen. Dazu der Kommentar: »Kellers Chiffre ist nicht zu ermitteln, da der Chiffren-Schlüssel der Zeitschrift während des letzten Krieges in Leipzig vernichtet wurde« (Bd. 20 K, zu S. 52,11). Exakt wäre es gewesen, zu sagen, daß die Chiffren der Mitarbeiter regelmäßig nach einem bestimmten Schema wechselten (jährliche Ankündigung der Redaktion: »Sämmtliche Mitarbeiter haben neue Chiffren erhalten«), so daß der einzelne Mitarbeiter keinen Einfluß auf die Zahl unter seinem Beitrag hatte und es somit auch keine »persönlichen« Chiffren gab, wie Heine offenbar irrtümlich annahm.

Die Rezension der *Gedichte* im *Kunst- und Wissenschaftsblatt*, 1822, die mit »Schm.« gezeichnet ist, wird in Bd. 20 K zu 63,31, noch immer als Arbeit »eines gewissen Friedrich Schleiermacher« aufgeführt, eine Annahme, von der die Heineforschung inzwischen abgekommen ist.

1821 schreibt Heine an Friedrich Steinmann von dessen »poetischen Arbeiten«, die ihn »auf ungewöhnliche Weise angesprochen« hatten. Dazu gibt der Kommentar leider lediglich die Titel einiger Zeitschriften und Almanache, in denen Steinmann veröffentlichte (Bd. 20 K, zu 76,5). Wäre es – angesichts der Rolle, die Steinmann im Leben Heines spielte – nicht sinnvoller gewesen, wenigstens in Auswahl einige seiner »poetischen Arbeiten« jener Jahre exakt zu bibliographieren, um dem Benutzer die Möglichkeit des Nachprüfens zu erleichtern?

In Bd. 21 K, zu 94,35 wird das Pseudonym »Maximilian Joseph Stephani« der Broschüre *Heinrich Heine und Ein Blick auf unsere Zeit* aufgelöst mit »(eigentlich Johann Heinrich Wilhelm Grabau)«. Das stimmt so nicht. Grabau hat sich später (vgl. *Literarische und Kritische Blätter der Börsen-Halle*, 1836, Nr. 1238, S. 776) ausdrücklich nur als Autor des ersten Teils dieser Broschüre genannt (»Diese Broschüre hat zwei Verfasser; ich für meine Person bin der des ›Heinrich Heine‹«); der zweite Mitwirkende an dem Doppelpseudonym ist unbekannt, vielleicht Gustav Schlesier.

Bd. 21 K, zu 170,3 f. ist von Ernst Wilhelm Hengstenbergs Angriffen auf Heine in der *Evangelischen Kirchenzeitung* die Rede. Inzwischen steht fest, daß die großen Invektiven (etwa gegen *Salon II*) nicht von Hengstenberg, sondern von J. P. Lange stammen.

1837 schreibt Heine an August Lewald: »Ich habe unlängst in einem Journal eine Aeußerung wieder gefunden, die mir mahl im Gespräch mit Herrn Beurmann entfallen ist. Hat dieser etwas über mich geschrieben und was?« Dazu der Kommentar (Bd. 21 K, zu 181,22): »Heine las wahrscheinlich in einer Probenummer des von Beurmann seit Anfang 1837 herausgegebenen ›Telegraph zur Kunde der Heimath und Freunde‹ in Beurmanns Artikel ›Heinrich Heine in Paris‹ (Nr. 12, April, S. 92) eine Äußerung, die er in bezug auf seine Lyrik und ihre Nachahmer in Deutschland gemacht haben soll«. Heine konnte keine Probenummer einer Zeitschrift mit dem Titel »Telegraph zur Kunde der Heimat und Freunde« lesen, eine solche Zeitschrift ist nie erschienen, auch keine Probeblätter dazu; nicht einmal die Zeitschrift, die der Kommentar eigentlich meint (»Telegraph zur Kunde der Heimat und Fremde«) ist je erschienen; dieser Titel ist eine Bibliographen-Erfindung. Tatsächlich kam, zunächst als Beilage der *Frankfurter Börsenzeitung*, dann selbständig, ab 1. Januar 1837 ein Blatt namens *Frankfurter Telegraph* (in der Neuen Folge: *Beurmann's Telegraph*) heraus, redigiert von Eduard Beurmann (und, ohne Nennung, von Karl Gutzkow). Die drei dazugehörenden Probenummern enthalten den genannten Aufsatz über Heine nicht. Er erschien tatsächlich erst im Aprilheft. So ist es nicht möglich, daß Heine den Beurmann-Aufsatz zu der Zeit seines Briefes an Lewald (Datum: 1. 2. 1837) gekannt hat. Er hätte sonst wohl auch nicht gefragt, ob Beurmann etwas über ihn geschrieben habe. Wenn man nicht bezweifeln will, ob es sich bei dem Erwähnten überhaupt um Beurmann handelt, bleibt nur die Möglichkeit, daß Beurmann das Heine-Zitat vorab als sogenannte »Miszelle« publizierte und es auf diese Weise Heine zu Gesicht kam.

Schließlich ist, an vielen Stellen, das angewandte System der Verweisungen innerhalb der Kommentare problematisch. Einerseits wird, wenn der gleiche Sachverhalt zu erklären ist, sinnvollerweise mit solchen Verweisungen gearbeitet. Andererseits wird dieses Prinzip immer wieder auf nicht recht einsichtige Weise durchbrochen, etwa wenn in Bd. 22 K zweimal kurz hintereinander (zu 70,22 und zu 71,24) Madame Darte sogar mit den gleichen Worten erläutert wird, oder wenn jede der vielen Stellen, an denen Heine, vor allem in den fünfziger Jahren, von seiner geplanten Gesamtausgabe spricht, mit der Formel »Erschien zu Heines Lebzeiten nicht« kommentiert wird. Natürlich soll, nach den *Editionsgrundsätzen*, jeder Brief »als selbständige, in sich geschlossene Einheit« behandelt werden, diese Intention wäre aber auch dann nicht durchbrochen worden, wenn man dem Benutzer konsequente Verweisungen an die Hand gegeben, ihm Blättern im gleichen Bande zugemutet und dafür an der jeweils praktikabelsten Stelle alle einschlägigen Informationen zusammengezogen hätte.

Solche Hinweise auf Mängel und Fehler sollen und können die imponierende wissenschaftliche und editorische Leistung der HSA nicht schmälern. Zum Schluß bleibt – generell, was die Brieftexte angeht und überwiegend, was die Erläuterungen betrifft – der Eindruck großer Genauigkeit und Zuverlässigkeit einer Edition, die nicht nur singulär in ihrem Umfang ist, sondern auch sehr viel informativer und nützlicher als alle bisherigen Ausgaben Heinescher Briefe. Es bleibt das unbestreitbare Verdienst der Bearbeiter, die Zahl der bekannten Heine-Briefe beträchtlich erweitert zu haben und diese nun als gesicherte Texte vorzulegen. Die Texte zeigen, etwa im Vergleich mit den von Hirth edierten Briefen, zahlreiche Abweichungen, da jener generalisierend und korrigierend in Heines Interpunktion eingriff und sich manche Lesefehler (»schickt mir Ärger« – HSA Bd. 20, S. 28,11: »schickt mir einen Ärger«) und Anordnungsfehler (z. B. der Brief an Immermann vom 25. 4. 1830, der bei ihm fälschlich hinter die beigefügten Änderungsvorschläge zum

Tulifäntchen gestellt ist) zuschulden kommen ließ. In der HSA wird ein getreues Spiegelbild der Heineschen Orthographie vermittelt, die besonders im Französischen auffällige Abweichungen von der üblichen Rechtschreibung sowie einige Besonderheiten aufweist. Erfreulicherweise sind die An-Briefe mit der gleichen exakten Gründlichkeit bearbeitet: Bei der Lektüre dieser Bände taucht der Wunsch auf, ähnlich solid-zuverlässige Editionen aller erhaltenen Briefe einiger der Heine-Korrespondenten – Karl Gutzkow oder Heinrich Laube – zu haben.

Diese Edition ist vorbildlich und wird auf lange Zeit die sichere Grundlage ernsthafter Beschäftigung mit dem Briefwechsel Heinrich Heines bleiben.

38

Handschriftenforschung und Editionen: Die Analyse der primären Textträger
Am Beispiel Heinrich Heine

Ein Versuch, innerhalb der Erforschung der Geschichte literarischer Produktion und Veröffentlichung eine neue Disziplin zu begründen: die exakte wissenschaftliche Sicherung, Untersuchung und Darstellung der Autoren-Handschriften, jener »primären Textträger« also, auf denen der Verfasser erste Einfälle und Lesefrüchte zu seinem zukünftigen Werk notiert, verändert, streicht, auf denen die gesamte weitere Arbeit am Text stattfindet, auf denen schließlich die definitive Fassung steht. Einschränkend muß gesagt werden, daß es sich hierbei lediglich um neuere Handschriften, des 18. bis 20. Jahrhunderts, handeln kann. Frühere sind nur in extremen Ausnahmefällen überliefert, und das gesamte Gebiet ist wieder zu trennen von den mittelalterlichen Handschriften, die zum Spezialgebiet der Kodikologie gehören. Auf dem hier in Rede stehenden Feld gibt es zwar eine ganze Reihe einzelner Vorarbeiten, seitens der Wasserzeichenforschung, seitens der Schriftkunde. Das Verdienst der vorliegenden Arbeit besteht aber gerade darin, diese separierten Ansätze systematisch zu einer »Analytischen Handschriftenkunde« – oder wenigstens dem Nucleus einer solchen – zusammenzufassen und in der Organisation der gegenseitig sich ergänzenden und erhellenden Teile wesentlich zu verfeinern, für die Wissenschaft ergiebiger zu machen. Dies besonders deshalb, weil es der Verfasserin konsequent nicht um die inhaltliche Komponente einer Handschrift, jedenfalls nicht primär, geht, um den »Textzeugen« also, sondern in erster Linie um den »dinglichen Charakter der Handschrift«, den Textträger selbst somit.

Das gedruckte Buch, seit Gutenberg die primäre Überlieferungsform von Texten, rückt als kulturelles und technologisches Phänomen schon früh in den Blickpunkt des wissenschaftlichen Interesses. Die analytische Druckforschung konnte sich daher innerhalb einer seit langem bestehenden Buchkunde entfalten. Parallel hierzu bildete sich ein besonderer Zweig der Kodikologie heraus, der die mittelalterliche Buchhandschrift als greifbaren Zeugen der Kultur einer Epoche, als archäologisches Objekt studiert. Demgegenüber befindet sich die Erforschung der neueren literarischen Handschrift durchaus im Pionierstadium.

Neben die seit langem existierende Beschäftigung mit der Buchgeschichte, die bereits wichtige Resultate erzielt hat und dennoch immer weiter verbesserungsbedürftig bleibt, rückt damit das Gebiet der Handschriften ins Blickfeld, das ungleich komplizierter und verwirrender ist, hat man es doch hier mit der Tatsache des jeweils prinzipiellen Unikats ebenso zu tun wie mit den schier unbegrenzten Möglichkeiten der Zerstreuung und Vernichtung.

Auf der anderen Seite kann der Nutzen solcher Bemühungen für die historisch-kritische Arbeit mit Texten, für die möglichst korrekte Wiederherstellung des »Autorwillens«, für die sachgerechte Einordnung eines Textes in einen Schaffensprozeß wie in ein Œuvre nicht hoch genug veranschlagt werden. Durch die Anwendung subtiler Methoden und Klassifikationen lassen sich dabei neue, wesentliche, für philologische Arbeit in jedem Falle wichtige Ergebnisse erzielen.

Nach einem Blick auf die Überlieferungsgeschichte neuerer literarischer Handschriften und einer kurzen Diskussion typologischer Aspekte (von der »Vorarbeit« bis zur »Reinschrift«) folgt ein überzeugendes Plädoyer für die »Analytische Handschriftenforschung«, das die Arbeit mit solchen Textträgern in drei Phasen gliedert, die »Feststellung des materiellen Handschriftenbefundes, die möglichst unbeeinflußt von den Informationen, die der Text vermittelt, erfolgen sollte«, den »analytischen Handschriftenvergleich«, der es erlaubt »in einem Handschriften-Korpus identische Befunde materieller Merkmale zu erkennen«, und schließlich die Erweiterung des »Sachzeugen« zum »Textzeugen«.

Dieses Programm wird im zweiten Teil des Buches theoretisch, im dritten Teil praktisch vorgeführt, immer erläutert durch zahlreiche Detailerörterungen anhand der großen Sammlung von Heine-Manuskripten, die in der Bibliothèque Nationale in Paris aufbewahrt wird (Sammlung Salman Schocken). Zunächst werden die »Schriftträger« in Einzelheiten vorgestellt: Format, Dicke, Siebmerkmale, Wasserzeichen, Trockenstempel, Farbe, Herstellungsart. Die Feststellung und Sicherung solcher Details, auch mittels neuerer technischer Methoden wie der Elektronen-Radiographie, die exakte Klassifizierung der daraus gewonnenen Resultate schaffen die Voraussetzungen für den Vergleich verschiedener, unter Umständen weit voneinander entfernt aufbewahrter Handschriften, und damit die Möglichkeit, Zusammengehörendes wenigstens abstrakt zusammenführen – was sowohl bei Datierungsfragen als auch bei Schriftuntersuchungen sehr zweckdienlich ist. Analog zu diesem Verfahren werden »Schreibgerät« und »Schreibstoff« behandelt (Schreibfedern, Bleistifte, Tinten). Schließlich folgt die »Schrift« selbst, die nach Schriftträgern, Schriftnormen, Schriftbildern aufschlüsselbar ist und dadurch Rückschlüsse auf die Entstehungszeit einer Niederschrift ermöglicht.

Der dritte Teil bietet die praktische Anwendung des vorher Gesagten vor allem am konkreten Fall der handschriftlichen Materialien zu Heines Sammlung *Reisebilder*. Es ergibt sich, daß durch die analytische Handschriftenforschung wichtige neue Ergebnisse für die Einordnung des Überlieferten in den Schreib-Prozeß zu erzielen sind (beispielsweise bei den Italien-Texten, bei denen jetzt gesichert ist, daß Heine wesentlich umfangreichere Passagen, als bisher angenommen wurde, in Italien selbst schrieb).

Der Versuch, den dieses überaus instruktiv und reichhaltig illustrierte und ebenso bemerkenswert lesbar geschriebene wie vorzüglich drucktechnisch hergestellte Buch macht, dieser Versuch darf als gelungen bezeichnet werden. Natürlich handelt er von einem Gebiet, auf dem vieles noch nicht definiert oder auch nur genügend diskutiert ist. Natürlich muß er aus einem Gemisch von Resultaten und Postulaten bestehen. Aber eine Reihe von wichtigen Ergebnisse schreibt er dennoch fest. Zur Zeit entstehen mehrere große historisch-kritische Werkausgaben, von denen einige intensiver, andere eher rührend bemüht, wieder andere überhaupt nicht auf Fragen der konkreten Analyse der materiellen Datenträger des von ihnen Edierten eingehen. Marianne Bockelkamps Buch könnte und sollte – freilich von der derzeitigen ökonomischen Situation energisch limitiert – ein wesentlicher Anstoß sein, die Philologie auf einem wichtigen Gebiet einen entscheidenden Schritt voranzubringen.

Diese Rezension soll nicht beendet sein ohne einen Hinweis auf den Verleger: Der kürzlich verstorbene Ernst Hauswedell hat sich auch mit dieser Publikation, die sich wohltuend in Qualität, Geschmack und Präsentation von der allzuvielen sonstigen Produktion abhebt, ein Denkmal gesetzt.

Marianne Bockelkamp: Analytische Forschungen zu Handschriften des 19. Jahrhunderts. Am Beispiel der Heine-Handschriften der Bibliothèque Nationale Paris. Hamburg: Hauswedell 1982.

39

Konsolidierung und zustimmendes Interesse
Die Heine-Bibliographie 1965-1982

Als 1968 Siegfried Seiferts Heine-Bibliographie für die Jahre 1954 bis 1964 herausgekommen war, erschien in der Moskauer Zeitschrift *Sowjetliteratur* (H. 1/1971) eine Rezension von Alexandr I. Dejc mit der Überschrift: *Ein Buch zeugt vom Weltruhm des Dichters*. In der Tat. Nicht anders und nicht besser wäre auch das Referat über das vorliegende Buch zu überschreiben. Es erweitert die bibliographische Berichterstattung für die Jahre 1965 bis 1982, es bildet damit eine willkommene, für alle, die sich mit Heine beschäftigen, unentbehrliche Ergänzung zu den beiden Bänden von Gottfried Wilhelm und Eberhard Galley für die Jahre 1817-1953 (1960), die den Zeit- und Materialumständen entsprechend lückenhaft sein mußten, und zu dem Fortschreibungs-Band von Seifert für die Jahre 1954-1964. Nach den gleichen Prinzipien wie die Vorgängerbände gegliedert, stellt es eine ebenso souverän-materialkundige wie benutzerfreundlich präsentierte Leistung dar.

Natürlich konnte es nicht darum gehen, die laufenden Verzeichnisse der Heine-Literatur, wie sie in den Düsseldorfer *Heine-Jahrbüchern* und in der Weimarer *Internationalen Bibliographie zur deutschen Klassik* geboten werden, einfach zu kumulieren. »Das Anliegen einer modernen literaturwissenschaftlichen Personalbibliographie besteht vielmehr darin, ein spezielles Hilfsmittel zu schaffen, das Material zu vielen Fragen, die bei der wissenschaftlichen, pädagogischen oder öffentlichen Beschäftigung mit einem literarischen Werk entstehen können, in einer methodisch effektiven Weise darbietet und erschließt. Bei einem Schriftsteller und Dichter wie Heinrich Heine, der nach wie vor in vielerlei Hinsicht starkes Interesse genießt, dessen Werk gelesen und rezipiert wird, kann ein solches Vorhaben nicht nur als wünschenswert, sondern als unerläßlich gelten«. In einer methodisch effektiven Weise dargeboten, berichtet auch dieses Buch »vom Weltruhm des Dichters«: »Ohne Zweifel handelt es sich bei unserer Berichtszeit um die bisher fruchtbarste Periode der Heine-Edition und Heine-Forschung. Gruppiert um die beiden Jubiläen 1972 (175. Geburtstag) und 1981 (125. Todestag), wurde eine Fülle von Textausgaben sowie wis-senschaftlichen und populären Arbeiten über Heine vorgelegt. Neben neuen Ergebnissen der Erforschung biographischer Zusammenhänge stehen wichtige Erkenntnisse zur Textgenese der Werke« – das bibliographische Abbild eben einer unvermindert anhaltenden, sogar wachsenden weltweiten Wirkung eines der bedeutendsten und inhaltsreichsten, umstrittensten und einflußreichsten Œuvres der deutschen Literaturgeschichte.

Dies wird deutlich, wenn man die hohe Zahl von über 3000 Eintragungen statistisch betrachtet. Allein im Berichtszeitraum von weniger als zwei Jahrzehnten erschienen, neben den beiden weitergeführten wissenschaftlich-kritischen Gesamtausgaben in Düsseldorf und Weimar, nicht weniger als 17 Editionen der gesammelten Werke Heines, zugleich rund 70 teilweise voluminöse Ausgaben von Teilsammlungen und Auszügen und rund 130 Veröffentlichungen von Einzelschriften: eindeutige Beweise intensiver Wirksamkeit im wissenschaftlichen Bereich ebenso wie auf dem Felde der populären Publikation. Die mit etwa 210 Nummern sehr große Gruppe *Übersetzungen*, beispielsweise, benennt außer den geläufigen mitteleuropäischen Sprachen und den bei diesem

Autor speziell zu erwartenden russischen und japanischen Ausgaben auch Raritäten wie Abchassisch, Baschkirisch, Katalonisch, Kirgisisch, Koreanisch, Tadshikisch, Tschuwaschisch, Tuwinisch oder Vietnamesisch.

Der Hauptteil des Buches, der großen Menge an Sekundärliteratur gewidmet, bringt neben der Verzeichnung der *Allgemeinen Hilfsmittel* (Bibliographien und Forschungsberichte, Heine gewidmete Periodika und Sondernummern) die beiden Kapitel *Leben und Werk im Allgemeinen* und *Biographische Einzelheiten*. Im Zentrum steht der Teil *Denken und Schaffen*, ebenso ausführliche wie ausgiebige Informationen über Heines Beziehungen zur Zeitgeschichte und Gesellschaft, über seine Weltanschauung – so das Verhältnis zum Judentum oder zu den Sozialismen –, bis hin zur Kunst- und Literaturtheorie. Die vielen wissenschaftlichen Untersuchungen und sonstigen Publikationen zum dichterischen Werk werden, wie üblich, in einem allgemeinen, übergreifenden und in einem speziellen, nach Einzelveröffentlichungen Heines gegliederten Teil behandelt. Wichtig ist dabei, daß die zahlreichen fremdsprachlichen Titel vor allem der russischen und japanischen Produktion mit angefügter Übersetzung erscheinen; so entstehen jedenfalls Hinweise zu ihrem Inhalt; die Texte selbst dürften wohl überwiegend, der Sprachbarrieren halber, nur als Dokumente zu betrachten sein.

Das fünfte und letzte Kapitel referiert Heines Wirkungsgeschichte in der Berichtszeit. Es war eine gute Entscheidung, dabei außer dem literarisch-literaturwissenschaftlichen Bereich auch politisch-gesellschaftliche Vorgänge um die »öffentliche Person« Heine ins Blickfeld zu rücken, etwa den Namensstreit um die Düsseldorfer Universität, die diversen Denkmals-Debatten, aber auch Gedenkstätten, Preise und Konferenzen.

3117 Eintragungen (wovon ein minimaler Prozentsatz wegen themenbedingter Doppelnennungen abzuziehen): Aufgearbeitet ist ein riesiges Material von enormer Quellenbreite, vom *Heine-Jahrbuch* bis zu den *Blättern des Wittgensteiner Heimatvereins*. Die Präsentation ist bibliographisch musterhaft (gegenüber den Vorgängerbänden nach der *International Standard Bibliographic Description* modernisiert), klar, übersichtlich und leicht zu benutzen. Wer mit Bibliographien arbeitet, wünscht im allgemeinen keine längeren, umständlichen verfahrenstechnischen Präliminarien absolvieren zu müssen, sondern will umgehend bedient sein. Das leistet dieser Band exzellent, nicht zuletzt durch sein ausführliches Namen-, Personen- und Sach-Register. Entschiedene Zurückhaltung bei wertenden Annotationen, wie sie der zu buchhalterischer Leidenschaftslosigkeit aufgerufene Bibliograph als Tugend üben soll, ist auch hier zu konstatieren; gelegentliche Überschreitungen dieser Vorgabenlinie, etwa bei der Nr. 897, können mit wohlwollendem Verständnis rechnen.

Kurzum: eine hochkonzentrierte Literaturwissenschafts- und Wirkungsgeschichte um Heinrich Heine, von der mit Sicherheit wieder Impulse für die Erforschung und Rezeption dieses Autors ausgehen werden. *Ablehnung, Zustimmung und konsolidiertes Interesse* überschrieb Joseph A. Kruse seine Heine-Chronik für die Jahre 1973/74 im *Heine-Jahrbuch* 1975. Das war damals, die Wirkung Heines in der Wissenschaft und in der Öffentlichkeit anlangend, sicher richtig. Aufgrund der bei Seifert verzeichneten Literatur darf man diese Formulierung für hier und heute wohl so modifizieren: Konsolidierung und zustimmendes Interesse.

Siegfried Seifert, Albina A. Volgina: Heine-Bibliographie 1965-1982. Berlin (Ost), Weimar: Aufbau-Verlag 1986.

40

Der Originalschriftsteller
Zu einem Essay Ludwig Börnes (1823)

1

Die Kunst, in drei Tagen ein Original-Schriftsteller zu werden. <Ein gewöhnlicher zu werden, ein Affe abgesehener Verrichtungen des Geistes, erfordert freilich eine größere Zeit. Nur die *Kunst* des Schrifstellers ist frei, das *Handwerk* ist zünftig, und man muß durch viele Lehr- und Gesellenjahre ächzen, ehe man ein Buchmacher-Meister wird. Es giebt Menschen und Schriften, welche [lehren] Anweisung geben, wie man [das] die lateinische, die griechische, die französische [Sprachen] Sprache, in drei Tagen, die Buchhalterei sogar in drei Stunden vollkommen erlernet. Wie man aber in drei Tagen ein guter Original-Schriftsteller werden kann, das hat noch keiner gezeigt. Und doch ist es so leicht! Schwer ist nur das Wollen, denn nicht Geist, Herz gehört dazu, Muth. Man hat nichts zu lernen, sondern zu verlernen, sich nichts anzueignen, sondern zu entäussern, nichts zu verstehen, sondern zu vergessen. Wie die Welt jezt beschaffen, gleichen die Köpfe der Gelehrten, und also auch ihre Werke, den alten Handschriften, von welchen man die langweiligen Zänkereien eines Kirchen-Stiefvaters, oder die Faßeleien eines Mönchs erst abzukratzen, muß um zu einem römischen Klassiker zu kommen. Jedem menschlichen Geiste sind schöne Gedanken, und weil mit jedem Menschen, die Welt neu geschaffen wird, auch neue angebohren, aber das Leben und der Unterricht, schreiben [schöne aber] unnütze Sachen darauf, und bedecken sie.>

Es giebt Menschen und [Bücher] Schriften, welche Anweisungen geben, die lateinische, griechische, französische Sprache in drei Tagen, die Buchhalterei sogar in drei Stunden zu erlernen. Wie man aber in drei Tagen ein guter Originalschriftsteller werden könne, wurde noch nicht gezeigt. Und doch ist es so leicht! Man hat nichts dabei zu lernen, sondern nur vieles zu verlernen; nichts zu erfahren, sondern manches zu vergessen. Wie die Welt jezt beschaffen, gleichen die Köpfe der Gelehrten und also auch ihre Werke, den alten Handschriften, von welchen man die langweiligen Zänkereien eines Kirchen-Stiefvaters oder die Faseleien eines Mönchs erst abkratzen muß, um zu einem römischen Klassiker zu kommen. Jedem menschlichen Geiste sind schöne Gedanken, und weil mit jedem Menschen die Welt neu [gebohren] geschaffen wird, auch neue angebohren; aber das Leben und der Unterricht schreiben ihre unnützen Sachen darauf und bedecken sie. Man bekömmt eine ziemlich richtige Ansicht von dieser Lage der Dinge, wenn man etwa folgendes bedenkt. [Einen Baum] Ein Thier, eine Frucht, eine Blume erkennen wir in ihrer wahren Gestalt, was sie sind erscheinen sie uns. Würde aber *der* von der Natur eines Rebhuhns, eines Himbeerstrauchs, einer Rose, eine wahre Anschaung haben, der nur eine Rebhuhnpastete, Himbeersaft und Rosenöhl kennen gelernt? So ist es aber mit den [Wahrheiten] Wissenschaften, mit allen Dingen, die wir mit dem Geiste und nicht durch die Sinne auffassen: zubereitet und verwandelt werden sie uns vorgesetzt, und in ihrer rohen und nackten Gestalt lernen wir sie nicht kennen. Die Meinung ist die Küche, worin alle Wahrheiten abgeschlachtet, gerupft, zerhackt, [am Spieß gesteckt] geschmort und gewürzt werden. An nichts ist größerer Mangel, als an Büchern ohne Verstand, an solchen nämlich, die *Sachen* enthalten und keine Meinungen. [Daher giebt es so wenige] Es giebt nur eine kleine Zahl origineller Schriftsteller, und die besten unterscheiden sich von den minder guten, viel weniger als man [gewöhnlich glaubt] nach einer oberflächlichen Vergleichung denken mag. Einer schleicht, einer läuft, einer hinkt, einer tanzt, einer fährt, einer reitet zu seinem Ziele, aber Ziel und Weg ist [allgemein] allen gemein. Große und neue Gedanken, gewinnt man nur in der Einsamkeit; wie gewinnt man aber die Einsamkeit? Man kann die Menschen fliehen, dann steht man auf dem geräuschvollen Markte der Bücher; man kann die Bücher wegwerfen, wie entfernt man aber aus seinem Kopfe, alle herkömmlichen Kenntnisse, die der Unterricht hineingebracht? In der Kunst sich unwissend zu machen ist die wahre Kunst der Selbsterziehung die nöthigste, die schönste, aber die am seltensten und am stümperhaftesten geübt wird. Wie es unter einer Million Menschen nur tausend Denker giebt, so giebt es unter tausend Denkern nur einen Selbstdenker. Ein Volk ist jezt wie ein Brei, dem nur der Topf Einheit giebt; [Kernigkeit und Festigkeit] etwas Kerniges und Festes, findet sich nur an der Scharre, in der untersten Lage des Volks, und Brei bleibt Brei, und der goldene Löffel, der einen Mundvoll herausschöpft, hat weil er die Verwandten getrennt, nicht darum auch die Verwandtschaft aufgehoben.

Das wahre wissenschaftliche Streben ist keine Columbische Entdeckungsreise, sondern eine Ulysses-Fahrt. Der Mensch wird in der Fremde gebohren, leben heißt Heimat suchen, und denken heißt leben. Aber das Vaterland der Gedanken ist das Herz; an dieser Quelle muß schöpfen, wer frisch trinken will; der Geist ist nur Strom, Tausende sind daran gelagert und trüben das Wasser mit Waschen, mit Baden, mit Flachsrösten und andern schmutzigen Handthierungen. Der Geist ist der Arm, das Herz ist der Wille; Kraft kann man sich anbilden; man kann sie steigern, ausbilden; was nüzt aber alle Kraft ohne den Muth sie zu gebrauchen? Eine schimpfliche Feigheit zu denken hält uns alle zurück. Drückender als die Zensur der Regierungen, ist die Zensur welche die öffenliche Meynung über unsere Geisteswerke ausübt. Nicht an Geist, an Charakter mangelt es den meisten Schriftstellern, um besser zu seyn, als sie sind. Aus Eitelkeit entspringt diese Schwäche. Der Künstler, der Schriftsteller, will seine Genossen überragen, überholen; aber um einen zu überragen, muß man sich ihm zur Seite stellen, um einen zu überholen, muß man auf gleichem Wege wandern als er. Daher haben [so viele] die guten Schriftsteller so vieles mit den schlechten gemein: Im guten steckt ganz der schlechte; nur ist er etwas mehr, der gute geht ganz den Weg des schlechten, nur geht er etwas weiter. Wer auf die Stimme seines Herzens hört statt auf das Marktgeschrei, und wer den Muth hat, lehrend zu verbreiten, was ihn das Herz gelehrt, der ist immer originell. Aufrichtigkeit ist die Quelle aller Genialität, und die Menschen wären geistreicher, wenn sie sittlicher wären. Und hier folgt die versprochene Nutzanwendung. Nehmt einige Bogen Papier und schreibt drei Tage hintereinander, ohne Falsch und Heuchelei alles nieder, was euch durch den Kopf geht. Schreibt, was Ihr denkt von euch selbst, von euren Weibern, von der heiligen Allianz, von Göthe, von der deutschen Bundesversammlung, vom jüngsten [Tage] Gericht, von euern Vorgesezten – und nach Verlauf der drei Tage, werdet Ihr vor Verwunderung, was Ihr für neue, unerhörte Gedanken gehabt, ganz außer euch kommen. Das ist die Kunst, in drei Tagen ein Original-Schriftsteller zu werden!

2

Dieser Text wurde vermutlich 1823 niedergeschrieben. Er gehört in den Zusammenhang einer längeren Reihe von Aufsätzen und Kritiken, die in den Jahren 1820 bis 1824 für das *Morgenblatt für gebildete Stände* des Stuttgarter Verlegers Johann Friedrich von Cotta entstanden. In dieser Zeitschrift wurde die Arbeit auch gedruckt, in der Nummer 199 vom 20. August 1823, S. 794-795, unterzeichnet mit dem Kürzel »D.B.«, das »Doktor Börne« bedeutet.

Das hier transkribierte Manuskriptblatt dazu ist charakteristisch für seine Arbeitsweise: ein Foliobogen, den der erfahrene Journalist mit linkem Korrekturrand beschreibt. Eine längere Anfangspassage ist getilgt und durch einen neuen, ausführlicheren Text ersetzt. Möglicherweise wurde ein bereits vorhandenes Notat, einer der vielen Börneschen Aphorismen, aufgelöst, umgearbeitet, verlängert und vertieft zu einem Essay. Auch im Text selbst sind immer wieder Streichungen, Korrekturen, Verbesserungen und Einfügungen festzustellen – die allmähliche Verfertigung der Formulierung beim Schreiben.

Zwischen dem Autograph und der Endstufe muß eine weitere Version existiert haben. Denn im Druck lautet der vorletzte Satz nicht wie dort, sondern: »Schreibt, was ihr denkt von euch selbst, von euern Weibern, von dem Türkenkrieg, von Goethe, von Fonks Kriminalprozeß, vom Jüngsten Gerichte, von euren Vorgesetzen ...«. Ausgeschieden sind also die Hinweise auf die »heilige Allianz« und auf die »deutsche Bundesversammlung«, sie wurden ersetzt durch den »Türkenkrieg«. Die Tatsache, daß Börne diese letzte Version in seine *Gesammelten Schriften* übernommen hat, spricht dafür, daß die Änderung auf ihn selbst zurückgeht, und nicht ein Eingriff der *Morgenblatt*-Redakteurin Therese Huber ist.

3

Typisch für Börne und für die zensurbedrohte Zeit, in der er schreibt, ist der Aufbau des Textes. Harmlos plaudernd beginnt er: »Es gibt Menschen und Schriften, welche Anweisung geben ...«, um kurz darauf, wenn, wie zu hoffen ist, der Zensor die Lektüre eingestellt hat, zu offenen und harten Formulierungen wie diesen zu gelangen: »Wie es unter einer Million Menschen nur tausend Denker gibt, so gibt es unter tausend Denkern nur einen Selbstdenker«, und: »Drückender als die Zensur der Regierungen ist die Zensur, welche die öffentliche Meinung über unsere Geisteswerke ausübt«. Hier wird ein Kernpunkt Börnescher Publizistik sichtbar, seine immerwährende Anklage gegen Gesellschaften, in denen Denken in das politische Abseits führt, in denen gar der Versuch, selbst zu denken, Hochverrat ist.

Die Beschreibung der Methode – Börne sagt »Kunst« –, in kurzer Zeit ein »Original-Schriftsteller« zu werden, ist eine knappe, kompakte Analyse schriftstellerischer Tätigkeiten, ihrer äußeren und inneren Motivationen und Bedingungen, eine subtile Untersuchung der Möglichkeiten, wie »man« ein echter, unverwechselbarer Autor, ein »Original-Schriftsteller« eben, werden könnte, der sich von den Dutzendwaren-Herstellern, den »Affen abgesehener Verrichtungen des Geistes«, unterscheide. Und zugleich ist dieser Text eine nicht nur hinweisende, sondern auch auffordernde Darstellung des gesellschaftlichen Umfeldes der Literatur-Produktion, zwar von einer damals schon eher traditionellen Konzeption der Erkenntnistheorie herkommend (»das Vaterland der Gedanken ist das Herz«), aber doch weit über seine Zeit und ihr Denken hinausweisend: »Kerniges und Festes findet sich nur ... in der untersten Lage des Volkes«. Wie fast immer bei Börne hat auch diese Abhandlung eine Doppelnatur, sie kann gleichzeitig satirisch hintergründig und ernsthaft diskursiv gelesen werden.

Auf wenigstens eine Fernwirkung ist hinzuweisen, die die bereits erwähnten Schlußpassagen hatten, in denen Börne dazu auffordert, drei Tage hintereinander alles zu notieren, was einem »durch den Kopf geht«. Möglicherweise erhielt Sigmund Freud, der Börnes Schriften von früher Jugend an kannte, aus dieser Stelle Anregungen für die Entwicklung seiner psychoanalytischen Methode der »freien Assoziation«. Wenn das stimmt, mag auch darin ein Beleg zu sehen sein für eine Aktualität und Voraussicht im Denken und in einzelnen Formulierungen, mit denen Börne, bei allem, was ihn heute von uns trennt, immer wieder überraschen kann.

41

»Wegen einiger literarisch-merkantilischen Angelegenheiten«
Ein Brief Börnes an Samuel Gottlieb Liesching (1835)

Am 19. August 1835 richtete Ludwig Börne die folgenden Zeilen an den Stuttgarter Verleger Samuel Gottlieb Liesching. Die Existenz des Briefes war bisher nur durch eine Eintragung in Börnes Postbuch[1] und durch eine kurze Erwähnung bei Heinrich Hubert Houben[2] bekannt. In der Börne-Forschung galt er als verschollen[3]. 1986 wurde er wiederentdeckt – an einem Ort, wo er seiner Provenienz nach zu vermuten war: im Liesching-Archiv in Stuttgart[4]. Das Blatt enthält den vollständigen Text und die Adresse. Es fehlen lediglich die Grußformel und die Unterschrift. Beide wurden vermutlich von einem Autographen-Sammler abgeschnitten, bevor das Stück in öffentlichen Besitz gelangte.

[Auteuil bei Paris d. 19. August 1835]

Verehrter Herr!

Ich habe vor kurzem erfahren, daß Sie eine Verlagshandlung etablirt. Dieses veranlaßt mich wegen einiger literarisch-merkantilischen Angelegenheiten, mich vor allen anderen an Sie, als einen alten guten Freund, und bekannten ehrenwerthen Mann zu wenden.

1. Das Verlagsrecht das Campe in Hamburg auf meine gesammelten Schriften hat (8 Bände) endet in 10 Monaten. Sind Sie geneigt, sie künftig in Verlag zu nehmen? Ich hatte sie an Campe, auf 5 Jahre überlassen. Er gab mir 7000 fl. Rhein. dafür. Da er voriges Jahr eine 2te Auflage davon gemacht, muß er wohl seinen Vortheil dabei gefunden haben.

2. Ich möchte, bei der physischen Unmöglichkeit sich gegenwärtig über Politik auszusprechen, und aus dem Wunsche mein Gemüth in dieser unglücklichen Zeit (die, mir sagt es eine innere Stimme, die mich nie betrogen, nicht lange dauern wird) zu beruhigen, etwas ästhetisches schreiben. Wäre wohl ein Band über Paris, etwa unter der Firma: *Almanach aus Paris* willkommen? Würde das Absatz finden? Wie viel Honorar könnten Sie mir dafür bieten?

3. Fichte hat in den 90er Jahren ein Werk über d. *französische Revolution* geschrieben, nach Ersch Literatur der Politik unter folgendem Titel: (ohne Namen) *»Beitr. z. Berichtigung d. Urtheile d. Publicums über d. franz. Revol. Danzig Troschel. 1. Theil. 1793. 8.* [«] Es heißt das Buch wäre damals im Stillen unterdrückt worden, so daß sich nur noch wenige Exemplare davon in Händen von Privaten oder in fürstl. Bibliotheken vorfänden. Ich fahnde schon längst nach diesem Buche, da ich mich seit einiger Zeit mit einem Werk über d. franz. Revol. beschäftige. Wäre Ihnen nicht möglich mir es zu verschaffen? Sie würden mir einen sehr großen Dienst dadurch erzeigen. Fände sich kein Exemplar zum Verkaufe, wäre nicht ausführbar mir es aus einer öffentl. oder Privatbibliothek geliehen, zu verschaffen? Ich würde dann gern für die Zurückstellung des seltenen Buchs Caution leisten.

Wie geht es Ihnen und Ihrer Gesundheit? Ich hoffe gut; denn ein Buchhändler in Deutschland hat jezt so viel Aerger, daß er ohne feste Constitution es nicht aushalten könnte.

[Auf der Rückseite die Adresse:]

Monsieur S. G. Liesching, libraire
Stuttgardt
franche
[daneben von Lieschings Hand:]
beantwortet 21 dieß.

Dieser Text ist von Interesse für die Erforschung der letzten Lebensjahre Börnes, erhellt er doch eine Reihe biographischer Details, die in gleichzeitigen Briefen erwähnt werden. Der Adressat, der schwäbische Publizist und Kunsthändler Samuel Gottlieb Liesching, der nach einem nur bruchstückhaft bekannten politisch und wirtschaftlich abenteuerlichen Leben 1834 in Stuttgart einen Buchverlag gründete[5], war Börne wahrscheinlich schon aus dessen Stuttgarter Zeit, 1820 bis 1823, bekannt; 1831 hatte man sich in Baden-Baden und Paris wiedergetroffen. Daher die vielleicht aus taktischen Gründen übertreibende Formulierung »alter guter Freund«. Daß Börne Liesching schätzte, geht aus einer Eintragung in seinem *Personenbuch*[6] hervor, in dem er kurze Charakteristiken von Bekannten sammelte. Dort heißt es über Liesching: »Liberaler Gesinnung der echten Art, wie sie selten in Deutschland. Braver Mann. Gemäldekenner und Besitzer einer Sammlung, die er zu verkaufen sucht. Kam zuweilen nach Frankfurt, wo er im Englischen Hof logirte«. Die Wendung vom »bekannten ehrenwerthen Mann« ist also nicht nur Höflichkeit, sie deutet zugleich Börnes Zustimmung zu der politischen Stellung des überzeugten Radikalrepublikaners Liesching an.

Der erste Punkt des Briefes behandelt ein Problem, das in den Jahren 1834 und 1835 große Bedeutung für Börne hatte: das verlegerische Schicksal seiner *Gesammelten Schriften*. Im März 1829 war zwischen Börne und dem Hamburger Verleger Julius Campe ein Vertrag darüber geschlossen worden. Die Vereinbarung räumte dem Verlag Hoffmann und Campe alle Rechte an dem Werk ein, gerechnet auf fünf Jahre von der Abgabe des letzten Manuskripts an. Das ursprüngliche Ende der Vereinbarung hätte also im März 1834 liegen müssen. Börne geriet jedoch mit seinem Manuskript für den als Abschluß geplanten achten Band aus gesundheitlichen Gründen sehr in Verzug und konnte erst im Juli oder August 1831 liefern, so daß sich der Fünfjahresvertrag automatisch um zwei Jahre verlängerte. Im vorliegenden Brief bestimmt Börne daher korrekt den Mai oder Juni 1836 als das Ende der Laufzeit. (Wie er in einem späteren Brief an den Schriftsteller Eduard Beurmann – 21. November 1836[7] – auf das Datum Juni 1835 kommt, ist unklar und muß noch untersucht werden.)

Zur Verwirrung der verlagsrechtlichen Situation tragen zwei weitere Umstände bei. Zum einen produzierte Julius Campe, um die zwar von der Kritik überwiegend zustimmend beurteilte, aber wirtschaftlich nicht übermäßig erfolgreiche Publikation der *Gesammelten Schriften* auf dem Markt zu aktivieren, noch vor dem Erscheinen des achten Bandes die beiden ersten Bände der Börneschen *Briefe aus Paris*, deren brisanter Inhalt starke öffentliche Aufmerksamkeit und damit erwünschten Absatz vermuten ließ, und fügte diese beiden Bände eigenmächtig als Band 9 und 10 den *Gesammelten Schriften* hinzu. Zum andern lieferte Campe im Jahre 1835 eine sogenannte Mischauflage (teilweise Erstauflagen, teilweise Zweitauflagen der einzelnen Bände) der *Gesammelten Schriften*, Band 1-8, aus, wie es auch im vorliegenden Brief als »2te Auflage« erwähnt wird.

Börne war mit dieser unübersichtlichen Situation nicht zufrieden. Ohne Wissen Campes suchte er andere Verleger, die sein Werk betreuen sollten. Der Brief an Liesching ist eine solche Kontaktaufnahme[8]. Liesching hat ihn sofort beantwortet, wie aus seinem Vermerk auf der Adresse[9] hervorgeht. Der Inhalt seines Schreibens ist nicht bekannt. Mit Sicherheit hat er abgelehnt, vielleicht, weil er sich finanziell überfordert fühlte[10], möglicherweise auch aus Angst vor der polemischen Reaktion der Kritik auf die *Briefe aus Paris*.

Von großer Bedeutung ist der zweite Punkt des Briefes. Er belegt Börnes Überlegung, sich angesichts der für ihn widerwärtigen Verhältnisse aus der Politik in die Aesthetik zurückzuziehen, aus der gesellschaftskritischen Publizistik in das belletristische Fach auszuweichen. Deutlich wird, wie das negative Echo auf seine *Briefe aus Paris* und deren polizeiliche Beschlagnahme (die »physische Unmöglichkeit, sich gegenwärtig über Politik auszusprechen«) ihn nicht unbeeindruckt gelassen haben: Er möchte sein »Gemüth beruhigen«. In dieser Situation verfällt er ausgerechnet auf die Idee einer weiteren Publikation mit dem Reizwort »Paris« im Titel, ein Umstand, der sofort bestimmte Assoziationen zu den verfehmten *Briefen aus Paris* hätte hervorrufen müssen. Und auch die Form, die ihm vorschwebt, muß bedacht werden. Einen Almanach möchte er produzieren, ein Produkt also jener »Taschenbuch«-Kultur, die ihren Höhepunkt im späten 18. Jahrhundert und im frühen 19. Jahrhundert hatte, im Vormärz aber allmählich an Bedeutung verlor und schließlich ganz verschwand (beispielsweise: das *Taschenbuch der Liebe und Freundschaft*, 1800-1841, oder das *Taschenbuch für Damen*, 1798-1831).

Über die Verkaufschancen seines Projekts ist Börne sich unklar: »Würde das Absatz finden?« Selbstverständlich für einen freien Schriftsteller ist es, wenn auch hier direkt zur Sache geredet wird: »Wieviel Honorar könnten Sie mir dafür bieten?« Der Plan ist bekanntlich nicht realisiert worden. Reizvoll wäre es, Näheres darüber zu wissen, denn eine der üblichen Gelbveigelein- und Tausendschönchen-Kompilationen wäre das Produkt bei Börnes schriftstellerischem Temperament und Profil gewiß nicht geworden.

Der dritte Abschnitt zeigt den Autor bei der Vorbereitung eines neuen Werkes. Für seine geplanten Studien über die Französische Revolution von 1789 benötigt Börne Johann Gottlieb Fichtes Schrift *Beitrag zur Berichtigung der Urtheile des Publicums über die französische Revolution*, 1793[11]. Er hat sie bibliographisch in einem Kompendium von Johann Samuel Ersch ermittelt[12]. Für die Beschaffung dieses zu seinen Zeiten extrem seltenen Werkes – Neuausgaben erschienen erst später – macht er verschiedene Vorschläge, vom Kauf bis zur Fernleihe. Wir wissen nicht, ob Liesching oder ein anderer ihm das Buch verschafft hat. Über der Arbeit an diesem Manuskript, das erhalten blieb, ist Börne gestorben.

1 Stadt- und Universitätsbibliothek Frankfurt am Main, Nachlaß Ludwig Börne, A IV a Nr. 313.
2 Heinrich Hubert Houben: *Verbotene Literatur von der klassischen Zeit bis zur Gegenwart*. Berlin 1928, Bd. 2, S. 42.
3 Inge Rippmann: *Börne-Index*. Berlin 1985, Bd. 1., S.447.
4 Landeskirchliches Archiv Stuttgart, D 3 Bd. 5, 11.
5 Nach Rippmann a. O. soll Liesching das große Los gewonnen und mit diesem Gelde sein Geschäft etabliert haben.
6 Stadt- und Universitätsbibliothek Frankfurt am Main, Nachlaß Ludwig Börne, A IV a Nr. 300.
7 Ludwig Börne: *Sämtliche Schriften*. Bd. 5, Darmstadt 1968, S. 798-800.
8 Börne bezieht sich ausschließlich auf die *Gesammelten Schriften*, also nur auf die Bände 1-8, nicht jedoch auf die *Briefe aus Paris*, deren Rechte noch einwandfrei im Besitz von Julius Campe waren.
9 »beantwortet 21 dieß [dieses Monats]«, also am 21. August 1835.
10 Vgl. dazu Houben a. a. O.
11 Fichtes Buch ist wahrscheinlich nicht in Danzig, wie Börne zitiert, sondern in Berlin erschienen.
12 Vollständiger Titel: J. S. Ersch, *Literatur der Jurisprudenz und Politik mit Einschluß der Cameral-Wissenschaften, seit der Mitte des 18. Jahrhunderts*. Börne kann die Ausgabe Amsterdam 1812 oder die Neuausgabe von J. Ch. Koppe, Leipzig 1823, benutzt haben.

42

»Ich bin kein Zuckerbäcker, ich bin ein Apotheker«
Ludwig Börne

Tausend Male habe ich es erfahren, und doch bleibt es mir ewig neu. Die einen werfen mir vor, daß ich ein Jude sei; die anderen verzeihen mir es; der dritte lobt mich gar dafür; aber alle denken daran. Nein, daß ich ein Jude geboren, das hat mich nie erbittert gegen die Deutschen, das hat mich nie verblendet. Ich wäre ja nicht wert, das Licht der Sonne zu genießen, wenn ich die große Gnade, die mir Gott erzeigt, mich zugleich ein Deutscher und ein Jude werden zu lassen, mit schnödem Murren bezahlte – wegen eines Spottes, den ich immer verachtet, wegen Leiden, die ich längst verschmerzt. Ja, weil ich als Knecht geboren, darum liebe ich die Freiheit mehr als ihr. Ja, weil ich die Sklaverei gelernt, darum verstehe ich die Freiheit besser als ihr«. Der Verfasser dieser Zeilen, die den Zusammenhang zwischen seiner Herkunft und dem Zentralbegriff seines Denkens komprimieren, gehört zu den bemerkenswerten und merkwürdigen Gestalten der Literaturgeschichte, die in der Autorenkonkurrenz und Interessenveränderung untergegangen, aber eben deshalb nicht verschollen sind, weil sie immer wieder Entdeckungen ermöglichen könnten. Seine Wahrheiten und seine Irrtümer, sein Werk eben, einst Meilenstein und Menetekel, bilden heute kaum mehr als eine Position in der Registratur der Ereignisse. Dabei klänge manches, was er leidenschaftlich überlegt formulierte, noch immer unverbraucht aktuell. Er war »zugleich ein Deutscher und ein Jude«, aber beides durchbrach er: er war Europäer. Ein jüdischer Europäer aus Deutschland oder, noch schwieriger, ein jüdischer Deutscher als Europäer. Und auch dies überhöhte er: Letztendes war er Kosmopolit, ein »Bürger der Erde«, wie Heinrich Heine ihn nannte. »Ich hasse jede Gesellschaft, die kleiner ist als die menschliche«.

Der Sohn eines Bankiers und Kaufmanns wird als Juda Löw (»Louis«) Baruch am 6. Mai 1786 in Frankfurt am Main geboren, im Ghetto, in der finsteren Judengasse. Der strenge Vater, mit dem es früh Auseinandersetzungen gibt, schickt ihn 1802 nach Berlin, zum Studium der Medizin, einem der wenigen für Juden zugänglichen Fächer. Dort überwältigt ihn eine heftige Jugendliebe zu seiner attraktiven Gastgeberin, der 20 Jahre älteren Henriette Herz. Er geht zunächst nach Halle, hört neben Medizin auch Philosophie, und dann 1807 nach Heidelberg, wo er zu den Kameralwissenschaften und zur Nationalökonomie überwechselt. 1808 promoviert er in Gießen zum Doktor der Philosophie.

Seit 1805 schreibt er. Von Anfang an ist sein Stichwort da: »Erziehung ist Erziehung zur Freiheit«. Erste Aufsätze erscheinen, mit ungewöhnlichen, zukunftsträchtigen Themen. Daneben thematisiert er vor allem seinen »Judenschmerz« (1807 signalisiert ihn ein Paß als »Juif de Francfort«); er verarbeitet die verletzenden Erfahrungen mit den entwürdigenden Frankfurter Verhältnissen: Der Kampf um die Emanzipation des Judentums gerät ihm zum Ringen um die allgemeine Befreiung des Menschen, die Idee der Freiheit durch Selbstbestimmung wird der Leitgedanke seines Schreibens. »Ich liebe nicht den Juden, nicht den Christen, weil ich Jude oder Christ! Ich liebe sie nur, weil sie Menschen sind und zur Freiheit geboren!« Ein Intermezzo: 1811 erhält er, durch Vermittlung des Vaters, eine öffentliche Anstellung. Als man die freie Reichsstadt Frankfurt unter dem Fürstprimas Dalberg in ein anachronistisches Großherzogtum verwandelt und die Judenpolitik lockert, tritt er als »Polizeiaktuarius« an. Nach dem Ende der napoleonischen Liberalisierung, 1815, wird er sofort entlassen.

Nun liegt sein Weg vor ihm: das Schreiben und Veröffentlichen, der Beruf des in jeder Hinsicht freien Schriftstellers, des Predigers in der Wüste der deutschen Provinz; schon 1811 hatte er sich »Literat« genannt. Zur Konditionierung dieser Karriere ändert er 1818 seinen Namen in Carl Ludwig Börne und läßt sich formell evangelisch taufen, um einer ungerechten Gesellschaft gerecht zu werden. Bis 1830 lebt er zumeist in Frankfurt, aber auch in Paris, München, Stuttgart und Berlin. Begeistert von der Julirevolution, übersiedelt er 1830 endgültig nach Paris in ein freiwilliges Exil und gerät dort rasch in den Mittelpunkt der deutschen Emigration. Er genießt es, daß man ihn 1832 während des »Hambacher Festes« feiert. Seine letzten Lebensjahre sind von körperlichem Verfall gezeichnet, von Lungenkrankheit und Schwerhörigkeit. Er wird einsamer.

»Ich strebte nie nach dem Ruhme eines guten Schriftstellers, ich wollte nie für einen Schreibkünstler gelten. Meine Natur hat mir ein heiliges Amt aufgetragen, das ich verrichte, so gut ich kann. Gedanken, Worte sind meine Werkzeuge, die ich nur schätze, solange ich sie brauche, und wegwerfe, sobald ich sie gebraucht«. Er war dennoch ein exzellenter Schriftsteller und ein Schreibkünstler der besonderen Art. In den zwanziger Jahren betätigt er sich vor allem journalistisch, er schreibt für Zeitungen und Zeitschriften, für eigene und für die anderer, nicht im gewöhnlichen Verständnis allerdings, sondern als sein eigener Unternehmer, unabhängig von der alltäglichen Nachrichten- und Meinungsmaschine, meist ohne Produktionsdruck und Terminschikanen. Er ist nicht Tages-Chronist, sondern Gegenwarts-Historiker. »Zeitschriftsteller« nennt er das. »Die wahre Kunst ist eine Tochter der Zeit«. Dazu bedient er sich eines Mediums, das eben eminent zu florieren beginnt; in der tiefgreifenden Veränderung der Presselandschaft jener Jahre, im Aufstieg der literarischen Kulturzeitschriften liegt auch seine Chance. (Wie wenige andere konsumiert, kommentiert und kritisiert gerade er die umliegenden Zeitungen und Zeitschriften.) Gleich mit dem ersten größeren Versuch hat er Erfolg. 1818 erscheint *Die Wage*, mit dem dezidierten Programm, »Bürgerleben«, »Wissenschaft« und »Kunst« ineinander aufgehen zu lassen. Er zeichnet als Herausgeber und Redakteur, die Texte schreibt er überwiegend selbst. Das Blatt wird sein erstes Meisterwerk, es verkauft sich auch gut und macht auf ihn in intellektuellen Kreisen aufmerksam. Bei seiner bedachten, detaillierten Schreibweise ist das allerdings nicht lange durchzuhalten. *Die Wage* verscheidet bereits im vierten Lebensjahr. »Man muß niemand fürchten als sich selbst«. Zwei andere, gleichzeitige Experimente des Publizisten enden noch schneller. 1819 redigiert er die *Zeitung der freien Stadt Frankfurt*, die er in kurzer Zeit zu hohem Ansehen bei anderen progressiven Tageszeitungen führt, danach die Offenbacher *Zeitschwingen*, ein harmloses Blatt, dem er Glanz und Schärfe gibt, bis die Polizei es verbietet, die ihn auch sonst mit Anklagen und Untersuchungen beschäftigt. Von nun an veröffentlicht er nur noch als freier Mitarbeiter, liefert Texte für das *Morgenblatt für gebildete Stände* und für die *Allgemeinen politischen Annalen*, für das Leipziger *Literarische Wochenblatt* oder für die *Nekkarzeitung*.

Die glänzenden, funkelnden Kritiken und Rezensionen, Studien und Essays, die zwischen 1818 und 1828 erscheinen, überragen durch Witz, Analyseschärfe und Überredungskunst, durch Prägnanz und sympathische Kürze die breite zeilenschinderische Geröllmenge zeitgenössischen Tintenverschleuderns turmhoch, sie bringen ihrem Verfasser Applaus und Berühmtheit. Die Utopie steckt im Detail: Überall sucht er nach Stoff für seine Predigten. Er schreibt über Shakespeare, Molière, Lessing und Schiller, über Mozart und Rossini, über Kleist, E.T.A. Hoffmann und viele andere. »Geistreiche Menschen geraten öfter in Verlegenheit als dumme; denn man muß Geist besitzen, um die Geistesgegenwart verlieren zu können«. Er wird zu einem Begründer des deutschen Feuilletons. Im dauernden Kampf gegen die politische Zensur, für jene Pressefreiheit, die ihm Symbol der generellen Freiheit ist, für eine Verständlichkeit, der die Zensur nichts anhaben können sollte, entsteht die besondere publikationsstrategische Durchlässigkeit seines Stils, der verhüllend bloßlegt und aufzeigend verschweigt, der oft anderes meint als er ausspricht. Börne nimmt die Niederschrift seiner präzis-knappen, exakt-treffgenauen Sätze sehr ernst, oft formuliert er um, feilt, spitzt zu und wird darüber immer klarer. Seine ureigenste Form ist der Aphorismus, die aufspießende, komprimierende, auf den entscheidenden Punkt gebrachte Sentenz. Er schreibt viele. In seiner Prosa und in seinen Briefen sind andere auf Schritt und Tritt zu entdecken. »Der Spott ist das Scheidewasser für die Wahrheit, welches, über sie gegossen, uns erfahren läßt, ob ihre Farbe echt sei oder nicht«. Seine Ironie und sein Sarkasmus, die scheinbare Gelassenheit seiner Heiterkeit veranlassen die Zeitgenossen, ihn bis 1830 auch als »Humoristen« zu sehen, ein Begriff, der heute nur nachzuvollziehen ist, wenn man bedenkt, daß Heinrich Heine, Ludwig Tieck, Jean Paul oder der spätere Wilhelm Busch ebenfalls als »Humoristen« galten. »Die Lacher will ich auf meine Seite ziehen; die Lacher, die gutes Herz und gute Fäuste haben, und nicht die feinen Lächler«.

Was er beim Filetieren und Tranchieren seiner Gegenwart für Recht erkennt, verkündet er als ein verständnisvoller, aber unbestechlicher, unerbittlicher Richter. »Ich setzte die wohlweisliche Perücke auf und sprach Recht in den wichtigsten und hitzigsten Streithändeln der deutschen Bürger – in Komödiensachen«. Das Theater, als Fokus der öffentlichen Meinungsbildung wie als Thermometer der politischen Verhältnisse, findet das besondere Interesse des aufklärenden »Zeitschriftstellers«. In seiner *Wage* läßt er eine Reihe von eminenten Besprechungen drucken, zur Verbesserung der Bühne und zur Verbesserung der Gegenwart, in Paris noch referiert und analysiert er Vorstellungen zu diesem Zweck. »Ich bin kein Zuckerbäcker, ich bin ein Apotheker«. In seinen literaturkritischen Schriften begegnet uns immer wieder die Ambivalenz von aggressiver Ablehnung oder streitbarem Widerspruch und versöhnender Einsicht. »Wie glücklich wäre ich, wenn ich die Wahrheit oder das, was ich dafür halte, verbreiten könnte, ohne einem Menschen dadurch wehe zu tun. Aber wie vermöchte ich das?« Er schreibt über Bücher, soweit sie ihm für seine »Erziehung zur Freiheit« instrumentierbar erscheinen, wenn sie sich in seinem Sinne engagieren. In großen Statements manifestiert er seine Position: für Jean Paul, den »Tröster der Menschheit«, den »Dichter der Niedergeborenen«, den »Sänger der Armen«, gegen Goethe, den konservativ-aristokratischen »Dichterfürsten » und »gereimten Knecht«, von dem ihn nicht nur der gemeinsame Geburtsort trennt: »Dieser Mann eines Jahrhunderts hat eine ungeheuer hindernde Kraft; er ist ein grauer Star im deutschen Auge. Seit ich fühle, habe ich Goethe gehaßt, seit ich denke, weiß ich warum«.

Gegen Ende des Jahrzehnts wird das verstreut Gedruckte zusammengezogen, wie um eine Bilanz zu ziehen. Der zerbrechliche, schmächtige, häufig kränkelnde Autor hat eine vielfältige und voluminöse schriftstellerische Leistung vorzuweisen. »Ich habe keine Werke geschrieben, ich habe nur meine Feder versucht, auf diesem, auf jenem Papier«. Und doch werden die *Gesammelten Schriften* acht Bände füllen.

Nach 1830 erscheint, für das Publikum, ein »neuer« Börne, der den bisherigen Analytiker seiner Zeit und seiner Gesellschaft plastischer artikuliert und klarer präzisiert, der streitbare Fortschrittskämpfer, der noch deutlicher und fordernder die Maximen der Französischen Revolution – Freiheit, Gleichheit, Brüderlichkeit – für seine Gegenwart fortschreibt und zugleich zentrale Forderungen von 1848 vorwegnimmt. »Leidenschaften der Regierungen zeugen von Schwäche, Leidenschaften des Volkes aber zeugen von Stärke«. In Paris radikalisiert, jakobinisiert er sich definitiv: Nach dem »Bürgerleben« der *Wage*, nach den Texten in Literatur-Zeitschriften »für gebildete Stande« kommen nun immer deutlicher die Schichten unterhalb des Bürgertums in seinen Blick. »Es ist wahr, der Krieg der Armen gegen die Reichen hat begonnen«. Seine 115 *Briefe aus Paris* erscheinen zwischen 1831 und 1834 in sechs Bänden. In Lieferungen veröffentlicht, wären sie eine Zeitschrift gewesen, eine Zeit-Schrift sind sie ohnehin, vehementer und leidenschaftlicher denn je. Sie entstehen, als Gemeinschaftswerk, aus einem intensiven Briefwechsel mit Jeanette Wohl. Börne hat diese kluge und energische Frau 1816 in Frankfurt kennengelernt, sie übernimmt die Rolle, die bis dahin Henriette Herz in seinem Leben gespielt hat, wird dem Junggesellen »Mutter, Schwester, Tochter, Freundin, Frau und Braut«, Helferin auch und Mitarbeiterin – eine der erstaunlichsten Beziehungen in der deutschen Literatur, weder hinreichend publiziert noch genügend ausgeleuchtet. Sie schreiben sich Hunderte von Briefen, die die Stationen dieser schwierigen Beziehung spiegeln. Immer wieder unterzeichnet er mit »Dr. Börne, geb. Wohl«.

»Es könnte nichts Interessanteres geben«, regt sie 1830 an, »als wenn Sie Briefe aus Paris schrieben. Sie können Ihre Grundsätze darin wie durch Zeitungen verbreiten«, und er befolgt ihren Rat. Über mehrere Jahre beantwortet er ihre Briefe mit ausführlichen, immer spontan niedergeschriebenen Texten, die alles aufnehmen, was ihn begeistert, aufregt und abstößt. Die drei Hauptanliegen des Kosmopoliten Börne liegen ihnen zugrunde, die Freiheit, die Wahrheit, die Gerechtigkeit, vor allem die Freiheit, als globales Projekt, nicht im Sinne jener, die unter künftiger Freiheit lediglich einen Regierungswechsel, möglichst unter eigener Beteiligung, verstehen. Mutig und vehement werden demokratische Forderungen den überkommenen Machtstrukturen gegenübergestellt, werden utopische Ideen eines zukünftigen Europas artikuliert: Gedanken eines revolutionären Republikaners und Weltpatrioten.

Eine einzigartige publizistische Leistung gelingt. In einer wie zu diesem Zweck neugeschaffenen kritischen Sprache sind mit virtuoser Sensibilität für politische Aktualität und alltäglichen Aberwitz die komplizierten französischen Verhältnisse des Juste Milieu ebenso porträtiert wie die revolutionären Erdbeben und Eruptionen in Deutschland, Polen, Belgien und Italien. Selbstverständlich kommt das Herkunftsland dabei immer wieder in das Zentrum. »Ist nicht Deutschland der Ghetto Europas?« Und häufig auch Frankfurt, das »Hauptquartier der Dummheit«, die Stadt der Judengasse, der Sitz des heftig verachteten »Deutschen Bundes«.

Natürlich werden solche subversiven Kampfschriften sofort verboten. Versuche jedoch, sie zu unterdrücken, müssen mißlingen. Bekanntlich tragen gerade staatsanwaltliche Aktivitäten zur Verbreitung bei. Die *Briefe aus Paris* geraten daher zu einem der spektakulärsten Presseereignisse des Vormärz, werden der Anlaß, Hunderte von Spalten mit Rezensionen, Exzerpten und Hinweisen zu füllen. Der Briefeschreiber gehört zu den am meisten besprochenen und verrissenen Autoren seiner Zeit – auch ein Beweis dafür, wie verletzend genau er den Nerv dieser Zeit und die Nerven seiner Zeitgenossen getroffen hat. Die Skala der Polarisierung in den gedruckten Meinungen reicht von Liebeserklärungen bis zu Mordwünschen. »Ich weiß in Europa jetzt keinen Menschen, der die Welt so brünstig liebte wie Ludwig Börne. Ich liebe Börne«, so Heinrich Laube in der *Zeitung für die elegante Welt*; dagegen die *Münchener Politische Zeitung*: »Wahrlich, wo irgend auf deutschem Boden ein Galgen steht, wird man kein würdigeres Subjekt daran aufzuhängen finden als diesen Herrn Baruch modo Börne«. Jede Opposition ist Machthabern in nichtdemokratischen Strukturen ein Feind und löst polizeiliches Einschreiten aus. Nach den grausamen Erfahrungen, die das 20. Jahrhundert damit gemacht hat und macht, bleibt in diesem Falle einzuschränken: Verbote, Verfolgungen, Verurteilungen mochten bitter sein, tödlich waren sie nicht. Börne, der Meister in der Erregung öffentlichen Ärgernisses, der die Regierenden mehr als den Umständen nach unvermeidbar zu behindern und zu belästigen versteht, ist zugleich ein eifriger und eifernder Agent der Mitmenschlichkeit, Leidender und Mitleidender, ein Menschenrechtsfundamentalist mit der Trauer, der Wut und dem Zorn des Idealisten. Wohl lassen seine Schriften, heute gelesen, die trügerische Scheinsicherheit der Begriffe erkennen: Freiheit? Gerechtigkeit? Gleichheit? Eine der großen Konfessionen der Literaturgeschichte bleiben sie dennoch.

»Man kann verhindern, daß Völker lernen, aber verlernen machen kann man sie nichts«. Der Lehrer des Volks. Parallel und ergänzend zu den *Briefen aus Paris* befaßt er sich mit frühsozialistischen Ideen, mit Saint-Simon und Lamennais. Er versucht, in einer *Balance* den Erfolg der *Wage* zu wiederholen. Intensiv bearbeitet er seine (Torso gebliebenen) *Studien über Geschichte und Menschen der Französischen Revolution*: Er verläßt seine Gegenwart und kehrt zurück in die Vergangenheit, um die Wurzeln seiner Zeit in der spiegelartigen Darstellung einer Analyse der Herrschaftsmechanismen zusammenzufassen. Bis zum Schluß sein Stichwort: »Freiheit geht nur aus Anarchie hervor«.

Auch seine beiden letzten, leidenschaftlichen Auseinandersetzungen entwickeln sich aus dieser Radikalisierung seines Denkens. Zum einen der Konflikt mit dem Kollegen, Kombattanten und Kontrahenten Heinrich Heine. Problematisch war die Beziehung schon vorher gewesen, es gibt bezeichnenderweise keinen Briefwechsel zwischen ihnen. Seine heftigen Angriffe wegen ihrer schwerwiegenden Meinungsdifferenzen über das Verhältnis von Literatur und Gesellschaft, über die Möglichkeiten einer deutschen Revolution und Republik, über die unbedingte Notwendigkeit des politischen Engagements bleiben unbeantwortet. Erst 1840, drei Jahre nach Börnes Tod, wird Heine reagieren, in jenem subtil collagierten Dreifachportrait, das gleichzeitig Börne, ihn und ihre Zeit darstellt. Zum andern die scharfe, überlegene Zurechtweisung Wolfgang Menzels, des in seiner Bedeutung und in seinem Einfluß gelegentlich überschätzten »Großkritikers«, der Börnes Veröffentlichungen zunächst mit positiven Rezensionen begleitete, nun aber, nach 1830, ebenfalls den Weg der Radikalisierung geht, allerdings in die entgegengesetzte, nationalromantische, deutschtümelnde und antifranzösische Richtung. Als 1835 durch seine Mitwirkung die Aurorengruppe »Das Junge Deutschland« verboten wird, nimmt Börne, ohnehin eine ihrer Leitfiguren, sogleich für sie Stellung. Später diagnostiziert er souverän »Gallophobie«, seine letzte Abrechnung, *Menzel, der Franzosenfresser,* gerät zum literarischen und politischen Testament.

Ludwig Börne stirbt am 12. Februar 1837 in Paris. Er liegt auf dem Friedhof Père Lachaise begraben. Als wäre er zu früh gegangen: Er bleibt auch weiterhin in der fortschrittlichen Presse präsent, wiederabgedruckte Texte und Nachlaßfragmente können bis 1848 den Eindruck vermitteln, er lebe noch. Die letzten Worte, die er drucken ließ, lauten: »Wer in dieser schnöden, pestbeherrschten Welt sich vor Ansteckung sichern und gesund bleiben will, muß sich in Essig baden, um alle bleisüßen Herzen und verbuhlten Lavendelseelen von sich entfernt zu halten«.

43

»Unsere Freunde finden das Bild ähnlich und doch schön«
Zu den Portraits von Ludwig Börne

Haare: d'braun.
Stirn: offen.
Augenbraunen: braun
Nase/Mund: mittel.
Bart: braun.
Kinn: rund.
Gesicht: oval.
Gesichtsfarbe: gesund.
Besondere Kennzeichen: etwas pockennarbig.
Signalement Börnes in seinem Paß von 1832[1]

1

Die Ikonographie Ludwig Börnes hat eine schmale Basis. Die meisten seiner Portraits sind variierende Kopien einer Lithographie, die Moritz Oppenheim um 1831 nach seinem Ölgemälde aus dem Jahre 1827 anfertigte. Daneben gibt es nur wenige andere Darstellungen, ferner drei, die lediglich alten Überlieferungen zufolge Börne abbilden, die aber mit an Sicherheit grenzender Wahrscheinlichkeit jeweils eine andere Person zeigen.

2

Das gilt bereits für das erste hier vorzustellende Bild, das Portrait eines Knaben, das sich im Historischen Museum Frankfurt am Main befindet[2], dessen Kommission es 1908 ankaufte. Es zeigt einen etwa 16jährigen, der einer alten Frankfurter Tradition zufolge der junge Börne sein soll. Im Inventar des Museums heißt es dazu: »Porträt von Ludwig Börne: Bruststück, Körper fast im Profil links, das Gesicht mit dem langen glatten Haar zum Beschauer herausgewendet. Dunkler Rock, gelbe Weste, weißer Hemdkragen. Grund: blauer Himmel, z.T. bewölkt«.

Die erwähnte Tradition und die zitierte Zuschreibung können aber schwerlich zutreffen. Um 1800 lebte Börne als Internatsschüler in Gießen; es gab keinen Grund, den Gymnasiasten malen zu lassen. Kurz darauf hielt er sich in Berlin bei der Familie Herz auf; auch hier bestand keine Veranlassung zu einem Portrait des jungen Hospitanten, der weniger durch seinen Studienfleiß als vielmehr durch seine Ausbrüche pubertärer Erotik und leidenschaftlicher Neigung zu Henriette, der attraktiven, wesentlich älteren Hausherrin, auffiel.

Ausführlich und der Vermutung zuneigend, der Dargestellte sei Börne, geht Karl Simon auf dieses Bild in einem Artikel ein, der 1911 in der *Frankfurter Zeitung* erschien[3]. »Für die Identifizierung des Dargestellten«, sagt er dort, »ist kein äußerer Anhaltspunkt vorhanden, außer daß das Porträt, das in Dresden auftauchte, schon als Börne bezeichnet wurde; doch kann unseres Erachtens kein Zweifel sein, daß wir hier tatsächlich ein Bild des jungen Schriftstellers vor uns haben. Schon kündigt sich die später bei den bekannten Porträts überall stark ausgeprägte vorgebeugte Haltung auch auf unserem Bilde an; ebenso ist der überaus charakteristische, schräg von unten heraufgehende Blick vorhanden, wenngleich die Augen selbst noch frisch in die Welt blicken, noch nicht den etwas müden Ausdruck wie später haben. Dasselbe gilt von den ebenso charakteristischen Haaren, die vom Scheitel links weit herabfallend einen größeren Teil der Stirn bedecken. Die sonstigen Abweichungen erklären sich mühelos daraus, daß hier der etwa 18jährige junge Mann dargestellt ist, während die übrigen Porträts erst sehr viel späterer Zeit angehören. Hier ist er noch der von des Gedankens Blässe nicht angekränkelte, wohl und munter aussehende Junge, dem es Spaß macht, sich porträtieren zu lassen«.

Es ist deutlich, daß Simon keine anderen Argumente hat, als vage Vorstellungen und den Wunsch, der Abgebildete möge Börne sein. Auf diesem Reflexionsniveau fährt er auch fort: »Ueber den *Maler* und den *Entstehungsort* des Bildes ist nichts bekannt, doch würden wir mit dem vorhin angegebenen Alter auf den Aufenthalt in Berlin kommen, wohin Börne 1803 – und zwar in das Haus von Marcus Herz – übersiedelte. Hier mag das Bild entstanden sein, wenn ja auch der junge Mann damals noch ganz unbekannt war und einem größeren Kreise offenbar in keiner Weise interessant vorgekommen ist. Nur Henriette Herz sah auch hier schärfer. Außer Berlin kann wohl kaum eine andere Stadt als Entstehungsort in Frage kommen, weder Gießen, wo er vorher war, noch Halle, wohin er von Berlin aus ging, um sich von seiner törichten Leidenschaft für die Herz zu kurieren. In Frankfurt möchte um jene Zeit kaum jemand zu finden gewesen sein, der so gut und modern hätte malen können«.

Festzuhalten bleibt in diesem Zusammenhang die bemerkenswerte Tatsache, daß der gleiche Karl Simon, der hier, wenn auch in Konjunktiven, *für* die Zuschreibung plädiert, sich zugleich *dagegen* ausgesprochen hat. Im Inventar des Historischen Museums findet sich eine Notiz von seiner Hand: »Die Benennung ist sicher unzutreffend. K. Simon«.

Vielleicht hängt das mit einem dezidiert ablehnenden Urteil über dieses Bild zusammen, das in der gleichen Nummer der *Frankfurter Zeitung* veröffentlicht wurde. Sein Verfasser ist nicht bekannt, er zeichnet seinen Artikel lediglich mit »U.« und wird von der Redaktion in einer Vorbemerkung als »ein alter Frankfurter Mitarbeiter, Spezialkenner Börnes und seiner Zeit« vorgestellt. Seine Darstellung, die sich auch entschieden gegen Simons Artikel richtet, sei im Zusammenhang zitiert: »Was das neueste Porträt des sehr *jungen* Börne betrifft, das vor einiger Zeit für das historische Museum erworben wurde, so steigen bei der Identifizierung dieses Bildes ganz bedeutende *Zweifel* auf. Wer hatte wohl Interesse, einen so blutjungen unberühmten Burschen in diesem Format in Oel malen zu lassen! Zunächst sicher nur die Familie; aber der alte Baruch, der so oft über die Höhe der Erziehungskosten seines Sohnes klagte, war ohne Zweifel kaum geneigt, solche Luxusausgaben zu bewilligen. Außerdem hätte er dann auch seine andern Kinder, denen er mehr zugetan war als seinem Sohne Ludwig, porträtieren lassen. Aber weder von ihm und von seiner Frau, noch von seinen Kindern sind solche Oelporträts aus früherer Zeit vorhanden, ja von dem alten Baruch existiert überhaupt kein Porträt. Außerhalb der Familie bestand aber keinerlei Grund noch Anregung, den angehenden Studenten malen zu lassen. Was das Bild selbst betrifft, so ist durchaus nicht erwiesen, daß es 1803 oder 1804 gemalt ist, es könnte ganz wohl etwa 20 Jahre älter sein, ebenso der Dargestellte 15 oder 18 Jahre zählen. Die Tracht weist sogar eher auf die Zeit nach den Freiheitskriegen hin. Eine Aehnlichkeit mit dem späteren Börne ist kaum aufzufinden. Das Gesicht ist voll, die Gesichtsfarbe gesund, und die Nase ist anders geformt als bei Börne. Das in Rede stehende Porträt ist weder bezeichnet noch datiert, so daß wir den Verdacht nicht ganz abweisen können, es vielleicht mit der vergrößerten Wiedergabe eines Miniaturporträts zu tun zu haben. Eine genaue Angabe der Zeit der Entstehung des Bildes könnte vielleicht eine nähere Untersuchung des Malgrundes und der Leinwald liefern. Die Vermutung, daß in *Frankfurt* zu Beginn des vorigen Jahrhunderts kaum jemand zu finden gewesen, der so gut und so modern malen konnte wie der Maler des besprochenen Porträts, scheint nicht begründet. Erstens hatten wir in Frankfurt und Umgebung sehr tüchtige Porträtmaler, zweitens gab es eine Anzahl Porträtisten, die die großen Städte abwechselnd besuchten und von denen sogar im Jahre 1817 etwa ein halbes Dutzend auf Andrängen der neidischen ›Zunftgenossen‹ ausgewiesen wurde. Das Bild des jungen Börne könnte also darum auch hier gemalt worden sein. Für die Annahme, daß der junge Börne der Dargestellte sei, spricht indessen nichts als die von außerhalb kommende Legende. Börne selbst hat in seinen ausführlichen Briefen an den Maler Oppenheim, der ihn 1827 porträtierte, niemals erwähnt, daß er früher schon einmal in Oel gemalt worden sei. Und diese Erinnerung hätte er sicher nicht unberührt gelassen«.

Man braucht dem, besonders was die Sätze über den optischen Befund betrifft, nichts mehr hinzuzufügen.

3

Von ebensolcher Zweifelhaftigkeit ist ein zweites »frühes« Portrait, das sich ebenfalls im Besitz des Historischen Museums Frankfurt am Main befindet[4]. Der Kölner Rechtsanwalt Carl Eltzbacher schenkte es im Jahre 1886 im Zusammenhang mit dem 100. Geburtstag Börnes dem Frankfurter Magistrat[5], der es seinem Historischen Museum weitergab. Es zeigt einen jungen Mann, etwa 25 Jahre alt, und ist bezeichnet und datiert mit »D. Sulzer pin[xit]. 31/5. 1812«. Im Inventar des Historischen Museums wird es als »D. Sulzer: Ludwig Börne« geführt.

Auch über dieses Bild hat sich Karl Simon, allerdings mit großen Bedenken, geäußert[6]. »Tatsächlich fehlt einiges von den charakteristischen Eigenschaften, die wir sonst an den Börne-Porträts kennen und über die das berühmte Oppenheimsche am besten Aufschluß gibt. Der Typus stimmt freilich ungefähr, besonders wenn man annehmen könnte, daß der Maler nicht Börne, sondern die *Idee* Börne habe porträtieren wollen. Dazu kommt eine andere Schwierigkeit: das Bild ist nach der Künstler-Signatur 1812 von David *Sulzer*, nach einer Zettelnotiz angeblich in Paris gemalt worden. Tatsächlich ist der 1784 in Winterthur geborene Maler seit 1803 in Paris ansässig gewesen. Nun sieht aber einmal der Dargestellte kaum wie ein Sechsundzwanzigjähriger aus, und zweitens war Börne 1812 gar nicht in Paris: er ist zum ersten Mal 1819 dorthin gekommen. Die Zuschreibung wird also kaum aufrechterhalten werden können; höchstens für den Fall, daß Sulzer 1812 in Frankfurt gewesen wäre«.

Seinen Worten fügt der bereits erwähnte Autor »U.« gewichtige Argumente hinzu: »Den von Herrn Dr. Simon angeführten Gründen, die *gegen* die Annahme sprechen, daß das von *Sulzer* 1812 gemalte, in der städtischen Sammlung befindliche Porträt Ludwig Börne darstelle, lassen sich noch folgende anreihen. Ludwig Börne war 1812 der durchaus unberühmte Polizeiaktuar Baruch. Weder seine soziale Stellung noch körperliche Vorzüge konnten einen Maler veranlassen, ihn zu malen. Anderseits war Börne zu bescheiden, sich damals porträtieren zu lassen, und außerdem bei seinem kärglichen Einkommen ohne väterliche Beihilfe wohl kaum imstande, einen Maler zu honorieren. Was indessen am deutlichsten dagegenspricht, daß der von Sulzer Dargestellte Börne sei, ist der Umstand, daß der Maler ihn sonst sicher in der kleidsamen Uniform mit dem Zweispitz und dem Degen abkonterfeit hätte«.

Somit besteht auch in diesem Falle kaum eine Aussicht, daß der Portraitierte als Ludwig Börne identifizierbar sei.

Bis zum urkundlich gesicherten Beweis des Gegenteils muß damit angenommen werden, daß beide Ölgemälde im Historischen Museum *nicht* Börne darstellen.

4

Kernstücke der historisch bezeugten Überlieferung für Börnes Äußeres sind die Ölgemälde des Frankfurter Malers Moritz Daniel Oppenheim (1800-1882). Drei Fassungen sind bekannt, eine in Jerusalem, die beiden anderen in Frankfurt am Main.

Das Gemälde im Israel Museum, Jerusalem, ist die älteste Fassung. Sie stammt aus dem Jahre 1827. In Oppenheims handschriftlichen Erinnerungsnotizen, die erhalten sind[7], ist unter der Überschrift »Aufenthalt in Frankfurt a/M« für dieses Jahr unter anderem notiert: »Portraits – Frankfurt: die HH [Herren] v. Roths: [Rothschild], Börne & Heine –«[8].

Dieses Bild ist ein fast lebensgroßes Kniestück. Es stellt Börne in einem Jackett mit Pelzkragen dar, das Gesicht leicht nach links dem Betrachter zugewandt, vor einem Tisch sitzend, auf den er sich stützt. In der Linken hält er eine Broschüre, in der Rechten einen Schreibstift. Auf dem Tisch liegt eine Zeitungs-Nummer. Im Hintergrund links ein Regal mit Büchern, in der Mitte/rechts ein Portraitbild, eine Büste und eine kleine Statue. Rechts unten ein zusammengekauerter Hund. Rechts in der Mitte die Signatur: M. Oppenheim.

Das Bildprogramm dieses Gemäldes muß noch detailliert untersucht werden. Es scheint, als stelle das »Bild im Bild« Jeanette Wohl dar. Bei der Büste handelt es sich wahrscheinlich um Jean-Jacques Rousseau; die Statue präsentiert den idealisierten Typus »Tyrannenmörder«.

Börne sah sein Portrait Ende März 1827. Er schreibt dem Maler darüber am 1. April: »Unsere Freunde finden das Bild ähnlich und doch schön: ein Geheimnis Ihrer Kunst, das mir unerforschlich bleibt. Wenn die Stellung, die Sie dem Bilde geben, Ihre Wünsche für mich ausdrücken, dann habe ich Ihnen viel zu danken: umringt von gefälligen und geduldigen Büchern, die ich wie gelaunt öffnen und schließen, stellen, legen und ordnen, ja deuten kann, wie ich will, und die ich, wenn sie unartig sind, mir widersprechen, einsperren kann, und im warmen Schlafrocke der Stürme dieser Zeit spottend und ihre Tücken verlachend, das ist ein schönes, ein königliches Leben!«[9]

Dann folgt jedoch ein Einwand, den Oppenheim, wie noch zu zeigen sein wird, bei weiteren Fassungen seines Bildes berücksichtigt hat. Börne moniert, daß der Maler ihn mit einer Zeitschrift in der Hand dargestellt hat, zu deren redaktionellem Programm er sich nicht bekennen kann: mit dem *Staatsmann* des konservativen Publizisten Johann Baptist von Pfeilschifter. »Aber warum«, heißt es in dem Brief weiter, »haben Sie mir den ›Staatsmann‹ in die Hände gegeben? Warum diesen steinernen Gast mir kalt und unbeweglich vor die Augen gestellt? Vielleicht sollte ich Ihnen nicht diesen Vorwurf machen, vielleicht ist es undankbar zu zeigen, daß ich Ihnen etwas zu vergeben habe, aber ich teile nur meine Trauer mit Ihnen, um auch meinen Trost mit Ihnen zu teilen. Von Offenbach kommt der ›Staatsmann‹, von Offenbach kommen auch die köstlichen Pfeffernüsse, ich schicke Ihnen eine Düte von jenem angefüllt mit diesen. Das ist ein Bild des menschlichen Lebens, wie man es ohne Ihre Farben malen kann. Jetzt beten Sie aber auch für mich und sich, daß ich am Ziele meiner Tag durch keinen andern Richterspruch sterbe als durch den der Natur – damit es Ihnen nicht wie dem armen Maler Spinarosa in Houwalds Bild ergehe. Entwischt ich auch, wie er, der Gerechtigkeit, würde mich, wie ihn, das Bild ausliefern, und meine Freunde, die, wie ich mir schmeichle, der Schmerz närrisch machen würde, könnten sagen: ... solch ein Bild mit diesem Fleiß und dieser Schönheit zu malen – sei nur das Werk der schändlichsten Verräterei. Geschieht so etwas, dann mögen Ihnen diese Zeilen zur Rechtfertigung dienen. Börne«[10].

Kurz danach muß Börne sein Bild erhalten haben. Das geht aus einem weiteren Brief an Oppenheim hervor, der mit dem 25. April 1827 datiert ist: »Lieber Freund! Jetzt, da ich das Gemälde in meinen Händen habe, lache ich Sie aus. Sie haben es um eine Million weniger fünf Karolin zu wohlfeil hingegeben. Eine halbe Million rechne ich für den Stoff des Bildes, eine halbe für die Arbeit daran. Aber Sie brauchen sich darum nicht zu schämen. So, so bescheiden war ich auch in meiner Jugend; aber das verliert sich, und [man] lernt endlich, sich schätzen und überschätzen, wie Sie an mir sehen. Vielleicht sind Sie begnadigter als andere und lernen es nie. Horchen Sie meiner Weisheit! Reichtum ist ein Fels, Armut eine Sandbank des Lebens. Vor der letztern kann uns eigne Kraft bewahren, vor dem andern nur Gottes Gnade. Er schütze Sie. Es ist ein Fluch im Gelde. Danken Sie mir, daß ich Ihnen so mäßig geflucht. Ihr Freund Börne«[11].

Das Bild von 1827, wie es sich heute präsentiert, belegt, daß Oppenheim auf den Einwand Börnes aus dessen Brief vom 1. April 1827, den *Staatsmann* betreffend, und auf eine weitere Anregung Börnes aus dessen – im folgenden zu zitierenden – Brief vom 8. September 1831, wegen »des alten Facsimile«, reagiert hat. Er ging nicht nur in den späteren Fassungen seines Börne-Portraits darauf ein, er arbeitete auch die Erstfassung von 1827 um. Das Bild wurde an zwei Stellen verändert, die den Zeitpunkt der Retusche wenigstens mit einem terminus ante quem non eingrenzen lassen. Oppenheim hat auf dem Rückenschild der Broschüre, die Börne in der Hand hält, den Titel *Der Staatsmann* durch den Titel *Paroles d'un croyant* ersetzt. Und auf dem Tisch liegt nun nicht mehr ein Blatt mit einem Börne-Faksimile, wie es offensichtlich auf der Erstfassung zu sehen war, sondern eine Nummer von *Le National*. Damit sind beide Anregungen Börnes berücksichtigt. Für die Datierung dieser Veränderungen müssen drei Tatsachen herangezogen werden. Erstens: Die Pariser Zeitung *Le National, Feuille politique et littéraire*, die sich entscheidend an den journalistischen Vorbereitungen der Juli-Revolution beteiligte und daher hier zu Recht Börne zugeordnet wird, erschien ab Januar 1830. Zweitens: Lamennais' Broschüre kam 1833 heraus; Ende 1834 übersetzte Börne sie ins Deutsche und erzielte einen relativ großen publizistischen Erfolg damit. Die üblichen Publikationsmechanismen, die Zeit also, die benötigt wird, um einen Autor mit einem bestimmten Buch bekannt zu machen, eingerechnet, darf man somit annehmen, daß die Veränderungen an Oppenheims Bild aus dem Jahre 1827 nicht vor 1835/36 angebracht werden konnten. Drittens: Oppenheim hat sich 1831 sein Portrait von Börne zurückerbeten, um danach eine bestellte Kopie anzufertigen. Börne war inzwischen nach Paris gereist, offensichtlich, ohne sein Bild mitzunehmen. Aus seinen Briefen geht hervor, daß er manches, was ihm gehörte, in Frankfurt zurückließ und daß ihm einiges davon – Manuskripte, Bücher – nachgeschickt wurde. Er selbst erwähnt sein Bild nicht, es taucht auch in keiner der

Beschreibungen seiner Wohnungen auf, die wir von Besuchern besitzen. Vermutlich blieb es in Frankfurt, wahrscheinlich sogar bei Oppenheim selbst, der in diesem Falle Zeit und Gelegenheit gehabt hätte, die Übermalungen vorzunehmen. Für spätere Zeit ist das Gemälde dann im Besitz des »Frankfurter Bürgervereins« nachweisbar.

5

Das eine der beiden in Frankfurt am Main vorhandenen Börne-Portraits von Oppenheim befindet sich im Besitz des Historischen Museums Frankfurt am Main[12]. Das Bruststück zeigt Börne »mit gelber Weste und pelzverbrämtem Rock«[13]. Rechts oben ist es durch die Initialen »MO« in Ligatur signiert. Eine Datierung fehlt.

Entstanden ist das Bild mit großer Wahrscheinlichkeit im Jahre 1831. In seinen handschriftlichen Aufzeichnungen vermerkt Oppenheim: »Kurz nach der Julyrevolution malte ich auch Börne's Portrait, das jetzt in der Städelschen Galerie hängt«[14]; Börne, fährt er fort, habe ihm daraufhin mit dem Honorar »einige geistreiche Zeilen« geschickt; er zitiert aus dem Brief Börnes vom 25. April 1827. In seinem Nachwort zur Buchausgabe dieser Aufzeichnungen meint der Herausgeber, Alfred Oppenheim, von dem Börne-Portrait von 1827 ausgehend, zu dieser Stelle, der Maler habe »in der Erinnerung die Entstehungszeit der Bilder Börnes und Heines verwechselt. Heines Porträt entstand erst im Mai 1831 bei Heines letztem Aufenthalt in Deutschland«[15]. Zwar trifft es zu, daß die »geistreichen Zeilen« aus einem Brief Börnes aus dem Jahre 1827 stammen. Aber es ist dennoch sehr gut möglich, daß Oppenheim sich, was sein Bild betrifft, korrekt erinnert, und nur den Börne-Brief zeitlich falsch einordnet[16]. Denn offensichtlich hatte er Börne »kurz nach der Julirevolution« um die leihweise Überlassung seines Portraits – von 1827 – gebeten. Dieser antwortete darauf am 8. September 1831 aus Baden-Baden:

»Lieber Freund! Mit dem größten Vergnügen will ich Ihnen mein Bild überlassen, so lange Sie es brauchen. Das alte Facsimile wie auch den Pfeilschifter bitte ich Sie wegzulassen. Ist es nicht besser, gar kein Facsimile zu machen? So etwas und zu dieser Bestimmung erst geschrieben, wirkt immer affektiert, wenigstens erscheint es so. Wenn ich auch, wie ich gewohnt bin, nur immer ausspreche und niederschreibe, was und wie ich es gerade auf dem Herzen habe, so kann man doch in wenigen Worten seine Gesinnung und sein Gefühl und deren Aufrichtigkeit dem Leser nicht klar machen. Muß ich denn etwas in der Hand haben? Ein Stück Zwetschenkuchen wäre mir am liebsten. – Als vorigen Sommer die Juli-Ordonnanzen kämen, welche die ganze Welt aus ihren Fugen rissen, rief ich vergnügt aus: Und Gott sprach: Es werde Licht! Wollen Sie das als Facsimile gebrauchen? Dann könnten Sie mir den *Moniteur 26. Juillet 1830* in die Hand geben. Aber das bleibt Ihrem Urteil überlassen. Ich kann meinem Takte hierin nichts zutrauen. Auf jeden Fall lege ich das Zettelchen bei. Börne. P.S. Soeben bemerkt mir Madame [Wohl], wenn unter meinem Bilde stünde: Gott sprach, es werde Licht, könnten die Leute denken, das bezöge sich auf mich. Ich glaube, sie hat recht. Überlegen Sie's«[17].

Oppenheim kam diesen Anregungen auf seine Weise nach. Er malte – Bild vom Bild – Börne erneut, reduzierte dabei aber die Darstellung auf ein Bruststück, ohne Hände, ohne Zeitschrift: eben jenes Bild, das sich jetzt im Historischen Museum Frankfurt am Main befindet. Gleichzeitig gab er seiner Darstellung Börnes eine neue, wiederum auf Börnes Wünschen beruhende Fassung als Lithographie. Davon wird noch zu sprechen sein.

Ein weiteres Indiz für diese Überlegungen ist Oppenheims Bemerkung, sein Bild hänge »jetzt in der Städelschen Galerie«. Tatsächlich gehört das in Rede stehende Werk noch heute dem Städelschen Kunstinstitut/Städtische Galerie Frankfurt am Main. Dem Inventar des Historischen Museums zufolge befindet es sich auf Grund zweier Vereinbarungen – von 1922 und 1953 – als Leihgabe im Historischen Museum Frankfurt am Main. Heinrich Weizsäcker hat es in seinem *Catalog der Gemälde-Gallerie des Städelschen Kunstinstituts in Frankfurt am Main*[18] beschrieben: »Bildnis Ludwig Börnes. Brustbild, lebensgroß, ohne Hände, in Vorderansicht, den Beschauer anblickend. Der noch in mittleren Jahren stehende Schriftsteller ist mit einem blaugrauen Pelzrock bekleidet, welcher, lose über der Brust geschlossen, ein Stück der gelben Weste und die weisse Halsbinde freilässt. Bezeichnet rechts oben mit dem aus *M* und *O* zusammengesetzten Monogramm des Künstlers. Leinwand; h. 0,46 br. 0,37. Erworben 1866 als Geschenk der Erben des Herrn Salomon Strauss. Früher im Besitz einer Jeanette Wohl«[19]. Aus dieser Bemerkung darf man vermuten, daß Jeanette Wohl die Auftraggeberin des Gemäldes war.

6

Das andere Oppenheim-Portrait Börnes in Frankfurt am Main gehört dem Freien Deutschen Hochstift/Frankfurter Goethe-Museum[20]. Es wurde 1949 von Karl Buchmann, Frankfurt am Main, erworben und stammt aus dem Nachlaß Paul Reinganums, geht also auf Maximilian Reinganum zurück, der vielleicht Oppenheims Auftraggeber war. Das Bild, rechts oben mit »MO« in Ligatur signiert, ist mit »1833« datiert. Die Beschreibung des Bruststücks entspricht weitgehend der des im Historischen Museums Frankfurt am Main aufbewahrten Gemäldes, das wohl seine Vorlage war.

7

Drei großformatige Lithographien, die Börne darstellen, gehen mehr oder weniger direkt auf Oppenheims Gemälde aus dem Jahre 1827 zurück.

Die erste davon hat der Maler selbst hergestellt. In seinen handschriftlichen Notizen[21] heißt es: »Beide Portraits Börne & Heine habe ich später lithographirt & sind als Pendants beim Kunst- & Buchhändler H. König in Hanau erschienen«[22]. Es wurde schon gesagt, daß er sich 1831 sein Ölbild von Börne auslieh, um danach ein weiteres Portrait zu malen. In diesen Zusammenhang gehört auch diese Lithographie, die erst 1831 entstanden sein kann, denn erst in diesem Jahre wurde das Heine-Portrait gemalt. Bei der Gestaltung seiner Lithographie erfüllte Oppenheim Börnes Vorschläge in seinem bereits zitierten Brief vom 8. September 1831. Statt der Zeitschrift *Der Staatsmann* hält Börne nun das französische Blatt *Le Moniteur Universel* in der Hand, und zwar, wie gewünscht, die Nummer vom 26. Juli 1830. In dieser Ausgabe befindet sich die Veröffentlichung der sogenannten »Juli-Ordonnanzen« Karls X., die unter anderem die Pressefreiheit aufhoben, die Kammer der Abgeordneten auflösten und die Wahlgesetze veränderten. Das immer wieder vorkommende Blatt[23], »nach Nat. gemalt v. Moriz Oppenheim – Lithogr. Anst. v. F. C. Vogel in Frankfurt a/M. – Hanau bei F. König«, wurde auch nachgestochen[24].

Die zweite Variante dieses Blattes[25] ist eine Wiedergabe der überarbeiteten Fassung des Oppenheim-Gemäldes. Ihr Autor ist nicht bekannt.

Die dritte Version hat, vom Bildinhalt abgesehen, gewiß nichts mit dem Maler zu tun. Allein die bis an die Grenze der Karikatur verzerrte und vergrößerte Wiedergabe des Kopfes ist eine Dilettantenarbeit, dic unmöglich von Oppenheim stammen kann. In dieser Fassung hält Börne den Pfeilschifterschen *Staatsmann* in der Linken, die Rechte stützt er auf ein Pult; im Hintergrund sind links ein Bücherregal und rechts ein Fenster zu sehen. Bildautor und Entstehungszeit sind nicht ermittelt, als Bezeichnung findet sich lediglich: »Dr. L. Börne. Nach dem Leben gemalt von Moritz Oppenheim«[26]. Unter dem Bild steht das Faksimile einer Börne-Handschrift: »Zank ist der Rauch der Liebe und nur ihre Wärme soll man festhalten. Aber an Schornsteinen fehlt es dem deutschen Vaterhause; darum schlägt der Rauch der Klagen so beißend zurück ... dem Hasse ward das Schwert gegeben, der Liebe das Wort – wir reden, weil wir lieben. Und wenn das sanfte Wort der Liebe nicht bewegt, dann hilft das starke des Zornes. Die Sprache ist die Scheide der That; wir zeigen das umhüllte Schwert und erringen unblutige Siege. Entreißt uns die Scheide nicht! Frankfurt, den 8.April 1827. Börne«.

8

Von spätestens 1830 stammt eine der Börne-Darstellungen, die nicht auf Oppenheims Gemälde zurückgehen. Ihr Autor ist der Schriftsteller und Zeichner Johann Peter Theodor Burmeister-Lyser. Seine – bisher unbekannte – Zeichnung fand sich als Vorsatzblatt zu einem Fragment des Jahrgangs 1831 der Zeitschrift *Der Komet* (Altenburg, Leipzig), das in der Staatsbibliothek Preußischer Kulturbesitz in Berlin aufbewahrt wird[27]. Dargestellt sind, unsicher gestaltet und stark vergrößert, die Portraits von Harro Harring, Gustav Apollonius von Maltitz, Heinrich Heine und Börne. Ob das sehr grob wiedergegebene Gesicht Börnes nach der Natur gezeichnet wurde, ist nicht bekannt; man darf es mit Recht bezweifeln. Das gilt auch dann, wenn man bedenkt, daß Burmeister-Lyser ein Börne-Verehrer war und ihm seinen 1830 anonym erschienenen Roman *Benjamin* widmete.

9

Ein zweites Portrait, das nicht Oppenheim als Vorlage hat, befindet sich auf einer Bronzeplakette, die der französische Bildhauer Jean Pierre David d'Angers im Jahre 1836 schuf[28]. Sie zeigt Börne im Profil, nach rechts blickend, in stark idealisierter Darstellung. Als Umschriften sind die Worte »Boerne«, »David« und »1836« zu lesen. David d'Angers' Begleitbrief zur Übersendung dieser Plakette ist erhalten[29]. Ein Originalabguß befindet sich im Stadtarchiv Frankfurt am Main. Verkleinerte Stahlstich-Abbildungen der Plakette sind in Börnes Nachlaß[30] und im Historischen Museum Frankfurt am Main[31] vorhanden[32].

10

Das dritte Portrait Börnes, das sich nicht Oppenheims Gemälde bedient, ist zugleich wieder höchst fragwürdig. Ein Aquarell, das sich im Historischen Museum Frankfurt am Main befindet[33], ist mit »Seiler fecit, 1841« bezeichnet und soll, dem Inventar des Museums zufolge, Börne darstellen. Die Zuschreibung ist aber mehr als ungewiß. Zu sehen ist ein eleganter Mann mittleren Alters mit reichem Habit und mehreren teuren Ringen an den Fingern. Er lehnt sich bequem an einen Schreibtisch, auf dem einige Bücher stehen, sowie Tintenfaß, Feder und Papier liegen. Eine Portrait-Ähnlichkeit mit Börne ist nicht gegeben. Das Fragezeichen, das man auf diesem Blatt angebracht hat, besteht daher mit großem Recht.

11

Alle anderen Darstellungen Börnes, die hier nur in einer Auswahl vorzuführen sind, gehen in der Attitüde – der leicht nach links vorgebeugte, den Betrachter aufmerksam anblickende Börne im Pelzkragen – mehr oder weniger deutlich auf Moritz Oppenheims Gemälde von 1827 beziehungsweise seine Lithographie von etwa 1831 zurück. Sie erscheinen häufig als Frontispize zu Werkausgaben und zu Büchern über Börne und liegen auch in Separatabzügen vor. Unübersehbar ist, daß sie immer mehr ins Derivathafte, künstlerisch Minderwertige geraten: Stiche von Stichen, und Stiche von Stichen von Stichen, routinemäßig von Fließbandproduzenten angefertigt, die niemals auf vorhandene Originale zurückgegriffen haben und somit auch keinerlei Anspruch auf eine historisch getreue Wiedergabe erheben können. Ein wenig gelungener Nachstich ist etwa Eduard Beurmanns Schrift *Ludwig Börne als Charakter und in der Literatur*, 1837, beigefügt, eine noch schlechtere Kopie – diesmal hält Börne den *Moniteur universel* in der Hand – findet sich in Ferdinand Backhaus' Broschüre *Ludwig Börne in seinem literarischen Wirken*, 1837.

Besser ist das Portrait, das der Ausgabe der *Gesammelten Schriften* von 1840 vorangestellt wurde: eine Lithographie von G. Küstner, bei der auch die Quelle – »gemalt von Oppenheim« – angegeben ist. Die relative Qualität dieses Bildes ist vielleicht damit zu erklären, daß Jeanette Wohl-Strauß die Hauptherausgeberin dieser Edition war. Ein Exemplar der Lithographie befindet sich in Börnes Nachlaß, kann aber natürlich auch später hinzugekommen sein[34].

Wenig überzeugend ist dagegen, merkwürdigerweise, ein weiteres Portrait aus dem gleichen Jahre 1840. Es steht vor Karl Gutzkows Buch *Börne's Leben*: Obwohl der Autor zur Familie Strauß-Wohl direkten Kontakt hatte, ist »Börne's Bildniß in Stahl gestochen«, so das Titelblatt, nur eine flüchtige, ungenaue Gelegenheitsarbeit.

Erstaunlich hilflos ist auch eine Darstellung, die als Frontispiz in Band 1 der *Nachgelassenen Schriften*, 1844, steht: eine unexakte Arbeit, obwohl doch diese Edition ebenfalls von den »Erben des literarischen Nachlasses«, also von Jeanette und Salomon Strauß-Wohl herausgegeben wurde. Eine weitere, höchst mittelmäßige Abbildung ist der Stahlstich, den Carl Barth im Auftrag des Bibliographischen Instituts Hildburghausen für dessen vielfältige Publikationsvorhaben anfertigte; er beruft sich auf Oppenheim (»M. Oppenheim gem.«) und existiert in mehreren Varianten[35].

Bis zur Karikatur übertreibend und verfälschend ist die Börne-Darstellung auf dem winzigen Doppel-Portrait mit Goethe, das der Frankfurter Verleger Anton Baer unter dem Titel *Zwei Soehne Frankfurt's* veröffentlichte[36], »nach Oppenheim gezeichnet von Herrlich, gestochen von Backenberg«; es zeigt Börne mit einer nicht identifizierbaren Zeitschrift in der Hand. Ähnlich schlicht sind zwei weitere, unbezeichnete Bilder[37] und eine mit »J. Eissenhardt [Johannes Kaspar Eissenhardt] sc.« signierte Arbeit, die Börne mit dem *Staatsmann* zeigt[38]. Vom gleichen Stecher stammt ein Blatt, das wie alle diese Produktionen undatiert ist: »Prof. Oppenheim, prinx., J. Eissenhardt sc. Frfrt a. m.«[39]. Nachgewiesen ist ferner eine Lithographie nach Oppenheim von B. Dondorf, Frankfurt am Main[40], die Oppenheimsche *Moniteur*-Fassung wiederum erscheint in einer Arbeit des Stechers Backenberg[41].

Ein Unikum in dieser Reihe ist eine Ganzkörper-Darstellung aus dem Verlag F. Paterno in Wien. Der Lithograph Eduard Kaiser hat sie nach »M. Oppenheim gez.« angefertigt. Sie zeigt den stehenden Börne – den Oppenheim so nicht gemalt hat – in einem geöffneten Mantel mit reichem Pelzkragen. Auf den ersten Blick ist deutlich, daß der Kopf im Verhältnis zum Körper viel zu klein geraten ist, also ungeschickt in eine beliebig verwendbare Mantel-Vorlage einmontiert wurde[42].

Ein Ende dieser Entwicklung, die hier, wie angedeutet, nur in Umrissen aufzuzeigen war, scheint mit einem Börne-»Portrait« aus dem Jahre 1858 erreicht. Es befindet sich in der New Yorker Ausgabe seiner *Gesammelten Schriften* und wurde von einem Stecher in die Welt gesetzt, der offenbar nur schlechte Börne-Bilder als Vorlagen hatte: Die vergröbert wiedergegebene Juden-Nase und der leichte Silberblick des Abgebildeten lassen an nichts anderes mehr als an unfreiwillige Komik denken.

Um diesen Abschnitt nicht mit einem solchen negativen Befund zu schließen, sei als letztes Beispiel die Ausgabe der *Gesammelten Schriften* angeführt, die 1899 im Leipziger Verlag Max Hesse erschien. Bei der Produktion des zu dieser Edition gehörenden Frontispiz griff man wahrscheinlich auf das Bild aus der Ausgabe der *Gesammelten Schriften* von 1840 zurück, oder sogar auf Oppenheims Lithographie selbst. Für Ausgaben des 20. Jahrhunderts wurden dann keine »neuen« Börne-Portraits mehr angefertigt, sondern jene Originale reproduziert, von denen oben zu sprechen war.

12

Zum Abschluß dieser Übersicht ist die Frankfurter Zeitung *Kleine Presse* zu erwähnen. Sie veröffentlichte im Jahre 1886 zu Börnes 100. Geburtstag in ihrer Nummer 105 vom 6. Mai eine durch den Historismus jener Zeit geprägte Phantasie-Darstellung von *L. Börne's Verhaftung und Abführung nach der Hauptwache*, bei der das – dem Betrachter zugewandte – Gesicht Börnes wiederum stark an Oppenheim erinnert. In der gleichen Nummer findet sich eine Holzstich-Wiedergabe des damals gerade aufgetauchten Gemäldes von David Sulzer. Es wird 1886 noch bedenkenlos als Börne-Portrait deklariert.

Die der Nr. 105/1886 der *Kleinen Presse* beigefügte *Festgabe* zu *Ludwig Börne's hundertjährigem Geburtstage* bringt zu einem biographischen Aufsatz aus der Feder ihres Redakteurs Max Kahlenberg acht Abbildungen. Neben dem Geburtshaus, einem Handschrift-Faksimile, Portraits von Henriette Herz, Jeanette Wohl, Salomon Strauß, dem Grab in Paris und dem Börne-Denkmal in Frankfurt am Main ist in diesem Zusammenhang vor allem ein Holzschnitt »nach dem Original-Gemälde des Prof. Oppenheim« von Interesse. Die Wiedergabe allerdings des Kopfes ist grob und wenig typisch. Um auf den Titel dieses Beitrags zurückzukommen: Sie ist weder schön noch ähnlich.

1 Stadt- und Universitätsbibliothek Frankfurt am Main: Nachlaß Ludwig Börne E XX Nr. 26.
2 B 1048. Ol auf Leinwand. 63x49 cm.
3 Karl Simon: *Ein neues Börne-Portrait?*, in: *Frankfurter Zeitung*, Nr. 36/1911, 25. Februar.
4 B 788. Öl auf Leinwand. 66x53 cm.
5 Brief Eltzbachers an den Magistrat, 14. Mai 1886.
6 Vgl. Anm. 4.
7 Heinrich Heine Institut Düsseldorf. Tagebuchnotizen und Erinnerungsaufzeichnungen. Letztere – auswählend und stilistisch verändert – gedruckt: Moritz Oppenheim: *Erinnerungen*. Hrsg. von Alfred Oppenheim. Frankfurt am Main 1924.
8 Die Hinweise auf Oppenheims Portraits der Brüder Rothschild und Heinrich Heines sind hier nicht zu behandeln.
9 *Sämtliche Schriften*. Darmstadt 1968. V, 712.
10 V, 712-713.
11 V, 713-714.
12 G 1036. Öl auf Leinwand. 46x37 cm.
13 Inventar des Historischen Museums.
14 Vgl. Anm. 8. Dazu *Erinnerungen*, S. 92.
15 *Erinnerungen*, S. 104.
16 Oppenheim entschuldigt sich selbst für »diese späten Erinnerungen ..., 1880 geschrieben ...«.
17 *Sämtliche Schriften*. Darmstadt 1968. V,740-741. In Oppenheim: *Erinnerungen*, wird dieser Text als »ein längerer, schöner, launiger Brief« erwähnt.
18 Frankfurt am Main 1900-1903.
19 Abth. 2, 1903, S. 50-51, Nr. 425.
20 Inv. Nr. IV – 1949 – 6. Öl auf Leinwand. 46,9x41 cm. Vgl. Sabine Michaelis: *Freies Deutsches Hochstift – Frankfurter Goethe-Museum. Katalog der Gemälde*. Tübingen 1982. S. 98, Nr.145.
21 Vgl. Anm. 8.
22 Vgl. Oppenheim: *Erinnerungen*, 1924, S. 93.
23 Ein Exemplar in Börnes Nachlaß in der Stadt- und Universitätsbibliothek Frankfurt am Main, gerahmt, ohne Signatur. Ein weiteres Exemplar im Historischen Museum Frankfurt am Main: C 12389.
24 Historisches Museum Frankfurt am Main [im folgenden: HM]: C 13939. Offensichtlich existieren mehrere Varianten.
25 HM: C 47167.
26 HM: C 4667.
27 Ac 7080/10.
28 Durchmesser 16,3 cm.
29 StUB Frankfurt am Main: B VI Nr.103.
30 StUB Frankfurt am Main: F XXV Nr.4.
31 HM: C 16123.
32 Die Börne-Büste auf David d'Angers' Grabdenkmal in Paris bleibt hier unberücksichtigt.
33 HM: C 7894.
34 HM: C 6202.
35 HM: C 13940, C 13942, N 24175, C 42367, N 42368.
36 HM: C 13941.
37 HM: C 16192, C 26195.
38 HM: N 24176, C 12390.
39 HM: C 13943.
40 HM: C 20561.
41 HM: N 42369. Ein Exemplar im Börne-Nachlaß: StUB Frankfurt am Main: F XXV Nr. 3.
42 HM: C 27345.

44

»Weil ich als Knecht geboren, darum liebe ich die Freiheit mehr als ihr« Ludwig Börnes »Briefe aus Paris«

1

Ludwig Börnes einhundertfünfzehn *Briefe aus Paris*, die von 1831 bis 1834 in sechs Bänden erschienen, sind eines der spektakulärsten Presseereignisse der Jahre zwischen 1815 und 1848, die gemeinhin mit der Bezeichnung »Vormärz« etikettiert werden. Hunderte von Zeitschriftenspalten wurden mit Rezensionen und Notizen, mit Exzerpten und Hinweisen gefüllt. Die Skala der gedruckten Meinungen ist extrem breit – sie reicht von Liebeserklärungen bis zu Mordwünschen. In chronologischer Folge ergibt sich etwa folgendes Bild.

»Man wird das Buch«, schrieb Wolfgang Menzel im *Literaturblatt* zum *Morgenblatt für gebildete Stände* (28. November/2. Dezember 1831) über den ersten Band, »verbieten oder hat es schon verboten, denn wenn man auch die Freiheitsschwärmer Narren nennt, so gibt man ihnen doch nicht einmal die Narrenfreiheit. Arg freilich hat es der Börne wieder einmal gemacht, ärger als je zuvor; wie es die Tollen pflegen, wenn sie einmal dem Tollhause entspringen. Diese Briefe sind durchaus, wie es ehemals in Warschau hieß und wahrscheinlich jetzt wieder heißt, ›formwidrig‹, oder wie man in Berlin noch kleiderkünstlerischer zu sagen pflegt, ›unangemessen‹. Der selige Lichtenberg würde sagen: ›Es sind majestätsverbrecherische Gedanken, aber in beneidenswerten Ausdrücken‹. Das alles ist vielleicht zu wenig gesagt. Göttlich grob, hat einmal Friedrich Schlegel gesagt. Auch das ist zu wenig. Deutsch grob, wollen wir sagen, um Börne zu ärgern. Warum nicht deutsch grob? Der Franzose ist in seinem bittersten Haß noch artig zum Küssen gegen Börne ... Es ist schade, daß wir niemals in den Fall kommen werden, zu sehn, wie sonderbar Börne sich gebärden würde, wenn er plötzlich in Deutschland alles vollkommen fände, wenn er die Deutschen überhaupt und die Frankfurter insbesondre bewundern und loben müßte. .. Übrigens bleibt jedem guten Patrioten der Trost, daß eben so wenig als Klopstock uns Deutsche mit seinem ewigen Lobe besser gemacht hat, uns Börne durch seinen ewigen Tadel schlimmer machen kann«. Heftig ablehnend reagiert dagegen Willibald Alexis in den *Blättern für literarische Unterhaltung* (1. Dezember 1831): »Noch nie habe ich ein Buch mit so steigendem Widerwillen, bis es zuletzt völliger Ekel wurde, durchgelesen. Börne ist ein deutscher Ultraliberaler, sagen Sie. Mein Gott, reicht denn das Wort aus, diesen Inbegriff von knabenhafter Wut, pöbelhafter Ungezogenheit, diesen bodenlosen Revolutionsgeist, diese hohle, ans Alberne streifende Begeisterung für negierende Begriffe auszudrücken, ja nur zu bezeichnen? Tut man nicht unsern Liberalen unrecht, Börne als einen ihres Gleichen zu nennen? Mich dünkt, so etwas von erschütternd Nichtigem, in einer abschreckenden Gestalt, ist noch nicht dagewesen, wenigstens nicht in der deutschen Literatur. Das Verkehrte, das Extravagante suchte doch wenigstens eine glänzende, eine erfreuliche Schale; aber solche pure, rüde Renommisterei, die sich in ihrem Schmutz wohlgefällig hingibt, steht doch einzig da«. Nicht weniger hart sekundiert ein anonymer Rezensent im gleichen Blatt am 5. Januar 1832: »In der Tat fällt uns kein zweites Beispiel ein, daß ein Schriftsteller einen so vollständigen moralischen Selbstmord begangen hätte, als es hier von Börne geschieht; und wir können ihm unbedenklich vorhersagen, daß er selbst und seinesgleichen – wir wollen sie nicht einmal mit dem Namen Partei beehren – von nun an vor der öffentlichen Meinung ab und tot ist: eine widerliche Leiche, die fortan nur durch Würmer oder Teufelsspuk bewegt werden wird«.

»Er kann sich freuen, wenn er in Frankreich bleiben darf und seine Briefe nicht – verbrannt werden«, notiert das *Allgemeine Repertorium der deutschen und ausländischen Literatur* (Heft 1, 1832), die *Deutsche Allgemeine Zeitung* (20. Januar 1832) hingegen kommt zu der Ansicht: »Wenn Schiller lebte, würde er auch Briefe aus Paris schreiben«. Vermittelnd und verständnisvoll schreibt Ferdinand Stolle in *Der Komet* (9. März/6. April 1832): »Einem solchen reinen Schmerze über das Vaterland kann nur die innigste Liebe zu diesem zum Grunde liegen, und kein Haß, kein Judeningrimm, wie kopflose Erbärmlichkeit vorzudemonstrieren bemüht ist ... Was die Briefe zur angenehmsten Lektüre macht und uns den Verfasser von der liebenswürdigsten Seite zeigt, das ist der unübertreffliche Humor, der von Anfang bis an's Ende das Buch durchweht. Unter allen Schriftstellern haben die Humoristen das beste Herz, heißt es irgendwo, und das trifft auch bei Börne ein. Wir finden in dem ganzen Buche nicht eine hämische Ironie, nichts von Heimtücke und Bosheit, ja nicht eine Silbe, die auf seinen Charakter einen Schatten werfen könnte«.

Das eine Ende des Meinungsspektrums offeriert die *Münchener Politische Zeitung* (22. Januar 1833): »Wahrlich, wo irgend auf deutschem Boden ein Galgen steht, wird man kein würdigeres Subjekt daran aufzuhängen finden als diesen Herrn Baruch modo Börne«, das andere Ende formuliert Heinrich Laube in seiner großen Besprechung in der *Zeitung für die elegante Welt* (7. Februar 1833): »Ich weiß in Europa jetzt keinen Menschen, der die Welt so brünstig liebte wie Ludwig Börne. Ich finde es natürlich, daß ihn seine Gegenpartei so tödlich haßt, denn Liebe ist der gefährlichste Feind; aber ich finde es dumm, daß man ihn tadelt, denn Liebe ist mehr als Tadel und Lob. Ich habe diese Dummheit selbst öfter begangen, wenn ich mich auch auf die Sonnenseite derselben legte: ich habe ihn nämlich oft gelobt; man muß die Liebe aber nicht rezensieren, man muß sie lieben oder hassen. Ich liebe Börne. Nicht weil er unser bester Humorist und Satiriker ist, nicht weil er gegen die alte Zeit und ihre vielfachen Gebrechen wie ein Herakles loskeult, nicht weil ich in vielen Dingen denke wie er – sondern weil er das beste Herz hat. Es hat seit Jahrhunderten niemand so schonungslos gesprochen wie Börne, und doch hat niemand mein Gerechtigkeitsgefühl mehr gebildet als er, weil ich selbst in den tollsten Übertreibungen, im wildesten Zorne sein vor Gerechtigkeit blutendes Herz sah. So ist es gewiß Tausenden gegangen, darum wird er von Tausenden so geliebt, von Tausenden so gehaßt; denn die Extreme berühren sich. Er ist nicht mehr ein einfacher Schriftsteller, er ist ein Stück Weltgeschichte geworden, ich kann darum die Einfalt der Leute gar nicht begreifen, die ihn, den Schriftsteller, mit ihren Knallpeitschen und verrosteten Schwertern anfallen«.

Zornig, noch einmal, ein Unbekannter in den *Blättern für literarische Unterhaltung* (11. Juni 1833): »Als Lehrer, Reformator und Prophet wollte er dastehen, und da die deutsche Schule sich nicht folgsam genug zeigte, so schien die Rute unentbehrlich. So verließ er im Juli 1830 sein Vaterland, um es von Paris aus zu züchtigen, und hieb, wie es ungeschickte Schulmeister zu machen pflegen, blind in die Klasse hinein ... Hatte er früher einzelne Mißbräuche und Verkehrtheiten nicht ohne Glück bekämpft, so trat er nun mit Grundsätzen hervor, die nichts geringeres als einen völligen Umsturz aller bestehenden gesetzlichen Einrichtungen zum Ziel hatten«. Auch Heinrich Laube erkennt dies, wenngleich vorsichtig lobend, in der *Zeitung für die elegante Welt* (12. Dezember 1833): »Ich darf als gewissenhafter Referent nicht verhehlen, daß er den Aufstand noch niemals so energisch und praktisch als in diesen Bänden den Völkern vorgetragen und ans Herz gelegt habe, ich muß gestehen, daß die Kraft seines Geistes noch jene jugendliche Frische besitzt, welche seine Bücher so verführerisch macht. Es finden sich allerdings viele Grundideen seiner früheren Schriften in diesen Briefen wiederholt, aber man sieht leicht, daß es nicht Mangel an Erfindung, sondern die Absicht ist, das alte Grundthema fortwährend all seinen Gedanken unterzulegen. Sein Humor, seine Satire sind ungeschwächt, und sie werden durch den dunklen Hintergrund der wichtigsten Gegenstände auf eine erschütternde Art gehoben«.

Bis zum Ende der Debatte blieb diese Polarisierung erhalten. So heißt es, einerseits, im *Literarischen Hochwächter* (2. Januar 1834): »Der Börne ist doch eine wunderbare Erscheinung! Wenn viele der übrigen liberalen Schriftsteller der Restaurationszeit durch die Julirevolution um zehn Jahre gealtert sind, so ist er um so viel Jahre jünger geworden. Kein deutscher Autor hat wohl der neuen Zeit so viele Opfer gebracht als Börne. Er hat sich nicht nur um seine Frankfurter Pension, um den Aufenthalt in seinem Vaterlande, das kein Deutscher inniger und schmerzlicher lieben kann als er, geschrieben; er hat, was bei einem Autor gewiß etwas sagen will, seinen ganzen schriftstellerischen Ruf, wenigstens bei einem großen Teil der Deutschen, in die Schanze geschlagen«. Und andererseits schreibt Georg Gottfried Gervinus in einem anonymen Artikel seiner Zeitschrift *Deutsche Jahrbücher zur Aufnahme und Förderung eines gemeinnützigen Zusammenwirkens in Wissenschaft, Kunst und Leben* (Band 1, 1835): »Den Staat will er herstellen und bringt dazu nichts mit, als leidlichen Witz für eine Theaterkritik; ein Reich der Liebe will er gründen und gährt selbst von Haß, von Rachsucht, von blinder Leidenschaft, und heißt den Meuchelmord gut; den Egoismus will er vernichten und läßt überall Eitelkeit, ja Neid und Geldgier durchblicken ... das Größte und Höchste reißt er in den Staub, er selber strauchelt an dem Niedrigsten; und der Katechismus seiner Philosophie heißt: Schlecht sein, damit die Schlechten gut von uns denken! Dies ist, o ihr wackern Deutschen, der neue Luther, der unsere politische Welt reformieren will!«

An diesen wenigen Beispielen aus der großen Fülle der Äußerungen wird deutlich, wie genau die *Briefe aus Paris* den Nerv ihrer Zeit und die Nerven ihrer Zeitgenossen getroffen hatten. Sie fassen, Kaleidoskop und Mikroskop in einem, die aufgeregte Zeit in Europa nach der französischen Julirevolution von 1830 zusammen, sie kommentieren Ereignisse in Deutschland, Frankreich, Polen, England und Italien. Sie analysieren, indem sie beschreiben, sie spotten, indem sie zitieren, sie klären auf, indem sie verschweigen. Dabei gibt es keine Schonung, keine Zurückhaltung. Heftig, wenn es sein muß, brutal wird das Erkannte ausgesprochen. In ihrer einfachen, leicht lesbaren, überaus präzisen Sprache kreisen die *Briefe* um drei Hauptanliegen: die Freiheit, die Wahrheit, die Gerechtigkeit. Radikal, unerbittlich und offen werden vehemente demokratische Forderungen den überkommenen Machtstrukturen gegenübergestellt, werden utopische Ideen eines zukünftigen Europa formuliert: Gedanken eines revolutionären Patrioten und sarkastischen Analytikers, an denen sich in jedem Falle die Geister scheiden mußten.

Der Verfasser dieser so immens umkämpften Publikation war einer der bekanntesten deutschen Schriftsteller jener Jahre, eine Institution auf dem kunterbunt fluktuierenden Markt der kulturellen und politischen Presse. Mit messerscharf-witzigen und hintergründig-komischen Skizzen, Kritiken, Essays und Aphorismen hatte er sich seit 1818 einen sich rasch ausbreitenden Ruf erschrieben; Beiträge in vielgelesenen Zeitschriften sicherten ihm eine immer größer werdende Leserschaft; kurz vor dem Erscheinen der ersten Bände der *Briefe aus Paris* waren seine *Gesammelten Schriften* in acht Bänden herausgekommen und von der Literaturkritik weit über dem Durchschnitt beachtet worden. So lag es nahe, daß die neuen »Brandbriefe« die erbittertsten Meinungsstreitigkeiten hervorriefen.

2

Auch im Leben ihres Autors stehen die *Briefe aus Paris* an zentraler Stelle. Er wurde am 6. Mai 1786 als Juda Löw Baruch im Ghetto von Frankfurt am Main, der »Judengasse«, geboren. Seine Jugend ist von der Tatsache, daß der Vater, Jakob Baruch, ein erfolg- und einflußreicher Bankier ist, ebenso geprägt wie vom geistigen Klima der Frankfurter jüdischen Gemeinde, die streng orthodox denkt und von den Christen der Reichsstadt in besonders enge Grenzen bürgerrechtlicher Zweitrangigkeit verwiesen ist. Erfahrungsfelder genug, um den Jungen, der sich Louis nannte, frühzeitig für ökonomische und staatsrechtliche, für politische und gesellschaftliche Fragen zu sensibilisieren. Bald schon zeigt sich, daß er eigenwillig genug ist, um sich, väterlichen Bemühungen zum Trotz, bürgerlichen Laufbahnbestimmungen zu entziehen. Ein Studium der Medizin, dann der Jura und der Nationalökonomie, auch gelegentlich der Philosophie, wird – in Berlin, Halle und Heidelberg – lustlos vollzogen und bleibt fragmentarisch, es endet 1808 in Gießen mit der Promotion zum Dr. phil. Auf manches Thema, das ihn in diesen Jahren beschäftigt, wird er später zurückkommen. Wenig erfolgreich gerät dann der Versuch einer geregelten Berufsausübung: Von 1811 bis 1815 ist Louis Baruch als Polizeiaktuar Beamter des Großherzogtums Frankfurt, dann wird er entlassen, weil die wenige Jahre zuvor von der jüdischen Gemeinde erkauften Bürgerrechte seitens der Stadt wieder für nichtig erklärt werden und Juden somit nicht mehr Staatsdiener sein können. Aber all dies ist ohnehin nichts für Louis' Temperament. Es gibt nur einen Weg, und den geht er nun: das Schreiben. Sorgfältig beachtet er die Bedingungen für den gesellschaftlichen Erfolg. 1818 nimmt er den »christlich« klingenden Namen Ludwig Börne an, im gleichen Jahr läßt er sich evangelisch taufen. Von jetzt ab, bis zu seinem Tode, bleibt er freier Schriftsteller, lebt außer von seinen Honoraren vor allem von einer väterlichen Erbschaft und von Frankfurter Pensionsbezügen.

Schon sein erster Versuch eines eigenen Periodikums erringt ihm die Aufmerksamkeit der literarisch Interessierten. *Die Wage*, eine *Zeitschrift für Bürgerleben, Wissenschaft und Kunst*, die erst regelmäßig, dann sehr sporadisch zwischen 1818 und 1821 erscheint, füllt er mit einer großen Zahl bedeutender Aufsätze, Kritiken und Aphorismen. Er schreibt sie fast ganz allein, nimmt damit die Tradition der literarisch-politischen Individualzeitschriften des 18. Jahrhunderts (Wilhelm Ludwig Wekhrlin, Andreas Georg Friedrich Rebmann) und des frühen 19. Jahrhunderts (Johann Joseph von Görres) auf und führt sie weiter. Gleichzeitig zwei Intermezzi als Redakteur der Tages-*Zeitung für die freie Stadt Frankfurt* (Januar bis Juni 1819) und als Redakteur der Offenbacher Zeitschrift *Zeitschwingen* (Juli bis Oktober 1819). Vor allem im zweiten Blatt publiziert er wiederum eine große Zahl wichtiger Texte. Eine intensive publizistische Tätigkeit folgt. Noch im gleichen Jahre 1819 erscheint eine längere Reihe von Rezensionen im Leipziger *Literarischen Wochenblatt*, von 1820 bis 1824 arbeitet er fast regelmäßig am Stuttgarter *Morgenblatt für gebildete Stände* und an anderen Zeitschriften mit.

Einen Höhepunkt seines Ruhms bildet die *Denkrede auf Jean Paul*, die 1825 in Frankfurt gehalten wird und in mehreren Zeitschriften sowie als Sonderdruck erscheint. Ab 1828 legt er dann, wie um einen Markstein zu fixieren, die *Gesammelten Schriften* vor. Sie vereinen in einer breiten Auswahl, teilweise überarbeitet, verstreute Publikationen, ergänzt um Neugeschriebenes. Dies ist die eine Epoche im schriftstellerischen Leben des Ludwig Börne.

Die andere Epoche ist bezeichnet durch das Jahr 1830 und seine Julirevolution, durch Börnes Reise nach Paris, die zu einem dauernden Exil werden sollte, durch die *Briefe aus Paris*, durch den fehlgeschlagenen Versuch, mit einer französischen *La Balance* (1836) den Erfolg der *Wage* zu wiederholen, durch die großen Auseinandersetzungen mit Heinrich Heine, durch – damals unveröffentlichte – Studien zur Revolution von 1789 und durch die glänzende polemische Schrift *Menzel, der Franzosenfresser* (1837). Kurz danach, am 12. Februar 1837, stirbt Ludwig Börne.

3

Die *Briefe aus Paris* werden zwischen dem 5. September 1830 und dem 19. März 1833 niedergeschrieben und versandt, nach jeweils etwa einem Jahr zusammengefaßt, redigiert und veröffentlicht. Sie sind Teile einer echten Korrespondenz mit Börnes langjähriger Freundin und Gesprächspartnerin Jeanette Strauß-Wohl in Frankfurt am Main, die sich auch hier, wie schon in den Jahren vor 1830, als kluge und umsichtige Anregerin und Mitgestalterin erweist. Viele ihrer Antwortbriefe sind erhalten. Eine vollständige zusammenhängende Edition aller Briefe beider Schreiber, die leider nicht existiert, würde die Bedeutung dieser Frau erst zeigen.

Für das Verständnis und für die Beurteilung der *Briefe aus Paris* ist es hilfreich zu sehen, welche literaturhistorischen Entwicklungslinien sich in diesem Werke schneiden. Formal handelt es sich zwar um Briefe, in denen Börne unmittelbar auf Tagesneuigkeiten, Zeitungslektüre, Erlebnisse und Erfahrungen reagiert – die Themenskala reicht von der Zahl seiner Stiefel bis zur Staatsphilosophie. Aber zugleich ist immer wieder das kompositorische Geschick des erfahrenen Publizisten zu bemerken, es sind natürlich Briefe, die mit dem Bewußtsein künftiger – baldiger – Publikation geschrieben wurden, Texte, deren in das öffentliche Denken eingreifende Gedanken ihr Publikum weit über die angeredete Frankfurterin hinaus suchten. Sie mußten nur noch vor der Veröffentlichung redaktionell überarbeitet, hin und wieder gekürzt und gelegentlich, zumeist aus juristischen Gründen, von der Nennung einiger Namen und der Schilderung einiger Fakten gereinigt werden. Denn gegen jenes Bewußtsein von der bevorstehenden Veröffentlichung und die damit verbundenen publikationsstrategischen Verhaltensweisen streitet Börnes aufgestaute Spontaneität, sein aufbrausendes Temperament, seine schier cholerische Formulierlust, der sinnliche Genuß einer gelungenen Sentenz, der unüberwindbare Zwang zur schlagenden Pointe.

Mit dieser Technik der Überführung privater Briefe in öffentliche Schreiben steht Börne in einer alten Tradition, die bis zu den Gelehrtenbriefen der »respublica litteraria« des 17. Jahrhunderts zurückreicht – wo man Korrespondenz als Ersatz für andere Kommunikationsmittel zu gedruckten Folianten bündelte –, die sich dann im 18. Jahrhundert – etwa in Lessings *Briefen über die Erziehung des Menschengeschlechtes* – formal verselbständigt. Auch Börnes Briefe sind »epistolae«, gerichtet an alle »homines bonae voluntatis«. Und zugleich hilft er mit, eine neue Tradition zu begründen, die bekenntnis- und reportagehaften »Briefe«, wie sie das 19. Jahrhundert in fast unübersehbarer Menge hervorbrachte, jetzt freilich gleich für den Druck verfaßt.

Da Börne zu allem Stellung nimmt, was er liest, sieht oder hört, da die Briefe in sehr dichter Folge entstehen, gehören seine Texte zugleich in die Geschichte des deutschen Tagebuchs. Die *Briefe aus Paris* sind auch dann, wenn sie sich mit politischen oder gesellschaftlichen Themen beschäftigen, in hohem Maße autobiographisch, sie stehen in engem Zusammenhang mit sehr vielen ähnlichen Texten jener Zeit.

Und schließlich sind die *Briefe aus Paris* Bestandteil einer noch jungen, erst im 19. Jahrhundert entwickelten Tradition. Sie sind häufig in der Art jener »Korrespondenzberichte« geschrieben, wie sie populäre literarische Zeitschriften seit etwa 1800 zur Information und zum Amusement ihrer Leser veröffentlichten. Die *Zeitung für die elegante Welt*, das *Morgenblatt für gebildete Stände*, die *Abend-Zeitung* oder *Der Gesellschafter* und mit ihnen viele andere Blätter druckten regelmäßig briefliche Mitteilungen freier Mitarbeiter aus Metropolen – Plaudereien über Gesellschaft, Theater, Mode, Musik, Literatur, Prominenz und Skandale. Solche unterhaltsame Berichterstattung findet sich auch in den *Briefen aus Paris*, freilich von einem Autor geschrieben, der sein eigener Unternehmer ist und kein redaktionsbeaufsichtigter Lohnschreiber, von einem Autor dazu, der das geschäftigte Heer der Konfekt-und-Konfetti-Skribenten weit überragt.

4

Börnes unerschütterlicher Glaube an die Instrumentierbarkeit der menschlichen Vernunft, an die prinzipielle Möglichkeit der Erklärung und Gestaltung der Welt weist ihn als einen Autor aus, dessen geistiger Horizont aus dem 19. Jahrhundert tief in das 18. Jahrhundert zurückreicht. Immerhin war er bereits vierzehn Jahre alt, als das Jahrhundert begann, das er mitbestimmen wollte. Er ist einer jener Schriftsteller, die belegen, wie weit die »Aufklärung«, wenn auch in veränderter und modifizierter Form, noch immer die Geistesgeschichte des frühen 19. Jahrhunderts formt und prägt. Schon an Börnes literarischen Verfahrenstechniken läßt sich dies ablesen. Er gibt, im Gefolge Lessings und Wielands, dem Leser immer wieder Gelegenheit, am Entstehungsprozeß seiner Gedanken teilzunehmen, er bezieht ihn diskursiv als Partner ein, er zieht oft genug aus dem Gesagten keine unmittelbare Konsequenz, sondern überläßt dies dem Gegenüber. Eine hohe Kunst der »Unterhaltung«: Es muß alles gedacht werden, was gesagt werden soll, aber es muß nicht alles gesagt werden, was gedacht werden kann. Auch darin ist Börne ein »Aufklärer«, wenngleich nicht in der didaktisch oft penetranten Manier der Autoren des späten 18. Jahrhunderts und auch nicht in der formuliersüchtigen Vielschreiberei der Zeitgenossen vom »Jungen Deutschland«. Gerade die *Briefe aus Paris* zeigen, als Brief-Wechsel, die dialogische Intention deutlich: Wenn vom Gesprächspartner keine Gegenposition kommt, übernimmt Börne diese selbst.

Der Meister des »esprit«, des blitzlichtartig erhellenden Gedankens, des überraschend-überrumpelnden Szenenwechsels in der Argumentation bleibt eine brillante Ausnahme: ein deutscher Causeur. Börne gehört damit, als ein Begründer, und gleich als ein Höhepunkt, in die Geschichte einer besonderen Form, in eine freilich im einzelnen noch unerforschte und unbekannte Geschichte: in die des deutschen Feuilletons. Vor allem dann, wenn man »Feuilleton« nicht als zeilenschinderische Allerweltständelei abtut, sondern als seriöse Gattung definiert.

Börne hat erkannt, daß es keine Wahrheit gibt, sondern nur einzelne Wahrheiten, und daß diese Wahrheiten, wenn sie denn Wahrheiten seien, niemals lang und zeitlich formulierbar wären, sondern nur kurz und auf ewig. Das macht seine Rationalität aus, seine Skepsis und seine Lust zu Utopien. Darum ist auch – im Gefolge Lichtenbergs – der Aphorismus eine seiner bevorzugten Formen, die er von seinem ersten Auftreten als Schriftsteller an pflegt: die brisante Sentenz, der herausgemeißelte Gedanke, das »Buch in einem Satz« – ein Schreibverhalten mithin, das dem Leser ebensoviele liebenswürdig-unnötige Lektüre abzubuchstabieren erspart, als es ihm ganz neue Landschaften der Erkenntnis offenbart. Zuspitzen läßt sich nur, was formbar ist. Börne, der »Aufklärer«, hält alles für formbar. Darum sind die *Briefe aus Paris*, unter anderem, auch eine riesige Aphorismensammlung.

5

Börnes Werk, als ganzes, ist nicht leicht zu beschreiben. Wo ihn einordnen? Journalist, Publizist, Feuilletonist, Kolumnist, Humorist, Satiriker? Ungenaue, einander teilweise überlagernde Begriffe. Zwar sind fast alle Texte aus den Jahren vor 1830 für Zeitschriften geschrieben, aber ein Journalist, ein »Tages«-Schriftsteller im Wortsinn war Börne doch nur in Ausnahmefällen und des Broterwerbs wegen. Er selbst hat sich, treffsicherer als alle anderen, einen »Zeitschriftsteller« genannt: einen Autor, der in der Zeit, aus der Zeit, für die Zeit und, wenn nötig – und es war nötig –, gegen die Zeit schreibt. Er hat es der Wissenschaft von der deutschen Literatur lange schwer gemacht, ihm gerecht zu werden, denn es gibt keine Dramen und keine Gedichte von ihm, keine Romane und nur wenige Erzählungen. Er ist mithin nicht das, was man in der Literaturtheorie des 19. Jahrhunderts als »poeta vates« begreifen konnte, als seherisch begeisterten Dichter. Daher immer wieder die mühsamen Versuche, mit einzelnen Aspekten seines Schreibens das Gesamtwerk zu erklären. In der Selbstbeschreibung als »Zeitschriftsteller« steckt auch dies: Börne ist im Sinne des oft mißbrauchten und mißverstandenen Wortes ein politischer Schriftsteller. Einer, der alles, was er dachte und niederschrieb, seinem Generalthema unterordnete: »Deutschland und der politische Zustand des deutschen Volkes«. Auf diese fundamentale Leitlinie hin sind alle seine Texte ausgerichtet, auch Theater- und Literaturkritiken, auch Korrespondenz-Notizen, Feuilletons und Essays. Daß dies in einer unübertrefflich klaren und redlichen Sprache geschah, macht Börnes Rang in der Geschichte der deutschen Prosa aus. Daß viele seiner Einsichten bis heute unverändert ihre Gültigkeit haben, erlaubt es, die eben zitierte Formel umzukehren: Börne ist ein politischer Autor höchsten Ranges, er besitzt jenes Charisma, das aus dem säkularisierten Prophetentum entspringt – vates poeta.

Doch da sind der Ort und die Zeit der Aufzeichnung der *Briefe aus Paris*. Zwar hat die Seinemetropole, nachrichtentechnisch, auch eine Hauptstadtfunktion für die deutschen Staaten. Wo in einer Stadt jenseits des Rheins kämen so viele Presseprodukte und Menschen zusammen, so viele Zeitungen, Zeitschriften, Bücher, Broschüren und Flugblätter, so viele neue Pläne, Ideen und Anregungen? Ideale Bedingungen für den grenzenlos neuigkeitsbegierigen Börne. Aber auch er erleidet den zwangsläufigen Realitätsverlust und die zunehmende Isolation aller Emigranten, die rasch sich steigernde Irritation des Exils. Zwar schreibt er in der Umbruchsituation nach 1830, als es an vielen Orten gärte und manches sich zu verändern schien. Aber er muß erleben, wie wenig von den ersten Hoffnungen übrigblieb, wie rasch die Herrschenden im Sinne des Gewesenen reagierten. An den *Briefen aus Paris* ist abzulesen, wie sich Börnes Denken verschärft und verfinstert, wie aus dem radikalen Liberalen der Jahre vor 1830 der immer weniger liberale Radikale wird.

Darauf ist es wohl zurückzuführen, daß Börne nicht selten die Kraft der Argumentation im politischen Alltag überschätzt, daß auch er von jener Krise der »Vernunft« im 19. Jahrhundert betroffen wurde. Auch ihn muß man vor dem Hintergrund der Melancholie der Restaurationszeit sehen, und man muß bemerken, daß sein existentieller Kampf für die »Freiheit« – die grundsätzlich sein sollte und nicht darin bestehen durfte, daß man lediglich die Unterdrückung wechselte – nicht naiv demagogisch ist, sondern aus einer europäischen »Fähigkeit zu trauern« entspringt.

Die Freiheit. Bis zum Ende seines Lebens konnte Börne nicht vergessen, durfte er nicht vergessen, ließ man ihn nicht vergessen: daß er Jude war. In einem Ausbruch in den *Briefen aus Paris*, im 74. Brief, hat er den engen Zusammenhang zwischen seiner Herkunft als Frankfurter »Juddebub« und dem Zentralbegriff seines politischen Denkens und Schreibens nachdrücklich dargestellt: »Es ist wie ein Wunder! Tausend Male habe ich es erfahren, und doch bleibt es mir ewig neu. Die einen werfen mir vor, daß ich ein Jude sei; die andern verzeihen mir es; der dritte lobt mich gar dafür; aber alle denken daran. Sie sind wie gebannt in diesem magischen Judenkreise, es kann keiner hinaus. Auch weiß ich recht gut, woher der böse Zauber kommt. Die armen Deutschen! Im untersten Geschosse wohnend, gedrückt von den sieben Stockwerken der höhern Stände, erleichtert es ihr ängstliches Gefühl, von Menschen zu sprechen, die noch tiefer als sie selbst, die im Keller wohnen. Keine Juden zu sein, tröstet sie dafür, daß sie nicht einmal Hofräte sind. Nein, daß ich ein Jude geboren, das hat mich nie erbittert gegen die Deutschen, das hat mich nie verblendet. Ich wäre ja nicht wert, das Licht der Sonne zu genießen, wenn ich die große Gnade, die mir Gott erzeigt, mich zugleich ein Deutscher und ein Jude werden zu lassen, mit schnödem Murren bezahlte – wegen eines Spottes, den ich immer verachtet, wegen Leiden, die ich längst verschmerzt. Nein, ich weiß das unverdiente Glück zu schätzen, zugleich ein Deutscher und ein Jude zu sein, nach allen Tugenden der Deutschen streben zu können und doch keinen ihrer Fehler zu teilen. Ja, weil ich als Knecht geboren, darum liebe ich die Freiheit mehr als ihr. Ja, weil ich die Sklaverei gelernt, darum verstehe ich die Freiheit besser als ihr«.

45

»Mangel an jener Weltanschauung, die uns über Raum und Zeit erhebt« Ludwig Börnes »Briefe aus Frankfurt«

1

Frankfurter, die am 12. Oktober 1820 die soeben erschienene Nummer 245 der damals höchst renommierten Zeitschrift *Morgenblatt für gebildete Stände* aufschlugen, konnten darin unter anderem folgendes lesen: »Frankfurt am Main, den 1. Oktober 1820. Unsere Messe ist jetzt verschieden; sie soll ein seliges Ende genommen haben, und man lobt sie sehr wegen ihrer guten Eigenschaften. Worin diese aber bestanden, das zu erzählen, muß ich andern Biographen überlassen. Uns Glückliche, die wir nur zum Essen geboren sind (fruges consumere nati), berührt der Großhandel gar nicht, und es ist uns sehr gleichgültig, ob die Seidenzeuge flau gingen, ob die Baumwollenwaren überführt waren, ob das Sohlleder stark gezogen, oder ob von dem allen das Gegenteil stattgefunden. Eine seidene Weste, Batist zu Halstüchern, ein Paar Stiefel, das behält seinen unabänderlichen Preis, der Handel mag gut oder schlecht gehen, sowie auch der Schoppen Wein in den hiesigen Gasthäusern nie wohlfeiler wird, und wenn hundert weinreiche Jahre aufeinander folgten«.

Der Artikel, dessen Beginn hier zitiert wurde, und dem noch mehrere folgten, unterschied sich für die zeitgenössischen Leser deutlich von den anderen, meist nur harmlos dahingeplauderten Kulturberichten aus deutschen Städten, wie sie das *Morgenblatt* und viele ähnliche Zeitschriften in jenen Jahren serienweise veröffentlichten. Der knappe, präzise, überlegen ironische Stil, die konzentrierte Fülle von Beobachtungen und Meinungen, der charakteristische Tonfall: Unter Kennern war bald klar, wer sich hinter dem Kürzel »D.B.« verbarg, mit dem diese Beiträge gezeichnet waren. »D.B.«, das war als »Doktor Börne« zu lesen, das war jener Dr. Ludwig Börne[1], der anderthalb Jahre zuvor mit seiner Frankfurter Zeitschrift *Die Wage* begonnen hatte, sich einen rasch ausgebreiteten Ruf als witziger, satirischer (»humoristischer«, wie man damals sagte) und treffsicherer Autor zu erschreiben.

1786 als Juda Löw Baruch in der Frankfurter Judengasse geboren, war er nach dem Studium und der Promotion im Jahre 1811 in den Dienst der Polizei der Stadt Frankfurt getreten, die damals, unter dem liberalen Fürstprimas Karl Theodor von Dalberg, ein eigenes Großherzogtum bildete, das auch Juden den Zutritt zu öffentlichen Ämtern gestattete. Wenige Jahre später, als die bürgerrechtlichen Vorschriften für Juden wieder verschärft wurden, sofort entlassen, hatte er den »christlich« klingenden Namen Börne angenommen, war zur evangelischen Religion übergetreten, hatte eine Laufbahn als Journalist und Publizist begonnen. Deren erstes Resultat war jene Zeitschrift *Die Wage* gewesen, die ab Juli 1818 zunächst regelmäßig und in den Jahren 1819 bis 1821, vor allem aus persönlichen Gründen ihres Herausgebers und fast einzigen Autors, immer sporadischer erschien. Zwei Versuche, als angestellter Redakteur zu arbeiten, erst bei der *Zeitung der freien Stadt Frankfurt*, dann bei der Offenbacher Zeitschrift *Zeitschwingen*, waren 1819 fehlgeschlagen. In beiden Fällen hatte die mächtige Frankfurter Zensur über den unerbittlich freimütigen Schriftsteller gesiegt. Sodaß Börne nun, im Jahre 1820, von weiteren Plänen, eigene Periodika zu produzieren, Abstand nahm und stattdessen Mitarbeiter an anderen Blättern wurde, zumal am Stuttgarter *Morgenblatt*, für das er in den nächsten Jahren eine stattliche und eindrucksvolle Reihe von Aufsätzen und Kritiken schrieb.

2

Dieses *Morgenblatt für gebildete Stände* gehört zu den führenden literarischen Unterhaltungs-Zeitschriften der ersten Hälfte des 19. Jahrhunderts. Wie der Berliner *Gesellschafter*, die Leipziger *Zeitung für die elegante Welt*, die Dresdner *Abend-Zeitung* oder die Wiener *Allgemeine Theaterzeitung* bemüht sich auch dieses Blatt, den immer mehr ansteigenden kulturellen Lese- und Informationsbedarf des wirtschaftlich erfolgreichen gehobenen Bürgertums (in der Sprache der Zeit: der »gebildeten Stände«) mit vier, fünf, ja sechs Ausgaben pro Woche zu decken. Im Laufe seiner langen Geschichte – es erschien von 1807 bis 1865, ab 1837 unter dem geänderten Titel ... *für gebildete Leser* – veröffentlichte es viele Tausende von Erzählungen, Gedichten, Essays und Kultur-Korrespondenzen aus allen wichtigen Städten Europas. Für einen kurzen Ausschnitt aus der Frankfurt-Berichterstattung zeichnet Ludwig Börne verantwortlich.

Die Tatsache, daß das Blatt in einem der einflußreichsten deutschen Verlage des 19. Jahrhunderts erschien, bei Johann Friedrich von Cotta, hat zur Folge, daß fast alle wichtigen Autoren der ersten Jahrhunderthälfte, die heute noch bekannten und die jetzt vergessenen, im *Morgenblatt* schrieben. Deren Liste, nur für die ersten 20 Jahre, ist viele Hunderte von Namen lang[2]. Um nur einige, neben Börne, zu nennen: Johann Wolfgang von Goethe, Jean Paul, August Wilhelm Schlegel, Friedrich Wilhelm Joseph Schelling, E. T. A. Hoffmann, Clemens Brentano, Novalis, Friedrich Rückert, Heinrich Heine, Eduard Mörike.

Kulturkorrespondenzen, wie Börnes *Briefe aus Frankfurt*, sind eine Folge der Bewegungen im frühen 19. Jahrhundert. Die Welt wurde gleichzeitig immer größer und immer kleiner. Sie wurde immer größer: Neue Länder, neue Kontinente traten in das Blickfeld, man war an Einzelheiten interessiert – durchaus in dem selbstgemachten Bewußtsein, daß man als Europäer sozusagen zwangsläufig im Besitz des besseren Erbteils der Schöpfung sei. Und die Welt wurde immer kleiner: Zwischen den knapp 40 Staaten, in die sich das 1806 ins Grab gesunkene Heilige Römische Reich Deutscher Nation zersplittert hatte, wurden die Verkehrswege dichter ausgebaut; die Eisenbahnen begannen zu fahren, der Telegraph wurde erfunden; Orte, die mehrere Postkutschen-Tagesreisen voneinander entfernt gewesen waren, lagen nun nur noch ein Dutzend Stunden auseinander. Die Aufmerksamkeit für die Ereignisse in den anderen Staaten und Städten wuchs; zu berichten war, wie man dort lebte, und was die Leute dort bewegte, von den kleinen Lokalereignissen (50jähriges Dienstjubiläum eines verdienten Pädagogen) bis zu den spektakulären Sensationen (der Violinvirtuose Niccolo Paganini zu Gast). In der Zeit vor 1848, einer Epoche allgegenwärtiger staatlicher Zensur, konnte es sich selbstverständlich nur um kulturell-feuilletonistische, will sagen: um unpolitische Berichterstattung handeln. Auch Börne berücksichtigt diese Einschränkung strikt in seinen Texten. Und doch ist weder die Ironie verkennbar, mit der er diesen Zwang handhabt und für die wissenden Leser seiner Zeit sozusagen nach außen kehrt, noch die strategische List der Vernunft, mit der er seine politischen Meinungen dennoch unmißverständlich andeutet.

Nicht unerwähnt bleiben darf der in jener Zeit überaus seltene Fall, daß eine Frau die Redaktion des *Morgenblattes* leitete, als Börnes *Briefe aus Frankfurt* veröffentlicht wurden. Therese Huber, 1764-1829, war, ohne daß jemals ihr Name im Impressum ausgedruckt worden wäre, für das Blatt von etwa 1816 bis 1823 verantwortlich, eine energische und umsichtige Frau, die die Texte unbotmäßiger Autoren ohne Bedenken im Sinne der Interessen des Verlags zurechtstutzte, das heißt: kürzte, umschrieb und hinzufügte. »Frau Huber«, schrieb Börne am 15. November 1820 an seine Freundin und Beraterin Jeanette Wohl, »sagte mir Cotta, trage Bedenken, meinen letzten Bericht abzudrucken, sie fürchtet, die Frankfurter Frauen möchten es übelnehmen. Ich versicherte ihn des Gegenteils. Vielleicht erscheint der Aufsatz also doch noch. Habe ich nur einmal meine Schulden an Cotta abbezahlt, so schicke ich gewiß nichts mehr ins Morgenblatt. Da wäre ich ja ein Narr, wenn ich mich der Zensur einer alten Frau unterwerfen wollte«[3]. Doch auch er fiel ihrem Federkiel zum Opfer.

Seine Aufsätze erschienen von Oktober 1820 bis Februar 1821 regelmäßig monatlich; im September 1821 kam, nach langer Pause, ein Nachzügler hinzu[4]. Die Berichte wurden, wie die Notizen aus anderen Städten auch, unter der Rubrik *Korrespondenz-Nachrichten* gedruckt; gezeichnet sind sie alle mit »D.B.«.

Börne nahm diese Texte nicht in seine *Gesammelten Schriften* auf. Erst 1840, in deren posthumer Fortsetzung, die von seinen Erben veranstaltet wurde, erschienen die Korrespondenzen 1-5 unter dem Titel *Briefe aus Frankfurt*[5]. Die Korrespondenz 6 wurde 1844 in der Sammlung *Moderne Reliquien*[6] erneut publiziert.

3

Die Manuskripte Börnes zu den Briefen 1-5 sind in seinem Nachlaß[7] erhalten geblieben, ein Konvolut von 15 großformatigen Blättern, die jeweils auf der äußeren Spalte beschrieben sind. Die Texte weisen zahlreiche Korrekturen und Einschübe auf. Die Blätter liegen in einer alten bibliophilen Mappe mit Goldprägung.

Vom zweiten Brief ist auch die eigentliche Satzvorlage überliefert[8], drei Blätter mit der Abschrift eines unbekannten Schreibers, die offensichtlich von Börne selbst veranlaßt wurde, denn er hat sie mit einer Reihe von Verbesserungen versehen, bevor er sie nach Stuttgart schickte. So fügte er die Datierung[9] und eine Nachricht für die Redaktion[10] hinzu, und übertrug den Schluß des letzten Satzes, mit dem wohl ein viertes Blatt begonnen worden war, zusammen mit der Chiffre »D.B.« seitlich quer auf das dritte Blatt. Wichtiger ist, festzuhalten, daß er bei dieser Gelegenheit einzelne Textfassungen korrigierte, von denen einige bis heute nicht in Börne-Ausgaben berücksichtigt sind[11]. Auch Spuren der Bearbeitung des Textes durch die Redakteurin Therese Huber, zwei einschneidende Veränderungen, sind in diesen drei Blättern nachzuweisen[12].

4

Der Inhalt der sechs *Briefe aus Frankfurt* ist, gemessen an ihrer Kürze, erstaunlich reichhaltig. Das Theater, Schauspiel und Oper, behandelt Börne oft und zum Teil ausführlich. Dies ist, seit der *Wage*, sein ureigenstes Thema: als Theaterkritik maskierte Urteile über die zeitgenössischen Zustände. Das Frankfurter Theater befindet sich, wie so oft, in einer Krise, es ist schlecht, sein Spielplan unbedeutend und voller trivialer Eintagsfliegen. Und doch wird es von Börne verteidigt, und doch schreibt er über die Notwendigkeit des

Theaters und von der Pflicht zu dessen Erneuerung. Einzelne Aufführungen werden seltener besprochen, Börne liefert zusammenhängende Überschauen und Spielplanstatistiken, die auch ohne Kommentare vielsagend genug sind. Daß bedeutende Namen dabei vorkommen – Shakespeare, Voltaire, Lessing, Schiller, Gluck oder Mozart –, kann nicht über den mißlichen Alltags-Routine-Leerlauf in Frankfurt hinwegtäuschen. Was Börne vorschwebt, nennt er ein Theater »für Männer und für Geistesmündige«, der politische Aspekt solcher Formulierungen ist offenkundig, der Appell an das bürgerliche Selbstbewußtsein, der in jener zensurbeherrschten Zeit nur verhüllt und drapiert vorgetragen werden konnte, versteckt in doppelbödiger Sprache: Auch in den *Briefen aus Frankfurt* finden sich kleine Meisterwerke dieses Stils. Wenn Börne rügt, daß in dieser Stadt kein Goethe-Stück aufgeführt werde, so stimmt auch dies zu seinen sonstigen Stellungnahmen; denn er lehnte nicht den »größten Dichter«, sondern den »kleinsten Menschen« Goethe ab. Sogar auf Schauspielerklatsch kommt Börne, in seiner Weise, zu sprechen. Er erwähnt das Privatleben einer populären Schauspielerin, die – sehr fein gesagt – »die Gunst der Menge im gleichen Grade erwiderte als besaß«, und ihm gelingt, als er von ihrer öffentlichen Rechtfertigung spricht, eine klassisch salomonische Formulierung: »Ob die Gewohnheit der Tugend oder die Tugend der Gewohnheit sie aufrecht erhalten, entscheide ich nicht; die Meinungen waren geteilt«.

Auf andere Frankfurter Themen geht Börne weniger ein, auf Konzerte etwa, so Auftritte des damals berühmten Pianisten Ignaz Moscheles und des nicht weniger bekannten Geigers Louis Spohr, oder auf zeitspezifische Lustbarkeiten wie die bombastisch annoncierte »akademische Kunstgalerie« des französischen Schaustellers Jules Rovère, der 1820 in Frankfurt gastierte. Mit jener Leichtigkeit, die das Ergebnis sorgfältiger Überlegung ist, gelingt es Börne auch hier, seine politische Meinung durchscheinen zu lassen, wenn er, lediglich den Einladungszettel zitierend, durch Hervorhebungen einen »*hohen* Adel« von einem »*verehrungswürdigen* Publikum« unterscheidet. Ausführlich und zustimmend beschreibt Börne eine Veranstaltung des »Caecilienvereins«, jener von Frankfurter Bürgern gebildeten Singgemeinschaft, die sich damals unter dem Dirigenten Johann Nepomuck Schelble zu einem der besten deutschen Chöre entwickelte. Eine Aufführung des Mozartschen »Requiem« beeindruckt den Berichterstatter, der auch nicht versäumt, auf die Anwesenheit eines Sohnes Mozarts hinzuweisen, Karl Mozarts, der sich Wolfgang Amadeus Mozart junior nannte.

Die Literaturproduktion der Freien Stadt taucht selten auf. Sie ist unbedeutend, besteht teilweise nur aus Broschüren. Börne entlarvt sie durch liebevoll ernstgenommene Zitate, eine Behandlungsweise, die bis heute nichts von ihrer Wirkung verloren hat. Überaus charakteristisch für ihn ist die einzige Ausnahme hiervon, eine längere Passage, die er an die soeben anonym erschienene *Geschichte des preußischen Staates* von Johann Caspar Friedrich Manso knüpft. Statt eine Rezension über dieses Buch zu schreiben, liefert er eine kleine, in sich geschlossene Abhandlung über die Frage des »Stils« der Deutschen, über dessen Voraussetzungen und Unmöglichkeiten: »Es ist so leicht zu erklären, warum die Deutschen keinen Stil haben, daß es verzeihlich wird, *daß* sie keinen haben«. Von dem Buch, das ihn dazu angeregt hat, ist so gut wie nicht die Rede. Auch dies ist eine Methode propagandistischer Publizistik, die gerade Börne entwickelt und gepflegt hat. Er wird diese Technik später noch in vielen Buchbesprechungen wiederholen.

Seine Revue der Frankfurter Presse, ein knapper Blick auf die Tageszeitungen und die literarischen Unterhaltungsblätter, ist ebenfalls von aufklärerischer Ironie geprägt. Gewiß, die damalige Periodika-Produktion der Mainmetropole ist nicht besser und nicht schlechter als die Presse in anderen deutschen Städten, aber Börne wünschte sich grundsätzlich die Welt besser, und damit auch seine Vaterstadt. So kann es sich über deren provinzielle Blätter lustig machen, so kann er, selbstverständlich ohne die Nennung seines Namens, auch über seine eigene *Wage*, die gerade wieder einmal sehr ins Stocken geraten war, spotten, indem er sagt, sie nehme ihre Ankündigung unregelmäßigen Erscheinens allzusehr in Anspruch, denn sie erscheine »so selten als ein Lob in ihr«.

Wenig einverstanden ist Börne mit der zeitgenössischen Frankfurter Architektur. Neue Wohnhäuser wecken in ihm Assoziationen an »Kasernen«. Einen Bau nimmt er aus: das Domizil der Stadtbibliothek. Dafür findet er zustimmende Worte. Gleichwohl berichtet er auch hier kritisch von der nicht unproblematischen Geschichte dieses Gebäudes, das 1821 nach einer stolzen Anlaufzeit von über 40 Jahren endlich begonnen werden konnte.

Ebenso skeptisch ist, was über eine andere Frankfurter Kultur-Institution gesagt wird, über das »Kasino«. Die Beschreibung der Schwierigkeiten, die einer Mitgliedschaft im Wege stehen, führt, ohne daß es ausgesprochen wird, zu den Problemen der Nicht-Bürger, also auch der Juden, in Frankfurt.

Mittelalterliche, jedenfalls in der ersten Hälfte des 19. Jahrhunderts längst anachronistisch gewordene Äußerungen städtischer Politik werden angeprangert mit der Schilderung der Frankfurter »Torsperre«, jener Übung, abends unter heftigem Trommelwirbeln die Stadttore zu schließen und zu spät Kommende nur gegen einen Obolus noch einzulassen. Wenn Börne dazu zweifelnd bemerkt, er sei »mehr zu wünschen als zu hoffen«, daß sich dies in absehbarer Zeit ändern werde, so hat er nur zu recht damit, denn noch zehn Jahre später sollte diese Absurdität zu heftigen Auseinandersetzungen zwischen den Einwohnern und der Polizei führen – zu dem »Sperrbatzenkrawall« oder »Allerheiligenrevolution« genannten Tumult von 1831.

Börnes Beschreibung des »Frankfurters« – was immer man darunter verstehen mag – ist ebenfalls sehr distanziert und doch witzig-aphoristisch. Er diagnostiziert an ihm einen »Mangel an jener Weltanschauung, die uns über Raum und Zeit erhebt«, Frankfurt sei »gewiß einer der engsten, spitzesten Krähwinkel, die es in Deutschland geben mag«. Diese bissige Formulierung freilich wurde ihm für den Druck im *Morgenblatt* von der Redaktion gestrichen. Deutlich ist, daß Börne vor allem Vertreter der »höheren Stände« meint, Ratsherren, Bankiers und Großbürger, den »Stadtadel« eben, den er, und damit ist auch in diesem Punkt seine politische Meinung unverkennbar, gerne vom »Volk« trennt. Zu diesem wiederum hat er ein sehr differenziertes Verhältnis, einerseits ist für ihn »das Frankfurter Volk so gut als erhaben«, andererseits bezeichnet er es als den großen »Haufen«. In Börnes Darstellung der »Frankfurterinnen« – »jene Beschränktheit [der Männer] teilen die Frauen nicht. Geist und Gemüt, Witz, Anmut, Lebendigkeit besitzen viele ...« –, vor allem dort, wo deren soziale und religiöse Aktivitäten abgehandelt werden, hat die Redaktion des *Morgenblatts* energisch kürzend und verändernd eingegriffen. Wahrscheinlich, wie der oben zitierte Brief zeigt, aus Rücksicht auf Frankfurter Abonnemente, die nicht gefährdet werden sollten.

Von damals bekannten Frankfurter Persönlichkeiten, die eingehender erwähnt werden, ist Karl Balthasar Malß zu nennen, der Theaterdirektor und Dialektlustspiel-Autor, dessen großen »Bürgerkapitän«-Erfolg Börne beschreibt[13], ferner der Operndirektor Karl Wilhelm Ferdinand Guhr, dessen Verdienste um das Musiktheater hervorgehoben werden, und schließlich der Senator Karl Friedrich Wilhelm Schmid, dessen Tod Börne beklagt.

Festzuhalten bleibt schließlich, daß Börne eines der wichtigsten wirtschaftlichen Themen in Frankfurt, die Messe, nur kurz und nebenbei aufgreift. Es scheint, als sei ihm bewußt, daß die Frankfurter Messe ihre frühere Bedeutung längst eingebüßt und die Führung an die Leipziger Messe, die ebenfalls erwähnt wird, abgetreten habe. Denn daß er, der ehemalige Student der kameralistischen Wirtschaftwissenschaften, Sinn für derlei Zusammenhänge hatte, ist durch die große Artikelserie bewiesen, die er kurz darauf über die Pariser *Industrieausstellung im Louvre* veröffentlichte[14].

Die Kürze der Berichterstattung – nur wenige Monate werden referiert – ist ebenfalls ein Grund dafür. Sie verhindert auch, daß Börne noch auf andere Themen zu sprechen kommt, die zu jener Zeit von wichtiger kultureller Bedeutung für Frankfurt sind, die Senckenbergische Naturforschende Gesellschaft beispielsweise, das Städelsche Kunstinstitut oder die Polytechnische Gesellschaft[15].

5

Börnes Domäne, sein eigentliches Begabungsfeld war das Briefeschreiben – auch seine anderen Arbeiten, die Essays und Kritiken, sind vielfach nur Post an seine Leser. Jeanette Wohl hat das frühzeitig erkannt. Die letzte und bedeutendste Frucht ihrer vielfältigen diesbezüglichen Aufforderungen sind Börnes *Briefe aus Paris*. Ein wichtiger früher Versuch in dieser Richtung sind die *Briefe aus Frankfurt*. Sie zeigen deutlich Börnes schriftstellerisches Prinzip. Er geht in eine mittelmäßige Theatervorstellung, und er entwickelt daraus Prinzipien über das Verhältnis von Regierenden und Regierten. Er liest ein belangloses Buch, und er macht daraus einen Kommentar über den Zustand der deutschen Gesellschaft: aus dem Unwesentlichen das Grundsätzliche wie nebenbei entwickelnd.

Auch in seinen *Briefen aus Frankfurt* formuliert Börne knapp, schlagend, präzise, ohne Umschweife, stets konzentriert bei der Sache. Aus dem wenigen, was in Frankfurt geschieht – und es ist in der Tat nicht sehr viel – macht er glänzende kulturgeschichtliche Vignetten, die den trägen Geröllstrom anderer damaliger Kultur-Korrespondenzen aus vergleichbaren Städten haushoch überragen.

1 Vgl. *Ludwig Börne*. 1786-1837. Bearbeitet von Alfred Estermann. Frankfurt am Main: Buchhändler-Vereinigung 1986. 432 S.
2 Zum *Morgenblatt für gebildete Stände* vgl. Alfred Estermann: *Die deutschen Literatur-Zeitschriften 1815-1850*. Bd. 1. Nendeln 1978. S. 358-408.
3 Ludwig Börne: *Sämtliche Schriften*. Darmstadt 1968. Bd. 4. S. 326.
4 Die einzelnen Veröffentlichungsdaten:
Brief 1: 1820. Nr. 245. 12. Oktober. S. 984; Nr. 246. 13. Oktober. S.988.
Brief 2: 1820. Nr. 281. 23. November. S. 1128; Nr. 282. 24. November. S. 1131-1132.
Brief 3: 1820. Nr. 312. 29. Dezember. S. 1251-1252; Nr. 313. 30. Dezember. S. 1256.
Brief 4: 1821. Nr.24. 27. Januar. S. 95-96; Nr. 25. 29. Januar. S. 99-100.
Brief 5: 1821. Nr. 42. 17. Februar. S. 168; Nr. 43. 19. Februar. S. 171-172.
Brief 6: 1821. Nr. 212. 4. September. S. 848.
5 Ludwig Börne: *Gesammelte Schriften*. Bd. 16. 1840. S. 310-358.
6 *Moderne Reliquien*. Hrsg. von Arthur Mueller. Berlin 1844.
7 Stadt- und Universitätsbibliothek Frankfurt am Main, Nachlaß Ludwig Börne, A I Nr. 32-36.
8 Schiller-National-Museum Marbach am Neckar, Cotta-Archiv.
9 »Frankfurt am Mayn, den 3. Nov. 1820«.
10 »Für d. Morgenbl. von Dr. Börne in Frankfurt«.
11 So wurde der Satz »Jene Beschränktheit teilen die Frauen nicht ganz« in »... nicht alle« umgeändert. In der Druckfassung im *Morgenblatt*: »... teilen die Frauen nicht«. Aus »das magnetische Treiben einiger hiesiger Ärzte« wurde »das magnetivische Treiben«. Der Satz »die Frankfurter Frauen waren ... eingeladen, den englischen nachzutun« wurde zu »... es den englischen nachzutun« verbessert, ebenso der Satz »In einem älteren Drama, das ›Bild‹« zu ».... im ›Bild‹«. Schließlich: Aus »... wohnt der Held hoch in einem Leuchtturm« wurde »... höher in einem Leuchtturm«.
12 Von Therese Hubers Hand ist der Beginn ihrer Textänderung erhalten: »Das weibliche Geschlecht hat größten Teils eine liberalere Bildung, unbeschadet der althergebrachten häuslichen Verdienste«.
13 Über Malß' Lustspiel *Die Entführung oder der alte Bürgerkapitän* hat Börne auch in der *Wage* eine ausführliche Besprechung geschrieben.
14 *Die Industrie-Ausstellung im Louvre*, in *Morgenblatt für gebildete Stände*, 1824, Nr. 2-24.
15 Vgl. Wolfgang Klötzer: *Frankfurt am Main zu Börnes Lebenszeit*, in: *Ludwig Börne* [Anm. 1], S. 227-238.

46

»Einer der engsten, spitzesten Krähwinkel, die es in Deutschland geben mag« Ludwig Börne über Frankfurt am Main

1

Das elende Frankfurt! Es ist als läge ihm daran, daß ich meinen Haß nicht vergesse und nie aufhöre, es zu verachten. Nirgends, in keinem monarchischen Staate, habe ich so viele eitle Regierungssucht gefunden als dort. Und eine Zeit wie die unsere, eine Kupplerin wie die deutsche Bundesversammlung haben noch gefehlt, die Bestialität recht hervortreten zu lassen. Es ist soviel Lächerliches in ihrer Nomomanie! ... Der Senat kommt mir vor wie der Hahn auf alten künstlichen Turmuhren, welcher die Stunde kräht. Was die Räder und Federn der Bundesversammlung im Verborgenen treiben, das kräht unser Senat für ganz Deutschland aus, daß jeder wisse, welche Zeit es ist. Eine Seele von Messing – der Ekel geht mir bis an den Hals hinauf. Und sterben muß es doch, und sein Ende ist nahe; aber viel scheint ihm daran gelegen, daß keine Träne an seinem Grabe fließe, sondern es mit Spott und Gelächter eingeschaufelt werde«[1].

Haß, Verachtung, Bestialität, Lächerlichkeit, Ekel, Spott: eine deutliche Sprache, ein eindeutiger Standpunkt. Der das schrieb, war 1786 in dieser Stadt Frankfurt geboren worden, hatte seine frühe Jugend und einen wesentlichen Teil seiner Mannesjahre hier verbracht und verfolgte auch noch aus dem Pariser Exil die Geschicke der Mainmetropole mit größtem Interesse – so in den eben zitierten Zeilen, die aus dem Jahre 1832 stammen, fünf Jahre vor seinem Tode niedergeschrieben.

Zu reden ist von Ludwig Börne, von einem einst berühmten, heute fast vergessenen Autor, von einem ehedem häufig gelesenen und zitierten, geliebten und verachteten, heute nur noch eher beiläufig erwähnten Schriftsteller. Über die Gründe für dieses Verstummen ist mancherlei spekuliert worden. Es kann nicht geleugnet werden, daß sich die Nachgeborenen je nach ihren Dispositionen aus dem Reservoir ihrer Geschichte verschieden bedienen und die Akzente je nach ihren Erkenntnismöglichkeiten anders setzen: so daß Börne also heute nicht mehr geläufig ist.

Das kann jedoch nicht verhindern, daß wir in diesem Jahre 1986 seiner gedenken. Der äußere Anlaß ist sein 200. Geburtstag. Der innere Grund ist die Überlegung, daß es sinnvoll sei, sein schriftstellerisches Werk wieder einmal einer sichtenden Überprüfung zu unterziehen. Nicht alles, was Börne sagt, ist heute zustimmungsfähig. Wie langweilig wäre er, würde dies nicht so sein. Nicht alles, was er formuliert, ist richtig. Wie uninteressant wäre er, verhielte sich dies anders. »Ich habe nie für meinen Ruhm, ich habe für meinen Glauben geschrieben«[2], sagt er einmal. Für seinen Glauben an eine bessere, gerechtere, freiere Welt.

Ludwig Börnes Gesamtwerk als Schriftsteller, Publizist, Kritiker und Briefeschreiber gehört gewiß zu den bedeutenden Leistungen der deutschen Literatur- und Pressegeschichte. Der unerschütterliche Mut dieses Mannes und seine unbestechliche Aufrichtigkeit, die Vernunft der reinen Kritik, die er vertritt – dies alles kann noch immer überzeugen. Zurecht ist er mit Gotthold Ephraim Lessing verglichen worden; ebenso wichtig wäre ein Vergleich mit einem anderen großen Moralisten, einem Autor des 20. Jahrhunderts, mit Karl Kraus. Von Börne sprechen heißt, von seinen Visionen reden, von der Hoffnung, daß es den Menschen gegeben sei, ihr tägliches Leben im Kleinen des persönlichen Umgangs wie im Großen des Verhältnisses der Staaten zueinander so zu gestalten, daß dieses Leben lebenswert sei. Alles, was dazu nötig ist, vertritt Börne: die Ehrlichkeit der Meinung und die Energie, manche Dinge bis zu ihrer letzten Konsequenz zu Ende zu denken.

Er wurde in der lastenden Enge und rechtlichen Beschränkung der Frankfurter Judengasse geboren. Wir vergeben uns heute nichts, wenn wir den Finger auf diese Wunde in der Geschichte der Freien Stadt legen und unterstreichen, daß das damalige Frankfurt weder vernünftig noch gerecht mit seinen jüdischen Mitbürgern umging. Denn wir kennen die historischen Stationen des Weges, auf dem sich dies bis heute entscheidend geändert hat. Wir verstehen aber auch die starken Impulse, die Börne aus jener Unterdrückung bürgerlicher Rechte und menschlicher Freiheiten bezog. Wir haben allen Grund, ihm dafür zu danken, daß er aus der ungenügsamen und mißliebigen sozialen Situation der Frankfurter Juden seine Konsequenzen strikten demokratischen Verhaltens zog, daß er jener streitbare und engagierte Publizist wurde, der als Prophet und Apostel liberalen und toleranten Denkens gegen jede Form von gesellschaftlicher Diskriminierung kämpfte.

Überblickt man heute seine Veröffentlichungen – die vielen Essays und Kritiken, die später als *Gesammelte Schriften* zusammengefaßt wurden und die *Briefe aus Paris* –, so wird das Verhältnis einer Umkehrung deutlich. Nicht jener Börne, der die Feuilletons der *Gesammelten Schriften* produzierte, kann uns heute ein Vorbild sein, sondern jener, der sich in den *Briefen aus Paris* als glänzender Demokrat bewährte. Nicht jener, dem die Zeitgenossen Beifall spendeten, sondern jener, den sie kritisierten und aggressiv angriffen. Jener, der sensibel, energisch und intelligent an der »res publica«, also wörtlich an der »öffentlichen Angelegenheit«, Anteil nahm: der Demokrat, der Humanist und – auch dies gehört dazu – der Utopist Börne.

Historiker mögen uns viele Gründe dafür beibringen, warum Popularität kommt und geht, weshalb Akklamation in Vergessenheit verfällt, wieso persönlicher Glanz in anonymes Nichts versinkt. Natürlich wissen wir, daß Börne auch ein Teil jenes 19. Jahrhunderts ist, das schwerlich in das 20. Jahrhundert eingebracht werden kann. Aber ebenso ist uns bewußt, daß er ein Teil jenes 19. Jahrhunderts ist, das die Wurzeln und Voraussetzungen unseres 20. Jahrhunderts darstellt. Dieser Ludwig Börne hat ein zentrales Thema: die Beförderung der menschlichen Gesellschaft im Sinne vernünftiger Veränderung des Bestehenden. Die Form, in der er dieses Grundanliegen am brillantesten, das heißt am geschicktesten für die zeitgenössische Zensur maskiert, vorträgt, sind seine virtuos stilisierten Theater- und Literaturkritiken, seine immer noch sehr lesenswerten Essays, Erzählungen und Aphorismen. Ein spezieller Modellfall, der ihm sein Leben lang zur Beobachtung und Motivation dient, sich mit diesem Zentralthema zu beschäftigen, ist seine Geburtsstadt Frankfurt am Main. Aus den Erfahrungen der Frankfurter Judengasse entwickelt er seine kleinen, schlagenden Beobachtungen ebenso wie seine großen, kühnen Utopien der Welt-Verbesserung. Börne braucht Frankfurt. Andere Zusammenhänge mag er aus eigener Anschauung kennen, Frankfurt ist ihm aus eigenstem, bitterstem Erleben bewußt.

Börne war sein Leben lang einsam. In der Familie bereits, in der er wenig akzeptiert war, die von einem übermächtigen Vater dominiert wurde. Auch später bleibt er Einzelgänger, entzieht sich, wo immer es möglich ist, gesellschaftlichen Verpflichtungen. Ganz besonders isoliert ist er in der Zeit seines freiwilligen Pariser Exils. Aber es ist auch die Einsamkeit des »großen Judenschmerzes«, wie er es nennt. Er braucht also Identifikationsmuster und Integrationsprogramme. Einer dieser Fixpunkte ist Frankfurt, ein erkenntnistheoretischer Horizont und ein Stimulans, eine Droge auch und ein Erfahrungsreservoir, aus dem er die Konstruktionen seiner Gedanken dingfest und plausibel machen konnte.

2

Börnes Beziehung zu Frankfurt ist eng. Seine Familie lebt dort, der Vater, von dem er lange Zeit finanziell abhängig ist, mit dem er intensive Auseinandersetzungen hat, wie der ausführliche Brief aus dem Jahre 1807 belegt, dessen vollständiger Wortlaut vor einiger Zeit aufgefunden wurde – ein persönliches Dokument von höchstem literarischen Rang, das erst noch im einzelnen analysiert werden muß, von dem aber schon jetzt gesagt werden kann, daß es jenem berühmten *Brief an den Vater* vergleichbar ist, den Franz Kafka schrieb. Jeanette Wohl lebt in Frankfurt, die – in Börnes Worten – Freundin, Mutter, Tochter, Helferin und Beraterin. Die Frankfurter Judenschaft, der er entstammt, hat das elendeste bürgerrechtliche Geschick aller vergleichbaren Judengemeinden im deutschen Reich zu erleiden. Und der Frankfurter Römer steht dort, insignum majestatis, in dem er für kurze Zeit ein Diener jener Mächtigen war, die er sein Leben lang bekämpfen und entlarven mußte.

Börne hat sich in seinen Schriften und Briefen oft und oft mit Frankfurt beschäftigt. Aus der Frühzeit seines schriftstellerischen Wirkens stammen die großen Schriften zur politischen und sozialen Situation der Frankfurter Juden, sind die wichtigen Texte der *Frankfurter Dramaturgie* in seiner Zeitschrift *Die Wage* zu nennen. Etwas später erscheinen seine *Briefe aus Frankfurt*, sechs Korrespondenzberichte für das Stuttgarter *Morgenblatt für gebildete Stände*. Besonders berühmt wurde sein Essay *Henriette Sontag in Frankfurt*. Und auch in seinem Spätwerk, den *Briefen aus Paris*, sind zahlreiche Passagen der Heimatstadt gewidmet.

Die Rede ist von Frankfurt am Main, der Freien Reichsstadt. Börne erlebt entscheidende Phasen ihres Niedergangs mit. 1786, als er geboren wird, ist Frankfurt zwar noch die offizielle Krönungsstadt der Kaiser des Heiligen Römischen Reiches Deutscher Nation, aber seine führende Rolle ist längst ausgespielt, es gibt nur noch Pflichtübungen am Ende des todesmüden Alten Reiches. Auch der wirtschaftliche Ruhm der einst attraktiven Messestadt ist verblaßt; die ökonomische Avantgarde hat in die Konkurrenzstadt Leipzig gewechselt. Das historisch eher als Verlegenheitslösung zu betrachtende denn politisch sinnvolle Experiment des kurzlebigen Großherzogtums unter dem greisen Fürstprimas Dalberg verdeutlicht den Niedergang mehr als daß es ihn verhindert. 1815 kehrt Frankfurt zum früheren Status der Freien Stadt zurück, ein politisches Fossil nach dem Willen des Wiener Kongresses, wie Hamburg oder Bremen auch. Das Tal, das entwicklungsgeschichtlich durchschritten werden muß, ist lang. Erst viele Jahre nach Börnes Tod ist der Tiefpunkt erreicht, als 1866 aus der ehedem stolzen Reichsstadt eine Provinzstadt im preußischen Regierungsbezirk Wiesbaden wird. Dieser Tiefpunkt, wir wissen es, ist zugleich der Indikator neuer Perspektiven, Frankfurt beweist seine enormen Reserven, seine Fähigkeiten des Überlebens; mit der Gründung des Zweiten Deutschen Reichs beginnt eine stürmische Entwicklung, an deren, zumindest von heute aus gesehen, anderem Ende jenes Frankfurt steht, das als der einflußreichste und wichtigste Finanz- und Wirtschaftsplatz der Bundesrepublik Deutschland zugleich zutreffend und doch zu wenig genau zu beschreiben ist.

3

Börne über Frankfurt. Die Fronten sind sehr klar abgesteckt. Hier das damalige Frankfurt, eine Stadt oder, wenn man so will, ein kleiner Staat. Dort eine einzelne Person, ein Temperament, ein Individuum. Hier die Macht der Gesetze, dort die Macht des Wortes. Hier ein konservatives, reaktionäres und intolerantes Stadtregiment, dort ein einzelner freier Schriftsteller, ein progressiver Liberaler, ein radikaler Demokrat. Hier und dort Unduldsamkeit. Hier aber Gnadenlosigkeit, dort unerbittliche Logik. Hier Frankfurt, dort Börne.

Seine Schriften und Notizen über Frankfurt sind Bruchstücke eines großen Zorns. Sie entstehen aus den höchsten Ansprüchen, die er an diese Stadt stellt. In einem Text aus dem Jahre 1820 hat er seine Vision von Frankfurt kontrastiert mit einer Realität, wie er sie sah, wie er sie sehen mußte: »Frankfurt, welches sein sollte eine Freistätte, für alle verfolgten Lehren und Lehrer, ein gastlicher Herd für herumirrende Unglückliche, die die Zwingherrschaft aus ihrer Heimat verjagt, ein Sammelplatz alles Schönen und Guten; wie mag es sich herabwürdigen lassen, rohen und zögernden Fuhrleuten als Hemmkette zu dienen, die sie dem Wagen der Zeit anlegen, daß er langsamer vorschreite; sich herabwürdigen lassen, eine Zugbrücke zu sein, die den freisinnigen Ansichten, auf ihrer Wanderung vom Norden nach dem Süden Deutschlands oder zurück den Weg versperre? Kann eine freie Stadt sich besser sichern, als wenn sie überall die Freiheit gegen jeden, der sie verfolgt, in Schutz nimmt? Oder bestünde die Freiheit unserer Verfassung etwa nur darin, daß abwechselnd jeder Bürger dazu kommen kann, diese Freiheit beschränken zu helfen?«[3]

Was diesen Ansprüchen nicht genügte, und das war sehr vieles, hat Börne in eine lange Reihe negativer Bemerkungen gefaßt. Nur eine kleine Auswahl ist hier möglich: Frankfurt, »diese lederne Wetterscheide Nord- und Süddeutschlands, dieses stille Land voll unbewaffneter Neutralität, dieser Kastrat mit der schönsten Fistelstimme in den vierstimmigen Gesangstücken der Bundesversammlung«[4], Frankfurt, das »Hauptquartier aller nordischen Fürsten«, das »Mekka der ganzen europäischen Aristokratie«[5], Frankfurt, »wo das Landvolk auch unmündig ist und weder an der Regierung noch an der Gesetzgebung teilhat«[6], Frankfurt, das sein »Kontingent an jeder Bundestyrannei stellen« muß[7], Frankfurt, »gewiß einer der engsten, spitzesten Krähwinkel, die es in Deutschland geben mag«[8], Frankfurt, das nach Kamillentee und Apotheke schmeckt, Frankfurt, wo eine Staatsinquisition herrscht, »in deren verpestetem Luftkreise weder Recht noch Sittlichkeit bestehen können«[9]. »Und wenn die Moral meine eigne Tochter wäre«, fährt Börne an dieser Stelle fort, »ich wollte sie ebenso gern in einem Bordell erziehen lassen, als ich sie der Aufsicht der Polizei anvertraute«[10], jener Frankfurter Polizei, die »sich nicht eher um Politik bekümmert, als bis es ihr ein Minister oder Ministerchen befiehlt«, die dann aber »nicht den Eulenspiegel nachahmt, der als ein guter Christ nicht mehr tut, als ihm befohlen ist«, sondern die »aus Furcht, zu wenig zu tun, mehr tut, als ihr befohlen worden«[11]. Mit einem Wort: »Sie glauben gar nicht«, schreibt er aus Paris an Jeanette Wohl, »was Ihr Frankfurt ein ekelhafter Ort ist, man muß in der Fremde sein und vergleichen, um dieses fühlen zu lernen«.

Solche Formulierungen ließen sich häufen. Es ist aber doch auch deutlich, wie verschieden sie zu gewichten und zu bewerten sind. Neben harten, provokativ bissigen Sentenzen stehen Satire, Sarkasmus, Spott. »Marat, Danton und Robespierre gegenüber«, heißt es 1834, »kommen mir die Nußknacker des Frankfurter Comité du Salut Public sehr lächerlich und unschädlich vor, und ich würde mich gar nicht fürchten, ihnen meine Hand in den Mund zu stecken. ... Die Langeweile ist ihre Guillotine – wohl eine scharfe Schneide für zarte Seelen«[12]. Oder: »Schicken Sie mir doch künftig zur Erleichterung des Briefportos ein Verzeichnis derjenigen Personen in Frankfurt, die noch nicht arretiert sind. Sie treiben es dort ins Große, und es fehlt ihnen wenig mehr zu einer Macht des ersten Ranges«[13]. Oder: »Ich kann nicht jeden deutschen Fürsten besonders lieben, sondern ich liebe den Deutschen Bund für alle. In Frankfurt habe ich ein großes Kommissionslager von Liebe und Anbetung, und jede Gesandtschaft kann sich dort für ihren Herrn soviel davon holen, als ihm nach Verhältnis seiner Zivilliste zukommt«[14]. Über den Frankfurter Senator Christoph Friedrich Ihm notiert er, dieser sei zwar »kein Frankfurter«, und daher »nicht frankfurtisch dumm«, aber er sei doch »ein Tyrann aus fürstlicher Schule, der vom Liberalismus unserer Zeit nicht die geringste Vorstellung hat und die Obrigkeit für eine Gottheit ansieht«[15].

An solchen Formulierungen ist abzulesen, daß Börnes Heftigkeit oft zwar von Frankfurt ausgeht, aber keineswegs nur ihr Ziel an der Stadt hat, sondern durch sie hindurch auf die allgemeine Reaktion, den Konservativismus der von ihm so aufmerksam beobachteten Zeit insgesamt geht.

Ähnliches läßt sich an dem vielzitierten Satz Börnes belegen, Frankfurt sei »die Hauptstadt der Dummheit«. Wörtlich und im Kontext liest sich das, im Jahre 1831, so: »Der heutige Constitutionnel meldet, ein Corps deutscher Bundestruppen, von einem Nassauer Generale kommandiert, würde zusammengezogen, und das Hauptquartier solle nach Frankfurt kommen. Haben Sie davon gehört? Das arme Frankfurt sieht doch einer traurigen Zukunft entgegen. Seit fünfzehn Jahren ist dort das Hauptquartier der Dummheit, und wenn diese einmal ihre Früchte trägt, wird es Frankfurt am ersten schmecken«[16]. »Seit fünfzehn Jahren« – rechnet man von 1831 aus zurück, so ergibt sich, daß der deutsche Bundestag gemeint ist, nicht die Stadt Frankfurt. Dazu gehört auch die folgende Bemerkung: »Pfui, pfui! ein vierzigtätiger Wolkenbruch müßte herabstürzen, der Main müßte bis zur Spitze des Pfarrturms steigen, um Frankfurt von all dem Schmutze zu reinigen, den seit siebzehn Jahren die deutsche Bundesversammlung hineingeworfen »[17].

Harsche Kritik, bittere, scharfsinnige Ironie: Das ist die eine Seite. Auf der anderen Seite findet man die Vision, die Utopie. Visionär ist es, wenn Börne, mit einer Anspielung auf das »Hambacher Fest« von 1832, das eine riesige Menge begeisterter Demokraten und Republikaner in der Pfalz zusammengeführt hatte, die Vorstellung entwickelt, dies müsse auch in Frankfurt möglich sein, man müsse nur der Frankfurter »Krämerei des Despotismus« eine »Krämerei der Freiheit« entgegensetzen: »Man kann in Frankfurt alle Tage Hambacher Feste feiern, ohne daß es die Polizei verhindern oder bestrafen kann. Wie dort Zwanzigtausende auf einem Berge sich versammeln, mögen sich hier fünfhundert freisinnige Bürger täglich in den verschiedenen Gasthöfen zerstreuen. Statt wie dort lange Reden, mögen hier kurze Sätze für die Freiheit gesprochen werden. Sie sollen nur unbekümmert sein, das Wort im ›Schwanen‹ findet sich mit dem Worte im ›Englischen Hofe‹ zusammen – es gibt einen Gott, der das redigiert. Man muß die Polizei müde machen, man muß Blindekuh mit ihr spielen; es ist nichts leichteres da als das. Besonders bei der Frankfurter; der fehlt zur blinden Kuh nichts als ein Schnupftuch«[18].

Und weit ausgreifend sind Börnes utopische Vorstellungen von einer künftigen politischen Rolle Frankfurts. »In wenigen Jahren wird es ein Jahrtausend«, notiert er, »daß Frankreich und Deutschland, die früher nur ein Reich bildeten, getrennt wurden«, und er erwähnt dabei den Vertrag von Verdun aus dem Jahre 843. »Ich hoffe«, fährt er fort, »im Jahre 1843 endet das tausendjährige Reich des Antichrists, nach dessen Vollendung die Herrschaft Gottes und der Vernunft wieder eintreten wird. Wir haben nämlich den Plan gemacht, Frankreich und Deutschland wieder zu einem großen fränkischen Reiche zu vereinigen. Zwar soll jedes Land seinen eigenen König behalten, aber beide Länder eine gemeinschaftliche Nationalversammlung haben. Der französische König soll wie früher in Paris thronen, der deutsche in unsrem Frankfurt und die Nationalversammlung jedes Jahr abwechselnd in Paris oder in Frankfurt gehalten werden«[19]. Natürlich ist auch hier Ironie im Spiele. Das geht schon aus dem anschließenden Satz hervor, in dem er Jeanette Wohl bittet: »Wenn Sie Ihre Nichte besuchen, benutzen Sie doch die Gelegenheit, mit dem Koche des Präsidenten der Bundesversammlung von unserem Plane zu sprechen. Der muß ja die Gesinnungen und Ansichten seines Herrn am besten kennen«[20].

Aber Ironie und Satire sind Börnes bevorzugte Stilmittel, um Wahrheiten auszusprechen. Wie wenig es ihm darum geht, Frankfurt nur zu beschimpfen, wird in der Kraft seiner Utopie deutlich, mit der er die mögliche nationale Stellung der Stadt beschreibt – in den Jahren 1848 und 1849 wurde dies kurzfristig zur Realität: »Frankfurt ist bestimmt, einst die Hauptstadt des Deutschen Reichs und der Sitz der deutschen Nationalversammlung zu werden. Dort, wo jetzt die Tyrannei auf dreißig Stühlen thront, wird in wenigen Jahren die Freiheit gekrönt werden. Den Taxisschen Palast, die deutsche Bastille, wird man niederreißen, und nachdem der Boden von allen Trümmern der Zwingburg gesäubert, wird auf dem Platze eine hohe Säule sich erheben, welche die Inschrift trägt: Hier liegt Deutschlands Schande!«[21].

Solche weit ausgreifenden Visionen werden durch kleine, beinahe lokalpatriotisch anmutende Stellungnahmen ergänzt, etwa wenn er moniert, daß in einem *Verzeichnis der deutschen Theater und ihrer Mitglieder* die Frankfurter Bühne fehle: »Das ist eine unverzeihliche Geringschätzung, die meinem vaterstädtischen Herzen wehe tut. Ich fordere den Herrn Herausgeber edictaliter auf, sich darüber zu erklären«[22].

Ebenso typisch für ihn ist eine kleine Szene im Postwagen zwischen Kassel und Frankfurt, als er einen Mitreisenden ausrufen hört: »Wie das schöne Frankfurt so majestätisch daliegt!«, und dazu bemerkt: »Ich hätte ihm Ohrfeigen geben mögen, ob er zwar recht haben mochte«. »Aber«, fährt er fort, »wer hört gern seine Feinde loben?«[23].

4

Diese seine Feinde, sein gesellschaftliches Gegenüber, die Stadt Frankfurt, unterzieht er glänzenden Analysen sozialer Zusammenhänge. »Wer Frankfurt kennt«, sagt er in seiner Rezension des Buches *Goethes Briefwechsel mit einem Kinde* von Bettina von Arnim, »wer Frankfurt kennt, den Geburtsort der Verfasserin, und ihrem Buche die Bewunderung zuwendet, die es verdient, der wird nicht begreifen können, wie eine in Frankfurt Geborne diese Freiheit des Geistes und des Herzens gewinnen konnte. Die Auflösung des Rätsels liegt darin: Frau von Arnim war eine Katholikin, sie gehörte zu den unterdrückten Volksklassen«[24].

Der Gegensatz dazu: »Was machte Goethe, den größten Dichter, zum kleinsten Menschen? Was schlang Hopfen und Petersilie durch seine Lorbeerkrone? Was setzte die Schlafmütze auf seine erhabene Stirne? ... Er war Protestant und seine Familie war ratsfähig«[25].

Die unterdrückten Volksklassen: Damit ist zugleich das zentrale Thema in Börnes Urteilen über Frankfurt angesprochen. Die Judenfrage. Der Jude Börne kämpfte, wir wissen es, für die bürgerliche Gleichstellung der Juden, vor allem am Modellfall der Frankfurter Juden. Man muß aber hinzufügen, daß er dies nur unter einer Bedingung kann, die stets bei ihm zutrifft: nur um den Preis einer subtilen Differenzierung seiner Meinung. Er steht manchen Entwicklungen in der jüdischen Gemeinde Frankfurts sehr wohl auch kritisch gegenüber.

Der wichtigste, tiefste, lebenslang wirksame Impuls seiner Erbitterung und seines Spottes über die Frankfurter Judenpolitik resultiert aus der leidvollen Erfahrung der sozialen Deklassierung in der Judengasse nicht weniger als aus der schmerzhaften Erkenntnis von der offensichtlichen Unmöglichkeit sinnvoller Veränderungen dieser Zustände. Berühmt ist jene Stelle in seinen *Briefen aus Paris*, die das Grundmotiv seines Lebens als Schriftsteller freilegt, die Erzählung von jenem Paß, den er sich im Jahre 1807 als Student habe ausstellen lassen, wobei ihm der »Schreiber auf dem Römer«, eine »Mißgestalt mit einem giftigen Krötengesichte« die Bemerkung »Juif de Francfort« in das Dokument gesetzt habe. Wie tief ihn das getroffen hat, geht aus den nächsten Sätzen hervor, einem der seltenen Fälle, in denen Börne mit dem Stilmittel der rhetorisch-pathetischen Verdoppelung arbeitet: »Damals schwur ich in meinem Herzen: Wartet nur! ich schreibe euch auch einmal einen Paß, euch und allen! ... Und nicht wahr, nicht wahr, ich habe meinen Schwur gehalten?«[26] Er hat ihn gehalten. In der verwickelten und leidvollen Geschichte der Judenemanzipation in Deutschland wird ihm immer eine herausragende Stellung zukommen.

Überaus eindrucksvoll sind die beiden Schilderungen der Frankfurter Judengasse, die Börne in seinen frühen Schriften festhielt. Die erste findet sich in seiner großen Abhandlung über die politisch-rechtliche Situation der Frankfurter Juden, die sogenannte »Stättigkeit«. Sie beschreibt den Zustand des Frankfurter Ghettos vor dem Brand 1796. »Es war elf Uhr, als wir in die Judengasse traten, und wir hatten den Sabbatvormittag gewählt, als die Zeit, wo sich alles darin in der größten Herrlichkeit zeigt. Am Eingange der Straße war ein Adler hingepflanzt, sonst das Symbol der Freiheit und Hochherzigkeit, hier ein Zeichen der Knechtschaft und der Schwäche. Es ist ein kaiserlicher Adler, den die Juden als Denkmal ihrer Dankbarkeit für den Deutschen Kaiser hingesetzt hatten, weil er sie so oft gegen die Wut der Frankfurter Bürgerschaft in Schutz genommen. Vor uns eine lange unabsehbare Gasse, neben uns grade soviel Raum, um den Trost zu behalten, daß wir umkehren könnten, sobald uns die Lust dazu ankäme. Über uns ist nicht mehr Himmel, als die Sonne bedarf, um ihre Scheibe daran auszubreiten; man sieht keinen Himmel, man sieht nichts als Sonne. Ein übler Geruch steigt überall herauf, und das Tuch, das uns vor Verpestung sichert, dient auch dazu, eine Träne des Mitleids aufzufangen oder ein Lächeln der Schadenfreude zu verbergen dem Blicke der lauernden Juden. Mühsam durch den Kot watend dient der verzögerte Gang dazu, unsrer Beschauung die nötige Muße zu verschaffen. Scheu und behutsam wird der Fuß aufgesetzt, damit er keine Kinder zertrete. Diese schwimmen in der Gosse herum, sie kreuchen im Kote umher, unzählig wie ein Gewürm von der Sonne Kraft dem Miste ausgebrütet. Wer gönnte nicht den armen Knaben ihre kleine Lust? Haben sie doch keinen Hofraum, kein Gärtchen im Innern des Hauses, wo sie ihre kindlichen Spiele ausüben könnten. Wohl, wenn der

Kindheit Spiel das Vorbild ist von des Lebens Ernst, dann muß die Wiege dieser Kinder das Grab sein alles Mutes, aller Hochherzigkeit, aller Freundschaft und jeder Lebensfreude«[27].

Das zweite Zitat stammt aus der Schrift *Für die Juden*, in der der 21jährige Student im Jahre 1807 von einem Besuch in der Judengasse berichtet: »Es war grade am ersten Tage des Osterfestes, als ich in die Judengasse trat. Es tat mir wohl, daß mir, nach einer siebenjährigen Trennung von allen meinen Glaubensgenossen, noch so viel Herzlichkeit und jüdischer Sinn übriggeblieben war, daß ich bei einem Anblick, der lächerlich ist, nur gutmütig lächeln konnte. Die Sonne hing brütend über die lange schmale Gasse, und mir fiel wohl ein im Schweiße meines Angesichts, wir Juden müßten doch des Himmels Lieblingskinder sein, daß er unsre Wohnung wärmer beschien als den übrigen Teil der Stadt, wo es zur selben Zeit ziemlich kühle war. Wenn man hineinsieht in die langen schmalen Gänge der Häuser, so findet das Auge kein Ziel und keine[n] Ruhepunkt. Da herrscht eine Dunkelheit, die wohl dienen kann zur Rückerinnerung an die zehen Plagen des Pharao und ein Symbol abgibt von der Geisteskultur der Juden«[28].

Auch dieses Thema entgeht dem Satiriker Börne nicht. Etwa in jenem bekannten Brief aus Paris, in dem er seine Herkunft parodistisch von dem Germanengott Bör herleitet. Sein Vorfahr Widar, sagt er dort, sei an den Main gezogen. »Die Gegend gefiel ihm, und er ließ sich da nieder. Sein Haus stand an der Stelle, wo jetzt in Sachsenhausen die untere Mühle liegt. Nach und nach siedelten sich viele Heiden und Juden dort an, und es entstand eine Stadt, die Widar nach seinem Namen nannte. Dieses zeigt auch das Wort Frankfurt ganz deutlich; denn Frank heißt im Skandinavischen Wi, und furt heißt dar. Also waren es Juden, die Frankfurt gegründet, und S. T. der Herr Senator Dr. Schmid Wohlgeboren waren daher im größten Irrtum, als sie gegen mich, der die Rechte der Juden verteidigte, vor einigen Jahren im Gelehrtenverein bemerkten: die Juden könnten keine Bürger sein in Frankfurt, weil es vor 1500 Jahren Christen gewesen, welche Frankfurt erbaut. Gerade im Gegenteile. Wenn hier die Religion ein Recht geben oder nehmen könnte, wären die Frankfurter Juden die einzigen Bürger, und die Christen wären bloß Schutzchristen, welche die Juden in eine Christengasse einsperren und ihnen verbieten dürften, mehr als zwölf Ehen jährlich zu schließen, damit sie nach und nach aussterben und den Handel der Juden nicht ganz zugrunde richten«[29].

Diese literarische Technik der »verkehrten Welt«, der Umkehrung tatsächlicher Verhältnisse, wendet er auch auf seine eigene Biographie an: »Auf diese Weise ist meine früher heidnische Familie eine jüdische geworden und ist es geblieben bis auf den heutigen Tag. Ich aber, als im Jahre 1818 die jüdische Familie Rothschild so übermächtig wurde, beschloß zum Christenthume überzugehen; denn es war immer meine Neigung, es mit der schwächern und unterdrückten Partei zu halten. Der Pfarrer wollte mich aber unter dem Namen Baruch nicht taufen, und darum nahm ich den Namen Börne an, um hierdurch das zerrissene Band mit meinem Ahnherrn dem göttlichen Bör, wieder festzuknüpfen. Seitdem heiße ich also Börne«[30].

Heftiger und schneidender wird seine Satire, wenn er in der Abhandlung *Die Juden in der freien Stadt Frankfurt* die gesellschaftliche Stellung der jüdischen Minderheit beschreibt: »Sie erfreuten sich der zärtlichsten Sorgfalt ihrer Regierung. Sonntags durften sie ihre Gasse nicht verlassen, damit sie von Betrunkenen keine Schläge bekämen. Vor dem 25. Jahre durften sie nicht heiraten, damit ihre Kinder stark und gesund würden. An Feiertagen durften sie erst um sechs Uhr abends zum Tore hinausgehen, daß die allzu große Sonnenhitze ihnen nicht schade. Die öffentlichen Spaziergänge außerhalb der Stadt waren ihnen untersagt, man nötigte sie, ins Feld zu wandern, um ihren Sinn für Landwirtschaft zu erwecken. Ging ein Jude über die Straße, und ein Christ rief ihm zu: Mach Mores Jud, so mußte er seinen Hut abziehen; durch diese höfliche Aufmerksamkeit sollte die Liebe zwischen beiden Religionsparteien befestigt werden. Mehrere Straßen der Stadt, die ein schlechtes unbequemes Pflaster hatten, durften sie niemals betreten. Der Handel mit Materialwaren war ihnen verboten. ... Wichtige Plätze der Stadt, wie die Post, die neue Kräme, die Börse halten sie militärisch besetzt, und es darf kein Christ ohne ihre Erlaubnis durchgehen. Es ist ihnen verstattet, jeden Fremden oder Einheimischen, der an ihren Warenläden vorübergeht, solange an den Kleidern festzuhalten, bis er ihnen etwas Beträchtliches abkauft. Sie dürfen ihre Toten in den ersten 24 Stunden beerdigen, die Christen müssen drei Tage damit warten. ... Mit allen diesen Auszeichnungen noch nicht zufrieden, hatten die Juden vor zehn Jahren den Revolutionsschwindel, der sich von Frankreich her nach Deutschland verbreitet hatte, benutzt und sich unter der großherzoglichen Regierung die sogenannten angebornen Rechte für ein Spottgeld, für eine halbe Million, gekauft. Darauf maßten sie sich an, Doktoren, Schuhmacher und Schneider zu werden; sie trieben Wissenschaften und die ganze Technologie, sprachen deutsch wie Adelung und aßen mehrere Sorten Wurst. Besonders in Spedition und Kommission haben sie der Menschheit ungeheuern Schaden zugefügt und hierdurch Europa in die Barbarei des Mittelalters zurückgeworfen. Aber der Tag der Erlösung nahte herbei; nach der Schlacht bei Hanau erwachte die freie Stadt Frankfurt aus ihrem Siebenschlafe und mit der neuen Ordnung der Dinge kehrten die Juden in die alte zurück«[31].

Hier ist, mit den Mitteln der Satire, ein Thema erwähnt, das Börne ganz speziell beschäftigt hat: die Rechtsgleichheit der Juden in Frankfurt. Über sie hat er zusammenhängend vor allem in der ausführlichen, damals wegen der Schärfe ihrer Formulierungen ungedruckt gebliebenen »Stättigkeits«-Abhandlung geschrieben, und in der nicht weniger bedeutenden Schrift *Für die Juden*. Lebenslang bewegt ihn die kurze Liberalisierungsphase in der Frankfurter Judenpolitik, die im Großherzogtum unter Dalberg realisiert worden war. »In dem letzten Jahrzehen vor der Französischen Revolution wurden ... auch für die bürgerlichen Verhältnisse der Juden menschlichere und verständigere Grundsätze aufgestellt, und die Franzosen begannen ihre Staatsumwälzung damit, daß sie diese Grundsätze ins Leben einführten. In Westfalen, dem Großherzogtum Frankfurt und in andern deutschen Ländern, wo zur Zeit der Napoleonischen Herrschaft französische Regierungsart sich geltend gemacht, wurde die Rechtsgleichheit der Juden mit den übrigen Bürgern verfassungsmäßig aufgenommen. Es geschah dieses ohne Widersetzlichkeit, ja ohne Murren des Volkes. Napoleon fiel, und Deutschland wurde frei. Alsobald erhoben sich im nördlichen Deutschland einige Schriftsteller, die gegen die Juden eiferten, und die freien Städte, das siebenschläferige Frankfurt besonders, suchten das alte Recht der Juden, oder vielmehr ihren ehemaligen rechtlosen Zustand, aus dem Staube ihrer Archive wieder hervor«[32].

An einer anderen Stelle, die das bürgerliche Engagement der Juden für die deutschen Interessen in den Befreiungskriegen betont, heißt es dazu: »Ehe der Kampf begann, genossen wir in Frankfurt, wie überall in Deutschland, wo französische Gesetzgebung herrschte, gleiche Rechte mit unsern christlichen Brüdern. Und nicht etwa dem Murren des Volkes wurde diese neue Gleichheit aufgedrungen. Sie überraschte wie alles Fremde, doch sie ward willkommen wie alles, was die Liebe bringt. ... Als wir aber aus dem Kampfe zurückkehrten, fanden wir unsere Väter und Brüder, die wir als freie Bürger verlassen, als Knechte wieder, und das sind wir geblieben bis auf heute«[33].

Und dies, weil die »Frankfurter Christen« in eine »gar klägliche Hypochondrie« verfallen seien, so daß sie lieber an der »Gesundheit ihrer Sinne zweifeln« wollten, als »an die Wirklichkeit dessen glauben, was sie sahen und hörten«[34]. Auch hier kann er auf eine sehr persönliche Erfahrung zurückgreifen: »Es geschah in Frankfurt, daß während die jüdischen Freiwilligen im Felde waren, man ihren Vätern zu Hause die bürgerlichen und politischen Rechte wieder entzog, die sie unter dem Einflusse der französischen Gesetzgebung genossen hatten. ... Mein eigner Bruder war unter den Frankfurter Freiwilligen nach Frankreich gezogen, und während meine Mutter in Angst und Kümmernis war, ihr geliebter Philipp ... möchte für die deutsche Freiheit totgeschossen werden, entsetzte man mich meines Amtes, weil ich ein Jude war«[35].

Denn nach dem Ende der Ära Dalberg »wurden die geflüchteten und sieben Jahre lang verborgen gehaltenen politischen Reliquien wieder herbeigeholt und der alte abergläubische Bilderdienst dem Volke von Frankfurt, das den wahren Gott der Milde kennen und anbeten gelernt hatte, von neuem aufgedrungen«[36]. Die vormalige Verfassung wurde wiederhergestellt, die Freiheiten der Frankfurter Juden, wiewohl teuer erkauft, mit einem Federstrich zurückgenommen, die frühere Ghettosituation restituiert. »Ihr Herren von Frankfurt, sagt mir, warum sollen nur vier jüdische Ärzte, warum sollen gar keine Juden Advokaten sein dürfen? Seid so gut und antwortet mir. Schreiben die jüdischen Ärzte ihre Rezepte etwa in hebräischer Sprache? Heilen sie die Hautkrankheiten nach den Regeln des alten Testaments? Stellen sie wucherhafte Rechnungen für Arztlohn? Haben die jüdischen Advokaten die Institutionen und Pandekten nicht im Kopfe, rechten sie etwa nach dem Talmud?«[37].

Für die Vorschrift, daß von den Tausenden Frankfurter Juden jährlich nur 15 Paare heiraten durften, hat Börne einen bitteren Kommentar: »Gibt es denn eine sanftere Art hinzurichten, als die Kinder vor ihrer Empfängnis zu töten? Es sind noch keine viertausend Jahre, da hatte ein ägyptischer Pharao auch den staatswirtschaftlichen Einfall, die Bevölkerung der Juden zu vermindern; aber wie erreichte er seinen Zweck? Er ließ die neugeborenen Kinder umbringen. Doch das Christentum hat sanftere Mittel, es verbietet den Juden das Heiraten«[38]. Später, in Paris, will er diese »niederträchtige Dummheit geißeln nach Gebühr«. Auch hier zeigt sich die eminent kritische Differenzierung in seiner Sicht der Dinge: »Aber die Juden werde ich auch nicht schonen. Nicht bloß die Einfältigkeit des Vorstandes ist schuld an der pharaonischen Polizei, sondern ihre Schlechtigkeit mit, ihr Aristokratismus, ihre Habsucht. Den reichen Juden selbst ist daran gelegen, das Heiraten und dadurch die Handeletablissements zu beschränken«[39].

Das Heirats-Thema verfolgt ihn bis zum Ende seines Junggesellenlebens. »Merkwürdige Dinge«, schreibt er aus Paris, »sollen ja in Frankfurt wegen der Juden vorgehen. Ist es wahr, daß die Witwer und Witwen sollen heiraten dürfen, sooft und sobald sie Lust haben? Ist es wahr, daß Juden und Christen sollen Ehen untereinander schließen dürfen ohne weitere Zeremonien? Ist es wahr, daß der Senat dem gesetzgebenden Körper den Vorschlag gemacht, die Juden den christlichen Bürgern ganz gleichzustellen?«[40]. Natürlich ist es nicht wahr, und er schreibt es nur, um den Frankfurter Senat damit zu provozieren.

5

Nicht nur die politische, auch die soziale Stellung der Frankfurter Juden wird von Börne aufmerksam beobachtet und analysiert. Etwa in der folgenden Stelle, einer vehementen Anklage, die auf den persönlichen Erfahrungen eines Frankfurter Juden beruht, dem alle nichtjüdischen geselligen Vereinigungen verschlossen waren: »Ihr Herren von dem Frankfurter Gelehrtenverein, antwortet mir: warum kann kein jüdischer Gelehrter Mitglied dieses Vereins werden? Ihr Herren des Frankfurter Museums für Kunst und Wissenschaft, antwortet mir: warum nehmet Ihr keinen jüdischen Freund der Kunst und Wissenschaft, keinen jüdischen Gelehrten oder Künstler auf? Ihr Herren der Frankfurter Lesegesellschaft, antwortet mir: warum darf kein Jude unter Euch sitzen und den allgemeinen Anzeiger lesen? Ihr Herren von der Frankfurter Gesellschaft zur Beförderung nützlicher Künste, antwortet mir: warum darf kein Jude die nützlichen Künste befördern helfen? Ihr Herren vom Frankfurter Casino, Euch frage ich nicht, warum Ihr keinen Juden unter Euch duldet, denn Ihr seid Handelsleute«[41].

Oder er prangert an, daß das »Senckenbergische Hospital zu Frankfurt am Main nach dem Willen seines Stifters nur zur Aufnahme kranker *Bürger*« bestimmt sei, nicht also für Juden; er moniert, daß »das Spital für Dienstboten zu Frankfurt ... die jüdischen Dienstboten ausschließt«. Was soll man dazu sagen? »Man soll sagen: bei den gigantischen Fortschritten, welche der kolossale Frankfurter Geist zur menschlichen Versittlichung macht, läßt sich erwarten, daß in der kurzen Zeit von fünf- bis sechstausend Jahren diese Verhöhnung der kranken Judenmägde aufhören werde«[42].

In eine Anstalt allerdings, in das »Irrenhaus zu Frankfurt« werden die Juden aufgenommen: »Es ist doch sonderbar, daß die Juden erst, wenn sie Narren geworden, gleiche Rechte mit den Christen genießen. Wenn ihnen keine andere als eine solche Befähigung zum Genusse des Frankfurter Staatsbürgerrechtes mangelt, so liegt doch viel Tröstliches in ihrer Zurücksetzung«[43]

Um an dieser Stelle auch einmal die Gegenseite zu Wort kommen zu lassen: Auf diese Veröffentlichung hin erhielt Börne einen Leserbrief, den er mit einem überlegen ironischen Kommentar auszugsweise zitiert: »Folgendes wird mir eingegeben ... Ich hätte mich gemeiner Schimpfreden bedient. ... Ich sei nicht wert, den Namen eines Deutschen zu führen. – Ich wäre kein Deutscher, sondern ein Fremdling, ohne Heimat, ohne Herd, von jedem patriotischen Gefühle entblößt und leer. – Ich hätte die Kardinaltugend der Juden, den Eigensinn. – Ich wäre ein falscher Freiheitsapostel. – Ich hätte mich in meiner Blöße und Nichtigkeit gezeigt. ... Aus diesem allen geht klar hervor, daß ich unrecht gehabt, zu behaupten, es sei hart, daß christliche Mägde, welche im Falle der Erkrankung im heil.-Geistspitale unentgeltliche Pflege und Heilung finden, diese Ansprüche verlieren, sobald sie bei Juden in Dienst treten«[44].

Wieviel menschliche Größe gehört dazu, trotz all solcher negativer Erfahrungen mit Frankfurt einen Satz wie den folgenden niederzuschreiben, »daß die Stimmung des Hasses, die gegen die Frankfurter Juden sich ausspricht, nur eine erkünstelte, scheinbare ist, welcher die eigentliche Gesinnung der dortigen christlichen Bürgerschaft gar nicht zugesagt, und die nur von einigen Regierlingen, aus Herrschsucht, und von einigen Krämern, aus Habgierde, bauchrednerisch hervorgebracht und als die Sprache vieler ausgegeben wird«[45].

Die wirtschaftlichen Probleme der Frankfurter Judenpolitik werden ebenfalls behandelt. Hier kann der ehemalige Student der Nationalökonomie besonders genau hinsehen.

Beschränkungen jüdischer Handelsunternehmungen, sagt er, würden geradezu das Gegenteil des erwarteten Effekts bewirken. »Denn ihrem Gewerbe Hindernisse in den Weg legen, sie mit neuen Auflagen beschweren, heißt das nicht ihren Handelswitz auf die Folter spannen, der suchen wird, durch Anstrengung auf dieser Seite zu gewinnen, was er auf der andern verliert? Und wird man sich damit begnügen, wird man sich nicht auch die Schmerzen bezahlt und den Verlust zehnfach ersetzt machen wollen? Um den Handelsgeist der Juden zu schwächen, hätte man ihnen grade die ausschweifendsten Handelsfreiheiten geben müssen. Denn die Kraft ermattet bald, wo ihr Spielraum unendlich ist, dahingegen jede Schranke und jeder Gegendruck nur die Tätigkeit erhöht«[46]. Welche sorgfältig unterschiedene, überlegte Meinung Börne auch in diesem Punkte hat, geht aus den anschließenden Sätzen hervor: »Ein Volk wie das jüdische, dem die Südlichkeit seines Ursprungs noch so rein beiwohnt im Blute und im Gemüte; ein Volk, das mehr Phantasie als Verstand, mehr Witz als Beurteilungskraft und mehr Feuer als Ausdauer besitzt: ein solches Volk muß von seinem rastlosen Geiste immerfort zur Tätigkeit getrieben werden«[47].

Kehren wir von solchen speziellen Aspekten der Juden-Unterdrückung in Frankfurt, wie sie sich Börne darstellt, noch einmal zur allgemeineren Betrachtung dieser Verhältnisse zurück. Erwähnen wir etwa jene sarkastische *Musterkarte Frankfurter bürgerlicher Manieren*, eine »Musterkarte der Brutalität«, wie er sie nennt, die er in seiner »Stättigkeits«-Schrift angefügt hat. Auf einem Bürgerball wird ein Jude erkannt, der sich verbotenerweise Zutritt verschafft hat. »›Es ist ein Jude hier‹, rief es aus. ›Eine Uhr ist gestohlen‹, lärmte man auf der andern Seite. ›Ein Jude hat eine Uhr gestohlen‹, schrie man nun im ganzen Saal«[48]. Wirklich: drei Zeilen, die einzigartig knapp das Entstehen einer Pogromstimmung beschreiben.

Oder erinnern wir uns jenes eindrucksvollen Textes *Freiheit und Gleichheit, ohne Revolution*, in welchem Börne die Frankfurter Unfreiheit satirisch durch eine angebliche Freiheit in der Nachbarschaft illustriert: »Das kurhessische Dorf Bockenheim ... ist zur Stadt erhoben worden. Dort sollen alle Einwohner sich gleicher Rechte erfreuen und die Fremden, welche dahin ziehen, ohne Unterschied der Religion, auch die Israeliten, gleiche Freiheiten mit den alten Einwohnern genießen. ... So können die Juden zu Frankfurt, die von ihren christlichen Mitbürgern mißhandelt werden, den Sitz ihrer Sklaverei ohne Zerstörung ihres Wohlstandes verlassen und in Bockenheim endlich ein Vaterland finden. ... Ziehet nach Bockenheim, Kinder Israels. Nehmet euer Geld mit, aber euern Eigensinn und manches andere laßt in Frankfurt zurück! Und wenn ihr zu Macht kommt, so mißbraucht sie nicht und erinnert euch, wie Unterdrückung schmerzt«[49].

Niemals vergaßen seine Zeitgenossen, weder die Freunde noch die Gegner, daß er Jude war. »Jude, Jude! das ist der letzte rote Heller aus der armseligen Sparbüchse ihres Witzes. Aber nach allem, ich wollte, es gäbe mir einer die drei Louisdor zurück, die ich für mein Christentum dem Herrn Pfarrer verehrt. Seit achtzehn Jahren bin ich getauft, und es hilft mir nichts. Drei Louisdor für ein Plätzchen im deutschen Narrenhause! Es war eine törichte Verschwendung«[50].

Schon 1817, vor seiner Taufe, hatte er sein Dilemma in komischer Verzweiflung festgehalten: »Wir stecken zwischen Tür und Angel, die Juden sind dumm und die Christen sind dumm – wir wollen Türken werden«[51]. Sein hartes Bekenntnis aber: »Ich danke Gott, daß ich in Frankfurt als Jude geboren, sonst würde ich mich schämen, dort geboren zu sein«[52], sollte man zusammensehen mit den berühmten Sätzen aus dem 74. Brief aus Paris, die wiederum letztlich nur verständlich sind vor dem Hintergrund seiner Herkunft aus Frankfurt am Main und seiner langen, komplexen und schmerzhaften Beziehung zu seiner Vaterstadt: »Weil ich in keinem Vaterlande geboren, darum wünsche ich ein Vaterland heißer als ihr, und weil mein Geburtsort nicht größer war als die Judengasse und hinter dem verschlossenen Tore das Ausland für mich begann, genügt mir auch die Stadt nicht mehr zum Vaterlande, nicht mehr ein Landgebiet, nicht mehr eine Provinz, nur das ganze große Vaterland genügt mir, soweit seine Sprache reicht«[53].

6

Börne über Frankfurt. Neben dem großen Bereich der Judenproblematik treten die anderen Themen, die hier erwähnenswert wären, zurück. Börnes Urteile über das Frankfurter Theater beispielsweise, dessen auch damals desolaten Zustand er beklagt, das er einer scharfen und konstruktiven Kritik unterzieht: »Seht doch nur unsere Bühne, die liebe, gute alte Frau, sie genießt das ganze Jahr nichts anderes als Milch-, Mehl- und Eierspeisen und bleibt fröhlich und gesund dabei. Die hundert üppigen Schüsseln, woraus die andern Bühnen schwelgen, bleiben von ihrem Tische entfernt«[54].

Oder die Frankfurter Presse, mit der der Journalist Börne nicht weniger ungnädig umgeht, die ihm als Muster der Langeweile, Substanzlosigkeit und Servilität gilt – was freilich, vor dem Hintergrund vergleichbarer Produktionen, keineswegs immer gerecht ist. Besonders die *Ober-Postamts-Zeitung* hat er dabei im Visier, »Blätter, die uns von dem Geiste des fünfzehnten Jahrhunderts sehr genaue Nachrichten geben, von den Geschichten des neunzehnten aber nur falsche oder gar keine«[55]. Über ein populäres literarisches Unterhaltungsblatt schreibt er aus Paris an Jeanette Wohl: »Kommen Sie und bringen Sie mir den ganzen Jahrgang der Didaskalia mit, daß ich mich daran erquicke – nicht in Frankfurt zu sein«[56]. Auch seine eigene Produktion wird von seinem Spott nicht ausgenommen. So heißt es in den anonym erschienenen *Briefen aus Frankfurt*: »Endlich ist die ›Wage‹ zu erwähnen, eine Zeitschrift in zwanglosen Heften, die aber das Recht der Zwanglosigkeit in jedem Sinne mißbraucht: denn sie erscheint so selten, als ein Lob in ihr«[57].

Der Grund für Mißmut, Tadel und Kritik liegt auf der Hand. Börne selbst ist oft genug in Konflikt geraten mit der staatlichen und städtischen Aufsicht und Knebelung der Presse. »Launenhafter, einsichtsloser wird wohl in ganz Deutschland keine Zensur verwaltet als die hiesige«[58].

Auch die politischen Ereignisse in Frankfurt werden, zumal aus seinem Pariser Exil, genau registriert und aufmerksam kommentiert. Etwa die »Allerheiligenrevolution« oder »Torsperrenkrawall« genannte Affäre aus dem Jahre 1831, als sich das Volk wegen zu früh geschlossener Stadttore empörte. »Nun«, bemerkt er dazu, »euere Allerheiligenrevolution ist ja schon wieder gedämpft! Du brauchst dich nicht zu schämen, Frankfurt; auch Warschau ist gefallen und war doch mehr als du«[59].

7

Börne über Frankfurt. Wie eine Summe seiner Urteile zu dieser Stadt liest sich eine Stelle aus seinen *Briefen aus Frankfurt*: »Man ist hier kein Weltbürger, kein Europäer, kein Deutscher, nicht einmal ein Frankfurter; man ist Kaufmann, Handwerker, Krämer, Doktor, Kandidat, man ist Bürger, Beisaß, Permissionist, man ist Christ oder Jude. Gemeinwesen herrscht nur in Finanz und Polizei, nicht im geselligen Leben; jeder steht einzeln; die Stufen bilden keine Treppe und die Bäume keinen Wald. Daher der Mangel jener Weltanschauung, die uns über Raum und Zeit erhebt und die nur gewonnen wird, wenn die Besten aller Stände sich vermengen; daher jene Geisteigenschaft, die an das Pflaster des Geburtsortes bindet; daher die Unerquicklichkeit des hiesigen geselligen Treibens«[60].

Wenn Börne über dieses Frankfurt schreibt, trifft seine Selbstdefinition »Ich bin kein Zuckerbäcker, ich bin ein Apotheker«[61] besonders zu, denn hier kulminiert in spezieller Hinsicht sein Kampf gegen die »deutsche Staatsweisheit, diese Todfeindin aller Aphorismen«[62], ein Kampf, den er, der geniale Aphoristiker, zu führen hat, der Meister also einer Form, in der komprimierende Übertreibung und aggressive Verkürzung den befreienden Erkenntniswert gegenüber einer von trutzigen Stadtmauern zusammengepreßten Enge auch des Denkens und des politischen Handelns bildet.

Nicht die wohlschmeckende, leicht verderbliche Ware des Konditors wird serviert, sondern die herbe, aber heilsame Medizin des Apothekers. Kann man deshalb sagen, Börne habe Frankfurt gehaßt? Gewiß nicht. Man muß seine mitunter cholerischen, auch von Verfolgungswahn nicht immer freien Überspitzungen sehr exakt lesen. Haß will vernichten, Börne will verbessern. Hat er Frankfurt geliebt? Gewiß auch nicht, und wenn, dann in Grenzen. Liebe kann verklären, Börne muß aufklären. Mit anderen Worten: Vieles an seinen Äußerungen über Frankfurt ist transitorisch zu interpretieren, durch Frankfurt hindurch zielt es auf Deutschland, auf Europa, ja auf die ganze Welt: Er kenne, bemerkt er einmal, keine Gesellschaft, die kleiner sei als die menschliche. Sehr deutlich wird das durch einen fulminanten Ausbruch in seiner letzten Publikation, in einer Passage, die seine Frankfurter Erfahrungen auf die deutsche Politik ausweitet: »Was könnte ich meinen alten Feinden denn noch antun? Sind sie jetzt nicht meine Glaubensgenossen und Leidensbrüder? Ist nicht Deutschland der Ghetto Europas? Tragen nicht alle Deutschen einen gelben Lappen am Hute? Könnte ich zumal gegen meine Vaterstadt noch den kleinsten Groll haben? Sind jetzt nicht alle Frankfurter, meine ehemaligen Herren, den Juden von früher gleich? Sind nicht die Österreicher und Preußen ihre Christen?«[63]

Nicht vergessen werden darf auch, daß die meisten der hier herangezogenen Zitate von einem Schriftsteller stammen, von einem Autor, der stets mit dem Bewußtsein der Veröffentlichung schrieb. Über das Verhältnis des Privatmanns Börne zu Frankfurt sind wir noch nicht gut unterrichtet. Dazu wären Briefstellen genauer zu untersuchen, wie diese: »Gestern habe ich sogar das ›Frankfurter Journal‹ und die ›Didaskalia‹ aufgefunden. Ich habe sie mit Küssen bedeckt«[64]. Und jene Bemerkung an Jeanette Wohl: »Was Sie mir von Frankfurt schreiben, hat mich bis tief in das Herz gefreut«[65]. Oder auch jene kurze Bitte an sie, zwischen längeren politischen Ausführungen versteckt: »Bringen Sie mir ein Haspelchen mit«. Es ist eben nicht leicht, Börne zu lesen.

Was ihn heute noch auszeichnet und immer noch eindrucksvoll macht, ist seine ansteckende Lebendigkeit. Er war kein aseptischer Diagnostiker, und er war kein melancholischer Statistiker – er war, von seinem Temperament und seiner Begabung her ein Journalist im besten Sinne des Wortes, einer nämlich, der jederzeit die Fragen des Tages auf ihre Prinzipien, auf ihre Voraussetzungen und auf ihre wahrscheinlichen Wirkungen hin analysieren konnte. Das gilt auch für sein Verhältnis zu Frankfurt.

Er ist durch nichts besser zu charakterisieren, als durch die Zusammenschau zweier seiner Sätze. Der erste stammt aus dem Jahre 1805, der zweite aus dem Jahre 1837. Der eine ist eine der ersten Notizen, die handschriftlich von dem Studenten überliefert sind; der andere ist der letzte Satz, den der renommierte Schriftsteller drucken ließ. Der erste lautet: »Erziehung ist Erziehung zur Freiheit«. Und der zweite: »Es gibt noch brave Leute genug, welche auch die sauere Hand eines ehrlichen Mannes drücken, und diese verstehen mich und lächeln mir«. Dazwischen liegt ein Leben als Schriftsteller, Publizist und Kritiker. Dazwischen liegt ein schriftstellerisches Werk, das in seiner Vielfalt erstaunlich einheitlich und in seiner Einheit überzeugend vielfältig ist, das den Leser ebenso zustimmen wie kritisch sich distanzieren läßt. Noch heute spürt man die frische und klare Überredungs- und Überzeugungskunst Börnes, die Lust an der Zuspitzung, die List der Vernunft und die – stets geduldig getragene – Last der Argumentation. Ein immerwährender Kampf, auch um ein besseres Frankfurt. Eine Kontinuität und eine Kraft des Willens, von denen wir uns zu verbeugen haben.

1 Ludwig Börne: *Gesammelte Schriften*. Bd. 1-5. Düsseldorf, Darmstadt 1964-1968. V/395. Alle folgenden Nachweise beziehen sich auf diese Ausgabe.
2 III/365
3 I/883
4 II/485
5 II/1111
6 III/123
7 III/438
8 I/1057
9 III/938
10 III/938
11 III/798
12 III/1011-1018
13 III/606
14 III/783
15 V/407
16 III/51
17 IV/396
18 III/629
19 III/26-27
20 III/27
21 III/492
22 II/631
23 IV/302
24 II/857
25 II/857
26 III/364
27 I/46-47
28 I/7
29 III/529-530
30 III/530
31 II/238-239
32 I/874-875
33 III/580
34 I/55
35 III/955
36 I/1031
37 II/526
38 I/946
39 IV/721
40 III/245
41 II/526
42 I/1028-1029
43 I/1032-1033
44 I/1038-1039
45 I/1033
46 I/61
47 I/62
48 I/65
49 I/1039-1041
50 III/419
51 V/900
52 IV/153
53 III/511
54 I/798
55 I/1208
56 IV/1352
57 I/1073
58 I/880
59 III/345
60 I/1058
61 III/365
62 II/1018
63 III/889
64 III/85
65 III/492

47

Deutsche Fehden
Eine Ludwig Börne-Biographie

Eine aktualisierte Biographie Börnes war fällig: Ludwig Marcuses Buch zum Thema ist über 60 Jahre alt, Karl Gutzkows *Börnes Leben*, selbst ein Zeitdokument, gar 150. Eine neue Studie liefert Überblick und Analyse eines Lebens-, Leidens- und Streitwegs, indem sie mit »archäologischer Anstrengung« die »Graffiti« der »Spuren« Börnes verfolgt, programmatisch den »Schriftsteller, Politiker und Charakter« vorstellt, dessen existentielle Problematik, »zugleich eine Deutscher und Jude« zu sein, seine Beziehungen zu Frauen, sein publizistisches Lebenswerk als »Zeitschriftsteller«, sein Exil in Paris («Abenteuer unter dem Glasdach«) und seinen gedanklichen Hintergrund: »Revolution, Religion und Melancholie«. Den Abschluß bilden vier Essays zu »Deutschen Fehden«, Börnes Auseinandersetzungen mit Johann Wolfgang von Goethe, Jean Paul, Heinrich Heine, Wolfgang Menzel. Entstanden ist ein vorzüglich lesbares und anregendes Szenario, angereichert mit wesentlichen Zitaten aus Börne und der Sekundärliteratur, an der Oberfläche eine Biographie, darunter ein vorsichtig abwägendes, wohltuend unaufgeregtes Psychogramm und Zeitbild in einem üppigen Personen- und Daten-Panorama: eine Produktions- und Rezeptionsgeschichte mit breitem deutsch-europäisch-jüdischem Gesellschafts- und Geistesgeschichte-Rahmen. Begrüßenswert die vielen dokumentarischen Illustrationen, die Zeittafel; bedauerlich, gerade bei einem derart personenreichen Panoptikum, das Fehlen eines Registers. Übergangen werden können einige Fehler und Versehen (die erste Begegnung Heines mit Börne ist höchstwahrscheinlich erfunden; das *Morgenblatt für gebildete Stände* war keine Tageszeitung; Börnes Brieffragment an Ferdinand Gustav Kühne ist ihm bislang nur zugeschrieben). Wichtiger ist, daß das Buch in kritischen Ansätzen des öfteren Diskussionsangebote für die Börne-Forschung bereithält, und gewiß auch, daß es, als eine gewissenhafte Einführung in seine Schriften und Briefe, dazu taugt, allen, die diesen Autor erstmals oder näher kennenzulernen wünschen, den Weg dahin auf so angenehme wie kenntnisreiche Art zu weisen.

Willi Jasper: Keinem Vaterland geboren. Ludwig Börne. Eine Biographie. Hamburg: Hoffmann und Campe 1989.

48

1215 Seiten Einzelheiten: Ein zerlegter Autor in seinem gesplitteten Umfeld Der Börne-Index

Anzuzeigen ist eine Veröffentlichung, die in der vielfältig verwirrten und oft unübersichtlichen Geschichte der Gesamtausgaben deutscher Autoren einen hohen Seltenheitswert beanspruchen darf: Fast zwanzig Jahre nach der Publikation einer Werk-Edition sind die dazugehörenden Registerbände erschienen. Die Rede ist von Ludwig Börne, dem Schriftsteller und Publizisten des Vormärz, der einst wegen seiner funkelnden Theaterkritiken und Essays berühmt, seiner galligen *Briefe aus Paris* wegen berüchtigt war. Er gehört heute nicht mehr zum Vorrat der ewig anregenden Bildungsgüter. Für die historische Erforschung des deutschen neunzehnten Jahrhunderts aber bleibt er unentbehrlich.

Es ist nicht das erste Mal, daß er von herausgeberischem Mißgeschick verfolgt wird. Eine groß angelegte Sammlung seiner Schriften ging nach wenigen Bänden im Ersten Weltkrieg unter. 1964 kam eine »neu bearbeitete« Gesamtausgabe in drei Bänden heraus, 1968 wurde sie auf fünf Bände erweitert. Und 1985, noch rechtzeitig zum zweihundertsten Geburtstag, wurde der Schlußpunkt mit einem *Börne-Index* gesetzt, mit zwei Bänden, die sowohl *historisch-biographische Materialien zu Ludwig Börnes Schriften und Briefen* enthalten, als auch einen *Beitrag zu Geschichte und Literatur des Vormärz* darstellen wollen.

Man sieht an diesen Untertiteln, daß aus dem ursprünglich geplanten reinen alphabetischen Register zur Gesamtausgabe im Laufe der beiden Dezennien die Konzeption eines voluminösen »Arbeits- und Materialien-Buches« erwuchs, ein überaus informationsgetrüffelter Dokumentations-Thesaurus entstand, in dem der Funktion der Erschließung (Register) die Funktion der Erklärung (Kommentar) hinzugefügt wurde. Die vielen organisatorischen Probleme, die sich daraus ergeben, sind im allgemeinen glücklich gelöst. In neuartiger Form werden Register, Indices, Kommentare und gegenseitige Verweisungen miteinander verbunden und auf eine Weise präsentiert, die dem Benutzer den jeweiligen Zugriff leicht möglich macht.

Bequem zugänglich sind nun die vielen hundert Personen der Zeitgeschichte und Vergangenheit, die im Werk des »Zeitschriftstellers« Börne paradieren. Reich ist die Ausbeute langjähriger gewissenhaft philologischer Strapazen beispielsweise bei Namen wie Goethe, Schiller, Jean Paul, Heine oder Wolfgang Menzel. Ausführliches wird zu den Figuren der Französischen Revolution mitgeteilt, ebenso zu den Größeren und Kleineren der europäischen Kulturgeschichte. Üppig ist die »Jugendfreundin« Henriette Herz behandelt, erstaunlicherweise sehr viel weniger intensiv wird auf die für Börne ungleich bedeutendere langjährige Freundin und Mitarbeiterin Jeanette Wohl eingegangen. Daneben viele Hinweise zu den historischen Kleindarstellern, zum sperrigen Gestrüpp der Untergründler in stürmischer Zeit. Sogar anonyme Stellen sind aufgeschlüsselt; wenn Börne einen »berühmten Philosophen« erwähnt, kann dies nun als »Hegel« gelesen werden.

1215 Seiten Nachrichten von Börne und seiner Zeit: Die formale Präsentation verdient Lob. Ausführliche lexikalische Texte fuhren in den Zusammenhang ein. Zu fast allen danach folgenden Registerstellen werden kleinere oder größere Kommentarnotizen geliefert. Wichtige Hlifsmittel sind tabellarische Vergleiche und chronologische Übersichten, so die wertvolle Rekonstruktion des Briefwechsels Börnes mit seinem Verleger Julius Campe. Nach dem Namen-Register referiert ein weiteres ähnlich eingehend über die vielen Zeitungen und Zeitschriften, die der unermüdliche Pressekonsument Börne verschlang, ein drittes löst Anspielungen in seinen Schriften auf, ein viertes summiert Bestandteile seiner Begriffswelt – »Adel«, »Bürger«, »Juden«, »Volk«, »Politik«, »Deutschland«, »Freiheit« und andere für ihn zentrale Vorstellungen. Ein jiddisches Glossar zu Börnes Briefen beschließt das Informationsangebot.

Aus zahllosen kleinen Aspekten entsteht auf diese Weise ein differenziertes, solid gearbeitetes und handliches Panorama, ein Kulturbild, das weit über seinen ersten Auftrag eines Registers hinausgeht, das auch Börne oft genug hinter sich läßt und für Erkenntnisse über den Vormärz bedeutsam ist. Die Formulierung der Verfasserin, eine »Doppelfunktion von Handbuch und quellenmäßig abgesichertem Kommentar« beabsichtigt zu haben, trifft zu.

Auch wenn man der immer naheliegenden Versuchung widerstehen muß, sich angesichts des Vielen das Nochmehr zu wünschen, vor dem Guten das Bessere zu verlangen, so können doch einige Anmerkungen nicht unterbleiben. Die große Intensität, mit der hier gesammelt wurde, hat vermutlich jene fruchtbare Distanz zur Materie etwas verwischt, aus der die souveräne Gestaltung einer praktikablen Darstellung resultiert. Das meint nicht so sehr die Überflüssigkeit allzuoft gedruckter Mitteilungen wie die stereotype Nennung von Lebensdaten bekannter Autoren oder das häufig anzutreffende biographische Geröll, das aus jedem Konversationslexikon bezogen werden kann. Es zielt vielmehr auf einige vermeidbare Härten in der Organisation des Stoffes. Grotesk ist doch wohl, daß die »Exkurse« – durchwegs wichtige kleine Abhandlungen zu speziellen Themen – nicht unter einem eigenen Stichwort, sondern über ihren Bezug zu Börne zu finden sind. Beispiele dafür wären ein Artikel über Zensurpraxis und Pressegesetzgebung, der unter *Marcus Antonius* steht, oder eine Studie zur französischen Theaterpolitik, die man unter *Napoleon I.* findet. Wenig nützlich ist auch, daß übergreifende und zentrale Fragen in einzelne Teile zerstückelt abgehandelt werden, Probleme der Honorare, Verbote oder Absatzstrategien etwa. Hier muß man stets kreuz und quer nachschlagen.

Wichtiger ist der Einwand, daß die Verfasserin sich fast ausschließlich auf Personen und Periodika beschränkt, die von Börne erwähnt werden. Da sie dieses Prinzip selbst gelegentlich durchbricht, mit einem Artikel über Wilhelm Sauerwein zum Beispiel, ist die Frage erlaubt, warum hier nicht grundsätzlich weiter ausgegriffen wurde, warum nicht alle Zeitungen und Zeitschriften herangezogen wurden, die bis etwa 1840 über Börne sprechen. Gerade auf diesem Gebiete entfällt bedauerlich vieles aus der mitunter stürmischen zeitgenössischen Debatte um den eigen-sinnigen Autor.

Noch ärgerlicher freilich, und für den Benutzer des Werkes kaum zu bewältigen, ist die Tatsache, daß vor allem bei der Darstellung von Zeitschriften, die Börne selbst herausgab, ohne jeden erklärenden Hinweis zusätzliche Texte zu der Gesamtausgabe von 1964/68 – die hier doch nur erschlossen werden sollte – geliefert werden. So erfreulich, so begrüßenswert es ist, daß neue Texte identifiziert werden konnten, so unsinnig ist das Verfahren, diese Funde in einem Registerwerk zu edieren. Sie gehören in eine eigene Veröffentlichung, in eine Fachzeitschrift. Das gilt auch für den Anhang, der neunundzwanzig Briefe Börnes publiziert, die nach dem Abschluß der Gesamtausgabe entdeckt wurden; darunter die exzellente Epistel des einundzwanzigjährigen Studenten an seinen Vater aus dem Jahr 1807. Eine sehr bedauerliche Fehlentscheidung, solche wichtigen Quellen hier quasi öffentlich zu verstecken.

Trotz dieser Einwände steht natürlich fest, daß mit dem *Börne-Index* ein Standardwerk der Grundlagenforschung vorgelegt wurde. Dessen Wert für Literaturhistoriker und andere Spezialisten historischer Wissenschaften ist sehr hoch zu veranschlagen. In seiner Genauigkeit und im Umfang seiner Einzeldaten könnte es Vorbild für andere Unternehmungen sein. »Hätte die Weltgeschichte ein Sachregister, wie sie ein Namenregister hat«, notierte Börne, »könnte man sie besser benutzen«. Für seine eigenen Schriften und Briefe ist diese Aufgabe gelöst.

Inge Rippmann: Börne-Index. Historisch-biographische Materialien zu Ludwig Börnes Schriften und Briefen. Ein Betrag zu Geschichte und Literatur des Vormärz. Berlin, New York: de Gruyter 1985.

49

»Auf diesem, auf jenem Papiere«
Ein Ludwig Börne-Lesebuch

Die kleine Konjunktur, die Ludwig Börne während der letzten beiden Jahre in der literarischen Öffentlichkeit durch das nahe Beieinanderliegen seines 200. Geburtstages (1986) und seines 150. Todestages (1987) hatte, brachte als erfreuliches Resultat auch eine neue Auswahl seiner Schriften. »Werke«, bemerkte er einmal, habe er keine geschrieben, er habe nur seine Feder versucht, »auf diesem, auf jenem Papiere«. Gleichwohl, in drei Jahrzehnten Schriftstellerleben, zwischen 1805 und 1837, kam eine stattliche Menge, viele tausend Druckseiten, von diesen und jenen Papieren zusammen. Einige davon werden nun angeboten: Für alle, die diesen Autor kennenzulernen wünschen (und zu wünschen wäre dies manchem), ein guter Einstieg, ein solider erster Überblick, eine verläßliche Zusammenfassung des Wichtigsten – gleichsam eine Sequenz von Merk-Zetteln oder auch, wenn es gut geht, von Denk-Zetteln.

Vorgestellt wird der Essayist Börne (*Über Theorie und Praxis in der Politik*, *Fastenpredigt über die Eifersucht*), der Aphoristiker, der Publizist und Journalist (mit Arbeiten aus seiner Zeitschrift *Die Wage*, die ihn berühmt machte). Danach Fragmente der *Briefe aus Paris* (»... zugleich ein Deutscher und ein Jude zu sein«), aus den späten Veröffentlichungen und Studien. Zwei wichtige Beiträge dokumentieren die schwierige Auseinandersetzung mit Heinrich Heine, die für beide Teile schmerzhaft und unnachgiebig ausgetragen wurde (Hans Magnus Enzensberger hat ihr eine eindringliche Darstellung gewidmet). Kernstücke des Bandes ist die vollständige Wiedergabe der sechsundzwanzig Berliner *Briefe an Jeanette Wohl*, in denen Börne seinem Frankfurter alter ego, seiner »Mutter, Schwester, Tochter und Freundin«, gelegentlich »Charles, geborener Jeanette« unterzeichnend, tiefe Einblicke in die kompliziertesten Situationen seines Seelenlebens vermittelt und zugleich brillant kritisch über die damalige Berliner Gesellschaft berichtet.

Diese Auswahl besteht, sinnvollerweise, vor allem aus Texten, die sich auch heute noch dem Leser ohne größere kommentatorische Volten erschließen. Sie bietet einen repräsentativen, praktikablen Zugang zu Börnes Schreiben, zu seinen literarischen und politischen Intentionen. Gewiß, es gibt Passagen, die man sich hinzugewünscht hätte. Aber da ist der berüchtigte Sachzwang der kalkulatorischen Endlichkeit eines Buchumfangs. Und da ist der permanente Seufzer aller Anthologisten; der in derlei Dingen erfahrene Helmut de Boor hat schon festgehalten, daß eine Auswahl niemanden freue, am allerwenigsten den Auswählenden. Wem speziell der Buch- und Theaterkritiker Börne zu kurz gekommen scheint, könnte bedenken, daß noch andere Ausgaben zur Verfügung stehen, etwa Marcel Reich-Ranickis Band zu diesem Thema.

Notwendige Ergänzungen liefern zwei Zusätze des Herausgebers, eine Biographie und Werkgeschichte, die den zeitgenössischen deutschen und europäischen gesellschaftlichen und politischen Hintergrund zu Börne referiert, und ein Nachwort, das einige nachdenklich stimmende Linien durch mögliche und unmögliche Aspekte der Wirkungsgeschichte dieses Autors, seine schwierige Einordnung in die deutsche Literaturgeschichte zieht. Als wohltuend zu vermerken ist, daß man sich bei den Anmerkungen zum Verständnis der historischen Personen und Situationen mehr zurückhielt als bei der Zahl der instruktiven Illustrationen.

So entstand eine lesenswerte Anthologie mit einem lebendigen Portrait Ludwig Börnes, der ebenso ein zutiefst engagierter Kritiker und »Zeitschriftsteller« war wie ein unerschöpflicher und unersättlicher Epistolomane, einer der besten zugleich und eigensinnigsten Publizisten des frühen 19. Jahrhunderts: eine Vorstellung des aus Humanität hypochondrischen und aus Leiden komischen Börne, des verletzbaren und aggressiven Virtuosen einer unbedingten Moral.

Seinen Titel hat das Buch nach einer Skizze von 1823, einer verhaltenspsychologisch tiefsinnig ironischen Studie aus der »häuslichen Kriegskunst« einer fiktiven Ehe des Junggesellen Börne mit einer nicht existenten »Wilhelmine«. Wie fast immer bei ihm, geht aus dieser Text bald in das Politische und von da aus in das (damals) Utopische über: »Meine Frau und ich bilden nur *eine Kammer*, und so muß es denn geschehen, was in solchen Fällen immer geschieht: das demokratische Prinzip gewinnt die Herrschaft über das aristokratische«.

Ludwig Börne: Über das Schmollen der Weiber. Berliner Briefe an Jeannette Wohl und andere Schriften. Herausgegeben und kommentiert von Willi Jasper. Köln: Informationspresse-C. W. Leske Verlag 1987.

50

Vom Theater ins Parlament in den Tod
Robert Blum

Robert Blums Jugend in einer bitter armen Kölner Familie war von Hunger und Entbehrung, von Kinderarbeit und nur sporadischem Unterricht gezeichnet. Auf eine zersplitterte Lehrzeit seit 1821 folgte 1827 eine Tätigkeit in der Laternenfabrik von Johann Wilhelm Schmitz. Während zweier Aufenthalte in München und Berlin, danach wieder in Köln betrieb er in der Freizeit intensive autodidaktische Studien, vor allem durch vehemente Lektüre. 1831 wurde er Faktotum und Adlatus des Kölner Theaterdirektors Friedrich Sebald Ringelhardt, mit dem er 1832 nach Leipzig an das Stadttheater übersiedelte, wo er als Sekretär und Archivar fungierte und daneben, zusammen mit Karl Herloßsohn und Hermann Marggraff, seine umfangreichste Publikation herausgab, das *Allgemeine Theaterlexikon* (sieben Bände zwischen 1839 und 1842). Vorher und nachher veröffentlichte er, animiert von der Revolution 1830, literarische Arbeiten im Sinne eines dezidierten Liberalismus, ein Schauspiel sowie viele politisierende Gedichte, Prosastücke und Feuilletons, die in sächsischen Zeitschriften erschienen (*Zeitung für die elegante Welt*, deren ständiger Mitarbeiter er seit 1835 war, *Abend-Zeitung, Unser Planet, Die Wartburg*) und auch in anderen Vormärz-Blättern (*Der Freischütz, Der Bürger-Freund, Mainzer Unterhaltungsblätter, Telegraph für Deutschland*). 1838 ging er eine kurze Ehe mit Adelheide May ein, 1840 die zweite mit Eugenie Günther (vier Kinder).

Spätestens seit 1837 war er politisch aktiv, wirkte im geheimen »Hallgarten-Kreis« und in verdeckt oppositionellen Leipziger Vereinigungen mit (»Komitee für das Gutenbergfest«, 1840; »Schiller-Verein«, 1840; »Literaten-Verein«, 1842; »Kegelgesellschaft«, »Redeübungsverein«, 1845; »Deutscher Vaterlandsverein«, 1848). So wurde er bald ein Protagonist der liberalen, später linksliberalen Bewegung in Sachsen, ein effizienter Organisator und ein erfolgreicher Redner. Seine eigenen journalistischen Podien waren die demokratisch engagierten *Sächsischen Vaterlands-Blätter* (1840-1845, verboten) und *Vorwärts, ein Volkstaschenbuch* (1843-1847), dessen Bände auch unter Tarntiteln erschienen (*Elektrische Funken, Freigelassene Gefangene, Amnestierte der Zeit*). Längere Zeit beschäftigte er sich, angeregt von Johannes Ronge, mit den religiösen und politischen Ideen der »Deutschkatholiken«, für die er ein *Gebet- und Gesangbuch* zusammenstellte, deren Versammlungen er mitbestimmte und protokollierte.

Nach einer Gefängnishaft begann 1845 mit einer Rede anläßlich einer Demonstration gegen Prinz Johann von Sachsen seine öffentliche politische Karriere. 1846 wurde er unbesoldeter Stadtverordneter von Leipzig, 1847 kündigte er seine Theaterstellung, gründete die Verlagsbuchhandlung Blum & Co. (einziger Titel: *Vollständiges Handbuch der Staatswissenschaften und Politik, ein Staatslexikon für das Volk*, 1847-1851) und übernahm anonym die *Constitutionelle Staatsbürger-Zeitung*. In dieser Zeit war er, ohne seine Zustimmung, als Mitglied eines liberalen sächsischen Kabinetts im Gespräch. 1848 wurde er als Delegierter Zwickaus Mitglied des Frankfurter Vorparlaments, wo man ihn zu einem der Vizepräsidenten und in den Fünfzigerausschuß wählte. Am ersten Demokratenkongreß, Frankfurt am Main Juni 1848, nahm er nicht teil. In der Nationalversammlung selbst vertrat er Leipzig als Abgeordneter, kam rasch zur Position des Sprechers der demokratischen Linken und beeindruckte in der Paulskirche durch außerordentlich eloquente Reden (*Über die deutschen Grundrechte, Über Zentralgewalt*). Seine beste publizistische Leistung war die *Deutsche Reichstags-Zeitung* (Frankfurt am Main 1848-1849). Er war nun überaus populär, oft auf Karikaturen abgebildet: Hoffnungsträger und »Verräter«, Adressat von Morddrohbriefen und mehrfacher Ehrenbürger.

Im Oktober 1848 reiste er nach Wien, um den Revolutionären eine Solidaritätsbotschaft der Frankfurter Parlaments-Linken zu übermitteln. Nach großen Auftritten im Gemeinderat, beim Reichstagsausschuß und vor der Studentenschaft schloß er sich dem Elitekorps der Aufständischen an und kämpfte aktiv gegen die kaiserlichen Truppen unter dem Fürsten Windisch-Grätz. Dessen Sieg hatte seine Verhaftung zur Folge. Am 8. November wurde er standrechtlich zum Tode verurteilt, einen Tag später in der Brigittenau bei Wien durch Erschießen hingerichtet – ein Ereignis, das ihn zur zeitgenössischen Demokratie-Symbolfigur erhob, das sofort ikonisiert wurde (*Abschiedsworte und letzter Wille* in Golddruck), das stürmische Proteste und noch lange danach viele Gedenkgedichte hervorrief.

51

»Flüchtige Ergüsse wechselnder Aufregung«
Ludolf Wienbarg

1

Ludolf Wienbarg – wer war das?

Erste Antwort: Ein Schriftsteller des 19. Jahrhunderts, der nach 1830 durch einige Bücher bekannt wurde, der viele Beiträge in Zeitschriften und Zeitungen veröffentlichte, mit denen er bei seinen Zeitgenossen Aufsehen erregte, der etwa in der Mitte seines Lebens feststellen mußte, daß er nicht mehr im Gespräch war, der einsam und verschollen starb.

Zweite Antwort: Ein eigen-sinniger und wider-borstiger Mensch, dem es nach einem flüchtig unternommenen und fehlgeschlagenen Versuch nie mehr gelang, das zu ergreifen, was man gewöhnlich eine »bürgerliche Karriere« nennt; ein Außenseiter, Querdenker, Aussteiger, der, fast ohne jede finanzielle Unterstützung etwa durch reiche Verwandte, anders als Heinrich Heine oder Ludwig Börne, stets »vom Ertrag der Feder«, von höchst unregelmäßigen Honoraren also, leben mußte, der oft genug ganz ohne Einnahmen war. Der, als »seine« Zeit, das vierte und fünfte Jahrzehnt des 19. Jahrhunderts, versank, erst gelähmt war, dann verbittert, schließlich verstummte. Wie mancher andere Kollege des 19. Jahrhunderts zerbrach er an Entwicklungen, die ganz anders verliefen, als man es sich vorgestellt hatte.

Dritte Antwort: Ein Autor somit, der zwangsläufig einen riesigen Steinbruch von Texten hinterlassen mußte: Pläne, Fragmente, Unausgeführtes. Dem aber – deswegen und trotzdem – immer wieder kleine Stücke bemerkenswerter Prosa gelangen, die heute noch lesbar sind.

2

Christian Ludolf Wienbarg wird am 25. Dezember 1802 in Altona geboren, in ärmlichen Verhältnissen, als Sohn des Hufschmieds Wilken Wienbarg. Nach einer unregelmäßigen Grundausbildung – Stadtschule, Handelsschule, der nicht realisierte Plan einer Kaufmannslehre bei einem Vetter in Baltimore – besuchte er ab 1815 das Gymnasium seiner Heimatstadt. Seine Abiturrede, in Versen, blieb erhalten; sie belegt frühzeitig ein Interesse an der Welt der Antike, deutet zugleich ein Thema an, das ihn für Jahrzehnte beschäftigen wird: *Einfluß der schönen Natur auf die Bildung des frühesten Alterthums*. 1822 bezieht er die Universität Kiel, ist dort aber weniger der Student der Theologie, als der er sich seiner Mutter zuliebe eingeschrieben hat, als vielmehr Burschenschaftler und Paukbodenmatador. Nach sieben Semestern gibt er das Studium auf und versucht, sich als Hauslehrer durchzuschlagen. Intensiv betreibt er daneben private Studien über antike Autoren: Euripides, Platon, Aristoteles. 1828 studiert er wieder, in Bonn, vor allem Geschichte und Philosophie bei Barthold Georg Niebuhr und August Wilhelm Schlegel. Als er wegen einer burschenschaftlichen Affäre von der Universität verwiesen wird (»consilium abeundi«), promoviert er mit einer lateinischen Dissertation über Platon an der Universität Marburg – in Abwesenheit, wie es damals möglich war. Ein langer Fußmarsch führt ihn nach Hause.

In Hamburg wird er mit einigen Stadt-Prominenten bekannt, trifft auch öfter Heinrich Heine. 1830 entstehen seine ersten Veröffentlichungen. Unter dem Pseudonym »Ludolf Vineta« publiziert er eine Übersetzung: *Jason. Episches Gedicht nach Pindar,* der er durch Anmerkungen einen politischen Zeitbezug gibt (die Russen auf dem Balkan). Im gleichen Jahr folgt die Bearbeitung eines Buches von Julius Max Schottky: *Paganinis Leben und Charakter*, eine Biographie des weltberühmten italienischen Violinvirtuosen. Die französische Juli-Revolution 1830, die viele junge Leute elektrisiert, läßt ihn seltsam kalt. Sie entspricht nicht seinen Vorstellungen von Politik.

Er ist jetzt 28 Jahre alt. Bisher ist sein Leben nicht anders verlaufen, als die Jugendjahre vieler anderer Autoren jener Jahre auch. Es gibt keinen Grund, ihn öffentlich zu bemerken.

3

Dies ändert sich in den folgenden Jahren rasch. Noch einmal nimmt Wienbarg eine Hauslehrerstelle an, bei einem dänischen Adligen, der Gesandter in Holland ist. Zwei Jahre lebt er in Den Haag, geht oft auf Reisen, beobachtet Land und Leute, Kunst und Kultur, informiert sich über Geschichte und Politik, vor allem über die komplizierten Prozesse der Loslösung Belgiens von den Niederlanden. Seine vielfältigen Eindrücke faßt er in zwei Bänden zusammen, die 1833 in einem für »moderne« Literatur bekannten Verlag, Hoffmann und Campe in Hamburg, erscheinen: *Holland in den Jahren 1831 und 1832.*

Er wird schnell berühmt damit. Die Presse reagiert freundlich auf den literarischen Erstling, macht Wienbargs Namen in allen deutschen Staaten bekannt. »Es ist ein gutes Buch, ein scharmantes Buch«, rühmt Heinrich Laube in der *Zeitung für die elegante Welt,* »... und das Alles ist so frisch, klar, scharf und doch nicht bitter erzählt, das ganze platte Holland wird so keck aus einem munteren Geistesbrunnen gehoben, daß man noch die klaren Tropfen an den Städten und Menschen sieht«. Das Buch sei »sehr geeignet, richtige Ansichten über das jetzt so viel besprochene Land zu verbreiten«, meinen die *Blätter für literarische Unterhaltung*, es lese sich »ungemein angenehm«. Eine andere Zeitschrift, *Unser Planet*, findet, der Verfasser lasse den Leser »gleichsam eine malerische Zimmerreise vornehmen. Er stellt uns vor die einzelnen Bilder hin, deutet auf deren Hauptpartieen mit genauer Griffelspitze hin und hat uns so, ehe wir es selbst noch recht merken, durch die einzelnen Bilder ein Bild von einem großen Ganzen in die Phantasie geprägt, das noch lange nach vollendeter Beschauung unseren Geist beschäftigt«. Und Wolfgang Menzel, der einflußreiche »Großkritiker«, dekretiert im *Morgenblatt für gebildete Stände*: »Mit sehr guter Laune geschrieben. So muß man in Holland reisen, um sich nicht zu langweilen, mit viel Einbildungskraft und einem guten Vorrath Witz. Die einzelnen Schilderungen sind sehr lebendig«.

Der Erfolg ist da. Es geht aufwärts. Wienbarg wird als Literaturkritiker Mitarbeiter renommierter Zeitschriften wie der Hamburger *Literarischen und Kritischen Blätter der Börsenhalle* und der Leipziger *Zeitung für die elegante Welt.* Auch ein Versuch der bürgerlichen Etablierung scheint zu gelingen: Ab Februar 1833 ist er Privatdozent an der Kieler Universität, liest über Gotisch, Mittelhochdeutsch, Geschichte der deutschen Literatur und, besonders erfolgreich, über die Geschichte und Gegenwart der »Aesthetik«, vor einem vollen Hörsaal.

Die folgenden Ereignisse, nach dem Sommersemester 1833, die diese eher unbeschwerte Zeit jäh enden lassen, sind in den bisherigen Arbeiten über Wienbarg sehr schief dargestellt worden, etwa in dem Sinne, daß seine öffentlichen Vorlesungen zuviel progressiven Geist für die sehr konservative Universitätsleitung (die damals noch dänisch war) enthalten hätten, daß seine herbe Kritik an den veralteten Hochschulen es unmöglich gemacht hätte, ihn länger zu beschäftigen, daß er somit von reaktionären Kräften entlassen worden sei. Die Wahrheit, in den erhaltenen Dokumenten vom August bis Oktober 1833, liest sich anders. Danach reicht Wienbarg zwar ein Gesuch »um Verleihung der Professur der Aesthetik« ein, das »academische Consistorium« kann es aber nicht befürworten, keineswegs aus politischen Motiven, sondern aus dem einfachen Grunde, daß es eine solche Professur in Kiel nicht gibt. Die Ablehnung ist also durchaus korrekt.

Im Winter 1833/34 lebt Wienbarg privatisierend in Eutin, im Sommer 1834 zieht er sich wieder nach Altona zurück. Eine kleine, von den Zeitgenossen leidenschaftlich diskutierte Schrift erscheint: *Soll die plattdeutsche Sprache gepflegt oder ausgerottet werden?* – er plädiert für letzteres. Dabei geht es ihm keineswegs um sprachliche Marotten eines Niederdeutschen, sondern um ein ernsthaftes soziales Anliegen: Er hat die »Sprachlosigkeit« angeklagter Bauern beobachtet, die nicht in der Lage waren, sich in einem hochdeutsch geführten Prozeß richtig zu verteidigen und deshalb zu unrecht verurteilt wurden. Auch in späteren Veröffentlichungen, bis hin zu dem Buch *Die plattdeutsche Propagande und ihre Apostel*, das 1860 unter dem Pseudonym »Freimund« erschien, beschäftigt ihn das Thema: Kulturarmut durch Spracharmut.

Das Hauptereignis aber dieses Jahres 1834 ist die Veröffentlichung seiner 24 Kieler Aesthetik-Vorlesungen in Buchform, wieder bei Hoffmann und Campe, unter dem – wahrscheinlich von dem Verleger Julius Campe formulierten – Titel *Aesthetische Feldzüge*. Der Anlaß für künftige unfreiwillige Teilnahme an literarisch-politischen Verwicklungen und Bedrohlichkeiten ist schon durch die »Worte der Zueignung« signalisiert: »Dir, junges Deutschland, widme ich diese Reden, nicht dem alten«, was heißen soll: dem lebendigen, fortschrittlichen, nicht dem erstarrten, konservativen Deutschland.

Die *Feldzüge* werden Wienbargs wichtigste Publikation (zugleich sind sie sein einziges Buch, das heute noch literaturhistorisch Interessierten bekannt sein könnte). Er wendet sich darin gegen die orthodox-normative Universitätsphilosophie, entwickelt seinen Zentralgedanken von der Wechselbeziehung zwischen Kunst und Leben, definiert als das Ziel seiner Überlegungen eine politisch verwendbare Aesthetik.

Wieder hat er Erfolg, wenigstens bei einem Teil der Kritik. Das Buch sei »gut, feurig und beredt geschrieben«, urteilt das *Repertorium der gesammten deutschen Literatur*, es biete »mancherlei Stoff zur Anregung lebendiger Empfindungen, aber schlechterdings gar keinen zu Berichtigung wissenschaftlicher Einsicht«.

Gänzlich begeistert dagegen Heinrich Laube in der *Zeitung für die elegante Welt*: »Es ist ein zu schönes Buch, das uns Wienbarg geschenkt hat«, oder auch die *Literarische Zeitung*: »In Wienbarg ist es schon so mild und licht, als wäre der Sieg da, und der helle Tag erschienen, der doch so fern steht ... flüchtige, aber geniale Lineamente zu einer Aesthetik im Sinne der Bewegung oder, wann man diesen Ausdruck nicht liebt, im Sinne der neuesten Gegenwart«. »Das Buch«, schreibt *Der Gesellschafter*, »ist ein zerstörender Blitz, aber auch leuchtend Feuer. Es braucht behutsame Leser und wir wünschen ihm sehr viele. Denn es ist ein Werk, das die Andacht des jungen Zeitalters verdient«.

Theodor Mundt rühmt in seinen *Schriften in bunter Reihe* den »freigebildeten Geist, der große Klarheit und lebendige Anschauung mit ebenso großer Wärme und Tiefe des Gefühls verbindet«. Sogar die zurückhaltenden *Jahrbücher für wissenschaftliche Kritik* stimmen vorsichtig zu, Christian Hermann Weisse schreibt: »Die Art und Weise, wie [Wienbarg] den ziemlich engen und dürftigen Ideenkreis, den er sich bis jetzt aus der ästhetischen Bildung unserer Zeit zu eigen gemacht hat, verarbeitet und wiedergegeben hat, scheint uns durchaus von einem productiven, positiv gestaltenden Talente zu zeugen, welches, wenn ihm ein größerer Reichthum von Stoff geboten würde, sich auf das erfreulichste entfalten könnte«.

Natürlich gibt es auch Gegenstimmen. Manche Blätter nehmen die »flüchtigen Ergüsse wechselnder Aufregung«, wie ihr Autor sie definiert, diese vorab für ein junges Publikum bestimmte rhetorische Leistung zu ernst im Sinne einer akademisch-argumentativen Maschinerie, walzen die spielerisch-hoffnungsfrohen Keime einer sensiblen Prosa nieder mit allen Batterien der schweren berittenen Feld-Philologie. (Das ist, und noch viel schlimmer, auch Heinrich Heine passiert.) So weist die *Allgemeine Literatur-Zeitung* spaltenlang »Fehler« nach und resumiert: »Es muß Einem leid thun, wenn man solche Talente, wie sich in den Führern des sogenannten jungen Deutschlands in überreicher Menge finden, und wie sich auch in diesen Vorlesungen bei allen frechen Ungehörigkeiten darlegen, ihre Kräfte so Donquixottisch, nur nicht so edel-schuldlos vergeuden sieht; dann aber auch Schade, daß so viel Richtiges und Wahres, das auch hier und in Menge zu finden ist, es für nöthig erachtet, sich im Marktschreiertone geltend zu machen, und in der Uebertreibung zur absoluten Unwahrheit wird«.

Die »Führer des sogenannten jungen Deutschlands«: Inzwischen war, vor allem von Karl Gutzkow und Heinrich Laube, die Bezeichnung »Junges Deutschland« als Begriff für eine lockere Gruppierung liberal-progressiver Autoren entwickelt worden, ein Vorgang, der sogleich politisch vereinnahmt wird, der behördlicherseits Aufsehen erregt, in den Jahren 1834 und 1835 zu spezieller Briefzensur und Personenüberwachung führt. Durch Denunziationen und Pressekampagnen entsteht eine Verfolgungsatmosphäre, die sich schließlich bis zum Eingreifen des höchsten deutschen Parlaments ausdehnt.

Ludolf Wienbarg gerät mit seinen *Feldzügen*, wegen ihrer – jetzt im Sinne der »Gruppe« umgedeuteten – Widmung nicht weniger als wegen ihres Inhalts, in den sich abzeichnenden Skandal. Wolfgang Menzel benutzt sie für seinen Frontalangriff auf das »Junge Deutschland«, rezensiert sie unter der Überschrift *Unmoralische Literatur*, maskiert politische Mißliebigkeit mit sittlicher Entrüstung: »Herr Wienbarg«, liest man im *Morgenblatt für gebildete Stände*, »zieht unter dem Vorwand, als ob er für das Schöne fechte, förmlich gegen das Christenthum und gegen die Moral zu Felde. Er stellt das Christenthum als eine vorübergehende Zeiterscheinung, als ein Produkt des finstern Mittelalters dar, das sich jetzt endlich überlebt habe und längst zum Untergange reif war; denn es stehe den zwei großen Grundprinzipien des rechten und vernünftigen Lebens, der Sinnlichkeit und dem Verstande feindlich entgegen, habe deren Freiheit bisher gehemmt, werde aber nun bald der vereinten Kraft beider Principe erliegen« – es ist klar, daß ein solches, wenn auch von Menzel hier überaus verzerrt beschriebenes, Buch von der polizeilichen Oberaufsicht über die literarische Produktion nicht ferner geduldet werden kann. Es wird verboten.

Ebenso fallen zwei weitere Bücher Wienbargs der Zensur zum Opfer, die 1835 kurz nacheinander erscheinen, eine Folge von Essays mit dem Titel *Wanderungen durch den Thierkreis* und *Zur neuesten Literatur*, sechs Kritiken. Dennoch erregt er wiederum die

Aufmerksamkeit der Presse. »Eine kräftige Geißel in der Faust«, schreibt die *Europa* über die *Wanderungen*, »durchwandert Wienbarg die Zeit, und peitscht die Rosse, die sich vor den poetischen und moralischen Karren gespannt haben und will ihre Bewegung lenken im Bewußtsein angestammter Fähigkeit«. »Hier begrüßt einen deutschen Mann«, schwärmt Eduard Duller im *Phönix*, »unbefleckt in seinem Wollen, mit einem Mark in den Knochen, um in Thaten nicht zu ermatten, mit Kühnheit in den Adern«.

Großes Lob auch für das Kritiken-Bändchen. »Wie Siegfried die Stimmen der Vögel verstund«, notierte Karl Gutzkow im *Phönix*, »als er sich im Blute des Drachen Fafner gebadet hatte, so ging auch bei den meisten meiner jüngern Zeitgenossen der Kampf der Schöpfung voraus. Die Schöpfung, die Stimmen der Vögel, das Verständniß der säuselnden Blätter im Walde, kurz die Poesie selbst kam erst nach dem Siege über die Ungethüme der Zeit. Ludolf Wienbarg steht gegenwärtig auf der Halbscheid dieses Überganges vom Blute Fafners zu den Stimmen der Vögel«. In der *Zeitung für die elegante Welt* ergänzt Ferdinand Gustav Kühne: »Ich halte Wienbarg für berufen, der Geschichtschreiber unserer literarischen Epoche zu werden, sobald er die Kraft in sich gewinnt, sich auch über diese mit derselben Klarheit zu erheben, die sein Blick auf die früheren Strömungen im geistigen Völkerleben verräth«. Denn Wienbarg, so Theodor Mundt im *Literarischen Zodiacus*, »thut hier manchen treffenden und genialen Blick mitten in das eigenste Getriebe der heutigen Literatur, und mehrere unter diesen Skizzen verrathen eine wahrhafte Schönheit der Darstellung und Entwickelung«.

4

Im Sommer 1835 übersiedelt Wienbarg nach Frankfurt am Main, wo er zusammen mit Karl Gutzkow ein neues Periodikum plant, eine große deutsche Kultur-Zeitschrift nach französischen Mustern, die *Deutsche Revue*. Sie setzen das Unternehmen hoch an. Als Mitarbeiter sollen sie alle gewonnen werden, die in der Literaturszene klingende Namen haben: Heinrich Heine, Ludwig Börne, Bettina von Arnim, Georg Büchner, Christian Dietrich Grabbe, Karl August Varnhagen von Ense, Theodor Mundt, Heinrich Laube; dazu renommierte Wissenschaftler wie Jakob Grimm, Karl Rosenkranz, Trendelenburg oder Hotho.

Einige der Einladungsbriefe sind erhalten. »Ich weiß zwar nicht«, schreibt Wienbarg an Heine, »ob Ihnen mein Streben und Leben bekannt geworden, ich weiß nicht einmal, ob Sie in Paris den Knall der Peitschenhiebe gehört, womit ich die Esel regalirte, die sich am Stamm Ihres Lorbeerbaums den Rücken scheuern wollten: aber hätten Sie auch von alledem keine Silbe gelesen, trauen Sie meinem Worte, ich brauche mich vor keinem Ihrer Jünger und Freunde zu schämen«. Oder an Bettina von Arnim: »Jung sind wir, strebsam auch, noch hängt der Himmel voller Geigen und wir streichen lustig darauf hin und her – ach profezeien Sie uns die Zukunft, aber lassen Sie die Vögel der Dichtkunst rechts fliegen und schicken Sie uns durch einen Aufsatz für die Revue ein günstiges Zeichen ... Fürchten Sie nicht, daß Sie mit der Frau Johanna Schoppenhauer zugleich in die Thür treten, sie ist nicht eingeladen, wie überall keine Dame außer Ihnen ...«.

Das Ende dieser anregenden und aufgeregten Wochen: Am 10. Dezember 1835 verbietet der Deutsche Bundestag das »Junge Deutschland«, namentlich die Schriften der Autoren Heinrich Heine, Karl Gutzkow, Ludolf Wienbarg, Heinrich Laube und Theodor Mundt. Die *Deutsche Revue* ist vor der Geburt gestorben. Keiner der anderen hochfliegenden Pläne kann realisiert werden. Wienbarg, ohne Einkommen, versucht, beim Frankfurter *Phönix* unterzukommen: »Ich bringe Ihnen eine Tendenz«, schreibt er an den Verleger, Johann David Sauerländer, »einen Namen, der nicht unrühmlich und Verbindungen durch ganz Deutschland, die nicht zu verachten. Ich werde niemals meine Grundsätze verläugnen, aber ich werde sie durch die Zensur bringen. Ich weiß, was ich leisten kann«. Gleichzeitig sucht er die Zusammenarbeit mit dem Verleger Georg von Cotta, in dessen Firma unter anderem das *Morgenblatt für gebildete Stände* und die *Allgemeine Zeitung* erscheinen, bietet ihm seine »Feder, so gut oder schlecht sie ist, als mitarbeitende an einem der kosmopolitischen Journale Ihres Verlags« an. Aber dies alles ist vergebens.

Die Freie Stadt Frankfurt weist Wienbarg aus. Über Stationen in Mainz, Nieder-Ingelheim und Kassel wandert er, wieder einmal, zurück nach Altona. Aber auch dort hält es ihn nicht. Noch weiter weg muß er, um die Katastrophe des Jahresendes 1835 zu bewältigen. Bis zum Herbst 1836 lebt er im freiwilligen Exil auf Helgoland.

Von jetzt ab beginnt sein Leben zu stagnieren. Seine Produktion wird für einige Zeit brüchig und sporadisch. Er publiziert hin und wieder in Zeitschriften, liefert Brotarbeiten für Hamburger Tageszeitungen (*Neue Zeitung, Altonaer Mercur*), verwertet alte Papiere (1838: *Geschichtliche Vorträge über altdeutsche Sprache und Literatur* – aus den Kieler Vorlesungen von 1833). Weder seine Geschwister, die ihn, nach ihrem geringen Vermögen, zeitweilig finanziell unterstützen, noch seine Ehe mit der Altonaerin Dorothea Marwedel können verhindern, daß er in Abhängigkeit von Alkohol gerät.

Trotzdem hat er, gerade in dieser Zeit, noch einmal Erfolg beim Publikum. Sein *Tagebuch von Helgoland*, ein seltsames, unkonzentriert zusammengefügtes Gemisch von lebendigen Impressionen und fahrigen Diskussionen teilweise veralteter Materien, wird zumeist gut besprochen. »Eine frische, oft stürmische Seeluft«, schreibt das *Repertorium der gesammten deutschen Literatur*, »durchweht das ganze Tagebuch, das eine der reinsten und eigenthümlichsten Erscheinungen der jüngeren Literatur ist«. Wienbarg habe »ein Herz für's Volk«, bemerkt die *Europa*, »für das Volk, oder in dem übermüthigen und armseligen Jargon der Gesellschaft, die sich nicht über Titel, Rang und Geldsack zu erheben vermag, zu reden: für die ›niedern Stände‹. Er kennt ihre Art und Weise, ihre Häuslichkeit, den Kreis, in welchem sich ihre Gedanken, Wünsche, Vorstellungen bewegen. So hat er auch das Leben des Helgoländers, des armen Lootsen und Schiffern nur in flüchtigen Umrissen, aber gewiß wahr und scharf gezeichnet, dieses kräftige, einfache Leben«. Hier sei wieder, bemerken die *Baltischen Blätter*, »der alte frische Sinn, der wohl weiß, daß Alles nichts ist und das Schönste das Elendeste, wenn es ohne Würde, ohne wärmblütige Lebensbezüge. Herrlich redet [Wienbarg] über die geistbefreiende und geistbeflügelnde Macht des Meeres, er möchte freie Nordseeluft in alle deutsche Lande hauchen, vor Allem die Dichter ruft er hin zum großen Spiegel des Unendlichen«. Aber man spürt auch Veränderungen in ihm: »Das ist der alte Wienbarg«, meinen die *Blätter für literarische Unterhaltung*, »nur daß die Luftsäure den Metallglanz seines Zornmuthes schon angefressen hat. Der Groll hat sich in einen compacten Mismuth zurückgezogen, und wir gönnen ihm, daß die frische Seeluft und die heulenden Stürme in den helgoländer Felsenhöhlen ihn wieder aus dieser traurigen Versessenheit auffrischen«.

Fast gleichzeitig versucht sich Wienbarg ein letztes Mal an dem größeren Wurf eines literarischen Plans, bricht ihn dann aber doch ab: 1839 erscheint der erste und letzte Teil einer umfassend gedachten Charakteristik deutscher Bühnendichter, *Die Dramatiker der Jetztzeit*, über Ludwig Uhland. Friedrich Hebbel, mit dem Wienbarg in dieser Zeit bekannt wird und der bei einer Fortsetzung des Projekts wohl selbst zum Thema der Darstellung geworden wäre, rühmt das Werk im *Telegraph für Deutschland*: »Wir sind reich, und halten uns für arm; wir haben Diamanten, und die Leute, die sie zu schleifen verstehen, werden auch nicht ausbleiben. Möge Wienbarg recht bald mit einem zweiten Heft erscheinen! Gar mancher schiebt jetzt am Weiser der Zeit und beschleunigt nichts damit, als seine eigene Hinrichtungsstunde: er gehört nicht dazu!« Kritisch die *Hallischen Jahrbücher für deutsche Wissenschaft und Kunst*, die mit diesem Werk »nicht einverstanden« sind: »Wienbarg hat ein zu weiches, ionisches Element in seiner ästhetischen Empfindung, es mangelt ihm häufig die Energie zu philosophischer Kritik, weil es ihm mehr behagt, sich in Sympathien oder Antipathieen zu wiegen, als Principien nachzuforschen«. Dagegen Hermann Marggraff in den *Blättern für literarische Unterhaltung*: »Wienbarg ist gewiß ein Mann deutschen Herzens, innig, sinnig, kräftig, kräftigen Gesinnungen und Erscheinungen das Wort redend; Haß oder Liebe, die im Herzen ihren Ursprung haben, führen ihm die kritische Feder, nicht Eigenliebe, nicht jener raffinirte Verstand, der, wo er tadelt, blos prickelt und verletzt, und wo er lobt, blos so weit lobt, daß der nachfolgende Tadel das Lob verschüttet und bei lebendigem Leibe begräbt«.

Statt einer Fortsetzung der *Dramatiker der Jetztzeit* legt Wienbarg jedoch eine Sammlung früherer Aufsätze vor, vier Titel, die als *Quadriga* zusammengefaßt werden. Auch von diesen *Vermischten Schriften* erscheint nur der erste Band: Aus der Sammlung von Fragmenten werden ihm Fragmente von Sammlungen. Ein letztes Mal hat er ein gutes Echo in der Kritik. »Was Wienbarg schreibt«, befindet Ferdinand Gustav Kühne in der *Zeitung für die elegante Welt*, »ist wie gehämmert; wenig Volumen, viel Gehalt. Mit ein Paar Sätzen wird er manchem Band Literaturgeschichte voraus springen«. Und Georg Herwegh bekennt in der *Waage*: »Die vorgebliche Pflicht des Kritikers, nüchtern zu bleiben und sich auf keinem Enthusiasmus ertappen zu lassen, fällt mir nie schwerer, als wenn ich auf Wienbarg zu reden komme. Ruhig verharren, einem Manne gegenüber, dessen Herz so heiß schlägt für unsere theuersten Interessen, und der jedes Opfer, das er darbringt, auf dem Altar der Jugend und der Zukunft niederlegt! Ich will Alle loben, die sich hier einer begeisterten Liebe enthalten können, aber Niemand von ihnen nachahmen. Jugend zieht Jugend an«.

Für das Jahr 1840 ist der Wiederbeginn einer heftigen und voluminösen Produktion zu konstatieren. Wienbarg hat, wie auch immer, geschäftliche Anteile an den *Literarischen und Kritischen Blättern der Börsenhalle* erworben und verfügt nun über die selbständige Beilage, eine eigene, fast ausschließlich von ihm geschriebene Zeitschrift, das *Deutsche Literaturblatt*. Für diese und später für andere Blätter liefert er eine große Zahl von Rezensionen und Aufsätzen. »Man hat mich bezichtigt«, wird er kurz vor seinem Tode feststellen, »der schöngeistigen Literatur seit den vierziger Jahren abtrünnig geworden zu sein; dennoch glaube ich ihr, für ihre bessere Zukunft, nicht ungünstig gewesen zu sein«. In der Tat. Überblickt man die großen Essays und Feuilletons aus den dreißiger und vierziger Jahren, so wären, als bedeutendste Titel, zu nennen: *Das goldne Kalb, Wollust und Grausamkeit, Goethe und die Weltliteratur, Die schlafende Freiheit, In Sachen der deutschen Weiber gegen die deutschen Männer, Das Studium der Alten, Männliches und Weibliches in der Literatur, Die Poesie und die Industrie, Über Originalität und Gehalt dramatischer Dichtungen.*

Eindrucksvoll ist die lange Liste der Literaturkritiken, die vor allem ab 1840 entstehen. Besprochen werden, allein aus der deutschen Literatur, in teilweise sehr ausführlichen, einläßlichen Rezensionen, unter anderen Ernst Moritz Arndt, Bettina von Arnim, Ludwig Börne, Clemens Brentano, Ferdinand Freiligrath, Karl Gutzkow, Friedrich Hebbel, Heinrich Heine, Georg Herwegh, August Heinrich Hoffmann von Fallersleben, Alexander von Humboldt, Karl Immermann, Friedrich Ludwig Jahn, Heinrich Laube, Wolfgang Menzel, Theodor Mundt, Robert Eduard Prutz, Hermann von Pückler-Muskau, Friedrich Rückert, Friedrich Schleiermacher, Henrich Steffens, Ludwig Tieck und Karl August Varnhagen von Ense. Daneben ist eine größere Zahl von Texten Autoren aus der Literaturgeschichte gewidmet, beispielsweise Ulrich Bräker, Barthold Hinrich Brockes, Heinrich von Kleist, Christian Ludwig Liscow, Johann Heinrich Merck, Justus Möser, Georg Rollenhagen und Christoph August Tiedge.

Insgesamt hat Wienbarg bis 1846 mehr als 130 Aufsätze und Bücher zu literarischen Themen veröffentlicht.

5

Um 1842 beginnt ein weiterer Lebensabschnitt des jetzt 40jährigen. Er verändert sein Arbeitsgebiet, neben die Literatur, und immer mehr an ihre Stelle, treten die Fächer Geschichte und Tagespolitik. »Wenn ich seit den vierziger Jahren meiner ästhetischen Wirksamkeit gleichsam Halt geboten«, sagt er später, »so leitete mich der Gedanke, daß alles Schöne und Geistige, für das meine Seele geschwärmt, nur in luftigen Regionen schwärmt, wenn ihm der männliche Charakter und der nationale Boden nicht zur Unterlage dient«. Rund 70 weitere Rezensionen, Aufsätze und Bücher entstehen, darunter Titel, wie *Geist der Norwegischen Verfassung, Hannover und die deutschen Doctrinaire, Die (ehemalige) Leibeigenschaft und die Fortdauer ihrer Leiden, Die Frage der Sclaven-Emancipation, Literatur- und Lebensbewegungen im Norden der Elbe seit 1812, Der Adel, von der historischen Seite, Die russische Frage, Deutsches und französisches Gerichtswesen, Einfluß des Zollvereins auf die Volksfreiheit und die ständischen Verfassungen, Die Memoiren der Markgräfin von Baireuth, Andreas Hofer, Der neue nordamerikanische Staat Iowa, Deutschland vor der französischen Revolution.*

Dazwischen, 1843, versucht Wienbarg zum letzten Mal, eine Sammlung zustandezubringen, »von Journal-Artikeln, in welcher Art der Mittheilung seit einer Reihe von Jahren mein Antheil an der Zeit, mein Beitrag zu der Lebensströmung sich fast ausschließlich dargebracht hat«, wie er an den Verleger Heinrich Brockhaus schreibt. Vergeblich. Auch dieses Projekt kam nicht zustande.

1846 meldet die *Triersche Zeitung*: »Ein Mitglied des weiland jungen Deutschlands, der bekannte Wienbarg, wird uns in diesen Tagen, oder hat uns bereits verlassen, um mit einem Auswandererschiff nach Amerika zu segeln«. Inzwischen ist bekannt, daß es Wienbarg nicht gut geht. »Wenn er«, heißt es in der Meldung weiter, »dem man es zum Ruhme nachsagen muß, daß er seine Feder nie durch niedrige Gesinnungen und Gemeinheiten entweiht hat, dem von seinen Zeitgenossen an ihn gestellten Erwartungen nicht ganz entsprochen hat, so liegt der Grund davon in der socialen Stellung des geistreichen Mannes, die in mehr denn einer Hinsicht eine schiefe genannt werden mußte«. Aber Wienbarg bleibt. Ihn fesselt inzwischen die politisch-militärische Auseinandersetzung des Deutschen Bundes mit Dänemark. Darüber schreibt er eine Reihe von Broschüren (*Der dänische Fehdehandschuh*, 1846; *Krieg und Frieden mit Dänemark*, 1848; *Der diesjährige Dänenkrieg und sein Ausgang – bis auf weiter*, 1849), die freilich fast unbemerkt vorübergehen.

In der Revolutionsbegeisterung des Jahres 1848 stellt er sich sogar als Freiwilliger Jäger einem Freikorps gegen Dänemark zur Verfügung. Aber er muß erleben, daß seine Versuche als »Mann der Tat« ebenso scheitern, wie seine Bemühungen als »Streiter des Wortes«. Seine Hoffnungen zergehen in Nichts. Wieder beginnt er zu trinken.

6

Der Rest dieses Lebens dauert noch 24 Jahre, ist aber rasch erzählt. Er ist von zunehmender Vereinsamung, Erfolglosigkeit und Verbitterung gezeichnet. Ein Publikationsplan, *Darstellungen aus den schleswig-holsteinischen Feldzügen*, bleibt 1850/51 ein Fragment. Mit dem merkwürdigen Buch *Das Geheimnis des Wortes. Ein Beitrag*, 1852, in dem eine nicht mehr nachvollziehbare Wurzelwort- und Urlaute-Phantasterei getrieben wird, kann die Kritik nichts mehr anfangen. »Wenn Ehe und Eva und Venus zusammenkommen«, notiert Moriz Carriere in den *Blättern für literarische Unterhaltung*, »und wenn Adam der Eidam oder Eierdamm des Herrn heißt: wenn dieß lange noch nicht das Aergste, Willkürlichste und Wunderlichste unter Wienbarg's somnambulen Redensarten ausmacht – dann bedauert man das schöne Talent, das sich spielend in ein Netz eingesponnen, in welchem es nun wie verzaubert sitzt und mitleidig auf die anderen Menschen herabsieht, die draußen in der freien Natur stehen und den Verstand, den Unterscheider, der die Dinge ständig macht, in ihrer Eigenheit festhält und sie nicht zu einem Urbrei zusammenrühren läßt, noch für eine gute Gottesgabe halten, ohne daß ihnen Gut, Gott und Gabe zu Hohlheiten geworden sind, weil sie mit einem g anfangen«.

Der Versuch, eine *Norddeutsche Zeitung* zu gründen, scheitert 1853. Ein weiterer Anlauf, die Jugendzeitschrift *Armin*, erlebt 1854 nur ein halbes Jahr. Nicht beendet wird auch das letzte Werk, eine auf mehrere Bände angelegte *Geschichte Schleswigs*, von der 1861/62 anderhalb Teile erscheinen.

Wienbarg verelendet. Seine letzten Jahre sind von Trunksucht, Schizophrenie und Verfolgungswahn geprägt. »Dementia praecox«, diagnostizieren die Mediziner. Es nützt nichts mehr, daß er seit 1868 »lebenslanger Pensionär« der in Not geratene Schriftsteller fördernden »Deutschen Schiller-Stiftung« wird. 1869 folgt die Einlieferung in das Altonaer Krankenhaus, kurz darauf kommt er, für immer, in die »Schleswiger Irrenanstalt«. Dort stirbt er am 8. Januar 1872.

7

Bezeichnend für die merkwürdig zerfaserte Wirkung Wienbargs auf seine Zeitgenossen ist, daß sie nicht einmal mit seinem Vornamen zurechtkamen. »Ludolf« taucht in den Schriften über ihn auch als »Rudolf«, »Ludwig«, sogar als »Leopold« auf. Gewiß, das ist in einer flüchtig-zitierfreudigen Zeit mit oft nur abgekürzt gedruckten Vornamen (»Lud.«) gerade bei einem ungewohnten norddeutschen Namen erklärbar, es wirkt aber auch wie ein Symptom für die Rätsel, die dieser Autor aufgab, der immer wieder auftauchte, beeindruckte und verschwand.

Ebenso charakteristisch ist es, daß ein beglaubigtes Portrait von Wienbarg nicht überliefert ist. Zwar befindet sich in den Weimarer Literatur-Sammlungen die Fotografie eines Lithos, das »dem Herkommen nach« ihn zeigen soll. Aber die Vermutung hat viel für sich, daß es sich dabei um nichts anderes als um die seitenverkehrte Wiedergabe eines Portraits seines Zeitgenossen Theodor Mundt handelt. Nur eine Spur, ihrerseits reichlich unsicher, ließ sich bisher feststellen. In dem *Satyrisch-literarischen Taschenbuch für 1848. Unter Mitwirkung des jüngsten Deutschlands herausgegeben von einem Unberühmten* enthält ein Text über Wienbarg eine Karikatur als Initiale, die ihn darstellen könnte: zusammengesunken an einen Tisch gelehnt, auf dem ein halbvoller Krug steht.

Mit Worten dagegen hat die Mitwelt Wienbarg häufig geschildert und charakterisiert. Originelle Aspekte werden dabei mitgeteilt, es wird aber auch keine Gelegenheit zu irgendeinem Klischee ausgelassen: Das in alles, was mit »Literatur« zusammenhing, vernarrte Jahrhundert auf vollen Touren.

Oskar Ludwig Bernhard Wolff, 1835: »Er ist par excellence der Kritiker der Partei, und hat seinen Beruf dazu mannichfach beurkundet. Nicht so zerstörungssüchtig wie seine Genossen, hat er mehr das Amt übernommen, die schönen Seiten einer Zukunft, wie das junge Deutschland sie träumt, hervorzuheben, als die Gegenwart anzugreifen«.

Eduard Beurmann beschreibt 1837 einen persönlichen Eindruck: »Eine lang aufgeschossene Figur, mit dünnem, blondem Haar, glänzenden Augen, einem nonchalanten, aber doch literarischen Pli, eine Mischung von Student und Professor mit holsteinischem Anstrich. Er reckt die Arme, als stehe er auf der Mensur und sey im Begriff, den Schläger in die Hand zu nehmen, er krämpt den Rockärmel auf, als wolle er an der Tafel, mit Hülfe der Kreide, dociren. Seine Rede ist kurz und aphoristisch, aber an geistigen Blitzen reich. Wenn er in Eifer geräth, so erhebt er sich zu hinreißender Suada, in ciceronischer Eleganz«.

Eine ähnliche Momentaufnahme stammt von Karl Gutzkow, 1837: »Ludolf Wienbarg ist hoch aufgewachsen und ein Mann in den Dreißigern. Seine Haltung läßt aber mehr als zehn Jahre vergessen; denn sie ist frei und burschikos im besten Sinne und nicht ohne Sinn für Eleganz. Sein Profil ist beredt und entschlossen. Er spricht nicht stark, aber gewählt und gründlich ernst, weil es ihm eben so um den Inhalt als die Form seiner Gedanken zu thun ist«.

Zwei Jahre später, nochmals Karl Gutzkow: »L. Wienbarg [hat] theoretisch am reinsten die Grundzüge einer Literatur gezeichnet, welche wir als die eigentlich neue begrüßen sollten. Er drang auf eine Schönheit der ästhetischen Gebilde, die nicht erstorben wäre, sondern auf der die blutvollen Adern des Lebens sich hinschlängeln müßten, wie auch die Thaten der Geschichte ein Schönheitsgesetz abspiegelten. Wienbarg ist Demokrat, unläugbar; aber mehr in sich als Mensch, weniger als Schriftsteller, was zu sein ihn nur augenblickliche Stimmungen veranlassen. Ihn lenkt der Zufall. Ihm fehlt die gesellschaftliche Wurzel in einem festen Boden, von dem aus er einen bestimmten Plan verfolgen sollte. Er grollt und glüht für sein Vaterland und doch ist er heimathlos. Ein Katheder und zu seinen Füßen die Jugend, er würde sich trefflich bewähren«.

Alexander Jung stellt 1840 fest: »Wienbarg vereinigt in seltener Weise die Natur und den Bildungssinn für die verkörperte Schönheit der Alten mit einer nordisch aufgeklärten Chevalerie des Mittelalters und jenem schwer anzugebenden Etwas des Modernen, sey dieses ein Hauch der Anmuth, oder eine Freude an der Eleganz, am Brillanten, oder die Grazie sozialer Bewegung«.

Zu einem ähnlichen Resultat gelangt 1841 Eduard Meyen: »Eine hohe Achtung verdient Wienbarg, der Bravste und Redlichste unter den Jungdeutschen. In ihm lebt und webt der schöne Idealismus des Humanen, und ihn hat die Begeisterung, welche er für seine Verwirklichung im Gebiet des Schönen von Anfang an gezeigt hat, nie verlassen. Ihn hat auch die Eitelkeit nie verblendet, über seine Kräfte hinaus sich zu erheben, er ist immer derselbe tüchtige, kernige Mann mit der Jünglingsbegeisterung geblieben, ein deutscher

Grieche, der Nachfolger Herders«. Freilich, daß da auch Gefährdungen und Rückschritte waren, entgeht den Beobachtern nicht. 1842 formuliert Friedrich Steinmann ein Distichon: »Starker Granit erhebt er das Haupt im tollen Gewimmel, / Aber die Brandung der Zeit höhlet allmählig den Fels«.

Dies wurde in den folgenden Jahren immer deutlicher, und so konnte auch das bereits erwähnte *Satyrisch-literarische Taschenbuch für 1848* sagen: »Er *wollte* Romane schreiben, er *wollte* die Welt verbessern, er *wollte* die Literatur auf seine starken, breiten Schultern nehmen. Er ist ein guter Mann und guter Musikant – aber er spielt nicht«. Zehn Jahre vor seinem Tode, als es längst so gut wie keine Produktion mehr gab, meinte das Lexikon *Männer der Zeit*, 1862: »Wienbarg hat überall nur das Programm zu einer Sache geliefert, die er für verloren hielt, weil er daran scheiterte. Das Publikum ließ ihn im Stich, aber doch schließlich nur, weil er sich selbst aufgab«. Und die Zeitschrift *Unsere Zeit* beschloß dies 1872 in einem Nachruf: »... so blieb er der unproductivste Autor in einer hyperproductiven Zeit, der ›ewige Jüngling‹ in der Literatur, der nur seine stürmischen Jugendergüsse angehörten, während er selbst einsam und vergessen alterte, vergessen über hundert neuen Namen, die fröhlich auftauchten, um bald gleichem Geschicke zu verfallen«.

Wienbarg vereinige in sich, faßte 1845 ein Lexikon zusammen, »das Wesen eines Burschenschafters mit dem eines Elegants, den Studenten mit dem Stutzer, den Jahn'schen Freiheitshelden und Turner mit dem modernen Schriftsteller, den gründlich Unterrichteten, in trockne Forschungen beharrlich Eingehenden mit dem modisch flüchtigen in blendender Diction über seinen Gegenstand hineilenden Journalisten« – diese Folge von Antithesen beschreibt ihn wohl richtig.

Ohne Zweifel gehört er zu den wichtigeren, intelligenteren, sensibleren Autoren der ersten Hälfte des 19. Jahrhunderts; zumindest läßt sich dies für »seine« beiden Jahrzehnte von 1830 bis 1848 belegen. Man muß Walter Dietze zustimmen, wenn er sagt, Wienbargs Platz in der Geschichte der deutschen Literatur sei »weder der einer Randfigur noch der einer Zentralgestalt«. Von den Vielhunderten des alltäglichen Literaturbetriebs hebt ihn seine Klarheit und Konsequenz, seine Entschlossenheit und Schärfe ab, seine Bildung auch und sein Stil. Zu einer Zentralfigur reichte weder seine Begabung noch seine Energie.

Den Zeitgenossen freilich bot er, als der »Männliche«, »Feurige« und »Begeisterte« gesehen, hinreichend Gelegenheit, ihre Lust zur Stilisierung und zum Denkmal-Setzen zu frönen. Die »Reinheit« seines Charakters, die »Lauterkeit« seines Denkens, die »Männlichkeit« seines Stils – all das sind auch Indizien für eine bestimmte Rolle des Schriftstellers im Sinne »nationaler« Kulturpolitik. Als die Erwartungen nicht erfüllt wurden, vergaß man ihn fast noch schneller, als man ihn erhoben hatte. Wienbarg ist damit ein prägnantes Beispiel für die Krise vieler Vormärz-Intellektueller, die einerseits Opfer der restaurativen Entwicklungen ab 1830, verschärft ab 1840, sind, die andererseits durch das Scheitern der Revolution von 1848 erst gestört, dann verstört und schließlich zerstört werden.

Wienbarg wehrt sich nicht, läßt sich treiben, braucht Alkohol (vielleicht auch Drogen) als kurzfristige Lösung; Ruhelosigkeit und Ohnmacht; immer wieder: Aufbäumen und Niedersinken; Bruchstücke einer großen Illusion; schließlich die Paralyse. Es ist eines jener Schicksale, die man vor Augen haben sollte, wenn man über das 19. Jahrhundert nachdenkt. In der Literaturgeschichte, zumindest, ist häufiger von Scheitern, Verzweiflung, Einsamkeit und Vergessen zu sprechen, als von Glanz, Einkommen, Lebenszeitstellung und Ruhm. Einer von denen, die das traurige, schattenhafte, leidende 19. Jahrhundert bewohnten, war Wienbarg. Dieses 19. Jahrhundert ist uns, immer noch, nah genug, um es mißzuverstehen, und fern genug, um es endlich zu begreifen.

Vieles von dem, was Wienbarg begann, geriet zum Fragment. Es gehört mit zu seinem Bilde, wenigstens einige dieser Pläne aufzuzeichnen. Schon als Schüler beschäftigt er, der zeitlebens eine spezielle Begabung als Dramatiker zu spüren meinte, sich mit Dramenplänen (*Cato von Utica*); daraus wurde ebensowenig etwas wie aus der Tragödie *Struensee* oder dem Buch *Perspektiven für das deutsche Theater*. Auch keines seiner Roman-Vorhaben kam zustande, weder *Dithmarsen* (bereits im Ostermeßkatalog 1835 angezeigt), noch *Johannes Küchlein* oder andere Versuche. Desgleichen scheiterte seine Fortsetzung von Friedrich Schlegels *Geschichte der alten und neuen Literatur* oder seine Biographie des Malers Wilhelm Tischbein, blieben Bücher über Friedrich Hebbel und Heinrich Heine aus; das Manuskript zu einer zweibändigen Dokumentation, *Das klassische Alterthum, dargestellt durch deutsche Klassiker*, ging verloren, wenn es je existiert hat. Zu anderen Projekten, wie dem Prosa-Band *Weinproben* oder weiteren Reiseskizzen (*Holland und Belgien im Jahre 1835*; ein Buch über Kopenhagen) gibt es Entwürfe und kleine Textfragmente. Manches hätte wohl noch sein Nachlaß enthalten, der aber mittlerweile ebenfalls untergegangen ist.

Indes: Wienbargs Eintreten für (damals wie heute) fortschrittliche Ideen wird doch sein Verdienst bleiben. Im Zusammenhang mit dem Aufbruch und Verglühen des »Jungen Deutschland« wird er seinen kleinen, aber unübersehbaren Platz in der deutschen Literaturgeschichte behalten. Was aber noch wichtiger ist: Er wird auch seine Bedeutung in der – insgesamt noch wenig erforschten – Geschichte der deutschen Literaturkritik haben. Dies vor allem. Denn er half mit, diese spezielle Form des öffentlichen Gesprächs über Literatur im modernen Sinne zu entwickeln, er hat eine größere Zahl von scharfsinnig gedachten und brillant formulierten Paradestücken dafür geliefert. Je mehr er rezensierte, desto häufiger finden sich breite Zitaten-Collagen aus den besprochenen Werken zwischen seinen kritischen Bemerkungen. Man hat ihn deswegen einen Zeilenschinder gescholten. Dazu gibt es ein Gegenargument. Prüft man nämlich seine Zitate am vollständigen Text des Buches, so ergibt sich der Befund, daß Wienbarg zu den Miterfindern jener Kritik-Methode gehört, die davon ausgeht, daß der Leser in den weitaus meisten Fällen die Rezension vor dem Buch zu Gesicht bekommt (wenn dieses überhaupt), die deshalb, bedacht auswählend, den Text »vorstellt« und dem Leser so, jenseits aller Rezensenten-Apodiktik, auch ein eigenes Urteil ermöglicht. In einer noch zu schreibenden Geschichte der deutschen Literaturkritik wird darum Wienbarg immer ein Platz versichert bleiben.

Sein Gesamtwerk ist heute sicherlich nur noch für wenige Literaturhistoriker interessant. Für den Leser aber, der nichts als Leser ist, und das wäre schon viel, müssen andere Maßstäbe gelten. Für ihn sind immer wieder Perlen in den bemoosten Austern der Wienbargschen Aufzeichnungen verborgen.

52

Jungdeutscher und Vormärzler Adolf Glaßbrenner

Beschrieben werden soll die Geschichte der literarisch-politischen Entwicklung Adolf Glaßbrenners zwischen 1832 und 1850. Nach einem Überblick zur Forschung, als Ausgangspunkt, die Untersuchung der Einfüsse Hegels, Heines, Börnes, des Jungen Deutschland, des Wiener und Berliner Volkstheaters auf das Werk sowie, vor allem an *Berlin, wie es ist und – trinkt* und am *Eckensteher Nante*, einiger sozialkritischen Aspekte. Danach die Sichtung der »Vormärz-Lyrik«, der politischen, »demokratischen« Gedichte der vierziger Jahre, sowie einiger der Glaßbrennerschen »Charaktere«, seiner taktischen Maskierungen, des liberalen Rentier Buffey, des progressiven »Guckkästner« und des demokratischen »Fischer«. Zum Schluß die Analyse der »epischen« Gedichte, vor allem des *Neuen Reineke Fuchs* von 1846, sowie einiger Flugschriften der Jahre vor und während der Revolution, *Eine Volks-Jury in Berlin, Verein der Habenichtse für sittliche Bildung der höheren Stände* und *Eine Berliner Urwählerversammlung unter Wrangel.*

An der (auch durch scheinbar präzise Knappheit der Formulierungen nicht verdeckten) Schlichtheit der Untersuchung und ihrer Resultate ist die zu schmale Materialbasis schuld – so gut wie keine zeitgenössischen Umkreismaterialien, etwa aus der Presse, werden zitiert, Glaßbrenners Arbeiten selbst sind nur ausschnitthaft herangezogen – und ebenso die Tatsache, daß die gerade für ihn wesentliche Gesellschaftsgeschichte nur wenig berücksichtigt, und wenn, dann stark vorgestanzt referiert wird (so auch kein Eingehen auf die Rolle des Berliner Dialekts bei ihm). Vor allem macht sich negativ bemerkbar, daß Glaßbrenners Entwicklungsgeschichte, nicht ernsthaft diskutabel, in einen »Jungdeutschen« und einen »Vormärzler« zerlegt gesehen wird, statt sie vor den Hintergrund der differenzierten Vielfalt des politisch progressiven Liberalismus der deutschen Intellektuellen zu stellen.

Heinz Bulmahn: Adolf Glaßbrenner: His development from Jungdeutscher to Vormärzler. Amsterdam: Benjamins 1978.

53

Eine »politische« Biographie
Georg Herwegh

Es ist vor allem das Verdienst der DDR-Literaturwissenschaft, daß wir neuere Forschungsergebnisse zu Georg Herwegh besitzen. Eines dieser Bücher liegt mittlerweile in zweiter, überarbeiteter Auflage vor. Ihr Untertitel *Der Weg eines bürgerlich-demokratischen Poeten zum Streiter für die Arbeiterbewegung* ist exakter als der allzu lyrische Titel selbst.

Die sorgfältig gearbeitete und gut lesbare, »vor allem politische« Biographie eines progressiven Dichters des 19. Jahrhunderts schildert in fünf Kapiteln Herweghs Lebensweg: *Ein neuer Kämpfer gegen die alte Ordnung Deutschlands – Größe und Grenzen eines revolutionären Vormärzdemokraten – Georg Herwegh in der bürgerlich-demokratischen Revolution 1848/49 – Neubeginn politischer Bewegung – Georg Herwegh und die deutsche Arbeiterbewegung*. Eingearbeitet sind literaturwissenschaftliche Analysen der Herweghschen Veröffentlichungen, ein Anhang präsentiert ungedruckte Briefe und Dokumente über sein Verhältnis zur Arbeiterbewegung. »Die Darstellung der politischen Konsequenz, zu der Georg Herwegh in seinem Leben gelangte, ist heute noch immer notwendig und aktuell, weil das in einem Jahrhundert bürgerlicher Literaturgeschichtsschreibung geformte falsche Bild des Dichters keineswegs als überwunden betrachtet werden kann«.

Wichtiger als die Feststellung, daß gelegentlich Urteile zu sehr verknappt oder unpräzise formuliert sind, ist die Tatsache der Nützlichkeit dieser Publikation für die Forschung. Sie geht vor allem »dokumentarisch« vor, eingeblendet sind viele Gedichte und andere, auch unbekannte Materialien. So entsteht ein für die wissenschaftliche Beschäftigung mit dem Autor wesentlicher, informationsreicher Band. Das Hauptverdienst dieser Arbeit aber besteht darin, daß sie konsequent Herweghs Oeuvre als einen Zusammenhang sieht und dezidiert auf die ihm zugrundeliegenden politischen Überlegungen eingeht, daß sie Schluß macht mit der bisher noch überwiegenden Sicht, Herwegh in einen »interessanten« Vormärz-Poeten und in einen »uninteressanten« Nachmärz-Dichter zu zerlegen, daß sie ausführlich auch seine gesellschaftlichen Vorstellungen und sein Schaffen nach 1848 berücksichtigt. Sie ist damit ein solider Grundstock für künftige Beschäftigung mit diesem Autor.

Wolfgang Büttner: Georg Herwegh – Ein Sänger des Proletariats. Der Weg eines bürgerlich-demokratischen Poeten zum Streiter für die Arbeiterbewegung. 2. Auflage. Berlin [DDR]: Akademie-Verlag 1976.

54

16,04 % halbe Brechung
Friedrich Hebbel unter dem Mikroskop

Eine Dissertation, 1964 angeregt und 1976 angenommen. Ein Materialberg, der zwei große Themenkomplexe aufeinanderhäuft und keinen bewältigt. Thesen: »Es ist nicht länger möglich, den geschichtlich-gesellschaftlichen Charakter von Hebbels literarischem Werk zu ignorieren«, und »Es geht nicht an, daß fremde Anschauungen über das literarische Werk Hebbels aus ihrem Zusamenhang gerissen werden, es muß versucht werden, ihre historisch-gesellschaftliche Rolle zu begreifen«. Vorgelegt werden *Literarhistorische Studien zur gesellschaftlichen Funktion* und zur *Klassenbedingtheit* des Drama *Herodes und Mariamne* beziehungsweise seiner Rezeption in Deutschland. Der erste Teil verzettelt, anhand eines eigenen Wortindex, das Werk in purer Statistik (Herodes spricht 14mal von Liebe, Mariamne 3mal), der zweite besichtigt, nach zeitgeschichtlichen Abschnitten gegliedert, die einschlägige Literatur komplett, darunter viel rezeptionssoziologisch Relevantes, aber leider im Schubladenverfahren (von *3.2.2.1 Die kleinbürgerlich-demokratische Richtung* bis *3.6.4.2.6 Die antizivilisatorische Kritik*), als handbuchartiger Überblick schon brauchbar, aber bis zur Unleserlichkeit mit schierer Aneinanderkettung von Referaten (weite Strecken im Nacherzählungskonjunktiv) überfüllt. Sekundärliteratur total somit, Forschungsbericht und Raritätenkabinett, ein broschiertes Archiv mit Dokumenten von Hebbel selbst bis zu anonymen Pretiosen aus Provinzfeuilletons, ohne Unterscheidung von Substantiellem (viel zu knapp: die Hebbel/Faschismus-Problematik) und Quisquilien (16,04% aller *Herodes und Mariamne*-Verse haben halbe Brechung). Publiziert wird das Material zu einer Untersuchung, nicht diese selbst. Trotz punktueller Miniatur-Konsequenzen und Kurz-Schlüsse, die der Verfasser zieht, ein Abstraktionsdefizit, so daß auch auf diese Arbeit das darin zitierte Verdikt Walter Dietzes über ein anderes Hebbel-Buch zutrifft, vom »eklatanten Mißverhältnis von riesigem Aufwand und greifbarem Resultat« (wofür die Zusammenfassung S. 655-662 kein Ersatz ist).

Manfred Michael: Friedrich Hebbels »Herodes und Mariamne«. Literarhistorische Studien zur gesellschaftlichen Funktion und Klassenbedingtheit von Werk und Wirkung. Stuttgart: Heinz 1976.

55

»Eine im höchsten Grade zusammenhängende Gedankenreihe« Arthur Schopenhauer und der Verlag F.A. Brockhaus

1

Die Herren gerieten rasch aneinander. Der noch weitgehend unbekannte Philosoph bot dem prominenten Verleger ein Manuskript an, dieser stimmte zu, die Vertragsverhandlungen verliefen zufriedenstellend, Satz und Druck begannen – und das Dilemma war da. Denn der Autor bewies nicht nur exzellente Ungeduld, was das Erscheinen seines von ihm sehr ernst genommenen Werkes betraf, er fand es auch in der Ordnung, dem Verleger detailliert vorzuschreiben, wie dessen Gewerbe zu handhaben sei. Mißtrauen, Vorwürfe, Entrüstung, der vorprogrammierte Eklat: Schließlich verbat sich der Verleger jede weitere Zuschrift. Und als das Buch Ende 1818 erschienen war, es aber nur auf einen miserablen Absatz brachte, ließ er einen Teil der Bögen makulieren.

Die Geschichte des Briefwechsels Arthur Schopenhauers mit dem Leipziger Verlag F. A. Brockhaus, vor allem um die *Welt als Wille und Vorstellung*, umfaßt gleichwohl mehr als vier Jahrzehnte. Seinem Tiefpunkt, den Friedrich Arnold Brockhaus' harsche Verweigerung bei der Produktion der ersten Auflage bedeutete, folgte, nach der erstaunlich langen Zeit eines Vierteljahrhunderts, die monatelang sich hinziehende Debatte über eine vom Verfasser angeregte neue, um einen zweiten Band erweiterte Ausgabe, die Heinrich Brockhaus schließlich akzeptierte und 1844 veröffentlichte, wiewohl nur unter der Bedingung, kein Honorar dafür zahlen zu müssen. Erst der dritte und letzte Teil der Verhandlungen gab sich erfreulicher: Nach weiteren vierzehn Jahren schlug der Verlag, nun geleitet von Eduard Brockhaus, von sich aus eine dritte, überarbeitete Auflage vor, sie wurde, beruhigter Abschluß vieler Irritationen und Aufregungen, 1859 ausgeliefert.

2

Ludger Lütkehaus hat seine Schopenhauer-Editionen – die Ausgabe nach den Texten letzter Hand (1988/89), die Reisetagebücher (1988), den Briefwechsel mit Goethe (1992) und den Familien-Briefwechsel (1991) – um die Zeugnisse dieses postalischen Dialogs, der neben dem »Hauptwerk« zumeist die Ablehnung der *Parerga und Paralipomena* sowie die schwierige Planung der juristisch vertrackten »Gesamtausgabe« betraf, ergänzt, hat sie erstmals zusammenhängend in einer vom Verlag apart ausgestatten Neuausgabe vereint, mit gelegentlichen informativen Fußnoten verziert und durch ein erklärendes Vorwort eingeleitet.

3

Nachzulesen ist nun der facettenreich rochierende Argumente-Austausch des extrem temperamentvoll selbstbewußten, stets leicht sich ereifernden, oft herb-deutlich, taktisch und störrisch, zuweilen auch uneinsichtig formulierenden Schopenhauer und des immer kaufmännisch kühl denkenden, kaum je erregbaren Verlagskontors, dem nur diskutabel sein konnte, was verkäuflich war, und das war wenig genug. Ein Briefgespräch zwischen Kulanz und Hartnäckigkeit, zwischen »Autorwillen« und Geschäftnotwendigkeiten, zwischen Streit und Härte und doch auch immer wieder gebotener Versöhnlichkeit. Der Schriftsteller-Unternehmer Schopenhauer wird plastisch, der Berechner von Zeilenzahlen und Postterminen, der »Setzergeschwindigkeit« – er legte sogar eigene Erlässe »An den Setzer« bei –, des Verhältnisses von Druckbögen und Honorarforderungen. Konturiert wird aber auch der Selbstdarsteller und Autointerpret Schopenhauer, der dem Verleger Erwägungen zumutete, die dieser nur mit Schweigen registieren konnte (»Mein Werk ... ist eine im höchsten Grade zusammenhängende Gedankenreihe, die bisher noch nie in irgend eines Menschen Kopf gekommen«).

Dem heutigen Leser allerdings bietet sich eine Fülle bemerkenswerter Details, zu Schopenhauers idée fixe von der Einzigartigkeit und Unübertrefflichkeit seiner Lehre, zu seinem permanenten Krieg mit der zeitgenössischen literarischen Öffentlichkeit, von der er annahm, daß sie ihn absichtlich verschweige und unterdrücke, die er gleichwohl in lauernder Neugier auf gedruckte Reflexe hin absuchte, zu der konstanten visionären Überzeugung seiner gigantischen Wirkung bei kommenden Generationen. Die Texte beweisen jedenfalls, daß Arthur Hübschers Urteil, die »zahlreichen Geschäfts- und Bettelbriefe« in Schopenhauers Korrespondenz seien »für die Lebens- und Werkgeschichte ohne Interesse«, nicht mehr akzeptabel ist.

4

Drei Einwände sind zu diesem Buch zu machen. Erstens: Nähme man es ganz genau, dann müßte schon sein Untertitel irritieren, denn es enthält eben nicht nur Schopenhauers Briefwechsel mit Friedrich Arnold Brockhaus, sondern auch den mit seinem Sohn Heinrich und den mit seinem Enkel Eduard, korrekterweise hätte also an dieser Stelle die Firmenbezeichnung »F. A. Brockhaus« angeführt werden müssen, mit der bekanntlich alle Verlagsleiter unterzeichneten, gleichgültig, welchen »privaten« Vornamen sie trugen. Aber vielleicht geht dieses Versehen nicht auf den Herausgeber zurück.

Zweitens: Wiedergegeben ist leider nur die gelaufene Post, Schopenhauers Konzepte zu einigen zentralen Briefen blieben unberücksichtigt. Vieles von den seitenlangen, heftig umformulierten Entwürfen gerade im Zusammenhang mit der zweiten Auflage der *Welt als Wille und Vorstellung* wurde bei der Reinschrift gestrichen, damit sind wesentliche, für das Verständnis des Korrespondenz-Hintergrunds wichtige Passagen nach wie vor in die Apparate-Katakomben der großen Ausgaben verbannt.

Drittens: Der Herausgeber fand bedauerlicherweise offensichtlich keine Zeit für die Mühe der Herstellung aktuellerer Textfassungen. Immerhin vermerkt er, dieser Briefwechsel sei »der lebendigste zwischen einem Philosophen und einem Verleger, den die Geistesgeschichte kennt«, er nennt ihn sogar »die wichtigste Legitimationsgrundlage, das zentrale Supplement für eine Schopenhauer-Ausgabe letzter Hand«. Da läge doch wohl der Gedanke an eine größere Sorgfalts-Investition nicht gar zu fern, vielleicht sogar der Rückgriff auf die sehr präzisen Grundsätze, nach denen er seine Ausgabe »letzter Hand« gestaltet hat, sie sind in deren Beibuch detailliert beschrieben. Stattdessen wird man, das Buch als Wille, an das Bermuda-Dreieck zwischen Editionsplan, Kopiergerät und Text erinnert, jenen durchaus bekannten geographischen Ort, an dem schon so vieles spurlos verschwand.

Die Brockhaus-Briefe sind nach der mittlerweile unehrwürdig alten Schopenhauer-Ausgabe von Paul Deussen wiedergegeben, nach den sehr unzuverlässigen Versionen Carl Gebhardts in Band 14 (1929) und nach denen Arthur Hübschers in Band 15 (1933). Viele Schreiben hätten aber nicht in diesem desolaten Zustand angeboten werden müssen. Ihre Originale sind erhalten. Der Vergleich mit der Neuausgabe ergibt, daß etwa der Brief vom 29. November 1828 im vollständigem Wortlaut doppelt so lang ist wie die von Gebhardt veröffentlichte und hier nachgedruckte flüchtig-zusammenfassende Abschrift. Oder der bekannte Brief vom 5. August 1858, in dem der Verlag die Möglichkeit einer dritten Auflage der *Welt als Wille und Vorstellung* andeutet: »Vor langen Jahren schrieben Sie, geehrtester Herr, einmal in einem Brief an mich: ›meine Philosophie wird sich sicherlich noch, wenn vielleicht auch erst spät, Bahn brechen.‹ Diese Voraussetzung scheint ihre Bestätigung zu finden ...« – an der Stelle von »Voraussetzung« steht im Original das zutreffendere Wort »Voraussagung«.

Bei den Schopenhauer-Briefen stützt Lütkehaus sich auf deren bislang vollständigste Ausgabe, die Arthur Hübscher erstmals 1978 vorlegte. Er bedauert dabei, daß »eine Überprüfung des Textbestands anhand der Originale beziehungsweise der handschriftlichen Kopien nach deren Vernichtung durch den Brand des Verlagsarchivs Brockhaus nicht mehr möglich« sei. Er nimmt damit ohne Kontrolle Hübschers vorschnelle Behauptung auf, diese Dokumente seien »dem Luftkrieg zum Opfer gefallen«. Das ist falsch. Seit langem weiß man, daß die Briefe fast vollständig verfügbar sind, daß sie immer noch dort liegen, wo sie hingehören, im Archiv der Firma. Die Überprüfung wäre problemlos möglich gewesen. Die ergänzenden Materialien, die dort gespeichert sind, betreffen sowohl Formalien wie die genaue Anführung der vollständigen Adressen, auf die bei einer korrekten Briefausgabe Anspruch besteht, als auch Zusatzinformationen zum Verhältnis der Korrespondenzpartner und damit zur Erklärung ihrer Briefe. Beispielsweise belegt die Form der Nachricht, mit der Schopenhauer Friedrich Arnold Brockhaus zu seinem Zornesausbruch trieb, daß er, von ihrem Inhalt abgesehen, obendrein einen faux pas beging: Sie ist nicht auf einem höflichen Briefbogen geschrieben, sondern auf einem abgerissenen Notizzettel. Oder auch, von großem Interesse, die hausinternen Verfügungen zur Sache, mit der obligaten roten Chef-Tinte notiert, die in den bisherigen Ausgaben, da für Schopenhauer weniger ehrenvoll, nur verkürzt wiedergegeben wurden.

5

Das Buch als Vorstellung: Man kennt Schopenhauers vehemente Verfügungen (»Meinen Fluch über Jeden«) hinsichtlich der Entstellung seiner Texte durch schlampige Setzer und Editoren, vor allem sein penetrantes Beharren auf einer eigenwilligen Orthographie. Diese Sätze können, von heute aus gesehen, ebenso für seine Briefe gelten, und gewiß auch für die Schreiben der Firma F. A. Brockhaus.

Das Buch als Wille und Vorstellung. Arthur Schopenhauers Briefwechsel mit Friedrich Arnold Brockhaus. Herausgegeben von Ludger Lütkehaus. München: C. H. Beck 1996.

56

Sammlen – Forschen – Informieren
Das Schopenhauer-Archiv der Stadt- und Universitätsbibliothek Frankfurt am Main

1

Das Frankfurter Schopenhauer-Archiv ist durch die Qualität und die Quantität seiner Bestände eine wichtige Zentrale wissenschaftlicher Beschäftigung mit dem Werk Arthur Schopenhauers und zugleich der bedeutendste Ort der Erinnerung an seine Person und sein Leben. Über Archive speziell hat sich Schopenhauer nicht geäußert. Wohl aber über verwandte Institutionen: Bibliotheken, sagt er, Leibniz paraphrasierend, seien das sichere und bleibende Gedächtnis des menschlichen Geschlechts. Mutatis mutandis wird man diese Formulierung auch für ein Archiv in Anspruch nehmen dürfen. Ein Archiv, kann man ergänzen, ist ein Gedächtnis, hat aber kein Gedächtnis. Das will sagen: Ein Archiv speichert Informationen in jeder Form. Die Lebendigkeit aber, der Nutzen und der Sinn, zu denen diese Informationen aufgerufen werden können, diese Lebendigkeit hängt von zwei Konditionen ab: von der sinnvollen Organisation eines Archivs und von seiner praktischen Tätigkeit. Nutzen, mit anderen Worten, entsteht erst durch Benutzen.

Die drei Begriffe »Sammeln«, »Forschen« und »Informieren« können einerseits je für sich, als eigene Tätigkeitsbereiche, verstanden werden. Und sie sind, andererseits, als Teilaspekte eines übergreifenden Prozesses zu sehen.

Will man die Verwendung dieser drei Begriffe im Werk Schopenhauers prüfen, so ist als Prämisse deutlich, daß der Begriff »Sammeln« vorkommen kann, der Begriff »Forschen« vielleicht, der Begriff »Informieren« aus Gründen der sprachlichen Entwicklung gewiß nicht. Und so verhält es sich in der Tat. Lediglich der Begriff »Sammeln« wird, soweit zu sehen ist, einmal verwendet. Bei der Betrachtung des Überschusses an Intellekt, der zu einer rein geistigen Tätigkeit nötig sei, differenziert Schopenhauer einerseits »schlichte Bethätigungen« wie das »Insekten- und Mineralien-Sammeln«, andererseits »höchste Leistungen der Poesie und Philosophie«. Den Arbeitsauftrag des Archivs wird man in der Mitte zwischen beiden Positionen suchen müssen. Es ist der »Poesie und Philosophie« gewidmet, wenngleich es keine Höchstleistungen auf diesen Gebieten vollbringt, und es sammelt, auch wenn sein Beschäftigungsgebiet sich nicht auf Insekten und Mineralien erstreckt.

Neben diesem Befund im Bereich des Expliziten gibt es eine Reihe von Hinweisen im Bereich des Impliziten. »Wer sich mit meiner Philosophie bekannt machen will,« sagt Schopenhauer beispielsweise, »muß jede Zeile von mir lesen«. Daraus kann man den Schluß ziehen, daß der ideale Ort des Studiums seiner Gedanken eine vollständige Versammlung alles dessen sei, was er niedergeschrieben hat. Mithin: eine triftige Begründung auch für ein Archiv.

2

Archive, Stätten der dauernden Beherbergung von Materialien unterschiedlichster Art, können sich lediglich als Speicher, als Ablage präsentieren, sie können aber auch Orte der wissenschaftlichen Erkenntnis sein. Das Schopenhauer-Archiv gehört zur letzteren Klasse. Es hat den Aspekt des Sammelns bisher erfüllt und es erfüllt ihn weiterhin. In seinem Besitz befinden sich alle eigenen Veröffentlichungen Schopenhauers in sämtlichen Auflagen, vom Erstdruck der Dissertation bis zur dritten Auflage von *Die Welt als Wille und Vorstellung*. Einige Titel sind als Handexemplare, andere als Widmungsexemplare vorhanden. An diesen Bestand schließt sich die umfangreiche Sequenz aller späteren Gesamt- und Einzelausgaben.

Diese Sammlung ergänzt eine große Zahl von Handschriften, darunter das Manuskript zum zweiten Band der zweiten Auflage von *Die Welt als Wille und Vorstellung*. Auch der große handschriftliche Nachlaß, der in der Staatsbibliothek Preußischer Kulturbesitz in Berlin verwahrt wird, ist in vollständigen Kopien zugänglich. Des weiteren gehört zum Handschriftenbestand eine Kollektion von Briefen. Briefe von, an und über Schopenhauer. Briefe seiner Mutter Johanna und seiner Schwester Adele. Briefe von Freunden, Verehrern und Anhängern.

Ein dritter Bereich des Archivbestandes präsentiert die umfangreiche, stets wachsende Bibliothek der Sekundärliteratur. Sie muß, wenn der letztendliche Zweck des Archivs erfüllt werden soll, umfassend in jedem Sinne sein. Hier ist bereits viel geschehen, hier wird noch manches zu tun sein. Umfassend, das bedeutet: weltweit ausgespannte Sammeltätigkeit, Beschaffung der hierher gehörigen Publikationen in sämtlichen Sprachen, Erwerbung aller Arten von Veröffentlichungen, der wissenschaftlichen Monographien ebenso wie der kleinen Typoskripteditionen im Selbstverlag. Die Bibliothek der Sekundärliteratur wird laufend ergänzt, nach Maßgabe der Neuerscheinungen und retrospektiv, soweit Titel der Vergangenheit noch nicht vorhanden sind.

Der vierte Bestandsbereich, der zu nennen ist, trägt zur Besonderheit des Archivs speziell bei: die Portraitsammlung. Das Schopenhauer-Archiv besitzt die mit Abstand größte Sammlung von Bildern und Büsten Schopenhauers, von einem frühen Jugendbildnis bis zu den Altersdarstellungen. Und es verfügt über fast alle Daguerreotypien und Fotografien, die ab 1842 entstanden. Zur Bildabteilung gehört aber auch ein breiter Bestand an Fotografien zur Biografie, zur Familie, zum Freundeskreis, zu Verehrern und Anhängern.

Der fünfte Bestandteil ist ebenfalls einzigartig in seiner Bedeutung: der Frankfurter Teil der Schopenhauerschen Bibliothek, die weltweit größte zusammenhängend erhaltene Sammlung von Büchern aus seinem Besitz, darunter Stücke, die durch Marginalien und Anstreichungen von höchstem Wert sind.

Last not least und sechstens eine Abteilung, die zum dritten Male die Unverwechselbarkeit des Archivs belegt und für viele Besucher den besonderen Reiz des Schopenhauer-Archivs bedeutet: die Erinnerungsstücke aus seinem Leben. In einer Dauerausstellung sind Prismen und Flöten, Brille und Eßbesteck, Sofa und Schreibstuhl zu besichtigen.

Diese Aufzählung vermag wohl darauf hingewiesen zu haben, daß das Schopenhauer-Archiv dem Aspekt »Sammeln« bisher in großem Umfang und sehr aktiv entsprochen hat.

Der zweite Aspekt, »Forschen«, stand vor allem in den letzten 25 Jahren im Zentrum der Archivtätigkeit. Hier ist der Ort, erstmals den Namen Arthur Hübscher zu nennen. In Zusammenarbeit mit dem Archiv, besonders aber in den zwei Dezennien seiner Tätigkeit als Leiter dieses Instituts sind alle jene zuverlässig-massiven Publikationen entstanden, die heute ein Fundament der Beschäftigung mit Schopenhauer ausmachen. Die historisch-kritischen Gesamtausgaben der Schriften. Die Biographie. Die Edition des handschriftlichen Nachlasses. Die Herausgabe der Briefe und der Gespräche. Die Ikonographie. Die Bibliographie.

Der Begriff »Forschen« ist aber nicht nur in der eigenen Tätigkeit des Archivs zu sehen, sondern auch in der Unterstützung der Interessen anderer. Damit ist der dritte Aspekt angesprochen, das »Informieren«. Das Archiv registriert seismographisch das Interesse an Schopenhauer. Anfragen kommen aus vielen Ländern, und nicht nur aus Europa. Das bedeutet Korrespondenzen, Telefonate, Gespräche. Es bedeutet Recherchen und Auskünfte, Führungen auch durch den Museumsteil. Und es bedeutet die persönliche Betreuung der anreisenden Wissenschaftler. Die Palette der Themen reicht von schlichten Fragen wie der nach Schopenhauers Körpergröße bis zur ernsten philosophischen Auseinandersetzung.

Sammeln – Forschen – Informieren: Diese Revue des aktuellen Standes der Archiv-Tätigkeiten sollte zeigen, in welcher Weise und in welchem Umfang die drei Hauptaufgaben wahrgenommen werden. Es mag von Interesse sein, an dieser Stelle einen, zeitbedingt konzentrierten, Rückblick auf die Geschichte des Instituts zu geben.

3

Da es sich dabei zweckdienlicherweise vor allem um die Beschreibung der Bestandsgeschichte handelt, sollen vorab einige Namen genannt werden, die für das Schopenhauer-Archiv verantwortlich zeichneten. Erinnert sei an Carl Gebhardt, der ab 1921 das Frankfurter Archiv verwaltete, und an Karl Jahn, der ab 1928 als Sekretär des Archivs tätig war. 1934/35 war der Frankfurter Bibliotheksdirektor Richard Oehler Archivar, von 1935 bis 1936, bis zu seinem Amtsantritt als Präsident der Schopenhauer-Gesellschaft, Arthur Hübscher. Ihm folgte 1938 Karl Wagner und 1948 Theodor Vaternahm, neben dem der Name Robert Diehl nicht vergessen sein soll. Die Zeit von 1962 bis 1982 ist man historiographisch gehalten die »Ära Arthur Hübscher« zu nennen. In seiner Person waren zwanzig Jahre lang beide Archivars-Funktionen vereint: sowohl der Archivar der Gesellschaft, eine Position innerhalb des Vorstands, als auch der städtische Archivar, eine Stelle innerhalb der Bibliothek.

Die Geschichte des Frankfurter Schopenhauer-Archivs, die 1921 beginnt, hat zwei Vorgeschichten. Deren erste hängt direkt mit Arthur Schopenhauer zusammen. In seinem Testament vom 26. Juli 1852 legte er fest: »Der Frankfurter Stadtbibliothek vermache ich die mit F.S.B. hinten bezeichneten Daguerreotype« – insgesamt sieben Portraits aus den Jahren 1842 bis 1852. Daraus ergab sich der Gedanke, eine Erinnerungsstätte und einen Sammelort für Bücher und Autographen zu initiieren. Bereits 1861 kam der Abguß der Schopenhauer-Büste von Elisabeth Ney, der sich in Schopenhauers Besitz befunden hatte, ins Haus. Im Laufe der folgenden Jahrzehnte wurden Ausgaben der Schriften Schopenhauers und Literatur über ihn gesammelt. Diese Bestände ergänzte man durch Manuskripte und Gebrauchsgegenstände aus seinem Nachlaß. Als 1891 die wertvolle Handschrift zur zweiten Auflage von *Die Welt als Wille und Vorstellung* erworben werden konnte, war der entscheidende Grundstock einer künftigen zentralen Schopenhauer-Sammlung gelegt. Eine bemerkenswerte Bereicherung bedeutete 1905 die Schenkung Arthur von Gwinners, des Sohnes des Testamentsvollstreckers Wilhelm von Gwinner, ein Legat, das unter anderem elf Briefe und Handschriften, 164 Bände aus Schopenhauers Bibliothek, 41 Titel seiner

Schriften und 91 Titel über ihn enthielt. 1907 erweiterte, ebenfalls durch Schenkung, die von der Firma Jos. Baer & Co. zusammengestellte Schopenhauer-Bibliothek von 293 Bänden die Frankfurter Sammlung. Damit hatte sich im Laufe der Zeit ein umfangreicher und prägnanter Bestand ergeben. Er wurde in einer separaten »Abteilung Schopenhauer« vereinigt, deren bibliothekarische Bearbeitung 1918 abgeschlossen war.

Einige Jahre zuvor, 1911, hatte mit der Gründung der Schopenhauer-Gesellschaft die zweite Vorgeschichte begonnen. Deren ausdrückliche Bestimmung war es, »das Studium und das Verständnis der Schopenhauerschen Philosophie anzuregen und zu fördern«. Dazu wurde in der Satzung festgelegt: »Zur Erreichung dieses Zweckes soll für die Mitglieder zum gemeinsamen Gebrauche ein Archiv geschaffen werden, welches alle auf Schopenhauers Leben, Persönlichkeit und schriftstellerische Tätigkeit bezüglichen Urkunden im Original oder, soweit dies nicht möglich, in zuverlässigen Abschriften und Nachbildungen sowie eine vollständige Sammlung aller Ausgaben von Schopenhauers Werken und aller Schriften, die sich auf ihn und seine Philosophie beziehen, enthält«. Das bedeutet, daß dieses Archiv ursprünglich nur den Gesellschaftsmitgliedern zugänglich war. Schon in den zwanziger Jahren erfolgte jedoch die Öffnung für alle Interessierten. Festgeschrieben wurde dies erst in der Satzungsänderung von 1961: »Die Erreichung dieses Zweckes wird durch ein Archiv gefördert, das der wissenschaftlichen Forschung zur Verfügung steht«. Das Archiv wurde zunächst in Kiel, dem Wohnsitz des ersten Vorsitzenden der Gesellschaft, eingerichtet. Im Jahrbuch 1 (1912) hieß es dazu, die Aufgaben des Archivs betreffend: »Der zweite Teil des Programms« – die Werkausgaben und die Sekundärliteratur – »ist aus den Überschüssen der Jahreseinnahmen nach und nach leicht, wenn auch immer nur annäherungsweise, zu verwirklichen. Was aber den ersten Teil betrifft«, – die Autographen und die Erinnerungsstücke – »so sind wir dabei wesentlich auf die gütige Mitwirkung der Mitglieder angewiesen. Eine Sammlung von Originalen kann nur dann nach und nach zustande kommen, wenn die Besitzer von Briefen, Abbildungen und anderen Reliquien die Überzeugung gewinnen, daß die sicherste Art, ihre Schätze vor allen künftigen Eventualitäten zu schützen, darin bestehen wird, sie unserm Archiv zu überweisen«. Dieser Appell verhallte nicht ungehört. Aus bescheidenen Anfängen entwickelte sich das Archiv durch viele Spenden und Stiftungen rasch zu einer größeren Sammlung von Handschriften, Büchern, Gedenkstücken und Sonderdrucken. 1919, als der Sitz der Schopenhauer-Gesellschaft nach Frankfurt am Main verlegt wurde, zog auch ihr Archiv um. Die Frankfurter Stadtbibliothek nahm es auf. Damit war ein entscheidender Schritt vollzogen: der Schritt zum Museumsarchiv. Dazu das Jahrbuch 10 (1921): »Mittelpunkt des Schopenhauer-Archivs in Frankfurt soll künftig ein Schopenhauer-Zimmer in der Stadtbibliothek werden, das alle im Besitz der Schopenhauer-Gesellschaft und der Stadtbibliothek befindlichen Schopenhauer-Erinnerungen vereinigen soll und das die geistige Werkstatt des Philosophen wieder aufbaut, indem es die Bibliothek Schopenhauers wiederherstellt«.

1921 wurden, »unter Vorbehalt der endgültigen Regelung des Eigentumsrechts« seitens der Gesellschaft, die Sammlungen der Stadtbibliothek und der Gesellschaft in geschlossener, jedoch nach Besitzern getrennter Aufstellung vereinigt. Um der Verpflichtung zur Schaffung eines besonderen, öffentlich zugänglichen Gedenkzimmers zu genügen, stellte die Bibliothek einen neuen, durch Umbau vergrößerten Raum als Museum zur Verfügung. Am 21. Oktober 1921 wurde das Frankfurter Schopenhauer-Archiv eröffnet.

Arthur von Gwinner machte bei dieser Gelegenheit eine weitere große Stiftung, welche Bücher aus Schopenhauers Besitz, die gesamte in seinem Nachlaß erhaltene Korrespondenz und eine Reihe weiterer Erinnerungsstücke umfaßte. Die Stadt Frankfurt übergab wichtige Stücke aus ihrem Stadtarchiv, so Schopenhauers Testament und Akten, seinen Nachlaß betreffend.

1925 kam eine Regelung des Eigentumsrechts an den Gesellschafts-Anteilen der Archivbestände zustande. Vertraglich wurde festgelegt, daß die Sammlung der Gesellschaft für 50 Jahre als Leihgabe der Stadtbibliothek zu sachgerechter bibliothekarischer Verwaltung und zur Bereitstellung speziell für die Bedürfnisse der Forschung übergeben werde. Der Vertrag sollte sich um jeweils weitere 50 Jahre verlängern. Aus dem Vertragstext: »Die Schopenhauer-Gesellschaft übergibt der Frankfurter Stadtbibliothek als Leihgabe auf 50 Jahre ihr Archiv und die Gegenstände, die sie künftig zum Ausbau des Archivs anschafft oder die ihr gestiftet werden oder die aus gemeinsamen Mitteln der Vertragschliessenden beschafft werden. Die Stadtgemeinde verpflichtet sich, die überlassenen Gegenstände mit ihren eignen Schopenhauerbeständen in den Räumen der Stadtbibliothek unterzubringen und sie nach den Grundsätzen einer ordnungsmäßigen Verwaltung von Museums- und Bibliotheksbeständen der Allgemeinheit unter den gleichen Voraussetzungen, wie ihre übrigen Bestände, zugänglich zu machen«. Eine Anmerkung: Der juristische Terminus »Leihgabe« wird im Jahrbuch 12 (1923/25) fälschlicherweise als »dauernde Leihgabe« wiedergegeben. Dazu kam es erst später.

Von nun an arbeitete das Archiv mit der Doppelträgerschaft der Stadt Frankfurt am Main und der Schopenhauer-Gesellschaft. 1925 und 1928 stellte die Stadt bedeutende Zuwendungen zur Verfügung. Im Vermehrungs-Etat der Stadtbibliothek für das Haushaltsjahr 1927/28 ist das Archiv erstmals mit einem eigenen Betrag von RM 2000 ausgewiesen. Diese Summe fiel 1935/36 auf RM 150, stieg 1939/40 auf RM 1620 und lag 1944/45 bei RM 500. Weiterer Bestandsausbau wurde durch die teilweise intensive Spendentätigkeit der Gesellschaftsmitglieder – Bücher, aber auch Gelder – ermöglicht. So konnte die Sammlung auch bei gelegentlich knappen Haushaltsmitteln kontinuierlich vergrößert werden.

An dieser Stelle ist es angebracht, ein kurzes Zitat aus einem Rückblick zu bringen, den Carl Gebhardt 1929 vorlegte. Der Text belegt, daß die Stadt Frankfurt am Main von Anfang an mit der Geschichte des Archivs verbunden war. »Als im Mai 1913 die Schopenhauer-Gesellschaft ihre zweite Tagung in Frankfurt a. M. in den Räumen der Frankfurter Stadtbibliothek abhielt, konnte ich aus Anlaß dieser Tagung eine reichhaltige Schopenhauer-Ausstellung in der Bibliothek zusammenstellen, die die wichtigsten Porträts des Philosophen sowie eine Wahl von Briefen und Dokumenten enthielt. Daraus erwuchs mir damals der Plan, alles was jetzt nur für kurze Wochen in der Frankfurter Stadtbibliothek zusammengebracht war, für die Dauer dort zu vereinigen, damit so eine Stätte geschaffen würde, die zugleich der Erinnerung an Schopenhauer in lebendiger Anschaulichkeit diene, die aber darüberhinaus auch der Schopenhauer-Forschung als ein umfassendes Archiv zur Verfügung stünde. Der Plan des Jahres 1913 ist im Jahre 1929 im wesentlichen verwirklicht. Es ergab sich aus den räumlich vereinigten, wenn auch gesondert katalogisierten, Schopenhauer-Beständen der Frankfurter Stadtbibliothek und der Schopenhauer-Gesellschaft der Grundstock zumindest einer Bücherei, wie sie in dieser Fülle für die Schopenhauer-Forschung kaum an einem anderen Orte zur Verfügung steht. So hat das Schopenhauer-Archiv, Kondominium der Stadt Frankfurt und der Schopenhauer-Gesellschaft, in der Frankfurter Stadtbibliothek nicht nur für alle Zeiten eine Stätte, sondern ist zugleich ein integrierender organischer Teil der Frankfurter Stadtbibliothek«.

4

Neben seinen von Anfang an festgelegten Arbeitsgebieten und neben seinen permanenten Funktionen als öffentlich zugängliches Zentrum der Thesaurierung von Schopenhaueriana und als Koordinationspunkt der wissenschaftlichen und sonstigen Beschäftigung mit Schopenhauer setzte sich das Frankfurter Archiv vor allem drei Aufgaben: eine möglichst vollständige Sammlung aller Portraits Schopenhauers, eine Zentralisierung seiner gesamten Korrespondenz in Autographen oder Kopien und eine umfassende Wiederherstellung seiner Bibliothek durch Originalbände und Ersatzexemplare.

In den beiden ersten Jahrzehnten seines Bestehens konnte es wichtige Gemälde erwerben, unter anderem Portraits von Ludwig Sigismund Ruhl, Jules Lunteschütz, Angilbert Göbel und Julius Hamel. Ferner wichtige Autographen: Manuskripte und Manuskriptteile, eigenhändige Zeichnungen, ein Notizbuch. Der Besitz an Korrespondenz wurde durch den Erwerb der Briefwechsel mit Johann August Becker, Karl Rosenkranz oder Carl Friedrich Ernst Frommann erweitert. Dazu kam eine Reihe von Büchern aus Schopenhauers Besitz, zumeist annotierte oder durchschossene Exemplare. Neben den regelmäßigen Bestandsergänzungen durch Kauf, Schenkung und gelegentlich Tausch konnten auch außerordentliche Erwerbungen bei der Auflösung anderer Sammlungen – Eduard Grisebach, Heinrich Strebel, Wilhelm Trübner – vorgenommen werden. 1939 kam, als ein bedeutsamer Höhepunkt der Bestandsgeschichte, die große Sammlung Robert Gruber in das Archiv. Sie enthielt unter anderem 563 Nummern Briefe, Handschriften und Bücher – darunter 70 Briefe Schopenhauers und 80 Bände aus seiner Bibliothek – und 197 Nummern Bilder.

Die planmäßige Sammlung der Sekundärliteratur zu Schopenhauer wurde auch in diesen Jahrzehnten weitergeführt. Desgleichen kam, vor allem durch Einsendungen seitens der Gesellschaftsmitglieder, eine größere Menge von Zeitungsausschnitten und Sonderdrucken zusammen. Und auch die Zahl der Erinnerungsstücke wuchs. Schließlich verfügte man über eine anschauliche Dokumentation der Lebensumstände, die von gewichtigen Ambiente-Zeugnissen wie Schrank, Spiegel, Sofa, Bett, Schreibtischsessel, Prismen und Flöten aus Schopenhauers Besitz bis zu schlichten Dingen wie Tintenfaß, Rasiermesser und Nachtmütze reichte.

Da der Sammelauftrag des Archivs sich nicht ausschließlich auf Arthur Schopenhauer, sondern auch auf literarische Arbeiten und Lebenszeugnisse seiner Mutter Johanna und seiner Schwester Adele bezog, erwarb man in größerem Umfang deren Manuskripte, Werkausgaben und Briefe, desgleichen Korrespondenzen und Dokumente aus dem Schopenhauer-Kreis.

1938 bewilligte die Stadt Frankfurt am Main Mittel für den Ausbau des Archivs zu einem »Schopenhauer-Museum«, das zunächst als selbständige Institution gedacht war, dann aber doch der Stadtbibliothek unterstellt blieb. Zu diesem Zwecke wurde die baulich unversehrt erhaltene letzte Wohnung Schopenhauers, in der Schönen Aussicht 16, erworben und restauriert, wurde ein Ensemble zeitgenössischer Möbel zur Ergänzung der erhaltenen Originaleinrichtung angekauft. 1939 waren die Vorarbeiten abgeschlossen. Die geplante Eröffnung, 1940, wurde zunächst durch einen Wassereinbruch verhindert, später mußte sie wegen der Kriegseinwirkungen immer wieder verschoben werden.

Als im März 1944 das »Schopenhauer-Haus« von Bomben getroffen wurde und ausbrannte, ging eine Reihe von Museums-Stücken verloren. Gleichzeitig verbrannten einige beladene Wagen, die zum Abtransport von Auslagerungsgut bereitstanden. Größere Teile der Archivbestände wurden dabei vernichtet, vor allem die komplette Sammlung Robert Gruber.

Nach dem Ende des Zweiten Weltkriegs vergingen mehrere Jahre der Rückführung ausgelagerter Bestände und provisorischen Inventur, ehe ein konkreter Überblick der Verluste an Handschriften, Büchern und Erinnerungsstücken möglich war. Gleichwohl wurde an der Wiedereröffnung des Archivs gearbeitet. Schon im September 1951 konnte im Erweiterungsbau der Stadt- und Universitätsbibliothek, Untermainkai 14, ein neues »Schopenhauer-Zimmer« bezogen werden. Es beherbergte außer den geretteten Teilen des Mobiliars und den zumeist erhalten gebliebenen Bildern die Buchsammlung des Archivs sowie sämtliche vorhandene Manuskripte und Briefe.

An Bestandserweiterung war ebenfalls wieder zu denken. Und in den folgenden Jahren wuchs das Archiv schneller denn je, vor allem durch die planmäßige Anschaffung von Sekundärliteratur, aber auch durch Erwerbung von Schopenhauer-Autographen und von annotierten Büchern aus seinem Besitz. 1951 umfaßten die Bestände rund 900 Titel, 1956 etwa 2400 Titel, 1961 circa 3000 Titel.

Dieser Aufstieg war finanziell einerseits möglich, weil zahlreiche Spenden von Mitgliedern der Schopenhauer-Gesellschaft und immer wieder zusätzliche Mittel von Firmen und Institutionen zur Verfügung standen, andererseits und besonders, weil sich die Stadt- und Universitätsbibliothek in ihrer Erwerbungspolitik zunehmend der Interessen des Archivs annahm. In ihrem Vermehrungsetat für das Rechnungsjahr 1945/46 war das Archiv mit RM 500 ausgewiesen, 1955/56 lag der Ansatz bei DM 2000. In den folgenden Jahren war das Archiv dann im allgemeinen Haushaltsplan der Bibliothek enthalten. Zu den Aktivitäten der Bibliothek gehörte auch die bereitwillige Unterstützung der Ausstellungen, mit denen das Schopenhauer-Archiv immer wieder an die Öffentlichkeit trat, etwa die große Gedächtnisausstellung, die 1960 zum 100. Todestag Schopenhauers veranstaltet wurde.

Wenn in diesem Rückblick bereits eine Stimme aus der ersten großen Epoche der Archivgeschichte zitiert wurde, Carl Gebhardt 1929, so muß auch die zweite Epoche dokumentiert werden. Einige Sätze aus Arthur Hübschers Archivbericht im Jahrbuch 44 (1963), indem er zugleich bilanziert und projektiert: »Die früheste, letztwillig von Schopenhauer selbst gestellte Aufgabe, durch eine Sammlung seiner Bildnisse das Andenken an seine Person zu pflegen, kann im wesentlichen als gelöst betrachtet werden. Das Archiv besitzt neben den bemerkenswertesten neueren Darstellungen des Denkers alle wichtigen zeitgenössischen Bilder; sie haben die Kriegsjahre überdauert und sind in diesem Jahre sorgfältig restauriert worden. Die Restaurierung der im Laufe der Zeit stark verblaßten Daguerrotypen ist in Angriff genommen worden. Die methodische Erfassung aller erreichbaren Handschriften, Briefe und Dokumente zur Lebensgeschichte in Originalen, Abschriften, Mikrofilmen, Photokopien und die seit langem geforderte Erstellung vollständiger, übersichtlicher Epistolarien Schopenhauers, seiner Mutter, seiner Schwester, seiner Freunde und Anhänger – diese grundlegenden, wegbereitenden Arbeiten aber erscheinen heute nach den schweren Verlusten der Kriegs- und Nachkriegszeit nur umso dringlicher und im Hinblick auf künftige editorische Pläne bedeutungsvoller: Es gilt, das Vorhandene zu erschließen. Eine letzte Aufgabe schließlich, die Sammlung der Bücher aus Schopenhauers Bibliothek fortlaufend, soweit irgend möglich, zu ergänzen, hat sich zu dem umfassenden Plan einer völligen Rekonstruktion dieser Bibliothek erweitert. Auf diese Weise soll ein Wiederaufbau der geistigen Werkstatt Schopenhauers möglich werden, der die weitgehende Zerstreuung und die Verluste der ursprünglichen Bibliothek in etwa ausgleichen kann«.

5

1964, als die Stadt und Universitätsbibliothek ihren Neubau an der Bockenheimer Landstraße bezog, übersiedelte auch das Schopenhauer-Archiv in ein neues Domizil. Seine großen Aufgaben wurden unvermindert weiter gefördert. 1965 gelang es, zwei weitere Portraits zu erwerben, ein großes Olgemälde von Julius Hamel und eine Bleistiftzeichnung von Johann August Becker. Im gleichen Jahr konnte eine Reihe von Büchern aus Schopenhauers Bibliothek ersteigert werden.

Allerdings darf an dieser Stelle nicht verschwiegen werden, daß es in diesen Jahren auch negative Entwicklungen gab. Nicht alle auf den Markt kommenden Handschriften und Bücher Schopenhauers konnten erworben werden. Die Preise der Antiquariate und Auktionen zogen schneller an, als die Bereitstellung öffentlicher Mittel folgen konnte. Schon im Jahrbuch 1 (1912) hatte es zu diesem Thema geheißen: »Freilich wird gegenwärtig mit Reliquien Schopenhauers, namentlich mit Briefen und Manuskripten von seiner Hand, ein bedauernswerter Schacher getrieben, und wir halten es nicht für angezeigt, die Beiträge unserer Mitglieder zur Bereicherung gewinnsüchtiger Händler zu verwenden«. Dies galt unverändert noch in den sechziger Jahren. So mußte auf manches wichtige Stück verzichtet werden. Immer in der Hoffnung allerdings, es eines Tages doch noch zu erwerben.

Diesem eher negativen Aspekt steht ein überaus positiver gegenüber. Höhepunkte der Bestandsgeschichte in den sechziger und frühen siebziger Jahren sind mit dem Namen Charlotte von Wedel verbunden. Die Enkelin Wilhelm von Gwinners überließ dem Archiv in mehreren Stiftungen den größten Teil des erhaltenen Familienbesitzes, darunter Handschriften und Briefe von hohem Wert. 1960/61 Portraits Schopenhauers und seiner Familie, Erinnerungsstücke an ihn, 1962 seine Jugend-Reisejournale. 1967 eine reichhaltige Sammlung von Autographen: 55 Manuskripte Schopenhauers (unter anderem Notate zu Immanuel Kant und Johann Gottlieb Fichte, Entwürfe zu Vorreden und handschriftliche Zusätze zu Veröffentlichungen, Zitate-Sammlungen, Exzerpte aus antiken und neueren Philosophen), 50 eigenhändige Briefe und Briefentwürfe, zahlreiche Dokumente zur Lebensgeschichte, rund 260 Briefe an Schopenhauer, darunter viele von Johanna und Adele. 1972 über 300 Bände aus Schopenhauers Bibliothek, häufig mit seinem Exlibris, meist mit Anstreichungen und Randnotizen. 1973 nochmals eine bedeutende Zahl von Briefen an Schopenhauer und Papiere über seinen Nachlaß.

1973 regelte ein Vertrag zwischen der Stadt Frankfurt am Main und der Schopenhauer-Gesellschaft die Besitzverhältnisse an den Beständen des Archivs, soweit sie die Gesellschaft betrafen, insofern, als die bisherigen Leihgaben in Dauerleihgaben umgewandelt wurden. Im Vertragstext heißt es dazu: »Der Vertrag [von 1925] wird über 1975 hinaus bis zu einer Auflösung der Schopenhauer-Gesellschaft fortgesetzt. Bei einer Auflösung oder bei Wegfall des bisherigen Zweckes fällt das Vermögen der Gesellschaft an die Stadt Frankfurt am Main für Zwecke der Stadt- und Universitätsbibliothek, die es für wissenschaftliche Forschungen auf dem Gebiete der Philosophie Schopenhauers und für die Erhaltung des Schopenhauer-Archivs verwenden soll«.

Der heutige Bestand des Archivs umfaßt unter anderem rund 30 Schopenhauer-Portraits und -Büsten, 58 eigenhändige Manuskripte, 73 Briefe und Briefentwürfe, 158 Briefe von Johanna und Adele Schopenhauer, 339 Briefe anderer Schreiber an Schopenhauer, 44 Dokumente zur Lebensgeschichte, 441 Titel seiner Bibliothek, rund 4000 Titel Sekundärliteratur und zahlreiche Erinnerungsstücke.

57

Obduktion der Leiche angeordnet
Eine Ingeborg Bachmann-Bibliographie

Ingeborg Bachmanns Werk und dessen Rezeption in einer ebenso fleißigen wie detaillierten und exakten bibliographischen Darstellung, von der Dissertation über Heidegger, 1950, bis zur augenblicklich letzten *Malina*-Ausgabe, 1977, von *Bibliographischen Beiträgen* bis zu Einzelthemen der Wirkungsgeschichte mit Stimmen aus Wissenschaft, Kultur, Publizistik.

Zu loben ist die übersichtliche Präzision, mit der das ausufernde Material präsentiert, zusammengefaßt und durch Verweisungen verklammert wird (2.041 laufende Nummern, durch häufige Mehrfacheintragungen sehr viel mehr Positionen), die stupenden Bemühungen, auch hinterletzte Quellen wie das *ARAL-Journal*, das *Metzinger-Uracher Volksblatt*, den *Sendboten des Heiligen Antonius* heranzuziehen oder die Übernahme des gleichen Artikels aus einem Mantelblatt in zahlreiche Kopfblätter nachzuweisen. Zu loben ist die imponierende Menge wichtiger Zusatzinformationen, die auf konkreter Materialforschung beruhen und, weit über bibliographische Bearbeitung hinausgehend, oft in die Nähe historisch-kritischer Deskription gelangen, eine exakte Registratur von Interpunktionsvarianten und Druckfehlern ebenso wie die kenntnisreiche Einordnung divergierender Text-Fassungen. Zu loben schließlich ist die Qualität der vier großen Register, die das Buch mustergültig erschließen.

Aber. Ich habe einige Einwände gegen diese Publikation. Erstens: die Annotationen. Oft erfüllen sie ihre Funktion, ebenso oft jedoch sind sie nur komisch und überflüssig. Etwa wenn unter der Aufnahme der Erstausgabe von *Malina*, 1971, steht: »Der einzig vollendete und zu Lebzeiten veröffentlichte Roman von Ingeborg Bachmann!« – keine umwerfend neue Erkenntnis –, oder wenn eine 1974 erschienene Edition des gleichen Titels erläutert wird mit »Eine Sonderausgabe des Suhrkamp Verlages!«, oder gar, wenn nach der Beschreibung der Änderungen, die die dritte Auflage des Bachmann-Heftes von *Text und Kritik* gegenüber der zweiten Auflage enthält, zusätzlich gesagt wird: »Sonst völlig textgleich!« Überhaupt stören die vielen Ausrufungszeichen. Sie gehören in einen Antiquariatskatalog, wo sie dem Leser/Käufer den stolzen Preis des betreffenden Objekts begreiflich machen sollen, aber nicht in eine Bibliographie. Dort schreien sie nur so herum.

Zweitens: die Behandlung der Sekundärliteratur. So sehr zu begrüßen ist, daß die Bearbeiter den Bogen des zu Erfassenden möglichst weit spannen - erst dadurch wird sinnvolle rezeptionswissenschaftliche Arbeit möglich -, so unverständlich ist es, daß sie dabei einem offenkundlichen Autopsie-Rausch verfallen. Sie weisen nicht nur nach, daß Helgard Tillmann, »›Schwester M. Gunthilde‹«, 1966 in einer Staatsexamensarbeit der Universität Bonn auf »4 nnum. Bll., 158 num. Bll., 1 nnum. Bl. u. 12 num. Bll.« sich in 4° Gedanken über *Die lyrische Sprache im Werk Ingeborg Bachmanns* gemacht hat, es folgt dann auch noch, eine ganze Seite lang, in Petit-Satz, die Auflistung aller Kapitel-, Unterkapitel-, und Unterunterkapitel-Überschriften dieser Studie, sodaß ersichtlich ist, daß Schwester M. Gunthilde in Kapitel B IV zur *Auswertung der gewonnenen Ergebnisse* geschritten ist. Und so geht das bei einer Reihe von Schriften. Eine ähnliche unerquickliche Kumulation unholder Nichtigkeiten ist zu verzeichnen, wenn auch ganz und gar belanglose Pressemeldungen sorgsam thesauriert werden: »Obduktion der Leiche Ingeborg Bachmanns in Rom angeordnet«.

Drittens: die generelle Pretiosität der Präsentation. Ein relativ kleiner Satzspiegel mit üppigem Rand, exquisiter Bleisatz auf edlem »Daunendruck«-Papier, das Geleitwort von Heinrich Böll in zarter blauer Schrift: Die Grenze zur enumerativen Hagiographie ist überschritten, das bibliographisch-bibliophile Bachmann-Brevier erreicht. So verwundert es nicht, daß die Bearbeiter ihr Opus mit einem »Dank an Ingeborg Bachmann« beginnen, »für die Gedichte und Prosa, die sie uns als einen Teil ihres Ichs hinterlassen hat«, und es fügt sich ein, daß Anti-Bachmann-Positionen ausdrücklich in den Anmerkungen gerügt werden (»Eine wahrlich rabiate Kritik Deschners«).

Viertens: die Unvollständigkeit. Das Buch war am Tage seiner Auslieferung bereits überholt, was den wesentlichen Teil *Primärliteratur* anbelangt. Denn es verzeichnet den gesamten Nachlaß nicht, verzichtet also auf Material, das für die Forschung wichtig ist. Die Begründung, die die Bearbeiter dafür geben, die Zwänge des Erscheinungstermins, leuchtet nicht ein.

Und fünftens: der Preis. 250 (in Worten: zweihundertfünfzig) DM für ein Buch von rund 380 Seiten sind indiskutabel. An dieser Stelle sei nur darauf hingewiesen, daß die vierbändige Gesamtausgabe der Werke Ingeborg Bachmanns erheblich weniger kostet. Das spricht für sich.

Bibliographien, möchte man meinen, sind Medien der Informationszufuhr wie Kursbücher oder Börsenlisten. So wäre es sinnvoll gewesen, das Manuskript von allem Ballast und Prunk zu reinigen, es erheblich zu kürzen und als vervielfältigtes Skript zu einem Zehntel des Preises oder weniger der Wissenschaft und allen anderen Interessenten zur Verfügung zu stellen.

Otto Bareiss, Frauke Ohloff: Ingeborg Bachmann. Eine Bibliographie. Mit einem Geleitwort von Heinrich Böll. München, Zürich: Piper 1978.

58

Unvelwechserbal
Ernst Jandls »Gesammelte Werke«

Diametral entgegengesetzt zu Ernst Jandls merkwürdigen und befremdlichen Anfänger-Erfahrungen mit Verlegern (»beim berglandverlag / hab ich mein erstes / buch verlegt / und futsch wars«) hat der Luchterhand-Verlag dem bisherigen Œuvre des großen Österreichers, eines seiner wichtigsten Autoren, die denkbar intensivste Aufmerksamkeit gewidmet. Zum 60. Geburtstag erschienen die *Gesammelten Werke* in einer vorzüglichen Ausgabe. Zwei der drei voluminösen Bände legen das vollständige Gedichte-Werk vor, indem sie, von *Andere Augen* und *Laut und Luise* bis zu *Selbstporträt des Schachspielers als trinkende Uhr*, alle früheren Einzelausgaben in der originalen Folge übersichtlich vereinen. Speziell willkommen ist die Abteilung *Verstreute Gedichte 1952-1985*, die einzelne, in meist längst verschollenen Gazetten separat veröffentlichte Texte bequem zugänglich macht. Der letzte Band enthält die Hörspiele und Theaterstücke, kleine Prosa, Aufsätze, Vorträge und Reden, darunter auch Unveröffentlichtes. Ein Anhang führt einige Faksimiles aus den (nur selten erhaltenen) Originalmanuskripten vor und informiert ausführlich zu den Lebensdaten und zur Produktionsgeschichte. Als weitere Beigabe folgt schließlich der Nachweis aller Erstpublikationen und Bearbeitungen, zusätzlich um knappe Bemerkungen zur Text- und Aufführungsgeschichte sowie, bemerkenswerterweise, von Jandl selbst um eine größere Zahl von Entstehungsdaten einzelner Texte bereichert.

Eine sinnvolle Art, die »Ernte einer über dreißigjährigen Arbeit« einzubringen und festzuhalten. Dem Herausgeber ist sehr zu danken. Ihm gelang hier, in Zusammenarbeit mit dem Autor, ein Musterstück der Edition moderner Literatur: ebenso übersichtlich wie wissenschaftlich zuverlässig. Höchstes Lob verdient auch die eindrucksvolle polygraphische Gestaltung dieser »festlichen« Bücher: eine klare Schrifttype, jedes Gedicht, und sei es noch so kurz, beginnt auf einer neuen Seite, Probleme des schwierigen Satzes (die für Jandl typischen Buchstabenketten, die Wiedergabe von Typoskript-Teilen, die Kurven, »Partituren« und Sonderzeichen der Sprech- und Lautgedichte) sind überzeugend gelöst. Das alles ist so perfekt gemacht, daß man sich fast freut, auf der letzten Seite des letzten Bandes einen Setzfehler zu entdecken.

Ernst Jandl: Gesammelte Werke. Herausgegeben von Klaus Siblewski. Bd. 1-3. Neuwied: Luchterhand 1985.

59

»Bücherlesen ist vonnöten«
Eine Günter Kunert-Bibliographie

Günter Kunerts weitverstreutes bisheriges Werk in übersichtlicher Zusammenfassung. Nach einer einleitenden Übersicht der Erstausgaben (1950 bis 1987: 62 Titel) fünf Kapitel: die Publikationen 1947 bis 1987, insgesamt 2049 Nummern, jahrgangsweise nach Buch-, Anthologien- und Periodikaveröffentlichungen gegliedert; die didaktische Vermarktung, 321 Nummern Abdrucke von Texten in Lesebüchern und anderen Unterrichtswerken; die Nachdichtungen; die übersetzte Lyrik und Prosa; Interviews und Gesprächsprotokolle (in Auswahl) - insgesamt circa 2880 Fundstellen. Eingehende Erschließung der Materialien in vier ausführlichen Titelregistern (Lyrik, Prosa, Anthologien, Periodika) und einem Personenregister. Neben der sorgfältig gearbeiteten, im Rahmen des Möglichen fast lückenlosen Verzeichnung der überaus vielfältigen Veröffentlichungsarbeit Kunerts aufschlußreiche wirkungsgeschichtliche Aspekte auch in den Registern (das Gedicht *Der ungebetene Gast*: 32 Drucke in Deutsch, 24 Übersetzungen in 13 Sprachen).

Einwand-Randnotizen: zu seltene Besitzvermerke bei schwer erreichbaren Texten; unnötiges Mitschleppen von Untertiteln zitierter Periodika (*Die Zeit. Wochenzeitung für Politik, Wirtschaft, Handel und Kultur*); Fehlen von (für rasches Finden unentbehrlichen) Kolumnentiteln. Und: Das Werk berücksichtigt per definitionem nur die Printmedien, schließt damit leider die Originalarbeiten für E-Medien und Theater aus.

Mit dieser Einschränkung: zentrales Material für wissenschaftliche Beschäftigung, aber auch nützliche Anregung für interessiert-aktive Leser. Der Autor hat diese voluminöse Arbeit in besonderer Weise verdient – was wäre der Poet, letztenendes, ohne die Bibliographie. Auf den zweiten Band, der die Sekundärliteratur beschreiben soll, darf man gespannt sein. Günter Kunert: »Bücherlesen ist vonnöten, soll euch nicht die Dummheit töten«.

Nicolai Riedel: Internationale Günter Kunert Bibliographie. Bd. 1. Das poetische und essayistische Werk in Editionen, Einzeldrucken und Übersetzungen. Hildesheim, Zürich, New York: Olms 1987.

60

Zur Ruhe gekommen
Günter Grass: Die Werkausgabe

Zum 60. Geburtstag eine Bilanz mit Arbeiten aus mehr als dreißig Jahren. Band 1: *Gedichte, Kurzprosa*. Bände 2 - 7: *Romane, Erzählungen*. Band 8: *Theaterspiele*. Band 9: *Essays, Reden, Briefe* [fehlen], *Kommentare*. Band 10: *Gespräche*. Neben der bunten Vielfalt aus unterschiedlichsten Produktionen nun zwanzig Zentimeter graublaue Einband-Uniform im Bücherregal, zur Ruhe gekommen: ein Klassiker.

Positiv: eine bequem benutzbare Versammlung wesentlicher Publikationen; außer den auch anderweitig leicht zugänglichen Romanen verstreut gedruckte, heute oft nur noch schwer auffindbare, auch unbekannte Texte. Wichtige Neudrucke in Band 9 (mit 1070 S. der umfangreichste: eine Auswahl von 138 Texten, leider ohne solche, »die allzusehr dem politischen Tagesgeschäft verhaftet« sind) und in Band 10 (eine Auswahl von 33 leider nur deutschsprachigen Texten), der den gerade in einer gewandelten Medienlandschaft präziser zu definierenden Rang der Gattung »Gespräche« anerkennt. Nützliche Beigaben: Karten, Pläne und Zeittafeln zu Danzig, Tabellen zum *Butt*, Personenregister (zum *Treffen in Telgte*, zu den Bänden 9 und 10), eine Bibliographie der Reden und Aufsätze, eine Lebens-Chronologie mit Selbstaussagen. Und auch dies: zum *Tagebuch* ein *Schnecken-Register*.

Negativ: starke Schwankungen in den sehr unübersichtlich gedruckten, mit einem umständlichen, benutzungshemmenden Verweisung-System überfrachteten Kommentaren. Neben sinnvoller Erläuterung automatisch-leerlaufende Verifikation, die die Zusammenhänge nicht erhellt, informationslose Apokryphen aus mangelhaften Recherchen und belangloser Zierat. Dazu textidentische Dubletten (»Sütterlin« bei Band 2, 94 und Band 4, 57), Unausgewogenes (in Band 1, 372 zu dem Gedicht *Politische Landschaft* – »... zwischen Galen und Frings buchen die Sozis kleine Gewinne ...« – für Galen Namensergänzung, Lebensdaten, Funktion, aber kein Wort zu seinem Programm, Frings dagegen überhaupt nicht erläutert), echte Blattschüsse (wenn in der *Blechtrommel* von einem »Korrespondenten einer führenden Zeitung des Reiches« die Rede ist, meint der Kommentar in Band 2, 772: »vermutlich hat Oskar damals Friedrich Sieburg kennengelernt«) und, wohl terminbedingt, krasse Halbheiten (in Band 9 mit seinen inzwischen älteren politisch-zeitgeschichtlichen Feinheiten wäre viel mehr einläßliche Erklärung nötig gewesen).

Überflüssig: die Verletzungen der gebotenen editorischen Neutralitätspflicht durch Meinungsmitteilung in den zum Teil sich hinziehenden Nachworten, die für eine Textausgabe zu viel Subjektiv-Interpretatorisches enthalten. Darunter neben der ewigen Wiederkehr des Gleichen (»Das zunächst als typisch pikarische Biographie beschriebene Leben Oskars kann genauso gut oder noch besser als exemplarische Künstlervita des 20. Jahrhunderts verstanden werden«) auch blühende Germanistenlyrik: »In der toten, betonierten, strammstehenden, Anpassung fordernden Ordnung und dem bunten frühlingshaften Chaos der Welt bleibt als einzige Reaktion des Ichs auf die es bestürmenden widersprüchlichen Daten der Temporalsätze nur das direkte sinnliche Erlebnis«.

Fazit: Diese Ausgabe, die leider nur den Wort-Autor Grass bietet, ist durch die Tatsache, daß ihr Objekt noch lebt, determiniert. »Seine besten kurzen Prosaarbeiten wurden bislang nicht gedruckt« – und fehlen auch hier, wie manches andere. Der Versuch der Edition, »den inneren Zusammenhang des gesamten Werks aufzuzeigen und nachvollziehbar zu machen«, die »Einheit in der Vielheit zu erweisen«, ist anzuerkennen. Er kommt aber zu früh und ist zu schlecht gelungen. Dies ist nicht die Ausgabe letzter Hand. Hoffentlich nicht.

Günter Grass: Werkausgabe in zehn Bänden. Herausgegeben von Volker Neuhaus. Bd.1-10. Neuwied: Luchterhand 1987.

Nachweise

1 *Literatur-Zeitschriften und Literarisches Leben*
Die Erforschung periodischer Medien unter buchwissenschaftlichen Aspekten
Vortrag in der Universität-Gesamthochschule Siegen, 1991.

2 *Wahl- und Krönungsstadt, Capital-Kapitale*
Anmerkungen zur Frankfurter Pressegeschichte
Zeitungsstadt Frankfurt am Main. Zur Geschichte der Frankfurter Presse in fünf Jahrhunderten. Herausgegeben von Alfred Estermann im Auftrag der Frankfurter Sparkasse.
Frankfurt am Main: Frankfurter Sparkasse 1994. S. 9 - 10, 32, 190.

3 *»... einen Sohn Johann Wolfgang«*
Die Nummer 71/1749 der »Ordentlichen wochentlichen Franckfurter Frag- und Anzeigungs-Nachrichten«
Einleitung zum Faksimile-Druck dieser Nummer.
Klaus-Dieter Lehmann zum 29. Februar 1980.
Frankfurt am Main: Kramer 1980. S. 3 - 8.

4 *»Unschuldigste Handlungen« und »eigennützige Absichten«*
Deutsche Theater-Periodika des 18. Jahrhunderts
Zeitschrift für Bibliothekswesen und Bibliographie. Frankfurt am Main.
H. 4/1995. S. 413 - 414.

5 *»Vorreden der kommenden Geschichte«*
Deutsche Literatur-Zeitschriften 1800 - 1850 als literaturgeschichtliche Quellen
Vortrag in der Johann-Wolfgang-Goethe-Universität Frankfurt am Main, 1974.

6 *Zwischen »restaurativem Absolutismus« und »bürgerlicher Intelligenz«*
Die Wiener »Jahrbücher der Literatur«
Heine-Jahrbuch 1979. Hamburg 1979. S. 244 - 245.

7 *»... sich bei den geistigen Kämpfen der Gegenwart betheiligen...«*
Die »Berliner Monatsschrift« 1843/44 und ihr Herausgeber Ludwig Buhl
Ein Beitrag zur Zensur-Geschichte des Vormärz
Archiv für Geschichte des Buchwesens. Frankfurt am Main.
Bd. 24(1983). Sp. 537 - 572.
Dort Sp. 573 - 580 Vergleichsbeispiele zu Ludwig Buhl: *Die verbannten Götter* und Heinrich Heine: *Die Götter im Exil.*

8 *»Witz und Satyre auf den breitesten Grundlagen«*
Der »Berliner Krakehler«
Berliner Krakehler. Berlin 1848 - 1849. [Neudruck.]
Herausgegeben von Alfred Estermann.
Vaduz: Topos Verlag 1984. S. VII - XXI.

9 *»Der Volksversammlungsauseinandertreibungs-widrigenfallseinhauenlassungs-Direktor«*

Das »Berliner Großmaul«
Berliner Großmaul. Berlin 1848. [Neudruck.]
Herausgegeben von Alfred Estermann.
Vaduz: Topos Verlag 1982. S. V - IX.

10 *»Ich habe besseren Fahnen zugeschworen«*
Der »Satyr«
Der Satyr. Frankfurt am Main 1848. [Neudruck.]
Herausgegeben von Alfred Estermann.
Vaduz: Topos Verlag 1981. S. V - X.

11 *»Atzende Schärfe und rücksichtslose Entschiedenheit«*
Die »Deutsche Reichs-Bremse«
Deutsche Reichs-Bremse. Leipzig 1849 - 1851. Bd. 1 - 3. [Neudruck.]
Herausgegeben von Alfred Estermann.
Vaduz: Topos Verlag 1981. Bd. 1, S. VII - XVI.

12 *»Humor ist Demagog«*
Die »Frankfurter Latern«
Frankfurter Latern. Frankfurt am Main 1860 - 1871.
Bd. 1 - 4. [Neudruck.]
Herausgegeben von Alfred Estermann.
Vaduz: Topos Verlag 1981. Bd. 1, S. VIII - XVII.

13 *Deutsche Literatur-Zeitschriften 1880 - 1918*
Deutsche Literatur. Eine Sozialgeschichte.
Herausgegeben von Horst Albert Glaser.
Bd. 8: Jahrhundertwende. Vom Naturalismus zum Expressionismus. 1880 - 1918.
Herausgegeben von Frank Trommler.
Reinbek bei Hamburg: Rowohlt Taschenbuch Verlag 1982. S. 86 - 101.

14 *Die Periodika-Sammlung der Rothschild'schen Bibliothek Frankfurt am Main in den ersten Jahrzehnten ihres Bestehens*
Die Rothschild'sche Bibliothek in Frankfurt am Main.
Frankfurt am Main: Klostermann 1988. (Frankfurter Bibliotheksschriften. 2.)
S. 144 - 156.

15 *»...denn der Geist setzt sich doch durch«*
»Die Schaubühne« / »Die Weltbühne«
Buchhandelsgeschichte. Frankfurt am Main.
H. 1/1992. S. B 30 - B 33.

16 *»Wiederherstellung der Kontinuität des literarischen Lebens«*
»Die Fähre« / »Literarische Revue«
Börsenblatt für den deutschen Buchhandel. Frankfurt am Main.
Nr. 54/1985. S. 1793 - 1794.
Pseudonym: Manfred Resental.

17 *Die Bibliographie der Zeitschriften des deutschen Sprachgebietes bis 1900*
Zeitschrift für Bibliothekswesen und Bibliographie. Frankfurt am Main.
H. 4-5/1971. S. 342 - 347. H. 5/1979. S. 400 - 406.

18 *»Die besten Bücher aller Zeiten und Litteraturen«*
Studien zu einer Umfrage aus dem Jahre 1889
Archiv für Geschichte des Buchwesens. Frankfurt am Main.
Bd. 31(1988). S. 259 - 273.
Dort S. 274 - 312 der vollständige Abdruck des hier analysierten Buchs.

19 *Leser zum Buch*
Der erste Band des Massif Central zu den historischen deutschen Buchbeständen
Börsenblatt für den deutschen Buchhandel. Frankfurt am Main.
Nr. 58/1992. S. 20 - 21.

20 *»Ganz der Wahrheit gemäße Anzeigen«*
Über Titelblätter der deutschen Literatur
Deutsche Literatur in Titelblättern. Reproduktionen aus Büchern
der Stadt- und Universitätsbibliothek Frankfurt am Main.
Herausgegeben von Alfred Estermann und Hans-Albrecht Koch.
München, New York, London, Paris: Verlag Dokumentation Saur KG.
1978. S. IX - XVI.

21 *»Ost-Indianische Reisbeschreibung«*
Zu einem Journal aus dem 17. Jahrhundert
Johann Jakob Merklein: Reise nach Ostasien. 1644 - 1653.
München, Bad Windsheim: Delp 1985. S. VII - XXIX.

22 *Aus dem Bereich des Denkens*
Briefwechsel deutschsprachiger Philosophen 1750 - 1850
Zeitschrift für Bibliothekswesen und Bibliographie. Frankfurt am Main.
H. 3/1989. S. 232 - 235.

23 *Das »papierene Meer«*
Deutsche Literaturgeschichtsschreibung 1827 - 1945
Buchhandelsgeschichte. Frankfurt am Main.
H. 2/1995. S. B 78 - B 81.

24 *»Neubewertung und Neubestimmung der Gattung«*
Die Literaturkritik des Jungen Deutschland
Heine-Jahrbuch 1984. Hamburg 1984. S. 193 - 196.

25 *»Ein Teil der literarischen Wirklichkeit«*
Deutsche Lyrik-Anthologien 1840 - 1914
Germanistik. Tübingen. H. 1/1992. S. 16 - 17.

26 *»Der Scheidepunkt des südlichen von dem nördlichen Deutschland«*
Zum Neudruck eines Frankfurt am Main-Führers von 1843
Die freie Stadt Frankfurt am Main nebst ihren Umgebungen.
Ein Wegweiser für Fremde und Einheimische. 1843.
Herausgegeben von der Gesellschaft der Freunde der Stadt- und Universitätsbibliothek.
Frankfurt am Main 1991. Nachwort.

27 *»Geben Sie Ihre Frankfurter Kranken nicht auf!«*
Carl Alexander Heinrich Pagenstechers Autographen-Sammlung aus der Frankfurter Paulskirche (1848) als Zeitdokument
Das Pagenstecher-Album. Eine Sammlung persönlicher Dokumente aus der Frankfurter Nationalversammlung von 1848.
Herausgegeben von der Gesellschaft der Freunde der Stadt- und Universitätsbibliothek.
Frankfurt am Main 1994. S. 13 - 19.

28 *Gemeinsame Werke, Zusammenarbeit*
Der »Roman der Zwölf« und andere Koproduktionen
Der Roman der Zwölf. Ein literarischer Scherz aus dem Jahre 1909.
Herausgegeben von Alfred Estermann.
Frankfurt am Main: Insel Verlag 1992. S. 11 - 33.
[Erweiterte Fassung.]

29 *»Teile gesamtgesellschaftlicher Prozesse«*
Literatur in der DDR
Buchhandelsgeschichte. Frankfurt am Main.
H. 1/1988. S. B 36 - B 38.

30 *Erntekränze*
Zwei Festschriften
Börsenblatt für den deutschen Buchhandel. Frankfurt am Main.
Nr. 56/1988. S. 2206 - 2207.
Buchhandelsgeschichte. Frankfurt am Main.
H. 3/1988. S. B 122 - B 124.

31 *Eine halbe Million Biographien*
Der Deutsche Biographische Index
Buchhandelsgeschichte. Frankfurt am Main.
H. 4/1988. S. B 166 - B 167.

32 *»Ein Spiegel der Weltgeschichte«*
Die ersten zehn Biographischen Archive
Börsenblatt für den deutschen Buchhandel. Frankfurt am Main.
Nr. 77/1994. S. 23 - 25.

33 *Nacherzählungen Kleistscher Prosa*
Texte aus Literatur-Zeitschriften des Vormärz
Text und Kontext. Quellen und Aufsätze zur Rezeptionsgeschichte der Werke Heinrich von Kleists. Herausgegeben von Klaus Kanzog. Berlin 1979. S. 71 - 82.

34 *»Apollo und die Musen werden mich noch nicht dem KnochenMann überliefern lassen, denn noch so vieles bin ich ihnen schuldig...«*
Ludwig van Beethoven und der Verlag Schott
Buchhandelsgeschichte. Frankfurt am Main.
H. 4/1987. S. B 165 - B 167.

35 *Friedrich Wilhelm Hackländers Hölderlin-Nekrolog*
Text eines Dokuments zur Biographie
Hölderlin-Jahrbuch 1975 - 1977. Stuttgart 1979. S. 399 - 407.

36 *»Der moderne Verstand, der vor Schmerz witzig wird«*
Heinrich Heine im Urteil seiner Zeitgenossen:
Das große Jahrzehnt 1830 - 1840
Vortrag vor der Heinrich Heine-Gesellschaft Düsseldorf, 1991.

37 *Der Heine-Briefwechsel*
Zu den Bänden 20 - 27 der Säkularausgabe
Heine-Jahrbuch 1978. Hamburg 1978. S. 251 - 259.

38 *Handschriftenforschung und Editionen:*
Die Analyse der primären Textträger
Am Beispiel Heinrich Heine
Buchhandelsgeschichte. Frankfurt am Main.
H. 4/1983. S. B 166 - B 167.

39 *Konsolidierung und zustimmendes Interesse*
Die Heine-Bibliographie 1965 - 1982
Heine-Jahrbuch 1988. Hamburg 1988. S. 211 - 213.

40 *Der Originalschriftsteller*
Zu einem Essay Ludwig Börnes (1823)
»Die Kunst, in drei Tagen ein Original-Schriftsteller zu werden«
Transkription und Nachwort zur Faksimile-Ausgabe.
Frankfurt am Main: Kramer 1986.

41 *»Wegen einiger literarisch-merkantilischen Angelegenheiten«*
Ein Brief Ludwig Börnes an Samuel Gottlieb Liesching (1835)
Ludwig Börne. 1786 - 1837. Bearbeitet von Alfred Estermann.
Im Auftrag des Dezernats für Kultur und Freizeit der Stadt Frankfurt am Main herausgegeben von der Stadt- und Universitätsbibliothek.
Frankfurt am Main: Buchhändler-Vereinigung 1986. S. 223 - 225.

42 *»Ich bin kein Zuckerbäcker, ich bin ein Apotheker«*
Ludwig Börne
Die großen Hessen. Herausgegeben von Hans Sarkowicz und Ulrich Sonnenschein.
Frankfurt am Main: Insel Verlag 1996. S. 126 - 135.

43 *»Unsere Freunde finden das Bild ähnlich und doch schön«*
Zu den Portraits von Ludwig Börne
Ludwig Börne. 1786 - 1837. Bearbeitet von Alfred Estermann.
Im Auftrag des Dezernats für Kultur und Freizeit der Stadt Frankfurt am Main herausgegeben von der Stadt- und Universitätsbibliothek.
Frankfurt am Main: Buchhändler-Vereinigung 1986. S. 279 - 290.

44 *»Weil ich als Knecht geboren, darum liebe ich die Freiheit mehr als ihr«*
Ludwig Börnes »Briefe aus Paris«
Ludwig Börne: Briefe aus Paris. Herausgegeben von Alfred Estermann.
Frankfurt am Main: Insel Verlag 1986. S. 759 - 772.

45 *»Mangel an jener Weltanschuung, die uns über Raum und Zeit erhebt«*
Ludwig Börnes »Briefe aus Frankfurt«
Ludwig Börne: Briefe aus Frankfurt. 1820 - 1821.
Herausgegeben von Alfred Estermann.
Frankfurt am Main: Kramer 1986. S. 7 - 25.

46 *«Einer der engsten, spitzesten Krähwinkel, die es in Deutschland geben mag»*
Ludwig Börne über Frankfurt am Main
Ludwig Börne und Frankfurt am Main. Vorträge zur zweihundertsten Wiederkehr seines Geburtstages am 6. Mai 1986.
Frankfurt am Main: Klostermann 1986. (Frankfurter Bibliotheksschriften. 1.)
S. 81 - 122.

47 *Deutsche Fehden*
Eine Ludwig Börne-Biographie
Germanistik. Tübingen. H. 3/1990. S. 659 - 660.

48 *1215 Seiten Einzelheiten: Ein zerlegter Autor in seinem gesplitteten Umfeld*
Der Börne-Index
Frankfurter Allgemeine Zeitung. Frankfurt am Main. Nr. 157/1986.

49 *»Auf diesem, auf jenem Papiere«*
Ein Ludwig Börne-Lesebuch
Frankfurter Allgemeine Zeitung. Frankfurt am Main. Nr. 282/1987.

50 *Vom Theater ins Parlament in den Tod*
Robert Blum
Deutsche Biographische Enzyklopädie (DBE). Herausgegeben von Walther Killy.
München, New Providence, London, Paris: K. G. Saur.
Bd. 1. 1995. S. 582 - 583.

51 *»Flüchtige Ergüsse wechselnder Aufregung«*
Ludolf Wienbarg
Ludolf Wienbarg: Nach Helgoland und anderswohin. Gedanken auf Reisen.
Herausgegeben von Alfred Estermann.
Nördlingen: Greno 1987. S. 207 - 231.

52 *Jungdeutscher und Vormärzler*
Adolf Glaßbrenner
Germanistik. Tübingen. H. 2/1980. S. 352 - 353.

53 *Eine »politische« Biographie*
Georg Herwegh
Heine-Jahrbuch 1979. Hamburg 1979. S. 234 - 235.

54 *16,04 % halbe Brechung*
Friedrich Hebbel unter dem Mikroskop
Germanistik. Tübingen. H. 2/1978. S. 464 - 465.

55 *»Eine im höchsten Grade zusammenhängende Gedankenreihe«*
Arthur Schopenhauer und der Verlag F. A. Brockhaus
Frankfurter Allgemeine Zeitung. Frankfurt am Main. Nr. 51/1997.
Schopenhauer-Jahrbuch. Würzburg 1998.

56 *Sammeln – Forschen – Informieren*
Das Schopenhauer-Archiv der Stadt- und Universitätsbibliothek Frankfurt am Main
Jahrbuch der Schopenhauer-Gesellschaft. Frankfurt am Main 1986. S. 165 - 176.

57 *Obduktion der Leiche angeordnet*
Eine Ingeborg Bachmann-Bibliographie
Zeitschrift für Bibliothekswesen und Bibliographie. Frankfurt am Main.
H. 1/1979. S. 30 - 32.

58 *Unvelwechserbal*
Ernst Jandls »Gesammelte Werke«
Germanistik. Tübingen. H. 2-3/1987. S. 646.

59 *»Bücherlesen ist vonnöten«*
Eine Günter Kunert-Bibliographie
Germanistik. Tübingen. H. 3/1988. S. 772.

60 *Zur Ruhe gekommen*
Günter Grass: Die Werkausgabe
Germanistik. Tübingen. H. 1/1988. S. 218 - 220.

Publikationen (Auswahl)

1 *Die Verfilmung literarischer Werke.*
Bonn: Bouvier 1965. X, 472 S.
(Abhandlungen zur Kunst-, Musik- und Literaturwissenschaft. 33.)

2 *[Rezension zu] Bibliographie der Zeitschriften des deutschen Sprachgebietes bis 1900. Herausgegeben von Joachim Kirchner. Bd. 1. Die Zeitschriften des deutschen Sprachgebietes bis 1830. Bearbeitet von Joachim Kirchner. Stuttgart: Hiersemann 1969.*
Zeitschrift und Bibliothekswesen und Bibliographie. Frankfurt am Main.
H. 4-5/1971. S. 342 - 347.

3 *Deutsche Revue und Deutsche Blätter.*
Zwei Zeitschriften des Jungen Deutschland.
[Rekonstruktion.]
Frankfurt am Main: Athenäum Verlag 1971. 103 S.

4 *Politische Avantgarde 1830 - 1840.*
Eine Dokumentation zum Jungen Deutschland. Bd. 1.2.
Frankfurt am Main: Athenäum Verlag 1972. 818 S.

5 *Aurora. Eine literärische Zeitschrift.*
Redaktion: Heinrich Laube.
Breslau 1829. 204 S.
Neudruck Frankfurt am Main: Athenäum Verlag 1972.
(Die Zeitschriften des Jungen Deutschland. [1.])

6 *Deutsches Literaturblatt.*
Herausgegeben von Ludolf Wienbarg.
Hamburg 1840 - 1842. 52, 208, 68 S.
Neudruck Frankfurt am Main: Athenäum Verlag 1972.
(Die Zeitschriften des Jungen Deutschland. [2.])

7 *Dioskuren. Für Wissenschaft und Kunst. Schriften in bunter Reihe.*
Herausgegeben von Theodor Mundt.
Berlin 1836 - 1837. 352, 404 S.
Neudruck Frankfurt am Main: Athenäum Verlag 1972.
(Die Zeitschriften des Jungen Deutschland. [3.])

8 *Forum der Journal-Literatur. Eine antikritische Quartalschrift.*
Herausgegeben von Karl Gutzkow.
Berlin 1831. 50, 249 S.
Neudruck Frankfurt am Main: Athenäum Verlag 1972.
(Die Zeitschriften des Jungen Deutschland. [4.])

9 *Frankfurter Telegraph / Beurmann's Telegraph. Blätter für Leben, Kunst und Wissenschaft.*
Redaktion: [Karl Gutzkow], Wilhelm Speyer, Eduard Beurmann.

Frankfurt am Main 1837. 172, 472, 436, 424 S.
Neudruck Frankfurt am Main: Athenäum Verlag 1972.
(Die Zeitschriften des Jungen Deutschland. [5.])

10 *Jahrbuch der Literatur.*
[Redaktion: Karl Gutzkow.]
Hamburg 1839. 376 S.
Neudruck Frankfurt am Main: Athenäum Verlag 1972.
(Die Zeitschriften des Jungen Deutschland. [6.])

11 *Literarischer Zodiacus. Journal für Zeit und Leben, Wissenschaft und Kunst.*
Redaktion: Theodor Mundt.
Leipzig 1835 - 1836. 494, 466, 46 S.
Neudruck Frankfurt am Main: Athenäum Verlag 1972.
(Die Zeitschriften des Jungen Deutschland. [7.])

12 *Mitternachtzeitung für gebildete Stände.*
Redaktion: [Heinrich Laube], Eduard Brinckmeyer.
Braunschweig, Leipzig. Jg 11:1836. 860 S.
Neudruck Frankfurt am Main: Athenäum Verlag 1972.
(Die Zeitschriften des Jungen Deutschland. [8.])

13 *Phönix. Frühlingszeitung für Deutschland.*
Herausgegeben von Eduard Duller.
Mit einem Literaturblatt. Redaktion: Karl Gutzkow.
Frankfurt am Main. Jg 1:1835. 624, 648 S.
Neudruck Frankfurt am Main: Athenäum Verlag 1972.
(Die Zeitschriften des Jungen Deutschland. [9.])

14 *Schriften in bunter Reihe zur Anregung und Unterhaltung.*
Herausgegeben von Theodor Mundt.
Leipzig 1834. 160 S.
Neudruck Frankfurt am Main: Athenäum Verlag 1972.
(Die Zeitschriften des Jungen Deutschland. [10.])

15 *Zeitung für die elegante Welt.*
Redaktion: Heinrich Laube.
Leipzig. Jg. 33:1833 - 34:1834. 1024, 588 S.
Neudruck Frankfurt am Main: Athenäum Verlag 1972.
(Die Zeitschriften des Jungen Deutschland. [11.])

16 *Karl Gutzkow: Beiträge zur Geschichte der deutschen Literatur. Bd. 1.2.*
Stuttgart 1836. LXXXII, 359, 379 S.
Neudruck Frankfurt am Main: Athenäum Verlag 1973.
(Das Junge Deutschland. [1.])

17 *Karl Gutzkow: Briefe eines Narren an eine Närrin.*
Hamburg 1832. X, 326 S.
Neudruck Frankfurt am Main: Athenäum Verlag 1973.
(Das Junge Deutschland. [2.])

18 *Karl Gutzkow: Divination auf den nächsten Württembergischen Landtag.*
Hanau 1832. 36 S.
[Anonym:] Die Divination auf den nächsten Württembergischen Landtag.
Beleuchtet von Einem, der weder Deputirter noch Minister werden will.
Stuttgart 1833. 40 S.
Neudruck Frankfurt am Main: Athenäum Verlag 1973.
(Das Junge Deutschland. [3.])

19 *Karl Gutzkow: Oeffentliche Charaktere. Erster Theil.*
Hamburg 1835. XII, 328 S.
Neudruck Frankfurt am Main: Athenäum Verlag 1973.
(Das Junge Deutschland. [4.])

20 *Karl Gutzkow: Ueber Goethe im Wendepunkt zweier Jahrhunderte.*
Berlin 1836. XII, 256 S.
Neudruck Frankfurt am Main: Athenäum Verlag 1973.
(Das Junge Deutschland. [5.])

21 *Karl Gutzkow: Zur Philosophie der Geschichte.*
Hamburg 1836. XII, 305 S.
Neudruck Frankfurt am Main: Athenäum Verlag 1973.
(Das Junge Deutschland. [6.])

22 *[Heinrich Laube:] Die französische Revolution von 1789 bis 1836.*
Berlin 1836. 113 S.
Neudruck Frankfurt am Main: Athenäum Verlag 1973.
(Das Junge Deutschland. [7.])

23 *Heinrich Laube: Das junge Europa. Novelle.*
Erste Abtheilung. Die Poeten. Bd. 1. VI, 173 S. Bd. 2. VI, 192 S.
Zweite Abtheilung. Die Krieger. Bd. 1. 244 S. Bd. 2. 297 S.
Dritte Abtheilung. Die Bürger. 288 S.
Leipzig, Mannheim 1834 - 1837.
Neudruck Frankfurt am Main: Athenäum Verlag 1973.
(Das Junge Deutschland. [8.])

24 *Heinrich Laube: Das neue Jahrhundert.*
Bd. 1. Polen. XVI, 336 S.
Bd. 2. Politische Briefe. XI, 367 S.
Fürth, Leipzig 1833.
Neudruck Frankfurt am Main: Athenäum Verlag 1973.
(Das Junge Deutschland. [9.])

25 *Heinrich Laube: Reisenovellen.*
Bd. 1. VI, 447 S. Bd. 2. VI, 550 S. Bd. 3. 222 S.
Bd. 4. 288 S. Bd. 5. 476 S. Bd. 6. XVI, 370 S.
Leipzig, Mannheim 1834 - 1837.
Neudruck Frankfurt am Main: Athenäum Verlag 1973.
(Das Junge Deutschland. [10.])

26 *Theodor Mundt: Die Einheit Deutschlands in politischer und ideeller Entwicklung.*
Leipzig 1832. 83 S.
Neudruck Frankfurt am Main: Athenäum Verlag 1973.
(Das Junge Deutschland. [11.])

27 *Theodor Mundt: Madonna. Unterhaltungen mit einer Heiligen.*
Leipzig 1853. 436 S.
Neudruck Frankfurt am Main: Athenäum Verlag 1973.
(Das Junge Deutschland. [12.])

28 *Theodor Mundt: Moderne Lebenswirren.*
Briefe und Zeitabenteuer eines Salzschreibers.
Leipzig 1834. 268 S.
Neudruck Frankfurt am Main: Athenäum Verlag 1973.
(Das Junge Deutschland. [13.])

29 *Ludolf Wienbarg: Holland in den Jahren 1831 und 1832.*
Th. 1. 232 S. Th. 2. XII, 180 S.
Hamburg 1833.
Neudruck Frankfurt am Main: Athenäum Verlag 1973.
(Das Junge Deutschland. [14.])

30 *Ludolf Wienbarg: Tagebuch von Helgoland.*
Hamburg 1838. X, 253 S.
Neudruck Frankfurt am Main: Athenäum Verlag 1973.
(Das Junge Deutschland. [15.])

31 *Ludolf Wienbarg: Wanderungen durch den Thierkreis.*
Hamburg 1835. VIII, 260 S.
Neudruck Frankfurt am Main: Athenäum Verlag 1973.
(Das Junge Deutschland. [16.])

32 *Ludolf Wienbarg: Zur neuesten Literatur.*
Mannheim 1835. 166 S.
Neudruck Frankfurt am Main: Athenäum Verlag 1973.
(Das Junge Deutschland. [17.])

33 *Die Zeitschriften des Jungen Deutschland.*
Indices.
Nendeln [Liechtenstein]: KTO Press 1975.

Bd. 1. 501 S.

34 – Bd. 2. 486 S.

35 *[Rezension zu] Ulrich Henry Gerlach: Hebbel as a critic of his own works. Göppingen: Kümmerle 1972.*
Germanistik. Tübingen. H. 2/1976. S. 563.

36 *[Rezension zu] Rémy Charbon: Die Naturwissenschaften im modernen deutschen Drama. Zürich, München: Artemis Verlag 1974.*
Germanistik. Tübingen. H. 2/1976. S. 578 - 579.

37 *[Rezension zu] C. G. van Liere: Georg Herrmann. Materialien zur Kenntnis seines Lebens und seines Werkes. Amsterdam: Rodopi 1974.*
Germanistik. Tübingen. H. 2/1976. S. 597 - 598.

38 *Nichtfiktionale deutsche Prosa 1870 - 1918.*
[In Zusammenarbeit mit Walter Schiffels.]
Neues Handbuch der Literaturwissenschaft. Herausgegeben von Klaus von See.
Bd. 18: Jahrhundertende – Jahrhundertwende I. Herausgegeben von Helmut Kreuzer.
Wiesbaden: Akademische Verlagsgesellschaft Athenaion 1976.
S. 225 - 264.

39 *Die deutschen Literatur-Zeitschriften 1815 - 1850.*
Bibliographien – Programme – Autoren.
Nendeln [Liechtenstein]: KTO Press 1977 - 1981.

Bd. 1. Zeitschriften mit Erscheinungsbeginn 1645 - 1814. 1978. XXXII, 577 S.

40 – Bd. 2. Zeitschriften mit Erscheinungsbeginn 1815 - 1819. 1977. 418 S.

41 – Bd. 3. Zeitschriften mit Erscheinungsbeginn 1820 - 1824. 1977. 288 S.

42 – Bd. 4. Zeitschriften mit Erscheinungsbeginn 1825 - 1829. 1977. 515 S.

43 – Bd. 5. Zeitschriften mit Erscheinungsbeginn 1830 - 1834. 1977. 507 S.

44 – Bd. 6. Zeitschriften mit Erscheinungsbeginn 1835 - 1839. 1978. 542 S.

45 – Bd. 7. Zeitschriften mit Erscheinungsbeginn 1840 - 1844. 1978. 378 S.

46 – Bd. 8. Zeitschriften mit Erscheinungsbeginn 1845 - 1850. 1978. 539 S.

47 – Bd. 9. Indices I. 1979. 190 S.

48 – Bd. 10. Indices II. 1981. 701 S.

49 *Die Gesamtausgabe des Heine-Briefwechsels.*
Zu den Bänden 20 - 27 der Heine-Säkularausgabe.
Heine-Jahrbuch 1978. Hamburg 1978. S. 251 - 259.

50 *Deutsche Literatur in Titelblättern.*
Reproduktionen aus Büchern der Stadt- und Universitätsbibliothek Frankfurt am Main.
Herausgegeben von Alfred Estermann und Hans-Albrecht Koch.
München, New York, London, Paris: Verlag Dokumentation Saur K. G. 1978. XVI, 212 S.

51 *Illustrirte Chronik. Leipzig 1844 - 1851.*
Bd. 1. 1844 - 1846.
Bd. 2. N.F. 1. 1848.
Bd. 3. N.F. 2. 1849.
Bd. 4. N.F. 3. 1851.
Neudruck Nendeln [Liechtenstein]: KTO Press 1978.

52 *Wilhelm Ludwig Wekhrlin: Schriften 1772 - 1789.*
Nendeln [Liechtenstein]: KTO Press 1978.

Bd. 1. S. XI - XXXII: Einleitung / Bibliographie.
1. Denkwürdigkeiten von Wien. Aus dem Französischen übersetzt. Gedruckt für Henrich Lyonel Herrn von Visp. 1777.
2. Anselmus Rabiosus Reise durch Ober-Deutschland. Salzburg und Leipzig 1778.

53 – Bd. 2. 1. Fragmente einer handschriftlichen Zeitung. Wien 1772 - 1773.
2. Rezension zu Das Leben und die Narrheiten des Don Pantalone Rodriguez Papefiguirra. 1778.
3. Das Bürgermeisteramt des Harlekin. Eine Fastnachtfrazze mit Tänzen. 1779.
4. Über Waser's zwote Verurtheilung. Von einem Unbekannten. Herausgegeben vom Verfasser der Chronologen.
5. Die Eremitage oder nichts ohne zureichenden Grund. Eine Spanische Geschichte mit Wekhrlins Prolog. Frankfurt am Mayn, in der Eßlingerschen Buchhandlung 1782.

54 – Bd. 3. 1. Taschenbuch der Philosophie auf 1783.
2. Pantalon-Phöbus und Haschka. Eine Diatribe des Verfassers der Chronologen nebst des Bardens Lorenz Leopold Haschka Biographie, und den nöthigen Beylagen. Salzburg und Leipzig: in Kommißion bei A. F. Böhme 1784.
3. Die affenthewrliche Historia des lächerlichen Pritschmeisters und Erzgauklers Pips von Hasenfus. Neue Auflage. Gedruckt mit Presfreyheitsschriften.
4. Die Einwilligung der Untertanen zum Ländertausch. Ein Hirngespinst von Wekhrlin. 1786.

5. A Son Altesse Serenissime, Monseigneur le Prince regnant de Wallerstein.
6. Geschichte und Apologie des Freiherrn von Meggenhoffen, ein Beitrag zur Illuminatengeschichte. Beilage zum grauen Ungeheuer von Wekhrlin.

55 – Bd. 4. Gegenschriften und Imitationen. I.
1. Anselmus Rabiosus Reise durch Ober-Deutschland. Zweyter Theil. Frankfurt und Leipzig 1778.
2. [Georg Wilhelm Zapf:] Bemerkungen über Anselmus Rabiosus Reise durch Ober-Teutschland in Briefen an Herrn Hofrath M***. Ohrdruf 1778.
3. Gegenschriften zu Anselmus Rabiosus Reise durch Oberdeutschland, in: Schwäbisches Magazin von gelehrten Sachen 1778.
4. [Franz Xaver Bellotti:] Anselmus Rabiosus Reise nach dem Kürbislande im Jahre 1779. Erster Theil. Nebst einer Predigt an die Freygeisterey- und Religionsprediger. 1782.
5. [Franz Xaver Bellotti:] Anselmus Rabiosus Reise nach dem Kürbislande im Jahre 1780. Zweyter Theil. 1782.
6. [Franz Xaver Bellotti:] Anselmus Rabiosus Reise nach dem Kürbislande im Jahre 1781. Dritter Theil. 1783.
7. [Franz Xaver Bellotti:] Das Leichenbegängniß des Ahnenstolzes im Kürbislande. Ein Beytrag zum dritten Theile der Reisebeschreibung des Anselmus Rabiosus II. Beschrieben und Sr. Hochwürden P. Patrizius Fast gewidmet von Esau Wiestefeld, Benefiziaten zu Eckardshof. 1782.
8. [Franz Xaver Bellotti:] Anselmus Rabiosus Reise nach dem Kürbislande im Jahre 1782. Vierter Theil. Nebst einem Sendschreiben des Landraths Eibel aus dem Reiche der Todten an seinen letzten Beichtvater. 1783.
9. [Christian Schreiber:] Die Einwilligungsrechte des Teutschen Bürgers, bey Vertauschung ganzer Reichsprovinzen, vertheidigt gegen das graue Ungeheuer, von Christ. Schr..r. Hailbronn 1786.

56 – Bd. 5. Gegenschriften und Imitationen. II.
1. [Georg Friedrich Rebmann:] Wanderungen und Kreuzzüge durch einen Theil Deutschlands, von Anselmus Rabiosus dem jüngern. Altona 1795.
2. [Alois Wilhelm Schreiber:] Paragrafen aus Wekherlins Nachlaß, herausgegeben von seinem Erben. Altona 1796.

57 *[Rezension zu] Ulf Eisele: Realismus und Ideologie. Zur Kritik der literarischen Theorien nach 1848 am Beispiel des »Deutschen Museums«. Stuttgart: Metzler 1976.* Germanistik. Tübingen. H. 2/1978. S. 454 - 455.

58 *[Rezension zu] Manfred Michael: Friedrich Hebbels »Herodes und Mariamne«. Literarhistorische Studien zur gesellschaftlichen Funktion und Klassenbedingtheit von Werk und Wirkung. Stuttgart: Heinz 1976.*
Germanistik. Tübingen. H. 2/1978. S. 464 - 465.

59 *[Rezension zu] Friedrich Gaede: Humanismus, Barock, Aufklärung. Geschichte der deutschen Literatur vom 16. bis zum 18. Jahrhundert. Bern, München: Francke 1971.*
German Studies. Tübingen. III. Nr. 1/1979. S. 16 - 17.

60 *[Rezension zu] Helmut Koopmann [Hrsg.]: Thomas Mann.*
Darmstadt: Wissenschaftliche Buchgesellschaft 1975.
German Studies. III. Tübingen. Nr. 1/1979. S. 32 - 33.

61 *[Rezension zu] Bibliographie der Zeitschriften des deutschen Sprachgebietes bis 1900. Herausgegeben von Joachim Kirchner. Bd. 2. Die Zeitschriften des deutschen Sprachgebietes von 1831 bis 1870. Bearbeitet von Joachim Kirchner. Stuttgart: Hiersemann 1977. Bd. 3. Die Zeitschriften des deutschen Sprachgebietes von 1871 bis 1900. Bearbeitet von Hans Jessen. Stuttgart: Hiersemann 1977.*
Zeitschrift für Bibliothekswesen und Bibliographie. Frankfurt am Main. H. 5/1979. S. 400 - 406.

62 *[Rezension zu] Wolfgang Büttner: Georg Herwegh – Ein Sänger des Proletariats. Der Weg eines bürgerlich-demokratischen Poeten zum Streiter für die Arbeiterfrage. Berlin [Ost]: Akademie-Verlag 1976.*
Heine-Jahrbuch 1979. Hamburg 1979. S. 234 - 235.

63 *[Rezension zu] Silvester Lechner: Gelehrte Kritik und Restauration. Metternichs Wissenschafts- und Pressepolitik und die Wiener »Jahrbücher der Literatur«. Tübingen: Niemeyer 1977.*
Heine-Jahrbuch 1979. Hamburg 1979. S. 244 - 245.

64 *[Rezension zu] Otto Bareiss, Frauke Ohloff: Ingeborg Bachmann. Eine Bibliographie. Mit einem Geleitwort von Heinrich Böll. München, Zürich: Piper 1978.*
Zeitschrift für Bibliothekswesen und Bibliographie. Frankfurt am Main. H. 1/1979. S. 30 - 32.

65 *Friedrich Wilhelm Hackländers Hölderlin-Nekrolog. Text eines Dokuments zur Biographie.*
Hölderlin-Jahrbuch 1975 - 1977. Stuttgart: Metzler 1979. S. 399 - 407.

66 *Nacherzählungen Kleistscher Prosa. Texte aus literarischen Zeitschriften des Vormärz.*
Text und Kontext. Quellen und Aufsätze zur Rezeptionsgeschichte der Werke Heinrich von Kleists. Herausgegeben von Klaus Kanzog. Berlin: Erich Schmidt Verlag 1979. S. 72 - 82.

67 *Ansbachische Blätter.*
Herausgegeben von Wilhelm Ludwig Wekhrlin.
Ansbach 1792.
Neudruck Nendeln [Liechtenstein]: KTO Press 1979.

68 *Das Felleisen.*
Herausgegeben von Wilhelm Ludwig Wekhrlin.
Nördlingen 1778.
Neudruck Nendeln [Liechtenstein]: KTO Press 1979.

69 *»...einen Sohn Johann Wolfgang«.*
Faksimile der Nummer 71/1749 der »Ordentlichen wochentlichen Franckfurter Frag- und Anzeigungs-Nachrichten«.
Frankfurt am Main: Waldemar Kramer Verlag 1980. 16 S.
S. 1 - 8: Einleitung.

70 *Melchior Adam Pastorius: Kurze Beschreibung der H. R. Reichsstadt Windsheim.*
Nürnberg 1692.
Neudruck München, Bad Windsheim: Delp 1980. XXXII, 148 S.
S. I - XXXII: Einleitung.

71 *Unsere Republik.*
Politische Statements westdeutscher Autoren.
Herausgegeben von Alfred Estermann, Jost Hermand und Merle Krueger.
Wiesbaden: Akademische Verlagsgesellschaft Athenaion 1980. 353 S.

72 *[Rezension zu] Heinz Bulmahn: Adolf Glaßbrenner. His development from Jungdeutscher to Vormärzler. Amsterdam: Benjamins 1978.*
Germanistik. Tübingen. H. 2/1980. S. 352 - 353.

73 *[Rezension zu] Jürgen Wilke: Literarische Zeitschriften des 18. Jahrhunderts. (1688 - 1789.) T. 1.2. Stuttgart: Metzler 1978.*
Germanistik. Tübingen. H. 2/1980. S. 335 - 336.

74 *Kleindeutschland und Großkrähwinkel. Friedrich Stoltze und seine Zeitschriften.*
Frankfurt am Main: Frankfurter Sparkasse 1981. 16 S.

75 *Günter Kunert.*
Begleitheft zur Ausstellung der Stadt- und Universitätsbibliothek Frankfurt am Main.
Frankfurt am Main: Stadt- und Universitätsbibliothek 1981. 32 S.
S. 11 - 19: »Diese fertige und schon wieder verschwindende Welt...«. Interview mit Günter Kunert.
S. 29 - 30: »Archäologische Fakten einer Schriftstellerexistenz«.

76 *Deutsche Reichs-Bremse. Leipzig 1849 - 1851.*
Gesamtausgabe in drei Bänden.
Neudruck Vaduz: Topos Verlag 1981.

(Bibliotheca satirica. 1.)

Bd. 1. XVIII, 176 S.
S. VII - XVI: Einleitung.

77 – Bd. 2. 214 S.

78 – Bd. 3. 160 S.

79 *Der Satyr. Frankfurt am Main 1848 - 1849.*
Neudruck Vaduz: Topos Verlag 1981. XI, 95 S.
(Bibliotheca satirica. 2.)
S. V - X: Einleitung.

80 *Frankfurter Latern. Frankfurt am Main.*
Von Friedrich Stoltze und Ernst Schalck.
Gesamtausgabe der Jahrgänge 1860 - 1871 in vier Bänden.
Neudruck Vaduz: Topos Verlag 1981.
(Bibliotheca satirica. 3.)

Bd. 1. XX, 244 S.
S. VII - XVII: Einleitung.

81 – Bd. 2. 264 S.

82 – Bd. 3. 404 S.

83 – Bd. 4. 390 S.

84 *Heinrich Heines Werk im Urteil seiner Zeitgenossen.*
Herausgegeben von Eberhard Galley und Alfred Estermann.
Hamburg: Hoffmann und Campe.
Bd. 1. 1821 - 1831. Herausgegeben von Eberhard Galley.
1981. Teil 1. 596 S. Teil 2. 111 S.

85 *Laternenmann und Krebbelbäcker. Fragmente aus dem Nachlaß Friedrich Stoltzes.*
Frankfurt am Main: Frankfurter Sparkasse 1982. 16 S.

86 *Zeitschriften.*
Deutsche Literatur. Eine Sozialgeschichte.
Herausgegeben von Horst Albert Glaser.
Bd. 8: Jahrhundertwende: Vom Naturalismus zum Expressionismus.
1880 - 1918. Herausgegeben von Frank Trommler.
Reinbek bei Hamburg: Rowohlt Taschenbuch Verlag 1982.
S. 86 - 101.

87 *Wolfgang Koeppen.*
Begleitheft zur Ausstellung der Stadt- und Universitätsbibliothek Frankfurt am Main.
Bearbeitet in Verbindung mit Monika Ammermann-Estermann, Walther Dörger und Gudrun Augustin.
Frankfurt am Main: Stadt- und Universitätsbibliothek 1982. 71 S.
S. 13 - 17: Gespräch mit Wolfgang Koeppen.
S. 21 - 66: Wolfgang Koeppen Bibliographie. Ab 1945.
S. 67 - 71: Das Kafkaffeehaus, oder: »Die Tauben in Rom sind seine Schwestern und der Tod im Gras ist sein Bruder«, oder: Wolfgang Koeppen in Parodie, Satire und Karikatur. Eine Auswahl.

88 *»Ich bin ein Mensch ohne Lebensplan«. Gespräch mit Wolfgang Koeppen.*
Frankfurter Allgemeine Zeitung. Frankfurt am Main.
Nr. 264/1982. 13. November. Beilage Bilder und Zeiten.

89 *Berliner Großmaul. Berlin 1848.*
Neudruck Vaduz: Topos Verlag 1982. IX, 44 S.
(Bibliotheca satirica. 4.)
S. V - IX: Einleitung.

90 *Werkverzeichnis Friedrich Stoltze.*
Bearbeitet unter Mitwirkung von Dore Struckmeier-Schubert und Andrea Wölbing.
Vaduz: Topos Verlag 1983. 191 S.
S. 17 - 56: Erster Teil: Zeitschriften.

91 *[Rezension zu] Volker Bohn [Hrsg.]: Literaturwissenschaft. Probleme ihrer theoretischen Grundlegung. Stuttgart: Kohlhammer 1981.*
German Studies. Tübingen. III. Nr. 1/1983. S. 6 - 7.

92 *[Rezension zu] Joseph Strelka: Esoterik bei Goethe. Tübingen: Niemeyer 1980.*
German Studies. Tübingen. III. Nr. 1/1983. S. 40 - 41.

93 *Handschriftenforschung und Editionen.*
[Rezension zu] Marianne Bockelkamp: Analytische Forschungen zu Handschriften des 19. Jahrhunderts. Am Beispiel der Heine-Handschriften der Bibliothèque Nationale Paris. Hamburg: Hauswedell 1982.
Buchhandelsgeschichte. Frankfurt am Main. H. 4/1983. S. B166 - B167.

94 *»...sich bei den geistigen Kämpfen der Gegenwart betheiligen...«.*
Die »Berliner Monatsschrift« 1843/44 und ihr Herausgeber Ludwig Buhl.
Ein Beitrag zur Zensur-Geschichte des Vormärz.
Archiv für Geschichte des Buchwesens. Frankfurt am Main. Bd. 24. 1983. Sp. 537 - 580.

95 *Hans Magnus Enzensberger. Eine Bibliographie.*
Reinhold Grimm [Hrsg.]: Hans Magnus Enzensberger.
Frankfurt am Main: Suhrkamp Verlag 1984.
S. 348 - 435.

96 *Berliner Krakehler. Berlin 1848 - 1849.*
Gesamtausgabe.
Neudruck Vaduz: Topos Verlag 1984. XXIII, 230 S.
(Bibliotheca satirica. 5.)
S. VII - XXI: Einleitung.

97 *Stoltze, brieflich. Aus der Correspondenz-Mappe des Frankfurter Dichters.*
Frankfurt am Main: Frankfurter Sparkasse 1984. 16 S.

98 *Literaturkritik.*
Eine Textdokumentation zur Geschichte einer literarischen Gattung.
Herausgegeben von Alfred Estermann.
Vaduz: Topos Verlag.
Bd. 4. 1848 - 1870. Bearbeitet von Peter Uwe Hohendahl.
1984. 552 S.

99 *Paul Nizon.*
Begleitheft zur Austellung der Stadt- und Universitätsbibliothek Frankfurt am Main.
Frankfurt am Main: Stadt- und Universitätsbibliothek 1984. 60 S.
S. 7 - 12: »Das Leben schreiben «.
Erstens: Das Leben... Chronologie zur Biographie.
Zweitens: ...schreiben. Chronologien zu den Veröffentlichungen.
S. 25 - 60: »Le malaise d'être«. Ein Mosaik aus Rezensionen zu Paul Nizon.

100 *[Rezension zu] Hartmut Steinecke: Literaturkritik des Jungen Deutschland.*
Entwicklungen – Tendenzen – Texte. Berlin: Erich Schmidt 1982.
Heine-Jahrbuch 1984. Hamburg 1984. S. 193 - 196.

101 *Berliner Monatsschrift. Berlin 1843/44.*
Herausgegeben von Ludwig Buhl.
Neudruck Vaduz: Topos Verlag 1984. XXV, 331 S.
S. V - XXV: Die »Berliner Monatsschrift« und ihr Herausgeber Ludwig Buhl.

102 *Das Schopenhauer-Archiv.*
Bibliotheca publica Francofurtensis. Herausgegeben von Klaus-Dieter Lehmann.
Frankfurt am Main: Stadt- und Universitätsbibliothek 1984.
Textband. S. 177 - 180, 319 - 321.

103 *Ernst Jandl.*
Begleitheft zur Ausstellung der Stadt- und Universitätsbibliothek Frankfurt am Main.
[Mit Schallplatte.]
Frankfurt am Main: Stadt- und Universitätsbibliothek 1984. 66 S.
S. 6 - 9: Über Ernst Jandl. Eine Chronologie der wichtigsten Lebens- und Produktionsdaten, Veröffentlichungen und Ehrungen.
S. 11 - 16: Versuch, Ernst Jandl durch 22 seiner Gedichte zu porträtiren.
Für Friederike Mayröcker.

S. 19 - 30: »...eine Schonungslosigkeit, die nicht verletzt...«.
Ein Gespräch mit Ernst Jandl.
S. 37 - 66: Sprachspieler, Sprechdichter, Lyriker, Lettrist.
Aus Anmerkungen der Literaturkritik zu einigen Gedichtbänden Ernst Jandls.
[Schallplatte:]
Ernst Jandl spricht Gedichte.
falamaleikum
wien: heldenplatz
vater komm erzähl vom krieg
schtzngrmm
im reich der toten
ottos mops
der gelbe hund
der wahre vogel
eulen
der fisch
Wien, 17. September 1984.
Auswahl: Ernst Jandl.
Produktionsleitung: Alfred Estermann.

104 *Heinrich Heines Werk im Urteil seiner Zeitgenossen.*
Herausgegeben von Eberhard Galley und Alfred Estermann.
Hamburg: Hoffmann und Campe.
Bd. 2. 1830 - 1834. Herausgegeben von Alfred Estermann.
1985. 651 S.

105 *Von der Hand in den Kopf. Zur Produktionsgeschichte der »Frankfurter Latern«.*
Frankfurt am Main: Frankfurter Sparkasse 1985. 16 S.

106 *»Ich habe mit Frankfurt gelacht und getrauert...«.*
Frankfurter Ereignisse im Spiegel der »Frankfurter Latern«.
[In Zusammenarbeit mit Günther Vogt.]
Frankfurt am Main: Frankfurter Sparkasse 1985. 16 S.

107 *Johann Jakob Merklein: Reise nach Ostasien. 1644 - 1653.*
Nürnberg 1672.
Neudruck München, Bad Windsheim: Delp 1985. XXIX, 142 S.
S. VII - XXIX: Reisen – um etwas zu bewegen.
Notizen zu Johann Jakob Merkleins Reisebericht.

108 *Aufarbeitung, die längst fällig war.*
[Rezension zu] Kai Schlüter: »Die Fähre« / »Literarische Revue«.
Analyse einer Literaturzeitschrift der ersten Nachkriegsjahre (1945 - 1949).
Sonderdruck aus dem »Archiv für Geschichte des Buchwesens«.
Frankfurt am Main: Buchhändler-Vereinigung 1985.
Börsenblatt für den deutschen Buchhandel. Frankfurt am Main.

Nr. 94/1985. S. 1793 - 1794.
[Pseudonym: Manfred Resental.]

109 *Mehr Licht, oder: Die »Frankfurter Latern« und andere Beiträge zur Erleuchtung des 19. Jahrhunderts.*
Frankfurt am Main: Frankfurter Sparkasse 1985. 16 S.

110 Neues Handbuch der Literaturwissenschaft.
Herausgegeben von Klaus von See.
Wiesbaden: Aula-Verlag.
Bd. 16. Europäische Romantik III. Restauration und Revolution.
Herausgegeben von Norbert Altenhofer und Alfred Estermann.
1985. 677 S.
S. 1 - 7: Einleitung.

111 *Ludwig Börne: Briefe aus Paris.*
Herausgegeben von Alfred Estermann.
Frankfurt am Main: Insel-Verlag 1986. 782 S.
S. 759 -772: Nachwort.

112 *Ludwig Börne. 1786 - 1837.*
Bearbeitet von Alfred Estermann.
Im Auftrag des Dezernats für Kultur und Freizeit der Stadt Frankfurt am Main herausgegeben von der Stadt- und Universitätsbibliothek.
Frankfurt am Main: Buchhändler-Vereinigung 1986. 432 S.
S. 9 - 11: Vorwort.
S. 19 - 154: Katalog der Ausstellung »Ludwig Börne 1786 - 1837« in Frankfurt am Main, 1986.
S. 223 - 225: »Wegen einiger literarisch-merkantilischen Angelegenheiten«. Ein unbekannter Brief Börnes an Samuel Gottlieb Liesching (1835).
S. 279 - 290: »Unsere Freunde finden das Bild ähnlich und doch schön«. Zu den Portraits von Ludwig Börne.
S. 293 - 331: Einem den Erkenntnisprozeß machen. Stimmen der Zeitgenossen über Börne.
S. 333 - 358: »Die Eiche Börne«. Gedichte der Zeitgenossen.
S. 359 - 424: Bausteine zu einer Börne-Bibliographie.

113 *Ludwig Börne: Die Kunst, in drei Tagen ein Original-Schriftsteller zu werden (1823). Faksimile der Handschrift.*
Herausgegeben von Alfred Estermann.
Frankfurt am Main: Waldemar Kramer Verlag 1986.

114 *Sammeln – Forschen – Informieren.*
Das Frankfurter Schopenhauer-Archiv.
Jahrbuch der Schopenhauer-Gesellschaft. Frankfurt am Main. 1986. S. 165 - 176.

115 *Ein Kulturbild des Vormärz.*
[Rezension zu] Inge Rippmann: Börne-Index. Historisch-biographische Materialien zu Ludwig Börnes Schriften und Briefen. Ein Beitrag zu Geschichte und Literatur des Vormärz. Bd. 1.2. Berlin, New York: de Gruyter 1985.
Frankfurter Allgemeine Zeitung. Frankfurt am Main. Nr. 157/1986. S. 26.

116 *Ludwig Börne: Briefe aus Frankfurt. 1820 - 1821.*
Herausgegeben von Alfred Estermann.
Frankfurt am Main: Waldemar Kramer Verlag 1986. 77 S.
S. 7 - 25: Einleitung.

117 *Ein Schreiber als Leser. Friedrich Stoltzes Bibliothek.*
Frankfurt am Main: Frankfurter Sparkasse 1986. 16 S.

118 *»Veröffentlichung der Gesellschaft«.*
[Rezension zu] Martin Henkel, Ralf Taubert: Die deutsche Presse 1848 - 1850. Eine Bibliographie. München, London, New York, Oxford, Paris: K. G. Saur 1986.
Buchhandelsgeschichte. Frankfurt am Main. H. 4/1986. S. B158 - B160.

119 *Börne über Frankfurt.*
Ludwig Börne und Frankfurt am Main. Vorträge zur zweihundertsten Wiederkehr seines Geburtstages am 6. Mai 1986.
Frankfurt am Main: Klostermann 1987.
(Frankfurter Bibliotheksschriften. 1.)
S. 81 - 122.

120 *Der (kurze und der lange) Wahre Jacob.*
[Zu zwei satirischen Zeitschriften.]
Frankfurt am Main: Frankfurter Sparkasse 1987. 16 S.

121 *Schopenhauer-Archiv.*
Der Archivar. H. 3/1987. S. 382 - 383.

122 *Ludolf Wienbarg: Nach Helgoland und anderswohin. Gedanken auf Reisen.*
Herausgegeben und mit einem Nachwort von Alfred Estermann.
Nördlingen: Greno 1987. 239 S.
S. 207 - 232: »Ein deutscher Grieche« – über Ludolf Wienbarg.

123 *Arthur Schopenhauer: Kritzeleien.*
Herausgegeben und mit einem Nachwort versehen von Alfred Estermann und Karl Riha.
Frankfurt am Main: Insel-Verlag 1987. 133 S.

124 *Wolfgang Koeppen. Eine Bibliographie.*
In Zusammenarbeit mit Eckart Oehlenschläger und Dagmar von Briel und in Verbindung mit Eugen Satschewski (Leningrad) und Gordon J. A. Burgess (Aberdeen).

Eckart Oehlenschläger [Hrsg.]: Wolfgang Koeppen.
Frankfurt am Main: Suhrkamp Verlag 1987.
(suhrkamp taschenbuch materialien. 2079.)
S. 385 - 470.

125 *Aufziehbilder und Abziehbilder. Über einige Leit-Figuren in Friedrich Stoltzes »Frankfurter Latern«.*
Frankfurt am Main: Frankfurter Sparkasse 1987. 14 S.

126 *[Rezension zu] Ernst Jandl: Gesammelte Werke. Herausgegeben von Klaus Siblewski. Bd. 1 - 3. Neuwied: Luchterhand 1985.*
Germanistik. Tübingen. H. 2-3/1987. S. 646.

127 *»Apollo und die Musen werden mich noch nicht dem KnochenMann überliefern lassen, denn noch so vieles bin ich ihnen schuldig...«. [Rezension zu] Ludwig van Beethoven: Der Briefwechsel mit dem Verlag Schott. München: G. Henle 1987.*
Buchhandelsgeschichte. Frankfurt am Main. H. 4/1987. S. B165 - B167.

128 *Das Schmollen der Weiber.*
[Rezension zu] Ludwig Börne: »Über das Schmollen der Weiber«. Berliner Briefe an Jeanette Wohl und andere Schriften. Herausgegeben und kommentiert von Willi Jasper. Köln: Informationspresse – C.W. Leske Verlag 1987.
Frankfurter Allgemeine Zeitung. Frankfurt am Main.
Nr. 282/1987. 5. Dezember. S. 26.

129 *Heinrich Heines Werk im Urteil seiner Zeitgenossen.*
Herausgegeben von Eberhard Galley und Alfred Estermann.
Hamburg: Hoffmann und Campe.
Bd. 3. 1835 - 1836. Herausgegeben von Alfred Estermann.
1987. 743 S.

130 *»Von Homer bis Kunert«.*
[Rezension zu] Literatur in der DDR. Bibliographische Annalen 1945 - 1962. Von Herbert Jacob. Bd. 1 - 3. Berlin [Ost]: Akademie-Verlag 1986.
Buchhandelsgeschichte. Frankfurt am Main. H. 1/1988. S. B36 - B38.

131 *[Rezension zu] Günter Grass. Werkausgabe in zehn Bänden. Herausgegeben von Volker Neuhaus. Neuwied: Luchterhand 1987.*
Germanistik. Tübingen. H. 1/1988. S. 218 - 220.

132 *Literaturkritik. Eine Textdokumentation zur Geschichte eine literarischen Gattung.*
Herausgegeben von Alfred Estermann.
Vaduz: Topos Verlag.
Bd. 7. 1945 - 1980. T. 1.2. Bearbeitet von Jost Hermand.
1988. 1022 S.

133 *Die deutschen Literatur-Zeitschriften 1850 - 1880.*
Bibliographien – Programme.
München, New York, London, Paris: K. G. Saur.

Bd. 1. A - D / 0001 - 0624.
1988. 668 S.

134 – Bd. 2. E - H / 0625 - 1171.
1988. 538 S.

135 – Bd. 3. I - M / 1172 - 1820.
1989. 597 S.

136 – Bd. 4. N - SO / 1821 - 2434.
1989. 670 S.

137 – Bd. 5. SP - Z / 2435 - 2953. Register.
1989. 560 S.

138 *Stadt- und Universitätsbibliothek Frankfurt am Main.*
Schopenhauer-Archiv.
Katalog der Autographen.
Frankfurt am Main 1988.

Bd. 1. Katalog I/1. Briefe. Schreiber A - C.

139 – Bd. 2. Katalog I/2. Briefe. Schreiber D - K.

140 – Bd. 3. Katalog I/3. Briefe. Schreiber L - SCHOPENHAUER, ADELE.

141 – Bd. 4. Katalog I/4. Briefe. Schreiber SCHOPENHAUER, ARTHUR - Z.

142 – Bd. 5. Katalog II/1. Briefe. Adressaten A - D.

143 – Bd. 6. Katalog II/2. Briefe. Adressaten E - M.

144 – Bd. 7. Katalog II/3. Briefe. Adressaten N - SCHOPENHAUER / M.

145 – Bd. 8. Katalog II/4 Briefe. Adressaten SCHOPENHAUER / N - Z. N.N.

146 – Bd. 9. Katalog III. Manuskripte. Dokumente.

147 – Bd. 10. Katalog IV/1. Standortkatalog. Signaturen I - V.

148 – Bd. 11. Katalog IV/2. Standortkatalog. Signaturen VI - XIV.

149 – Bd. 12. Katalog IV/3. Standortkatalog. Signaturen XV - XVI.

150 – Bd. 13. Katalog IV/4. Standortkatalog. Signaturen XVII - XXI.

151 – Bd. 14. Katalog IV/5. Standortkatalog. Signaturen XXII - XXV.

152 *»Vergessen Sie uns nicht, so wenig wir wir Sie«.*
Ein Abschied von Klaus-Dieter Lehmann.
Anläßlich des Endes seiner Dienstzeit als Direktor der
Stadt- und Universitätsbibliothek Frankfurt am Main
in Verse gebracht von Einem Mitarbeiter
und am 25. April 1988 in einer Feierstunde vorgetragen
von Zwei Mitarbeitern.
Frankfurt am Main: Stadt- und Universitätsbibliothek 1988. [11 S.]

153 *Die Autographen des Schopenhauer-Archivs*
der Stadt- und Universitätsbibliothek Frankfurt am Main.
Gesamtverzeichnis.
Stuttgart-Bad Cannstatt: Friedrich Frommann Verlag Günther Holzboog 1988. 175 S.

154 *Die Schopenhauer-Welt.*
Ausstellung der Staatsbibliothek Preußischer Kulturbesitz Berlin und der Stadt- und Universitätsbibliothek Frankfurt am Main zu Arthur Schopenhauers 200. Geburtstag.
[Katalog.]
[In Zusammenarbeit mit Siegfried Detemple.]
Frankfurt am Main: Waldemar Kramer Verlag 1988. 194 S.

155 *Die Periodika-Sammlung der Rothschild'schen Bibliothek*
in den ersten Jahrzehnten ihres Bestehens.
Die Rothschild'sche Bibliothek in Frankfurt am Main.
Frankfurt am Main: Klostermann 1988.
(Frankfurter Bibliotheksschriften. 2.)
S. 144 - 156.

156 *»The Pflug Paradox«.*
[Rezension zu] Nationalbibliotheken im Jahr 2000 / National Libraries
in the Year 2000.
[Festschrift für Günther Pflug.] Frankfurt am Main: Buchhändler-Vereinigung 1988.
Börsenblatt für den deutschen Buchhandel. Frankfurt am Main.
Nr. 56/1988. S. 2206 - 2207.

157 *»Die besten Bücher aller Zeiten und Literaturen«.*
Studien zu einer Umfrage aus dem Jahre 1889.
Archiv für Geschichte des Buchwesens.Frankfurt am Main.
Bd. 31. 1988. S. 259 - 312.

158 *»The librarian who reads must not be lost«. Eine Festschrift für Günther Pflug.*
[Rezension zu] Aratro Corona Messoria. Beiträge zur europäischen
Wissensüberlieferung.

Festgabe für Günther Pflug zum 20. April 1988. Herausgegeben von Bernhard Adams, Hans-Kurt Boehlke, Karlfried Gründer und Hans-Albrecht Koch. Bonn: Bouvier-Verlag 1988.
Buchhandelsgeschichte. Frankfurt am Main. H. 3/1988. S. B122 - B124.

159 *[Rezension zu] Siegfried Seifert, Albina A. Volgina: Heine-Bibliographie 1965 - 1982. Berlin [Ost], Weimar: Aufbau-Verlag 1986.*
Heine-Jahrbuch 1988. Hamburg 1988. S. 211 - 213.

160 *»Senden Sie mir Ihren Schützling«. Friedrich Stoltze und Leopold Sonnemann. Mit neun Briefen von Sonnemann an Stoltze.*
Frankfurt am Main: Frankfurter Sparkasse 1988. 23 S.

161 *»Ich habe mit Frankfurt gelacht und getrauert«. Werke und Leben des Schriftstellers Friedrich Stoltze.*
Herausgegeben von der Vereinigung der Freunde und Förderer des Stoltze-Museums.
Frankfurt am Main: Societäts-Verlag 1988. 240 S.
[Redaktion.]
S. 34 - 44: Kleindeutschland und Großkrähwinkel. Friedrich Stoltze und seine Zeitschriften.
S. 50 - 59: Laternenmann und Krebbelbäcker. Fragmente aus dem Nachlaß Friedrich Stoltzes.
S. 95 - 104: Stoltze, brieflich. Briefe aus der Correspondenz-Mappe des Frankfurter Dichters. Mit einem Vorwort und Kommentaren.
S.118 - 142: Von der Hand in den Kopf. Zur Produktionsgeschichte der »Frankfurter Latern«.
S. 143 - 150: [Mit Günther Vogt:] »Ich habe mit Frankfurt gelacht und getrauert«. Frankfurter Ereignisse im Spiegel der »Frankfurter Latern«.
S. 151 - 157: Mehr Licht, oder: Die »Frankfurter Latern« und andere Beiträge zur Erleuchtung des 19. Jahrhunderts.
S. 163 - 173: Ein Schreiber als Leser. Friedrich Stoltzes Bibliothek.
S. 174 - 182: Der (kurze und der lange) Wahre Jakob.
S. 193 - 203: Aufziehbilder und Abziehbilder. Über einige Leitfiguren in Friedrich Stoltzes »Frankfurter Latern«.
S. 214 - 233: »Senden Sie mir Ihren Schützling«. Friedrich Stoltze und Leopold Sonnemann. Mit neun Briefen von Sonnemann an Stoltze.

162 *[Rezension zu] Nicolai Riedel: Internationale Günter Kunert Bibliographie. Bd. 1. Das poetische und essayistische Werk in Editionen, Einzeldrucken und Übersetzungen. Hildesheim, Zürich, New York: Olms 1987.*
Germanistik. Tübingen. H. 3/1988. S. 772.

163 *»Eine halbe Million Bibliographien«. [Rezension zu] Deutscher Biographischer Index. Herausgegeben von Willy Gorzny. Bd. 1 - 4. München, London, New York, Oxford, Paris: K. G. Saur 1986.*
Buchhandelsgeschichte. Frankfurt am Main. H. 4/1988. S. B166 - B167.

164 *Neugieriger Planer, zupackender Gestalter.*
Zum Tode des Bibliothekars Clemens Köttelwesch.
Frankfurter Allgemeine Zeitung. Frankfurt am Main. Nr. 303/1988. 29. Dezember. S. 21.

165 *»Diese fertige und schon wieder verschwindende Welt...«.*
Gespräch mit Günter Kunert. [1981.]
Poetik. Essays über Ingeborg Bachmann, Peter Bichsel, Heinrich Böll, Hans Magnus Enzensberger, Wolfgang Hildesheimer, Ernst Jandl, Uwe Johnson, Marie Luise Kaschnitz, Hermann Lenz, Paul Nizon, Peter Rühmkorf, Martin Walser, Christa Wolf und andere Beiträge zu den Frankfurter Poetik-Vorlesungen. Herausgegeben von Horst Dieter Schlosser und Hans Dieter Zimmermann.
Frankfurt am Main: Athenäum Verlag 1988.
S. 225 - 231.

166 *»...auf der Suche nach einer Romanfigur, die ich selbst bin...«.*
Gespräch mit Wolfgang Koeppen. [1982.]
Poetik. Essays über Ingeborg Bachmann, Peter Bichsel, Heinrich Böll, Hans Magnus Enzensberger, Wolfgang Hildesheimer, Ernst Jandl, Uwe Johnson, Marie Luise Kaschnitz, Hermann Lenz, Paul Nizon, Peter Rühmkorf, Martin Walser, Christa Wolf und andere Beiträge zu den Frankfurter Poetik-Vorlesungen. Herausgegeben von Horst Dieter Schlosser und Hans Dieter Zimmermann.
Frankfurt am Main: Athenäum Verlag 1988.
S. 239 - 249.

167 *»...eine Schonungslosigkeit, die nicht verletzt...«.*
Gespräch mit Ernst Jandl. [1984.]
Poetik. Essays über Ingeborg Bachmann, Peter Bichsel, Heinrich Böll, Hans Magnus Enzensberger, Wolfgang Hildesheimer, Ernst Jandl, Uwe Johnson, Marie Luise Kaschnitz, Hermann Lenz, Paul Nizon, Peter Rühmkorf, Martin Walser, Christa Wolf und andere Beiträge zu den Frankfurter Poetik-Vorlesungen. Herausgegeben von Horst Dieter Schlosser und Hans Dieter Zimmermann.
Frankfurt am Main: Athenäum Verlag 1988.
S. 250 - 264.

168 *Heinrich Heines Werk im Urteil seiner Zeitgenossen.*
Herausgegeben von Eberhard Galley und Alfred Estermann.
Hamburg: Hoffmann und Campe.
Bd. 4. 1837 - 1838. Herausgegeben von Alfred Estermann.
1989. 530 S.

169 *[Rezension zu] Briefwechsel deutschsprachiger Philosophen 1750 - 1850.*
Herausgegeben von Norbert Henrichs und Horst Weeland. Bd. 1.2.
München, London, New York, Oxford, Paris: K. G. Saur 1987.
Zeitschrift für Bibliothekswesen und Bibliographie. Frankfurt am Main.
H. 3/1989. S. 232 - 235.

170 *»Orkan der Narrheitregieruns«. Friedrich Stoltze und seine »Krebbel-Zeitungen«. Mit einem Beitrag von Johann Philipp Freiherrn von Bethmann: Zusammenfassung für Frankfurter, die Schwierigkeiten mit der hochdeutschen Mundart haben.*
Frankfurt am Main: Frankfurter Sparkasse 1989. 16 S.

171 *Witz als Werbung, oder: Wahres gegen Bares. Friedrich Stoltzes Reklame für die »Frankfurter Latern«.*
Frankfurt am Main: Frankfurter Sparkasse 1990. 16 S.

172 *»Wir Friedrich Stoltze lassen Uns das nicht gefallen!«. Neue Briefe des Frankfurter Schriftstellers aus den Jahren 1843 - 1890.*
Frankfurt am Main: Frankfurter Sparkasse 1990. 27 S.

173 *Der Staatsmann und der Volksmann. Satirische Graphik zu Otto von Bismarck in Friedrich Stoltzes Zeitschrift »Frankfurter Latern«.*
Frankfurt am Main: Frankfurter Sparkasse 1990. 63 S.
S. 14 - 19: Friedrich Stoltze und Otto von Bismarck.
S. 22 - 36: »Behalten ihn, den Bismarck! Himmel! nein!«. Texte der »Frankfurter Latern« aus den Jahren 1862 - 1890.
S. 37 - 63: Bildteil.

174 *Heinrich Heines Werk im Urteil seiner Zeitgenossen.*
Herausgegeben von Eberhard Galley und Alfred Estermann.
Hamburg: Hoffmann und Campe.
Bd. 5. 1839 - Juni 1840. Herausgegeben von Alfred Estermann.
1990. XVII, 308 S.

175 *Franz von Lenbach: Portrait Arthur Schopenhauer.*
Frankfurter Bibliotheksbriefe. Frankfurt am Main. Nr.1/1990. S. 12 - 15.

176 *[Rezension zu] Willi Jasper: Keinem Vaterland geboren. Ludwig Börne. Eine Biographie. Hamburg: Hoffmann und Campe 1989.*
Germanistik. Tübingen. H. 3/1990. S. 659 - 660.

177 *Karl Dedecius.*
Begleitheft zur Ausstellung der Stadt- und Universitätsbibliothek Frankfurt am Main.
Frankfurt am Main: Stadt- und Universitätsbibliothek 1991. 48 S.
S. 13 - 16: »Hieronymus aus Lodz«. Zu Karl Dedecius' Biographie.
S. 25 - 45: Von Ajgi bis Zagajewski: »Die Folgen der Wörter«. Eine Übersicht der wichtigsten von Karl Dedecius übersetzten Autoren.
S. 46 - 47: Alphabetische Übersicht aller von Karl Dedecius (bis zum Jahre 1990) übersetzen Autoren.

178 *Die deutschen Literatur-Zeitschriften 1815 - 1850.*
Bibliographien – Programme – Autoren.
Zweite, verbesserte und erweiterte Auflage.
Bd. 1 - 11.
München, London, New York, Paris: K. G. Saur 1991.

Bd. 1. XXX, 577 S.

179 – Bd. 2. 418 S.

180 – Bd. 3. 288 S.

181 – Bd. 4. 515 S.

182 – Bd. 5. 507 S.

183 – Bd. 6. 542 S.

184 – Bd. 7. 378 S.

185 – Bd. 8. 549 S.

186 – Bd. 9. 190 S.

187 – Bd. 10. 701 S.

188 – Bd. 11. Bibliographische Beiträge zur deutschen Literaturkritik in der ersten Hälfte des 19. Jahrhunderts. 390 S.

189 *[Rezension zu] Ernst Fleischhack: Freiligraths Gedichte in Lied und Ton. Überblick und bibliographische Sammlung. Bielefeld: Aisthesis Verlag 1990.*
Germanistik. Tübingen. H. 2/1991. S. 484.

190 *Stadt- und Universitätsbibliothek Frankfurt am Main.*
Handschriften-Abteilung.
Nachlaß Friedrich Stoltze. Katalog.
Frankfurt am Main 1991.

Bd. 1. Abteilung I. Manuskripte I. Teil 1.

191 – Bd. 2. Abteilung I. Manuskripte I. Teil 2. Abteilung II. Manuskripte II.

192 – Bd. 3. Abteilung III. Briefe. Teil 1.

193 – Bd. 4. Abteilung III. Briefe. Teil 2.

194 – Bd. 5. Abteilung IV. Dokumente.
Abteilung V. Drucke I.

195 – Bd. 6. Abteilung VI. Drucke II.

196 – Bd. 7. Abteilung VII. Bilder. Gegenstände.
Register.

197 *»Der Scheidepunkt des südlichen von dem nördlichen Deutschland«. [Nachwort zu] Die freie Stadt Frankfurt am Main nebst ihren Umgebungen. Ein Wegweiser für Fremde und Einheimische. (1843.)*
Neudruck. Herausgegeben von der Gesellschaft der Freunde der Stadt- und Universitätsbibliothek Frankfurt am Main.
Frankfurt am Main 1991.

198 *Neuerwerbungen des Schopenhauer-Archivs.*
Schopenhauer-Jahrbuch. Frankfurt am Main. 1991. S. 188 - 192.

199 *»... denn der Geist setzt sich doch durch«. Der erste Band einer Bibliographie der Zeitschrift »Die Schaubühne« / »Die Weltbühne«. [Rezension zu] Joachim Bergmann: Die Schaubühne / Die Weltbühne. 1905 - 1933. Bibliographie und Register mit Annotationen. Teil 1: Bibliographie mit biographischen Annotationen. Alphabetisches Titelregister. Mit einem Essay von Axel Eggebrecht. München, London, New York, Paris: K. G. Saur 1991.*
Buchhandelsgeschichte. Frankfurt am Main. H. 1/1992. S. B30 - B33.

200 *Der Roman der Zwölf.*
Von Hermann Bahr, Otto Julius Bierbaum, Otto Ernst, Herbert Eulenburg, Hanns Heinz Ewers, Gustav Falke, Georg Hirschfeld, Felix Hollaender, Gustav Meyrink, Gabriele Reuter, Olga Wohlbrück, Ernst von Wolzogen. Ein literarischer Scherz aus dem Jahre 1909. Mit Zeichnungen von H. John Höxter. Herausgegeben von Alfred Estermann.
Frankfurt am Main, Leipzig: Insel-Verlag 1992. 390 S.
S. 9 - 33: »Gemeinschaftliches Arbeiten« – ein »mißliches Ding«? Über den »Roman der Zwölf« und andere Koproduktionen.

201 *Alt-Frankfurt auf der Bühne. Adolf Stoltze und das Theater.*
Frankfurt am Main: Frankfurter Sparkasse 1992. 16 S.

202 *[Rezension zu] Handbuch der historischen Buchbestände in Deutschland. In Zusammenarbeit mit Severin Corsten, Eberhardt Dünninger, Berndt Dugall, Wolfgang Kehr, Friedhilde Krause und Paul Raabe herausgegeben von Bernhard Fabian. Zürich, New York: Olms-Weidmann. Bd. 5. 1992. Hessen. A - L. Herausgegeben von Berndt Dugall.*
Börsenblatt für den deutschen Buchhandel. Frankfurt am Main. Nr. 58/1992. 21. Juli. S. 20 - 21.
Auch als Sonderdruck des Verlags Olms-Weidmann.

203 *[Rezension zu] Günter Häntzschel: Bibliographie der deutschsprachigen Lyrikanthologien 1840 - 1914. München, New Providence, London, Paris: K. G. Saur 1991.*
Germanistik. Tübingen. H. 1/1992. S. 16 - 17.

204 *Stadt- und Universitätsbibliothek Frankfurt am Main. Handschriften-Abteilung. Nachlaßbibliothek Friedrich Stoltze. Katalog.*
Frankfurt am Main 1992.

205 *Ludwig Börne.*
Gero von Wilpert, Adolf Gühring: Erstausgaben deutscher Dichtung. Eine Bibliographie zur deutschen Literatur 1600 - 1990. Zweite Auflage. Stuttgart: Kröner 1992. S. 163 - 164.

206 *Stadt- und Universitätsbibliothek Frankfurt am Main. Handschriften-Abteilung. Nachlaß Adolf Stoltze. Katalog.*
Frankfurt am Main 1992.

207 *Stadt- und Universitätsbibliothek Frankfurt am Main. Schopenhauer-Archiv. Bild-Abteilung. Alphabetischer Katalog.*
Frankfurt am Main 1992.

208 *Die Nachlässe Friedrich Stoltze und Adolf Stoltze.*
Frankfurter Bibliotheksbriefe. Frankfurt am Main. H. 5/1992. S. 2 - 8.

209 *Heinrich Heines Werk im Urteil seiner Zeitgenossen.*
Herausgegeben von Eberhard Galley und Alfred Estermann. Hamburg: Hoffmann und Campe. Bd. 6. Juli 1840 - 1841. Herausgegeben von Alfred Estermann. 1992. XIX, 475 S.

210 *Literaturzeitschriften.*
Literatur-Lexikon. Herausgegeben von Walter Killy. Gütersloh, München: Bertelsmann Lexikon Verlag. Bd. 14. Begriffe, Realien, Methoden. [2.] 1993. S. 45 - 50.

211 *Friedrich Stoltze und Europa. Zeichnungen der »Frankfurter Latern« zur internationalen Politik 1860 - 1890.*
Frankfurt am Main: Frankfurter Sparkasse 1993. 15 S.

212 *Stadtgeschichte als Ansichtssache. Die Stoltze-Postkarten von Frankfurt am Main.*
Frankfurt am Main: Frankfurter Sparkasse 1993. 11 S.

213 *Zeitungsstadt Frankfurt am Main.*
Zur Geschichte der Frankfurter Presse in fünf Jahrhunderten.
Herausgegeben von Alfred Estermann im Auftrag der Frankfurter Sparkasse.
Frankfurt am Main: Frankfurter Sparkasse 1994. 315 S.
S. 9 - 10: Vorwort.
S. 11 - 31: Die Anfänge: Vor- und Seitenformen der periodischen Presse – Die ersten Zeitungen.
S. 32 - 52: Die Meßrelationen.
S. 190 - 225: Die satirischen Zeitschriften.

214 *Einigkeit und Recht und Frankfurt.*
Satirische Graphik aus den Jahren 1848 und 1849.
Frankfurt am Main: Frankfurter Sparkasse 1994. 14 S.

215 *Ein Spiegel der Weltgeschichte.*
[Rezension zu Die Biographischen Archive (1 - 10) des K. G. Saur Verlags, München.]
Börsenblatt für den deutschen Buchhandel. Frankfurt am Main.
Nr. 77/1994. S. 23 - 25.

216 *Siegfried Unseld. Veröffentlichungen 1951 bis 1994.*
Eine Bibliographie. Zum 28. September 1994.
Frankfurt am Main: Suhrkamp Verlag 1994. 154 S.
[Bibliographische Gestaltung.]

217 *»Geben Sie Ihre Frankfurter Kranken nicht auf!«.*
[Carl Heinrich Alexander] Pagenstechers Autographensammlung als Zeitdokument.
Das Pagenstecher-Album. Eine Sammlung persönlicher Dokumente aus der Frankfurter Nationalversammlung von 1848. Herausgegeben von der Gesellschaft der Freunde der Stadt- und Universitätsbibliothek Frankfurt am Main.
Frankfurt am Main 1994.
S. 13 - 19.

218 *Ein Spiegel der Weltgeschichte.*
[Rezension zu Die Biographischen Archive (1 - 10) des K. G. Saur Verlags, München.]
Das Internationale Biographische Informationssystem.
Publikationen, Projekte, Pläne.
Herausgegeben von Klaus G. Saur.
München, New Providence, London, Paris: K. G. Saur 1995. S. 17 - 20.

219 *»Wo ich die Sache der Freiheit unterstützen kann...«.*
Dokumente zu Leopold Sonnemann.
Frankfurt am Main: Frankfurter Sparkasse 1995. 91 S.

S. 7 - 15: Notizen zu einer Biographie.
S. 16 - 87: Dokumente.
S. 88 - 89: Fazit. Ein Versuch.

220 *Das »papierene Meer«.*
[Rezension zu] Andreas Schumann: Bibliographie zur deutschen Literaturgeschichtsschreibung 1827 - 1945.
München, New Providence, London, Paris: K. G. Saur 1994.
Buchhandelsgeschichte. Frankfurt am Main. H. 2/1995. S. B78 - B81.

221 *[Rezension zu] Wolfgang F. Bender, Siegfried Bushuven, Michael Huesmann: Bibliographie und inhaltliche Erschließung deutschsprachiger Theaterzeitschriften, Theaterkalender und Theatertaschenbücher. Teil 1. 1750 - 1780.*
Bd. 1. Bibliographie, Inhaltsverzeichnis und Einzelregister. Bd. 2. Gesamtregister.
München, New Providence, London, Paris: K. G. Saur 1994.
Zeitschrift für Bibliothekswesen und Bibliographie. Frankfurt am Main.
H. 4/1995. S. 413 - 414.

222 *»Ich bin ein Mensch ohne Lebensplan«.*
Gespräch mit Wolfgang Koeppen. [1982.]
Wolfgang Koeppen: »Einer der schreibt«. Gespräche und Interviews.
Herausgegeben von Hans-Ulrich Treichel.
Frankfurt am Main: Suhrkamp Verlag 1995.
(suhrkamp taschenbuch. 2450.)
S. 144 - 154.

223 *Inhaltsanalytische Bibliographien deutscher Kulturzeitschriften des 19. Jahrhunderts – IBDK – .*
München, New Providence, London, Paris: K. G. Saur.

Bd. 1. Teil 1. 1995. Deutsches Museum (1851 - 1867). A - L. VI, 300 S.

224 – Bd. 1. Teil 2. 1995. Deutsches Museum (1851 - 1867). M - Z. 306 S.

225 – Bd. 2. 1995. Telegraph für Deutschland (1837 - 1848). VI, 378 S.

226 – Bd. 3. Teil 1. 1995. Die Gartenlaube (1853 - 1880 [- 1944]). A - L. VI, 324 S.

227 – Bd. 3. Teil 2. 1995. Die Gartenlaube (1853 - 1880 [- 1944]). M - Z. 336 S.

228 – Bd. 4. 1996. Berliner Conversationsblatt (1827 - 1829).
Der Freihafen (1838 - 1844).
Hallische Jahrbücher für deutsche Wissenschaft und Kunst (1838 - 1844).
Königsberger Literatur-Blatt (1841 - 1845).
VI, 408 S.

229 – Bd. 5. 1996. Phoenix (1835 - 1838.)
Frankfurter Museum (1855 - 1859).
Neues Frankfurter Museum (1861).
Weimarer Sonntags-Blatt (1855 - 1857).
VI, 557 S.

230 – Bd. 6. 1996. Deutsche Roman-Zeitung (1864 - 1880 [- 1925]). VI, 592 S.

231 – Bd. 7. 1996. Das Jahrhundert (1856 - 1859).
Deutsches Magazin (1861 - 1863).
Freya (1861 - 1867).
Orion (1863 - 1864).
Deutsche Warte (1871 - 1875).
Der Salon (1868 - 1890).
VI, 566 S.

232 – Bd. 8. 1996. Westermanns Monatshefte (1856 - 1880 [- 1986]). VI, 446 S.

233 – Bd. 9. Teil 1. 1996. Blätter für literarische Unterhaltung (1826 - 1850 [- 1896]. A - E. VI, 372 S.

234 – Bd. 9. Teil 2. 1996. Blätter für literarische Unterhaltung (1826 - 1850 [- 1896]. F - J. 381 S.

235 – Bd. 9. Teil 3. 1996. Blätter für literarische Unterhaltung (1826 - 1850 [- 1896]. K - M. 392 S.

236 – Bd. 9. Teil 4. 1996. Blätter für literarische Unterhaltung (1826 - 1850 [- 1896]. N - R. 392 S.

237 – Bd. 9. Teil 5. 1996. Blätter für literarische Unterhaltung (1826 - 1850 [- 1896]. S - Z. 381 S.

238 – Bd. 10. 1996. Gesamtregister. Bearbeitet von Maria Reith-Deigert. 218 S.

239 *Ludwig Börne.*
Hessischer Rundfunk. Frankfurt am Main.
HR 2. 12. Dezember 1995. Radioskop: Die großen Hessen.

240 *»Omisi hoc rescribere«.*
Die Geschichte des letzten Schopenhauer-Briefs.
Schopenhauer-Jahrbuch. Würzburg. 1996. S. 21 - 49.

241 *Dichterkreise / Koproduktionen.*
Das Fischer Lexikon Literatur.
Frankfurt am Main: Fischer Taschenbuch Verlag 1996.
Bd. 1. S. 375 - 396.

242 *Zeitschriften.*
Das Fischer Lexikon Literatur.
Frankfurt am Main: Fischer Taschenbuch Verlag 1996.
Bd. 3. S. 2003 - 2020.

243 *Ludwig Börne.*
Die großen Hessen. Herausgegeben von Hans Sarkowicz und Ulrich Sonnenschein.
Frankfurt am Main: Insel Verlag 1996.
S. 126 - 135.

244 *Friedrich Stoltze.*
Die Veröffentlichungen. Der Nachlaß. Die Bibliothek. Ein Gesamtverzeichnis.
Frankfurt am Main 1996. 577 S.

245 *Robert Blum.*
Deutsche Biographische Enzyklopädie. Herausgegeben von Walther Killy.
München, New Providence, London, Paris: K. G. Saur.
Bd. 1. 1995. S. 582 - 583.

246 *Gewagte schriftliche Rochaden verlängern die Zusammenarbeit.*
Als der Philosoph Schopenhauer und der Verlegergott Brockhaus
sich nichts mehr zu sagen hatten.
[Rezension zu] Ludger Lütkehaus [Hrsg.]: Das Buch als Wille und Vorstellung.
Arthur Schopenhauers Briefwechsel mit Friedrich Arnold Brockhaus.
München: Beck 1996.
Frankfurter Allgemeine Zeitung. Frankfurt am Main. Nr. 51/1997. 1. März. S. 38.

247 *Höchste Zeit, daß der Vorhang fällt.*
Sie konnten zueinander nicht kommen: Richard Wagner, Arthur Schopenhauer
und die Musik.
Frankfurter Allgemeine Zeitung. Frankfurt am Main.
Nr. 113/1997. 17. Mai. Beilage Bilder und Zeiten. [S.2.]

248 *»O Freiheit, mein Alles, mein Glück und mein Weh...«.*
Werk und Leben des Schriftstellers Friedrich Stoltze.
Herausgegeben von der Vereinigung der Freunde und Förderer
des Stoltze-Museums.
Frankfurt am Main: Societäts-Verlag 1997. 239 S.
[Redaktion.]
S. 17 - 25: »Orkan der Narrheitregieruns«.
Friedrich Stoltze und seine »Krebbel-Zeitungen«.
S. 36 - 62: Witz als Werbung oder: Wahres gegen Bares.
Friedrich Stoltzes Reklame für die »Frankfurter Latern«.
S. 63 - 92: »Wir Friedrich Stoltze lassen Uns das nicht gefallen!«.
Neue Briefe des Frankfurter Schriftstellers
aus den Jahren 1843 - 1890.
S. 104 - 112: Der Staatsmann und der Volksmann.

Satirische Graphik zu Otto von Bismarck
in Friedrich Stoltzes Zeitschrift »Frankfurter Latern«.
Friedrich Stoltze und Otto von Bismarck.
S. 112 - 133: »Behalten ihn, den Bismarck! Himmel! nein!«.
Texte von Friedrich Stoltze in der »Frankfurter Latern«
aus den Jahren 1862 - 1890.
S. 170 - 174: Friedrich Stoltze und Europa.
Zeichnungen der »Frankfurter Latern«
zur internationalen Politik 1860 - 1890.

249 *»Was ich mir durch ihn bin«.*
Richard Wagner, Arthur Schopenhauer und die Musik.
Bayerischer Rundfunk. München.
Bayern 4 Klassik. 25. Juli 1997. 18.30 - 19.30.
Sendung anläßlich der Eröffnung der Bayreuther Festspiele 1997.

250 *»Mit großem Verlangen nach dem ersten Korrekturbogen...«.*
Arthur Schopenhauer, die Firma F. A. Brockhaus und die Kunst des Büchermachens.
Archiv für Geschichte des Buchwesens. Frankfurt am Main. Bd. 47. 1997. S. 1 - 103.

Register